MUDONG ZHEN

木洞镇志

1949—2011

重庆市巴南区木洞镇人民政府 编纂

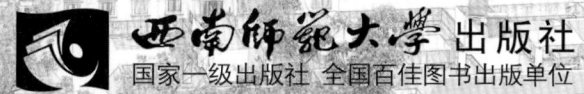

图书在版编目（CIP）数据

木洞镇志. 1949-2011 / 重庆市巴南区木洞镇人民政府编纂. —重庆：西南师范大学出版社，2020.10
ISBN 978-7-5697-0022-0

Ⅰ.①木… Ⅱ.①重… Ⅲ.①乡镇—地方志—巴南区—1949-2011 Ⅳ.①K297.195

中国版本图书馆 CIP 数据核字（2019）第 259181 号

木洞镇志（1949—2011）
MUDONG ZHEN ZHI
重庆市巴南区木洞镇人民政府　编纂

责任编辑：段小佳
责任校对：张昊越
装帧设计：重庆市国丰印务有限责任公司
出版发行：西南师范大学出版社
　　　　　地　址：重庆市北碚区天生路2号
　　　　　邮编：400715
　　　　　http://　www.xscbs.com
经　　销：新华书店
印　　刷：重庆市国丰印务有限责任公司
幅面尺寸：185mm×260mm
插　　页：27
印　　张：27.5
字　　数：780千字
版　　次：2020年10月　第1版
印　　次：2020年10月　第1次印刷
书　　号：ISBN 978-7-5697-0022-0
审 图 号：渝S（2019）016号

定　　价：188.00元

序

盛世修志，实为木洞之幸！为真实、科学地记录木洞镇发展的历史，我们于2010年6月正式启动《木洞镇志》编修工作。在大家的共同努力下，通过初审、复审及最后的修订工作，付梓成印，这是木洞镇历史上的一件大事、喜事。在此，我谨表示热烈的祝贺！

木洞镇历史悠久，是一座名副其实的千年古镇。早在唐代，就有"水国舟市"的记载，一千多年前，交易兴盛，商贾云集。明代，设木洞水驿。清末，设木洞里、木洞镇。民国，置木洞场、木洞镇。木洞，一直都是水陆交通发达，商业贸易尤炽，为川东名镇之一。新中国成立后，在中国共产党的领导下，经过全镇人民共同努力，各项事业有了新发展，尤其是改革开放以来，经济快速发展，社会安定和谐，人民安居乐业，日益兴盛，呈现出一派欣欣向荣的新气象。

在编修过程中，我们坚持严谨的科学态度，尊重历史，实事求是。根据地方志的性质和特点，在真实、全面记述木洞历史的同时，重点突出历史文化名镇的特点：坚持以历史脉络为经，以文化事象为纬，将木洞的抗战文化、山歌文化、饮食文化、龙舟文化、移民文化、名人文化等纳入政治经济环境与悠久历史背景之中，予以客观叙述，如实展现重庆市历史文化名镇——木洞镇的真实风貌。

《木洞镇志1949—2011》是木洞镇有史以来的第一本志书。该志以详今略古、横分门类、纵述古今的方法，全面、客观、严谨地记述了1949—2011年木洞镇政治、经济、文化、社会和生态文明建设的情况，对1949年以前的历史则略述其要，以帮助人们了解过去，认识现在，创造未来。党政干部特别是领导干部可以从中借鉴许多执政经验，一般群众可以从中受到良好教育，从历史回顾中受到启迪、得到鼓舞、开发心智、增强信心，努力为家乡的繁荣昌盛做出积极的贡献。

《木洞镇志1949—2011》是"晓历史、创未来、促繁荣、鼓士气"的乡土文化奇葩。它为镇党委、政府提供翔实可靠的镇情、民意，为制订、推动木洞经济和社会发展的科学决策提供诸多宝贵的借鉴。

我工作在木洞，熟知木洞，难忘乡情，适逢编修镇志这件大事，真是难得的幸运。值此志稿杀青之际，欣然命笔，书此数言，是为序。

重庆市巴南区木洞镇人民政府镇长
2018.2.8

凡 例

一、本志以马克思列宁主义、毛泽东思想、邓小平理论、"三个代表"重要思想、科学发展观、习近平新时代中国特色社会主义思想为指导。坚持辩证唯物主义和历史唯物主义的立场、观点和方法，遵循党的群众路线、方针、政策，坚持实事求是，突出时代特点，力求真实、全面、系统地记述木洞镇政治、经济、文化、社会生态发展历程，为木洞镇社会经济发展提供历史经验和现实依据，为爱国主义教育提供乡土教材，为科学研究提供史志资料，以发挥其存史、资政和教化的功能。

二、本志记述时限为1949年11月27日至2011年12月31日，1949年前相关史实亦简略列述，以保持历史事实的完整，极少数地方记述2012年和2016年的史实。

三、本志记述区域以2001年7月扩建镇制后的木洞镇辖区为准，木洞镇于民国二十四年（1935年）被确定为区署治所，直至1993年12月撤区并乡建镇。这一时段的区署辖区变化和巴县木洞区委、区公所领导任职情况单列记述，清末设置的木洞镇至1993年12月，是指今木洞场镇1~6居民段和中坝村。

四、本志结构依次以序言、凡例、概述、大事记、专志、人物、附录、编后记构成，采用述、记、志、传、图、表、录等体裁，以志为主体。志书分篇、章、节、目等层次，分别记述各类史事，突出舟水码头、农业及经济结构发展、山歌和名人文化特色。

五、本志文体采用语体文，直书其事，文笔力求准确、朴实、通俗、规范。

六、本志对本籍和在本镇工作或寓居的有突出贡献、撤区并乡建镇前的区署正职、撤区并乡建镇后镇的正职、正高专业技术职称、获国家级奖项的人物，已逝者立传，按逝时排序，在世者简介，按出生先后排序。前述的党政领导副职、副高专业技术职称、获省市和县区奖项以及新中国成立后的革命英烈等以名录或列表记述。

七、本志纪年，民国前用历史年号纪年括注公元纪年，民国时用民国纪年括注公元纪年，中华人民共和国成立后用公元纪年。

八、本志记述历史上的诸多称谓，以当时名称为准。

九、本志记述统计数据，采用当时时空范围的统计档案资料，以相关部门、单位提供的现行数据为依据。因统计口径不同和时空范围变迁，有的相同性质的数据不全一致。

十、本志资料主要来源于巴南区档案馆、木洞镇档案室以及区、镇有关部门收集的图书、报刊、档案资料，区县党史、地方志等部门编印出版的资料，以及干部、教师、工人、农民和社会人士提供的口碑资料，为节省篇幅，一律未注明出处。

十一、本志应该收集而经多方努力未曾收集到的专业志和人物、荣誉等资料，只能付阙。

《木洞镇志》编纂委员会

(2012年06月—2016年12月)

顾　　问	左　鹏　李　锐　卢黎明
主　　任	万耀东
副 主 任	朱红梅
委　　员	谷光娅　吴　欢　蒋治全　包清美　雷德珍　曾小林 蒋　斌　陈　科　王　强　钱　华　唐　智　叶凤英 蒋效伦

(2015年01月—2015年12月)

主　　任	李　锐
副 主 任	万耀东
委　　员	朱红梅　吕彦侠　谷光娅　曾小林　陈　科　王　强 唐　智　陈　毅　叶凤英　蒋效伦

(2016年01月—2018年03月)

主　　任	万耀东
副 主 任	朱红梅
委　　员	吴　欢　吕彦侠　谷光娅　杨坤朋　曾小林　陈　科 王　强　唐　智　陈　毅　吕　峰　刘世川　郭　娜 於友轩　黄德亮　张宗智　叶凤英　蒋效伦

《木洞镇志》编辑室

主　　编　蒋效伦
副 主 编　蒋长朋
编　　辑　胡天成
资料提供　蒋效伦　叶凤英　康富全　邓太明　胡　特　罗文平
　　　　　刘国华　何绍林　张绍新　陈平华　胡树清　刘建华等

《木洞镇志》审稿组

主　　审　万耀东
成　　员　袁　泉　朱红梅　谷光娅　吴　欢

《木洞镇志》区志总编室评审组

组　　长　黄　敏
副 组 长　耿　籛
评审人员　刘宁蓉　白　刚　马　佳　刘祥云

木洞风貌

木洞镇新城区建设（蒋效伦摄于 2014 年 5 月）

木洞镇人民政府（政务服务中心）始建于1949年11月，大修于1997年6月（蒋效伦摄于2013年5月）

木洞镇派出所建于2008年8月（蒋效伦摄于2013年5月）

木洞人民法庭 始建于 2009 年 6 月 （蒋效伦摄于 2013 年 5 月）

木洞镇文化中心大楼 （蒋效伦摄于 2014 年 5 月）

山歌艺术广场标牌建设（蒋效伦摄于 2014 年 5 月）

木洞山歌广场建设（蒋效伦摄于 2014 年 5 月）

木洞镇巴渝风貌，主体始建于1994年，巴渝风貌改造始于2010年7月（蒋效伦摄于2014年5月）

木洞码头兴起于明清时代，此为重庆市新建的木洞河街标志门头（胡特摄于2015年4月）

木洞河街（蒋效伦摄于2017年5月12日）

洞出神木门头（蒋效伦摄于2017年5月）

保安村后河农民新村,建于2006年3月(蒋效伦摄于2013年5月)

钱家花园移民安置房(蒋效伦摄于2018年6月)

保安村三峭湾农民新村,建于2009年（蒋效伦摄于2018年6月）

重庆市巴南区第三人民医院（木洞医院）木洞卫生院（蒋效伦摄于2014年3月）

重庆木洞中学,始建于民国,大修于2006年 (蒋效伦摄于2013年5月)

巴南区木洞镇中心小学校,始建于民国,大修于2008年(蒋效伦摄于2013年7月)

松子村办公楼（蒋效伦摄于2016年3月）

杨家洞村办公楼（蒋效伦摄于2016年3月）

木洞镇塑胶广场,始建于 2010 年 6 月 (蒋效伦摄于 2014 年 5 月)

广场安装健身器材,始建于 2010 年 6 月 (蒋效伦摄于 2014 年 5 月)

村级健身篮球场 (蒋效伦摄于 2016 年 3 月)

木洞镇生殖健康服务站（蒋效伦摄于2013年5月）

木洞镇土桥村卫生室（蒋效伦摄于2013年5月）

木洞镇出入主公路连接道,题写双面赋诗迎宾牌坊(蒋效伦摄于2017年5月)

木洞高速公路出口(蒋效伦摄于2016年3月)

木洞大桥 （蒋效伦摄于 2014 年 5 月）

箭桥大桥（蒋效伦摄于 2018 年 6 月）

五布河大桥（蒋效伦摄于 2018 年 6 月）

紫金山大桥（蒋效伦摄于 2007 年 6 月）

左：木洞污水处理厂　右：长江木洞段航标站

青年湖水库

向阳水库

桃花岛（建设中）

中坝岛（建设中）

紫金山

俯瞰瑞普农业园

重庆国际生物城（蒋效伦摄于 2017 年 8 月）

木洞园区轻纺城（胡特摄于 2017 年 8 月）

重庆麻柳医药园广泽孵化基地（蒋效伦摄于 2017 年 8 月）

木洞轻纺城一角——意尔康鞋业（蒋效伦摄于 2016 年 3 月）

远眺明月山脉

文化体育

1970年4月20日，木洞区成立创作队（肖开铭供图）

1973年，木洞区宣传队组织参加巴县群众文艺调演全体队员（肖开铭供图）

1980年8月17日，团结大队文艺队代表木洞区参加巴县山歌民歌汇演全体队员获一等奖

2009年3月2日,全国"两会"期间,木洞山歌在央视《小崔会客》演出

2010年6月5日,"木洞山歌——打禾籁"在中央电视台《民歌·中国》栏目,《魅力重庆》节目中录播演出

2012年2月22日,木洞山歌接受中央电视台中文国际频道《城市一对一》栏目与台湾南投县访谈展示演出

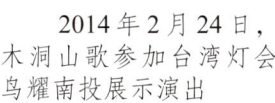

2014年2月24日,木洞山歌参加台湾灯会鸟耀南投展示演出

2009年9月18日，木洞山歌参加文化部社图司与柳州市举办的西部12省市金嗓子原生态大赛，荣获"银奖"

2017年2月，木洞山歌传承人喻良华、秦秋玥赴日本新潟县参加2017"新潟春节祭"文化交流活动，并到新潟县三条市进行友好访问

2017年5月20日，巴南区文化委、外事办、木洞镇一行同匈牙利文化访问团在木洞山歌剧场合影

1998年1月1日，木洞龙舟参加湖北荆洲国际龙舟赛，荣获第三名

2006年4月21日，木洞龙舟赛

2007年9月29日，木洞镇女子龙舟队代表巴南区在永川卫星湖龙舟赛获得两项全市女子队第一名

2012年1月18日,木洞镇全民健身活动社区拔河赛

2011年1月13日,木洞镇街头舞龙文化活动

2017年4月11日晚,木洞镇机关社区干部在文化服务中心练习唱山歌

古文旧迹

民国时期的木洞海军军械库遗址（蒋效伦摄于2002年6月）

民国时期的木洞中坝海军军械修理所遗址（蒋效伦摄于2002年6月）

中国中学，创办于1933年。抗战爆发后，迁往木洞中坝岛，进行爱国教育。抗战胜利后，学校重新迁回上海（蒋效伦摄于2013年1月10日）

民国时期的木洞商会碉楼（蒋效伦摄于2002年6月）

民国时期的木洞中坝万寿宫（蒋效伦摄于2002年6月）

普安寨，始建于清咸丰五年（1855年）（蒋效伦摄于2014年4月22日）

木洞镇钱家湾村佛耳岩寨,始建于清代(蒋效伦摄于2014年8月)

木洞镇中坝榨菜厂,始建于20世纪70年代中后期,90年代中期因三峡水位升高而停业。(蒋效伦摄于2013年8月)

▲永利桥始建于大清道光二十六年（1846年）丙午仲冬月十一日（蒋效伦摄于2002年6月）

◀民国时期的木洞中江寺石塔（蒋效伦摄于2002年6月）

木洞镇"支农桥"（蒋效伦摄于2006年5月6日）

1993年修建木洞支农桥捐款石刻碑文（蒋效伦摄于2002年6月）

民国禁止捕鱼告示——普磁岩石刻（蒋效伦摄于 2002 年 6 月）

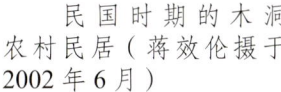

民国时期的木洞农村民居（蒋效伦摄于 2002 年 6 月）

民国时期的木洞场镇石宝街老街（蒋效伦摄于 2002 年 6 月）

民国时期的木洞镇老街一侧（蒋效伦摄于 2016 年 8 月）

木洞黄家大院（蒋效伦摄于 2016 年 6 月 14 日）

木洞黄埔将军大院（王濂清是黄埔十期学生，官至上校）距镇政府驻地 5 千米。（蒋效伦摄于 2018 年 5 月 29 日）

地方特色（美食类）

石磨豆花工具

木洞豆花及佐料一组（2016年12月摄）

2015年12月，木洞河街墙壁木洞豆花浮雕（2016年12月摄）

龚记油酥鸭店铺（2016年12月摄）

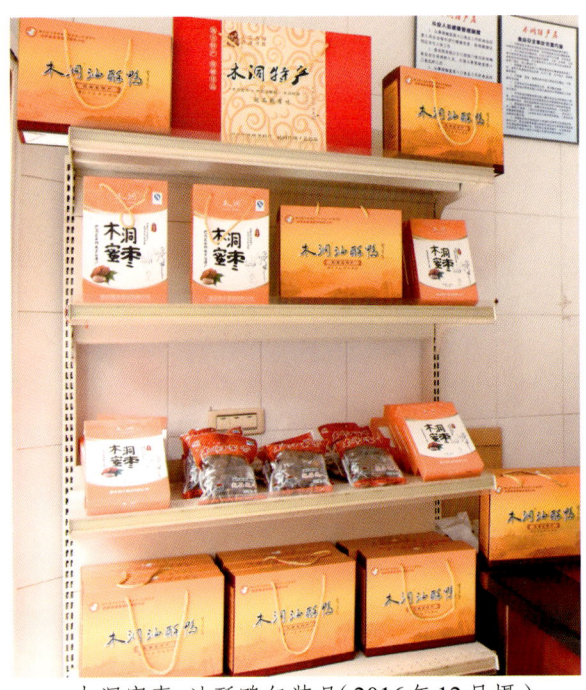

木洞油酥鸭（2009年11月摄）

木洞蜜枣·油酥鸭包装品（2016年12月摄）

木洞蜜枣（2010年10月摄）

木洞榨菜品类（2016年12月摄）

地方特色（木洞鱼类）

江团

水米子（刀鱼）

鲢鱼

荣誉奖状

一、国家级

2006年6月,"木洞山歌"被国务院公布,文化部颁发第一批国家级非物质文化遗产名录

2005年10月,木洞镇被国家体育总局评为2001年—2004年度"全国群众体育先进单位"

2000年10月,木洞镇女子龙舟队代表重庆市参加全国第四届农民运动会(在绵阳举行),荣获全国第五名

2011年5月,木洞山歌参加第九届中国西部民歌(花儿)歌会,荣获文化部银奖。

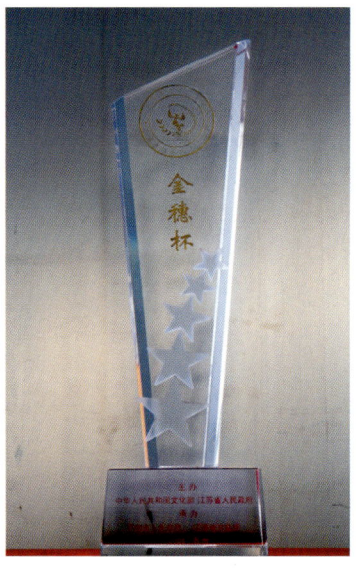

2008年11月，木洞山歌"迎村官"荣获国家文化部"金穗杯"

2011年6月，木洞山歌"阳雀叫喊闹喳喳"，荣获国家文化部"中华杯"

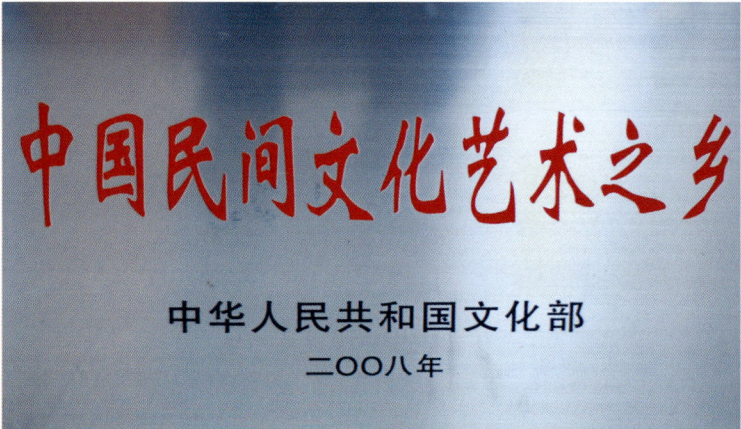

2008年11月，木洞镇被文化部评为"中国民间文化艺术之乡"称号

2011年11月，木洞镇被文化部评为"中国民间文化艺术之乡（2011—2013）"称号

二、市级荣誉

1990年10月,巴县木洞区被重庆市文化局命名为"山歌之乡"

2000年6月,木洞镇女子龙舟队参加重庆市宗申杯首届"南湖龙舟赛"获冠军

1997年4月,木洞镇被重庆市体委评为体育工作"先进乡镇"

1999年11月,木洞山歌被重庆市文化局命名为"巴渝优秀民间艺术"

2001年4月,木洞镇被重庆市农业局 体育局 农民体协评为"新世纪新春农民健身活动月"先进单位

2006年10月，木洞镇被重庆市农业局 体育局 农民体协，评为"重庆市'亿万农民健身活动'先进乡镇"。

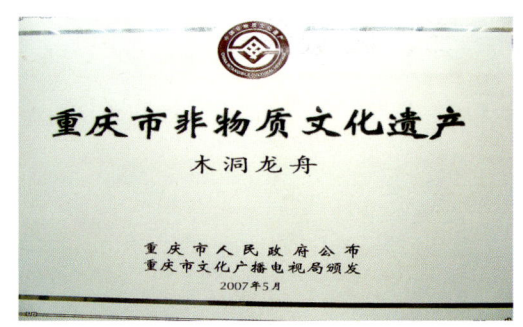

2007年5月，"木洞龙舟"被重庆市人民政府公布，市文化广播电视局颁发"重庆市非物质文化遗产"名录

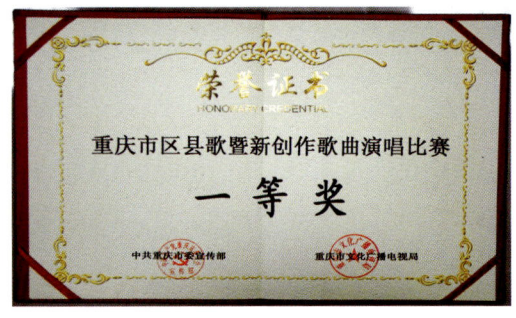

2011年7月，"木洞山歌"参加重庆市委宣传部 文化广播电视局举办的区县歌暨新创作歌曲演唱比赛荣获"一等奖"

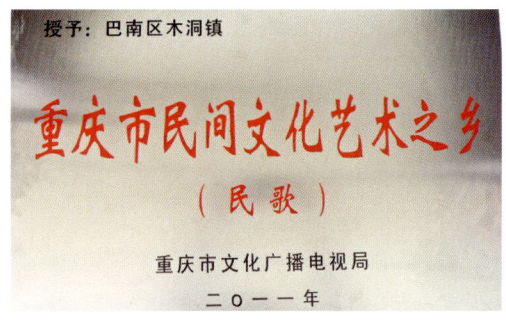

2011年11月，木洞镇被重庆市文化广播电视局授予"重庆市民间文化艺术之乡（民歌）"

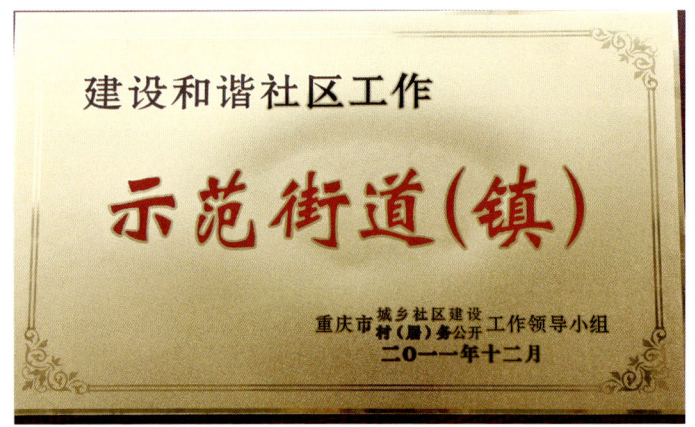

2011年12月，木洞镇被重庆市城乡社区建设村（居）务公开工作领导小组，评为建设和谐社区工作"示范街道（镇）"

三、区级荣誉

2008年7月，木洞镇荣获巴南区委 区政府"2006-2007年度'立党为公、执政为民'好班子嘉奖"

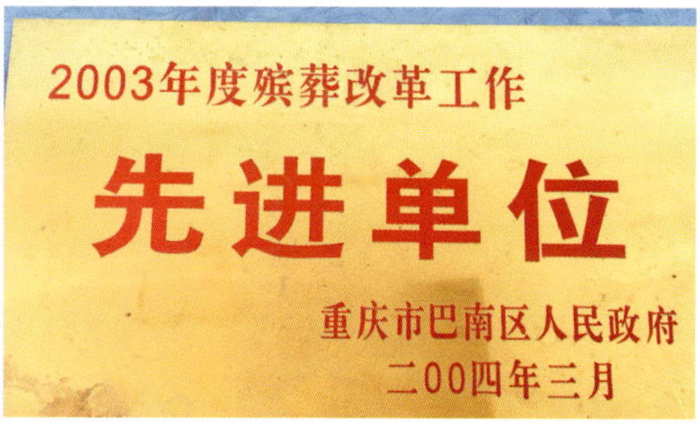

2004年3月，木洞镇荣获巴南区人民政府2003年度殡葬改革工作先进单位

2007年8月，木洞镇荣获巴南区政府"2007年度镇街人大工作目标考核"一等奖

2006年7月，木洞镇荣获巴南区委"先进基层党组织"

2008年10月，木洞镇荣获巴南区委、区政府政府"重庆市巴南区三峡移民工作'先进集体'"

2008年10月，木洞镇荣获"巴南区委、区政府'热爱巴南 共建美好家园'演讲比赛组织奖"

2009年8月，木洞镇荣获"巴南区委、区政府2008年度工作嘉奖"

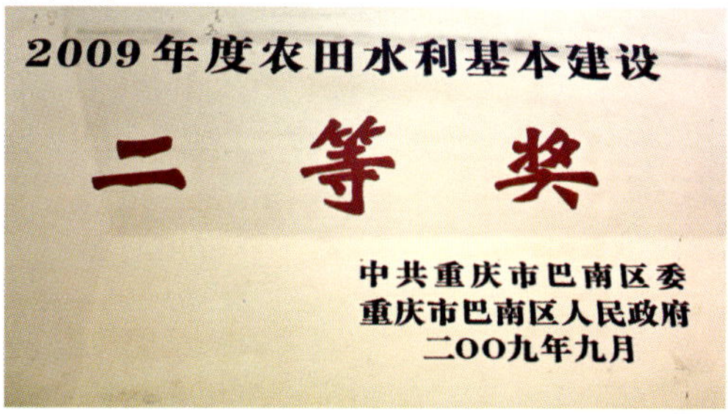

2009年9月，木洞镇荣获"巴南区委、区政府2009年度农田水利基本建设二等奖"

2010年12月，木洞镇荣获"巴南区政府依法行政'先进单位'"

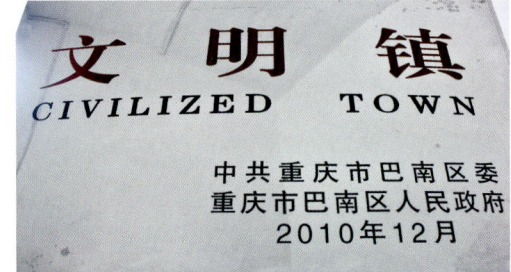

2010年12月，木洞镇荣获"巴南区委、区政府'文明镇'"称号

2011年2月，木洞镇荣获"巴南区委、区政府宣传文化工作'先进集体'"称号

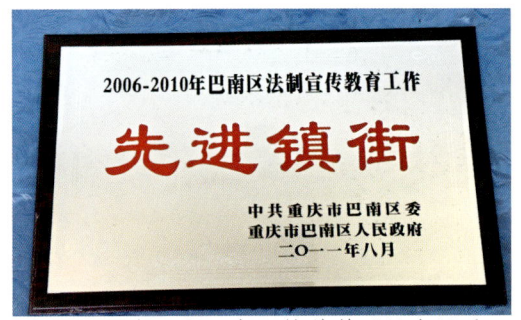

2011年8月，木洞镇荣获"巴南区委、区政府2006—2010年度法制宣传教育工作'先进镇街'"称号

2012年3月，木洞镇荣获巴南区委区政府"人口和计划生育工作党政目标管理"一等奖

2012年8月，木洞镇荣获"巴南区委、区政府2011年度领导班子考核'先进集体'"称号

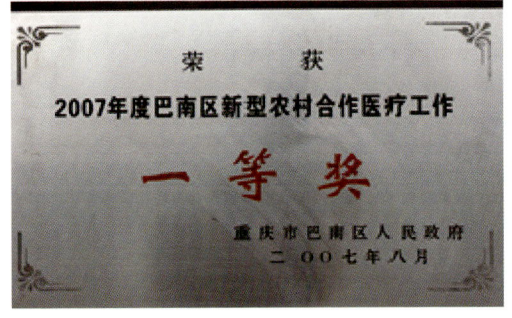

2007年8月，木洞镇荣获巴南区政府"2007年度巴南区新型农村合作医疗工作一等奖"

目　录

概　述 …………………………………………………………………………（ 1 ）

大事记 …………………………………………………………………………（ 7 ）

第一篇　政　区

第一章　历史沿革 ……………………………………………………………（ 25 ）

　　第一节　建　置 …………………………………………………………（ 25 ）

　　第二节　区　划 …………………………………………………………（ 26 ）

　　第三节　村和社区 ………………………………………………………（ 29 ）

第二章　自然地理 ……………………………………………………………（ 32 ）

　　第一节　地质 地貌 ………………………………………………………（ 33 ）

　　第二节　气　候 …………………………………………………………（ 34 ）

　　第三节　河　流 …………………………………………………………（ 35 ）

　　第四节　土壤岩层 ………………………………………………………（ 35 ）

　　第五节　植物动物 ………………………………………………………（ 36 ）

　　第六节　灾　害 …………………………………………………………（ 37 ）

第三章　人　口 ………………………………………………………………（ 41 ）

　　第一节　人口规模 ………………………………………………………（ 41 ）

第二节　人口构成……………………………………………………（44）

　　第三节　姓　氏……………………………………………………（48）

　　第四节　计划生育…………………………………………………（49）

第二篇　政　治

第一章　中国共产党地方组织……………………………………………（53）

　　第一节　木洞区委……………………………………………………（54）

　　第二节　镇（乡）党委总支…………………………………………（59）

　　第三节　镇党委工作部门……………………………………………（64）

　　第四节　村（社区）党组织…………………………………………（69）

第二章　镇（乡）人民代表大会…………………………………………（79）

　　第一节　历届人代会…………………………………………………（79）

　　第二节　人大主席团…………………………………………………（90）

第三章　政府机构…………………………………………………………（92）

　　第一节　镇（乡）人民政府…………………………………………（93）

　　第二节　木洞镇辅政机构……………………………………………（103）

　　第三节　政务纪要……………………………………………………（107）

　　第四节　村（社区）委员会…………………………………………（112）

第四章　群团组织…………………………………………………………（121）

　　第一节　农民组织……………………………………………………（121）

　　第二节　工　会………………………………………………………（123）

　　第三节　共青团………………………………………………………（124）

　　第四节　妇女联合会…………………………………………………（126）

　　第五节　科　协………………………………………………………（127）

第五章　政法　武装………………………………………………………（128）

　　第一节　公　安………………………………………………………（128）

第二节　人民法庭……………………………………………（130）
　　第三节　司法行政……………………………………………（131）
　　第四节　社会治安……………………………………………（132）
　　第五节　基层人民武装部……………………………………（132）
　　第六节　解放木洞……………………………………………（133）

第三篇　经　济

第一章　农业经济……………………………………………………（137）
　　第一节　农业经济发展历程…………………………………（137）
　　第二节　农业经济发展………………………………………（140）
第二章　农　业………………………………………………………（141）
　　第一节　种植业………………………………………………（142）
　　第二节　养殖业………………………………………………（145）
第三章　农机水利……………………………………………………（148）
　　第一节　农　机………………………………………………（149）
　　第二节　水　利………………………………………………（150）
第四章　林　业………………………………………………………（153）
　　第一节　林地资源……………………………………………（154）
　　第二节　造林绿化……………………………………………（154）
　　第三节　退耕还林……………………………………………（155）
　　第四节　林地确权……………………………………………（157）
第五章　农村经营体制改革…………………………………………（158）
　　第一节　生产方式与分配……………………………………（158）
　　第二节　家庭联产承包责任制………………………………（159）
　　第三节　土地流转……………………………………………（162）
　　第四节　现代都市效益农业开发……………………………（164）

第六章 工　业 ……（166）

第一节　形成与发展 ……（166）
第二节　地方集体企业 ……（168）

第七章　商贸服务业 ……（173）

第一节　商贸经济的形成 ……（173）
第二节　集市贸易 ……（174）
第三节　商业贸易 ……（175）
第四节　餐饮服务业 ……（180）

第八章　交通　邮电 ……（186）

第一节　道路交通 ……（186）
第二节　水上交通运输 ……（191）
第三节　邮　政 ……（195）
第四节　通　信 ……（196）

第九章　城镇建设 ……（196）

第一节　旧城改造 ……（197）
第二节　新区建设 ……（198）
第三节　公共设施 ……（201）
第四节　新农村建设 ……（203）

第十章　三峡库区木洞移民 ……（205）

第一节　移民任务 ……（205）
第二节　移民搬迁 ……（206）
第三节　两岛搬迁 ……（208）
第四节　后扶工作 ……（209）
第五节　库区建设 ……（210）

第十一章　财税　金融 ……（212）

第一节　财　政 ……（213）

第二节 税 收 …………………………………………………………… (214)

第三节 金 融 …………………………………………………………… (219)

第四篇 文 化

第一章 教 育 …………………………………………………………… (223)

第一节 学前教育 ………………………………………………………… (223)

第二节 小学教育 ………………………………………………………… (224)

第三节 中学教育 ………………………………………………………… (227)

第四节 教育管理组织 …………………………………………………… (230)

第二章 文化 广播 电视 ……………………………………………… (231)

第一节 文化体育服务中心 ……………………………………………… (231)

第二节 阵地建设 ………………………………………………………… (232)

第三节 电影放映 ………………………………………………………… (233)

第四节 广播电视 ………………………………………………………… (234)

第五节 图书室 …………………………………………………………… (235)

第六节 群众文艺 ………………………………………………………… (236)

第三章 名胜古迹 ………………………………………………………… (241)

第一节 名 胜 …………………………………………………………… (241)

第二节 古 迹 …………………………………………………………… (250)

第三节 木洞老街和码头 ………………………………………………… (260)

第四节 名人故居和遗址 ………………………………………………… (264)

第五节 木洞碉楼 ………………………………………………………… (266)

第四章 体 育 …………………………………………………………… (270)

第一节 体育设施 ………………………………………………………… (270)

第二节　龙舟竞技 ……………………………………………………………… (271)

　　第三节　群众健身活动 …………………………………………………………… (272)

第五篇　木洞山歌

第一章　历史源流 ……………………………………………………………………… (275)

　　第一节　形　成 …………………………………………………………………… (275)

　　第二节　传　唱 …………………………………………………………………… (276)

第二章　山歌类别 ……………………………………………………………………… (277)

　　第一节　禾　籁 …………………………………………………………………… (277)

　　第二节　啰儿调 …………………………………………………………………… (279)

　　第三节　盘　歌 …………………………………………………………………… (280)

　　第四节　船工号子 ………………………………………………………………… (283)

　　第五节　其他歌种 ………………………………………………………………… (284)

　　第六节　歌词·衬词特征 ………………………………………………………… (285)

第三章　展演交流 ……………………………………………………………………… (288)

　　第一节　展演与获奖 ……………………………………………………………… (288)

　　第二节　传播与交流 ……………………………………………………………… (290)

　　第三节　山歌为平台的文化交流 ………………………………………………… (291)

第四章　保护与传承 …………………………………………………………………… (292)

　　第一节　入选国家级非物质文化遗产名录 ……………………………………… (292)

　　第二节　传承人 …………………………………………………………………… (293)

　　第三节　著作　音像 ……………………………………………………………… (296)

　　第四节　山歌精品 ………………………………………………………………… (299)

　　第五节　表演团体 ………………………………………………………………… (300)

第六篇 社会

第一章 社会保障 (301)
- 第一节 优抚安置 (301)
- 第二节 社会救济 (304)
- 第三节 社会福利 (306)
- 第四节 社会保险 (307)

第二章 婚姻登记 (309)
- 第一节 结婚登记 (310)
- 第二节 离婚登记 (310)

第三章 医疗卫生 (311)
- 第一节 木洞镇中心卫生院 (312)
- 第二节 卫生室 (314)
- 第三节 合作医疗 (315)

第四章 宗教和民俗 (317)
- 第一节 宗教 (317)
- 第二节 民俗 (320)

第五章 道德风尚 (327)
- 第一节 乡规民约 (327)
- 第二节 精神文明创建活动 (330)

第七篇 人物 荣誉

一、人物 (333)
　(一) 人物传记 (334)

（二）人物简介 …………………………………………………………（344）
　　（三）人物名录 …………………………………………………………（370）
　　（四）人物名表 …………………………………………………………（377）
二、荣　誉 …………………………………………………………………（379）
　　（一）集体荣誉 …………………………………………………………（379）
　　（二）个人荣誉 …………………………………………………………（382）

附　录

一、重要文献辑录 …………………………………………………………（389）
二、重要文件索引 …………………………………………………………（397）
三、历代名人木洞诗作 ……………………………………………………（406）
四、传　说 …………………………………………………………………（418）
五、木洞发生的历史事件 …………………………………………………（423）

编后记 ……………………………………………………………………（429）

概　述

　　木洞镇位于巴南区政府驻地北部，地处长江上游明月峡口下端南岸，五布河与之汇合处，地理坐标在东经106°27′北纬29°22′交汇点，距巴南区政府驻地50千米、重庆朝天门码头39.1千米，辖区面积104.3平方千米。2011年底，全镇人口数为43531人。

　　木洞镇历史悠久。明代始设建置，为木洞里。清代为仁里九甲。清末设木洞镇，此为木洞镇名之始。民国年间，几易镇名。民国二十四年（1935年），木洞始为区署治所。中华人民共和国成立后，辖区和镇名几经变化。1993年12月，撤区并乡建镇，木洞区署撤销，原区辖木洞镇、木洞乡、长坪乡合并为木洞镇；栋青乡、仰山乡合并，更名青山镇。2001年7月，扩建镇制，青山与木洞镇合并，更名木洞镇。

　　1940年8月至9月，中共中央南方局在木洞建立西南工作委员会，领导川东特委、川康特委、贵州省临工委、云南省工委、湘鄂西区党委工作。中华人民共和国成立后，加强党组织建设和政权建设，成立区、镇、乡党委和镇、乡人大、政府，建立、健全公安、司法、法庭和人民武装以及群众团体等完整的党、政、群等组织，领导和组织木洞民众健康、有序地进行政治、经济、文化和社会建设。木洞镇先后荣获重庆市文明镇和重庆市百强镇，新农村建设示范镇，全国体育先进镇，中国民间文化艺术之乡，全国绿色低碳镇等称号，木洞山歌列入国家级非物质文化遗产保护项目。

水运码头兴盛

　　木洞镇濒临黄金水道长江，西接重庆，沿长江可溯成都，走嘉陵江能达广元，东连宜昌、汉口，再下可通南京、上海，为通江达海之港口，是通商航运的重要枢纽。川汉、川黔、川湘等地南来北往的货物，东下西上的物资，都在这里吞吐集散。唐代就有"水国舟中市"。明代即成为川东"四大名镇"之一。清代末年和民国年间，这里的商贸愈加繁荣。从普慈岩至洗布石的"一里码头"，从石宝街到三峭湾的"五里长街"，店铺林立、百业兴旺，餐饮茶馆、出入频繁、豆花小酒、吆喝笑声、迎宾入市；每年端午节的龙舟竞技，春节的舞狮玩龙、秧歌高跳、气枪、游戏热闹有序。每年遇枯水季节，木洞码头的河坝遍搭捆绑房屋，餐茶旅栈、星罗棋布。在陆路上，木洞—南川石板道上的运输货担，往来摩肩接踵，日夜络绎不绝，涪陵、南川、贵州等地的商贩，前来采购棉纱，入夜九十点钟还十分热闹；在水路上，一批批大型木船，傍晚停泊夜宿，数十成百的船夫蜂拥上岸，全街鼎沸，人流如潮，商店繁忙，深夜不休，有的通宵达旦，应接不暇。当时，商界形成油、盐、糖、酒、屠、木、药材、棉纱、白布、杂货、粮食、旅栈共12个帮口和油业、盐业、糖业、酒业、绸布业、棉纱业、粮食业、榨菜业、百货业、山货业、屠宰业、民航业、餐茶旅栈业、经纪业共14个同业公会。民国二年（1913年）成立木洞商会。木洞水码头经常有上百只木船从事航运，木洞船工为木洞帮，是重庆24船帮之一；还有佛亨公司多艘轮船营运客货。木洞市场的棉纱吞吐量全年达5000余包（每包20小卷），食盐在300万千克、桐油100万千克以上。这些桐油，经宜昌、汉口，至上海，再转运至国外。木洞不仅设有云、贵、川、湘、鄂五省会所协调处理商务事宜，还有英、美、日等国的商务代办机构从事商贸，重庆海关也派船前来验关出境。

中华人民共和国成立后，在党和政府的领导和支持下，木洞镇着力建造木洞水运码头，上起木洞镇取沙场，下至八洞桥，岸线长4200米。码头总面积18.2万平方米，其中陆域4.8万平方米，水域13.4万平方米。木洞码头总长295米，泊位7个。1949年前，码头有4个，即：盐码头、客货码头、行船码头、洗布石或柴火码头；20世纪60年代，以长航码头，轮渡码头，货运码头，水运公司为主的装卸码头，靠泊能力达1000吨级，核定年通过能力30万吨，有堆场3.2万平方米，其中简易堆场2.9万平方米。公路通达木洞镇后，于1975年至1978年期间，先后修建两条下河公路到码头，方便货物运输。1972年到1981年，交通部门在港区内设置载重5吨的货运汽车6辆，载重1吨的手扶拖拉机2辆。1985年，木洞港有固定装卸工120人，客运量13.9万人次（出口人次），货物吞吐量12.6万吨（进口10.2万吨，出口2.4万吨）。主要运输物资以矿建材料、钢铁、化肥、煤炭为大宗，其次为粮食、木材、水泥、食盐等，木洞特产榨菜、蜜枣，畅销全国各地，远销国外。

农工财贸繁荣

水运码头兴盛，带动木洞镇农工财贸协调发展，中华人民共和国成立以来，木洞镇农村经历土地改革、互助组、合作社、人民公社和家庭联产承包责任制，1995年，继续完善土地承包责任制，深化农村土地经营管理，实施第二轮土地颁证确权，推行土地流转。木洞镇农业在实施生产关系变革的同时，还进行产业结构调整。全镇农村划为特色农业区、转型农业区和生态旅游观光区，建立优质蔬菜基地、油菜种植基地、蚕桑基地、优质种猪基地、草食动物基地、水产基地，发展现代生态农业。2001年，木洞镇扩并镇制初期，耕地面积5.32万亩，其中田2.87万亩，土2.45万亩，农业生产总产值9297万元，农民人均纯收入2065元。至2011年，木洞镇农业生产总产值达21703.1万元，比2001年增长133.44%；农民人均纯收入7757元，比2001年增长275.64%。

木洞镇辖区内企业有属于二轻系统的地方国有企业、乡镇企业（1984年前称为社队企业）和私营企业。随着企业改革不断深化，木洞镇政府对企业产权和经营方式进行改革：一是对现有镇村集体企业进行改制，实行租赁或拍卖；二是加强招商引资；三是发展农副产品和乡镇企业；四是培植"一建二基"，即一批建筑集团，化工和建材两大基地。2011年，木洞镇实现工业总产值79555万元，与2001年扩并镇制初期的工业产值6052万元相比，增加12倍。

木洞镇商贸在中华人民共和国成立前兴盛繁荣基础上，有了新发展。中华人民共和国成立后，发展国营商业、供销社商业、集体商业、私营商业等多种体制的商业。1994年起，国营商业、供销社商业、集体商业在商业体制改革中陆续转制、解体，私营商业蓬勃发展。2011年，全镇注册登记的批发和零售业个体商业户1420户、食宿和餐饮业91户、服务业235户。全镇社会消费品零售总额14900万元，与2001年扩并镇制初期零售额3700万元相比，增长302.70%。

中华人民共和国成立后，木洞水上运输主要由长江航运公司、重庆轮渡公司和木洞水上运输社（后更名为运输公司）承担。至20世纪80年代，随着以机械为动力的轮驳发展，以人工为动力的木船退出航运舞台。至21世纪初，因茶涪公路通车，木洞客货转走陆路，水上运输日渐萧条，陆上交通则有较大发展。木洞镇域内有主要公路124千米，其中，等级公路34千米，过境高速公路9千米。2011年，木洞镇运输企业拥有客运汽车38辆，日客运量3100人次，全年客运量120万人次；货物运输车辆116辆，全年货运量15万吨。

随着科学技术进步，木洞邮政电信发展迅速。2011年年末，有邮政网点2个，投递路线单程总长度10千米，投递点15个，乡村通邮率100%。全年投递国内函件3.4万件，国内汇票业务1000笔，国内异地特快专递信件4000件，征订报纸123.3万份、杂志1.7万册，业务收入400万元。有电信企业3家，服务网点15个，电话交换机总容量1.2万门，固定电话用户7000户，电话用户普及率60%；移动电话用户3.2万户，普及率

73.6%；光缆线路总长 250 千米，主干电缆每千米 100 对，互联网端口总数 0.32 万个，其中已占用端口总数 0.23 万个，宽带接入用户 0.22 万户。全年电信业务收入 11000 万元。

木洞镇财政、税务、金融机构按照国家政策进行管理，财政收支、税金收缴和金融存贷运行良好，有力地支持了木洞镇经济建设和社会生活等各项事业有序运行。2011 年，财政收入 556 万元，与 2001 年扩并镇制初期财政收入 218.6 万元相比，增长 154.35%。

木洞镇农工经贸协调发展，促进了城镇建设。木洞城镇建设大致经历了古镇建设、主段改造和新区建设三个阶段。中华人民共和国成立前，木洞已建成东起三峭湾西至石宝街的"五里长街"。中华人民共和国成立后至改革开放，木洞没有新修街道，只实施了主段改造工程。20 世纪 80 年代至 2011 年底，总计投入各类建设资金约 13 亿元，新建商住楼 142 幢，总建筑面积 24 万平方米，主要商贸大街 6 条，每条长达 3000 余米，宽为 16～24 米，已经基本建成规模初具、设施齐全、宜居宜商的政治、经济、文化中心镇。

山歌享誉全国

木洞山歌是木洞民众在生产生活中创造的歌谣。300 多年前就在木洞民众中广为传唱，有清初王士祯诗作记载。啰儿调、禾籁和船工号子是木洞山歌主要歌种，其他歌种包括情歌、小调和风俗歌等。1990 年，重庆市文化局命名木洞镇为"山歌之乡"。1998 年，重庆市文化局又将木洞山歌命名为"巴渝优秀民间艺术"。2006 年前后，木洞山歌先后列入区级、市级、国家级非物质文化遗产代表作名录。2008 年 11 月，被文化部命名为"中国民间文化艺术之乡"。木洞山歌数百次参加区县、省市和全国展演、赛演并获奖，三次进入中央电视台向全国和世界展播。2011 年 10 月 22 日，中央召开十七届六中全会，会议做出关于文化大发展大繁荣决定期间，木洞山歌被中央新闻联播提要广播。

木洞镇对列入区级、市级、国家级三级保护项目的木洞山歌实施了有效保护，经专家评审后报文化主管部门批准国家级传承人 2 人、市级传承人 6 人、区级传承人 5 人。编写、出版专著 5 本 8 册，制作光盘 1000 余张，打造精品项目 10 个，组建山歌艺术团和少儿艺术团，建立学校、村社、社区传承基地 17 个，培养新的传承人 1000 余人。

在木洞山歌传播的同时，木洞镇教育、文化、医疗、体育也迅速发展。木洞镇教育从中华人民共和国成立前的私塾、学院、义学、学堂，逐步发展为拥有学前、小学、中学、成人教育的完备体系；成立广播、电影、电视、文学、艺术、书画等组织，举办多种形式的城乡群众文化娱乐活动；建立医院、医务室、私人诊所等医疗机构和新型农村合作医疗制度，方便群众就医治病；开展群众体育、学校体育和龙舟竞赛活动，龙舟竞赛列入市级非物质文化遗产代表作名录。

移民安稳致富

木洞镇民众多是元末明初和明末清初两次"湖广填四川"时迁入，他们主要来自湖北省黄州府麻城县孝感乡（今湖北省孝感市），一些族谱都有此记载。

木洞镇有282个姓氏，排在前10名的是张、李、王、胡、刘、杨、陈、蒋、徐、何姓。这些姓氏的民众居住相对集中，体现了迁入时"插占为业"的历史事实。如蒋姓居民主要居住在长延坪之墙院及其以北，即长延坪之"上半坪"，故有"蒋半坪"之称；其下半坪为余姓，世称"余半坪"。喻姓主要聚居在苏家浩（桃花岛）之上坝，何姓主要聚居在苏家浩（桃花岛）之下坝。

中华人民共和国成立后，木洞民众居住稳定。由于三峡水库建设，淹没区域涉及12个行政村、41个合作社和2个社区，20个企业、政府、事业单位，搬迁安置人员6710人，是巴南区移民安置任务最大的镇。

根据"搬得出，安得稳，能致富"移民工作总方针以及按一、二、三、四期分期推进的工作部署，木洞镇采取投亲靠友、自谋职业、自主外迁、后靠安置、搬迁安置、货币补偿等措施，完成移民安置任务，在做好搬迁安置的同时，认真做好安置后续扶持工作。投资5100万元，占地3.1万平方米（包括绿化地），修建了5.9万平方米的安置房；建设包括占地1.7万平方米的移民活动中心、移民活动广场、村（居）社会服务大厅、停车库、文化活动室等移民服务设施。投资884.64万元，兴建29.93千米移民公路，创建31个移民就业企业，举行有3000余人参加的多种就业技能培训，至2011年底，已有80余人到遂宁承包土地5000余亩，种植大棚蔬菜；有2800余人外出就业；另有30余人通过创业培训当上个体老板。迄今为止，没有一人要求重新安置。

乡贤英哲荟萃

木洞镇悠久、良好的人文历史，哺育出一批批仁人志士。镇政府从中核定出木洞镇十大名人，他们分别是：辛亥革命先驱，孙中山大元帅府秘书长和四川省、广东省省长杨沧白；在渣滓洞监狱与敌人坚决斗争，写下广为流传的壮烈《囚歌》，红岩革命英烈何敬平；先后担任荷兰和丹麦王国特命全权大使（中国第一位女大使），全国党代会代表、人大代表和政协委员丁雪松；全国妇女联合会副主席，全国人大代表、人大常委会委员，中共中央委员黄启璪；担任外交部亚洲司副处长、处长，牙买加全权大使，中越（南）边界谈判代表团副团长喻明生；重庆大学法学院院长，全国人大代表，著有30余部法学专著，全国著名法学专家陈忠林；重庆市川剧院院长、民建中央常委、全国政协委员、全国人大代表，两度荣获中国戏剧梅花奖的沈铁梅；留学日本早稻田大学，主编多种革命报刊，创办巴县师范学校和木洞中学的李华飞；重庆市艺术研究所（重庆市文化艺术研究院的前身）中国共产党支部书记兼主持全面工作的所长，著有27部30册专著，重庆首届十佳写书人，载入《世界名人录》等50多种辞书的胡天成；著名京剧表演艺术家、誉为"重庆梅兰芳"的沈福存。此外，还有一些为木洞做出特殊贡献，获得国家级荣誉11人，获得省市级荣誉32人。他们的业绩为木洞增添了荣耀，成为鼓舞家乡民众前进的正能量。

几十年来，木洞民众在各级党组织和政府的领导下，团结一致，锐意进取，使木洞社会、经济、文化、生态建设取得显著成绩，荣获"中国民间文化艺术之乡""全国体育先进镇""全国绿色低碳镇"和木洞山歌列入"国家级非物质文化遗产保护项目"等四项国家级荣誉，以及"重庆市百强镇""新农村建设示范镇"等殊荣。木洞民众正再接再厉，打造成为巴南区东部区域经济发展重要增长极，将土地垴、松子、水口寺、土桥、钱家湾等村连成一片，成为木洞镇轻纺工业、医药业中的园区产业链，海眼、墙院、庙垭、杨家洞、栋青、景星村重点发展农业、旅游、文化相融合的现代观光农业，桃花岛、中坝村发展旅游休闲、经贸中心产业，努力将木洞镇建设成为滨江宜居新城、国际旅游度假区、西部新兴产业基地。为实现这一目标，木洞镇人民在中国共产党的领导下，以马克思列宁主义、毛泽东思想、邓小平理论、"三个代表"重要思想、科学发展观、习近平新时代中国特色社会主义思想为指导，紧密团结在以习近平同志为核心的党中央周围，努力实现中国梦，各项事业扬帆启航，高歌猛进，未来的木洞，一个全面实现小康社会的新木洞即将展示眼前，木洞的明天必定会更加美好！

大事记

明　代

木洞设木洞里，设木洞水驿。

清　初

木洞设仁里九甲。

清·康熙十一年（1672年）

刑部尚书王士祯赴川作典试主考官，事毕，乘舟回京。十月初十日夜宿木洞，写有《舟出巴峡》诗："新月数声笛，巴歌何处船。今宵羁客泪，流落竹枝前。"

清·雍正七年（1729年）

木洞驿设巡检。

清·同治元年（1862年）

3月，太平天国翼王石达开军队攻涪陵战败后，分四路向西前进。一路大军自涪陵三河经巴县大茶园下的羊鹿口，3月14日，过丰盛场，下木洞，复过栋青庙，出木洞继续西进。

清·道光二十年（1840年）

木洞改名木洞镇。

清·光绪七年（1881年）

十月十八日（12月9日），杨沧白出生在木洞镇猴子洞（今前进路）。

民国二年（1913年）

木洞商会成立。
杨沧白参与讨伐袁世凯战争失败，写下《癸丑违难纪事二百韵》长诗。

民国五年（1916年）

四川省盐业改制，巴县属沪南计岸公司，木洞场设分栈，供南川、长寿、垫江、邻水食盐。

民国七年（1918年）

10月12日，何敬平出生于木洞镇栋青村。

民国十三年（1924年）

木洞镇设三等邮局。

民国二十四年（1935年）

1月，巴县县府奉省令县下设一、二、三区署，确定木洞镇为第一区署。
11月8日，巴县重新划设5个区署，木洞为第四区署。

民国二十五年（1936年）

木洞蜜枣在四川省赛花会上获优质奖。

民国二十八年（1939年）

巴县划设6个区署，木洞为第六区署。

民国二十九年（1940年）

8—9月，木洞镇建立中共西南工作委员会，以孔原为书记，负责领导川东特委、川康特委、贵州省临工委、云南省工委、湘鄂西区党委的工作。（注：中共重庆市党史研究室编写《中共党史知识手册》记载，另巴南区党的历史也有记载）

民国三十年（1941年）

4月1日，巴县警察局成立，木洞设警察所。
巴县改设12个区署，木洞仍为第六区署。
巴县县银行成立，木洞设代理县公库办事处。

民国三十一年（1942年）

巴县银行设木洞办事处。

成立川康区税务局重庆分局巴县办公处木洞办事处。

民国三十二年（1943年）

5月，杨沧白遗体安葬于木洞镇附近的东温泉场镇背面。

民国三十三年（1944年）

3月，成立和成银行木洞办事处。
11月，民丰实业银行设木洞办事处。

1949年

11月27日，中国人民解放军第二野战军第三兵团第四十七军从南川进入木洞境界，在长坪战斗一天，歼灭罗广文一个团。27日下午4时左右，解放军进入木洞镇，受到木洞工商界和人民群众热烈欢迎。

1950年

1月，设木洞税务所。
3月，木洞土匪头子康海清，率领3000多名"九路军"，进攻木洞镇。邢厚安、杜绍洲等带领200多人的剿匪中队与之战斗，镇压了康海清等土匪头子，约有1万多曾被裹胁的农民表示洗手不干，改邪归正，剿匪全面胜利。
2月，巴县人民政府公安局成立，下设木洞镇派出所。
8月，建立木洞乡农民协会。

1951年

7月，建立木洞乡人民政府。

1952 年

5月7日，巴县人民政府决定在木洞镇三段设立第六区（木洞）卫生所。
8月，组建木洞兽医站。

1953 年

3月，中共巴县第六区分委改称第六区区委。
6月，建立中国共产党木洞公社乡支部委员会。
8月，第六区成立妇女委员会。
9月，成立青年团木洞镇总支委员会。

1954 年

7月，木洞税务所改为巴县税务局木洞征收组。

1956 年

1月，巴县各区废除次第，冠以地名，第六区改为木洞区，中共巴县第六区委改为木洞区委。
1月，税务局与财政局合并，木洞征收组改为巴县财政局木洞财管所。
6月，木洞乡人民政府改为木洞乡人民委员会。

1957 年

3月，建立中国共产党木洞乡总支部委员会。

1958 年

8月,建立木洞乡人民公社。

1959 年

2月,实行以区建社,木洞区委更名为木洞人民公社党委。
4月,建立共青团木洞镇委员会。

1960 年

4月,成立木洞人民公社。
12月,木洞人民公社党委改称联社党委。

1961 年

5月,木洞人民公社联社党委恢复为木洞区委。

1962 年

4月,建立木洞公社委员会。

1963 年

4月5日晚8时45分,木洞采石厂炸药被雷击发生爆炸,死2人,重伤11人,轻伤24人,损失约1.4万元。
5月,财税两局分开,木洞财管所改为巴县税务局木洞税务所。

1964 年

1月，木洞—双胜公路开始修建。全长26千米，10月底完成。
2月10日，中国农业银行巴县支行成立。木洞分理处亦相继成立。
5月，木洞开展"清政治、清经济、清组织、清思想"的"大四清"运动。

1965 年

3月，木洞镇大礼堂建成。
10月，木洞成立贫下中农协会。
12月，巴县农行与巴县人民银行合并，木洞为中国人民银行重庆市分行巴县支行木洞办事处。

1966 年

8月，重庆港务局在木洞镇建客运候船室。

1967 年

1月，木洞场镇修建抽水站。

1968 年

12月2日，巴县革命委员会，中国人民解放军驻重庆部队，巴县支左办同意成立木洞镇革命委员会。

1969 年

2月，木洞首批场镇知识青年到农村插队落户。

11月,成立木洞人民公社革命委员会。

1970年

1月4日,水口公社革命委员会投资4万元,在栋青青年湖扩建电力配套管理设备工程。

3月,木洞运输社在木洞镇小洞门下河右边,大码头下河路左边,占地1.441亩,作为船舶维修建造厂房。

12月20日,巴水革〔1970〕25号文件,同意水口公社启动公益事业安装照明电。

1971年

10月24日,成立木洞镇党总支。

1972年

2月27日,木洞遭受暴雨袭击,造成多处垮塘、垮堰,农作物及房屋被冲毁和淹没。

8月,木洞镇团结、回龙大队建成提灌站。

1973年

3月,木洞场镇居民18岁以上青年,100余人知识青年上山下乡到农村。

1974年

8月8日至10日,木洞连降暴雨成灾。

10月14日,栋青乡青年湖水库发生沉船事故,死亡10人均为学生。

1975 年

5月，豚溪口揽载木船从木洞码头起航至豚溪口，行至鸡爬石处，触礁沉没，5人死亡，7人下落不明。

1976 年

9月18日，木洞镇辖区各单位召开毛泽东逝世追悼大会。

1977 年

10月31日下午，木洞公社杨家洞渡口义渡船超载沉没，40人落水，11人死亡。

1978 年

7月25日上午8点左右，木洞公社豚溪口村1社，小孩上厕所时，用煤油灯火光去烧厕所蚊虫，引发火灾。烧毁房屋70余间，经济损失10余万元。

1979 年

10月10日，恢复中国农业银行巴县支行，在木洞镇设立营业所。

1980 年

4月，巴县农业银行木洞营业所更名为中国农业银行巴县支行木洞营业部。
11月1日，木洞镇中坝设立水文观测点。

1981 年

3月，木洞公社革命委员会改名为木洞人民公社管理委员会。
4月，木洞区公所辖木洞镇、木洞、长坪、栋青、水口乡开展地名普查。
5月，木洞区公所辖木洞、长坪、栋青、水口乡开展土壤普查。
7月16日，木洞镇沿江遭受特大洪水，上午水位达187米，超常年洪水位13米。

1982 年

7月，成立木洞镇个体劳动者联合会。
10月15日，木洞镇机关工会成立。

1983 年

4月，中共四川省委通知不再保留贫下中农协会，当年底，木洞贫下中农协会撤销。
7月，木洞镇个体劳动者联合会改名为木洞镇个体劳动者协会。
8月，木洞全镇开展严厉打击刑事犯罪活动。

1984 年

1月，木洞区建立财政管理站。
11月，成立木洞镇老年人协会。

1985 年

6月，水口乡更名为仰山乡。
11月，木洞区公所辖木洞镇、木洞乡、长坪乡、栋青乡、仰山乡农村扫盲任务完成。

1986 年

5月,木洞举办庆祝"五一"国际劳动节、"五四"青年节和纪念"五卅反帝爱国运动"活动。

9月,木洞区辖木洞镇以及木洞乡、长坪乡、栋青乡、仰山乡开展农村党员"整党"动员工作。

1987 年

12月,木洞区辖区木洞镇以及木洞乡、长坪乡、栋青乡、仰山乡落实电影放映经费列入农村"两保证"(保证"农业税""集体提留款"足额完成)预算。

1988 年

3月,组织镇辖单位集资5.2万元,政府自筹4万元,上级补助7.5万元,修建木洞镇幼儿园教学楼,有6间教室,共462.67平方米。

1989 年

9月,成立巴县城乡建设委员会木洞管理所。
11月20日,木洞镇遭受5.4级地震,无人员伤亡,局部墙体、柱出现裂缝。

1990 年

4月,重庆市文化局命名木洞为"山歌之乡"。

1991 年

4月24日,木洞镇老年学校成立(巴县第一所乡镇老年学校)。

7月22日，木洞大桥竣工通车。

12月，木洞辖区木洞镇、木洞乡、长坪乡、栋青乡、仰山乡开展地名普查。

1992年

9月10日，杨家洞村上田坝智障女煮饭不慎，造成火灾，烧毁粮食3万余斤，烧死牛3头。

1993年

12月，区划调整，撤销木洞区署，撤木洞乡、长坪乡并入木洞镇，栋青、仰山乡合并建青山镇。

12月，将木洞镇、木洞乡、长坪乡财政所合并为木洞镇财政所。

1994年

1月，木洞镇税务所分离为国家税务所和地方税务所。

3月13日，召开木洞镇第九次党代表大会。

6月6日，木洞镇派出所更名为木洞派出所。

1995年

1月，巴县木洞镇更名巴南区木洞镇。

1月7日，召开木洞镇第十四届一次人代会。

1996年

4月15日，木洞镇列入重庆市21个扩大试点小城镇之一。

1997 年

1月，木洞镇部分街道命名。即：大桥一路、大桥二路、大桥三路、大石路、新建路。
7月1日，木洞镇党委、政府在电影院举办"香港回归"庆祝大会。

1998 年

1月8日，召开木洞镇第十五届一次人代会。
10月，青山派出所、双河口派出所并入木洞派出所。
11月27日，召开木洞镇第十次党代表大会。

1999 年

4月，木洞镇开始实施长江水位线175米以上沿岸造林绿化的重庆市林业形象工程。沿岸村有：土地垴、保安、桃花岛、庙垭村，全长15千米。
10月，成立木洞"重庆沧白书画院"。

2000 年

5月，投入资金500万元，动工兴建木洞中心医院住院部大楼，于次年8月竣工并投入使用。

2001 年

5月，木洞镇组织由30名选手组成的龙舟队参加国家体育总局、全国农民体育协会、湖北省人民政府在湖北荆州举办的"中国荆州国际龙舟赛"，获第六名。
7月1日，青山镇并入木洞镇。
8月31日，召开木洞镇第十六届一次人代会。
9月4日，召开木洞镇第十一次党代表大会。
9月17日，恢复木洞镇派出所，将双河口镇划出归双河口派出所管辖。

12月，木洞镇设置社区服务中心机构，编制10人。

2002年

3月7日，木洞镇成立地质灾害监测网络，安排34人在34个网点，开展日常监测和联络工作。

4—12月，木洞镇实施税费改革，取消乡镇统筹费，与未实施税费改革前相比，全镇农民人均负担为53.61元，人均减少负担24.21元，人均减少负担幅度为31.11%。

12月，木洞镇组织305人参加巴南区举办的"农业基础知识、市场营销、作物栽培技术"资格培训班，对考核合格的283人发给绿色证书。

6月13日上午1时，木洞镇遭受短时暴雨袭击，降水量78毫米，造成小河边大桥东端山王顶山体滑坡，滑坡体长80米，宽350米，下滑高差4~8米，危及72户居民226人的生命财产安全。

7月29日，巴南区人民政府领导、巴南区红十字会陪同中国红十字会副秘书长汤声闻、澳门红十字会会长黄如楷到木洞镇对山王顶滑坡受灾群众发放赈灾大米6000千克。

9月，木洞镇推行殡葬改革，农村人口与城镇人口死亡后同样实行火化。

2003年

3月，引进"渝太Ⅰ系"和"洋三元"优质种母猪102头，年产仔母猪1312头，销售全区各镇及周边地区，获得经济效益30余万元。

3月，引进优良生猪品种"洋三元"，在保安村修建商品猪圈（舍）7幢，面积3130平方米。

9月，重庆陶然居风味饮食文化有限公司到木洞镇招收农民工75人，前往陶然居培训基地培训15天后，有72人分赴全国各地陶然居连锁店工作。

同月，蔬菜种植户龙海波等4人到岩碥村建立无公害蔬菜基地200亩，种植辣椒系列产品美人椒、香辣四号、青果王、朝天椒等，产品销往重庆和附近区县，年产值达180万元。

10月，撤销木洞税务所，并入东泉税务所。

12月，木洞中学筹资修建的"名人展室"和"名人广场"竣工，并举行揭幕典礼，参会3000余人。名人广场占地3.3亩，建有"四大地方历史文化名人传记"的文化长廊。

12月29日，木洞中心医院更名为重庆市巴南区第三人民医院，并举行挂牌仪式。

12月，木洞镇污水处理厂建设工程启动。

2004 年

1月，墙院村建立杂交水稻制种基地。

5月，木洞镇中心小学校举办建校100周年庆典活动。

2005 年

3月14日8时，木洞镇保安村6社突发山体滑坡，滑坡体长500米，平均宽100米，面积80亩。

3月16日，由日本奥伊斯嘉国际组织和中国绿化基金会共同申请，日中绿化交流基金资助建设的"中日合作重庆生态林"建设启动仪式在木洞镇墙院村长江江畔举行，28名日本学生和绿化志愿者，与木洞中学学生和志愿者开展联合植树活动。

3月31日，中共巴南区委书记李科率区委领导及区级部门负责人到木洞镇调研，为木洞发展献计献策。

4月，巴南区木洞供销社茧站正式启用"CL-40"热风自动循环茧机烘炕设备，提高蚕茧质量。

7月11日，木洞镇行政村规模调整，将28个行政村调整为17个村，村民小组由208个调整为107个。

同月，全镇13个村维修整治办公用房3937.2平方米，投入资金37.25万元。

同月，原青山镇政府办公楼经改造装修成廉租房，当年解决"双困户"20户38人的住房问题。

同月，木洞镇豚溪口村卫生室成立。

2006 年

1月10日，青圣公路竣工通车。

3月，引进竹笋加工及农业观光园，落地庙垭村。

5月24日凌晨2时，木洞镇降雨量100毫米，豚溪口村二社山体滑坡，面积约2.25亩，7000立方米，泥石流距200米。

6月1日，木洞山歌列入国务院公布的第一批国家级非物质文化遗产代表作名录。

7月，重庆—巴涪（巴南—涪陵）沿江高速公路木洞段开工，涉及水口寺、松子、保安、庙垭村15个合作社，境内全长17千米，赔偿补助600万元。

8月10日晚10时，与木洞镇景星村1社接壤的东泉林场干堰塘林区发生森林火灾，烧毁森林800余亩。

8月28日，木洞镇成立民工赴新疆采棉工作领导小组，组织自愿赴疆采棉的农民工372人，前往新疆建设兵团29团6个连队采摘棉花。采摘结束后，于11月22日返镇。

10月30日，木洞镇扩建豫园路一条街竣工。因此路由河南省捐款资助修建，故命名为"豫园路"。豫园路东接木洞中学校门，西接原重庆焊管厂厂门，全长880米，车道宽7米，两边人行道各宽5米。

12月3日，移民小区工程建设施工队人员平基时，于团山堡发现5座石棺墓葬遗址。

2007 年

1月19日，中国农业银行重庆巴南支行木洞营业部更名为中国农业银行重庆巴南木洞支行。

3月，镇部分行政村调整，原豚溪口村与庙垭村合并，取名庙垭村；原钱家湾村与雁坝村合并，取名钱家湾村；原栋青村与院墙村合并，取名栋青村。

5月，启动国家175米水位线以下的移民工程，2008年验收一次性合格，完成库底清理。

6月，木洞镇土地垇（即卷洞桥）农民新村落成。

7月，经重庆市人民政府〔2007〕80号文件批准，"木洞龙舟"入选市级非物质文化遗产代表作名录。

8月，新建沼气池975口，经巴南区能源办验收合格，每口建设费由上级农村沼气国债项目资金补助1000元。

9月，新建栋青农贸市场，占地面积为2200平方米，结构为钢架铝合金屋顶，摊区按家禽、家畜、水产、蔬菜、农用物资、小百货、服装等各类别划分，投入资金270万元。

10月，启动征地农转非人员纳入基本养老保险。

2008 年

1月17日，庙垭村博爱卫生室挂牌。

9月，木洞—菩萨滩公路改建，全长10.06千米，其中木洞镇辖区内长7.226千米，当年12月完成路基工程。

11月7日，木洞镇商会成立。

11月，木洞镇建成农家书屋14个、社区书屋3个。

11月，文化部命名木洞镇为"中国民间文化艺术之乡"。

2009 年

1月5日，木洞山歌参加第二届"重庆·巴南旅游文化节暨邀请赛"开幕式表演。

3月6日，木洞山歌走进中央电视台新闻频道《小崔会客》播出的专题节目《中国非物质文化遗产——木洞山歌》。

10月28日，木洞镇"村村通"直播卫星工程通过区级检查验收。

12月9日，重庆市第五中级人民法院院长王中伟到木洞镇调研社会治安综合治理及平安建设工作。

3月14日，召开木洞镇第十七届一次人代会。

4月3日，国务院三峡办主任汪啸风到木洞镇调研三峡移民工作。

2010 年

6月3日，《重庆日报》《重庆晨报》《重庆晚报》等主流报业媒体，以及华龙网、重庆电视台等8家新闻媒体，联合采访木洞山歌。

6月26日，木洞山歌参加西西弗故事广播文化沙龙，接受重庆广播电台采访直播。

6月27日，《卢作孚》剧组在木洞河边码头拍摄取景，历时10天，群众演员1000余人。

9月10日，农村畅通工程木洞—高洞公路通车。

10月20日，改造岩碥—新民公路竣工，道路全长13.15千米，新建路段长2.9千米，宽3.5米，石油沥青路面，总计投资1450万元。

10月28日，重庆市政协学习文史委主任李自治、副主任郝成竹一行7人到木洞镇调研非物质文化遗产保护工作。

12月，土地堉村村民委员会和重庆安达殡仪服务有限公司联合修建木洞殡仪服务站竣工。

2011 年

2月11日，撤销丰盛派出所建制，原管辖范围交由木洞派出所负责，木洞派出所在丰盛镇设立警务室。

3月，开展长江森林工程春季植树活动，共种植桉树、血橙、栾树、桂花等80万余株，种植面积9587亩。其中，滨江生态防护林2757.9亩、生态景观林6008.8亩、生态兼用林 820.3 亩。

3月22日，重庆市委副书记张轩在木洞镇豚溪口出席"保护母亲河"启动仪式。

5月16日，"保护母亲河工程重庆巴南项目·解放军青年林"在木洞镇启动。区委副书记胡能兵出席启动仪式并致辞，团中央农村青年工作部部长郭祥玉，市级相关部门负责人，解放军相关单位负责人和有关巴南区领导出席。

8月9日，木洞派出所开展警营文化建设。

8月31日下午4时，木洞镇庙垭村黄桷湾大院，70岁老人在家煮饭不慎引发火灾，烧毁房屋19间，粮食1万余千克。

9月16日，木洞镇代表队参加重庆市委宣传部、市文化广播电视局举办的区县歌暨新创作歌曲演唱比赛，获一等奖。

9月26日，经中华人民共和国财政部、住房和城乡建设部、国家发展和改革委员会批准，木洞镇为第一批试点示范绿色低碳重点小城镇。

同月26日上午，重庆市麻柳沿江开发区一期工程暨中国西部安全（应急）产业基地开工仪式在木洞镇水口寺村举行，重庆市人民政府副市长童小平、巴南区委书记李建春、区人民政府区长段成刚，以及巴南区有关部门领导和木洞镇领导出席开工仪式，参会群众约2000人。

10月11日，《人民日报》以"文化高地正崛起"为标题，报道木洞镇文化工作亮点和特色。

10月22日，中央电视台《新闻联播》提要首播木洞镇文化工作。

11月，文化部复查第二次命名木洞镇为"中国民间文化艺术之乡"。

同月3日，重庆卫视《新闻联播》采用播出木洞镇机关干部传唱木洞山歌。

同月6日，重庆电视台《十大民生》栏目专题播放木洞文化工作成果。

同月27日，重庆市公安局"派出所警营文化评定"检查组对木洞派出所的警营文化建设进行检查验收，评定木洞派出所为派出所警营文化建设一级达标单位。

12月22日，召开木洞镇第十三次党代表大会。

12月31日，南岸—涪陵公路与木洞镇连接道竣工通车。

第一篇 政 区

木洞是位于巴南区东北部长江南岸的一个重镇。明代始设建置,名木洞里。以后,镇名几易为里、甲、场、联保、镇,建制区划亦多轮变化,民国二十四年(1935年)1月至1993年12月为巴县政府派出机构区署治所。2011年底,木洞镇辖区面积104.3平方千米,居住人口43476人,为巴南区集聚人口数量中等镇。木洞镇自然地理东、南、西多为山脉,北面为长江,浅丘陵地区,山河纵横,江中两岛,土壤结构复杂,河岸与山地泥土明显差异,适宜种植水稻、玉米、红苕、小麦等多类五谷杂粮,雨量足,雾季明显,春夏秋冬四季分明,是适宜人居住、休闲的好地方。

第一章 历史沿革

木洞镇因"洞出神木"得名。明代始设建置,名木洞里。清末设木洞镇,此为木洞镇名之始。民国年间,镇名多次变更。中华人民共和国成立初,恢复木洞镇,沿用至今。随着木洞建制的变化,其区划与镇乡情况亦多有变迁。

第一节 建 置

一、地名起源

木洞之名,源于木洞镇人民从镇街西侧的五布河与木洞段长江汇合处的菜坝薛家井对岸狮子岩石洞取出神木修建禹王庙的传说。

明代,此处修建供奉治水英雄大禹的禹王庙,工程需大量木材。一天晚上,主修大庙的掌墨师带人走到狮子岩前,用墨斗签在石壁上画了一个簸箕大的圆圈,听得哗哗啦啦一阵石裂声响,圆圈成了石洞,石洞慢慢伸出半截又大又圆又直的木料。掌墨师让工人们从石洞里把木料拖出来。这时，正值五布河涨水，河面紧临洞口。工人们把木料推到河里，凭借河水浮力轻易运到建庙基地。掌墨师一边指挥工人运木料一边画样配料，配一根就念一句："还要一根，还要一根。"工人们就一根接一根运到现场。一夜之间，竟把修庙所需的大木料运齐了。最后，掌墨师朝着石洞一挥手，喊了声"够了"！喊声刚停，石洞里刚梭出半截的那根木料，工人们想把它拉出来，但是费了九牛二虎之力，这木料像生了根一样，纹丝不动。从此，人们就把狮子岩下的那个石洞叫木洞，街道就叫木洞场。

二、建制

木洞区公所：民国二十四年（1935年）1月，巴县设一、二、三区署，木洞为第一区署。同年11月8日，重新划分为5个区署，木洞为第四区署。民国二十八年（1939年）巴县辖区划分6个区署，木洞为第六区署。民国三十年（1941年），改设12个区署，木洞为第六区署。1949年12月划全县为10个区1个局，木洞仍为第六区，驻所木洞镇大巷子87号。1956年1月，各区废除次第，冠以地名，第六区改为木洞区，系巴县派出机构。1993年12月，巴县区乡镇建制调整，撤销木洞区公所。

木洞镇：位于巴南区府北部42千米。明代为木洞里，并于大江中坝设水驿，清初驿废，清康熙四十六年（1707年）改编，木洞属仁里九甲，雍正九年（1731年）设巡检一员驻此，清末设木洞镇，时场期三六九，实为"百日场"，即天天赶集。民国初名木洞场，为乡级政区建制。民国十八年（1929年）称木洞里。民国十九年（1930年）6月，复设木洞镇。民国二十四年（1935年）改称木洞联保。民国二十九年（1940年）复名木洞镇。民国三十六年（1947年）因其为民主革命先驱杨沧白故乡，易名沧白镇。1949年后，改称木洞镇。1952年11月，划木洞镇、栋青乡部分辖区建水口乡，12月划木洞镇部分辖区建长坪、豚溪、仰山乡。1954年4月，仰山乡并入。1956年1月，水口、长坪、豚溪乡并建木洞乡，11月恢复水口乡。1958年9月，木洞镇、木洞乡、水口乡并建木洞公社。1959年5月，恢复木洞镇，撤木洞公社分设木洞、水口、长坪管理区。1960年12月，管理区改称公社。1966年，"文化大革命"初木洞镇改名上游镇。1967年，复名木洞镇。1993年12月，巴县区乡镇建制调整，撤木洞乡、长坪乡并入木洞镇。1995年1月，撤销巴县建立巴南区，巴县木洞镇更名为巴南区木洞镇。2001年7月，巴南区乡镇建制调整，青山镇并入木洞镇。直至2011年未变。

第二节 区　划

一、木洞区

民国中期以来，木洞镇为区署治所，木洞区自设立以来，因各个时期建制调整，所辖乡镇有进有出。民国二十四年（1935年），巴县下设第四区（木洞区），辖木洞镇，忠兴、二圣、广阳、双河、麻柳、丰盛、水口、仰山、长坪、两路、豚溪、石门、天池、羊鹿、清溪、马家、平桥、冠山乡。民国二十八年（1939年），第六区（木洞区）辖木洞镇，双河、麻柳、丰盛、水口、仰山、长坪、两路、豚溪、石门、天池、羊鹿、清溪、马家、平桥、冠山乡。民国三十年（1941年），第六区（木洞区）辖木洞镇，双河、麻柳、丰盛、水口、长坪、豚溪、天池、羊鹿、清溪、马家乡。

中华人民共和国成立初，沿袭前制，第六区（木洞区）及其所设机构为县委县政府派出机构。1950年底，第六区辖木洞镇（沧白镇）和麻柳、双河、丰盛、栋青、广阳、五布乡。尔后，广阳乡划给第五区。1951年10月始进行民主建政，按"宜小不宜大"的原则建乡，到1953年9月全部结束。1952年11月，划木洞镇、栋青乡建水口乡，划双河乡建石门乡。同年12月，划木洞镇建长坪、豚溪、仰山乡，划麻柳乡建清溪、天池、平桥乡，划双河乡建羊鹿乡，划丰盛乡建冠山乡，划五布、双赐乡建东泉、两路乡。1953年1月，划丰盛乡建马家乡。同年，从第六区划出栋青、五布乡。截至1953年9月，第六区辖木洞镇，双河、麻柳、丰盛、水口、仰山、长坪、两路、豚溪、石门、天池、羊鹿、清溪、马家、平桥、冠山乡。

1953年11月起，根据江津专署关于为了便于发展农业生产，乡不再划小的指示精神，对部分乡镇进行调整。1954年4月，裁仰山、两路、石门、平桥。1956年1月，裁天池、清溪、羊鹿、马家乡；水口、长坪、豚溪乡并建木洞乡。同年2月，裁冠山乡。11月，行政区划调整，恢复水口、清溪、马家。1956年2月，裁二圣区，栋青乡划归木洞区。截至1957年，木洞区辖木洞镇，木洞、栋青、水口、马家、丰盛、双河、麻柳、清溪乡。

在人民公社化中，乡级政区再次调整。1958年9月木洞镇与木洞、水口乡并建木洞公社，马家乡并入丰盛公社，清溪乡并入麻柳公社。1959年2月，乡级公社全部改称管理区。5月，恢复木洞镇，增设长坪、马家、清溪、水口乡。12月起，管理区一律改称公社。1961年7月，增羊鹿、天池公社。截至1962年，木洞区辖木洞镇，木洞、栋青、水口、长坪、马家、丰盛、双河、麻柳、清溪、天池、羊鹿公社。

1981年，麻柳公社更名为麻柳嘴公社。1982年，改公社为乡。1984年，水口乡更名为仰山乡，双河乡更名双河口乡。截至1985年，木洞区辖木洞镇，木洞、栋青、仰山、长坪、马家、丰盛、双河口、麻柳嘴、清溪、天池、羊鹿乡。直至1993年木洞区撤销时未变。

1993年，木洞区辖木洞镇及木洞、栋青、仰山、长坪、马家、丰盛、双河口、麻柳嘴、清溪、天池、羊鹿乡，辖区面积259.32平方千米，总人口99686人。

1993年12月，巴县区乡镇建制调整，撤销木洞区公所，同时撤销木洞乡、长坪乡，并入木洞镇，驻地木洞镇新建路87号；撤销麻柳嘴、天池乡，设置麻柳嘴镇；撤销羊鹿、双河口乡，设置双河口镇；撤销丰盛、马家乡，设置丰盛镇；撤销栋青、仰山乡，设置青山镇；保留清溪乡建制。

二、木洞镇

木洞镇为木洞区区公所驻地，是木洞区政治、经济、文化中心。20世纪50年代初，民主建政时，将大部分农村划出后，辖区面积仅余2平方千米。1993年，木洞镇有街巷8条，主要街道为解放路、石宝街、五层坎、前进路，是繁荣的商业区。镇上有区公所、镇政府、派出所、供销社、商店、区卫生院等机关事业单位45个，有重庆焊管厂、水上运输社、巴县榨菜厂等，镇办工业有织布、建材、电镀、化工、石灰等厂10个。辖一、二、三、四、五、六居民段（各段设居民委员会）和中坝村，人口2224户，6667人（其中：男3371人，女3296人，非农业人口4853人，中坝村1050人）。

1993年12月，撤木洞、长坪乡并入木洞镇，辖区东临丰盛镇，东北邻双河口镇，南邻五布镇，西邻青山镇，北临长江，总面积56.8平方千米，耕地23779亩。1994年，木洞镇总人口24720人，辖6个居民委员会和中坝、苏家浩、中江、豚溪口、白岩、五垱田、下观、庙垭、保安、胜利、杨家洞、箭桥、墙院、新堰、上观、水坝、高石、沙磅、海眼、岩碥20个村154个合作社。

2001年7月，青山镇并入木洞镇。辖地从明月峡南岸中部，经其下口中坝岛、普慈岩、箭滩、长石梁、桃花岛、豚溪口、南花凼，沿长延坪山脉，经海眼寺、杨家洞、磨石口、滩子口，沿明月山脊经冷水垭到明月峡中部。东与巴南区双河口镇、丰盛镇毗邻，南与东泉镇、二圣镇接壤，西与南岸区迎龙镇、广阳镇相连，北与江北区五宝镇隔江相望。木洞镇辖区内东西最大距离12千米，南北最大距离18千米，总面积104.3平方千米。辖上观、墙院、高石、海眼、岩碥、杨家洞、保安、胜利、下观、庙垭、豚溪口、桃花岛（原名苏家浩）、箭桥、中坝、土地垴、松子、渊河、高丰、水口寺、土桥、郭家坪、钱家湾、雁坝、汪家坪、栋青、院墙、景星、翠竹28个村，一社区、二社区、三社区和菜坝。2006年8月，扩大行政村建制，辖海眼、墙院、庙垭、杨家洞、保安、桃花岛、中坝、土地垴、松子、水口寺、土桥、钱家湾、栋青、景星14个村107个村民小组；一、二、三社区24个居民小组。直至2011年底未变。

三、青山镇

青山镇前身为栋青、仰山乡。1993年12月撤栋青、仰山乡并建青山镇。辖区东邻木洞、五布镇，南邻二圣镇，西邻迎龙、广阳镇，北临长江，总面积56.3平方千米，耕地30595亩。1994年，青山镇总人口22844人。辖1个居民委员会和土桥、白果湾、土地垴、松子、卢家塘、郭家坪、茶园湾、钱家湾、向阳、宝台、松林岗、水口寺、高丰、太平寺、渊河、黎家坝、栋青、芋头坝、景星、翠竹、院墙、铜鼓、塘房、龙桥、雁坝、汪家坪、沟落湾、银家28个村216个合作社。

2001年7月，撤青山镇并入木洞镇。

四、木洞乡

1952年12月，划木洞镇部分辖区建长坪、豚溪、仰山乡。1956年1月，划水口、长坪、豚溪乡并建木洞乡。同年11月，将原水口乡部分划出。1958年9月，木洞乡与木洞镇、水口乡并建木洞公社。1959年2月，木洞公社改成木洞管理区；同年5月，恢复木洞镇，增设长坪、水口管理区；同年12月，木洞管理区改称木洞公社。1982年，木洞公社改为木洞乡。1993年12月，撤木洞乡，并入木洞镇。时辖区总面积36.1平方千米，耕地面积13901亩，辖11个村81个生产队，总人口10952人。乡政府驻地位于垭口。

五、长坪乡

1952年12月，划木洞镇部分辖区建长坪、豚溪、仰山乡。1956年1月，水口、长坪、豚溪乡并建木洞乡。1959年5月，从木洞管理区中分设长坪管理区。同年12月，长坪管理区改称长坪公社。1982年，长坪公社改为长坪乡。1993年12月，撤销长坪乡，并入木洞镇。辖区总面积16.7平方千米，耕地面积11023亩，辖8个村59个生产队，总人口6517人。乡政府驻地位于墙院。

六、仰山乡

1952年11月，划栋青乡、木洞镇部分辖区建水口乡，以境内水口寺得名，驻地岩脚。1954年4月，撤仰山乡并入水口乡。1954年，驻地迁水口寺。1956年1月，水口、长坪、豚溪乡并建木洞乡，11月恢复水口乡。1958年9月，水口乡并入木洞公社。1959年5月，从木洞管理区中，增设水口管理区。1960年12月，改称水口公社。1965年，公社驻地由水口寺迁至岩上。1982年，恢复水口乡名。1984年8月，水口乡更名为仰山乡。1993年12月，撤仰山乡、栋青乡，并建青山镇。辖区总面积33.17平方千米，耕地面积20121亩，辖16个村128个生产队，总人口12530人。乡政府驻地位于岩上。

七、栋青乡

据传栋青乡驻地有一颗古老的栋青树，明朝万历四年（1576年）在树旁建栋青寺，后逐渐形成集市，名栋青场（栋青庙），时场期二、五、八。民国初以栋青场设为乡级政区，民国十八年（1929年）称栋青里，民国十九年（1930年）6月建栋青乡，民国二十四年（1935年）改称栋青联保，民国二十九年（1940年）复称栋青乡。中华人民共和国成立后，1952年11月划栋青乡、木洞镇部分辖区建水口乡。1958年9月，建栋青公社。次年2月改称栋青管理区。1960年12月，改称栋青公社。1982年，恢复栋青乡名。1993年12月，撤栋青乡、仰山乡，并建青山镇。辖区总面积22.85平方千米，耕地面积13250亩，辖12个村69个生产队，总人口9524人。乡政府驻地位于栋青场。

第三节　村和社区

截至2011年，木洞镇辖海眼、墙院、庙垭、杨家洞、保安、桃花岛、中坝、土地垉、松子、水口寺、土桥、钱家塆、栋青、景星14个行政村，一、二、三社区。

一、行政村

墙院村：内有长坪大寨之半寨，有5道寨门：石观楼寨门、围子保寨门、卢家岩寨门、寨子寨门（已拆损），碑岩悬寨门（已拆损）。

墙院村东与丰盛镇王家村毗邻，南与木洞镇海眼村相连，西与保安村临界，北与庙垭村接壤。

中华人民共和国成立初，此地设置新民、上观、院子、新房4个大队。1984年，新房大队改名墙院村，院子大队改名水坝村。1996年，新民村、上观村合并更名为上观村，水坝村、新房村合并更名为墙院村。2006年1月，上观村与墙院村合并更名为墙院村。

海眼村：因村内有蟹眼寺得名，"蟹"（重庆方言为páng hǎi）与"海"音近，故传为海眼村。蟹眼寺，1949年前常住有一二十个和尚，是远近闻名的念经拜佛之地。

海眼村与墙院村各为长坪大寨之一半。海眼村的大寨寨门有显应岩（已拆损）、大田坎、佛耳岩、城门洞、尚龙岗（已拆损）5座寨门。

海眼村东与本镇墙院村毗邻、南与丰盛镇相连、西与东泉镇玉滩村临界，北与本镇杨家洞村接壤。

中华人民共和国成立初，此地设置有岩碥、石坝、中心、前进4个大队。1986年，岩碥大队改为岩碥村，石坝大队改为海眼村，中心大队改为沙塝村，前进大队改为高石村。1997年，岩碥村与海眼村合并，更名为海眼村；沙塝村和高石村合并，更名为高石村。2005年10月，海眼村、高石村合并，更名为海眼村。

庙垭村：东与丰盛镇接壤，南与本镇墙院村相邻，西临长江河的桃花岛内浩，北与双河镇毗邻。

中华人民共和国成立初至1982年前，分别是庙垭、下观、黄桷、白岩、豚溪口村，1991年庙垭村与白岩村合并，更名为庙垭村。1994年，下观村与黄桷村合并，更名为下观村。2003年，庙垭村与下观村合并，更名为庙垭村。2006年，庙垭村与豚溪口村合并，更名为庙垭村。

桃花岛村：四面环水，东与本镇庙垭村、西与江北区五宝镇、北与双河口镇临江村、西与本镇保安村隔江相望。

1950年初至1952年底，为第六区豚溪乡第五村。1952年至1953年底，划分3个村，分别为团结村、中心村、回龙村。1954年初，又合并更名为五村。1959年5月，划分为团结、回龙大队。1978年3月，回龙更名为苏家浩村，团结更名为中江村。1995年6月，苏家浩与中江合并，更名为苏家浩村。2008年11月，更名为桃花岛村。2009年，该村实行土地流转，被重庆庆隆公司全部占用，多数按人头7.2万元安置，附属按实有数量补偿给村民，全村有95%以上群众迁入木洞场镇内，其余的移至镇外居住。

杨家洞村：东与本镇保安村、墙院村相邻，南与海眼村接壤，西与东温泉镇玉滩村毗邻，北临五布河。

中华人民共和国成立初，杨家洞村为田坝、胜利两个大队。1984年，田坝大队更名为杨家洞村，胜利大队更名为胜利村。2006年，胜利村与杨家洞村合并更名为杨家洞村。

保安村：东与墙院、庙垭村相邻，南与杨家洞村相连，西临五布河，北连木洞场城区，部分与长江河岸相连。

中华人民共和国成立初，为保安、永安 2 个大队。1984 年，永安大队更名为箭（涧）桥村，保安大队更名为保安村。1993 年，修木洞大桥，征用箭（涧）桥村 7 社土地。1998 年，三峡工程水位提高，移民迁入，征用 8 社土地，两个社的农民实行农转非，迁入城镇为街道居民。2007 年 3 月，箭（涧）桥村与保安村合并，更名为保安村。

中坝村：四面环水，东与木洞镇街道隔江相望，南、西与本镇土地堉村有长江穿过中坝的内河相隔，北与江北区五宝镇隔江相望。

中华人民共和国成立初，为中坝大队。1989 年，成立中坝村村民委员会。2007 年，三峡工程水位提高，175 米线下有 758 人移居木洞镇街道内，其中农转非 215 人。

土地堉村：东与木洞大桥相连，南与松子村相邻，西与本镇水口寺村和南岸区广阳镇毗邻，北临长江，与江北区五宝镇隔江相望。

中华人民共和国成立初至 1982 年，建置为黎家、渊河、和平、胜利 4 个大队。1984 年，和平大队更名为白果湾村，胜利大队更名为土地堉村。1997 年 10 月，黎家与渊河合并，更名为渊河村，白果湾村与土地堉村合并，更名为土地堉村。2004 年 11 月，渊河村与土地堉村合并，更名为土地堉村。

松子村：东临五布河，南与本镇土桥村相连，西与水口寺相邻，北与土地堉村接壤。

中华人民共和国成立初，此地为松子与大石 2 个大队。1963 年，松子与大石合并更名卢家塘大队。1966 年，卢家塘大队更名为大石村。1996 年，更名为松子村。

水口寺村：东与土桥村相连，南与钱家湾村接壤，西靠明月山脉，北与土地堉村相邻。

中华人民共和国成立初，此地为高丰、柏杨、兴合、松林、方冲 5 个大队。1982 年，松林和方冲合并，更名为松林大队。1997 年，兴合、柏杨、松林大队合并，更名为兴合大队。2005 年 5 月，兴合与高丰合并，更名为水口寺村。

土桥村：位于木洞西面，东临五布河，与杨家洞村隔河相望，南与钱家湾村相邻，西与水口寺村接壤，北与松子村相连。

中华人民共和国成立初，土桥和郭家坪 2 个大队合并，更名为土桥大队。2005 年，更名为土桥村。

钱家湾村：东与土桥村临界，南临五布河，与杨家洞村隔河相望，西与栋青村临界，北靠明月山脉，与南岸区迎龙镇相邻。

中华人民共和国成立初期，钱家湾、大田、向阳、龙桥、菜园湾、雁坝为 5 个村。1979 年，大田与钱家湾合并，更名钱家湾村。1997 年底，钱家湾、向阳、龙桥合并，更名为钱家湾村，菜园湾、雁坝合并为雁坝村。2007 年底，钱家湾村和雁坝村合并，更名为钱家湾村。

栋青村：东与钱家湾村毗邻，南与二圣镇王家河村相邻，西与南岸区迎龙镇迎龙村临界，北靠明月山脉。

中华人民共和国成立初至 1996 年，栋青村为铜鼓、栋青、沟落湾、汪家平、塘房、院墙6个村。1996年12月，铜鼓与栋青合并，更名为栋青村。沟落湾和汪家坪合并，更名为汪家坪村，塘房和院墙合并，更名为院墙村。2005年12月，栋青和汪家坪合并，更名为栋青村。2007年12月，栋青和院墙合并，更名为栋青村。

景星村：东邻栋青村，南与二圣镇王家河村相邻，西与二圣镇巴山村相连，北靠明月山脉。

中华人民共和国成立初，此地为芋头坝、景星、银家、翠竹4个大队。1998年，芋头坝与景星合并，更名为景星村，银家与翠竹合并，更名为翠竹村。2005年，翠竹村与景星村合并，更名为景星村。

二、社区

一社区

中华人民共和国成立初，木洞镇石宝街、万天宫为一居委或一段；解放路（宝庆街）、大巷子、新街、电影院、镇政府周边为二居委或二段。2001年7月，一居委、二居委与原菜坝合并，更名为一社区。2011年12月，下辖石宝街、解放路、新街、大巷子、大桥三路、新建路，驻所在大桥一路202-1号。

二社区

中华人民共和国成立初，木洞镇新街、福音堂、原蚕茧站为三居委或三段；新建路为二居委；五层坎、水沟街、向阳坪、石塔碥、普慈岩为四居委或四段；木洞中学及周边、前进路至陡石梯为五居委或五段。1993年12月，长坪乡并入木洞镇，长坪街亦随之划入。2001年7月，上述居委合并。2011年12月，下辖木洞场镇新建的移民小区、山歌广场周边、港湾小区、焊管厂小区，更名为二社区，驻所在沧白街116号。

三社区

1993年10月19日，重府地〔1993〕323号文件，批准木洞三峡库区迁建试点小区建设，在大桥东侧修建居民住宅。1994年4月7日，此地新设六居委或六段，加上原木洞乡箭桥村7社农转非283人，以及2001年7月，青山镇并入木洞镇，随之划入的栋青街和仰山街，更名为三社区，驻所在木洞镇大桥一路202号。2011年12月，下辖大桥一路、大桥二路、大桥三路、大石路、新建路、沧白街、仰山街、栋青街。

第二章 自然地理

木洞镇地属丘陵，系喀斯特低山壑谷地貌，为"两山两水，拥山临江"的山水格局，长江沿着北岸流过，五布河由南至北穿过镇域。亚热带气候，雨量丰沛，日照充足，适宜作物生长，自然灾害主要为洪灾、雨灾、旱灾，土壤结构复杂，多为30~35厘米厚度，是宜居宜耕之地。

第一节　地质　地貌

一、地质

木洞所处地域原是大海，在地壳变迁中经过"三起两落"的历程。

早在距今二三十亿年前的震旦亚代之前，我国西南地区沉没在茫茫的大海之中。到了距今约8亿年的震旦亚代时期，西南地区第一次露出海面。在露出海面的大约2亿年里，经过我国第一次古老的大冰期——震旦纪大冰期，到了距今6亿年左右，西南地区成为浅海区。在大海里浸泡了2亿年左右，到了距今约4亿年的古生代志留纪末期，西南地区的大部第二次露出海面。大约经过1.2亿年，到了距今2.8亿年的古生代晚期，西南地区又全部沉入海底。又在海水里浸泡了1.3亿年左右，于距今1.5亿年的印支地壳运动，西南地区第三次全部露出海面。又经过了大约8000万年，到了距今7000万年的中生代后期，我国北方发生了燕山地壳运动，地壳向南推移，受太平洋洋壳的阻力，而使西南地区东部形成了川东褶皱带。

木洞地处原四川东南部褶皱带，其中垫江弧形褶皱束和宣汉至重庆平行褶皱束的部分山脉布列于此，分别形成明月山"背斜"和长延坪"背斜"，以及明月山与长延坪之间的开阔深丘"向斜"，形成喀斯特低山壑谷地貌特征。区内海相碎屑岩层和陆相碎屑岩层共存，常见的主要有石灰岩、砂岩、页岩和泥岩，以及复杂多类型的土壤。

二、地貌

木洞地貌为"两山两水，拥山临江"的山水格局。西靠明月山，明月山北起渝北区，逶迤至长江明月峡，经木洞镇土地垴村温家沱处入境，初为"一山、两岭、一槽"地貌，至冷水垭后为"一山、一岭"地貌，最高海拔676米。东接长坪天坪山脉、桃子荡山、东温泉，其中以长坪山为主。长坪亦称长延坪，民国年间向楚主修《巴县志》云："长延坪，方语转呼茶央坪。……自五布溪阳，北延四十余里，崇约十里，广亦如之，至邓（豚）溪口止。"这东西山共同形成镇域山体体系。

木洞北靠长江，五布河从南至北贯穿镇域汇入长江。拥山临江，木洞镇域处于长江、明月山和长坪天坪山脉的围合区域，整体格局为拥山临江。

木洞镇内地形以丘陵为主，东西以桃子荡山和明月山为界，沿五布河有多条冲沟。丘陵最高处高程540米，最低处在长江边，高程173米，最大高差约370米。桃子荡山和明月山两侧，及长江和五布河两侧的坡度较陡，大于45°；中坝岛、木洞镇街区以及墙院村、海眼村的坡度较缓，在10°以下，其余地域坡度在10°~47°。

木洞镇域的坡向随地形复杂多变，主要朝向为东南向、南向和东北向。镇街南侧为尖顶坡，五布河从镇街西南方向蜿蜒流过，将镇区围和成为一个半岛。五布河以西、南的地域高差也较大。

第二节 气 候

一、气候特点

木洞镇位于巴南区东部，最低海拔是长江水位150米，最高海拔是500米高度的河谷阶地，在这个海拔高度范围，一年四季的时间划分比较明显。在一般情况下，春季历时84天，起于2月16日，止于5月10日；夏季时间最长，历时138天，起于5月11日，止于9月25日。秋季历时81天，起于9月26日，止于12月15日。冬季时间最短，历时仅62天，起于12月16日，止于2月15日。

木洞镇的春季，冷空气活动频繁，常有寒潮、低温、阴雨；初夏多梅雨，盛夏高温、高湿，多伏旱，时有暴雨、山洪，常年暴雨多，最大暴雨达178.3毫米，造成山洪暴发，江河泛滥，阻碍交通，淹没民房；秋季多有绵雨；冬季常有阴雾，受北方冷空气侵入，急剧降温，平均温度可下降4℃~6℃。

木洞镇气候属亚热带湿润气候，其特点是四季分明、春早秋迟、夏热冬暖、盛夏多伏旱、秋季有绵雨、冬季多云雾、霜雪甚少、无霜期长、日照少、风力小、湿度大。这种气候，可直接影响作物和土壤的发育速度。

二、气温、降水和日照

木洞镇地处河谷阶地之上，是巴南区境内河谷气候的典型代表，多年平均气温18.4℃，1月平均气温8℃，极端最低气温为1975年12月15日，-1.8℃；7月平均气温28.3℃，极端最高气温为2006年8月15日，43.9℃。1月为最低，月均气温8℃；8月为最高，月均气温28.4℃。平均气温年较差20.3℃，最大日较差为（1998年4月17日记录）18.6℃。无霜期年平均345天，最长达366天，最短为290天。

木洞镇的降水量相当充沛。年平均降水量1070.3毫米，年平均降雨天数为157.3天，最多达180天（1965年），最少为132天（1987年）。极端年最大雨量1615.8毫米（1998年），极端年最少雨量775.5毫米（2006年）。降雨集中在每年4月至9月，6月最多。夏秋半年的降雨量占全年雨量的77%，冬春半年仅占全年雨量的23%。其规律是秋季降雨最多，春季次之，夏季再次，冬季更少。

木洞镇地处四川盆地东南部的江流河谷地带，从全年平均时间计算，属全国云雾笼罩较多的地区之一，因而湿度也较大，日光照射较少。木洞镇的日照，常年平均为1147.4小时。日照百分率为全年时间的25%，属全国日照时数的低值地区之一。

第三节 河 流

一、长江

木洞镇境内的主要河流是长江。长江经广阳坝进明月峡，入木洞镇境，向东流经板凳角到箭滩处，主流向东北桃花岛小沱子，支流从紫金山流经桃花岛内浩到小沱子与主流汇合进入双河口镇境内。

木洞河段，全长10千米，河面最宽处在桃花岛上端，约1.5千米，最窄处在明月峡，约0.2千米。洪、枯水位变幅大，木洞镇码头河岸枯水水位156米，1981年7月16日，木洞洪水位183.92米，江水流量和含沙率、输沙量，据寸滩水文站测定，该处最大流量为85000立方米/秒，多年平均流量11400立方米/秒，多年平均含沙率为1.38千克/立方米，输沙量为465万吨，木洞河段与此相近。

二、五布河

木洞镇还有五布河下游由南朝北穿域而过，汇入长江，五布河之得名，据向楚《巴县志》载：一为因水得名，"盖以渠汇五溪，水色缥碧，如曳轻素也"，以此河汇集五条水色呈淡青色的溪河，似在壑谷中拖曳五条素布而得名；二为因人得名，"是乡尝有布政使五人"。或据张鲁祖神道碑记载，其五世孙曾为浙江布政使，故名。五布河干流主河源于重庆市万盛区金子山，在綦江县的莲花石乡入巴南区境，流经双新、白鹤塘、五布的菩萨滩下姜木桥处入木洞镇境，经杨家洞、涧桥、小河边汇入长江。全长84.4千米，木洞境内长17.6千米。此段河床比较平缓，河面宽为70~100米，常受长江回水顶托。1981年7月16日，回水长达15.2千米。杨家洞至涧桥段常有木船航行或捕鱼。该河洪、枯水位变化很大，白鹤水文站实测最高水位250.1米，多年平均水位为246.4米。

三、双河河

木洞镇还有一条小河，名双河河。其干流发源于丰盛镇的梅子沟，流域面积为66.4平方千米。经双河口镇，在木洞镇的豚溪口汇入长江，全长13.75千米，多年平均流量1.09立方米/秒。

第四节 土壤岩层

一、土壤

木洞镇的土壤结构比较复杂：土壤种类有棕紫泥、棕紫色泥沙、红棕紫色夹沙土、红棕紫色石骨子、灰棕紫泥、灰棕潮泥土、灰棕紫色夹沙土、灰棕紫色豆瓣泥、灰棕紫色石骨子、暗紫色二泥土、卵石黄泥等；成土母质有蓬莱镇组、遂宁组、沙溪庙组、自留井组、冲积物、老冲积、石灰性等；土壤质地有沙壤、石骨子泥沙壤、河道泥沙、黏土、壤土等；土壤结构有团粒状、粒状、团块状、块状等；土壤侵蚀程度有轻度侵蚀、中度侵蚀、强度侵蚀；土壤耕层厚度多数为30厘米，35厘米、40厘米较少。

二、岩层

木洞地区的地壳在形成过程中，曾经历了"三起两落"的地质历史演变。当其处于海底时期，海洋的各种碎屑物质不断沉积到海底，形成一层层松软的堆积物。这些堆积物在自身重力的作用下，逐渐胶结、凝固，变成层叠状的岩层，即海相碎屑岩层。地壳露出海面以后，又接受陆上各种碎屑物质，逐渐堆积成陆相碎屑岩层。沉淀堆积的物质不同，就形成不同的岩层。木洞镇域常见的岩层主要有石灰岩、砂岩、页岩和泥岩。

第五节　植物动物

木洞的植物主要有农作植物、经济林木、草坡三类，动物有驯养动物、野生动物两类。

一、植物

木洞镇地处四川盆地亚热带湿润气候区，有利于多种植物终年生长，植物资源丰富。主要有：

（一）农作植物

农作植物包括粮食作物和经济作物。粮食作物以水稻、玉米、红苕、小麦为主，其次有高粱、大麦、荞麦、大豆、胡豆、豌豆、绿豆、饭豆等。经济作物主要有蔬菜、油菜、桑、茶，其次有麻、烟、花生、芝麻、药材、花卉等。蔬菜品类繁多，冬春菜有：莴笋、莲白、花菜、萝卜、胡萝卜、藠头、土豆、菇类等；春季蔬菜主要有：番茄、茄子、海椒、豇豆、四季豆、南瓜、冬瓜、丝瓜、地瓜、藤菜等；早秋菜主要有：早莲白、早莴笋、秋豇豆、秋蕃茄等；秋冬菜主要有：莲花白、大白菜、瓢儿白、莲藕、生姜等；破季菜主要有：莲花白、瓢儿白、小白菜、莴笋、四季萝卜、芹菜、菠菜、秋番茄、秋豇豆、秋黄瓜等。

（二）经济林木

由于多年的人工种植和保护，木洞林地逐步演变为以马尾松、杉木为主，包括桉树、香樟、千樟、栎类等的混交林。其次是竹类，木洞镇竹林分布较广，土壤较瘠薄的山地生长较差，沿河岸、阴暗潮湿的沟谷，住宅周围土壤较深厚，生长较好，其类别主要有慈竹、黄竹、凤尾竹、水竹等。

（三）亚热带草坡

亚热带草坡主要分布在荒山坡地和弃耕地带。荒山以多年生长的茅草草本为主，弃耕地以一年生白蒿草草本为主。

二、动物

木洞镇的动物包括驯养动物和野生动物两大类。驯养动物主要是家畜家禽，其中家畜有：生猪、水牛、黄牛、马、羊、狗、猫；家禽有：鸡、鸭、鹅、鸽子、鹌鹑等。野生动物品类繁多，其中，兽类主要有：浑子、拱猪、野猪、狐狸、野兔、鱼鳅猫、黄鼠狼、老鼠、松鼠等；禽类主要有：麻雀、乌鸦、黑斑、竹鸡、秧鸡、董鸡、青庄、燕子、屎鸦雀、水斑鸠、点水鹊、麻啄、百灵鸟、白鹤、蓑衣雀、水鸭、老鹰、鹞子、画眉、斑鸠、布谷、燕、黄鹂、喜鹊、翠鸟、火烧鸡、青鸟、啄木鸟、杜鹃、猫头鹰、寿带鸟、野鸡、相思鸟、野鸽等；水生动物主要有：鲤鱼、鲫鱼、鲢鱼、白鲢、草鲢、青波、乌鱼、泥鳅、黄鳝、虾蚌、蟹、田螺、青蛙等；蛇类主要有：乌梢蛇、菜花蛇、烂草蛇、水蛇、烙铁头、红蛇等；虫类主要有：马蜂、牛虻、蚊、蝇、蠓、蝴蝶、蟋蟀、蟑螂、蚱蜢、猴山、蝉、蚂蚁、蝗虫、虱子、臭虫、千牛虫、地牯牛、地虱子、蚯蚓、蜈蚣、土蚕、毛虫、钻心虫、草鞋虫等。

第六节 灾 害

灾害主要是旱灾、洪灾、风灾、滑坡等自然因素造成的灾害；此外木船运输事故，农房火灾、森林火灾造成突发性的灾害，在木洞镇有所发生。

一、洪灾雨灾

1981年7月16日，长江木洞镇段沿江暴涨，是中华人民共和国成立以来的最大洪水。上午洪峰到达，长江水位以每小时0.3米的速度上涨，最高水位183.92米，与常年洪水位170米相比，超过了13.92米。洪水之大，速度之快，为历史罕见。木洞焊管厂、织布厂、水运社全部被淹没，供销社、食品站、酒厂、缝纫社等部分被淹没，老街沿江大部分被淹没。市政设施损毁，机器设备损坏，大量商品被冲走。全镇被洪水淹没的房屋5.2万平方米，毁损1000余间，受灾群众1万余人。全镇17个村、5个居委会、20个企业单位造成了不同程度的损失，直接经济损失达2066万元。洪水到来之时，在巴县县委、县政府直接指挥下，木洞区委、区公所以及辖区乡、镇党委、镇政府成立抗洪救灾指挥部。各单位、居委会和村社组织抗洪救灾小组，组织民众转移、抢运物资，减少部分损失，没有人员伤亡。之后，又组民众自救，恢复生产、生活。

2003年5月15日，木洞遭遇暴雨，5月20日、6月25日和29日、7月10日，又遭暴雨袭击，造成重大灾害。连续遭受这5次特大暴雨袭击，山体滑坡31处，房屋毁损132间，受灾人口1.23万人，农作物受灾面积6300亩，绝收面积5410亩，粮食减产210.4万千克，毁坏耕地760亩，不能复耕面积258亩，损失现粮7.6万千克，受灾森林面积782亩，公路冲毁400米，毁坏山平塘13口、堤坝68米、堤防决口138米、渠道决口1236

米，五次灾情造成直接经济损失438万元。

2005年5月15日凌晨1时30分开始降雨，持续3小时，雨量达95.7毫米。一时间，大雨倾盆，山洪暴发，造成农田、房屋、道路、水利工程、防洪设施损毁，全镇有28个村、107个合作社、5473户、15326人受灾。

此次受灾的具体情况：受灾粮食作物面积18576亩，其中绝收面积1624亩，无收需重种、改种面积510亩，短期内难以复耕的面积250亩，减收粮食20万千克；蔬菜作物受灾面积1530亩，其中130亩被山洪泥石流冲毁和泥沙淤积；经济林木桑树、梨树、枇杷、龙眼等受灾达16000多株；住房垮塌110间，涉及68户217人，造成危房215间，有47户160人投亲靠友，畜圈倒塌122间，危险圈舍19间；洪水冲毁大小沟堰、渠道212处，长1.84千米，影响灌溉面积3270亩，冲垮水塘25口，石河堰13处，提灌站1座，冲垮鱼池174口225亩，冲走成鱼9万余千克；村社道路塌方阻车34处，塌方量达2.6万立方米，冲毁涵洞17座，冲毁人行道路41处1.7千米。上观村2社地质性滑坡，危及17户、72人的生命财产安全。这次大暴雨灾害造成直接经济损失在350余万元。

灾情发生后，木洞镇党委、政府组织抢险队伍，召集镇机关全体干部和村社群众抗灾救灾，全镇无人畜伤亡发生，群众安稳。

二、旱灾

2006年7月初至9月底，木洞镇遭遇百年难遇连晴高温天气。7月以来，降雨量仅为70.7毫米。由于雨水极少，干旱造成溪河断流、塘库干涸，田间农作物、果树林木受损，村社人畜饮水困难，群众的生产生活受到严重影响。

全镇受灾人口3.79万人，饮水困难人员2.42万人、牲畜1.47万头，农经作物受旱面积4.663万亩，绝收面积2.84万亩，发生森林火灾1次，森林损毁面积800亩，水利设施蓄水量331万立方米，实蓄水仅占应蓄水的7%，直接经济损失2670.5万元，农业损失2773万元。

为战胜旱灾，镇、村成立抗旱救灾机构，落实责任制，广泛动员群众投入抗旱救灾战斗。按照"先生活、后生产、保重点、讲效益"原则进行水资源管理调度，日投入人力360人，累计投入9550人，新增饮水设施（机井）8口，成立送水服务组织1个，投入抗旱设备186台（套），日出动送水车辆4辆19次，累计395次，共送水1976吨，解决人员饮水10.639万人，牲畜饮水11.654万头，灌溉农田9600亩，投入抗旱资金60万元。同时，还出动卫生队伍，发送宣传资料，做好户外高温环境人员防暑降温工作，抓好城区火灾隐患和森林火灾等预防工作，科学安排群众用水，维护用水秩序，妥善解决水事纠纷，落实生产自救措施，积极开展抗灾补损、农民外出务工、创收增收等，努力把受灾损失降到最低程度，以致大旱之年群众生活安定，社会稳定。

三、滑坡

2002年6月13日凌晨1时许，木洞镇遭受短时暴雨袭击，降水量78毫米，造成小河边大桥东端山王顶山体滑坡，滑坡体长80米，宽350米，下滑高差4～8米，危及72户

226人，房屋439间（其中门面41间），房屋建筑面积7489.75平方米。镇政府及时组织人员搬迁，撤离危险区域，妥善安置受灾群众生活。灾情发生后，引起社会关注。区政府领导、区红十字会陪同中国红十字会总会副秘书长杨声闻、澳门红十字会会长黄如楷到木洞镇对山王顶滑坡受灾群众发放赈灾大米6000千克。木洞镇山王顶滑坡后，进行整治工程，挖掘长2500米、宽1.5米、深1.5米的4条排水沟，共投入救灾补助款51万余元。

2002年8月，木洞镇渊河村温家沱社山体滑坡，受灾群众36户169人。其中滑坡体上居住群众有13户40人。事故发生后，立即成立木洞镇渊河村救灾及修建灾民居住点领导小组，以镇长牵头挂帅，2名副镇长具体现场实施，以国土、移民办、市政所相关职能部门为主的工程组织、协调实施工作班子，落实责任，制订方案，统一设计，集中建设，确定了《渊河村七社滑坡搬迁避让工程建设协议》。2004年，重庆市发展和改革委员会发布（渝发改投〔2004〕621号）文件《关于下达重庆市三峡库区地质灾害防治搬迁避让项目》，将渊河村7社纳入投资计划。经重庆市西南建筑勘察研究院进行地质灾害危险评估后，由镇市政所配合村社在渊河村7社范围内选址并施工设计，重庆金鑫建筑公司施工。2004年8月10日，投入动工建设，新建滑坡移民新村搬迁32户97人，建筑面积2436.42平方米，投入资金97万元。受灾户全部入住，得到妥善安置。

2005年3月14日8时许，木洞镇保安村6社突发山体滑坡，经市专家现场勘查，滑坡体长500米，平均宽100米，面积80亩，影响14户40人，直接受灾居民9户31人，房屋损害54间，面积1508.5平方米，养猪场1幢，砖混结构房屋21间，面积216.6平方米。其中，民房损害，砖混结构房屋52间，面积1433.8平方米，土木结构房屋2间，面积74.7平方米。公路损害长128米。灾情发生后，镇政府立即组织国土、建环办、民政办、镇机关和村社干部群众现场实施救援，把受灾群众撤离危险区域。镇政府拨款150万元解决受灾群众，妥善解决受灾群众的生活安置。

四、海损

1975年5月，豚溪口缆载木船从木洞码头起航至豚溪口，驾长何某某，船工5人。船上人货混装，乘客40余人，货物以饲料米糠为主，其余是乘客携带的生活日用品。揽载行至鸡爬石处，由于何某某操作失误，导致木船撞在鸡爬石礁石上，入水沉没。事故发生时，周边渔民赶赴现场施救，30余人获救，5人淹死后打捞上岸，7人下落不明。死亡和下落不明的均为双河口镇人，死亡5人埋入肇事者生产队豚溪口村1社的地里。驾长何某某依法服刑5年。

五、农房火灾

1978年7月25日上午8时左右，木洞公社豚溪口村1社发生火灾。原因为时年7岁的谭某某上厕所时，用煤油灯火光去烧厕所蚊虫，引燃厕所堆放的柴火玉米秆。豚溪口村1社居住的20余户农民，各家房屋均为木板、竹篾穿斗式结构，物资、生活用品均为自家存放，柴火堆放在房前屋后及周边处。火灾发生时，第一灭火人何秀成在队里干农活，放下农具，赶赴现场，火势渐大，四处呼救。河边修船和干农活的人纷纷赶到现场，跑到豚溪口粮站运灭火器2个，扑火群众200余人，经10余小时，火势灭掉。据统计，这次火灾造成20余户近100人受灾，烧毁房屋70余间，粮食、衣物等全部烧光，直接经济损失10余万元。受灾后，木洞公社组织相关干部群众资助粮食、衣物、木料及人民币等。同时，动员受灾群众投亲靠友，解决生活问题。

1992年9月7日上午11时，杨家洞村上田坝院子的沈某某，女，有智力障碍。其在家煮饭时，因灶内的未过火柴火向外伸，火焰引燃灶门前柴火，发生火灾。该院子房屋全部为瓦木竹穿斗结构，占地面积2560平方米，建筑面积3200平方米。居住农户13户，35人。本次火灾，房屋全部烧毁，粮食烧毁1.5万余千克，耕牛烧死3头，家用农具、生活用品全部烧毁，无人员伤亡。

2011年8月31日下午4时许，木洞镇庙垭村黄桷湾大院发生火灾，起火原因是一位年近70岁的老人在家煮饭时，灶里柴火未燃烧完向外伸出，引燃灶前其他柴草，导致火焰扩展。这次火灾受灾6户18人，烧毁房屋19间、粮食1万余千克，屋内农具、衣物及生活用品全部烧毁。木洞镇党委、政府得知火情报告后，立即组织镇机关村、企事业单位、社干部以及附近群众300余人，赶赴现场施救。之后，木洞镇政府对受灾群众送去米、面、油、被盖等生活用品。在房屋再建中，为受灾的6户，每户补助人民币3万余元。

六、森林火灾

2006年8月10日晚10时左右，木洞镇景星村1社接壤的东泉林场干堰塘林区发生森林大火，起火原因不明。由于连晴高温，林区异常干燥，火势凭借风力迅速蔓延。当地村民在收割庄稼后十分劳累的情况下，立即投入到扑灭山火的行动中。镇党政领导接到火警信息后，立即组织机关干部和单位职工200余人赶赴现场。11时30分左右，区领导陶长海等以及区有关部门负责人也迅速赶到，成立了前线灭火指挥部。由于晚上无法看清道路，加上山高坡陡，地势复杂，对救火工作造成了较大的阻碍。虽从燃烧处割出隔离带，但火势太猛，未能有效控制火势。11日凌晨3时左右，增援人员陆续赶到。30余名武警战士到达现场，随后300余名解放军战士也迅速赶到，投入灭火战斗。全镇村社、单位组织的1000余人也赶到火灾现场参与灭火，区级各部门以及其他镇、街道、各企事业单位也组织力量陆续前来支援。11日中午12时左右，陈光国副市长亲临火灾现场指挥督战。下午3时左右，分散蔓延的各燃烧处火势得到控制，但在下午4时左右，毗邻迎龙镇火灾现场火苗蹿过8米宽的隔离带，使苏家垭口和冷水垭东泉林场再次发生火灾。区长李科赶赴现场指挥。到12日中午12时，终于将大火全部扑灭。之后，镇上安排300余人留守现场，严防死灰复燃。这次受灾面积达800亩。在灭火过程中，木洞镇在组织人员直接投入灭火的同时，还组织人员往山上各灭火处运送饮用水、食品、防暑药品等，直接和间接参与灭火的达3000余人，用于组织交通车辆、食品、饮料等项目开支经费21.6万元。

第三章 人 口

重庆直辖前，木洞镇位于川东，属四川省辖，秦汉以来，历史上经历了8次大移民，特别是元末明初和明末清初两次"湖广填四川"，使木洞地区人口有较大变动。南宋末叶，蒙古铁骑攻蜀，遭到蜀中军民强力反抗，这场抗蒙战争持续48年。人们经历半个世纪的兵马战乱，川渝人口直降至12万户，约有60万人，木洞镇的人口同样深受其害，留存人口甚少。元末明玉珍带领红巾军入川渝，在重庆建立大夏王朝，大批湖北地区移民入川渝，为第一次湖广填四川之一。后来，从明洪武起，以湖北湖南为主体的南方移民入川渝，史称"奉旨入蜀"。到明万历六年（1578年），四川人口增长到310万人，木洞地区人口也有增长。明末清初，包括"张献忠进川"的战乱，清兵入川渝、吴三桂起兵伐川及其后的朝廷剿灭，使四川人口遭受到空前的大灾难，人口直降。历史上最大规模的"湖广填四川"在朝廷强制下实施，到咸丰元年（1851年），四川人口4400万人。木洞镇濒临长江，又近邻重庆市区，且土地肥沃，移民自然愿意到此"插占为业"、落户为生。木洞移民大多来自湖广（湖南、湖北、广东、广西）、陕西、云南、贵州、江西等，但多数来自湖北省黄州府麻城县孝感乡（今湖北省孝感市）。如喻姓、蒋姓、何姓、胡姓等居民迁入木洞插占为业，多以务农为生。

抗日战争时期，民国政府以重庆为战时首都迁入，因木洞地处长江边，盛产油桐，形成国内外贸易集散地，以及船工、商人流通频繁，驻足落户木洞；新中国建立后，木洞解放，部分基层区乡干部属于"南下"或外籍干部，还有学校教师、单位人员来自川渝之外；改革开放后，木洞农民工也和各地农民工一样，分布在全国各地，组建新的家庭，形成人口流动和增长，成为木洞镇新生移民人口。

2011年底，全镇有282个姓氏，43476人。多年来，木洞狠抓计划生育，人口增长得到控制，计划生育率长年保持在92.5%以上，人口出生率约为7.9‰，人口自然增长率约为1‰，农村计划生育"合格村"达标率为90%以上。

第一节 人口规模

木洞镇人口规模，1949年末为2200人，逐年增加，从总量动态规模、人口分布来看，主要是缘于行政区划调整的因素，人口出生自然增长，人们的身体健康普遍增强，社会生活物质条件的变化。

一、人口总量

据户籍年报统计，2011年底，木洞镇人口总数为43476人，比1949年的2200人增长了近20倍，主要原因是行政区划调整的机械因素，其次是人口出生死亡的自然因素。

中华人民共和国建立至2011年，木洞镇人口的年度总量有增有减。1959年、1960年和1961年三年困难时期，人口减少较大，其原因以自然增长为主，政策性和机械性因素较小。1986年至1994年，正值解放后第二个生育高峰期，1949年初出生的人口进入生育期，人口有较大幅度增长。1993年，巴县进行区划调整，将原木洞、长坪乡划入木洞镇，总人口增至7059户22844人。2001年7月，青山镇并入木洞镇，人口增至45256人。从2002年起逐年下降，少则200余人，多则800余人，主要是计划生育政策深入人心，到2011年底，木洞镇有居民18331户，总人口43476人。

二、人口普查

以木洞镇第一次至第六次人口普查数据统计，体现该镇解放以来人口规模的变化。第一次人口普查数据因无据可查，选用巴南区公安分局资料室提供的户籍年报统计数据代替。其中木洞乡、长坪乡以及青山镇前身栋青乡、仰山（水口）乡因区划调整，只录入第二次至第四次人口普查数据。此外，录入1994年至2011年木洞镇逐年人口总数，以求全面体现木洞镇这一阶段人口总体的动态规模。

表1-1

木洞镇第一次至第六次全国人口普查数据情况

单位：人

年度	乡镇	总户数/户	总人口	男	女	非农人口	民族人口汉族	民族人口少数民族	出生	死亡	迁入	迁出
1954	木洞镇	1610	7564	3747	3817	—	7564	—	130	42	298	322
	木洞乡	1173	5410	2739	2671	—	5410	—	84	32	193	219
	长坪乡	1489	7026	3554	3472	—	7026	—	98	54	37	47
	栋青乡	1505	7029	3611	3418	—	7029	—	106	60	63	47
	水口乡	2102	10257	5212	5045	—	10257	—	133	76	132	102
	合计	7879	37286	18863	18423	—	37286	—	551	264	723	737
1964	木洞镇	1282	5665	2954	2711	5026	5665	—	95	29	72	154
	木洞乡	2013	8551	4255	4296	34	8551	—	219	82	57	—
	长坪乡	1270	5251	2624	2627	48	5251	—	—	—	—	—
	栋青乡	1868	8299	4157	4142	165	8299	—	229	50	34	—
	水口乡	2482	10257	5212	5045	—	10257	—	133	76	132	102
	合计	8915	38041	19220	18821	5273	38041	—	676	237	295	256

续表

年度	乡镇	总户数/户	总人口	男	女	非农人口	民族人口 汉族	民族人口 少数民族	出生	死亡	迁入	迁出
1982	木洞镇	2316	9162	5143	4019	—	9162	—	—	—	—	—
	木洞乡	2506	10779	5489	5290	—	10779	—	—	—	—	—
	长坪乡	1525	6558	3397	3161	—	6558	—	—	—	—	—
	栋青乡	2273	9773	4996	4777	—	9773	—	—	—	—	—
	水口乡	2971	12776	6495	6281	—	12777	—	—	—	—	—
	合计	11591	49049	25521	23528	—	49049	—	—	—	—	—
1990	木洞镇	2224	6667	3371	3296	4853	6664	3	—	—	—	208
	木洞乡	3302	10952	5601	5351	183	10952	—	—	—	—	378
	长坪乡	1987	6517	3387	3130	113	6516	1	—	—	—	253
	栋青乡	2924	9524	5027	4497	277	9522	2	—	—	—	521
	仰山乡	3816	12530	6624	5906	200	12525	5	—	—	—	532
	合计	14253	46190	24010	22180	5626	46179	11	—	—	—	1892
2000	木洞镇	16268	47131	24205	22926	11233	47073	58	213	377	606	553
2010	木洞镇	17978	43148	22237	20911	—	—	—	529	486	527	496

注：今木洞镇辖区由原木洞镇、木洞乡、长坪乡、栋青乡、仰山（水口）乡合并而成。

表1-2

1994—2011年木洞镇人口情况表

单位：人

年份	总户数/户	总人口	男	女	非农人口	出生	死亡	迁入	迁出
1994	7059	22844	12007	10837	—	189	147	269	345
1995	8756	24851	12609	12242	—	275	225	603	500
1996	8871	24720	12534	12186	—	167	162	217	359
1997	7095	22255	11755	10500	—	123	199	88	313
1998	7408	22052	11640	10412	—	107	202	144	252
1999	8565	24611	12540	12071	6163	146	176	809	748
2000	7923	27923	13940	13983	—	67	88	1542	1277

续表

年份	总户数/户	总人口	男	女	非农人口	出生	死亡	迁入	迁出
2001	16123	45872	23757	22115	—	167	275	—	490
2002	16292	45040	23351	21689	7365	226	540	267	645
2003	16290	44433	23072	21361	7558	231	414	330	758
2004	16630	43924	22808	21116	—	215	410	315	638
2005	16875	43797	22743	21054	—	201	186	336	555
2006	16875	43797	22743	21054	7839	261	186	336	555
2007	17447	43868	22754	21114	—	295	151	291	357
2008	17336	43186	22358	20828	—	416	974	271	435
2009	17283	43059	22266	20793	—	288	258	276	441
2010	17978	43148	22237	20911	—	529	486	527	496
2011	18331	43487	22299	21188	—	459	276	462	320

三、人口分布

木洞镇人口分布在城镇和乡村。2011年底，全镇总人口43531人，城镇居民7753人，其中一居委2803人、二居委3161人、三居委1789人；农村居民35778人，其中海眼村2827人、墙院村2736人、庙垭村3210人、杨家洞村1812人、保安村2056人、桃花岛村2394人、中坝村1419人、土地垴村2318人、松子村1979人、水口寺村2606人、土桥村2356人、钱家湾村3697人、栋青村3497人、景星村2871人。

第二节　人口构成

1949—2011年，时间跨度长，人口变化大，人口构成复杂。在调查中，如前所述，未能查到第一次人口普查资料。第二次、第三次普查资料也不齐全。在此，仅以第四次、第五次、第六次人口普查的相关数据说明木洞镇的人口构成情况。其中第四次人口普查时，行政建制尚未调整，按木洞镇、木洞乡、长坪乡、栋青乡、水口（仰山）乡建制予以分述；第五次人口普查时，木洞乡、长坪乡已并入木洞镇，栋青乡、水口（仰山）乡合并为青山镇，为方便起见，将两镇数据合二为一加以叙说；第六次人口普查时，青山镇已并入木洞镇，则以木洞镇数据予以叙述。

一、性别构成

木洞镇人口性别比例变化不大，1986—1994年，木洞镇人口性别比例均为男性高于女性，而男性比重呈缓慢下降趋势，其范围值为53.12%~52.75%。男性比重最大年份为1987年，占木洞镇人口数的53%左右，最低年份为1994年，占木洞镇人口数的52%左右。其间，女性比重则缓慢上升。

1990年第四次人口普查资料显示，木洞镇人口性别比重在不同年龄段其值不同：0~19岁年龄组中，男性比重大于女性；20~69岁年龄组中，男性比重与女性比重值接近；70岁以上年龄组中，男性比重略小于女性，年龄越高男性比重越小。木洞镇第四、五、六次人口普查的性别构成数据情况如下：

（一）第四次人口普查的性别构成数据

表1-3

木洞镇第四次人口普查性别构成数据表

单位：人

单位	总人口数	其中 男	其中 女	男女性别比
木洞镇	6667	3371	3296	102.28%
木洞乡	10952	5601	5351	104.67%
长坪乡	6517	3387	3130	108.21%
栋青乡	9524	5027	4497	111.79%
水口（仰山）乡	12530	6624	5906	112.16%

（二）第五次人口普查的性别构成数据

木洞镇第五次人口普查，全镇总人口为47131人，其中男24205人，女22926人，男女性别比为105.57%。

（三）第六次人口普查的性别构成数据

木洞镇第六次人口普查，全镇总人口为36704人，其中男18604人，女18100人，男女性别比为102.78%。

二、年龄构成

20世纪80年代前，木洞镇少年儿童、成人和老年人所占比例较为正常，少年儿童所占比例较大。90年代至2011年，则变成"成年型"结构，少年儿童人口呈递减趋势，成年人口和老年人口呈增长趋势。1990年7月1日，第四次人口普查数据表明，木洞镇14岁以下少年儿童占总人口数的20%；15~50岁成年人占总人口数的61%；51岁以上老年人占总人口数的19%。木洞镇人口状况已跨入老年化阶段。木洞镇第四、五、六次人口普查的年龄构成数据情况如下：

（一）第四次普查的年龄构成数据

表1-4

木洞镇第四次人口普查年龄构成数据表

单位：人

单位	总人口数	年龄结构					
		0~14岁		15~64岁		65岁以上	
		人数	比重	人数	比重	人数	比重
木洞镇	6667	1269	19.03%	4776	71.64%	622	9.33%
木洞乡	10952	2125	19.4%	8041	73.41%	787	7.19%
长坪乡	6517	1310	20.1%	4732	72.61%	475	7.29%
栋青乡	9524	1739	18.26%	6861	72.04%	924	9.7%
仰山（水口）乡	12530	2422	19.33%	9262	73.92%	846	6.75%

（二）第五次人口普查的年龄构成数据

木洞镇第五次人口普查，全镇总人口数47131人，其中0~14岁人口数为8026人，占总人口数的17.03%；15~64岁人口数为34417人，占总人口数的73.02%；65岁以上人口数为4688人，占总人口数的9.95%。

（三）第六次人口普查的年龄构成数据

木洞镇第六次人口普查，全镇总人口数36704人，其中0~14岁人口数为3608人，占总人口数的9.83%；15~64岁人口数为26817人，占总人口数的73.06%；65岁以上人口数为6279人，占总人口数的17.11%。

三、文化构成

1990年，木洞镇第四次人口普查的资料显示，小学以上文化程度占全镇总人口数的72%，与1982年第三次人口普查数据相比，初中文化程度的人口比重增加了30%，高中文化程度的人口比重增加了12%。特别是推行和普及九年制义务教育后，初中文化程度的人口增长幅度加大，小学文化人口数则呈下降趋势，文盲、半文盲人口比重持续下降。木洞镇第四、五、六次人口普查的文化构成数据情况如下：

（一）第四次人口普查的文化构成数据

表1-5

木洞镇第四次人口普查文化构成数据情况表

单位：人

单位	6岁以上人口			大学本科			大学专科			中专		
	人数	男	女	人数	男	女	人数	男	女	人数	男	女
木洞镇	6119	3100	3019	45	36	9	85	70	15	203	107	96

续表

单位	6岁以上人口			大学本科			大学专科			中专		
	人数	男	女	人数	男	女	人数	男	女	人数	男	女
木洞乡	9883	5054	4829	4	2	2	6	5	1	36	25	11
长坪乡	5867	3053	2814	1	1	—	2	2	—	22	12	10
栋青乡	8557	4525	4032	2	2	—	8	6	2	38	24	14
仰山乡	11282	5979	5303	1	1	—	9	7	2	44	30	14

单位	高中			初中			小学			不识字或识字少		
	人数	男	女	人数	男	女	人数	男	女	人数	男	女
木洞镇	698	320	378	2237	1141	1096	2198	1255	943	653	171	482
木洞乡	515	289	226	2951	1566	1385	4942	2761	2181	1415	390	1025
长坪乡	267	148	119	1775	916	859	3004	1760	1244	796	214	582
栋青乡	384	234	150	2615	1393	1222	4362	2533	1829	1148	333	815
仰山乡	548	311	237	3532	1892	1640	5618	3275	2343	1530	463	1067

（二）第五次人口普查的文化构成数据

木洞镇第五次人口普查，全镇人口中，接受大学（含大专）及以上教育的有413人，占总人口数的0.88%；接受高中（含中专）教育的有3412人，占总人口数的7.24%；接受初中教育的有17491人，占总人口数的37.11%；接受小学教育的有21063人，占总人口数的44.69%；接受扫盲班教育的有334人，占总人口数的0.71%。

（三）第六次人口普查的文化构成数据

木洞镇第六次人口普查，全镇人口中，大学（含大专）及以上文化程度的有1142人，占总人口数的3.11%；高中（含中专）文化程度的有4301人，占总人口数的11.72%；初中文化程度的有15476人，占总人口数的42.16%；小学文化程度的有13001人，占总人口数的35.42%；未上过学的有1337人，占总人口数的3.64%。

四、婚姻构成

木洞镇人口的婚姻构成，仅存有第五次人口普查的婚姻资料，其具体数据情况如下：

表1-6

木洞镇第五次人口普查婚姻构成数据表

单位：人

类别	男	女	合计
15岁及以上	2876	2869	5745
未婚	508	213	721
初婚有配偶	2109	2181	4290

续表

类别	男	女	合计
再婚有配偶	65	124	189
离异	78	41	119
丧偶	116	310	426

第三节 姓 氏

一、姓氏概况

以巴南区公安分局木洞派出所提供的 2011 年户籍资料统计，木洞镇居民姓氏共 282 个。具体姓氏如下：

张、李、王、胡、刘、杨、陈、蒋、徐、何、余、黄、周、谭、罗、唐、吴、赵、马、梁、代、丁、雷、喻、钱、晏、魏、冉、邓、田、白、秦、曾、傅、肖、沈、高、姚、朱、耿、蔡、郑、郝、林、戴、廖、严、潘、汤、袁、苏、聂、熊、钟、彭、龚、柏、冯、文、包、董、程、江、裴、宋、谢、许、焦、姜、夏、康、龙、万、石、柯、易、郭、向、陶、孙、祁、牟、司、薛、方、鄢、叶、贺、伍、骆、吕、任、连、殷、邹、杜、汪、梅、付、范、韩、申、涂、韦、鲁、邱、倪、苟、淦、孟、瞿、卢、金、樊、曹、舒、毛、童、简、武、齐、饶、左、陆、游、甘、祝、覃、黎、尹、兰、邵、贾、窦、赖、经、侯、荣、娄、闫、欧、柳、莫、章、腾、古、岳、段、顾、阎、景、颜、穆、洪、施、庞、况、蒲、乔、佐、阳、屈、敖、封、造、路、臧、安、传、尚、崔、蒙、温、管、孔、全、幸、胥、桂、谌、鲜、缪、卜、艾、玉、伏、巫、阮、扶、明、卓、郎、虞、詹、衡、燕、懒、蔺、卜、宁、米、成、曲、华、佘、冷、官、单、岑、季、翁、浦、符、萧、税、隆、漆、惠、骞、刁、于、广、户、水、勾、仇、车、戈、皮、乐、帅、母、印、关、达、匡、伊、纪、池、闵、但、花、别、谷、应、宗、南、苑、杭、昊、祖、冠、冒、查、阎、项、神、禹、卿、席、凌、桑、莲、党、盛、常、商、戚、庹、揭、粟、莘、湛、越、蓝、靳、解、锺、甄、霍、鞠、令狐。

木洞镇的 282 个姓氏中，人数最多的前 10 位是：张姓 3056 人、李姓 2797 人、王姓 2783 人、胡姓 2764 人、刘姓 2086 人、杨姓 1859 人、陈姓 1763 人、蒋姓 1392 人、徐姓 1763 人、何姓 1162 人；人数最少，又是一人一姓的有 62 位，姓氏是：刁、于、广、户、水、勾、仇、车、戈、皮、乐、帅、母、印、关、达、匡、伊、纪、池、闵、但、花、别、谷、应、宗、南、苑、杭、昊、祖、冠、冒、查、阎、项、神、禹、卿、席、凌、桑、莲、党、盛、常、商、戚、庹、揭、粟、莘、湛、越、蓝、靳、解、锺、甄、霍、鞠。

二、姓氏分布

木洞镇人口的大姓居民居住相对集中,如蒋姓居民主要居住在长延坪之墙院及其以北,即长延坪之"上半坪",人称"蒋半坪",其下半坪为余姓,人称"余半坪";喻姓居民主要聚居在苏家浩(桃花岛)之上坝,何姓居民主要聚居在苏家浩(桃花岛)之下坝。

表1-7

木洞镇前10位姓氏居民的具体分布如下表

分布	姓氏									
	张	李	王	胡	刘	杨	陈	蒋	徐	何
海眼	260	229	170	139	117	81	138	88	72	22
墙院	186	137	60	156	131	165	83	377	101	78
庙垭	223	139	103	111	264	426	103	62	85	194
杨家洞	113	131	102	165	75	30	81	40	55	17
保安	128	130	124	116	72	104	74	101	20	72
桃花岛	143	126	97	114	80	92	44	71	46	318
中坝	81	55	84	43	42	54	55	11	29	60
土地坳	202	151	217	185	84	97	155	30	109	45
松子	70	124	155	105	125	78	72	23	55	83
水口寺	139	162	264	221	124	95	127	21	100	13
土桥	160	214	199	171	119	84	96	36	67	25
钱家塆	208	303	267	301	208	69	175	150	117	17
栋青	295	246	361	165	274	69	128	91	140	17
景星	257	164	122	135	226	36	106	83	47	11
一社区	217	158	199	178	8	146	123	90	52	76
二社区	229	197	140	175	180	138	144	92	74	87
三社区	145	131	119	131	110	95	59	26	45	27
合计	3056	2797	2783	2611	2239	1859	1763	1392	1214	1162

第四节 计划生育

中华人民共和国成立以来,木洞镇的人口控制经历了由无政府状态生育到节制生育再到计划生育的历程。进入新时期以后,计划生育提升为我国社会发展的长期基本国策,木洞镇党委和政府采取多种举措,落实计划生育政策。计划生育逐步深入民心,基本成为民众的自觉行动，人口增长得到有效控制。

一、从无政府状态生育到节制生育

1949年前，木洞镇人口的发展处于无政府状态，一对夫妇一般都生育三五个子女，有的甚至更多。中华人民共和国成立后，对人口过快增长未加以限制，甚至认为是社会主义优越性和人口规律的体现。然而人口无计划地迅速增长与经济有计划的发展不相适应的矛盾很快暴露出来，引起党和国家领导人重视。1956年，周恩来在党的第八次全国代表大会上指出："我们赞成在生育方面对于节育问题进行适当的宣传，并且采取有效措施。"1957年，在《全国农业发展纲要（修正草案）》中明确指出："要宣传和推广节制生育，提倡有计划地生育子女。"1962年，党中央、国务院印发了《关于认真提倡计划生育的指示》，指出实行计划生育是我国社会主义建设中的既定政策，制订了控制人口的指标。此后，木洞镇开始推行计划生育工作。采取灵活多样的形式和方法，进行计划生育和晚婚宣传教育。

"文化大革命"前期，计划生育工作机构撤销，人口生育又处于无政府状态。

1971年，巴县计划生育委员会成立，木洞镇随即成立计划生育领导小组，人口控制工作重新展开。

二、从"晚、稀、少"到"只生一胎"

1973年，国家制定了"晚、稀、少"政策。"晚"，即晚婚，提倡男满25周岁、女满23周岁结婚；"稀"，即第一孩年满4岁，才能怀第二个孩子；"少"，即提倡一对夫妇一生只生两胎，少生三胎。为了保证"晚、稀、少"政策的实施，木洞镇要求干部和党、团员带头落实，并在民众中大力宣传并实施晚婚晚育和节制生育。当时，木洞镇的晚婚率在95%，人口自然增长率在15‰以下。

1979年，国家制定计划生育要采取立法、行政、经济措施，鼓励只生一胎的政策。巴县县委、县革命委员会规定，实行晚婚的，农村社员婚假不少于3天，干部职工婚假不少于7天；女性23岁9个月以后生育的为晚育，实行晚育者，农村社员产假40天，干部职工产假在原56天的基础上延长10~15天。并将生育指标层层分解落实到人头。在已有一个孩子的育龄夫妇中，除孩子因病残，经医院证明可以生第二胎外，余者均得采取有效的节育措施，不得生第二胎。木洞镇严格执行县委和县革委的决定，使计划生育率维持在97%以内，人口自然增长率在7‰以下。

三、多种举措落实基本国策

1982年，党中央、国务院印发《关于进一步做好计划生育工作的指示》，把控制人口增长提到战略高度。同年，党的十二次全国代表大会正式宣布："实行计划生育，是我国的一项基本国策。"确立计划生育工作在我国社会主义经济建设中的重要地位，使我国走上一条具有中国特色的控制人口增长的道路。

木洞镇采取多种措施，落实计划生育基本国策。

木洞镇设立计划生育办公室，卫生、财政、公安等部门负责人为成员，村及居民委员会均配有专（兼）职计划生育干部，镇还设立了计划生育宣传服务站，具体负责节育手术和宣传服务工作。镇、村居两级建立计划生育工作网络，为做好人口控制工作提供了有力的组织保证。

木洞镇、村委会及社区坚持人口与经济、社会、资源、环境的协调发展，严格目标管理责任制，制定《关于稳定低生育水平推进人口与计划生育事业全面发展的决定》，制定完善《村委会、社区人口与计划生育工作党政目标责任考核办法》，层层签订目标管理责任书，把人口与计划生育工作纳入重大事项的督查范围，进一步建立完善党政负责、部门配合、群众参与、齐抓共管、综合治理的管理机制，推动党政一把手亲自抓、负总责和"一票否决"制的落实，把计划生育与干部政绩挂钩，以确保人口与计划生育各项目标任务的完成。木洞镇计划生育工作坚持以宣传教育为主、避孕节育为主、经常性工作为主的"三为主"工作方针，进一步强化宣传教育的首位意识，把宣传教育的重点放在中央、市委对计划生育的一系列政策规定和重要的法律法规上，开展"婚育新风进万家"活动，坚持经常性宣传与集中性宣传相结合。组织元旦、春节期间的集中性宣传活动，突出避孕节育、优生优育、生殖保健科普知识的宣传，推动群众婚育观念的进一步转变。狠抓基层基础工作，把计划生育工作的重点放在村（居）委会，逐步建立以村（居）委会为主开展计划生育工作的新机制，健全村（居）民自治计划生育工作规范，村（居）级逐步建立健全规章制度，规范活动室建设，开展创建计划生育"合格村"活动，开展计划生育同发展农村经济、勤劳致富、建设文明幸福家庭相结合的"三结合"工作，促进了全镇计划生育工作的平衡发展。

木洞镇按照巴南区政府关于"一类地区"管理要求，开展计划生育工作。一类地区规定，一胎率为90%，计划生育率为97%，基本无多胎。对照顾生育二孩的城乡也有区别，家居城镇的符合以下五条之一者可申请照顾生育二孩。即：第一个孩子患遗传性疾病，不能成长为正常劳动力；婚后5年不孕，抱养一个孩子后又怀孕的；再婚夫妇新组成家庭后，只有一个孩子，其中一方未生育过的；夫妻一方系归国华侨或夫妻双方回国定居本县的港、澳、台同胞；独生子女与独生子女结婚的。家居农村的除执行上述5条外，照顾范围扩大为：夫妻双方一方两代或三代单传的；两个或两个以上兄弟只有一个有生育能力的；男到女方家结婚落户的；持证残疾军人；夫妻一方因公或从事正常生产劳动致残，其伤势相当于残疾军人二等甲级以上的；烈士的独生子女。

木洞镇还按照政策规定，实行计划生育奖励与扶助：

1986来以来，凡独生子女的父母是城镇职工的，自取得独生子女父母光荣证之月起至子女14周岁止，每月分别发给2.5元至5元奖励金。

2004年，按照国家人口计生委《关于开展农村部分计划生育家庭奖励扶助制度试点地区目标人群调查登记工作的紧急通知》（国人口发〔2004〕26号）文件和市、区要求，木洞镇对本人及配偶均属农业户口，没有违反计划生育法律法规及政策，现存一个子女或符合地方性法规的家庭,经批准后,可以再生育子女。部分山区、边远高寒大山区、少数民族地区现存两个女孩或者子女死亡现无子女,且满60周岁的夫妇,按每人每年600元的标准发放奖励扶助金,直到死亡为止。2004年,由符合条件夫妇本人申请,经村民委员会审议并公示,木洞镇人民政府、巴南区人口和计划生育委员会逐级审核并张榜公示,确认符合奖励扶助对象107人,奖励扶助金发放共计67320元。

2004年起,年满60周岁以上的农村独生子父母,每人每月享受国家奖励扶助金70元,年满60周岁以上的农村独生女父母,每人每月享受国家奖励扶助金90元,年满60周岁以上的农村无子女父母,每人每月享受国家奖励扶助金220元,至2011年,符合条件的独生子女父母有393人、无子女父母有13人。

2006年起,年满60周岁以上的农村双女户父母,每人每月享受国家奖励扶助金70元,至2011年,符合条件的有272人。

2006年起至2011年,农村独生女高中毕业报考市内院校,可享受加5分政策。

2007年,对独生子女特困家庭,每户每年享受国家奖励扶助金300元,至2011年,符合条件的有109户;对1987年7月4日至2006年12月31日出生的独生子女非城镇职工父母,每人一次性奖励300元;对2007年以后新增的独生子女非城镇职工父母,每人每年享受国家奖励扶助金30元,直至独生子女年满14周岁;对终身自愿放弃再生育家庭,配偶中女方年满49周岁以上,一次性奖励夫妇2人共2000元,至2011年,符合条件的有8人;对独生子女三级以上残疾或无子女家庭父母,女方年满60周岁以上,每人每月享受特别奖励扶助金190元,女方年满49~59周岁,每人每月享受特别奖励扶助金80元。

实施以上举措,促进了计划生育工作。木洞镇育龄妇女避孕率达到99.52%,有效率99%,计划生育率长年保持在92.5%以上,人口出生率约为7.9‰,人口自然增长率约为1‰,农村计划生育"合格村"达标率为90%以上。

第二篇 政 治

1940年至1942年，中共中央南方局决定，在木洞镇建立中共西南工作委员会，负责领导川东特委、川康特委、贵州省临工委、云南省工委、湘鄂西区党委的工作。巴县最早的党员有蔡惠民，陈余、叶义琳、陈玉碧、徐友莲等，木洞的豚溪口市立中学两位学生均在之列。1949年2月，木洞建立中共巴县第六区分委。1950年2月，木洞镇（乡）党委和人民政府成立。1952年8月，木洞镇召开第一届人民代表大会第一次会议。相继建立、健全了农会、工会、青年团、妇女联合会，以及公安、司法、人民法院和人民武装等组织。随着行政区划的多次调整，尤其是1993年的撤区并乡建镇和2001年的扩建镇制，木洞镇的党委、人大、政府以及群团、政法等组织日益健全和完善，领导和组织木洞民众健康、有序地进行政治、经济、文化和社会建设。

第一章 中国共产党地方组织

1949年11月27日下午4时许，解放军进入木洞镇，受到木洞工商界和人民群众的热烈欢迎，木洞获得解放。中共巴县县委在木洞设立区委，下辖乡、镇（人民公社、管理区）和村（大队）、居委会（社区）的支部、总支、党委，同时还建立了纪律检查委员会。木洞镇的党组织建设，成为领导全镇人民革命和建设的核心力量。20世纪90年代，尤其是撤县建区以后，巴南区为加快木洞镇经济建设步伐，加大行政区划调整力度，木洞镇辖行政区域扩大，辖区内村（居）委会也相继进行了较大调整，发挥了各级组织机构在社会主义建设事业中的主力军作用。

第一节　木洞区委

一、机构沿革

1949年2月，建立中共巴县第六区分委，为县委派出机构；1953年春，改称六区区委；1956年1月，改称木洞区委，机关驻木洞镇；1959年2月，实行以区建社，更名为木洞人民公社党委；1960年12月，改称联社党委；1961年5月，恢复木洞区委称谓。

巴县木洞区委所辖的乡党组织，随着行政区划的调整而有所变化。1949年12月，全区辖木洞镇和双河、麻柳、丰盛、五布、栋青、广阳6乡。1952年冬至1953年1月，先后增设水口、仰山、长坪、两路、豚溪、石门、羊鹿、天池、清溪、平桥、马家、冠山、东泉、柏树14乡。1953年，广阳、柏树2乡划归五区（长生），五布、栋青2乡划归十一区（二圣），东泉划归七区（姜家）。1954年，仰山乡并入水口乡，两路乡并入丰盛乡，石门乡并入双河乡，平桥乡并入麻柳乡。1956年1月，水口、长坪、豚溪3乡合并建立木洞乡，撤并天池、清溪、羊鹿、马家、冠山5乡。同年11月，恢复水口、马家、清溪3乡。1956年春，二圣区撤销，划回栋青乡。全区辖1镇8乡。

1952年，木洞镇开始建党支部。至1954年，先后建立了水口、长坪、马家、冠山、丰盛、双河、豚溪、麻柳、羊鹿、天池、清溪11个乡支部和木洞镇支部。1955年至1957年，先后建立了木洞、水口、栋青、马家、丰盛、双河、清溪、麻柳8个乡总支和木洞镇总支。1958年9月，以乡为单位建立人民公社，木洞镇与木洞、水口乡合并建立木洞人民公社党委；丰盛乡、马家乡合并建立丰盛人民公社党委；麻柳乡、清溪乡合并建立麻柳人民公社党委；双河、栋青两个人民公社建总支。1959年2月，以区建社时，乡级公社改为管理区，丰盛、双河、麻柳3个管理区建党委；木洞、长坪、马家、清溪、水口、栋青6个管理区建总支；同年5月，恢复木洞镇总支；7月，9个管理区都称总支。

1960年12月，木洞、双河、麻柳、清溪、丰盛、马家、长坪、栋青、水口9个管理区总支改建为人民公社党委，木洞镇仍为总支。1961年7月，建立羊鹿、天池人民公社党委，全区辖人民公社党委11个，镇总支1个。

二、历任区委领导和区委工作部门

表2-1

1949—1994年巴县木洞区委领导任职情况

职务	姓名	性别	任职时间
书记	吴清泉	男	1949年10月—1951年10月
	张殿启	男	1954年2月—1955年1月
	吴肇终	男	1955年2月—1959年7月
	李德智	女	1959年7月—1962年8月

续表

职务	姓名	性别	任职时间
书记	杨宝章	男	1961年2月—1964年6月
	欧治自	男	1965年12月—1967年1月
	姜庭辉	男	1970年4月—1975年12月
	夏贵福	男	1977年9月—1980年9月
	张森茂	男	1980年9月—1986年12月
	刘正伯	男	1986年12月—1990年5月
	毛家鑫	男	1990年6月—1991年4月
	杨昌明	男	1991年5月—1992年10月
	肖德友	男	1992年11月—1994年2月
副书记	邢厚安	男	1949年9月—1952年10月
	吴清泉	男	1951年10月—1952年3月
	曲廷俭	男	1952年7月—1952年12月
	张洪涛	男	1952年12月—1953年6月
	杨宝章	男	1952年12月—1953年6月
	张殿启	男	1953年3月—1954年2月
	杨凤坤	男	1954年6月—1955年12月
	吴肇终	男	1954年8月—1959年7月
	马永光	男	1955年1月—1957年3月
			1959年2月—1962年8月
	罗学渊	男	1956年1月—1957年6月
	李德智	女	1956年4月—1959年6月
			1963年2月—1966年1月
	刘国俊	男	1959年2月—1962年8月
	冯成修	男	1959年7月—1962年10月
	袁正东	男	1960年4月—1960年9月
	蒋国彬	男	1962年8月—1963年2月
	夏贵福	男	1964年3月—1967年1月
	李庆会	女	1965年12月—1967年1月
	孙宣明（军人）	男	1973年6月—1977年9月
	夏贵福	男	1973年6月—1977年9月
	田茂清	男	1973年7月—1978年6月
	马智慧	女	1975年4月—1978年4月

续表

职务	姓名	性别	任职时间
副书记	孙宣明	男	1976年10月—1978年4月
	张森茂	男	1986年12月—1987年10月
	刘炎禄	男	1977年9月—1980年9月
	袁子世	男	1978年4月—1986年12月
	刘正伯	男	1980年9月—1983年12月
	毛家鑫	男	1986年4月—1986年12月
	张森茂	男	1987年10月—1990年5月
	何清明	男	1990年6月—1994年2月
	周斌（挂职）	男	1991年6月—1992年6月
	易金海	男	1992年11月—1994年2月

（一）纪检

木洞镇从1966年开始设置纪检干部，主要是对党员干部进行纪律监督。违法查处，开展党员干部工作纪律、作风建设、违纪违法教育学习。1986年以来，在党的领导干部和党员中官僚主义、失职渎职、贪污腐化、索贿受贿、违反劳动纪律、违反党的政策、违法乱纪行为和行业不正之风有所抬头。根据上级精神，木洞镇纪委采取政治理论学习、组织生活、三会一课集中培训，办展板、黑板报等形式，对党的干部进行党风廉政教育和遵纪守法教育。

表2-2

1966—1993年木洞区纪检干部任职一览表

姓名	性别	籍贯	职务	任职时间	备注
黄德安	男	巴县	监察委员专干	1966年1月—1982年9月	退休干部
袁子示	男	巴县	纪检负责人	1982年10月—1993年7月	退休干部
杨平刚	男	巴县	纪委干部	1982年10月—1993年7月	退休干部
许泽永	男	巴县	纪委干部	1982年10月—1993年7月	退休干部
张森茂	男	巴县	纪律检查组长	1987年10月—1990年12月	退休干部
何清明	男	巴县	纪律检查组长	1990年12月—1995年2月	退休干部

（二）组织

1949年11月，木洞区委成立后，建立了木洞区组织管理工作，负责木洞区党的组织工作，党员教育，组织管理职能，这个时期组织干部任职沿革如下表。

表 2-3

1949—1993 年木洞区组织干部任职一览表

姓名	性别	籍贯	职务	任职时间	备注
李应敏	女	巴县	组织干事	1949 年 12 月—1952 年 12 月	退休干部
吴绍终	男	巴县	组织委员	1953 年 1 月—1954 年 11 月	退休干部
李德智	女	巴县	组织干事	1952 年 11 月—1954 年 5 月	退休干部
刘正伯	男	巴县	组织委员	1959 年 3 月—1962 年 5 月	退休干部
王天伦	男	巴县	组织干事	1960 年 3 月—1962 年 6 月	退休干部
许成祥	男	巴县	组织委员	1962 年 7 月—1970 年 8 月	退休干部
杜德富	女	巴县	组织干部	1970 年 9 月—1982 年 9 月	机关干部
杨平刚	男	巴县	组织委员	1982 年 3 月—1987 年 4 月	退休干部
何清明	男	巴县	组织委员	1987 年 5 月—1989 年 10 月	机关干部
杨平刚	男	巴县	组织委员	1989 年 10 月—1993 年 12 月	退休干部

（1）党员教育

木洞区党组织对党的干部和党员坚持组织生活、党课学习等常态性教育外，还重点通过一些政治运动对党的干部和党员进行教育。

1952 年 1 月初，在党政机关内进行"反贪污、反浪费、反官僚主义"，在社会上开展"反行贿、反偷税漏税、反盗窃国家财产、反偷工减料、反盗窃经济情报"运动，简称"三反五反"运动。运动实行先自查、后群众揭发的方式，揭露、批判了一些党员干部的贪污腐败等错误，提高了广大党员的觉悟。

1957 年至 1958 年，木洞积极贯彻中共中央《关于整风运动的指示》，从整顿党的作风入手，整顿领导上存在的官僚主义和主观主义，整风运动采取开门形式，特别欢迎党外人士帮助执政党整顿作风，尽管运动后期的"反右"斗争产生扩大化错误，但部分党员干部的官僚主义和主观主义得到纠正，提高了党的战斗力。

1964 年至 1965 年，木洞党委认真贯彻 1964 年 5 月 20 日中共中央《关于目前农村工作中若干问题的决定（草案）》，和 1963 年 9 月中央工作会议制定的《关于农村社会主义教育运动中一些具体政策的规定（草案）》（简称"双十条"），以及 1965 年 1 月 14 日中央发布的《农村社会主义教育运动中目前提出的一些问题》，在城镇和乡村开展了社会主义教育运动，即以"清政治、清经济、清组织、清思想"为主要内容的"四清"运动。对一些多占粮食、贪污挪用现金等"四不清"的干部和党员，进行了严肃批判和处理，使广大党员受到一次深刻的社会主义教育。

1977年4月，巴县县委根据中央和重庆市委的部署，由县、区两级机关干部和农村积极分子组成的巴县第五期农村基本教育工作队，进驻木洞开展农村党的基本路线教育运动，至1978年6月底结束。工作队进村后，组织干部、群众认真学习中共中央的一系列重要指示，联系实际深入揭批"四人帮"的反党罪行，彻底摧毁"文化大革命"期间形成的帮派体系，打击一小撮阶级敌人和贪污、盗窃、投机倒把分子，狠刹歪风邪气，加强党的建设。

党的十一届三中全会后，根据上级要求，陆续调派干部深入调查研究，按照党的政策，遵照实事求是、有错必纠的原则，对"文化大革命""反右派""反左倾""四清"中的冤假错案和其他历史错案进行了纠正和平反。

1993年，按照巴县委精神，学习邓小平南方谈话内容，要求全体党员要以建设中国特色社会主义的理论为指导，坚持党的基本路线，清除阻碍改革开放的陈旧观念和制度，换思想，深入认识改革开放政策内涵，确立中国特色社会主义理论基础，坚持一百年不动摇，进一步解放思想，加快改革开放，加速发展经济，加强精神文明建设和党的建设，进一步开创各项工作的新局面。坚持干部"四化"方针和德才兼备的原则，加强各级领导班子自身建设。

（2）组织管理

木洞区委设置组织干事，负责组织管理工作。

1953年，设置区委组织委员；1954年，组织委员进入区委委员，成为领导班子成员之一，1993年12月，建制调整前的这个时期，主要负责党委组织、人事管理工作，做好党员培养、发展等工作。

1949年以来，由于时间跨度长，行政区划变化大，资料严重缺失，党组织和党员的数据难以全面统计，现将撤区并乡1993年党组织和党员数据予以列表载录：

表2-4

1993年撤区并乡建镇时党组织数和党员人数一览表

单位	党委（总支）/个	支部/个	党员/人	备注
木洞区委直属	23		460	
木洞镇	1	4	110	
木洞乡	1	16	380	
长坪乡	1	10	230	
栋青乡	1	16	379	
水口（仰山）乡	1	18	420	

(三) 宣传

1949年11月，巴县木洞区委成立后，设置宣传干事，这个时期的工作职责是党委宣传思想工作，理论辅导，时事宣传，教育学习，发挥宣传思想工作的功能作用。1949年初，打倒土豪分田地，批斗地主阶级剥削贫苦农民，开展今昔对比，忆苦思甜宣传教育活动。如：庙垭村的代坤林，在20世纪70年代分别在木洞各村、单位、学校开展今昔对比20余场宣传活动，教育劳动人民热爱党、热爱社会主义新中国。70年代末至80年代，开展学雷锋、树新风好人好事宣传活动。如：胜利村的邓永才，在党委宣传部门的组织下，在木洞各支部、学校用现身事例，宣传好人好事，共组织开展了20余场宣讲报告。80年代，宣传部门结合宣传农业科学种田，政府引进杂交水稻、温室两段育苗、蚕桑小蚕片叶立体育等新技术，农民一时难以接受，通过组织讲座、开报告会、发放宣传资料，宣传和运用科学技术，让群众得到实惠。90年代，在大力发展乡镇企业，开拓招商引资，促进地区发展时期，营造了宣传氛围，鼓励外资投入木洞建设，不同行业的20余家企业落户木洞发展。

1971年，设置巴县木洞区委宣传委员。1983年，宣传委员进入区委委员，成为领导班子成员之一。1993年12月，撤区并乡建镇木洞区公所撤销，区公所宣传机构随之撤销。

表2-5

1955—1993年木洞区宣传干部任职表

姓名	性别	籍贯	职务	任职时间	备注
蔡治明	男	巴南区	宣传委员	1955年3月—1956年12月	退休干部
蒋治明	男	南岸区	宣传委员	1957年1月—1971年3月	退休干部
萧开铭	男	巴南区	宣传干事	1971年3月—1983年9月	退休干部
徐忠品	男	巴南区	宣传委员	1983年9月—1993年11月	退休干部
唐生学	女	巴南区	宣传委员	1993年11月—1994年1月	退休干部

第二节 镇（乡）党委总支

一、党委总支任职

1949年11月，木洞解放，开始组织建设，先后相继建立了木洞镇、木洞、长坪、马家、丰盛、麻柳、天池、双河、羊鹿、水口（仰山）、栋青乡党委。1993年12月，因行政区划，将马家、丰盛、麻柳、天池、双河、羊鹿、水口（仰山）、栋青乡划出。1994年1月，建立木洞镇党委、青山镇党委。2001年7月，青山并入木洞镇，建立木洞镇党委。

1949年至1993年12月，分别介绍木洞镇党总支、木洞、长坪、水口（仰山）、栋青乡党委干部任职沿革。由于时间久、跨度长，1949年至1993年12月干部任职时间准确性不易把握，因此，分别以文字依次记载姓名，1994年后任职干部以表列述。

（一）木洞镇党总支

1949年木洞解放，木洞镇党组织以木洞区委履行党组织管理工作。1958年9月，木洞镇和木洞乡、水口乡合并建立木洞人民公社党委。1959年2月以区建社，木洞人民公社党委改建为木洞管理区总支和水口管理区总支。同年5月，木洞管理区场镇部分划出恢复木洞镇总支。直至1987年12月21日、1992年12月25日，在木洞镇政府礼堂先后召开中共木洞镇第七次、第八次党员代表大会，选举产生了镇党总支正、副书记，其任职见下表：

表2-6

1981—1993年木洞镇党总支领导任职表

职务	姓名	性别	任职时间
书记	曹光兴	男	1981年10月—1984年2月
	马永光	男	1984年2月—1987年10月
	罗友林	男	1987年10月—1993年12月
副书记	杨平刚	男	1987年10月—1990年9月
	刘光慧	女	1990年9月—1992年10月
	赵文琴	女	1992年10月—1993年12月
	马智慧	女	1992年10月—1993年12月

（二）木洞乡党委

1950年3月，建立豚溪乡党总支部，张森茂任党总支书记。1952年改为木洞乡党委。1958年9月，木洞镇和木洞乡、水口乡合并建立木洞人民公社党委。1959年2月，以区建社，木洞人民公社党委改建为木洞管理区总支和水口管理区总支。1960年12月，建立木洞人民公社党委。1985年，建立木洞乡党委。1960年12月，公社党委书记为：马永光、李树杭、邓世学（女）、马荣斌、黄德安；党委副书记为：王天海、秦世兴、王弟福、胡慎华。1970年6月至1976年10月，木洞人民公社党委书记为：马荣斌、林昌荣；党委副书记为：蔡银洲、胡慎华、田应明、刘正福、康启兰（女）。1976年10月至1987年10月，木洞乡（公社）党委书记为：林昌荣、马永光、杨继才；党委副书记为：刘正福、胡慎华、康启兰（女）、田应明、陶绪全、蔡银洲、易金海、杨继才、王弟福、黄远成、吴长水、李学良。

1987年12月21日、1992年12月25日，在木洞乡政府礼堂先后召开中共木洞乡第七次、第八次党员代表大会，选举产生了乡党委正、副书记，其任职见下表：

表2-7

1987—1993年木洞乡党委领导任职表

职务	姓名	性别	任职时间
书记	杨继才	男	1987年10月—1992年9月
书记	黄正才	男	1992年9月—1993年12月
副书记	胡慎华	男	1987年10月—1989年12月
副书记	赵明芬	女	1990年1月—1992年9月
副书记	陈平华	男	1992年9月—1993年12月
副书记	刘光慧	女	1992年10月—1993年12月

（三）长坪乡党委

1960年12月，建立长坪人民公社党委，党委书记为：王安全、蒋治明；党委副书记为：王天伦、何绍云、杜德荣、王安全、钟正轩。1970年6月至1976年10月，长坪人民公社党委书记为：蒋治明、陈永禄；党委副书记为：钟正轩、经子轩、李茂昌、陈树轩、唐生学（女）、徐友文、杨平刚、陶绪全。1976年10月至1987年10月，长坪乡（公社）党委书记为：陈永禄；党委副书记为：陶绪全、钟正轩、杨平刚、徐友文、陈树轩、胡佐碧（女）、田应明、马智慧（女）、廖鼎禄（兼）、张炳清、蒋治全、杨仁海。

1987年12月21日、1992年12月27日，在长坪乡政府礼堂先后召开中共长坪乡第七次、第八次党员代表大会，选举产生了乡党委正、副书记，其任职见下表：

表2-8

1987—1993年长坪乡党委领导任职表

职务	姓名	性别	任职时间
书记	陈永禄	男	1987年10月—1989年9月
书记	杜德荣	男	1989年9月—1993年12月
副书记	赖正伦	男	1987年10月—1993年12月
副书记	余应全	男	1990年1月—1992年10月
副书记	张建碧	女	1993年1月—1993年12月

（四）水口（仰山）乡党委

1960年12月，建立水口乡人民公社党委，党委书记为：李树杭、林昌荣；党委副书记为：赵树荣、陈锦海（女）、倪铭、吴志荣。1970年6月至1976年10月，水口人民公社党委书记为：林昌荣、马荣斌；党委副书记为：萧开财、罗国川、胡开茂、李树成、张炳清、胥呈祥、胡学义。1976年10月至1987年10月，仰山乡（公社）党委书记为：马荣斌、蔡治荣、吴治荣、萧开财、徐贤贵；党委副书记为：胡开茂、张炳清、李树成、罗国川、胡学义、蒋仕美（女）、李长海、黄正才、林昌荣、黄正国、杜德荣、白合平。

1987年12月21日、1992年12月25日，在仰山乡政府礼堂先后召开中共仰山乡第七次、第八次党员代表大会，选举产生了乡党委正、副书记，其任职见下表：

表2-9

1987—1993年仰山乡党委领导任职表

职务	姓名	性别	任职时间
书记	徐贤贵	男	1987年10月—1992年9月
	胡学义	男	1992年9月—1993年12月
副书记	白合平	男	1987年10月—1988年7月
	蒋治全	男	1988年8月—1992年12月
	黄正才	男	1991年1月—1992年10月
	白合平	男	1992年10月—1993年12月
	田春兰	女	1993年1月—1993年12月

（五）栋青乡党委

1960年12月，建立栋青乡人民公社党委，党委书记为：魏伯勤、王安全；党委副书记为：钟杰凤、潘文贵、周银灿、王弟福。1970年6月至1976年10月，栋青人民公社党委书记为：王安全；党委副书记为：徐大华、王弟福、雷树清、胡正海、李长海、潘明贵。1976年10月至1987年10月，栋青乡（公社）党委书记为：王安全、周银灿；党委副书记为：李长海、雷树清、徐大华、潘明贵、丁荣海、胡开茂、周银灿、李茂昌、熊兴素（女）、倪国均、胡学义。

1987年12月23日、1992年12月26日，在栋青乡政府礼堂先后召开中共栋青乡第七次、第八次党员代表大会，选举产生了乡党委正、副书记，其任职见下表：

表2-10

1987—1993年栋青乡党委领导任职表

职务	姓名	性别	任职时间
书记	周银灿	男	1987年10月—1989年12月
	李世林	男	1990年1月—1992年9月
	徐正文	男	1992年9月—1993年12月

续表

职务	姓名	性别	任职时间
副书记	胡学义	男	1987年10月—1989年12月
	周银灿	男	1990年1月—1992年12月
	蒋治全	男	1993年1月—1993年12月
	邓 乐	女	1993年1月—1993年12月

二、历任镇党委领导

1994年1月,建立青山镇和木洞镇党委。

(一)青山镇党委

1994年1月,成立青山镇党委,下设党支部33个。1994年1月至2001年8月,青山镇党委领导任职情况见下表:

表2-11

1994—2001年青山镇镇党委领导任职表

职务	姓名	性别	起止时间
书记	易金海	男	1994年1月—1996年7月
	徐贤贵	男	1996年7月—2001年7月
副书记	蒋治全	男	1994年1月—1996年3月
	陈平华	男	1996年3月—2001年8月

(二)木洞镇党委

1994年1月,成立木洞镇党委,下设党支部39个。1994年1月至2001年7月,木洞镇党委领导任职情况见下表:

表2-12

1994—2011年木洞镇党委领导任职表

职务	姓名	性别	起止时间
书记	肖德友	男	1994年1月—1997年12月
	刘国福	男	1998年11月—2001年7月
	刘国福	男	2001年8月—2005年3月
	刘顺伟	男	2005年3月—2006年12月
	潘富宏	男	2007年1月—2008年7月
	左 鹏	男	2008年8月—2011年12月……

续表

职务	姓名	性别	起止时间
副书记	陈平华	男	1994年1月—1995年12月
	罗友林	男	1993年1月—1993年12月
	赖正伦	男	1996年1月—1999年12月
	杨仁海	男	2001年8月—2005年3月
	田春兰	女	2001年8月—2011年12月
	潘富宏	男	2005年3月—2006年12月
	韦开平	男	2007年1月—2007年7月
	杨 松	男	2007年10月—2011年7月
	卢黎明	男	2011年11月—2011年12月

第三节 镇党委工作部门

1994年1月,木洞镇建制调整后,按照上级要求,下设组织办公室,负责组织人事、纪检监察、宣传等工作。乡镇党委工作部门也不断调整,到2005年,党委工作部门增设为4个,分别是组织办公室、团委办公室、妇联办公室、纪检监察办公室。2006年,木洞镇实施机构改革,经重庆市巴南区机构编制委员会同意(巴南编委发〔2006〕31号),按照"精简、统一、效能"的原则,党委工作部门合并到党政办公室,由党政办公室负责组织、纪检监察、宣传和精神文明建设、统战、武装、机构编制、人事、民宗侨台、工青妇等工作,负责承办人大、政协工作方面的具体事务。

一、纪检

1994年2月,设立了木洞镇纪律检查委员会,简称"木洞镇纪委",开展木洞镇辖区内党员及党员干部的纪律管理、纪律监督,同时,履行对党员及干部进行教育学习活动。

(一)工作职责

木洞镇纪律检查委员会的任务是集中力量管理党纪,协助党委发扬党内民主,查处违纪案件,教育党员,增强党性,维护党的政治纪律。协助党委教育、动员全体党员贯彻党的基本路线。协助党委管好党风,从纪律上督促党员经受住执政和改革开放的双重考验。预防和惩治腐败,坚持不懈地开展党风廉政建设和反腐败斗争。在党员干部中运用不同形式开展警示教育和党风廉政教育,做到木鱼常敲、警钟长鸣。重点查办贪污、投机倒把、诈骗、挪用公款、搞封建迷信、违反计划生育政策等违法违纪案件。1982年10月至1993年7月，调查违纪案件90余件，涉及党员干部80余人；2001年7月至2011年12月，调查违纪案件90余件，涉及党员干部100余人。

（二）工作开展

木洞镇从1966年开始设置纪检干部，主要是对党员干部进行纪律监督，违法查处，开展党员干部工作纪律、作风建设、违纪违法教育学习。1986年以来，在党的领导干部和党员中官僚主义、失职渎职、贪污腐化、索贿受贿、违反劳动纪律、违反党的政策、违法乱纪行为和行业不正之风有所抬头。根据上级精神，木洞镇纪委采取政治理论学习、组织生活、三会一课集中培训，办展板、黑板报等形式，对党的干部进行党风廉政教育和遵纪守法教育。还对镇辖单位签订了党风廉政建设协议书，向党员干部发送廉政短信警示，印发廉政台历年画，张贴大小宣传标语，举办廉政座谈会，廉政文艺汇演等，提高党员干部的思想觉悟。木洞镇党委认真落实党风廉政建设责任制，着力推进社区、农村的党风廉政建设，不断深化党员干部"讲廉、述廉、评廉"等制度，深入开展对站所的作风整顿和行风评议工作，做到教育、制度监督并重的惩治和预防腐败体系建设。

（三）组织领导

1994年至1995年2月，木洞镇的纪检组长继续执行巴委组〔1990〕第294号文件，何清明为木洞区纪律检查组长，另设有纪检干部1人。

1995年2月至1999年12月，木洞镇党委副书记何清明兼任纪委书记，杜德富任纪委专职干部。

1999年12月至2001年7月，木洞镇党委副书记赵文琴兼任纪委书记，李新志任纪委专职干部。

2001年7月至2011年11月，蒋治全任木洞镇纪委书记。其间，纪委副书记依次由李新志、雷德珍、苏孝强、周循、封洪波担任，每届有5~7人为纪委委员。

2013年3月，包清美任木洞镇纪委书记，左平任副书记，纪委委员7人。

2014年2月至2015年6月，吕彦侠任木洞镇纪委书记，邓乔、马佶景任纪检干部，纪委委员7人。

2015年6月至2016年9月，吴欢代替纪检工作，邓乔、马佶景任纪检干部，纪委委员7人。

2016年9月，杨坤朋任木洞镇纪委书记，马佶景任纪检干部，纪委委员7人。

二、组织

1994年1月，木洞镇党委建立后，成立了党支部，设立了支部委员会。这一时期及以后，木洞镇党的组织工作主要包括党员教育和组织管理等工作。

表 2-13

1994—2011 年木洞镇组织干部任职一览表

姓名	性别	籍贯	职务	任职时间	备注
唐生学	女	巴南区	组织委员	1994 年 1 月—1995 年 12 月	退休干部
刘光惠	女	巴南区	组织委员	1998 年 1 月—2006 年 12 月	机关干部
王 强	男	巴南区	组织委员	2007 年 1 月—2011 年 11 月	机关干部
陈 科	男	巴南区	组织委员	2011 年 11 月—2011 年 12 月	机关干部

（一）党员教育

木洞镇党组织对党的干部和党员坚持组织生活、党课学习等常态性教育外，还重点通过一些政治运动对党的干部和党员进行教育。对基层领导班子进行了整顿和适当调整。各村党支部建立了"三会一课"制度，有力地促进了对党员干部和广大党员的社会主义教育。

1994 年初至 2000 年，木洞镇党委根据巴南区委的安排，开展了以"讲学习、讲政治、讲正气"为主要内容的党性党风教育，即"三讲"教育。按思想发动，学习提高；自我剖析，听取意见；交流思想，开展批评与自我批评；认真整改，巩固成果四个步骤，有序地开展"三讲"活动。这次教育活动使全镇 1000 余名党员和领导干部受到了一次深刻的马克思主义教育，经受了一次党内民主生活的严格锻炼，在坚持群众路线和党内民主集中制等方面得到了明显提高。

2001 年 1 月至 2005 年，中共中央决定，全党从中央到地方党支部委员会，用一年半的时间，进行一次"以实践'三个代表'重要思想为主要内容的保持共产党员先进性教育活动"，简称"共产党员先进性教育活动"。巴南区"共产党员先进性教育活动"分三批进行，每批活动时间为半年。木洞镇机关、学校是第三批开展的"共产党员先进性教育活动"，起于 2005 年 6 月，至 12 月结束。

2009 年 9 月 18 日下午，木洞镇召开了"深入学习实践科学发展观活动"动员大会。区委第三指导检查组领导一行出席会议，木洞镇学习实践活动领导小组及办公室、各指导检查组成员，各基层党组织书记共 120 余人参加了会议。会议由镇长杨松主持，镇党委书记左鹏在大会上做了动员讲话，部署了全镇学习实践活动要求，加快"四个木洞"建设，实施"十个一"工程，推行"五项制度"，提高学习质量，加强基层组织建设。区委第三指导检查组组长徐建宏强调：一是要把握好学习实践活动的正确方向；二是要结合各单位实际，把学习实践活动与推动当前工作紧密结合起来；三是切实加强学习实践活动的组织领导。

木洞镇组织党员学习实践活动，辅导党员落实党组织和党员联系群众采取了"五项制度"，木洞镇启动了以"重点调研、全面走访、结对帮扶、上下承诺、办理反馈"为主要内容的"五心"主题活动,在群众中开展了一是重点调研顺民心,成立3~5人组成的调研工作组,确立29个调研课题。二是全面走访聚人心,走访近5000人次,记录民情日志达1500余份。三是结对帮扶送爱心,开展"进百村、走千家、访万民"活动,结成帮扶对子200余对。四是上下承诺表决心,确定时间、帮扶对象、帮扶数量、帮扶方式、帮扶效果,固定下来,表明帮扶决心。五是办理反馈看诚心,帮扶活动结束后,帮扶主体将由受助人签字认可,注明帮扶期限和效果的书面反馈卡交给党委政府和本单位党组织,表明"一帮到底"的决心,完成帮扶任务诚意。活动直至2010年2月,集中帮扶了一批困难党员和弱势群体,让基层党员、干部和群众在学习实践科学发展观活动中真切感知、真心参与、真正受惠,得到广大党员和群众的支持。

(二)组织管理

木洞区委和乡(镇)党委设置组织干事,负责组织管理工作,主要负责党委组织、人事管理工作,做好党员培养、发展等工作。

现将2001年扩建镇制时的党组织和党员数据予以列表载录,扩建镇制后则逐年列表载录:

表2-14

2001年木洞、青山镇党组织数和党员人数一览表

年份	木洞镇			青山镇		
	党委/个	支部/个	党员/个	党委/个	支部/个	党员/人
2001	1	39	1180	1	33	799

表2-15

2001—2011年木洞镇党组织数和党员人数一览表

年份	木洞镇					备注
	镇党委	村(居)党委	总支部	支部	党员/人	
2001	1	—	—	43	1879	2001年7月,青山并入
2002	1	—	—	43	1868	—
2003	1	—	—	43	1866	—
2004	1	—	—	41	1861	杨家洞、箭桥电站销号
2005	1	1	—	41	1876	—
2006	1	1	—	41	1877	—
2007	1	1	—	46	1875	—
2008	1	1	—	46	1879	—

续表

年份	木洞镇					备注
	镇党委	村（居）党委	总支部	支部	党员/人	
2009	1	1	—	46	1872	—
2010	1	17	1	59	1869	—
2011	1	17	1	60	1878	—

三、宣传

1994年1月，木洞镇设专职宣传委员，直至2011年12月，宣传委员成为党委委员之一。

（一）宣传职责

全面负责宣传工作，以马列主义、毛泽东思想、邓小平理论和"三个代表"重要思想、科学发展观为指导，制订宣传思想工作计划，宣传党和国家的路线、方针、政策，以及乡（镇）党委的重要决策，宣传干部、群众的理论素养和思想政治素质。做好内外的宣传舆论工作，办好广播、宣传栏、黑板报等宣传和管理工作。按上级要求，与有关部门共同做好信息报送和对外宣传稿件工作。组织开展普法宣传和教育工作，及时做好党报、党刊的征订和分发工作，加强宣传部门的自身建设，完成党委、政府交办的其他工作任务。

（二）工作开展

党委宣传思想工作，理论辅导，时事宣传，教育学习，发挥宣传思想工作的功能作用。20世纪90年代，在大力发展乡镇企业，开拓招商引资，促进地区发展时期，营造了宣传氛围，鼓励外资投入木洞建设，不同行业的20余家企业落户木洞发展。21世纪初，对农村进入集镇，加强城镇建设和管理进行了宣传，开展了村规民约、村务公开、民生工作等宣传工作，直到2011年，全镇分别在17个村（居）委会，创建了68幅标准化的宣传橱窗，每年平均发放各项宣传资料2万余份。

表2-16

1994—2011年木洞镇宣传干部任职表

姓名	性别	籍贯	职务	任职时间	备注
田承兰	女	巴南区	宣传委员	1994年1月—1995年11月	机关干部
刘光会	女	巴南区	宣传委员	1995年11月—1997年12月	退休干部
刘锦洪	男	巴南区	宣传委员	2001年11月—2003年1月	机关干部
包清美	女	江北区	宣传委员	2003年1月—2007年1月	机关干部
雷德珍	女	巴南区	宣传委员	2007年1月—2011年12月	机关干部

四、统战

1993年12月,建制调整前,木洞镇统战工作未设专职干部,由党委委员或宣传委员兼任。2007年初,建立统战机构,设置专职委员,由党委委员担任。

(一) 工作职责

开展党的统一战线和对台方针政策的宣传教育,组织好党委召开的党外人士座谈会、情况通报会,听取民主党派和党外人士意见建议,加强统战自身建设,提高思想觉悟和参政水平,对其代表性人物提出政治安排和实职安排意见,落实知识分子政策,培养和发现人才,负责党外政协人大代表联络及活动开展。负责宣传、贯彻党的统一战线,对台、侨务、民族、宗教工作的路线、方针、政策。掌握统战对象基本情况,把握动态,发现问题,及时解决,维护社会稳定和谐。做到"了解情况,掌握政策,协调关系,举荐人才"。主要包括:负责民主党派、党外人士的政治安排和实职安排,以及党外后备干部队伍的建设工作;负责归侨、侨眷、台胞、台属、少数民族和留学回国人员的工作;负责宗教工作,依法管理,上报宗教方面的突出事件和社会影响及社会稳定等问题,抵制境外敌对势力的宗教渗透活动;负责统战信息上报、信访接待等工作。

(二) 工作开展

1986年,巴南区按行政区成立12个区镇政协小组。1993年,12个区镇建制调整,10个区撤销,原区镇小组改为片区政协小组,继续开展活动。木洞镇片区政协小组由10人组成,其成员来自学校、企业、事业单位。小组根据区政协安排,不定期组织学习。主要学习人民政协性质、地位和作用,学习统战理论,增强职能意识。深入考察,提高参政议政能力,集思广益,献计献策,共谋发展大计,发挥协商监督作用。

表2-17

1995—2011年统战干部任职表

姓名	性别	籍贯	职务	任职时间
刘光惠	女	巴南区	机关干部	1995年11月—1997年12月
刘锦洪	男	巴南区	机关干部	2001年11月—2003年1月
包清美	女	江北区	机关干部	2007年1月—2011年11月
岳学金	男	巴南区	机关干部	2011年11月—2011年11月

第四节 村(社区)党组织

一、村级党组织

2005年4月前,各村党组织为党支部、书记为支部书记。2005年5月至2011年12月,各村党组织更名为村党委,书记更名为党委书记。

(一) 墙院村党组织

1950年初,设置新民、上观、院子、新房为4个大队党支部。1984年,新房改名墙院村党支部,院子改名水坝村党支部。1996年,新民、上观村合并更名为上观村党支部,水坝、新房村合并更名为墙院村党支部。2006年8月,上观与墙院村合并更名为墙院村党委,党员有86人,下设3个党支部。1950—2011年,墙院村党组织书记任职情况见下表:

表2-18

1950年—2011年12月墙院村党组织书记任职情况

名称	姓名	任职时间	名称	姓名	任职时间
新民	蒋鹏宣	1950年1月—1966年12月	上观	江海彬	1958年1月至1983年12月
新民	张朝学	1967年1月—1975年12月	上观	杨国荣	2005年1月—2005年12月
新民	陈国民	1976年1月—1995年12月	新房	蒋世清	1950年1月—1958年12月
水坝	冉海模	1950年1月—1959年12月	新房	周义成	1959年1月—1964年12月
水坝	余述宣	1960年1月—1962年11月	新房	唐仲荣	1965年1月—1973年12月
水坝	徐正陶	1963年11月—1971年12月	新房	杨观荣	1974年1月—1982年12月
水坝	何毓灿	1972年1月—1977年10月	新房	张孝品	1983年1月—1986年12月
水坝	刘大裕	1978年1月—1982年12月	新房	杨观荣	1987年1月—1989年12月
水坝	余广芳	1983年1月—1986年12月	新房	张孝品	1990年1月—1995年12月
水坝	冉善田	1987年1月—1991年12月	墙院	代世琼	1996年1月—2001年12月
水坝	徐正陶	1992年1月—1993年12月	墙院	高尚勇	2002年1月—2005年12月
水坝	代世琼	1994年1月—1995年12月	墙院	高尚勇	2006年1月—2010年12月
上观	陶炳章	1984年1月—2004年12月	墙院	代世琼	2011年1月—2011年12月

(二) 海眼村党组织

1950年初,设置岩碥、石坝、中心、前进为4个大队党支部。1986年,岩碥、石坝大队改为海眼村党支部,中心大队改为沙塝村党支部,前进大队改为高石村党支部。1997年,岩碥村与海眼村合并,更名为海眼村党支部,沙塝和高石村合并,更名为高石村党支部。2006年8月,海眼、高石村合并,更名为海眼村党委,有党员107人,下设4个党支部。1950—2011年,海眼村党组织书记任职情况见下表:

表2-19

1950年—2011年12月海眼村党组织书记任职情况

名称	姓名	任职时间	名称	姓名	任职时间
岩碥	张炳堂	1950年1月—1964年12月	岩碥	吴文敬	1981年12月—1993年12月
岩碥	李国志	1965年1月—1970年12月	岩碥	蔡开祥	1993年12月—2002年12月
岩碥	徐恩云	1970年12月—1977年12月	岩碥	张文礼	2003年11月—2005年10月
岩碥	王银华	1977年12月—1981年12月	前进	余述轩	1950年1月—1968年12月

续表

名称	姓名	任职时间	名称	姓名	任职时间
前进	龚德云	1969年1月—1975年12月	中心	张文良	1977年1月—1980年12月
前进	余家锡	1976年1月—1982年12月	中心	蔡贵华	1981年1月—1984年12月
前进	刘之相	1983年1月—2000年12月	中心	蔡长虹	1985年1月—1987年12月
前进	冯大伦	1993年1月—1997年12月	石坝	李仁甫	1950年1月—1959年12月
高石	刘之相	1997年1月—2000年12月	石坝	李茂昌	1959年12月—1971年12月
高石	冯大伦	2001年1月—2005年10月	石坝	苏银章	1971年12月—1979年12月
中心	蔡贵华	1956年1月—1962年12月	石坝	冉光喜	1979年12月—1994年12月
中心	王仁义	1963年12月—1965年12月	石坝	李忠明	1994年12月—2005年11月
中心	雷泽明	1966年6月—1969年12月	海眼	张文礼	2005年11月—2011年12月
中心	蔡贵华	1970年1月—1976年12月	—	—	—

（三）庙垭村党组织

1950年初至1982年，分别建立庙垭、下观、黄桷、白岩、豚溪口大队党支部。1984年，五个大队更名为村党支部。1991年，庙垭与白岩村合并，更名为庙垭村党支部。1994年，下观与黄桷村合并，更名为下观村党支部。2003年，庙垭村与下观村合并，更名为庙垭村党支部。2005年，更名为庙垭村党委。2006年8月，豚溪口并入庙垭村党委，仍为庙垭村党委，有党员148人，下设4个党支部。1955—2011年，庙垭村党组织书记任职情况见下表：

表2-20

1955年—2011年12月庙垭村党组织书记任职表

名称	姓名	任职时间	名称	姓名	任职时间
豚溪	杨汉文	1955年1月—1967年12月	庙垭	何秀全	2001年1月—2004年12月
豚溪	何先银	1967年1月—1976年12月	下观	易树章	1955年1月—1964年12月
豚溪	胡绍华	1976年1月—1988年12月	白岩	黄太吉	1964年12月—1990年12月
豚溪	马永堂	1988年1月—1994年12月	白岩	胡开全	1990年1月—1996年12月
豚溪	杨清柏	1994年1月—2000年12月	白岩	胡天顺	1955年1月—1958年12月
豚溪	杨观文	2000年1月—2006年12月	庙垭	蒋治平	1958年1月—1995年12月
豚溪	董海明	1955年1月—1958年12月	庙垭	胡开全	1995年1月—2001年12月
黄桷	何绍云	1955年1月—1982年12月	庙垭	陈文忠	2001年1月—2004年12月
黄桷	江治华	1982年1月—1993年12月	庙垭	何秀全	2004年1月—2010年12月
下观	张元富	1955年1月—1982年12月	庙垭	郑周勇	2010年1月—2011年12月
下观	李世亮	1982年1月—2001年12月	—	—	—

(四) 桃花岛村党组织

1950年初至1953年底，建立团结、中心、回龙大队党支部。1959年5月，划分为团结、回龙大队党支部。1978年3月，回龙更名为苏家浩村党支部，团结更名为中江村党支部。1995年6月，苏家浩村与中江村合并，更名为苏家浩村党支部；2006年8月，更名为桃花岛村党委，有党员84人，下设3个支部。1955—2011年，桃花岛村党组织书记任职情况见下表：

表2-21

1955年—2011年12月桃花岛村党组织书记任职表

名称	姓名	任职时间	名称	姓名	任职时间
团结	蒋术清	1955年12月—1958年9月	回龙	马盛强	1959年3月—1973年9月
团结	何永昌	1958年9月—1959年9月	苏家浩	李汝田	1973年9月—1985年9月
团结	杨元才	1959年9月—1975年6月	苏家浩	张代华	1985年9月—1989年10月
团结	何国林	1975年6月—1975年11月	苏家浩	文明伦	1989年10月—1998年10月
中江	肖开友	1975年12月—1985年3月	苏家浩	张代华	1998年10月—2007年10月
中江	蒋文明	1985年3月—1991年9月	桃花岛	唐智	2007年10月—2010年9月
中江	秦明勤	1991年9月—1992年9月	桃花岛	秦明勤	2010年9月—2011年12月

(五) 杨家洞村党组织

1952年，建立田坝、胜利两个大队党支部。1984年，田坝大队更名为杨家洞村党支部，胜利大队更名为胜利村党支部。2006年8月，胜利与杨家洞村合并更名为杨家洞村党委，有党员68人，下设2个党支部。1952—2011年，杨家洞村党组织书记任职情况见下表：

表2-22

1952年—2011年12月杨家洞村党组织书记任职表

名称	姓名	任职时间	名称	姓名	任职时间
胜利	钟家发	1952年7月—1974年6月	杨家洞	徐承富	1970年1月—1976年12月
胜利	朱伦秀	1974年7月—1995年1月	杨家洞	胡大刚	1977年1月—1993年12月
胜利	黄长秀	1995年11月—1996年12月	杨家洞	李孝全	1994年11月—1997年12月
胜利	陈富明	1997年1月—2006年8月	杨家洞	张秀伦	1998年1月—2006年7月
杨家洞	代述云	1953年1月—1963年12月	杨家洞	陈富明	2006年8月—2011年12月
杨家洞	胡开华	1964年1月—1969年12月	—	—	—

（六）保安村党组织

1950年初，建立保安、永安2个大队党支部。1984年，永安大队更名为箭桥村党支部，保安大队更名为保安村党支部。2006年8月，箭桥与保安村合并，更名为保安村党委，有党员76人，下设2个党支部。1950—2011年，保安村党组织书记任职情况见下表：

表2-23

1950年—2011年12月保安村党组织书记任职表

名称	姓名	任职时间	名称	姓名	任职时间
永安	胡永贵	1950年1月—1958年12月	箭桥	张家禄	2002年1月—2006年12月
永安	陈友福	1959年1月—1965年12月	保安	李广福	1950年1月—1955年12月
永安	杨德仁	1966年1月—1968年12月	保安	杨仁富	1956年1月—1979年12月
永安	秦炳清	1969年1月—1984年12月	保安	骆开国	1980年1月—1989年12月
箭桥	李全福	1985年11月—1987年12月	保安	杨仁荣	1990年1月—1994年12月
箭桥	陈友寿	1988年1月—1990年12月	保安	蒋文木	1995年1月—2001年12月
箭桥	李广凡	1991年1月—1990年12月	保安	龚德华	2002年1月—2004年12月
箭桥	万光华	1994年1月—1995年12月	保安	王长贵	2005年1月—2007年12月
箭桥	张友志	1996年1月—1998年12月	保安	杨昆明	2008年1月—2010年12月
箭桥	胡慎兵	1999年1月—2001年12月	保安	白合平	2011年1月—2011年12月

（七）中坝村党组织

1961年初，中坝2个互助组，确定2名组长负责日常工作，只有1名党员。1961年，发展党员3名，建立了中坝村党支部，木洞信用社负责人黄朝明担任书记。1994年，撤区并乡建镇时有党员23人。2001年，青山并入木洞镇时有党员32人。2011年，有党员39人。1961—2011年，中坝村党组织书记任职情况见下表：

表2-24

1961年—2011年12月中坝村党组织书记任职表

名称	姓名	任职时间	名称	姓名	任职时间
中坝	黄朝明	1961年10月—1964年9月	中坝	蒋文玲	2003年10月—2008年9月
中坝	高贤严	1964年10月—1981年9月	中坝	李如胜	2008年10月—2009年9月
中坝	肖世昌	1981年10月—2003年9月	中坝	肖波	2009年9月—2011年12月

（八）土地垭村党组织

1950年初至1982年，建立黎家、渊河、和平、胜利4个大队党支部。1984年，和平大队更名为白果湾村党支部，胜利大队更名为土地垭村党支部。1997年10月，黎家与渊河合并，更名为渊河村党支部，白果湾与土地垭村合并，更名为土地垭村党支部。2006年

8月，渊河与土地垇村合并，更名为土地垇村党委，有党员86人，下设5个党支部。1950—2011年，土地垇村党组织书记任职情况见下表：

表2-25

1950年—2011年12月土地垇村党组织书记任职表

名称	姓名	任职时间	名称	姓名	任职时间
黎家	张建尧	1950年1月—1964年11月	胜利	罗秀忠	1989年1月—1990年1月
黎家	张子林	1965年1月—1970年11月	渊河	刘海云	1950年1月—1982年12月
黎家	徐友木	1971年1月—1975年11月	渊河	唐明胜	1983年1月—1986年12月
黎家	谭绍全	1976年1月—1978年11月	渊河	王永良	1987年1月—1996年12月
黎家	钱世贵	1979年1月—1989年11月	渊河	唐明胜	1997年1月—2003年12月
和平	杨承林	1950年1月—1972年11月	渊河	徐延福	2004年1月—2004年12月
和平	王宗秀	1973年1月—1982年11月	土地垇	魏良斌	1991年1月—1998年11月
和平	刘明文	1983年1月—2002年11月	土地垇	刘明文	1999年1月—2002年11月
胜利	李绍轩	1950年1月—1975年11月	土地垇	魏良斌	2003年1月—2011年12月
胜利	徐安寿	1976年1月—1988年11月	—	—	—

（九）松子村党组织

1950年1月至1959年12月，松子大队未确定党组织书记。1950年1月至1952年10月，由农协主席黄正国负责党务工作。1952年11月至1959年12月，由朱良成负责党务工作。1950年1月至1959年3月，大石大队未确定党组织书记。1950年1月至1952年2月、1959年3月至1965年12月，由农协主席黄仲琪负责党务工作。1952年3月至1959年2月，由何恩祥负责党务工作。

1960年初，建立松子与大石2个大队党支部。1963年，松子与大石合并更名卢家塘大队党支部。1966年，卢家塘大队更名为大石大队党支部。1996年，更名为松子村党支部。2006年8月，更名为松子村党委，有党员59人，下设2个党支部。1960—2011年，松子村党组织书记任职情况见下表：

表2-26

1960年—2011年12月松子村党组织书记任职表

名称	姓名	任职时间	名称	姓名	任职时间
松子	白炳清	1960年1月—1967年12月	松子	焦素兰	1975年4月—1982年12月
松子	梁海云	1968年1月—1975年3月	松子	何秀林	1983年1月—1991年6月

续表

名称	姓名	任职时间	名称	姓名	任职时间
松子	焦素兰	1991年7月—1995年12月	大石	黄仲琪	1980年3月—1983年12月
大石	吴成术	1966年1月—1979年12月	大石	曾凡华	1984年1月—1987年12月
大石	杨国福	1980年1月—1980年3月	大石	王柱国	1988年1月—1993年12月

（十）水口寺村党组织

1955年初，建立高丰、柏杨、兴合、松林、方冲五个大队党支部。1984年，松林和方冲合并，更名为松林村党支部。1997年，兴合、柏杨、松林大队合并，更名为兴合村党支部。2006年8月，兴合与高丰合并，更名为水口寺村党委，有党员102人，下设4个党支部。1955—2011年，水口寺村党组织书记任职情况见下表：

表2-27

1955年—2011年12月水口寺村党组织书记任职表

名称	姓名	任职情况	名称	姓名	任职情况
方冲	徐素云	1955年—1958年	兴合	陈纲	1986年—1992年
方冲	王平章	1958年—1961年	水口寺	杨宗明	1991年—1994年
方冲	毛常益	1961年—1962年	水口寺	廖星明	1994年—2005年
方冲	毛元礼	1962年—1983年	水口寺	廖星明	1996年1月—2005年5月
方冲	陈广华	1983年—1988年	高丰	杨合林	1959年—1965年
方冲	杨宗明	1988年—1991年	高丰	周知春	1965年—1968年
太平	王吉林	1959年—1970年	高丰	黄永碧	1968年—1969年
大平	白清海	1970年—1976年	高丰	聂绍云	1969年—1975年
太平	田登明	1976年—1984年	高丰	黄学堂	1975年—1995年
太平	王登明	1984年—1974年	高丰	黄学荣	1995年1月—1997年12月
白杨	王吉良	1962年—1965年	高丰	邓清林	1998年1月—2005年5月
白杨	白清林	1965年—1974年	水口寺	邓清林	2005年5月—2010年10月
白杨	刘远成	1974年—1994年	水口寺	汪国原	2011年10月—2011年12月
兴合	黄光明	1983年—1986年	—	—	—

（十一）土桥村党组织

1950年初，建立土桥和郭家坪2个大队党支部。1951年合并，更名为土桥大队党支部。1993年，更名为土桥村党支部。2006年8月，更名为土桥村党委，有党员79人，下设2个党支部。1954—2011年，土桥村党组织书记任职情况见下表：

表2-28

1954年—2011年12月土桥村党组织书记任职表

名称	姓名	任职时间	名称	姓名	任职时间
郭家坪	杨树全	1954年8月—1955年12月	郭家坪	祁家荣	2001年11月—2005年10月
郭家坪	李兴文	1956年1月—1958年12月	土桥	胡国志	1957年1月—1963年8月
郭家坪	包术国	1959年1月—1960年1月	土桥	包述国	1963年9月—1972年12月
郭家坪	陈国福	1960年2月—1960年12月	土桥	李武成	1973年1月—1977年12月
郭家坪	沈永福	1961年1月—1963年12月	土桥	周玉才	1978年1月—1981年1月
郭家坪	黄少全	1964年1月—1965年1月	土桥	林昌全	1981年12月—1992年12月
郭家坪	林中全	1965年2月—1969年8月	土桥	张礼维	1993年1月—1993年11月
郭家坪	谭惠荣	1969年9月—1974年9月	土桥	张乾喜	1993年12月—1995年1月
郭家坪	谭礼富	1974年10月—1983年10月	土桥	李兴云	1995年2月—2001年12月
郭家坪	祁家荣	1983年11月—1989年10月	土桥	张长胜	2002年1月—2004年9月
郭家坪	谭礼富	1989年11月—1994年10月	土桥	王登兰	2004年10月—2010年10月
郭家坪	陈兴明	1994年11月—2001年10月	土桥	周训强	2010年10月—2011年12月

（十二）钱家湾村党组织

1955年初期，建立钱家湾、大田、向阳、龙桥、菜园湾、雁坝为五个村党支部。1979年，大田与钱家湾合并，更名钱家湾大队党支部。1997年底，钱家湾、向阳、龙桥合并，更名为钱家湾村党支部，菜园湾、雁坝合并为雁坝村党支部。2006年8月，钱家湾和雁坝村合并，更名为钱家湾村党委，有党员153人，下设5个党支部。1955—2011年，钱家湾村党组织书记任职情况见下表：

表2-29

1955年—2011年12月钱家湾村党组织书记任职表

名称	姓名	任职时间	名称	姓名	任职时间
大田	郝廷滨	1955年1月—1958年12月	大田	郝廷福	1970年1月—1978年12月
大田	赵树云	1959年1月—1960年12月	向阳	黄长明	1955年1月—1957年12月
大田	余绍廷	1961年1月—1965年12月	向阳	白清海	1958年1月—1962年12月
大田	赵树云	1966年1月—1969年12月	向阳	吴述云	1963年1月—1973年12月

续表

名称	姓名	任职时间	名称	姓名	任职时间
向阳	李应江	1974年1月—1984年12月	雁坝	李兴国	1966年1月—1982年12月
向阳	胡天柱	1985年1月—1997年12月	雁坝	李兴国	1983年1月—1985年12月
桂花	傅显禄	1955年1月—1959年12月	雁坝	晏泽明	1986年1月—1997年12月
桂花	王金全	1960年1月—1973年12月	雁坝	郝廷国	1998年1月—1998年12月
菜园湾	裴绍珍	1956年1月—1959年12月	雁坝	代宗海	1999年1月—2004年2月
菜园湾	徐艮忠	1960年1月—1982年12月	雁坝	刘 军	2004年3月—2007年10月
菜园湾	周训贵	1983年1月—1992年12月	钱家湾	郝明沛	1979年1月—1985年12月
菜园湾	郝廷国	1993年1月—1997年12月	钱家湾	袁开全	1986年1月—1988年12月
龙桥	王代全	1974年1月—1991年12月	钱家湾	戴元福	1989年1月—1995年12月
龙桥	包金全	1992年1月—1994年12月	钱家湾	曾凡全	1996年1月—1997年12月
龙桥	李永宽	1995年1月—1997年12月	钱家湾	曾凡全	1998年1月—2006年12月
雁坝	肖丙清	1956年1月—1961年12月	钱家湾	曾凡全	2007年1月—2011年12月
雁坝	蒋世荣	1962年1月—1965年12月	—	—	—

（十三）栋青村党组织

1950年初至1996年，栋青村为铜鼓、栋青、沟落湾、汪家坪、唐房、院墙6个党支部。1996年12月，铜鼓与栋青合并，更名为栋青村党支部，沟落湾和汪家坪合并，更名为汪家坪村党支部，唐房和院墙合并，更名为院墙村党支部。2006年8月，栋青和汪家坪合并，更名为栋青村党支部。2007年12月，栋青和院墙合并，更名为栋青村党委，有党员151人，下设4个党支部。1955—2011年，栋青村党组织书记任职情况见下表：

表2-30

1955年—2011年12月栋青村党组织书记任职表

名称	姓名	任职时间	名称	姓名	任职时间
沟落湾	丁贵林	1955年1月—1980年12月	汪家坪	代宗奎	1983年1月—1992年12月
沟落湾	徐承福	1981年1月—1989年12月	汪家坪	王功金	1993年1月—1995年12月
沟落湾	余广淑	1990年1月—1996年12月	汪家坪	柯吉光	1996年1月—2003年12月
沟落湾	杨福全	1995年1月—1996年12月	汪家坪	李云志	2004年1月—2005年12月
汪家坪	柯树云	1950年1月—1954年12月	院墙	张久刚	1955年1月—1987年12月
汪家坪	王功金	1955年1月—1982年12月	院墙	张礼福	1988年1月—2001年12月

续表

名称	姓名	任职时间	名称	姓名	任职时间
院墙	曾祥海	2002年1月—2004年12月	栋青	丁荣菊	1982年1月—1986年12月
院墙	王香莲	2004年12月—2007年12月	栋青	李永贵	1987年1月—1997年12月
栋青	聂树衡	1955年1月—1975年12月	栋青	王三光	1995年1月—2004年12月
栋青	胡灿容	1976年1月—1981年12月	栋青	蒋益勤	2005年1月—2011年12月

（十四）景星村党组织

1950年初，建立芋头坝、景星、银家、翠竹四个大队党支部。1998年，芋头坝与景星合并，更名为景星村党支部，银家与翠竹合并，更名为翠竹村党支部。2006年8月，翠竹与景星村合并，更名为景星村党委，有党员102人，下设4个党支部。1955—2011年，景星村党组织书记任职情况见下表：

表2-31

1955年—2011年12月景星村党组织书记任职表

名称	姓名	任职时间	名称	姓名	任职时间
芋头坝	龚永会	1955年1月—1957年12月	银家	陈海明	1958年1月—1984年12月
芋头坝	丁郎清	1958年1月—1985年12月	银家	秦玉立	1985年1月—2004年12月
芋头坝	赵前灿	1986年1月—2004年12月	景星	李世海	1958年1月—1982年12月
翠竹	姚森林	1953年1月—1963年12月	景星	周跃禄	1983年1月—1994年12月
翠竹	张志林	1964年1月—1965年12月	景星	张前明	1995年1月—1998年12月
翠竹	白任禄	1966年1月—1984年12月	景星	蒋益勤	2004年1月—2005年12月
翠竹	钟家俊	1985年1月—1991年12月	景星	胡天荣	2005年11月—2010年10月
翠竹	胡天荣	1992年1月—1998年12月	景星	田大华	2010年11月—2012年6月

二、社区党组织

1997年3月，木洞镇党委在居民委员会中，确定一名退休党员任支部书记，负责该居委会党务工作。1994年4月，增设六居委，确定镇退休干部陈永禄为书记。

2000年8月，撤销一、二、三、四、五、六居民段后，组建调整为3个党总支部，更名为一、二、三社区党总支部。2006年8月，成立社区党委，一社区党委，有党员90人，下设4个党支部；二社区党委，有党员92人，下设4个党支部；三社区党委，有党员126人，下设4个党支部。

一社区

2000年10月至2004年9月，陈永禄任书记；2004年10月至2005年10月，李国田任书记；2005年11月至2008年12月，杨奉明任书记；2010年10月至2011年12月，王成芳任书记。

二社区

2000年10月至2005年8月，李元烈任书记；2005年9月至2007年12月，唐杰任书记；2008年1月至2010年10月，胡金秀任书记；2011年1月至2011年12月，杜泽忠任书记。

三社区

2000年10月至2003年8月，谢文程任书记；2003年9月至2006年4月，杨奉明任书记；2006年5月至2007年3月，罗凯任书记；2007年4月至2008年9月，李如胜任书记；2008年至2011年12月，魏必勇任书记。

2001年11月13日，按照木洞委发〔2001〕49号文件，撤销重庆焊管厂、木洞造纸厂、木洞邮电支局、木洞水运公司、木洞酒厂党支部。撤销后，其党员组织关系转入所在村、段党支部。

2011年12月，木洞镇党委下设13个村党委，1个村级党支部，社区党委3个，机关党委1个，镇辖基层党支部60个，党员1878人。

第二章 镇（乡）人民代表大会

民国二十四年（1935年）开始，木洞为区署治所，下辖乡镇。中华人民共和国成立后，继续沿袭旧制，直到1993年12月撤区并乡建镇，区署撤销。撤区并乡建镇后，木洞镇辖区范围包括原木洞区的木洞镇、木洞乡和长坪乡。2001年扩并镇制，原木洞区的栋青、仰山（水口）两乡合并的青山镇又并入木洞镇，其所属的村和居委会（社区）亦随之并入。

为了简明、清晰地记述木洞镇的人民代表大会和政权机构有关事宜，本章先分届记述人民代表大会概况，然后列述木洞区公所的区长和副区长、镇（乡）政府的镇（乡）长和副镇（乡）长、村和居委会（社区）的村长和主任任职情况。

第一节 历届人代会

木洞镇第一届人民代表大会（以下简称人代会）第一次会议于1952年8月召开，直到2011年12月底，历经18届。

木洞镇及其所辖的原镇（乡）第一届至第八届人代会资料严重缺失，仅有原木洞乡的简略资料尚存。文中叙录时，除木洞乡列表载录外，其余的只叙录第九届至第十七届人代会的相关事宜，主要叙录第一次会议概况，其他会议则有选择地予以叙录。

一、撤区并乡建镇前（1981—1993年）的木洞镇、木洞乡、长坪乡人代会

（一）木洞镇历届人代会

1981年1月20日，木洞镇政府礼堂召开了木洞镇第九届人代会一次会议。会议应到代表56人，实到代表55人，会期3天。选举委员会（以下简称选委会）成员有：余怀芳、曹光新、梁中成、徐辅成、李广银、雷生田、代建文、徐朝群、吴银学共9人，余怀芳为选委会主任。会议听取和审议了木洞镇政府工作报告、木洞镇1980年财政决算情况和1981年财政预算情况报告、木洞镇农村实行"两保证"集体提留报告（以下简称政府工作报告、财政预决算报告、"两保证"工作报告），对三个报告形成了审议通过的决议，其主要内容为：认真贯彻"八字方针"方案，坚持四项基本原则，认真学习马列主义、毛泽东思想，充分发挥代表的作用。会议选举曹光新为人大主席，吴志云为镇长，余怀芳为副镇长。

1984年3月2日，木洞镇政府礼堂召开了木洞镇第十届人代会一次会议。会议应到代表49人，实到代表49人，列席代表18人，会期2天。选委会成员有：马永光、吴志云、余怀芳、刘之均、周成福、潘兴全、刘泽光。会议听取和审议了政府工作报告、1983年财政决算报告和1984年财政预算报告，对三个报告形成了审议通过的决议，其主要内容为：坚决贯彻党的十二大精神，坚持四项基本原则，拨乱反正，解放思想，改革创新，建设精神文明，深入开展"五讲四美三热爱"活动，严打刑事犯罪，巩固安定团结局面，实现社会经济、治安好转，迎接35周年国庆，团结奋斗。会议选举马永光为人大主席，吴志云为镇长，余怀芳为副镇长。

1986年1月8日，木洞镇政府礼堂召开了木洞镇第十届人代会二次会议。会议应到代表49人，实到代表48人，会期2天。人大主席团成员有：邓友兰、马永光、吴志荣、刘光慧、吴银学、龚柏森、潘兴全，陈永禄为人大主席。会议听取和审议了政府工作报告、财政工作报告、"两保证"工作报告，并作出三个报告的决议。

1987年1月6日，木洞镇政府礼堂召开了木洞镇第十一届人代会一次会议。会议应到代表59人，实到代表54人，会期1天。选委会成员有：吴志荣、刘光会、邓友兰、潘兴全、龚柏森、肖世昌、刘志军；人大主席团成员有：马永光、邓友兰、包明芳、吴志云、王世遂、张森茂、赵家国。会议听取和审议了政府工作报告、财政工作报告、"两保证"工作报告，对三个报告形成了审议通过的决议。会议选举吴志荣为人大主席、镇长，喻铸为副镇长。

1989年4月15日，木洞镇政府礼堂召开了木洞镇第十一届人代会三次会议。会议应到代表58人，实到代表46人，列席2人，会期2天。选委会成员有：刘志军、赵家国、张思键、潘兴全、曹选中、龚柏森、肖世昌、邓友兰、吴志云。会议听取和审议了政府工作报告、财政预决算报告、人大主席团工作报告，对三个报告形成了审议通过的决议，其主要内容为：坚持以经济建设为中心，坚持四项基本原则，坚持改革开放，加强物质文明

建设，搞好各项工作，认真贯彻十三届三中全会精神，治理经济环境，全面深化改革，强化城镇规划和城镇管理，决定农贸市场搬迁。

1990年1月9日，木洞镇政府礼堂召开了木洞镇第十二届人代会一次会议。会议应到代表30人，实到代表28人，列席10人，会期3天。选委会成员有：罗有林、杨平刚、陈永禄、吴志云、王大新、岑远强；人大主席团成员有：罗有林、杨平刚、刘志军、潘兴全、邓维柱。会议听取和审议了政府工作报告、财政预决算报告，对两个报告形成了审议通过的决议，其主要内容为：坚定不移地搞好治安整顿，深化改革，加强城镇管理，加强法制建设，维护社会治安，加强政治思想工作、反腐工作。会议选举陈永禄为人大主席、镇长，刘光会、景兴明为副镇长，王大新、邓维柱为陪审员。

1991年11月12日，木洞镇政府礼堂召开了木洞镇第十二届人代会三次会议。会议应到代表30人，实到代表26人，列席2人，会期2天。会议听取和审议了政府工作、财政工作报告，对两个报告形成了审议通过的决议。会议选举马建国为科技副镇长。

1993年1月8日，木洞镇政府礼堂召开了木洞镇第十三届人代会一次会议。应到代表36人，实到代表36人，列席13人，会期3天。选委会成员有：罗有林、杨继才、赵家国、蒋世新、肖世昌、潘兴全、马盛珍；人大主席团成员有：罗友林、杨继才、赵家国、刘志军、潘兴全、邓维柱。会议听取和审议了政府工作报告、财政预决算报告和人大主席团工作报告，对三个报告形成了审议通过的决议，其主要内容为：认真贯彻党的方针、政策，以经济建设为中心，加强和人民群众联系，增强自身建设。会议选举杨继才为人大主席，赵文琴为镇长，景兴明、赵明芬为副镇长。

（二）木洞乡历届人代会

1952—1981年，为木洞乡第一届至第八届人代会时段。经反复查阅资料，木洞乡有第一届一次至第八届一次、二次各届次会议时间，乡长、副乡长名单。其中，第二届、第六届、第七届未设副乡长职位。为简明起见，列表述录：

表2-32

木洞乡历届人代会表

届次	会议时间	会议选举结果	
		乡长	副乡长
第一届	1952年11月	胡树清	黄宗淑
第二届	1954年6月	胡树清	—
第三届	1955年10月	黄正国	高永清
第四届	1957年11月	王天伦	陈锦会
第五届	1958年8月	王天伦	王登国、胡树清、胡开茂
第六届	1960年7月	蒋全益	—

续表

届次	会议时间	会议选举结果	
		乡长	副乡长
第七届	1963年3月	李树成	—
第八届	1969年11月	马荣斌	杨成清、胡慎华
第八届二次	1981年3月	杨继才	胡慎华、吴长水

1982年12月18日，木洞乡召开了第九届人代会一次会议。会议应到代表78人，实到代表78人，会期3天。选委会成员有：胡慎华、马永光、吴长水、康启兰、喻良文、陶绪全、董明会、张泽畔；主席团成员有：马永光、胡慎华、康永兰、朱能秀、邓如民、王弟福。会议听取和审议了选举委员会工作报告、主席团关于代表资格的审查报告、公社革委会工作报告，对三个报告形成了审议通过的决议。会议选举胡慎华为人大主席，陶绪全为乡长，吴长水为副乡长。

1983年3月12日，木洞乡召开了第十届人代会一次会议。会议应到代表69人，实到代表62人，会期3天。选委会成员有：杨继才、吴长水、陶绪全、肖开银、刘万均、傅显兰、傅友康、蒋效伦、喻明成；主席团成员有：杨继才、吴长水、喻明成。会议听取和审议了政府工作报告、"两保证"方案，对政府工作报告和"两保证"方案形成了审议通过的决议。会议选举杨继才为人大主席，胡慎华为乡长，陶绪全为副乡长。

1987年1月20日，木洞乡召开了第十一届人代会一次会议。会议应到代表70人，实到代表64人，会期3天。选委会主任为杨继才，副主任为吴长水、陶绪全，其成员有：肖开银、刘万均、傅显兰、傅友康、蒋效伦、喻明成；人大主席团成员有：杨继才、胡慎华、喻明成、刘万军、胡天顺。会议听取和审议了政府工作报告、财政工作报告、"两保证"工作报告，对三个报告形成了审议通过的决议。会议选举杨继才为人大主席，陶绪全为乡长，吴长水、肖开银为副乡长。

1990年1月7日，木洞乡召开了第十二届人代会一次会议。会议应到代表37人，实到代表37人，会期3天。选委会主任为杨继才，副主任为赵明芬（女）、马永玉，其成员有：白和平、田莉（女）、黄世伟；人大主席团成员有：杨继才、赵明芬、秦明勤、何秀华、张家禄。会议听取和审议了政府工作报告、财政预决算报告、"两保证"工作报告，对三个报告形成了审议通过的决议。会议选举杨继才为人大主席，陶绪全为乡长，胡慎华、马永玉为副乡长。

1993年1月4日，木洞乡召开了第十三届人代会一次会议。应到代表41人，实到代表41人，会期2天。选委会主任为黄正才，副主任为陶绪全，其成员有：田莉（女）、黄世伟、马永章、胡佐良；人大主席团成员有：黄正才、陶绪全、胡学敏、马永章、胡佐良。会议听取和审议了政府工作报告、财政工作报告、"两保证"提留报告，对三个报告形成了审议通过的决议。会议选举陶绪全为人大主席，陈平华为乡长，秦明勤、郑继云、邹盛棋、田景华为副乡长，万光华、喻明成为陪审员。

（三）长坪乡历届人代会

1980年1月10日，长坪乡召开第九届人代会一次会议。会议应到代表50人，实到代表50人，会期3天。选委会成员有：陈永禄、廖鼎禄、徐宗品、蔡银州、张万玉；人大主席团成员有：廖鼎禄、张万玉、江海兵、张炳德、李良茂。会议听取和审议了政府工作报告、财政工作报告、"两保证"提留报告，对三个报告形成了审议通过的决议，其主要内容为：照明电与农机水电部门规划，决定墙院水库整修，修建长坪酒厂，做好防污染水井。会议选举廖鼎禄为人大主席、乡长，张万玉为副乡长，周光明、余文芳为陪审员。

1983年1月27日，长坪乡召开第九届人代会三次会议。会议应到代表50人，实到代表45人，会期2天。选委会成员有：廖鼎禄、徐宗品、蔡银州、陈永禄、张万玉。会上，执行主席廖鼎禄宣布候选人名单及简历，提出选举工作安排。会议选举陈永禄为人大主席，徐宗品为乡长，蔡银州为副乡长；廖鼎禄当选公社社长，蒋治全当选公社副社长。

1986年1月19日，长坪乡召开第十届人代会一次会议。会议应到代表45人，实到代表37人，会期2天。人大主席团成员有：陈平华、余应全、张万玉、陈永禄。会议听取和审议了政府工作报告，对其形成了审议通过的决议。会议选举陈永禄为人大主席，陈平华为乡长，余应全为副乡长。

1987年1月6日，长坪乡召开第十一届人代会一次会议。会议应到代表45人，实到代表45人，会期2天。选委会成员有：陈永禄、陈平华、赖正伦、张万玉、余应全；人大主席团成员有：陈永禄、陈平华、赖正伦、张万玉、余应全。会议听取和审议了政府工作报告、财政预决算报告、1987年粮食订购和提留两保证工作报告，对三个报告形成了审议通过的决议。会议选举赖正伦为人大主席，陈平华为乡长，余应全、张万玉为副乡长。

1988年11月6日，长坪乡召开第十一届人代会二次会议。会议应到代表45人，实到代表45人，会期2天。选委会成员有：杜德云、余应全、黄力、包明清、张成菊、林昌远、赖正伦。会议听取和审议了政府工作报告、财政预决算报告、两保证提留情况报告，对三个报告形成了审议通过的决议。会议增选李德海为副乡长。

1989年2月28日，长坪乡召开第十一届人代会三次会议。会议应到代表45人，实到代表40人，会期2天。人大主席团成员有：陈平华、陈永禄、余应全、赖正伦、蔡贵德、张高容、王德州。会议听取和审议了政府工作报告、1988年财政决算和1989年财政预算报告，对两个报告作出了审议通过的决议。会议增选王世云为科技副乡长。

1990年1月6日，长坪乡召开第十二届人代会一次会议。会议应到代表36人，实到代表35人，会期2天。选委会成员有：赖正伦、吴长水、黄力、张成菊、李德海、王世云、杜德云；人大主席团成员有：杜德云、赖正伦、吴长水、黄力、王世云。会议听取和审议了政府工作报告、财政工作报告、集体提留"两保证"报告，对三个报告作出了审议通过的决议。会议选举赖正伦为人大主席、副乡长，吴长水为乡长，黄力、张成菊、李德海为副乡长。

1993年1月5日，长坪乡召开第十三届人代会一次会议。会议应到代表37人，实到代表34人，会期3天。选委会成员有：杜德云、吴长水、赖正伦、黄力、张建碧、蔡贵德、黄家富；人大主席团成员有：杜德云、吴长水、赖正伦、黄力、蔡贵德、黄家富。会议听取和审议了政府工作报告、人大主席团工作报告、财政工作报告、集体提留"两保证"报告，对四个报告作出了审议通过的决议。会议选举吴长水为人大主席，赖正伦为乡长，黄家富、黄力、蔡贵德为副乡长，徐正涛、余文吉为陪审员。

二、1994—2001年的木洞镇历届人代会

1995年1月7日，木洞镇政府礼堂召开木洞镇第十四届人代会一次会议。会议应到代表51人，实到代表51人，会期3天。选委会成员有：何清明、罗有林、丁荣新、王三富、胡世杰、龚柏森、蒋文明、耿高容；人大主席团成员有：肖德友、何清明、罗友林、丁荣新、王三富、龚柏森、胡世杰。会议听取和审议了政府工作报告、1995年财政决算和1996年财政预算报告，对两个报告作出了审议通过的决议，其主要内容为：坚持党的领导，以经济建设为中心，充分发挥代表作用，搞好普九义务教育。会议选举何清明为人大主席，赖正伦为镇长，何先平、秦明勤、蔡贵德为副镇长。

1997年12月27日，木洞镇政府礼堂召开木洞镇第十四届人代会二次会议。会议应到代表48人，实到代表46人，会期2天。选委会成员有：何清明、罗有林、丁云新、刘光会、刘清学、吕永胜；人大主席团成员有：肖德友、何清明、罗有林、丁荣新、龚柏森、胡仕杰、蒋文明、耿高容、王三富。会议听取和审议了政府工作报告、财政预算报告、人大工作报告，对三个报告作出了审议通过的决议。会议撤销了罢免景兴明副镇长职务处分，宣布第一次选举余元会为镇人大代表有效，陈平华为镇人大代表无效。

1998年1月18日，木洞镇政府礼堂召开木洞镇第十四届人代会四次会议。会议应到代表54人，实到代表54人，列席2人，会期3天。选委会成员有：刘国福、何清明、赖正伦、赵文琴、刘光会、余树林、田忠美、蒋效伦；人大主席团成员有：刘国福、何清明、赖正伦、赵文琴、刘光会、丁荣新、龚柏森。会议听取和审议了政府工作报告、财政预决算工作报告、人大主席团工作报告，对三个报告作出了审议通过的决议。

1999年1月8日，木洞镇政府召开木洞镇第十五届人代会一次会议。会议应到代表56人，实到代表56人，列席24人，会期3天。选委会成员有：刘国福、何清明、胡国祥、赵文琴、龚柏森、潘兴全、何绍育；人大主席团成员有：刘国福、何清明、胡学义、赵文琴、刘光会。会议听取和审议了政府工作报告、财政工作报告、"两保证"工作报告，对三个报告作出了审议通过的决议，其主要内容为：大力发展"两高一优"农业，巩固乡镇企业主体地位，积极支持非公有制经济大发展，加强市政基础设施配套建设，加快三峡移民新区建设步伐，计划生育率保持在95%。会议选举何清明为人大主席，郑继云为镇长，刘光会、张孝容、胡学义、秦明勤、赖正伦为副镇长。

2000年1月21日，木洞镇政府礼堂召开木洞镇第十五届人代会二次会议。会议应到代表58人，实到代表56人，列席18人，会期1天。选委会成员有：刘国福、何清明、胡

国祥、赵文琴、龚柏森、潘兴全、何绍育。会议听取和审议了政府工作报告、1999年财政决算和2000年财政预算报告，对两个报告作出了审议通过的决议，其主要内容为：讨论和制定人大主席团工作制度；建立廉政、勤政、务实、高效的政府目标；政府各部门人员必须做到艰苦奋斗，勤俭办事，严守法纪，为群众办好事。

2001年1月18日，木洞镇政府礼堂召开木洞镇第十五届人代会三次会议。会议应到代表58人，实到55人，会期1天。选委会成员有：刘国福、何清明、郑继云、秦明勤、谭晓东、胡学义、赖正伦、刘国华、赵文琴。会议听取和审议了政府工作报告、人大主席团工作报告、财政工作报告，对三个报告作出了审议通过的决议，其主要内容为：建立办理镇人大代表议案、建议、意见的制度。

三、撤区并乡建镇前（1981—1993年）的栋青乡、水口（仰山）乡历届人代会

（一）栋青乡历届人代会

1980年9月8日，栋青乡召开第九届人代会一次会议。会议应到代表76人，实到代表76人，会期3天。选委会成员有：李茂昌、李霞、周银灿、毛家鑫、林昌远、徐友文；人大主席团成员有：李茂昌、周银灿、毛家鑫、李霞、徐友文。会议听取和审议了政府工作报告、财政工作报告、"两保证"提留报告，对三个报告作出了审议通过的决议。会议选举李茂昌为人大主席、乡长，李太衡为副乡长。

1981年9月8日，栋青乡召开第九届人代会二次会议。会议应到代表92人，实到代表90人，会期2天。选委会成员有：李茂昌、李霞、周银灿、徐友文、李长海、倪国筠。会议听取和审议了政府工作报告、财政工作报告、"两保证"提留报告。对三个报告作出了审议通过的决议。

1983年1月30日，栋青乡召开第九届人代会三次会议。会议应到代表82人，实到代表67人，会期2天。选委会成员有：李茂昌、李霞、周银灿、徐友文、李长海、倪国筠。会议听取和审议了政府工作报告、财政工作报告、"两保证"提留报告，对三个报告作出了审议通过的决议。

1986年1月27日，栋青乡召开第十届人代会一次会议。会议应到代表63人，实到代表63人，会期2天。选委会成员有：周银灿、倪国筠、李长海、李茂昌、徐友文、熊兴素、丁云海；人大主席团成员有：李茂昌、周银灿、张志林、李长明、潘明贵。会议听取和审议了政府工作报告、财政工作报告、"两保证"提留报告，对三个报告作出了审议通过的决议。会议选举李长海为人大主席，徐宗品为乡长，蔡银州为副乡长。

1987年2月21日，栋青乡召开第十一届人代会一次会议。会议应到代表61人，实到代表60人，会期2天。选委会成员有：李世林、周银灿、倪国均、李长海、徐友文、邓乐；人大主席团成员有：李世林、周银灿、倪国均、李长海、邓乐。会议听取和审议了政府工作报告、财政预决算报告、"两保证"提留报告，对三个报告作出了审议通过的决议。会议选举胡学义为人大主席、乡长，李长海为副乡长。

1988年11月7日,栋青乡召开第十一届人代会二次会议。会议应到代表56人,实到代表55人,会期3天。选委会成员有:周银灿、倪国均、李长海、徐友文、唐白芳、钟家俊、李世林。会议听取和审议了政府工作报告、"两保证"提留报告,对两个报告作出了审议通过的决议,提出今后三年各项工作任务和奋斗目标。

1989年3月4日,栋青乡召开第十一届人代会三次会议。会议应到代表63人,实到代表63人,列席12人,会期2天。选委会成员有:倪国筠、周银灿、李长海、丁云海、赵前灿、张文祥、陈家明。会议听取和审议了政府工作报告、财政工作报告、"两保证"提留报告,对三个报告作出了审议通过的决议。

1990年1月7日,栋青乡召开第十二届人代会一次会议。会议应到代表55人,实到代表55人,列席17人,会期2天。选委会成员有:李世林、李长海、周银灿、倪国筠、徐友文、唐白芳、钟家俊;人大主席团成员有:李世林、李长海、周银灿、倪国筠、唐白芳、钟家俊。会议听取和审议了政府工作报告、人大工作报告、财政工作报告,对三个报告作出了审议通过的决议。会议选举周银灿为人大主席,倪国筠为乡长,李长海、白平、张建华为副乡长。

1991年3月20日,栋青乡召开第十二届人代会三次会议。会议应到代表35人,实到代表35人,列席20人,会期2天。选委会成员有:周银灿、李世林、丁云菊、袁开方、张礼福。会议听取和审议了政府工作报告、财政工作报告、"两保证"提留报告,对三个报告作出了审议通过的决议。

1993年1月4日,栋青乡召开第十三届人代会一次会议。会议应到代表37人,实到代表37人,会期2天。选委会成员有:周银灿、李世林、丁云菊、袁开芳、张礼福、蒋兵、蒋治全;人大主席团成员有:李世林、周银灿、丁云菊、袁开芳、张礼福、蒋兵、蒋治全。会议听取和审议了政府工作报告、人大工作报告、财政工作报告,对三个报告作出了审议通过的决议。会议选举倪国筠为人大主席,蒋治全为乡长,蒋兵、丁云海为副乡长。

(二)水口(仰山)乡历届人代会

1981年1月18日,水口乡召开第九届人代会一次会议。会议应到代表86人,实到代表86人,会期3天。选委会成员有:田德胜、杨成贵、蒋仕美、胡学义、林昌全、罗国川;人大主席团成员有:吴志云、倪明、赵国芳。会议听取和审议了政府工作报告、财政预决算报告、"两保证"提留报告,对三个报告作出了审议通过的决议。会议选举吴志云为人大主席,罗国川为乡长,吴志云为副乡长。

1982年3月10日,水口乡召开第九届人代会二次会议。会议应到代表86人,实到代表86人,会期3天。选委会成员有:林昌云、李长海、黄正才、赵明秀、林昌全、徐银忠、姚自寿。会议听取和审议了政府工作报告、财政预决算报告,对两个报告作出了审议通过的决议。

1982年9月26日,水口乡召开第九届人代会三次会议。会议应到代表86人,实到代

表79人，会期2天。选委会成员有：林昌云、李长海、黄正才、赵明秀、林昌全、徐银忠、姚自寿。会议听取和审议了政府工作报告、财政预决算报告，对两个报告作出了审议通过的决议。

1982年1月11日，水口乡召开第十届人代会一次会议。会议应到代表86人，实到代表86人，会期3天。选委会成员有：林昌云、李长海、黄正才、赵明芬、林昌全、徐银忠、姚自寿。会议听取和审议了政府工作报告、财政工作预决算报告，对两个报告作出了审议通过的决议。会议选举林昌云为人大主席，黄正国为乡长，李长海、黄正才为副乡长。

1983年1月20日，水口乡召开第十届人代会二次会议。会议应到代表79人，实到代表79人，会期2天。选委会成员有：林昌云、李长海、黄正才、赵明芬、林昌全、徐银忠、姚自寿。会议听取和审议了政府工作报告、财政工作预决算报告，对两个报告作出了审议通过的决议。

1986年1月8日，仰山乡召开第十一届人代会一次会议。会议应到代表56人，实到代表55人，会期2天。选委会成员有：徐贤贵、田忠芬、刘代林、刘月贵、胡学义、高远兰、姚自寿；人大主席团成员有：徐贤贵、刘代林、杨仁海、胡学义、姚自寿。会议听取和审议了政府工作报告、财政工作报告、"两保证"提留报告，对三个报告作出了审议通过的决议。会议选举徐贤贵为人大主席，胡学义为乡长，田春兰、杨仁海、晏泽伟为副乡长，余正田、张长荣为陪审员。

1990年1月17日，仰山乡召开第十二届人代会一次会议。会议应到代表39人，实到代表38人，会期2天。选委会成员有：徐贤贵、田忠芬、刘代林、刘月贵、胡学义、高远兰、姚自寿；人大主席团成员有：徐贤贵、刘代林、杨仁海、胡学义、姚自寿。会议听取和审议了政府工作报告、财政工作报告、"两保证"提留报告，对三个报告作出了审议通过的决议。会议选举李长海为人大主席，胡学义为乡长，田春兰、杨仁海、晏泽伟为副乡长。会议同意徐贤贵辞去人大主席职务，杨仁海、胡学义辞去人大主席团职务。

1991年11月13日，仰山乡召开第十二届人代会三次会议。会议应到代表38人，实到代表33人，列席11人，会期2天。会议批准通过了选举科技副乡长，补选本届乡人大代表的决议。会议选举王小春为科技副乡长，补选蒋治全为人大代表。

1992年3月24日，仰山乡召开第十二届人代会四次会议。会议应到代表39人，实到代表36人，会期2天。会议听取和审议了政府工作报告、财政工作报告、1991年"两保证"执行情况和1992年"两保证"提留方案的报告，对三个报告作出了审议通过的决议。会议选举蒋治全为人大主席，王永良、张礼维为人大主席团成员。

1993年1月6日，仰山乡召开第十三届人代会一次会议。会议应到代表43人，实到代表41人，会期2天。选委会成员有：李长海、刘代林、胡学义、高顺兰、曾庆瑜、蒋仕美、许启华；人大主席团成员有：李长海、刘代林、胡学义、曾庆瑜、蒋仕美、许启华。会议听取和审议了政府工作报告、财政工作报告、"两保证"提留报告，对三个报告作出了审议通过的决议。会议选举李长海为人大常务主席，白和平为乡长，田莉、杨仁海、张礼维为副乡长，王小春为科技副乡长。

1994年1月16日，青山镇（仰山、栋青合并）第十三届人代会二次会议。会议应到代表81人，实到代表76人，列席37人，会期2天。人大主席团成员有：杜德荣、易金海、蒋治全、倪国均、曾庆瑜、赵前灿、许启华。会议听取和审议了政府工作报告、财政工作报告、1993年集体提留和统筹费收支工作报告、1994年"两保证"提留工作报告，对四个报告作出了审议通过的决议，其主要内容为：审议通过了仰山、栋青两乡合并更名为青山镇的决定。会议选举杜德荣为主席，徐正文为镇长，杨仁海、胡学义、丁荣海为副镇长。

四、1994—2001年青山镇历届人代会

1996年1月6日，青山镇召开第十四届人代会一次会议。会议应到代表51人，实到代表51人，会期2天。选委会成员有：易金海、杜德荣、曾庆瑜、许启华、田忠芬、李刚；人大主席团成员有：曾庆瑜、许启华、田忠芬、李刚、杜德荣。会议听取和审议了政府工作报告、财政工作报告、"两保证"提留方案工作报告，对三个报告作出了审议通过的决议。会议选举易金海为人大主席，徐贤贵为镇长，丁荣海、杨仁海、胡学义为副镇长。

1997年1月20日，青山镇召开第十四届人代会二次会议。会议应到代表47人，实到代表47人，列席35人，会期2天。会议听取和审议了政府工作报告、财政工作报告、"两保证"工作报告，对三个报告作出了审议通过的决议。会议补选徐贤贵为人大主席，杨仁海为镇长，田春兰为副镇长。

1998年1月13日，青山镇召开第十四届人代会三次会议。会议应到代表39人，实到代表39人，列席8人，会期2天。会议听取和审议了政府工作报告、财政工作报告、人大工作报告、"两保证"提留报告，对四个报告作出了审议通过的决议。

1999年1月6日，青山镇召开第十五届人代会一次会议。会议应到代表50人，实到代表50人，列席10人，会期2天。选委会成员有：徐贤贵、王三光、傅地全、方秀学、周训贵、包清全；人大主席团成员有：徐贤贵、王三光、付地全、方秀学、周训贵、包清全。会议听取和审议了政府工作报告、财政工作报告、"两保证"提留报告，对三个报告作出了审议通过的决议，会议选举徐正文为人大主席，杨仁海为镇长，丁荣海、田春兰、蔡贵德、徐昌彬为副镇长。

2000年1月27日，青山镇召开第十五届人代会二次会议。会议应到代表48人，实到代表48人，列席25人，会期1天。会议听取和审议了人大工作报告、政府工作报告、财政工作报告、"两保证"提留工作报告，对四个报告作出了审议通过的决议。

2001年1月18日，青山镇召开第十五届人代会三次会议。会议应到代表50人，实到代表50人，列席20人，会期1天。会议听取和审议了人大工作报告、政府工作报告、财政工作报告、"两保证"提留工作报告，对四个报告作出了审议通过的决议。

五、2001—2011年的木洞镇历届人代会

2001年8月31日，木洞镇政府礼堂召开木洞镇第十六届人代会一次会议。会议应到代表71人，实到代表69人，列席28人，会期2天。选委会成员有：何清明、徐贤贵、杨仁海、田春兰、赖正伦、秦明勤、蔡贵德、谭晓东、肖开银、刘光会、蒋斌；人大主席团成员有：刘国福、何清明、田春兰、谭治仙、胡国祥、刘达芳、张礼国。会议听取和审议了政府工作报告、财政工作报告、人大工作报告，对三个报告作出了审议通过的决议。会议选举何清明为人大主席，杨仁海为镇长，蔡贵德、谭小东、蒋斌为副镇长。

2002年3月7日，木洞镇政府礼堂召开木洞镇第十六届人代会二次会议。会议应到代表69人，实到代表63人，会期1天。选委会成员有：何清明、刘国福、田春兰、赖正伦、秦明勤、蔡贵德、肖开银。会议听取和审议了政府工作报告、财政预决算报告、人大主席团工作报告、统筹和预决算执行情况报告，对四个报告作出了审议通过的决议。

2003年1月25日，木洞镇政府礼堂召开木洞镇第十六届人代会三次会议。会议应到代表69人，实到代表69人，列席35人，会期1天。人大主席团成员有：刘国福、田春兰、何清明、赖正伦、张礼国、刘达芳、喻良龙。会议听取和审议了政府工作报告、人大主席团工作报告、财政工作报告，对三个报告作出了审议通过的决议。

2004年1月12日，木洞镇政府礼堂召开木洞镇第十六届人代会四次会议。会议应到代表69人，实到65人，列席36人，会期1天。选委会成员有：刘国福、何清明、杨仁海、田春兰、蒋斌、包清美、蔡贵德、秦明勤、谭小东；人大主席团成员有：刘国福、何清明、赖正伦、张礼国、谭小东、喻良龙、胡国祥、田春兰、刘达芳。会议听取和审议了政府工作报告、财政工作报告、人大主席团工作报告，对三个报告作出了审议通过的决议。

2007年1月26日，木洞镇政府礼堂召开木洞镇第十七届人代会一次会议。会议应到代表63人，实到代表63人，会期1天。选委会成员有：潘富宏、田春兰、蒋治全、张文礼、徐延福；人大主席团成员有：蒋治喜、晏家全、蒋治全、田春兰、潘富宏、彭江荣、徐延福、张文礼、胡天荣。会议听取和审议了政府工作报告、人大主席团工作报告、财政工作报告，对三个报告作出了审议通过的决议。会议选举田春兰为人大主席，韦开平为镇长，何清云、蒋斌、蔡贵德为副镇长。

2007年10月16日，木洞镇政府礼堂召开木洞镇第十七届人代会二次会议。会议应到代表66人，实到代表65人，列席17人，会期1天。人大主席团成员有：潘富宏、田春兰、蒋治全、张文礼、胡天荣、徐延福、晏家全、蒋治喜、彭江荣。会议选举杨松为镇长，这是全市首创的镇级差额选举，《重庆日报》等媒体予以报道。

2008年2月2日，木洞镇政府礼堂召开木洞镇第十七届人代会三次会议。会议应到代表65人，实到代表65人，列席52人，会期1天。人大主席团成员有：潘富宏、田春兰、蒋治全、张文礼、胡天荣、徐延福、晏家全、蒋治喜、彭江荣。会议听取和审议了政府工作报告、财政预决算报告、人大主席团工作报告，对三个报告作出了审议通过的决议。

2009年3月14日，木洞镇政府礼堂召开木洞镇第十七届人代会四次会议。会议应到代表63人，实到代表63人，列席52人，会期1天。选委会成员有：左鹏、田春兰、蒋治全、张文礼、徐延福；人大主席团成员有：蒋治喜、晏家全、蒋治全、田春兰、左鹏、彭江荣、徐延福、张文礼、胡天荣。会议听取和审议了政府工作报告、人大主席团工作报告、财政工作报告，对三个报告作出了审议通过的决议。

2009年6月8日，木洞镇政府礼堂召开木洞镇第十七届人代会五次会议。会议应到代表63人，实到代表63人，列席51人，会期1天。人大主席团成员有：左鹏、田春兰、蒋治全、张文礼、晏家全、胡天荣。会议听取和审议了政府工作报告、人大主席团工作报告、财政工作报告，对三个报告作出了审议通过的决议。会议补选李军为副镇长。

2010年3月16日，木洞镇政府召开木洞镇第十七届人代会六次会议。会议应到代表63人，实到代表61人，列席55人，会期1天。人大主席团成员为：左鹏、田春兰、蒋治全、张文礼、晏家全、胡天荣。会议听取和审议了政府工作报告、人大主席团工作报告、财政工作报告，对三个报告作出了审议通过的决议。

2011年3月10日，木洞镇政府礼堂召开木洞镇第十七届人代会七次会议。会议应到代表60人，实到代表60人，列席59人，会期1天。人大主席团成员为：左鹏、蒋治喜、晏家全、蒋治全、田春兰、徐延福、张文礼、胡天荣。会议听取和审议了政府工作报告、人大主席团工作报告、2010年财政预算执行情况和2011年财政预算（草案）工作报告，对三个工作报告作出了审议通过的决议。

2011年9月28日，木洞镇政府礼堂召开木洞镇第十七届人代会八次会议。会议应到代表57人，实到代表57人，列席53人，会期1天。人大主席团成员为：左鹏、蒋治喜、晏家全、蒋治全、田春兰、徐延福、张文礼、胡天荣。会议补选卢黎明为镇长。

2011年12月31日，木洞镇政府礼堂召开木洞镇第十八届人代会一次会议。会议应到代表69人，实到代表69人，列席52人，会期1天。人大主席团成员有：左鹏、田春兰、张文礼、晏家全、徐延福、张思涛、王香莲、杜泽忠、张立云。会议听取和审议了政府工作报告、2011年财政预算执行情况和2012财政预算报告、人大主席团工作报告，对三个报告作出了审议通过的决议。会议选举田径为人大主席，卢黎明为镇长，钱华、蒋斌、王强为副镇长。

第二节　人大主席团

一、人大主席团的成立

根据《中华人民共和国地方各级人民代表大会和地方各级人民政府组织法》和《四川省乡镇人民代表大会主席团工作条例》的规定，2001年8月31日召开的木洞镇第十六届第一次人民代表大会，通过了《关于人大主席团常务主席工作职责试行办法（草案）》

的决议，选举产生了人大主席团。会议选举何清明为人大主席团常务主席，主持人大主席团全面工作。另设1名联络员（人大干事），负责日常内务和代表联络工作。人大主席团主席及成员由每一届人大代表选举产生，任期5年，到2011年，共选举产生了8届人大主席团。

二、主要工作

1981年1月至2011年7月，木洞镇召开了28次全体代表大会，举行了85次主席团会议。镇人大主席团依照《中华人民共和国宪法》《中华人民共和国地方各级人民代表大会和地方政府组织法》及《中华人民共和国全国人民代表大会和地方各级人民代表大会代表法》赋予的职权，围绕地区的经济社会建设和群众反映的热点、难点以及群众普遍关心的问题，组织代表开展了312次视察、调查和检查。依法行使决定权、监督权和任免权。1994年以来，镇人大主席团把加大监督力度、提高监督实效纳入认真履行职责的工作重点。依照《监督法》规定，把关系改革、发展、稳定大局和群众切身利益、社会普遍关注的问题作为监督的重点，切实发挥依法监督效能。对学校安全工作情况进行专项调查，其中开展了对食品、药品的执法检查和处置违法用地建设的专项检查，加大对不合法问题的处罚力度。通过召集不同类型、不同层次的会议和运用调查、走访、座谈、专题研究等形式，听取和了解"政府工作、财政工作、新农村建设工作、农业基础设施建设及综合治理、安全生产、信访维稳"工作等情况报告，组织区、镇两级人大代表参与了木洞镇各部门的评议工作，有针对性地提出合理化的工作建议。1994—2011年，共召开专题会议80次，收集调研报告60篇。每项活动中，木洞镇人大主席团都以积极负责的工作态度向上级人大汇报、反映、建议相关工作情况。

1990年1月9日，召开的木洞镇第十二届人代会，根据当年《中华人民共和国地方各级人民代表大会和地方各级人民政府组织法》和《四川省乡镇人民代表大会主席团工作条例》的规定，木洞镇人代会开始设人大主席团，其成员有5~7人组成，由本届人代会第一次会议选举产生，任期与本届人代会相同。人大主席团负责筹备、召集和主持本届各次人代会。在代表大会闭会期间，负责组织、研究、处理代表大会的日常工作和县人大常委会交办的其他工作。人大主席团常设主席1人，在主席团成员中推选，提请人代会通过。

1995年2月，撤巴县建巴南区，巴县木洞镇更名为巴南区木洞镇，其人代会和人大主席团名称中的"巴县"也更名为"巴南区"。2月下旬，召开木洞镇第十四届人代会第一次会议，选出本届人大主席团成员。

2007年初，木洞镇人大主席团着重"强化代表培训，强化代表履职，强化代表创优争先"，提高代表的服务和履职能力，重点开展了"重庆建设，人大代表在行动"。组织区、镇人大代表进行集中培训，对代表履职、新农村建设、财经纪律、廉政准则、人大代表评议以及相关法律法规进行了学习，加强对代表的管理，代表素质不断提高。木洞镇人大代表认真履职，积极为本地区建设献言献策。2007—2011年，共收集到建议、意见等共计273件，其中落实了270件，满意率达98%。木洞镇共组织人大代表植树造林共计1000余亩，有"人大代表林"6处，组织人大代表视察森林防火工作。木洞镇人大代表认真参与，积极协调帮助建设村级卫生室，利用"代表之家"活动，深入村、社开展环境卫生整治工作。为创造良好的卫生环境，组织人大代表视察校园安保、食品药品安全等工作，通过多种形式，保障了木洞镇平安工程的建设。木洞镇人大代表在工作中，结合主席团工作要点及区人大的工作安排，对区、镇人大代表议案、建议的办理进行了督办，使议案、建议办理工作落到了实处。

三、人大主席团成员

木洞镇从1988年召开的第十一届人民代表大会，直到2011年的第十八届人民代表大会主席团成员组成如下表。

表2-33

1988—2011年木洞镇历届人大主席团成员

届次	人大主席	任职时间	主席团成员
十一届	吴志云	1988年12月—1990年1月	吴志云 刘志军 潘兴全 曹选中 龚柏生 肖世昌
十二届	罗有林	1990年2月—1992年12月	罗有林 杨平刚 刘志军 潘兴全 邓维柱
十三届	杨继才	1993年1月—1995年12月	杨继才 罗友林 赵家国 刘志军 潘兴全 邓维柱
十四届	何清明	1996年1月—1999年1月	肖德友 何清明 罗友林 丁荣新 王三富 龚柏森 胡世杰
十五届	何清明	1999年2月—2001年8月	刘国福 何清明 胡学义 赵文琴 刘光会
十六届	赖正伦	2001年9月—2006年12月	刘国福 何清明 田春兰 谭治仙 胡国祥 刘达芳 张礼国
十七届	田春兰	2007年1月—2011年11月	蒋治喜 晏家全 蒋治全 田春兰 潘富宏 彭江荣 徐延福 张文礼 胡天荣
十八届	田春兰	2011年12月	左鹏 田春兰 张文礼 晏家全 徐延福 张思涛 王香莲 杜泽忠 张立云

第三章 政府机构

民国中期，木洞设区，成立区公所，直至1993年撤区并乡建镇；中华人民共和国成立后，木洞地区建立镇、乡人民政权机构，即木洞镇、乡人民政府；合作化时期为公社、管理区委会；"文化大革命"时期为革命委员会；1981年后恢复为人民政府，下设辅政机构和村、社基层政权，实施政务，组织领导木洞民众加强政治建设、经济社会发展和文化建设。

第一节 镇（乡）人民政府

一、沿革

清末，木洞地区的地方政权为木洞镇，设镇公所，管理镇街、市场及其周围农村一切行政事宜。民国初年，建制为"场"，设场公所，在木洞、栋青场行使政权。1929年，场改称"里"，设里公所。1930年，里改为"乡"，设乡公所，乡公所直隶于县政府，受县政府监督、指挥，受区署督导，办理本乡各项行政及自治事务。1935年，改乡公所为联保办公处。1940年，改联保办公处为乡公所。

中华人民共和国成立后，陆续接管乡公所，命乡公所保甲人员按县人民政府命令办理日常工作。1950年5月，木洞地区各乡、村农民协会建立，基层政权工作即由农民协会代行。1951年3月，木洞地区各乡陆续成立乡人民政府。1955年9月初，乡人民政府改为乡人民委员会。1958年10月，乡改为"人民公社"。1959年2月，人民公社全部改称"农村管理区"。1960年12月，改农村管理区为"人民公社"，公社成立管理委员会，并增设木洞公社。1961年7月，增设长坪、水口公社。

1966年"文化大革命"开始后，于1967年初"造反派"夺权，成立公社。1968年11月，成立公社革命委员会。

1981年1月，公社革命委员会撤销，恢复公社管理委员会。1983年，改革"政社合一"体制，1月15日按巴县第九届人大常委会第十六次会议作出的《关于政社分开，设立乡人民政府的决定》的精神，各乡成立乡人民政府。木洞、长坪、栋青、水口乡人民政府下设村。

1984年1月，木洞、长坪、栋青、水口乡第十届人民代表大会第一次会议选举产生乡人民政府乡长1名，副乡长1名。1993年12月，撤木洞、长坪乡并入木洞镇人民政府、木洞镇人大主席团，所辖村增至14个。

1994年1月，木洞镇第十三届人民代表大会第二次会议选举产生镇长1名，副镇长4名。

2001年7月，青山并入木洞镇，木洞镇第十六届人民代表大会选举产生镇长1名，副镇长4名。

2005年10月，木洞镇调整行政村建制，将原有的28个村合并为14个村。

二、组成人员

1949年12月，木洞解放，设置区公所，为县政府派出机构，下辖木洞1个镇，11个乡。1993年12月，撤区并乡建镇后，划出7个乡，将木洞、长坪乡并入木洞镇，水口（仰山）、栋青乡合并为青山镇。2001年7月，青山并入木洞镇。

表2-34

1949年12月—1993年12月木洞区公所正副区长任职情况

职务	姓名	籍贯	任职时间
区长	杜绍州	山东鲁南泗水	1949年12月—1951年10月
	杨奉昆	巴县	1952年1月—1955年12月
	肖鹏成	巴县	1957年4月—1957年10月
	袁志世	巴县	1963年1月—1972年7月
	刘正伯	巴县	1986年12月—1990年5月
	毛家鑫	四川石柱	1986年12月—1989年12月
	杨昌明	巴县	1989年11月—1991年4月
	杨昌明	巴县	1991年5月—1992年10月
	易金海	巴县	1991年5月—1993年12月
副区长	易金海	巴县	1983年10月—1991年5月
	田忠普	巴县	1987年10月—1988年10月
	吴祖彦	巴县	1989年11月—1993年12月
	向汝忠	巴县	1992年11月—1993年12月
	李 华	巴县	1992年11月—1993年12月
	赵峰（挂职）	巴县	1992年8月—1993年12月
	肖德友	巴县	1992年1月—1993年12月
	徐贤贵	巴县	1990年12月—1992年12月
	袁志世	巴县	1972年7月—1978年7月
	魏伯勤	巴县	1981年9月—1984年4月
	马永光	巴县	1954年7月—1955年1月
	罗明华	巴县	1978年12月—1982年1月

表 2-35

1952年11月—1989年12月木洞乡政权组织任职情况

职务	姓名	籍贯	任职时间
乡人民政府乡长 人民公社社长 革委会主任	胡树清	巴县	1952年11月—1954年6月
	黄正国	巴县	1955年10月—1957年11月
	王天伦	巴县	1957年11月—1960年7月
	蒋全益	巴县	1960年7月—1963年11月
	李述成	巴县	1962年3月—1972年12月
	马荣斌	巴县	1968年10月—1972年7月
	杨继才	巴县	1981年3月—1983年12月
乡人民政府副乡长 革委会副主任	黄宗淑	巴县	1952年11月—1954年6月
	高永清	巴县	1955年10月—1957年11月
	蒋全益	巴县	1956年6月—1961年7月
	陈锦会	巴县	1957年11月—1958年11月
	王登国	巴县	1958年11月—1960年7月
	胡树清	巴县	1958年11月—1960年7月
	胡开茂	巴县	1958年11月—1960年7月
	杨成清	巴县	1969年11月—1977年12月
	胡慎华	巴县	1969年11月—1982年12月
	龙方华	巴县	1976年6月—1978年12月
	易金海	巴县	1979年4月—1980年11月
	吴长水	巴县	1981年3月—1987年12月
	陶绪权	巴县	1981年3月—1987年12月
	肖开银	巴县	1987年10月—1988年3月
	赵明芬（女）	巴县	1988年3月—1989年3月
	胡慎华	巴县	1988年10月—1988年12月
	白合平	巴县	1988年9月—1992年12月

1990年1月7日、1993年1月5日，木洞乡先后召开十二届一次、十三届一次人民代表大会，选举产生了十二届、十三届乡人大主席团常务主席、乡人民政府正副乡长。

表 2-36

1990 年 1 月—1993 年 12 月木洞乡政权组织任职情况

职务	姓名	籍贯	任职时间
乡人大主席	胡慎华	巴县	1987 年 10 月—1990 年 1 月
	赵明芬（女）	巴县	1990 年 1 月—1992 年 2 月
	杨继才	巴县	1992 年 2 月—1993 年 3 月
	陶绪权	巴县	1993 年 3 月—1993 年 12 月
乡人民政府乡长	胡慎华	巴县	1983 年 1 月—1987 年 10 月
	陶绪权	巴县	1987 年 10 月—1992 年 12 月
	陈平华	巴县	1993 年 1 月—1993 年 12 月
乡人民政府副乡长	马永玉	巴县	1990 年 1 月—1992 年 12 月
	胡慎华	巴县	1991 年 10 月—1993 年 12 月
	邹盛棋（科技副乡长）	巴县	1991 年 11 月—1993 年 12 月
	秦明勤	巴县	1993 年 1 月—1993 年 12 月
	田景华（女）	巴县	1993 年 1 月—1993 年 12 月

表 2-37

1952 年 12 月—1989 年长坪乡政权组织任职情况

职务	姓名	籍贯	任职时间
乡人民政府乡长	蒋全益	巴县	1952 年 12 月—1955 年 10 月
	王安全	巴县	1955 年 11 月—1960 年 2 月
	胡慎华	巴县	1960 年 2 月—1961 年 4 月
	陈永禄	巴县	1978 年 10 月—1981 年 12 月
	廖鼎禄	巴县	1979 年 11 月—1981 年 12 月
	徐宗品	巴县	1982 年 2 月—1984 年 2 月
	陈平华	巴县	1984 年 2 月—1989 年 10 月
	吴长水	巴县	1989 年 10 月—1993 年 10 月
乡人民政府副乡长	蒋全益	巴县	1961 年 7 月—1971 年 8 月
	田应明	巴县	1977 年 6 月—1981 年 12 月
	马永玉	巴县	1977 年 6 月—1983 年 12 月
	赖正伦	巴县	1983 年 12 月—1993 年 12 月
	李德海	巴县	1983 年 12 月—1989 年 12 月
	余应全	巴县	1987 年 1 月—1992 年 12 月
	蒋全益	巴县	1987 年 10 月—1989 年 12 月

1990年1月、1993年1月，长坪乡先后召开十二届一次、十三届一次人民代表大会，选举产生了十二届、十三届乡人大主席团常务主席、乡人民政府正副乡长。

表2-38

1990年1月—1993年12月长坪乡政权组织任职情况

职务	姓名	籍贯	任职时间
乡人大主席	陈永禄	巴县	1988年4月—1993年1月
	吴长水	巴县	1993年3月—1993年12月
乡人民政府乡长	吴长水	巴县	1990年1月—1992年12月
	赖正伦	巴县	1993年1月—1993年12月
乡人民政府副乡长	黄 黎	巴县	1990年1月—1993年12月
	张承菊（女）	巴县	1990年1月—1992年12月
	王世荣（科技副乡长）	巴县	1991年11月—1993年12月
	黄家富	巴县	1993年1月—1993年12月
	蔡贵德	巴县	1993年1月—1993年12月

表2-39

1949年12月—1989年12月水口乡（仰山）政权组织任职情况

职务	姓名	籍贯	任职时间
水口公社主任	马永光	巴县	1952年7月—1954年7月
	马荣斌	巴县	1972年7月—1978年8月
	吴志荣	巴县	1979年3月—1979年8月
乡人民政府乡长	杜德荣	巴县	1953年11月—1963年12月
	李述成	巴县	1964年1月—1970年12月
	徐正文	巴县	1984年3月—1987年12月
	胡学义	巴县	1990年3月—1992年12月
乡人民政府副乡长	林昌荣	巴县	1952年10月—1954年1月
	胡学义	巴县	1984年3月—1987年11月
	白 平	巴县	1987年1月—1989年12月
	黄正国	巴县	1987年1月—1989年12月
	杨仁海	巴县	1988年3月—1989年12月

1990年1月10日、1993年1月4日，仰山乡先后召开十二届一次、十三届一次人民代表大会，选举产生了十二届、十三届乡人大主席团常务主席、乡人民政府正副乡长。

表 2-40

1990 年 1 月—1993 年 12 月仰山乡政权组织任职情况

职务	姓名	籍贯	任职时间
乡人大主席	徐贤贵	巴县	1983 年 3 月—1992 年 3 月
	蒋治全	巴县	1992 年 3 月—1993 年 1 月
	李长海	巴县	1992 年 1 月—1993 年 12 月
乡人民政府乡长	杜德荣	巴县	1986 年 10 月—1989 年 12 月
	胡学义	巴县	1990 年 1 月—1992 年 12 月
	白合平	巴县	1993 年 1 月—1993 年 12 月
乡人民政府副乡长	白 平	巴县	1987 年 10 月—1989 年 12 月
	黄正国	巴县	1987 年 10 月—1989 年 12 月
	杨仁海	巴县	1989 年 2 月—1993 年 12 月
	田春兰（女）	巴县	1990 年 1 月—1992 年 12 月
	晏泽伟	巴县	1990 年 1 月—1992 年 12 月
	王小春（科技副乡长）	巴县	1992 年 3 月—1993 年 12 月
	田莉（女）	巴县	1993 年 1 月—1993 年 12 月
	张维礼	巴县	1993 年 1 月—1993 年 12 月

表 2-41

1952 年 1 月—1989 年 12 月栋青乡政权组织任职情况

职务	姓名	籍贯	任职时间
乡人民政府乡长	白银清	巴县	1952 年 1 月—1954 年 12 月
栋青管区主任	张万林	巴县	1954 年 11 月—1957 年 10 月
人民公社社长	周银灿	巴县	1958 年 10 月—1959 年 12 月
乡人大主席	倪国均	巴县	1993 年 1 月—1994 年 1 月
乡人民政府乡长	吴志荣	巴县	1957 年 4 月—1959 年 6 月
	雷树清	巴县	1976 年 11 月—1978 年 12 月
	王安全	巴县	1977 年 3 月—1980 年 12 月
	李长海	巴县	1983 年 3 月—1986 年 12 月
	倪国均	巴县	1987 年 1 月—1993 年 1 月
	蒋治全	巴县	1993 年 1 月—1993 年 12 月
乡人民政府副乡长	李国群（女）	巴县	1949 年 12 月—1954 年 12 月
	钱克英（女）	巴县	1954 年 11 月—1957 年 10 月
	雷树清	巴县	1964 年 11 月—1976 年 11 月

续表

职务	姓名	籍贯	任职时间
乡人民政府副乡长	周银灿	巴县	1978年3月—1980年10月
	白 平	巴县	1983年6月—1987年2月
	李长海	巴县	1987年3月—1989年12月
	丁荣海	巴县	1987年3月—1988年12月

1990年1月6日、1993年1月4日，栋青乡先后召开十二届一次、十三届一次人民代表大会，选举产生了十二届、十三届乡人大主席团常务主席、乡人民政府正副乡长。

表2-42

1990年1月—1993年12月栋青乡政权组织任职情况

职务	姓名	籍贯	任职时间
乡人大主席	周银灿	巴县	1988年4月—1993年1月
	倪国均	巴县	1993年1月—1993年12月
乡人民政府乡长	李长海	巴县	1990年3月—1992年12月
	蒋治全	巴县	1993年1月—1993年12月
乡人民政府副乡长	张建华	巴县	1990年1月—1991年11月
	曾光思（科技副乡长）	巴县	1991年11月—1993年12月
	邓 乐	巴县	1993年1月—1993年12月
	李长海	巴县	1993年1月—1993年12月
	蒋 斌	巴县	1993年1月—1993年12月
	李长明	巴县	1993年1月—1993年12月
	丁荣海	巴县	1993年1月—1993年12月

表2-43

1949年12月—1989年12月巴县木洞镇政权组织任职情况

职务	姓名	籍贯	任职时间
镇人民政府镇长	王荣华	巴县	1949年12月—1950年12月
	李树航	巴县	1953年1月—1961年6月
	吴志荣	巴县	1961年6月—1963年3月
	曹光新	巴县	1965年3月—1971年12月
	蒋全益	巴县	1972年1月—1977年12月
	吴明芳	巴县	1978年1月—1979年1月

续表

职务	姓名	籍贯	任职时间
镇人民政府镇长	吴志荣	巴县	1979年1月—1982年10月
	马永光	巴县	1982年10月—1989年3月
	陈永禄	巴县	1989年3月—1992年12月
	赵文琴	巴县	1993年1月—1993年12月
镇人民政府副镇长	余怀芳（女）	巴县	1977年8月—1982年10月
	蒋全益	巴县	1982年1月—1983年6月
	易金海	巴县	1978年11月—1979年12月

1990年1月9日、1993年1月10日，木洞镇先后召开十二届一次、十三届一次人民代表大会，选举产生了十二届、十三届镇人大主席团常务主席、镇人民政府正副镇长。

表2-44

1990年1月—1993年12月木洞镇政权组织任职情况

职务	姓名	籍贯	任职时间
镇人大主席	杨平刚	四川营山	1990年1月—1991年12月
	罗有林	巴县	1991年12月—1993年1月
	杨继才	巴县	1993年1月—1993年12月
镇人民政府镇长	吴志荣	巴县	1987年10月—1989年12月
	陈永禄	巴县	1990年1月—1992年12月
	赵文琴（女）	巴县	1992年11月—1993年12月
镇人民政府副镇长	余怀芳（女）	巴县	1976年3月—1986年6月
	喻铸	巴县	1987年1月—1989年12月
	刘光慧（女）	巴县	1989年4月—1992年12月
	景星明	巴县	1990年1月—1993年12月
	赵明芬（女）	巴县	1993年1月—1993年12月
	马建国（科技副乡长）	巴县	1991年11月—1993年12月

1995年2月，行政区划调整，巴县木洞镇由新设立的重庆市巴南区辖。1995年12月、1999年1月，先后召开木洞镇第十四届人民代表大会一次会议、第十五届人民代表大会一次会议，分别选举产生了十四届、十五届镇人大主席团（常务）主席、镇人民政府正副镇长。

表 2-45

1994年1月—2001年7月木洞镇政权组织任职情况

职务	姓名	籍贯	任职时间
镇人大主席	罗友林	巴南区	1995年3月—1999年1月
	何清明	巴南区	1999年1月—2001年7月
	赖正伦	巴南区	2004年1月—2006年12月
镇人民政府镇长	陈平华	巴南区	1994年1月—1996年2月
	赖正伦	巴南区	1996年1月—1998年11月
	郑继荣	巴南区	1999年1月—2001年7月
镇人民政府副镇长	赖正伦	巴南区	1994年3月—1995年12月
	景星明	巴南区	1994年3月—1996年1月
	蔡贵德	巴南区	1994年3月—1999年1月
	秦明勤	巴南区	1994年3月—2001年7月
	何先平	巴南区	1995年12月—1999年1月
	郑继荣	巴南区	1997年1月—1999年1月
	张孝容	巴南区	1999年1月—2001年7月
	胡学义	巴南区	1999年1月—2001年7月
	赖正伦	巴南区	1999年1月—2001年7月

1995年2月，行政区划调整，巴县青山镇由新设立的重庆市巴南区辖。1996年1月、1997年1月、1999年1月，先后召开青山镇第十四届人民代表大会一、二次会议、第十五届人民代表大会一次会议，分别选举产生了十四届、十五届镇人大主席团正副（常务）主席、镇人民政府正副镇长。

表 2-46

1994年2月—2001年7月青山镇政权组织任职情况

职务	姓名	籍贯	任职时间
镇人大主席	杜德荣	巴南区	1995年3月—1996年1月
	易金海	巴南区	1996年1月—1997年1月
	徐正文	巴南区	1998年1月—2001年7月
	蒋治全	巴南区	1996年1月—2001年7月
镇人民政府镇长	徐正文	巴南区	1994年1月—1996年12月
	徐贤贵	巴南区	1996年1月—1997年1月
	杨仁海	巴南区	1997年1月—2001年7月

续表

职务	姓名	籍贯	任职时间
镇人民政府副镇长	丁荣海	巴南区	1994年3月—1996年12月
	杨仁海	巴南区	1994年3月—1997年1月
	胡学义	巴南区	1994年1月—1998年10月
	蒋 斌	巴南区	1996年1月—1999年1月
	田春兰（女）	巴南区	1997年1月—2001年7月
	蔡贵德	巴南区	1999年1月—2001年7月
	徐昌彬	巴南区	1999年1月—2001年7月

2001年7月，保留木洞镇，撤销青山镇，其行政区域并入木洞镇。同年9月17日，召开木洞镇第十六届人民代表大会一次会议，选举产生了十六届镇人大主席团正副主席、镇人民政府正副镇长。

表2-47

2001年7月—2011年12月木洞镇政权组织任职情况

职务	姓名	籍贯	任职时间
镇人大主席	何清明	巴南区	1996年1月—2007年2月
	田春兰（女）	巴南区	2007年1月—2011年12月
	田 径	巴南区	2007年1月—2011年12月
镇人民政府镇长	杨仁海	巴南区	2001年7月—2004年3月
	潘富宏	巴南区	2005年3月—2006年12月
	韦开平	巴南区	2007年1月—2007年7月
	杨 松	巴南区	2007年10月—2011年8月
	卢黎明	巴南区	2011年8月—2011年12月
	李锐	巴南区	2014年5月—2014年12月
	万耀东	巴南区	2015年4月—2016年12月
镇人民政府副镇长	徐正文	巴南区	2001年7月—2004年8月
	秦明勤	巴南区	2001年7月—2004年8月
	蔡贵德	巴南区	2001年7月—2006年12月
	肖开银	巴南区	2001年7月—2006年12月
	谭晓东	巴南区	2001年1月—2005年3月

续表

职务	姓名	籍贯	任职时间
镇人民政府副镇长	胡学义	巴南区	1998年10月—2001年10月
	张孝容（女）	巴南区	1999年1月—2001年7月
	蒋　斌	巴南区	2007年1月—2011年12月
	张　健	巴南区	2007年1月—2011年12月

第二节　木洞镇辅政机构

一、部门设置

1949年11月27日，木洞解放，从国民政府接管，由人民解放军掌握地方政权，把一部分地方国民政府人员暂时留用，于1950年2月，成立乡（镇）人民政府，设置机构有：乡镇政府委员、农协会、武装民兵队、治安、调解会、生产委员、妇女联合会、共青团等。

1978年，乡的内设机构由政府文书办公室、武装民兵、民政、财粮、调解、妇女、共青团、农技、农机、五匠委员会。由脱产干部和不脱产人员担任负责人或成员。

1982年，设乡（镇）人民政府，政府部门设文书1人，武装1人，民政1人，公安1人，财政2人，辅导会计1人，计划生育1人，司法调解1人，文化1人，广播2人，乡镇企业3人，多种经营1人，农技3人，蚕桑1人。其中乡镇企业、农业、文化、蚕桑、广播为聘用人员。

1988年，按照上级要求，乡（镇）政府内设计划生育办公室、农业办公室、民政办公室、信访办公室、乡镇企业办公室、多种经营办公室、行政办公室、财政所、农技站、农经站、文化站等办事机构。

1993年12月，乡镇建制调整后，政府机构按照"精简、统一、效能"和"因地制宜"的原则分类设置，不按上下对口，不搞一刀切，重在转变职能，强化服务。镇设置综合性管理的办事机构5个，即党政办公室，主管文书、组织、宣传、纪检监察、群团、信访、保密、档案；农业办公室，主管农技、农经、多经、林业、水保、农机；乡镇企业办公室，主管工业、商贸；财经建设办公室，主管财政、工商、税收、乡镇建设、国土；社会事务办公室，主管教育、文化、卫生、广播、计划生育、公安、司法、民政、调解等工作。办公室为科级，主任由镇党委任命。

2003年8月，木洞镇社会事务办公室更名为木洞镇社区建设和社会保障办公室。

2006年10月，根据巴南委办〔2006〕31号文件精神，转变政府职能，整合单位站所，精简机构人员，结合镇实际情况设置党政综合办事机构4个：党政办公室（挂人大办公室牌子），经济发展办公室（挂城镇建设管理办公室牌子），社会事务办公室（挂民政办公室、人口和计划生育办公室牌子），社会治安综合治理办公室（挂安全生产管理办公室牌子）。

2007年至2011年，木洞镇事业机构单位设置。镇设置公益性事业机构5个：农业服务中心，负责农技、农机、林业、水利、农村新经济组织工作；文化服务中心，负责文化、体育、广播、电视等工作；财政所，负责财政预决算、财务收支、财务管理；人口和计划生育生殖健康服务站；社会保障服务所，主要负责社会保障、就业再就业、劳务纠纷协调处置等工作。

二、党政机构及职能

木洞镇政府的主要职能是：贯彻执行党的路线方针政策和国家的法律法规、促进经济社会发展、加强社会管理和公共服务、维护社会和谐稳定。适当调整经济管理职能，切实把工作重点转移到对农户和各类经济主体进行示范引导、提供政策服务以及营造发展环境上来。在做好经济工作的同时，努力提高木洞镇的社会管理和公共服务水平。转变社会管理的方式，变单纯依靠行政手段为综合利用经济、法律、行政和思想政治工作等手段开展工作。积极转变工作方式，切实做到突出发展、依法办事、民主管理、政务公开、强化服务。

2011年12月，木洞镇设置的政府工作部门及其职能有：

（一）党政办公室（挂牌人大办公室）

围绕木洞镇党委、政府的中心工作，协助抓好党的路线、方针、政策和区委、区政府重大决策、重要工作部署在木洞镇的贯彻落实；负责组织、纪检监察、宣传和精神文明建设、统战、武装、机构编制、人事、民宗侨台、工青妇等工作；负责承办人大、政协工作方面的具体事务；负责木洞镇党委、政府的公文处理和保密、档案、机要等工作；督促检查党委、政府各项决议和领导指示的贯彻落实情况，并跟踪调研，反馈信息，做好上传下达；收集和处理木洞镇有关改革开放、经济社会发展、精神文明建设、党的建设以及突发性事件等方面的重要信息，及时、准确地向区委、区政府和镇党委、镇政府报告；负责木洞镇党委书记、镇长办公会等会议的会务组织、记录整理工作；负责木洞镇党委、政府的公务接洽工作，安排镇党委、镇政府领导同志的内事和有关外事活动；负责机关、事业单位及其工作人员工作目标的制定、考核和奖惩工作；负责政务公开、政务咨询、政务代办的牵头工作；负责木洞镇机关的后勤管理和机关内外事务的综合协调工作；承办木洞镇党委、政府和巴南区相关主管部门交办的其他工作。

（二）经济发展办公室（挂牌城镇建设管理办公室）

负责制定本地区经济发展规划，加强产业引导，培育新经济组织，营造良好发展环境；加强建设现代农业、农村循环经济，农村生态环境的指导服务；负责农村土地承包管理、农民负担监督管理、农村集体资产和财务管理指导、推进扶贫开发等工作；负责社会经济指标统计、综合统计等工作；负责旅游景区规划建设管理，指导辖区旅游开发；为企业、非公有制经济、服务业等相关产业提供服务；负责科技工作和科技普及；承办木洞镇党委、政府和巴南区相关主管部门交办的其他工作。

（三）社会事务办公室（挂牌民政办公室、人口和计划生育办公室）

负责优抚安置工作、积极开展"双拥"活动；负责基层政权和社区建设、婚姻登记、殡葬改革、村（居）委会换届选举管理服务工作；负责社会救助、赈灾救济、农村五保供养、慈善捐助、社会福利等管理服务工作；负责老年人、未成年人、残疾人及关心下一代工作；负责制定和实施辖区内人口发展规划，宣传人口和计划生育方针政策、法律法规、优生优育，加强流动人口管理与服务，依法对违法生育和违法捡养对象进行调查取证并提出处理意见，征收社会抚养费，认真落实国家、市、区关于计划生育奖励扶助优待政策；协调指导教育、卫生、文化体育、劳动和社会保障工作；承办木洞镇党委、政府和巴南区相关主管部门交办的其他工作。

（四）社会治安综合治理委员会办公室（挂牌安全生产监督管理办公室）

负责宣传贯彻执行中央、市、区关于政法、社会治安综合治理、安全稳定、信访等方面的法律、法规、指示、决定，并负责安全稳定各项措施的落实；负责法制建设、调解、社会治安综合治理、防范和处理邪教问题、信访工作；负责安全生产监督管理、矿山和森林防火指挥、公共应急事件、抢险救灾、地质灾害、车辆、船舶等安全工作；负责协调法庭、公安派出所、司法所的工作；承办木洞镇党委、政府和巴南区相关主管部门交办的其他工作。

（五）城镇建设管理办公室

负责城镇和新农村的规划建设管理；负责场镇市政公用事业、园林绿化、市容环境卫生管理；负责环保、乡村公路建设维护管理；负责协调规划、国土、房屋管理工作；承办木洞镇党委、政府和巴南区相关主管部门交办的其他工作。

（六）国土资源管理所

宣传贯彻执行国家、市、区有关土地管理的法律法规和政策；参与土地利用总体规划及其他专项规划的编制和实施工作；负责农村村民宅基地占用农用地年度计划的编制与实施；负责辖区内耕地保护特别是基本农田保护，以乡镇为单位，组织实施基本农田保护区的划区定界，建立基本农田保护档案；协助编制土地开发、整理、复垦计划，并对实施情况进行监督管理；受理辖区内农村居民建房用地申报及批准后的组织实施和监督管理工作；协助辖区内农用地转用、集体土地征收征用、具体建设项目供地等有关材料的组织和呈报工作；协助辖区内城镇土地分等定级、农用地分等定级、土地评估、土地交易工作；配合土地调查、统计和动态监测工作；协助有关地籍调查、土地登记发证工作；协助调查处理土地权属纠纷；开展土地执法巡查，及时发视、制止和报告土地违法行为；配合巴南区国土资源管理分局对国有土地违法案件的调查取证和处理工作；负责有关土地的信访接待工作，及时调处和化解矛盾，及时向当地党委、政府和上级国土资源部门报告；承办上级国土资源部门交办的其他工作。

三、辅政机构及职能

（一）农业服务中心

负责农村种植业、养殖业、农机、林业、水利、水保等方面的重大技术推广和信息服务；负责农村水利和农村生态环境水土保持的建设管理，农村水利技术咨询、项目管理，组织防汛抗旱、抗洪抢险；负责集体林区生态建设，森林资源管理与保护，森林防火与巡山护林；协助做好林权制度改革相关工作；负责指导农业产业结构调整；负责农业资源环境保护、农（林）业病虫害防治等；负责农业、林业科技试验示范、基地建设及培训；负责农村新经济组织和中介组织的服务；承办木洞镇党委、政府和巴南区相关主管部门交办的其他工作。

（二）文化体育服务中心

负责文化体育阵地建设，开展群众文化活动，繁荣群众文化事业；负责组织开展文化宣传、文艺创作、文艺培训、指导工作，培训村（社区）文艺骨干，管理辖区内文艺社团；负责文化交流、民族民间非物质文化遗产收集整理、保护与传承发展；负责辖区内文物保护、宣传与开发利用；负责开展群众性体育及全民健身活动；负责广播电视宣传、广播电视网络建设、维护、发展及卫星电视地面接收设施的管理；承办木洞镇党委、政府和巴南区相关主管部门交办的其他工作。

（三）财政所

负责财政预决算、财政收支、财务管理、会计核算工作；负责各项农民补贴兑付和耕地占用税、契税征收管理工作；承办木洞镇党委、政府和巴南区相关主管部门交办的其他工作。

（四）人口和计划生育生殖健康服务站

宣传人口和计划生育法规政策、生殖保健知识；负责计划生育生殖健康技术指导与人员培训；负责避孕方法使用与知情选择和避孕药具管理发放；负责计划生育技术服务及相关生殖保健服务；承办木洞镇党委、政府和巴南区相关主管部门交办的其他工作。

（五）社会保障服务所

负责审核享受低保待遇人员资格和最低生活保障金的发放工作；负责下岗、失业人员的职业指导、职业介绍、就业培训、岗位开发等就业服务工作；负责企业退休人员的社会化管理和服务工作；负责失业保险、城镇职工基本医疗保险和新型农村合作医疗保险服务；负责农村富余劳动力转移和进城务工农民的管理和服务工作；协助搞好优抚救济、社会互助工作；负责劳动和社会保障事务代理，为群众提供"一站式"服务；负责社区居委会社会保障员的业务指导；承办木洞镇党委、政府及上级劳动保障部门、民政部门交办的其他工作。

四、人员组成

1950年初，开始征粮工作，便接收当地一些先进青年进入征粮工作队。在接着的减租退押、清匪反霸和土地改革运动中，又先后成立农民武装队和农民协会。是时乡政权尚未建全，乡里的事务由区工作队直接派工作组协助农民协会开展。土改后建立乡政权，乡村干部一般都是从征粮工作队、农民协会和武装队的积极分子中提拔起来的。1950年2月，成立木洞乡（镇）人民政府，配备了脱产干部，其中乡长1人，财粮1人，文书1人，其他委员会成员一般均由不脱产人员组成，乡（镇）机关干部增至5~6人。1958年9月，进入人民公社，在大队干部中选调先进人员到公社工作，作为半脱产干部。1962年8月，精简超编人员，动员回农村任大队干部。

1965年，为加强农村政治工作，从经过"四清"运动锻炼的青年积极分子中选拔为半脱产干部，分别负责妇联工作、青年团工作和农村政治工作。此外，通过其他单位调入，部队转业干部安置等，逐年补充干部队伍。

70年代，国家建设湘渝铁路，表现优秀的回乡青年，进入了基层，充实了干部队伍。同时，国家在指导大兴水利建设又相继出现了优秀人才的提升。

80年代，大力发展林业，推广农机和农业技术，公社相继成立农技站、林业站、农机站、水电管理站、水土保持站、蚕桑站、广播站、多种经营员等新增了一些专业技术人员，又从这些部门优秀人才中进入干部队伍。

改革开放之初，为解决基层干部严重不足的问题，按上级要求从村干部中通过考试录取一批到乡级政府工作。在20世纪七八十年代国家还实行退休职工子女顶替期间，机关干部中也有少数退休后由子女顶替。

1980—1995年根据工作需要，各乡镇先后设置武装、民政调解、治安、财政所、农经站、计划生育办公室、妇联、共青团、文化站、广播电视站等，由市下指标，县统一组织，各级实施在农村知识青年中招聘一批工作人员。20世纪90年代后期，曾有一批大中专毕业生分配到乡镇机关工作。

2001年9月，根据上级关于凡工龄达到28年，年龄在50岁以上（含50岁）机关干部即可提前退休的指示精神，木洞镇有12名干部提前退休。

1999年开始，公务员招聘由国家统一考试录取，每年1次。还在学校优秀学生中，选调分配到木洞镇机关工作，从2007—2011年中，招聘录用一批大学生到基层，锻炼2~3年后，分配到木洞镇政府工作。截至2011年12月，木洞镇有机关工作人员113人，其中，党政机关行政在职人员46人，事业单位工作人员45人，临聘人员22人。

第三节　政务纪要

20世纪50年代民主建政以来，木洞镇人民在共产党和人民政府的领导下，以中国共产党在各个时期的路线、方针、政策为准绳，坚持马列主义、毛泽东思想、邓小平理论、"三个代表"重要思想和科学发展观、习近平新时代中国特色社会主义思想为指导，继承发扬优良传统，与时俱进，开拓进取，奋发图强，艰苦奋斗，使旅游业、农业生产不断发展，人民生活水平不断提高。

一、抗美援朝

1950年6月25日，朝鲜战争爆发。随后，中国人民抗美援朝总会成立，在国内开展轰轰烈烈的抗美援朝运动。1951年2月22日，"巴县抗美援朝分会"成立，各乡相继成立抗美援朝工作指导组，采取多种形式，广泛宣传抗美援朝运动。4月，木洞选派人员到县委参加宣传员学习培训后，回乡组织村社建立各种形式的宣传队100余个，队员分别在木洞地区利用节日召开群众大会，组织群众游行，揭露美帝国主义的罪行，反对武装日本，仅1951年的五一劳动节和国庆节，参加示威游行的群众约10000人次。5月，木洞地区发动群众广泛开展和平签名投票运动，反对美帝武装日本签名投票，自愿参加签名投票的群众达1万余人；组织群众自愿捐粮，木洞地区85%以上的群众积极捐献。6月，总会发出普遍开展爱国公约号召，各地积极响应，广大青年在爱国主义和国际主义精神的鼓舞下，踊跃报名参军，不少地方出现了父母送子女、妻子送丈夫等争相参军的动人场面。1951年至1953年，木洞地区有100余名青年报名参军。与之同时，组织开展拥军优属活动，帮助烈军属、荣誉军人和复员退伍军人解决生产和生活中的各种困难，在分配土地、农具、家具和生活资料上给予特别照顾，对生产生活有困难的军属，采取组织代耕代种、介绍就业和补助安家费等办法给予解决。组织干部群众举办军民联欢会，召开烈军属和复员退伍军人座谈会；开展赠送光荣花、光荣匾和慰问品活动；发动群众给志愿军写慰问信和赠送慰问品。1953年，随着抗美援朝战争的胜利，声势浩大的抗美援朝运动就此结束。

二、减租退押、清匪反霸

1950年12月，按照巴县县委要求，木洞地区开始减租退押、清匪反霸。推选贫雇农代表建立工作班子，充分发动群众，依靠贫雇农，揭批恶霸地主压迫贫下中农的罪行，拘训地主和不法富农，组织召开大小会议，对不老实的地主、富农分子进行面对面的斗争。次年1月，转入退押运动，各保建立催押小组，监督地主、富农退押，对转移或分散土地、抽佃、夺佃、拆毁房屋、砍伐树木、破坏农具及水利、故意荒废土地、宰杀耕牛、逃避负担、抵抗退押的不法地主、富农进行坚决斗争。其间，公安机关依靠和发动群众开展清匪反霸，对投案自首的反革命分子予以宽大处理；对有较大罪恶，但能主动坦白交代罪行的投案自首、检举揭发者实行关押轻判；对拒绝交代、民愤极大的地主恶霸、反革命分子依法进行从严处理。

三、土地改革

1951年2月，木洞地区选派130名农民代表到县参加土地改革短期培训班学习。3月初，县委派驻土改工作队，建立了土改工作领导班子，各村建立土改工作组。整个运动分为"宣传教育、划分阶级、查田评产；开展征收、没收工作；分配胜利果实和庆祝土改胜利、烧毁契约"四个阶段进行。首先，组织贫雇农召开诉苦大会，开展调查摸底工作，按政策界线划阶级成分，明确依靠、团结对象，组织评议小组评定核实各户田土面积、分等定产。第二，整顿和建立农会组织，加强武装力量，严格控制地主。建立征收、没收工作组，下设检查清点登记、保管、搬运等部门，根据检查清点的财物进行征收没收，对转移、匿藏财物的拒交者进行严厉的斗争，或移交人民法院处理。第三，分配胜利果实，先分田土，后分房屋农具，房屋以夫妻、成年男女评定分配，一般原居不动。大型农具共同使用，大型家具及价值较高的物品实行编号抽签分配，较小的物品按甲、乙、丙、丁分等摆成堆。雇农和贫苦军属分配甲等，贫苦农民分配乙等，一般贫农分配丙等，中农分配丁等。第四，庆祝土改胜利。

四、建立互助组、合作社

1952年，土地改革后，地主占有的土地被人民政府依法没收和征收，辖区内农民分得土地，实现"耕者有其田"，但由于有的农民缺乏耕牛、农具等生产资料以及资金和劳力等情况，组织了以胡绍全为首的组织换工队，后又组建互助组。其形式有临时互助组和常年互助组两种。生产方式为分户独立经营，劳动换工互助（耕牛、农具亦换算成人工），由组长统一安排，实行分户记工（有的组采用竹牌或硬纸做成工票交换），按季或年进行差额计价找补。到1954年，木洞公社互助组112个，长坪84个，栋青124个，水口132个；参加农户占总农户的96%。1953年的合作社，开始对农业实行社会主义改造。全镇农村即先后组建初级农业生产合作社和高级农业生产合作社。10月28日，巴县建立了第一个由农民自愿组织的大鱼塘初级社。紧接着，木洞也积极筹建初级社。至1956年，木洞公社初级社113个，长坪86个，栋青126个，水口131个；参加农户占总农户的97%。初级社是半社会主义性质的集体经济组织。其组建总原则为"自愿互利，民主管理"。具体办法包括：（1）生产资料入社：土地（社员种蔬菜的自留地除外）、劳力、耕牛、大型农具、种子农户自愿入社，评定土地基本产量作收益分红依据；劳动力评级定底分，参加集体劳动后，根据劳动的数量和质量，按工分定额标准评记劳动工分；耕牛、农具合理折价，按农户应交公有股份计算找补；种子折价交生产费股份基金；肥料折价作生产投资，一般年终分配时一次返还；（2）组织管理：初级社设立管理委员会，负责全社生产经营，下设作业组，设组长和记工员，安排具体生产劳动；（3）经营方式：社内实行劳动力统一调配，田土统一安排经营，耕牛、农具统一使用，生产收支统一核算，合作社对作业组实行包工、包产、包费用、超产奖、短产赔的"三包一奖惩"办法；（4）收益分配：按国家、集体、个人三者兼顾的原则，在完成国家税金、扣除各项费用、集体提留的公积金（作扩大再生产之用）和1%~2%的公益金（为社员福利费用）后，其余部分按"劳六地四"比例分红，所产粮食，除统一留足国家征购、下年种子、集体猪牛饲料和1%~2%的贮备外，均属社员分配，对"五保户"、缺少劳动力的烈属和人多劳力少的困难户给予适当照顾。1956年，初级社发展后，木洞镇又组建了高级社，至1958年6月底，木洞镇参加高级社的农户占总农户的98%。社员自留地明确在5%~7%以内，竹、木、山林全部折价入社，待有收入时逐年返还，收益分配取消土地分红，完全按劳动工分分配。

五、查田定产

1953年，木洞镇按照中央人民政府《农业税查田定产实施纲要》和重庆市政府发布《"在本市全面开展查田定产及发证工作"的通告》及巴县的安排部署，在全乡开展查田定产工作。区派驻了工作队，木洞镇政府根据各村实际配备工作人员并划分责任区。整个工作历时近1年，分插标编号、丈量、评等级和造册、汇总、上报等阶段。各家各户的各块耕地一律插上标名的竹牌，依次进行统一编号，丈量的标杆标尺由村统一制作，丈量的面积如实记录在标牌上。丈量结束后，各村组织有一定经验的老农民、商定各块田土等级并造册上报。但由于工作人员的粗心，在分户统计时有张冠李戴、面积偏多偏少、等级偏高偏低等现象，甚至存在营私报复，有意涂改标牌记录等不良行为，造成多数人农业税增加，群众意见纷纷。对此，乡政府根据群众意见，组织开展调查，之后进行复查核实予以纠正，农民对此较为满意。

六、统购统销

1953年11月，按照中共中央《关于实行粮食计划收购与计划供应的决定》和《关于在全国实行计划收购油料的决定》及市、县的部署，全乡开始实行粮食收购和计划供应。按产量除去种子、公粮和人平口粮（225～250千克）。超出250千克的为余粮户，通过宣传、动员、摸底，全乡有余粮户123户，共有余粮13298千克，而余粮户卖出的余粮达14825.5千克，超出1527.5千克。1954年，根据中共中央、国务院《关于粮、棉、油实行统购统销的指示》，全镇计划统购粮1885399.5千克，消费粮1986381.5千克，评议统购粮80434千克，全镇312户粮户踊跃卖出了余粮。

七、肃反运动

1955年7月，按照中共中央发布的《关于展开斗争肃清暗藏的反革命分子的指示》以及毛泽东提出的"提高警惕、肃清一切特务分子；防止偏差，不要冤枉一个好人"的方针，木洞地区成立肃反领导小组，配合公安部门，依靠和发动群众开展肃反运动，对反革命分子和敌对势力的社会基础及活动情况进行摸底排查，了解掌握其具体活动，组织民兵对有现行活动的反、坏分子暗管起来。同时采取召开群众大会的形式，揭发破坏合作化运动、破坏生产、惯偷惯盗和破坏社会治安秩序的坏分子，对揭发出的10名犯罪分子召开公判大会，根据其情节轻重分别给予处理。

八、土地双层责任制

1978年12月，中共十一届三中全会做出了"把全党工作的重点转移到社会主义现代化建设上来"的战略决策，批判"两个凡是"的错误方针，确立了"解放思想、开动脑筋、实事求是、团结一致向前看"的指导方针。木洞镇迅速掀起学习贯彻中共十一届三中全会精神的热潮，开展"实践是检验真理的唯一标准"学习讨论，开始拨乱反正工作，按照"调整、改革、整顿、提高"的方针，逐步推行工作岗位责任制和落实生产责任制。1981年试行土地包产到组、包产部分实行统一分配和1982年实行包产到组、统一分配，包干到户、提取积累、自负盈亏等生产责任制的基础上，普遍推行联系产量、包干到户的生产责任制。在坚持生产资料集体所有制的前提下，集体的耕地按人口比例承包到户，承包土地的农户与集体签订承包合同，建立土地承包关系，明确生产过程中的责任、权力和利益。1984年1月，根据第五届全国人大五次会议通过的宪法规定，各公社设立乡政权，实行政社分开，人民公社不再兼有政权职能，恢复乡（镇）人民政府。同时根据生产发展的需要，成立乡（镇）经济委员会。同月乡（镇）召开乡人民代表大会，选举乡（镇）长、副乡（镇）长和经济委员会主任、副主任，乡所辖各大队均改为村、生产队改为作业组，从此，政社合一的人民公社体制结束。1995年，根据中共十四大和巴南区委相关文件精神，木洞镇开始在全镇农村开展"稳粮增收调结构，适应市场奔小康"活动。1998年，按照中共中央办公厅、国务院办公厅《关于进一步稳定和完善农村土地承包关系的通知》和市、区的有关文件，在农村开始第二轮土地承包，即在第一轮承包的基础上再延长承包期30年，全镇全面完成了承包土地的合同签订工作。木洞镇大力实施新农村建设，城乡一体发展，推广良种和名、特、优产品，充分发挥各村优势，因地制宜地发展名牌农业和精品农业，形成特色，着力打造墙院、海眼、庙垭、杨家洞、栋青村的生态旅游观光农业，同时以桃花岛、水口寺、松子村实行土地流转，面积达10000亩转为企业型经营方式，鼓励乡镇企业和私人个体企业对农业的开发利用。

九、三峡移民

1990年，木洞镇党委、政府根据国家三峡工程建设委员会精神，发动群众，开始实施库区调查清理登记工作，把移民工作作为一项行政工作、经济工作，而且又纳入一项刚性极强的政治任务，是一项政策性、群众性很强的系统工程。木洞镇实施三峡移民安置，搬迁总人数4822人，其中投亲靠友、自谋职业、自主外迁等搬迁安置1313人，后靠安置3509人，迁往本区农村、集镇892人，迁往区、市外421人，城镇居民企业职工安置1888人。拆除住宅淹没房屋总面积6274平方米。耕地退出，涉及淹没12个行政村41个合作社和2个社区（2011年区划数据），淹没耕地、园地4679.5亩。

十、农税免交

1994年，全国实行统一税目、税率，最高税率31%，最低税率8%。农林特产税附加，按正税10%征收。2002年，中共中央、市、区关于农村税费改革的政策，为了切实减轻农民负担，取消统筹费，农村教育集资费，以及专门面向农民征收的行政事业性收费和政府性基金、集资，决定取消屠宰税和统一规定的劳动积累工及义务工，调整农业税和农业特产税政策，改革村提留征收和使用办法。同年实施农业税计税面积、计税产量的确定等工作，税费改革后，木洞镇在2000年的税收基础上，为农民减负86.7万元，其中统筹费56万元，村级提留21万元，屠宰税9.7万元。2003年，巴南区采取对镇农村税费改革实行转移支付补助政策，按照统一规范、公正公平、分类指导的原则，农业税附加增收部分全部用于农村税费改革支出项目，以确保农村税费改革各项支出不留缺口，以利农村税费改革进一步深化和监督、检查。2004年起对农业特产税和"两保证"停止征收，

2005年12月29日下午3时许，第十届全国人大常委会第19次会议高票通过了《关于废止农业税条例的决定》。从2006年1月1日起，国家停止征收农业税。木洞镇积极响应国家政策，在随后的种粮补贴等一系列的强农、惠农政策中，全力发展农业生产，实现农业新的跨越。

第四节 村（社区）委员会

新中国成立之后，木洞镇辖区设置了大队、村委会，经过了多次调整，在2005年里，木洞镇对村的建制进行了较大调整，木洞府文〔2005〕167号，向巴南区政府《关于木洞镇村规模调整的请示》，巴南府办函〔2005〕81号批复了木洞镇调整建制村规模，村委会建制规模分述于下：

一、村委会

（一）墙院村

1949年11月，设置新民、上观、院子、新房4个大队。1984年，新房大队改为墙院村，院子大队改为水坝村。1996年，新民与上观村合并为上观村，水坝与新房村合并为墙院村。2005年10月，撤销墙院村、上观村，成立墙院村，下设8个合作社，直至2011年12月。

表2-48

1950—2011年墙院村主任任职情况

名称	姓名	任职时间	名称	姓名	任职时间
新民	马 方	1950年1月—1958年12月	水坝	冉海模	1960年1月—1964年12月
新民	杨华田	1959年1月—1978年12月	水坝	冉善明	1965年1月—1975年12月
新民	徐茂祥	1979年1月—1995年12月	水坝	余广芳	1976年1月—1982年12月
上观	冉海宣	1958年1月—1969年12月	水坝	徐正陶	1983年1月—1989年12月
上观	蒋治木	1970年1月—1982年12月	水坝	刘世华	1990年1月—1995年12月
上观	杨学仁	1983年1月—1991年12月	新房	蒋世清	1950年1月—1952年12月
上观	何绍明	1992年1月—1994年12月	新房	唐仲荣	1953年1月—1958年12月
上观	陈国民	1995年1月—2001年12月	新房	杨观荣	1959年1月—1977年12月
上观	杨国荣	2002年1月—2004年12月	新房	张孝品	1978年1月—1983年12月
上观	潘兴平	2005年1月—2005年12月	新房	胡国祥	1984年1月—1995年12月
水坝	杨述荣	1950年1月—1953年12月	墙院	胡国祥	1996年1月—2005年12月
水坝	蒋坤合	1954年1月—1959年12月	墙院	杨国荣	2006年1月—2011年12月

（二）海眼村

1949年11月，设置岩碥、石坝、中心、前进4个大队。1986年，岩碥大队改为岩碥村，石坝大队改为海眼村，中心大队改为沙塝村，前进大队改为高石村。1997年，岩碥与海眼村合并为海眼村，沙塝与高石村合并为高石村。2005年10月，撤销海眼村、高石村、岩碥村，成立海眼村，下设9个合作社，直至2011年12月。

表2-49

1950—2011年海眼村主任任职情况

名称	姓名	任职时间	名称	姓名	任职时间
岩碥	赵炳云	1958年12月—1970年12月	中心	余应全	1988年1月—2005年12月
岩碥	李国志	1970年12月—1971年12月	石坝	谭树宽	1950年1月—1959年12月
岩碥	徐恩云	1971年12月—1979年12月	石坝	梁平章	1959年12月—1971年12月
岩碥	李森云	1979年12月—1985年12月	石坝	冉光喜	1971年12月—1979年12月
岩碥	王德洲	1985年12月—1993年12月	石坝	苏银章	1979年12月—1986年12月
岩碥	蔡开祥	1985年12月—1993年12月	石坝	李坤云	1986年12月—1992年12月
岩碥	梁明康	1995年12月—2001年12月	石坝	苏银章	1992年12月—1999年12月
岩碥	张文礼	2001年12月—2005年12月	石坝	张长远	1999年12月—2005年12月
中心	王仁义	1956年1月—1962年12月	前进	龚德云	1956年1月—1968年12月
中心	蔡贵华	1963年1月—1969年12月	前进	余家锡	1969年1月—1975年12月
中心	李富银	1970年1月—1976年12月	前进	余应方	1976年1月—1994年12月
中心	雷德红	1977年1月—1983年12月	前进	余应全	1995年1月—2005年12月
中心	李忠华	1984年1月—1987年12月	海眼	冯大伦	2005年12月—2011年12月

（三）庙垭村

1949年11月至1982年前，设置庙垭、下观、黄桷、白岩、豚溪口村。1991年，庙垭与白岩村合并为庙垭村。1994年，下观与黄桷村合并为下观村。2003年，庙垭与下观村合并为庙垭村。2005年10月，撤销庙垭村、下观村，成立庙垭村。2006年，豚溪口并入庙垭村，下设10个合作社，直至2011年12月。

表2-50

1950—2011年庙垭村主任任职情况

名称	姓名	任职时间	名称	姓名	任职时间
豚溪口	张云成	1950年1月—1955年12月	豚溪口	杨顺伟	1960年1月—1979年12月
豚溪口	肖焕章	1956年1月—1959年12月	豚溪口	马永堂	1980年1月—1985年12月

续表

名称	姓名	任职时间	名称	姓名	任职时间
豚溪口	杨清柏	1986年1月—1991年12月	白岩	胡开全	1977年1月—1987年12月
豚溪口	钟天佑	1992年1月—2003年12月	白岩	刘国友	1988年1月—1990年12月
豚溪口	杨建伟	2004年1月—2006年12月	白岩	杨仁友	1991年1月—1993年12月
黄桷	胡开会	1951年1月—1953年12月	白岩	杨崇国	1994年1月—1996年12月
黄桷	晏泽普	1954年1月—1966年12月	庙垭	许忠国	1955年1月—1967年12月
黄桷	李谊清	1967年1月—1969年12月	庙垭	杨建明	1968年1月—1988年12月
黄桷	江治华	1970年1月—1977年12月	庙垭	何秀华	1989年1月—1991年12月
黄桷	胡开会	1978年1月—1980年12月	庙垭	王正华	1992年1月—1994年12月
黄桷	董海明	1981年1月—1983年12月	庙垭	胡天顺	1995年1月—1997年12月
黄桷	晏泽普	1984年1月—1986年12月	庙垭	何秀华	1998年1月—2000年12月
黄桷	何秀全	1987年1月—1993年12月	庙垭	杨仁江	2001年1月—2006年12月
下观	郑继涛	1993年1月—1994年12月	庙垭	何先彬	2007年1月—2011年12月
白岩	胡炳章	1950年1月—1976年12月	—	—	—

(四) 桃花岛村

1950年初至1953年底，设置团结、中心、回龙3个村。1954年初，团结、中心与回龙村合并为五村。1959年5月，划分为团结、回龙大队。1978年3月，回龙村改为苏家浩村，团结村改为中江村。1995年6月，苏家浩与中江村合并为苏家浩村。2005年10月，巴南府办函〔2005〕81号批复木洞府文〔2005〕167号撤销苏家浩村，更名为桃花岛村，下设5个合作社。2009年，重庆庆隆公司占用桃花岛村全部土地，实行土地流转，全村95%以上村民迁入木洞场镇内，其余迁至镇外居住。

表2-51

1952—2011年桃花岛村主任任职情况

名称	姓名	任职时间	名称	姓名	任职时间
中心	何永昌	1952年1月—1953年12月	团结	蒋术清	1969年1月—1977年12月
团结	刘奇才	1952年1月—1953年12月	团结	胡开明	1975年1月—1977年12月
团结	何永昌	1954年1月—1958年12月	团结	何永昌	1978年12月—1984年5月
团结	何永昌	1959年1月—1964年12月	团结	何绍模	1985年1月—1989年12月
团结	何绍模	1965年1月—1968年12月	团结	秦明勤	1990年1月—1991年11月

续表

名称	姓名	任职时间	名称	姓名	任职时间
团结	蒋文明	1991年11月—1992年12月	苏家浩	文明伦	1988年1月—1989年12月
团结	李晓荣	1993年1月—1995年12月	苏家浩	田忠义	1990年1月—1995年12月
回龙	罗祥才	1952年1月—1953年12月	苏家浩	蒋文明	1996年1月—1998年12月
回龙	张德荣	1959年1月—1960年12月	桃花岛	何绍海	1999年1月—2010年12月
回龙	罗祥才	1961年1月—1974年12月	桃花岛	喻良庆	2011年1月—2011年12月
回龙	文明伦	1978年1月—1987年12月	—	—	—

(五) 杨家洞村

1949年11月，设置田坝、胜利2个大队。1984年，田坝大队改为杨家洞村，胜利大队改为胜利村。2005年10月，撤销胜利村、杨家洞村，成立杨家洞村，下设6个合作社，直至2011年12月。

表2-52

1952—2011年杨家洞村主任任职情况

名称	姓名	任职时间	名称	姓名	任职时间
胜利	吴良才	1952年1月—1961年11月	杨家洞	张仲文	1953年1月—1963年12月
胜利	陈光善	1962年1月—1985年11月	杨家洞	代述云	1964年1月—1976年11月
胜利	胡开合	1986年1月—1992年11月	杨家洞	谭成华	1977年1月—1982年11月
胜利	张礼云	1993年1月—1995年12月	杨家洞	苏云全	1983年1月—1984年12月
胜利	刘学林	1996年1月—2004年11月	杨家洞	李孝全	1985年1月—1993年11月
胜利	朱伦荣	2005年1月—2010年11月	杨家洞	白合元	1993年12月—1997年12月
胜利	张凯	2011年1月—2011年12月	杨家洞	丁永宜	1997年12月—2006年7月

(六) 保安村

1949年11月，设置保安、永安2个大队。1984年，永安大队改为箭桥村，保安大队改为保安村。1993年，建木洞大桥，征用箭桥村7社土地。1998年，三峡工程水位提高，移民迁入，征用8社土地，2社农民实行就地农转非入木洞场镇。2005年10月，撤销箭桥村、保安村，成立保安村，下设5个合作社，直至2011年12月。保安村主任任职情况见下表：

表2-53

1950—2011年保安村主任任职情况

名称	姓名	任职时间	名称	姓名	任职时间
永安	张建文	1950年1月—1955年12月	永安	秦炳清	1956年1月—1958年12月

续表

名称	姓名	任职时间	名称	姓名	任职时间
永安	陈友福	1959年1月—1973年12月	保安	喻明成	1981年1月—1989年12月
永安	陈友寿	1974年1月—1980年12月	保安	郑继全	1990年1月—1996年12月
箭桥	李广凡	1981年1月—1987年12月	保安	喻明成	1997年1月—2002年12月
箭桥	张建农	1988年1月—1994年12月	保安	王长贵	2003年1月—2005年12月
箭桥	张友志	1995年1月—1996年12月	保安	秦先洪	2006年1月—2006年12月
保安	蒋全青	1951年1月—1980年12月	保安	晏家全	2007年1月—2011年12月

（七）中坝村

1949年11月，设置2个互助组，由2名组长负责日常事务工作。1961年，划分6个合作社，由村党支部副书记负责村行政工作。1989年3月，建立中坝村村民委员会。2007年，三峡工程水位提高，175米线下有758人移居木洞场镇街道内，其中农转非215人，建制规模直至2011年12月。

表2-54

1989—2011年中坝村主任任职情况

名称	姓名	任职时间	名称	姓名	任职时间
中坝	邓维柱	1989年12月—1992年11月	中坝	吴杨洪	2003年12月—2009年6月
中坝	包清林	1992年12月—2003年11月	中坝	张玲秀	2009年12月—2011年12月

（八）土地垴村

1949年11月至1982年，设置黎家、渊河、和平、胜利4个大队。1984年，和平大队改为白果湾村，胜利大队改为土地垴村。1997年10月，黎家与渊河合并为渊河村，白果湾与土地垴村合并为土地垴村。2005年10月，撤销渊河村、土地垴村，成立土地垴村，下设7个合作社，直至2011年12月。

表2-55

1950—2011年土地垴村主任任职情况

名称	姓名	任职时间	名称	姓名	任职时间
渊河	张子良	1950年1月—1982年11月	黎家	钱世贵	1965年1月—1978年11月
渊河	王和良	1983年1月—1986年11月	黎家	张泽海	1979年1月—1989年11月
渊河	牟柱明	1987年1月—1993年11月	胜利	金树成	1950年1月—1975年11月
渊河	黄顺学	1994年1月—1997年11月	胜利	赵正荣	1976年1月—1980年11月
黎家	徐德全	1950年1月—1964年11月	和平	李正文	1950年1月—1972年11月

续表

名称	姓名	任职时间	名称	姓名	任职时间
和平	代中文	1973年1月—1982年11月	土地垴	张之全	1993年1月—1995年11月
和平	唐中明	1983年1月—1991年11月	土地垴	宋银平	1996年1月—2003年11月
土地垴	宋银平	1981年1月—1988年11月	土地垴	徐延福	2004年1月—2011年12月
土地垴	董泽良	1989年1月—1992年11月	—	—	—

（九）松子村

1949年11月，设置松子、大石2个大队。1963年，松子与大石合并为卢家塘大队。1966年，卢家塘大队改为大石村。1996年，大石村改为松子村，下设5个合作社，直至2011年12月。

表2-56

1950—2011年松子村主任任职情况

名称	姓名	任职时间	名称	姓名	任职时间
松子	徐大富	1950年1月—1950年6月	大石	魏良伍	1970年1月—1973年12月
松子	白炳成	1950年6月—1953年12月	大石	向华云	1974年1月—1979年12月
松子	王大文	1954年1月—1959年12月	大石	王柱国	1980年1月—1981年12月
松子	梁海云	1960年1月—1967年12月	大石	韩庆明	1982年1月—1985年12月
松子	刘观全	1968年1月—1975年12月	大石	黄太贵	1986年1月—1987年12月
松子	梁海云	1976年1月—1979年12月	大石	曾凡全	1988年1月—1989年12月
松子	杨成光	1980年1月—1981年12月	大石	沈永禄	1990年1月—1995年12月
松子	唐志轩	1982年1月—1983年12月	松子	田明华	1996年1月—2004年12月
松子	刘观全	1984年1月—1995年12月	松子	谭仁荣	2005年1月—2005年2月
大石	何恩祥	1950年1月—1965年12月	松子	何涛	2005年3月—2010年12月
大石	杜光廷	1966年1月—1969年12月	松子	王明国	2011年1月—2011年12月

（十）水口寺村

1949年11月，设置高丰、柏杨、兴合、松林、方冲5个大队。1982年，松林与方冲大队合并为松林大队。1997年，兴合、柏杨、松林大队合并为兴合大队。2005年10月，撤销高丰村、水口寺村，成立水口寺村，下设7个合作社，直至2011年12月。

表2-57

1955—2011年水口寺村主任任职情况

名称	姓名	任职时间	名称	姓名	任职时间
方冲	胡国文	1955年—1958年	方冲	陈自龙	1958年—1961年

续表

名称	姓名	任职时间	名称	姓名	任职时间
方冲	李海林	1961年—1972年	高丰	聂建书	1965年—1971年
方冲	李开云	1983年—1988年	高丰	黄永碧	1968年—1969年
方冲	王华西	1988年—1994年	高丰	聂绍云	1969年—1974年
太平	姜伯忠	1959年—1976年	高丰	黄学堂	1970年—1975年
太平	白清海	1977年—1980年	高丰	胡学海	1975年—1981年
太平	王登明	1980年—1987年	高丰	徐承荣	1980年—1986年
太平	白清义	1987年—1990年	高丰	田明元	1986年—1995年12月
太平	田登明	1990年—1997年	高丰	田登明	1996年1月—1998年12月
白杨	刘远成	1962年—1974年	高丰	邓清林	1999年1月—2001年12月
兴合	王泽明	1983年—1986年	高丰	聂忠元	2002年1月—2004年12月
兴合	胡天贵	1986年—1992年	水口寺	王华西	1999年1月—2005年5月
水口寺	杨宗明	1996年1月—1998年12月	水口寺	廖星明	2005年5月—2007年12月
高丰	赵术云	1959年—1965年	水口寺	黄伦	2008年1月—2011年12月

（十一）土桥村

1949年11月，设置土桥、郭家坪大队，1982年更名为村。2005年10月，撤销郭家坪村、土桥村，成立土桥村，下设7个合作社，直至2011年12月。

表2-58

1950—2011年土桥村主任任职情况

名称	姓名	任职时间	名称	姓名	任职时间
郭家坪	黄仲其	1950年1月—1953年1月	土桥	白天文	1954年1月—1956年12月
郭家坪	沈永福	1960年1月—1960年7月	土桥	田志国	1957年1月—1964年8月
郭家坪	陈国福	1960年8月—1963年12月	土桥	李武成	1964年9月—1972年12月
郭家坪	谭惠荣	1964年1月—1968年8月	土桥	钟述梅	1973年1月—1977年12月
郭家坪	徐安堂	1968年9月—1969年8月	土桥	林昌全	1978年1月—1981年11月
郭家坪	蔡惠明	1969年9月—1996年9月	土桥	李兴云	1981年12月—1987年12月
郭家坪	杨应荣	1996年10月—2000年2月	土桥	杨成兵	1988年1月—1989年11月
郭家坪	蔡惠明	2000年3月—2001年1月	土桥	包清全	1989年12月—2010年12月
郭家坪	李兴伦	2002年1月—2005年12月	土桥	杨志强	2011年1月—2011年12月
土桥	余治明	1950年1月—1953年12月	—	—	—

（十二）钱家湾村

1949年11月，设置钱家湾、大田、向阳、龙桥、菜园湾、雁坝5个村。1979年，大田与钱家湾村合并为钱家湾村。1997年底，钱家湾、向阳、龙桥村合并为钱家湾村，菜园湾与雁坝村合并为雁坝村。2007年7月，撤销雁坝村，并入钱家湾村，成立钱家湾村，下设13个合作社，直至2011年12月。

表 2-59

1950—2011 年钱家湾村主任任职情况

名称	姓名	任职时间	名称	姓名	任职时间
向阳	李应江	1950年1月—1973年12月	雁坝	李兴华	1967年6月—1982年12月
向阳	胡勋铭	1974年1月—1995年12月	雁坝	李兴华	1983年1月—1997年12月
向阳	丁荣模	1996年1月—1997年12月	雁坝	晏泽明	1998年1月—1998年12月
桂花	刘照林	1950年1月—1959年12月	雁坝	周训贵	1999年1月—2004年12月
桂花	潘文海	1960年1月—1965年12月	雁坝	李义均	2005年1月—2007年10月
桂花	胡行林	1966年1月—1991年12月	菜园湾	刘高全	1950年1月—1980年5月
大田	晏树华	1950年1月—1954年12月	菜园湾	谭礼志	1980年6月—1982年12月
大田	余绍廷	1955年1月—1960年12月	菜园湾	余光荣	1983年1月—1987年12月
大田	戴光乾	1961年1月—1964年12月	菜园湾	刘观余	1990年1月—1997年12月
大田	郝廷福	1965年1月—1969年12月	钱家湾	戴元福	1979年1月—1988年12月
大田	吴廷学	1970年1月—1978年12月	钱家湾	曾凡全	1989年1月—1995年12月
龙桥	李永宽	1992年1月—1994年12月	钱家湾	徐家云	1996年1月—1997年12月
龙桥	包明全	1995年1月—1997年12月	钱家湾	李永宽	1998年1月—2007年12月
雁坝	蒋世荣	1950年1月—1955年12月	钱家湾	刘军	2008年1月—2011年12月
雁坝	肖丙清	1956年1月—1967年5月	—	—	—

（十三）栋青村

1949年11月至1996年，设置铜鼓、栋青、沟落湾、汪家坪、唐房、院墙6个村。1996年12月，铜鼓与栋青村合并为栋青村，沟落湾和汪家坪村合并为汪家坪村，唐房与院墙村合并为院墙村。2005年12月，栋青与汪家坪村合并为栋青村；2005年10月，撤销汪家坪村、栋青村，成立栋青村，下设11个合作社，直至2011年12月。

表 2-60

1955—2011 年栋青村主任任职情况

名称	姓名	任职时间	名称	姓名	任职时间
沟落湾	饶泽浦	1955年1月—1981年12月	汪家坪	柯树云	1954年1月—1976年12月
沟落湾	徐承福	1982年1月—1983年12月	汪家坪	柯吉光	1977年1月—1995年12月
沟落湾	丁贵林	1984年1月—1989年12月	汪家坪	李云志	1996年1月—2003年12月
沟落湾	徐承福	1990年1月—1995年12月	汪家坪	陈夏君	2004年1月—2005年12月

续表

名称	姓名	任职时间	名称	姓名	任职时间
院墙	余家海	1955年1月—1984年12月	院墙	潘文吉	1990年1月—1992年12月
院墙	张礼福	1985年1月—1987年12月	院墙	陈海荣	1973年1月—1975年12月
院墙	余家海	1988年1月—1997年12月	院墙	张 贵	1992年1月—1994年12月
院墙	代中义	1998年1月—2004年12月	栋青	傅永福	1962年1月—1976年12月
院墙	钱世平	2005年1月—2007年12月	栋青	冯明鑫	1977年1月—1983年12月
院墙	李茂兰	1968年1月—1972年12月	栋青	李永贵	1984年1月—1986年12月
院墙	陈兴海	1976年1月—1981年12月	栋青	丁荣菊	1987年1月—1997年12月
院墙	潘文吉	1977年1月—1981年12月	栋青	李 刚	1998年1月—2005年12月
院墙	刘代成	1982年1月—1986年12月	栋青	陈夏君	2006年1月—2010年12月
院墙	陈海清	1987年1月—1989年12月	栋青	王香莲	2011年1月—2011年12月

（十四）景星村

1949年11月，设置芋头坝、景星、银家、翠竹4个大队。1998年，芋头坝与景星大队合并为景星村，银家与翠竹大队合并为翠竹村。2005年10月，撤销翠竹村、景星村，成立景星村，下设8个合作社，直至2011年12月。

表2-61

1950—2011年景星村主任任职情况

名称	姓名	任职时间	名称	姓名	任职时间
芋头坝	陈树清	1950年1月—1956年12月	翠竹	刘发元	1957年1月—1968年12月
芋头坝	赵术平	1957年1月—1960年12月	翠竹	钱克海	1969年1月—1977年12月
芋头坝	赵树培	1961年1月—1967年12月	翠竹	郝明江	1978年1月—1998年12月
芋头坝	袁开荣	1968年1月—1971年12月	翠竹	胡天荣	1999年1月—2004年12月
芋头坝	赵森荣	1972年1月—1985年12月	翠竹	郑继华	2005年1月—2005年12月
芋头坝	李德义	1986年1月—1991年12月	银家	周灿章	1950年1月—1962年12月
芋头坝	淦正才	1992年1月—1998年12月	银家	程绍明	1963年1月—1979年12月
景星	陈德仟	1957年1月—1962年12月	银家	刘永富	1980年1月—1998年12月
景星	骆开全	1963年1月—1982年12月	景星	钱克亮	1995年1月—2004年12月
景星	张正宽	1983年1月—1994年12月	景星	李宗义	2005年1月—2011年12月

二、社区

1951年，木洞镇设保。1955年，设居民段，分为：一、二、三、四、五段，各段设段代表1人。一段代表：唐德森；二段代表：龚柏森；三段代表：李大圣、宋子碧；四段代表：马盛珍、向华训；五段代表：程霖枢、雷宇春、杨世荣。1994年4月，增设六居委会，张祖珍任主任。

2001年8月，撤销原一、二、三、四、五段和六居委会，重新划分为一、二、三社区。一社区为石宝街至大巷子、新建路左、木洞镇中心小学、丁家花园；二社区为解放路、新街、港湾小区、山歌广场、水沟街、木洞中学、前进路、陡石梯、长坪街；三社区为老转盘至新转盘、大桥一路、二路、小河边、栋青场。木洞镇一、二、三社区主任任职情况见下表：

表2-62

2000—2011年木洞镇社区主任任职情况

名称	姓名	任职时间	名称	姓名	任职时间
一社区	胡金秀	2000年10月—2004年9月	二社区	杜泽忠	2008年1月—2011年12月
一社区	李国田	2004年10月—2005年10月	三社区	李如胜	2000年10月—2006年12月
一社区	胡佐强	2005年11月—2011年12月	三社区	刘 莉	2007年1月—2010年12月
二社区	李元烈	2000年10月—2005年8月	三社区	王 侠	2011年1月—2011年12月
二社区	田大志	2005年9月—2007年12月	—	—	—

第四章 群团组织

中华人民共和国成立后，木洞镇相继建立了农民协会（简称"农协"），贫下中农协会（简称"贫协"）、共产主义青年团（简称"共青团"）、妇女联合会（简称"妇联"）、工会、少年先锋队（简称"少先队"）群众团体（以下简称"群团"）组织。这些群众团体一直都是共产党联系群众的桥梁和纽带，在发展社会经济、维护安定团结、开展文化体育活动中，发挥了积极作用。农协、贫协、共青团、妇联、工会在新中国成立后的各个时期，都起到了组织、动员、团结各个阶层群体积极参加社会主义建设、改变木洞镇贫穷落后面貌的重大作用，收到良好效果。少先队是培养社会主义未来接班人的重要摇篮。

第一节 农民组织

中华人民共和国成立前没有统一的农民组织，新中国成立后，由政府主导建立了农民协会和贫下中农协会，使农民真正能够当家做主，成为国家的主人。

一、农民协会

农民协会,按照规定,新中国成立后,自省市至村,从上至下各级都要建立农民协会。农民协会是广大农民在中国共产党领导下自愿结合的群众性组织,是乡、村人民政权的主要支柱和基础。县、区、乡、村各级农民协会建立后,农村中的一切事情,几乎都由农民协会掌握管理,在群众中威信极高。

1950年8月,组建农民协会。木洞区委针对新区群众基础差,过去封建势力统治时间长的特点,决定首先办好减租退押学习班,培养一批青年干部,组建工作队,开展减租退押工作。在工作实践中,发现、培养贫苦农民积极分子,以便于完成今后的工作任务。

木洞区委以松子村为农民协会工作重点。工作组进村后,立即召开相关会议,宣传党的政策。同时,注意在发动群众、组织群众的工作中,发现和培养积极分子。1950年3月,发展了农民协会会员107人,并推选7人组成村农民协会组织。在随后的减租退押工作中,农民协会发挥了重要作用,保障了工作的顺利进行。全村农民翻身得解放,思想觉悟得到了提高。木洞区农民协会主席杨奉昆1人。

1950年5月,木洞地区其他乡、村相继成立了农民协会7个,木洞区农民协会主席由各乡、村主任兼任农协主席,发展农民协会会员18433人。农民协会会员在工作队的带领下,积极参加减租退押和清匪反霸工作。随着运动的深入和乡、村政权的建立,先后从惯匪家中缴获手枪1支、步枪5支、手榴弹2枚;在恶霸地主家中缴获手枪2支、步枪8支、子弹100余发。组织开展批斗会266次,批斗恶霸71人,大地主131人,中小地主21人,匪特111人,"九路军"司令1人,土匪中队长5人,以及其他批斗对象9人。

在党和政府的领导下,木洞地区的农民协会成为开展农村工作的中坚力量,不仅胜利完成了减租退押任务,而且在以后的土地改革、农业合作化运动中,都产生了重要作用。

二、贫下中农协会

贫下中农协会简称"贫协",是继"农民协会"之后,我国农村普遍建立的一个农民群众组织,历史上木洞镇存在长达20多年的农民组织。贫协主席为:王荣华和马永光。

从1963年5月20日,中共中央向全党发出《关于目前农村工作中若干问题的决定(草案)》起,至1964年5月的中央工作会议上制定的《中华人民共和国贫下中农协会组织条例(草案)》等多个文件中,都对建立贫下中农协会作了相关部署。《中华人民共和国贫下中农协会组织条例(草案)》规定,"贫下中农协会是在中国共产党领导下,由贫农、下中农自愿组成的,革命的群众性的阶级组织"。要在人民公社、生产大队、生产队成立贫下中农协会的基层组织。还对这个组织的任务、会员、组织机构、领导成员,以及它同党的农村基层组织的关系,同社队组织的关系和经常工作等都做了具体规定。

1965年10月,中共中央在全国城乡开展了社会主义教育运动,即"四清"运动。按照中央部署,巴县组织了四清运动工作团,木洞为工作分团之一,各公社为四清工作队。广大干部深入农村,访贫问苦,摸底排队,扎根串连,组建阶级队伍,将贫农、下中农作为依靠对象,中农(包括富裕中农,即上中农)、佃富农、小量土地出租者等作为团结对象，成立了以贫农、下中农为主体的协会，即贫下中农协会，简称"贫协"。随后，县、区、公社和大队也相继成立了贫下中农协会。1966年，受"文化大革命"影响，贫协停止工作，后于1973年恢复工作。1983年4月，中共四川省委通知不再保留贫协；同年底，贫协组织撤销。

第二节 工 会

一、工会职能

维护职工合法权益是工会的基本职责。工会在企业坚持与投资者、经营者的合作伙伴关系，组织带领员工共谋企业发展，维护合法权益，主要履行以下职责：

工会通过平等协商和集体合同制度，协调劳动关系，维护企业职工劳动权益。依照法律规定，通过职工代表大会或者其他形式，组织职工参与本单位的民主决策、民主管理和民主监督。必须密切联系职工，听取和反映职工的意见和要求，关心职工的生活，帮助职工解决困难，全心全意为职工服务。动员和组织职工积极参加经济建设，努力完成生产任务和工作任务。教育职工不断提高思想品德、技术业务和科学文化素质，建设有理想、有道德、有文化、有纪律的职工队伍。

二、组织机构

1950年初，政府重视工会建设。1950年，在减租退押期间，木洞地区建立工会3个，工会会员1098人。

1982年10月15日，木洞镇机关工会成立，由刘清学任主席，萧开铭任副主席，主要负责木洞区公所机关和各乡（公社）机关工会工作。同时，成立木洞地区工会，主席张森茂，副主席萧开铭，委员刘清学，主要负责木洞场镇内单位、部门、企业、供销社、粮站、学校等职工工会工作。

1994年，撤区并乡建镇后，木洞镇政府设工会工作委员会，主任1人，副主任1人，委员3人，下辖工会65个，会员1855人，其中女性899人。各工会设主席1人，委员3~5人。工会组织在职工会员中起到了桥梁和纽带作用，同时为社会稳定做出了重要贡献。

1994年至2011年，随着经济的迅速发展，新办企业数量增多，职工数量日益增加，劳动关系日趋复杂，工会工作面临新的挑战。期间，政府更加重视工会组建工作，从抓基础工作着手，开展"广普及、深组建、全覆盖"集中行动，特别是新的劳动合同法出台后，企业职工的权益通过工会协调，为解决职工与企业之间的矛盾提供了组织保障。主席为：刘清学、刘光会、罗楷、杨希等人。

第三节 共青团

一、设置共青团

1949年2月,中共巴县第六区分委成立,随后成立中国新民主主义青年团巴县第六区工作委员会,设置干部2人,办理团的组织发展工作。各乡分别成立团委会,区公所下辖单位、学校、企业成立团支部委员会,各乡下辖的单位、学校、企业、村成立团支部委员会。各团委会分别设团委书记、副书记;团支部设书记、副书记各1人,委员3~5人。

1953年9月,青年团木洞镇总支委员会成立,下设5个支部,共有团员70人。1956年,下设7个支部,共有团员103人。1957年5月,新民主主义青年团改为中国共产主义青年团。1959年4月,建立共青团木洞镇委员会。"文化大革命"期间,受"四人帮"干扰,共青团停止工作。1972年,经过整团建团,重新建立中国共产主义青年团木洞镇委员会,下设6个支部,共有团员160人,其中女团员106人。1978年,改选共青团木洞镇委员会领导成员,下设10个支部,其中工业、企业系统支部7个,文化、教育系统支部2个,机关支部1个,共有团员222人,其中女团员150人。1979年,增设木洞镇和木洞供销社2个总支部,下设12个支部,共有团员252人。至2011年,木洞镇共有团组织28个,团员1250余人。

二、履行职能

中国共产主义青年团组织从诞生的那一天起,就背负了浓厚的政治责任,共青团组织的核心职能就是政治职能,坚持不能动摇,共青团是党的助手和后备军,为党当好参谋,积极主动为党的事业献计献策,以优质服务和组织文化活动贴近青年、凝聚青年。共青团的行政职能主动参与公共事务和重大决策或执行中的话语权,参政议事。共青团是青年群体,在开放的社会格局中,履行的服务职能,新长征突击手、有希望工程、青年志愿者行动等,是在这种体制下介入的公共事务,有效吸引青年的最佳切入点,决定着共青团在社会生活中的影响力,通过服务青年、服务社会,提升团组织的社会地位与向心力,最终服务于团组织的政治职能。

三、工作开展

木洞共青团成立以来,在各级党委的领导下,积极参加各项活动,完成了党组织交付的任务,成为共产党的得力助手,获得了诸多荣誉。

1982年至1986年,共青团木洞镇委员会被评为"团县委先进集体",2个支部被评为"先进团支部",团干部、团员共16人被评为"先进个人",其中2人被评为"新长征突击手"。

木洞镇团委坚持以邓小平理论和"三个代表"重要思想为指导,全面贯彻科学发展观,深刻领会党的十七大、团十五届五中全会、市第三次党代会,团市委二届六次全委会和全国共青团基层组织建设工作会议精神。自2007年至2011年,木洞镇团委坚持以强化组织建设、基础建设、思想道德建设、服务青年就业和再就业等为重点,通过抓基础、抓活动、抓服务、抓创新,切实凝聚青年、联系青年、服务青年成长成才,充分发挥团员青年在推动城乡经济发展和和谐社会建设中的生力军作用。开展学习会、座谈会、五四运动纪念以及多种文艺宣传等活动,让广大青年团员感受到木洞镇近年来在改革发展建设中取得的成就,进一步激发青年团员热爱生活、建设木洞的积极性。在强化基层团组织建设,逐步实现建团全覆盖方面,木洞镇团委始终坚持党建带团建,以"成熟一个,建立一个""建立一个,巩固一个",特别是加强"两新"团组织建设,新建"两新"团组织11个,社区青春家园3个,"四缘"团组织3个。2011年,木洞镇评选出5个先进团组织,5名优秀共青团干部,10名优秀共青团员。

四、历届团委书记

木洞区团委会设书记1人,团委书记任职情况见下表:

表2-63

1950—1993年木洞区团委书记任职时间

姓名	任职时间	姓名	任职时间
张必军	1950年5月—1951年9月	曾玉琴	1975年4月—1981年9月
朱兴林	1951年10月—1952年12月	易金海	1981年10月—1983年10月
蓝云华	1953年1月—1969年12月	刘 平	1983年11月—1984年11月
袁清木	1970年1月—1973年3月	蒋 斌	1984年4月—1992年11月
李维秀	1973年4月—1975年3月	田 玲	1993年3月—1993年12月

1994年1月,撤区并乡建镇后,木洞镇团委书记任职情况见下表:

表2-64

1994—2011年木洞镇团委书记任职时间

姓名	任职时间	姓名	任职时间
田 玲	1994年1月—1995年9月	卢 苇	2007年1月—2007年8月
蒋效伦	1995年6月—1997年6月	汪国原	2008年3月—2008年12月
吕永胜	1997年6月—2002年4月	曾乙炔	2009年1月—2009年8月
田 莉	1998年1月—2002年4月	蒲 平	2009年9月—2011年12月
刘小文	2002年8月—2006年12月	—	—

注:1997年6月至2002年4月,吕永胜为团委副书记,代理书记职责,负责主持团委全面工作。

第四节　妇女联合会

一、工作职能

妇女委员会、妇女工作委员会的主要职责：贯彻执行上级妇联组织及本单位妇女大会或妇女代表大会决议，完成妇女联合会部署的工作，推动本单位业务工作的开展。增进妇女委员会、妇女工作委员会之间及与其他妇女组织之间的交流与合作，密切同工会、共青团等群团组织的联系，共同做好本单位群众工作。加强妇女委员会、妇女工作委员会自身建设，建立和完善学习培训、工作会议、人才培养和推荐、评比表彰等工作制度。

二、工作任务

宣传、贯彻党的路线、方针、政策。教育、引导妇女发扬自尊、自信、自立、自强精神，提高思想道德素质、科学文化素质和健康素质，成为有理想、有道德、有文化、有纪律的时代新女性。开展"巾帼建功""五好文明家庭创建"和"女性素质工程"活动，组织培训、交流和研讨等活动，提高妇女的理论素养、知识水平和工作技能，弘扬社会公德、职业道德和家庭美德。推动并参与有关妇女发展政策的制定和落实，向有关部门反映妇女的意见、建议和要求，代表妇女发挥民主参与、民主管理、民主监督作用。宣传、表彰妇女先进典型，建立妇女人才信息库，定期向有关部门和上级妇女联合会推荐妇女人才，推动妇女人才成长。20世纪70年代，木洞镇组织开展"妇女三八"红旗手活动，评选出村居先进代表56名，好媳妇66名。20世纪80年代，开展妇女种植养殖业能手活动，评出180名养蚕能手、200名养猪能手、150名种植能手等活动。90年代开展尊老爱幼孝敬公婆活动，评选出好媳妇30名，好公婆30名。2000年至2011年，妇女工作在不同时期和年份，分别开展了对妇女进行理想教育，争做新女性，"巾帼建功""五好文明家庭""妇女技能培训""三八红旗手"等活动，为党分忧解难起到了积极的主动作用。

2000年至2011年，木洞镇妇联组织，还主动开展宣传社会主义新道德、新风尚，关心少年儿童健康成长以及妇幼保健等工作，并配合党的各项中心工作，动员妇女参加各项政治运动和生产活动。同时，宣传教育妇女树立自尊、自爱、自敬、自强精神，争创政治思想生产工作好、家庭和睦尊敬老人好、教育子女计划生育好、移风易俗富裕文明好、邻里团结文明礼貌好，即"五好"家庭。举办了法律培训班，女性维权知识有奖竞答，科普和健康知识讲座。社区妇联以女性健康为中心，以妇科病预防为导向，倡导科学、文明、健康的生活方式，开展义诊，计生妇检，每年2次查孕查环，为1000余名妇女开展了常见病的免费检查，受到广大群众的欢迎和好评。

三、组织机构

1950年3月，木洞设妇女干部，由吴学群、唐田涛负责日常工作。1951年3月，雷远群、刘国华、杨光辉任木洞区公所妇女干部，组织开展妇女工作。

1953年8月，木洞区公所成立妇女委员会，各乡（公社）妇女委员会也相继成立，设主任1人，委员3~5人。各村、居委会设妇女主任1人。

表2-65

1953年8月—1993年12月木洞区妇女委员会主任任职时间

姓名	任职时间	姓名	任职时间
杨光辉	1953年8月—1957年2月	李维秀	1975年9月—1979年6月
罗世碧	1957年3月—1971年9月	刘清学	1979年7月—1993年12月
秦玉美	1971年10月—1975年3月	—	—

1993年12月，撤区并乡。1994年1月建立木洞镇后，木洞镇妇女主任任职情况见下表：

表2-66

1994年1月—2011年12月木洞镇妇女委员会主任任职时间

姓名	任职时间	姓名	任职时间
刘清学	1994年1月—1997年12月	何文娟	2006年12月—2007年12月
田忠美	1998年1月—2003年12月	胡　娟	2008年1月—2011年12月
刘红霞	2004年8月—2006年3月	—	—

第五节　科　协

1983年3月，巴县木洞区公所成立科学技术协会。随后，木洞乡在1983年4月成立、长坪乡在1983年4月成立、栋青乡在1983年5月成立、水口乡在1983年6月成立。科协成立后，其主要工作任务是在农村推广和应用先进的农业科学技术，加强农业生产，提高农村粮食产量。1983年，为提高水稻产量，巴县科委、科普协会组织木洞区科协在农村推广了"南特2号""矮优""汕优2号"等优良品种。种植技术方面，推广了水稻温室两段育秧栽培技术，玉米肥团育苗技术，红薯高温蓄藏窖技术，以及小麦的先进品种"雅安早""阿波""绵阳11号""巴麦18"等。撤区并乡建镇前，木洞地区的科协组织机构由各乡（镇）分管农业的领导任协会秘书长，农技站站长和协会成员任副秘书长和理事，协会会员由农技站、林业站、蚕桑站、多种经营办组成。村级协会由经营管理站站长、农业合作社种植技术能手、养殖大户等组成。1993年撤区并乡建镇，1994年1月至2002年3月，科协机构设置在木洞镇农业服务中心。2003年4月至2011年12月，木洞镇科协划入经济发展办公室。

第五章 政法 武装

木洞镇的公安、司法、法庭和人民武装部门,在中国共产党的领导下忠于职守、依法行使职能职责,开展法制教育,调解处理各种纠纷,维护社会治安尽职尽责,惩治犯罪,使木洞镇社会稳定和谐,经济持续、有序发展。

第一节 公 安

一、机构沿革

1950年2月,巴县人民政府公安局成立,下设木洞镇派出所。

1967年1月,"文化大革命"时期,巴县公安局被造反派夺权,于1968年2月8日成立巴县公检法军事管制委员会,下设政工办事组、侦破组、审批组,取代了公安、检察、法院的职能。

1972年2月,巴县公检法军事管制委员会撤销,恢复巴县公安局,同时恢复了木洞镇派出所。木洞区派出所管辖区域包括原木洞区下辖的长坪乡、栋青乡、麻柳乡、双河口乡、丰盛乡、水口乡等13个乡镇,面积约385平方千米,人口11万人。

1994年6月6日,木洞镇派出所更名为木洞派出所;同日,成立青山派出所,管辖原木洞镇派出所的青山辖区;6月9日,成立丰盛派出所,管辖原木洞镇派出所的丰盛辖区;6月14日,成立双河口派出所,管辖原木洞镇派出所的双河口辖区。

1995年3月1日,重庆市公安局决定撤销巴县公安局,成立重庆市公安局巴南区分局,木洞派出所隶属巴南区分局。

1998年10月13日,青山派出所、双河口派出所并入木洞派出所,辖区面积约180平方千米,常住人口6.08万人。

2001年9月17日,恢复双河口派出所,木洞派出所原辖区双河口镇划归双河口派出所管辖。木洞派出所管辖区域为木洞镇,辖区面积104.3平方千米,常住人口4.6万人。

2011年2月11日,撤销丰盛派出所,原管辖范围交由木洞派出所管辖;木洞派出所管辖区域为木洞镇和丰盛镇,其中行政村25个,社区4个,辖区面积173.3平方千米,常住人口64274人。

二、履行职能

1950年2月,成立木洞镇公所,下设治安组,负责管理社会秩序及治安工作。

1982年4月22日，木洞镇派出所组建了治安联防队，组织发动群众，加强城乡治安，建立联防执勤队，日夜巡逻街巷，协助干警整顿社会秩序，落实综合治理措施。至1994年，木洞派出所成立后，开始大力整顿社会秩序，禁烟毒、赌博、嫖娼，开展"四防"工作，维护治安，管理户籍与城镇消防，同时代管陆上交通治安工作。2010年，木洞镇成立社会治安综合治理委员会，由6人组成，其中临聘人员4人。2011年，设立校园警务室。

2010年以来，随着社会不断进步，经济迅猛发展，公安部门全力维护辖区政治社会稳定，坚持"打防结合，以防为主"的工作方针，同时按照各级党委、政府的"发现得早，控制得住，处置得好"的要求，做到预防和打击各类治安案件和刑事犯罪。2011年木洞派出所共立刑事案件271件，与2010年的213件相比，上升27.23%；可防性案件271件，与2010年的264件相比，上升2.65%；八类刑事犯罪案件28件，与2010年的379件相比，下降47.17%；2011年破获刑事案件177件，破案率65.31%。案件侦破共打击处理45人，其中逮捕35人（包括逃犯16人），直诉7人，劳动教养3人。至2011年12月，木洞派出所有民警10人（含专职校警1人），文职5人，交巡警16人，协勤18人。

三、派出所历任负责人

（一）1952—1993年木洞镇派出所历任负责人

1950年2月，巴县人民政府公安局成立。1952年11月，木洞镇派出所成立。1952年11月18日，巴县公安局任命廖国云任木洞镇派出所副所长。1954年9月21日，任命闫正国任木洞镇派出所所长。1956年1月12日，任命潘世国任木洞镇派出所副所长。1956年4月20日，任命赵远登任木洞镇派出所所长。1956年8月1日，任命冯廷枢任木洞镇派出所副所长。1957年12月，任命梁伯昌任木洞镇派出所副所长。1960年5月13日，任命梁忠臣任木洞镇派出所所长。1970年1月，任命江国成任木洞镇派出所副所长。1983年1月27日，任命邓树明任木洞镇派出所所长，潘兴全任副指导员。1985年12月25日，任命余树林任木洞镇派出所副所长。1986年11月1日，任命潘兴全任木洞镇派出所指导员。1990年3月4日，任命廖云建担任木洞镇派出所副所长。1993年3月23日，任命余树林任木洞镇派出所所长，熊兴木任副所长。

（二）1994—2011年木洞派出所历任负责人

1994年6月6日，木洞镇派出所更名为木洞派出所。1995年3月1日，撤销巴县公安局，成立重庆市公安局巴南区分局。1998年10月19日，巴南区分局任命杨文明任木洞派出所副所长，潘兴全担任的指导员改为教导员。1999年12月17日，任命余树林任木洞派出所教导员，陈仕林任副所长。2000年7月3日，任命张理国任木洞派出所所长，张庆华任副教导员。2001年5月11日，任命张庆华任木洞派出所教导员。2004年12月27日，任命彭江荣任木洞派出所副所长。2005年11月8日，任命晏泽伟任木洞派出所副所长。2007年2月6日，任命彭江荣担任木洞派出所所长。2010年5月22日，任命黎亮任木洞派出所所长，李志安任副所长。2010年6月13日，巴南区分局惠民派出所所长张思涛交流任木洞派出所所长，木洞派出所所长黎亮交流任安澜派出所所长。2011年9月10日，任命刘煦任木洞派出所副所长。

表 2-67

1954—2011 年木洞派出所所长任职时间

姓名	性别	职务	任职时间
闫正国	男	所长	1954 年 9 月—1960 年 5 月
赵远登	男	所长	1956 年 4 月—1964 年 3 月
梁忠臣	男	所长	1964 年 4 月—1983 年 1 月
邓树明	男	所长	1983 年 1 月—1986 年 11 月
余树林	男	所长	1993 年 3 月—1999 年 12 月
张理国	男	所长	2000 年 7 月—2007 年 2 月
彭江荣	男	所长	2007 年 2 月—2010 年 5 月
黎 亮	男	所长	2010 年 5 月—2010 年 6 月
张思涛	男	所长	2010 年 6 月—2012 年 9 月

第二节 人民法庭

一、机构沿革

1956 年 10 月，经江津地区中级人民法院批准，成立木洞人民法庭。1956 年 10 月至 1975 年 1 月，木洞人民法庭管辖木洞区、长生区、姜家区。1960 年 10 月，由接龙法庭管理辖区内 18 个乡、1 个镇的民事、经济、刑事及自诉刑事案件。1986 年至 2011 年 12 月，木洞人民法庭管辖木洞镇、长坪、麻柳、丰盛、清溪、羊鹿、马家、仰山、栋青、天池、双河乡的民事、经济、刑事及自诉刑事案件。

木洞人民法庭成立初期，无办公地点，借用木洞区公所一间房屋办公。1990 年 10 月，在今木洞镇大巷子 86 号开工建设木洞人民法庭办公楼，房屋采用砖混结构，三楼一底，内设审判庭 1 间，会议室 1 间，宿舍 3 套，以及办公室、接待室若干，于 1991 年 2 月 1 日竣工并投入使用。2009 年 6 月，在今木洞镇沧白街 112 号开工建设木洞人民法庭综合楼，建筑面积 634.8 平方米，总投资 100.4 万元，于 2010 年 8 月竣工，2011 年 1 月 10 日正式搬迁新址办公。

二、履行职能

建庭之初，受理的民事案件中以婚姻、债务纠纷较多。1981 年后，随着经济改革和《婚姻法》的贯彻实施，争田、争水、争牛、房屋、赔偿、赡养、继承、离婚、打架斗殴等民事纠纷成为新的案发特点。1984 年，随着农村联产承包责任制、城市经济体制改革的健全和深入，公民和法人之间的人身关系、财产关系也产生了新的矛盾，农村土地、山林、水利等生产资料纠纷大量增加，城乡因房屋租赁、买卖和宅基地使用等引起的纠纷增多，在婚姻关系上，年轻人草率结婚、草率离婚和第三者插足的现象层出不穷，使民事纠纷案件呈大幅上升趋势。

1986年4月26日，第六届全国人民代表大会第四次会议通过《中华人民共和国民法通则》，法律调整的平等主体之财产关系和人身关系越来越多，受理民事案件的范围也更加扩大。

三、历任负责人

1956年至1985年12月，木洞人民法庭历任负责人依次为钟永安、吴介甫、骆开明。1986年至2011年12月，依次为刘长寿、李荣华、周舟、钟宇斌、冉卫东、刘建伟。

第三节 司法行政

一、司法所

1990年7月10日，在中国共产党的领导下，成立了重庆市巴县木洞区司法所，魏白勤任所长。主要负责木洞区辖木洞镇、木洞、长坪、仰山、栋青乡司法行政和调解工作。1992年，司法职能下放木洞镇，木洞镇政府设立职能部门木洞镇司法所。2008年5月，司法职能收回巴南区司法局，成立重庆市巴南区司法局木洞镇司法所。

木洞镇司法所成立以来，主要履行的司法工作职能职责有：一是组织开展法制宣传教育，指导管理基层法律服务，指导管理人民调解工作，参与调解疑难、复杂民间纠纷，协助基层政府处理社会矛盾纠纷；二是承担社区矫正日常工作，组织开展对社区服刑人员的管理、教育和帮助，协调有关部门和单位开展对刑释解教人员的安置帮教工作；三是承担法律援助站的日常管理工作，组织开展基层依法治理工作，为镇人民政府依法行政、依法管理提供法律意见和建议；四是参与社会治安综合治理，维护社会稳定，保证木洞镇社会、经济、文化和其他各项事业的持续、有序发展。

1990年7月至1992年8月，魏白勤任木洞镇司法所所长。1992年8月至2002年2月，陈尚生任木洞镇司法所所长。2002年2月至2011年12月，叶烽任木洞镇司法所所长。

二、调解委员会

1952年，建乡时设立了乡调解委员会。1956年，大队或生产队成立调解小组。1958年，各公社调解委员会改为"调处委员会"，有调处轻微刑事案件的职能。"文革"中，调解组织一度瘫痪。1972年，恢复公社调解委员会，生产大队成立分会。1983年，根据《中华人民共和国宪法》第111条，关于调解委员会是村民委员会的下设组织的规定，对调解委员会进行了调整，村级设立调解委员会，生产队设调解小组或调解员，乡调解委员会撤销，于1984年改设司法助理员负责调解工作。1994年1月，木洞镇建立后，设镇调解委员会，与木洞镇司法所合署办公，司法人员兼任调解工作。村居调解委员会机构不变，2005年后，全镇有村调解委员会14个，居委会调解委员会3个。

调解委员会是基层群众性的自治组织，以调解民间纠纷为主要任务，调解时须按程序和原则进行。

调解程序：受理案件，进行登记，倾听当事人意见，调查纠纷起因和事实，以说服教育促进当事双方和解，制作调解协议书，促使双方依照协议条文履行，对达成协议进行回访，巩固调解效果，建立调解档案。

调解原则："依法、自愿、起诉"三原则，遵守法律原则调解，取消当事人双方同意，不得强行调解，不得因为调解不成而阻止当事人起诉。

1994年建制调整至2011年，全镇每年调解民间纠纷在300件左右，调解成功率达98.5%。通过调解，就近就地化解了大量的民间纠纷，对群众进行了法制宣传和社会主义道德教育，推动了地区社会治安综合治理和精神文明建设。

第四节 社会治安

一、机构沿革

中华人民共和国成立以来，木洞镇的社会治安工作主要由木洞派出所负责，在负责社会治安工作，维护社会治安秩序，兼管社会综合治理工作职责。2002年，在中国共产党领导下，由巴南区政法委对全区建立镇街综合治理办公室，由此，建立了木洞镇综合治理办公室。

二、工作职能

木洞镇综合治理办公室加强社会综合治安工作，并将社会治安综合治理工作提到重要日程，以责任书形式落实到各村、社区、机关部门、单位、学校、企业以及店堂门市业主，并由村（居）行政负责人与镇人民政府镇长签订《社会治安综合治理工作协议》。同时，建立了由12人组成的义务巡逻队伍，健全治安防范网络，对刑释解教人员的安置帮教工作，实行帮教责任制。2003年至2011年，木洞镇创建5个区级民主法制示范村。2005年，杨家洞村成功创建为市级法制示范村。

三、历届负责人

2002年3月至2009年3月，封洪波任木洞镇社会综合治安办公室主任，工作人员7人。2009年3月至2011年7月，李汝胜任木洞镇社会综合治安办公室主任，工作人员9人。2011年7月至2011年12月，余家兴任木洞镇社会综合治安办公室主任，工作人员8人。

第五节 基层人民武装部

一、征兵

中华人民共和国成立后，国家实行义务兵役制，每年征兵一次，凡年满18周岁至21周岁青年自愿报名，严格体检，再作政治审查，合格者方能应征入伍。20世纪80年代起，征兵要求提高，具有初中及以上文化程度的农村青年和高中及以上文化程度的城镇青年，方可报名。新中国成立初至木洞撤区并乡建镇前，因历年入伍资料缺失，尚无具体统计数据。1994年撤区并乡建镇后至2011年，木洞镇共应征入伍500余人。

集体化生产时期，军人家属享受相当于一个全劳动力劳动量的军属补助工分。土地包产到户后，享受军属补助金，年底在乡政府领取。每年八一建军节，学校组织师生到军烈属家中帮助挑水、担柴、扫地等；乡政府组织军烈属、退伍军人代表，集中慰问、聚餐。春节前夕，由各村组织敲锣打鼓等民间方式，为军烈属送对联、日历、年画等年货。

20世纪50年代至70年代初，士兵复员，多由政府劳动人事部门安排工作。至2011年底，木洞镇有历年复员退伍军人近1000人。

二、民兵

1958年，中共中央提出以民兵组织形式实行全民皆兵，大办民兵师。木洞区公所下属木洞镇、木洞、长坪、栋青、水口乡根据上级指示，将16~50岁政治可靠、身体健康的男女公民，编入民兵组织，编制成团、连、排、班。其中16~30岁的男性公民为基干民兵，实行组织军事化、行动战斗化、管理民主化。1961年，木洞区公所成立人民武装部。木洞镇、木洞、长坪、栋青、水口乡相继成立人民武装部，设武装部长1人，负责全乡的民兵工作。

1961年6月19日，毛泽东发出民兵工作"组织落实、政治落实、军事落实"的指示，此后，每年都对民兵组织进行一次整顿。同年冬，全乡基干民兵开展了冬季军事训练及实弹打靶射击，培养军事素质。

1994年起，木洞镇民兵预备役工作转入常态化，在各级党委、政府领导下，通过宣传、发动、报名、目测、送检，以及严格政治审查后，组建和调整民兵队伍。至2011年底，木洞镇有基干民兵834人，660人民兵应急营1个、500人森林防火分队1个、600人步兵分队1个。

三、历任武装部部长

1950年，侯志中、方志强、安玉祥、孙鲜明先后任木洞区公所武装部部长，张建辉、徐平义先后任木洞区公所武装部副部长。70年代至90年代初，蒋治明任木洞区公所部长。

1994年撤区并乡建镇后，木洞镇人民武装部进行了建制调整。1992年12月至2000年2月，李新志任木洞镇人民武装部部长。2000年2月至2001年7月，白合平任木洞镇人民武装部部长。2001年8月至2006年12月，蒋斌任木洞镇人民武装部部长。2007年1月至2007年12月，杨松任木洞镇人民武装部部长。2008年1月至2011年10月，周循任木洞镇人民武装部部长。2011年11月至12月，唐智任木洞镇人民武装部部长。

第六节 解放木洞

一、解放木洞

木洞得到解放，是革命先烈们用生命换来的，在解放木洞时，有一批英名牺牲，他们永存在我们心中。

1949年11月7日,中国人民解放军第二野战军第三兵团第12军军长王近山率领全军打前锋,曾绍山军长率领第11军和曹里槐军长率领第47军配合,攻打秀山,突破宋希濂的"川湘防线",于11月23日,击溃罗广文的"南川防线"后,火速向重庆进军。第11军第32师经南川大观音桥和巴县的清和、双胜,木洞的栋青、迎龙,攻占了重庆南岸的大兴场、汪山、黄山等地,直逼海棠溪。第47军则从南川进入木洞境界,在木洞的长坪山激战一天,歼灭罗广文一个团,11月27日,尤贵成、朱振华、李大发随先遣队分两路追击负隅顽抗的国民党残匪。龙贵成随一路由东泉向木洞追击,化装成国民党的溃军潜入到焦家沟老百姓家中,狙击敌人,在显应岩与罗广文部队交火,龙贵成冲锋在前,不幸牺牲,当地群众和战士们含泪将他埋在牺牲的地方。一位骑着高头大马的解放军军官从巴县五布场急驰而来,当行至木洞镇栋青村汪家坪赖子石坝时,不幸被流弹击中。朱振华、李大发随另一路军从丰盛经马家向木洞追击敌人。战斗从长延坪墙院、官斗山,一直打到上青岗坪。在上青岗坪的战斗中,朱振华、李大发壮烈牺牲,被群众和战士们含泪埋在上青岗坪。

当天下午4时左右,解放军进入木洞场镇,受到木洞工商界和人民群众的热烈欢迎,木洞获得解放。

二、木洞剿匪

1950年3月15日,巴县成立了剿匪指挥部,木洞地区为中队,中队由区长邢厚安任指挥和队长,警卫营营长吴安良和区委书记杜绍洲任副指挥,李启安任副区队长,共200多人。

木洞中队与土匪进行了几次规模较大的战斗,主要是:

第一次是打通长江航线。3月中旬的一天早饭后,区中队7位队员去第五保(即现在的桃花岛)进行工作。行至岛的中部,突闻机枪、步枪声密集,同时伴有轮机、汽笛声,以及来自江北岸边的呼救声。这时,得知岛上积极分子的报告,以杨荣坤为首的200名土匪,企图抢劫从江北县洛碛到重庆的专轮"飞骏号",中队人员撤回区中队后,与大部人员配合,到木洞长石梁高处眺望,此时,木洞江岸停靠有民生、强华等公司的客货轮和数十艘木船,木洞江面被下水船停靠江岸边已满,长江因此断航。这时,解放军大部队赶到,沿江急行军,土匪哨位发现大部队追来,急分各路四处逃走,由此,木洞段长江航线复航。

第二次是保卫木洞战斗。1950年2至3月,是土匪最猖獗的时期,土匪从涪陵穿入羊鹿垭口,进攻木洞,此时,区中队员刘国华(女)在羊鹿口宣传征粮和侦察工作,被土匪捉到羊鹿垭口严刑拷打致左腿打断残废。还有一位在3月25日上午,3000多土匪向木洞发起进攻,木洞剿匪中队展开了一场异常激烈的木洞保卫战时。中队的一个班与蜂拥而来的土匪在三峭湾发生3个多小时的激烈战斗。停火后,王会勋去给附近一位被土匪抢劫一空而饿得哭叫的老乡的女儿送饭,返回途中遭遇土匪开枪射击,不幸牺牲,群众和战士们把他安葬在三峭湾。

土匪分三路向木洞进攻,然后会合,企图集中火力打下木洞区政府,占领木洞街五段，再攻打重庆城，木洞镇的存亡关系着重庆市区的安危。县委书记赵孝庭和区中队长邢厚安现场指挥督战，由杨凤坤、李启安亲自负责在区委驻地周围筑起了数个沙堆，并安上不同方位地雷，还备有手榴弹，在木洞镇周围、中心校门的东南路口树上吊了"八二"追击炮弹3枚，石堡街、八洞桥、米市口等七八处要道，都设有地雷和空中吊的炮弹，然后，召集木洞镇的乡、保、甲人员开会，做好防范和地雷、炮弹的安放地点不得乱动，并带领与会人员参观了设防现场，对来犯的3000多土匪，决定实施武力镇压和政治瓦解并举的策略。先政策攻心，广泛宣传党的方针政策，同时，采取各个击破的战术，首先切断各股匪徒的联系，对左路匪军周汉臣以阻击瓦解，对右路匪军邱正邦选择适当地点，集中优势兵力痛击，并阻止其与中路军联成一气，而对较强的中路匪军康海清，实行重点火力袭击与分段截击的战术打掉嚣张气焰。将地方反动武装中的强悍者、土匪参谋余某二人抓获就地处决。先后围歼了几个首恶，瓦解了2000多胁从者，扫除了在木洞镇外围的散匪，同时削弱了匪军可能裹胁的力量。

第三次是捣毁丰盛匪巢。在指挥部的部署下，川东军区警卫营由吴安良营长率李、颜两位连长的两个连解放军在木洞剿匪，加上新建的区中队、地方干部（又名武装工作队），共有400余人的队伍，准备消灭木洞区最大的一股号称有3000兵马的康海清匪部。出发时，只整队不做动员报告（防泄密），不通知出击地点。由向导领解放军为先头部队，区中队居中，武工队随后。先上长坪山，然后转向五布方向，迂回直下楼房桥，再转回丰盛方向。这时，大家才知道要攻打丰盛土匪。行至八角庙，捉获土匪前哨。天将拂晓，解放军急行军直抵丰盛场山脚，稍停整队，拉开横队猛冲山顶。这时，土匪方才发觉，一时间枪炮声大作。解放军边冲边射击，不到半小时便攻进场内，康海清等土匪从梦中惊起急向涪陵、南川方向溃逃。一小时后，枪炮声逐步外移。由杜绍州率领的五人，直抵乡政府，见厚重的大门紧闭，叫门无人应声，杜绍州下令用榴弹枪射入大院，大门突开，两名土匪冲出。通讯员老赵用冲锋枪扫射，将一名匪徒击毙街心，另一名向转角处逃匿，跟来的队员向各条街道的群众鸣锣通告"土匪已被击溃，请群众开门营业"，并宣传三大纪律八项注意和党的政策。

在整个剿匪过程中，对盘踞在木洞、丰盛一带的土匪进行了五次围剿，共打死土匪50多人，活捉50余人，缴获步枪20余支、手枪2支，缴获了各种土枪2000多支，炸药2500千克，炮弹100多枚。约有1万多名曾被裹胁的农民表示洗手不干，改邪归正。将匪首杨荣坤、邱正邦镇压，周汉臣与陈伯英潜逃他乡，后被陆续抓捕，予以枪决。惯匪头目康海清被迫到区政府假投诚，但被宽大回去后又继续作乱。当时由川东军区派来了侦察排，排长周金山带队侦察。区里吸收了地方上的积极分子蔡庆文、蔡仲常、王汝霖等10余人组成一个精悍的小侦察班，配合解放军战斗。我军发扬艰苦奋斗、不怕牺牲、连续作战的革命精神，乘胜挺进。首先包围其老巢梅子沟、控制周围的制高点与通道后，一面对匪军喊话，一面又用枪炮轰击，很快攻下匪巢，穷追猛打康海清，解放军乘胜追击了10多里，才活捉住康海清，押到区公所审讯后枪决。

经过几个月的激战，我军伤亡7人（解放军3人），剿除匪患后，木洞彻底解放。

三、永留英名

为纪念在解放木洞战争中牺牲的烈士，木洞镇人民修建了几处烈士墓。

一是下青岗坪烈士墓群，位于巴南区木洞镇东南约2千米处保安村一社下青岗坪。1974年，木洞公社在下青岗坪为解放木洞牺牲的烈士修建烈士墓，4位烈士的骨骸被移到烈士陵园，合葬为两个坟。陵墓下长眠有尤贵成、朱振华、李大发、王会勋4位先烈，前3位在解放木洞的战斗中牺牲，后1位在剿除匪患保卫木洞的战斗中牺牲。墓向120度，为四人合葬墓；占地面积约51平方米。墓冢宽4米、长4.5米、高2.1米。前有平台10余平方米，外围有青砂石栏杆。墓冢左右用规整青砂石错逢围砌，正面以方形瓷砖贴面。顶部呈弧形，中部镶嵌两块黑色大理石墓碑。上镌刻有烈士姓名。碑高100厘米，宽60厘米，墓碑上刻有1949年11月解放木洞战斗中牺牲的朱振华、尤贵成、李大发和1950年3月剿匪牺牲的王会勋四位烈士的名字。

下青岗坪烈士墓于2002年公布为"巴南区青少爱国主义教育基地"。

二是栋青村一社烈士墓，1949年11月29日，一位骑着高头大马的解放军军官从巴县五布场急驰而来，当行至木洞镇栋青村汪家坪赖子石坝时，不幸被流弹击中。死亡后葬于木洞镇栋青场猪市坝。墓向40度，墓宽2.3米，长4.5米，高1.7米，占地面积约30平方米。用砂岩条石砌筑而成。立面顶部呈弧形，中部嵌入长方形石碑，碑高1.38米，宽0.52米，厚0.1米。碑记有"中国人民解放军烈士之墓"，墓主人姓名没有记载。当地人陈家明介绍此地埋葬的是一名解放军团级干部，是解放战争中牺牲的烈士之一。

三是栋青村汪家坪烈士墓，1949年11月21日下午，在巴南区五布场激战后，一行解放军战士抬着一个腿部受伤的伤员来到现巴南区木洞镇栋青村汪家坪陈家塆，受伤战士名叫聂荣琼，老家是湖北省人，时任团部文书。由于战争原因只好将不能行走的聂荣琼寄托在陈海山家里养伤，虽然经过陈海山一家人长达一周的精心安排治疗，但聂荣琼伤势严重恶化，于当年农历十月初九的上午死亡，年仅19岁。

去世后，陈海山一家人将聂荣琼烈士葬于青山碧绿的高山上，为纪念他，用自家仅有的在晒谷场上用的农具"掏括"作为墓碑，上面写着："聂荣琼烈士永垂不朽，生于1930年1月25日，卒于1949年11月29日，终年19岁。"

第三篇　经　济

中华人民共和国成立以来，木洞镇的经济经历了新生经济的初始发展，但随后在"高指标、瞎指挥"与"文革"时期的瘫痪经济的严重影响下，木洞镇经济发展停滞不前在粉碎"四人帮"后，木洞镇的经济逐步恢复发展。特别是中共中央十一届三中全会和六中全会决议后，木洞镇贯彻执行党的路线、方针、政策，坚持以经济建设为中心，坚持改革开放，积极稳妥地推行了一系列改革措施，在农村推行家庭联产承包责任制，调动农民种粮积极性，木洞经济得到快速发展。

第一章　农业经济

木洞镇的农业经济从新中国成立以来，经历了减租退押到社会主义改造，进入初级社至人民公社、"大跃进"和"文化大革命"，使经济建设停滞不前。党的十一届三中全会，对过去错误思想进行拨乱反正，人们的种粮积极热情高涨，显现出很多种粮能手，农户粮食得到大幅度增长，从根本上解决了食粮问题，多种经济得到发展，工业、企业异军突起，商业贸易活跃，城乡人民生活大大改善，人民精神面貌喜气洋洋。

第一节　农业经济发展历程

木洞镇农业经济发展历程，经历了三个时期：新生经济的初始发展时期、高指标、瞎指挥与"文化大革命"期间的瘫痪时期，调整农业结构发展时期。在经济发展中经历了四个阶段：社会主义改造阶段、建设阶段、国民经济实行"调整、巩固、充实、提高"阶段，实行土地自主经营和全面改革开放阶段。

2000年，开始免交提留，2004年开始全面免交农业税，2006年以后政府发给种粮户每亩245元的种粮直补金贴。

一、农业经济三个时期

中华人民共和国成立以来，木洞镇的经济发展大致经历了三个时期是：

一是新生经济的初始发展时期。1949年11月27日，中国人民解放军进入木洞，结束了国民党的反动统治。1950年至1957年，木洞镇全面完成减租退押、土地改革，彻底取消了上千年来施行的地主所有的土地权属制度，无地或少地的农民分得土地等生产资料，解放了生产力，农业经济获得新生，农民生产积极性得到提高，同时建立初、高级农业生产合作社，开始走合作化道路。这一时期的政策稳定，农业生产发展正常，新生经济焕发出旺盛的生命活力，木洞经济得到健康发展。

二是"高指标、瞎指挥"与"文革"时期的瘫痪经济。1958年，在全国"大跃进"形势的影响下，木洞镇出现了"高指标、瞎指挥、浮夸风、共产风"。1959年至1961年，遭受严重自然灾害，经济有所下滑。1964年，木洞贯彻执行中共中央对国民经济实行"调整、巩固、充实、提高"的方针，制止了"一平二调""共产风"和"左"倾错误，经济开始扭转。1966年5月至1976年10月的"文化大革命"，木洞镇经济开始下滑，单位企事业厂矿瘫痪。1969年，木洞镇贯彻中共中央开办包括小钢铁、小煤炭、小化肥、小水泥、小水电的"五小"工业，先后发展了一批"五小"企业，由于"文化大革命"的影响，木洞的经济效益仍不明显，整个经济趋于低水平状态。

三是调整农业结构发展时期。1976年10月，粉碎"四人帮"后，木洞镇的经济逐步恢复发展。中共十一届三中全会和六中全会决议后，木洞镇贯彻执行党的路线、方针、政策，坚持以经济建设为中心，坚持改革开放，积极稳妥地推行了一系列改革措施。在决不放松粮食生产的前提下，建立了以乡镇企业为主体，多种经营和城镇工业为两翼的发展模式。同时，在农村推行家庭联产承包责任制，调动农民种粮积极性，木洞经济得到快速发展。此后，积极推行社会主义市场经济，调整农业生产结构，实行土地流转，发展现代农业。在工业、商贸企业中，发展非公有制经济，调动民众积极性，使木洞经济得以健康可持续发展。

从地理位置，木洞镇是以水而兴的舟水码头经济，带动以农业为主体，工商财政、城镇建设和乡镇企业协调发展。地处黄金水道长江边的木洞镇，舟船云集，通江达海。唐代即有"水国舟中市"之说，明代有"川东名港"之美誉，清代和民国更是百舸争流，仅桐油运输出口量就达1000吨以上，占四川出口总量的25%，重庆海关也派船来此验关。中华人民共和国成立后，木洞设有4个码头、7个泊位、两条连接码头的下河公路。1972年至1981年间，年客运出口量13.9万人次，货物吞吐量12.6万吨，有力地推动了木洞经济的发展。木洞系三峡库区，20世纪90年代开始，随着国家移民安置政策的逐步实施，促进了木洞的经济发展，至2011年，木洞镇农业生产总产值达21703.1万元，比扩建镇制初的2001年增长338.89%；农民人均纯收入7757元，比2001年的2605元，增长

275.64%；工业总产值79555万元，比2001年增长12倍；社会消费品零售总额14900万元，比2001年增长306.02%；财政收入556万元，比2001年增长154.35%。

三峡工程上马后，木洞作为库区，迎来了新的发展机遇。木洞镇农工经贸的协调发展，促进了城镇建设，20世纪80年代至2011年底，总计投入各类建设资金约13亿元，新建商住楼142幢，面积24万平方米，主要商贸大街6条，已经基本建成规模初具、设施配套、宜居宜商的政治、经济、文化中心镇。

二、农业经济四个阶段

第一阶段：即1949年至1957年。这八年，是进行了广泛深入的社会主义改造，农民分得土地后，农业合作化又由低级向高级得以逐渐实现，农民劳动生产积极性被调动了起来，粮食产量年年有所增加，农户们都有了养殖、种植及副业收入，市场繁荣，物价稳定，人民生活得到了改善。

第二阶段：即1958年至1962年5月。这个时段定为社会主义建设的"第二个五年计划"时期，（简称"二五"时期），按照国家"二五"计划《建议》报告制定的地区"二五"计划，地区农业总产值增长35%，基本建设投资占全部财政收入的比重由"一五"时期的35%增长到40%左右，基本建设投资总额比"一五"时期增长一倍左右，农民人均增收30%。1961年，木洞镇大春粮食产量降至40%~60%，国家征购粮与1957年相比增至18%，全年人均口粮85千克，农村社会总产值比1957年下降17%，农村人均收入由1957年的110元降至70元。

第三阶段：即1962年至1980年。1961年，中央对国民经济实行"调整、巩固、充实、提高"的方针，以此为指导，"一平二调"得到制止，以高指标、瞎指挥、浮夸风、"共产风"为重要标志的"左"倾错误得到纠正，使一线农村劳动力得到充实，农业生产所需贷款政策有所放宽，贷款额度有所增加，农业生产的粮食及生猪、禽蛋等副业产品的价格有所提高，特别是农民有了少量的自留地，缺菜食的现象基本不存在了，地区性农业经济得到恢复，但又开始了大规模的社会主义教育运动，如"四清运动"。这"四清"运动刚结束，1966年又开始"文化大革命"，地区经济和社会建设停滞不前。在实行高度集中的产品经济，取消农村集贸市场，完全控制人口流动，严重挫伤了农民的生产积极性，使商品交换范围极度狭窄，品种和数量大幅度减少，副食品供应尤为紧张。总体看，这个时期与"二五"时期，农业生产还是有明显的进步，主要是粮食亩产量有所提高，农民一般每人可以分得口粮160~260千克，合作社劳动日值在3~5角左右，也有6个合作社可达5角余。同时，政府还采取了一些救灾救荒扶贫政策，使地区人民的基本生活还是得到一定程度的维持，大力兴修山坪塘、乡村公路，使农业基础设施建设有所改善和加强。

第四阶段：即1978年至2011年。这一时期，实行土地自主经营和全面改革开放，1979年9月，党的十一届四中全会通过了《关于加快农业发展若干问题的决定》，允许农民在国家统一计划指导下，实行土地承包自主经营，对本地区的耕地、荒地和除国有林地外的林地全部承包给农户，让广大农民重新成为土地的主人，有效地调动了农民的生产劳动积极性。为巩固改革成果，1983年中央下发文件，明确指出家庭联产承包制是在党的领导下我国农民的伟大创造，是马列主义理论在我国创新发展。为贯彻实施1991年11月29日中共十三届八中全会通过的《中共中央关于进一步加强农业和农村工作的决定》，木洞区及各乡镇按照上级部署，把以家庭联产承包为主的责任制，统分结合的双层经营体制作为乡村集体经济组织的一项基本制度长期稳定下来，并通过加快土地流转，林权制度改革等措施予以不断充实完整。家庭联产承包责任制作为农村经济体制改革第一步，政府取消农业税和实行种粮、农机直补等一系列惠民政策，土地自主经营以来，使木洞镇经济、社会的方方面面发生了根本变化。1980年后，木洞区各乡（公社）根据其特点，确立了"在绝不放松粮食生产的前提下，建立以乡镇企业为主体，全面发展多种经营"的农业经济发展总体方向。因此，乡镇企业异军突起，先后发展上千个大小不等的企业，建立了茶叶、蚕桑、蘑菇、柑橘、生猪、竹木、鱼等商品化农业基地，其中茶叶1万余亩、蚕桑2万余亩。

第二节　农业经济发展

1949年至1980年，木洞镇农业在经过土地改革、互助组、农业生产合作社、人民公社等一系列生产关系变革同时，大力改善农业基础设施，兴修了小（一）型水库1座、小（二）型水库7座，水面积427亩，引水水渠65千米，山坪塘589口，塘堰库总蓄水量388万立方米，有效灌溉面积15515亩。大力实施农业技术革命，推广杂交水稻、玉米、小麦良种，改进栽培技术，提高了农业生产力，使农业经济有了一定发展。

1981年，推行家庭联产承包责任制，进一步解放了生产力，提高了全镇农民的积极性。1998年，开始第二轮土地承包颁证。2010年9月，开始新一轮土地承包确权颁证，按照《巴南区关于农村土地承包经营权颁证工作的实施方案》，以二调面积为基准，经清查核实后再次确权到户，做到了"证、账、簿、地"四相符，建立电子信息登记簿，确权颁证6031户，土地10091亩，颁证率达99%以上。1998年，开始在松子村1社与淘璃厂以租用方式推行土地流转。2008年，桃花岛全村2300余人的5600余亩耕地、林地等，全部由重庆隆庆公司租用。随后，墙院、海眼、庙垭、杨家洞、栋青、土桥村等分别以转包、出租、互换、转让或者入股方式推行土地流转。到2011年，木洞镇已有4300户共计10000亩土地实行了流转。

木洞农业在实施生产关系变革的同时，还进行了产业结构调整。将全镇农村划为特色农业区、转型农业区和生态旅游观光区三大片区，建立了优质蔬菜基地、油菜种植基地、蚕桑基地、优质种猪基地、草食动物基地、水产基地等，发展现代生态农业。从2007年开始,积极推进现代农业的开发建设工作。到2011年,开发得较好的有杨家洞方泰生态养生观光农业园区、庙垭村水果生态农业园、山水牧歌生态休闲农业示范基地、栋青圣新创意农业基地等。同时,大力发展农业机具。2011年,木洞镇有水稻插秧机14台,农用排灌机械1810台,机动喷雾机14台,稻麦联合收割机1台,割晒机2台,机动脱粒机7530台,谷物烘干机3台;农产品初加工机械3289台,其中柴油机36台,电动机3253台。农业机械的发展,提高农业机械化水平。

通过变革生产关系和结构调整,以及发展农业机具,木洞农林牧副业得到了全面发展。2011年,农业生产总产值21703.1万元,比2001年扩并镇初期时的4945万元增长338.89%;农民人均纯收入7757元,比2001年扩并镇制初期时的2065元增长275.64%。

改革开放30多年来,木洞以农业为主的农工财贸经济得到全面发展,人民收入水平不断提高。扩建镇制后,2001年至2011年,木洞镇人均年纯收入逐年递增,详见下表:

表3-1

2001—2011年木洞镇人均纯收入实绩表

单位:元

年份	人均纯收入	年份	人均纯收入
2001年	2065	2007年	4167.14
2002年	2146	2008年	4900
2003年	2281	2009年	5636
2004年	2530	2010年	6371
2005年	3190	2011年	7757
2006年	3362	—	—

第二章 农 业

木洞镇的耕地面积40491亩,其中田地23007亩,土地17484亩,人均0.93亩;有森林4.8万亩,森林覆盖率30.7%。中华人民共和国成立后,木洞的农业经历了土地改革、互助组、合作社、人民公社和家庭联产承包责任制等一系列的生产关系变革。木洞镇政府通过发展农业机具,农田基本建设,坚持市场导向,调整产业结构,依靠科技进步,发展新型农业,不断开拓创新,解放、提高生产力等农业措施,促进了以水稻、玉米、蔬菜、水果为主的种植业和以生猪、蚕桑为主的养殖业以及林业的发展。

1995年后，继续完善土地承包责任制，深化农村土地经营管理，实施第二轮土地颁证确权，实行退耕还林，林权制度改革，推行土地流转，发展新型农业现代化，木洞农林牧副业有了新的发展。

第一节　种植业

木洞镇的种植业包括粮食作物和经济作物，粮食作物主要有水稻、小麦、玉米、红苕、土豆、高粱及豆类，经济作物主要有蔬菜、水果、蚕桑等。

一、主要粮食作物

木洞镇的粮食作物主要有：水稻、玉米、红苕、小麦等。

水稻是木洞镇主要的粮食品种之一，种植经历有中稻、双季稻、杂交中稻的发展过程。20世纪50年代中期，双季稻试种植成功，大力推广种植双季稻。1962年，木洞镇原木洞乡双季稻面积为120亩、栋青乡120亩、水口乡150亩。1966—1976年，巴县力推双季稻，两季每亩产量达325千克，比一季中稻每亩产量增加81千克。1979年，又提出"主攻中稻"方针，至1980年，木洞镇原各乡开始大规模种植杂交水稻，双季稻逐渐被杂交中稻取代。

1985年，巴县从多年杂交水稻栽培实践中总结出以趋利避害为前提，以早播壮秧为中心，规范化综合高产栽培技术，以农业机械为主的收割方式，在木洞镇各乡广泛应用。至2011年底，这种模式化、规范化综合高产栽培技术不断探索，随着水稻技术的变革、优良品种的引进，新的农业科学技术得到全面推广。

玉米是木洞镇主要的粮食品种之一，主要有黄马牙、白马牙、团籽苞谷、纽子泥马苞谷、爆籽苞谷、糯苞谷等地方品种。20世纪50年代初，巴县培育中间型地方良种"二方齿"成功后，在木洞镇原各乡推广应用。80年代，逐步形成趋利避害、稳产高产的配套栽种技术，采用三坚持，即坚持用杂交一代种，坚持育苗移栽，坚持人工授粉；同时结合运用五大技术：深耕整地，适时播种，合理密植，五次施肥，防治病虫鸟兽灾害。90年代至2011年，玉米以肥团苗、地膜育苗为主，提倡早育早栽，提早抽穗扬花期，躲过伏旱，提早成熟。

红苕是木洞镇主要的粮食作物之一。中华人民共和国成立前，木洞的红苕主要有乌尖苕、白花苕、地瓜苕、红心苕、南瑞苕等地方品种。1980年，木洞地区推广高温窖催芽露地瘢种育苗，出苗可提早11天，早栽半月，每亩节约苕种25～30千克，产量增加25.7%。红苕种以高温大屋窖蓄藏为主，种植上以传统的掏厢式播种，一直沿用到2011年。

小麦是木洞镇四大粮食作物之一。20世纪60年代，引进推广外地良种，由于引种不对路，加之受"文化大革命"的影响，每亩产量不足100千克。党的十一届三中全会后，强调大面积均衡增产，一批大面积高产典型出现，每亩产量达到212千克。90年代后，以稳定种植面积，提高亩产为重点，小麦生产有了大的发展，每亩产量340千克。这种耕作方式一直沿用至2011年。

粮食面积： 从1949初，打倒土豪分田地，在地主手里分给贫苦农民，由初级社转入到集体统一生产，70年代开始对荒山荒地进行改造，土地面积逐年有所增加。1980年，木洞镇有蔬菜地756亩，木洞乡有粮食种植面积13895亩，长坪有10125亩。1993年，撤区并乡建镇后，木洞地区粮食种植面积扩大，由木洞镇、木洞乡、长坪乡合并后增加到24776亩。2001年7月，青山并入木洞镇，粮食种植面积扩大到121727亩。从2004年开始，木洞镇粮食种植面积逐年减少，对农村土地实行退耕还林，土地流转，发展新农村建设，到2011年，木洞镇粮食种植面积为65034亩。

粮食产量： 中华人民共和国成立前，木洞镇种植农作物以传统的耕作方式为主，粮食每亩产量20千克。20世纪60年代，强调合理密植，每亩产量为50～100千克。70年代初，采取重底早施追肥等措施，每亩产量100～300千克。70年代末，超"农纲"每亩产量400千克。20世纪80年代，推广科学种田，引进新品种，改良耕作制度，每亩产量500千克。2002年，粮食每亩产量665千克，总产量27088吨，多种经营经济作物产值2678万元，农业总产值1552万元，农民人均纯收入2580元，比1997年增长19.4%。2011年，农业总产值21703.1万元，粮食每亩产量681千克，总产量21029吨，多种经营经济作物产值59731万元。农民人均纯收入7152元，比2002年增长177.20%。

二、多种经营

木洞镇大量土地位于长江边，许多滩涂地适宜种植各类蔬菜瓜果。木洞镇地处巴南、涪陵、南川三交界，水路航运便捷，蔬菜瓜果流转通畅，交易市场发达。此地的村民有种植蔬菜瓜果的传统，技术全面，管理合理，因为种植蔬菜瓜果收入比种植粮食收入高，所以种植蔬菜瓜果的村民生产积极性较高。

实施土地承包经营前，木洞所有村社都种植蔬菜瓜果，规模较大的主要有中坝、保安、庙垭、墙院、海眼村以及菜坝队。中坝村和菜坝队生产的蔬菜，由市蔬菜公司统一调配，少部分由村集体销售。

实行土地承包经营后，根据中央关于"绝不放松粮食生产，积极开展多种经营"的方针，全面改革了农产品请派购制度，开展了种植业内部和农业内部结构调整，进行粮食转化工作。同时，根据"服务城市，富裕农民，活跃市场，方便群众"的农、牧、渔业发展方针，坚持"因地制宜，发挥优势"的指导思想，促进了木洞农村第二步改革的发展。其主要做法是：

调整产业结构，扩大经营面积。对农业内部结构进行调整，使粮食和多种经营生产用地比例有了明显变化，结构逐步趋向合理。至1985年，多种经营生产用地占30%。

确立主攻方向，建立商品基地。本着因地制宜，适当集中的原则，走专业化、商品化的路子，把发展生产和建设商品基地结合起来，初步建立了蔬菜商品生产基地。

木洞镇积极发展专业户，树立典型，对农村发展商品生产起了积极的带头作用。在中央搞活致富政策的指引下，农民开始逐年富裕。1983年，农民人均纯收入860元；2001年，农民人均纯收入1865元；2011年，农民人均纯收入达7152元。

进入21世纪，按照坚持充分发挥优势，狠抓多种经营发展，服务城市，富裕农民的工作方针，引导农民从传统观念向现代观念转变，从计划经济向市场经营机制转变，从小农经济向商品经济转变，在抓好粮食生产的前提下，积极引导群众，大力进行农村产业结构调整，出现了粮食减地未减产、多种经营生产发展的好势头。

蔬菜：党的十一届三中全会后，推行家庭联产承包制，尤其是2006年木洞镇被重庆市立项批准为"无公害蔬菜基地项目实施镇"之后，木洞蔬菜生产有了较大发展。

木洞镇党委、政府根据中央关于"绝不放松粮食生产，积极开展多种经营"和"服务城市，富裕农民，活跃市场，方便群众"的方针，坚持"因地制宜，发挥优势"的指导思想，按照木洞镇的多种经营实际，把加强蔬菜生产纳入执政日程，定期研究，统一部署，加强督促，深入检查，切实帮助解决工作中的具体问题，使蔬菜生产得以顺利发展。同时，实行部门责任制，具体开展计划落实，生产指导，建立岗位责任制，把计划、种源、物资、技术等落实到人，全年任务统一下达，具体工作，分段安排。深入村队，加强指导，抓好典型，以点带面，发现新情况，解决新问题，以推进蔬菜生产和销售工作。

水果：木洞镇的果树种类有：柑、橘、橙、枇杷、龙眼、荔枝、桃、李、梅、梨、樱桃、柿、枣、葡萄、石榴、核桃、杏、柚、四季柑、橄榄、枳、蒲桃等。2008年，木洞镇充分利用庙垭、杨家洞等村适宜种植柑橘、橄榄、樱桃等果树的有利条件，大力发展种植水果产业，其产品具有果大、紫红、浓甜、不裂果等优点，果实肉质细嫩，爽口化渣，味特甜，有香气，品质极上等，带动了木洞镇水果产业的发展。2011年，木洞镇果树有200个品种。果树种植面积为2416亩。

三、其他经济作物

木洞镇的经济作物除上述品种外，还生产油料作物（花生、油菜、芝麻）、甘蔗等，其中以油菜为主。

油菜品种分三大类型，即芥菜型、白菜型、甘蓝型。白菜型有"红油菜""矮油菜"；芥菜型有"一笼鸡""黄油菜""高油菜""马尾丝"等。这两类品种具有适应性强，需日照不多等特性，为解放前的主要品种。20世纪七八十年代，先后引进甘蓝良种"西南302""绵油126""万油170"为当家品种。20世纪80年代在原有种植技术的基础上补充改大苗为小壮苗，施硼肥防止落花闭荚，形成综合配套栽培技术。随着产业结构调整，相继增加了药材、鲜切花、盆栽等产品。2011年，木洞镇其他经济作物种植面积为907亩，亩产96千克，总产量87吨。

四、科技推广

科技宣传：20世纪80年代，木洞镇结合本地实际，每年开展不同形式的科技宣传活动，通过召开群众会，印发资料传单，设置宣传专栏、建立科技书屋和科技信息网络等渠道，及时传播科技知识、科技信息以及《科技进步法》《科普法》《知识产权法》。2010年，木洞镇在山歌广场举办科普知识现场交流会，设立咨询台，播放幻灯片等进行宣传活动，组织赠送农村粮食生产技术、养殖生产技术、园艺生产技术、农产品保鲜加工技术、农业可持续发展技术和农村经济经营管理技术等6大类书籍共2000余册，科技光盘100余张，解决了农民买不起书、买不到书和缺乏学习场所等困难。至2011年底，共印发技术资料10000余份。

科技培训：木洞镇以经济发展办公室、农业服务中心牵头，对农村的种植能手、养殖大户组织进行有针对性的技术培训，培养其自谋职业、项目开拓、企业管理与经营能力，还对三峡移民进行企业管理、家政服务、外出务工等技能培训。农村劳动力（16~45周岁）接受技术培训覆盖率达85%，乡镇企业在岗人员的技术培训达90%。其中，专业技术人员和管理人员每年接受继续教育，中、高级职称人员不少于50学时/年，初级职称人员不少于30学时/年。

第二节 养殖业

木洞农村具有养殖传统，当地农民把养殖业作为一项重要的家庭副业经营。主要以养猪、鸡、鸭为主。饲养猪、鸡、鸭，除留作家庭食用外，其余用于销售，解决日常生活开销。养牛主要作为生产工具，极少数以肉食品销售。20世纪70年代，木洞农村开始大规模养蚕。到80年代后期，随着人民生活水平提高，木洞农村开始大量养鱼。本节重点介绍养猪、养蚕和养鱼。

一、养猪

养猪是农户千百年来形成的发展家庭副业手段之一，也是农户解决生活资金的重要手段。历史上村民养猪，主要供家庭食用，少数猪肉进入市场销售。1949年11月后，农户家家户户圈养生猪，解决肉食品来源。1959年4月，人民公社成立初期，中央提出"公私并举，以集体养猪为主"的方针，木洞贯彻中央政策，取消了私人养猪，收回自留地、饲料地，公社办"千猪场"，将生猪层层平调，集中饲养。由于自然灾害的影响，饲料缺乏，加之无大群饲养管理技术，疫病防治工作跟不上，致使生猪体质瘦弱，冻死、饿死、病死较多。1961年，木洞地区生猪饲养量下滑，随后撤销公共食堂和集体饲养场，将生猪下放给社员饲养。

1962年，贯彻"公私并举，以私养为主"的方针，划给社员自留地、饲料地，发放生猪贷款。木洞按照巴县政府规定，实行私人交售肥猪"卖一留一，购留各半"政策。集体出栏肥猪除卖一留一外，另奖售30%的猪肉给生产队。同时，每饲养出栏一头肥猪，奖饲养员猪肉2.5千克；凡交售65千克标准肥猪一头，国家奖售平价饲料粮25千克，布票0.67米，超出标准数1千克，多奖售粮食0.5千克，有母猪和私养母猪产仔成活的均奖售饲料粮。当年生猪饲养量比上年增长16.44%。

1963年，木洞地区又按照巴县政府规定，在发展私猪的同时，有计划发展集体养猪。规定年内每个生产队集体喂母猪2~4头，肉猪3~5头，并贯彻执行派购奖售的收购政策。凡收购活重65千克为标准的肥猪一头，奖售贸易粮25千克，超出65千克者，其超重部分折成边口肉，每千克奖贸易粮1千克。以生产队为单位按年计划计算，超过国家派购任务部分，每交售一头标准猪，除按上述规定标准奖售外，增加奖售化肥20千克归生产队集体使用。对饲养母猪的生产队及个人，每出售一头仔猪由买猪户售给粮食1.5~2.5千克，作为母猪饲料粮。每年产仔一窝以上的，由母猪喂养户和集体母猪的饲养员优先选留一头仔猪育肥全食，国家不奖售粮食。饲养种公猪的生产队及个人，每配孕一头母猪，由母猪喂养户或生产队售给粮食0.5~1千克为种公猪饲料，半年配种30头以上者可优先安排给一头仔猪育肥自食，不抵任务，也不奖售粮食。经申请由公社批准阉割失去繁殖能力的种公、母猪育肥交售，返还原肉50%，奖售贸易粮25千克，超重部分不增奖粮食；私自阉割的种公、母猪育肥交售，只给50%的返还肉，不给奖售粮；凡交售阉割育肥的公、母种猪，一律不抵派购任务。国家对集体母猪产仔，每头奖售饲料粮3.75千克。青饲料除生产队集体分配给社员一部分外，还划足自留地种植。公私仔猪断奶时，按国家规定价格首先在生产队、大队、公社范围内余缺调剂。40千克以上的猪和肥猪一律不准上市出售。无法继续喂养的私养架子猪，可按国家价格卖给生产队，其奖售粮及返还肉按原重比例算给卖猪户。

以上政策的执行，促进了生猪的发展。当年饲养量和出栏数分别比1964年增长1倍和4.5倍。

1973年，对养猪户再次提高奖励，凡交售标准肥猪一头，除原奖售政策外，生产队另奖给贸易粮15~25千克。次年，贯彻巴县政府"公有公养、公有私养、以私人养猪为主"的政策。发展集体小型猪场，增划自留地、饲料地。私人养猪实行"三粮合一"（投肥粮、国家奖售粮、生产队补助粮），对交售肥猪凡超过65千克者，每超1千克多奖售粮食0.5千克，生产队补助1千克。1975年，缩减自留地、饲料地，生猪有减无增，至1977年，饲养量比1974年下降20%。

1979年，为鼓励社员家庭养猪，按巴县政府新规定，实行"划地奖粮"办法，即年初按社员登记发展生猪头数划地，肉猪每头划饲料地0.03~0.05亩，种猪0.1亩。年终检查，凡已划地而尚未喂足头数者，照数赔偿。同年，又决定将冬闲田和麦土中留的苞谷行提供养猪户种植饲料，次年春播时归还生产队。中稻收割后，每头私养猪划水田0.03～0.05亩，公有私养猪及种猪划0.1亩，以种水藤菜作饲料。同时大力生产"三水一草"（养水浮莲、栽水藤菜、种水芹菜、栽聚合草）和青贮红苕藤，并规定每5～7户至少养母猪一头以保证猪源。集体猪每增重0.5千克给饲养员平工分0.5～0.7亩。当年肥猪收购价平均提高25%，公有私养户增多，实现了自繁自养。

1980年，根据中央和省、市有关规定，增划饲料地。畜牧兽医人员积极投入生猪疫病防治和市场检疫工作，饲养量上升，年人均猪肉食用量增长15倍，改变了长期凭票定量供应的局面。

1984年，养猪推广"五改""二推"技术。五改：一改传统"吊架子"方式育肥为"直线"育肥，二改本地品种为经济杂交，三改饲料熟喂为配合饲料，四改纯种猪育肥为杂种猪育肥，五改本交配种为人工授精配种；二推：一是推广仔猪培育技术，二是推广猪病综合防治技术。到1985年，生猪"五改"，占养猪户的39%，生猪"五改"数量占现有存积数量的38%，实行"五改"户占养猪总户数的53%。同年，对生猪实行多渠道经营，取消"卖一留一，购留各半"的独家经营等政策。对养猪专业户在饲料供应、肥猪销售、奖励兑现上提供保证；对其圈舍用地、贷款购买后备猪、提供饲养科技资料、兽防服务等方面优先考虑。农民向国家交售肥猪一头，奖售平价饲料粮50千克；年交售肥猪20头以上者，每头奖售饲料粮120千克。

90年代以后，由于木洞地区整个经济工作向工业、乡镇企业和城市化转移，市场上猪肉供应充足，加上生猪自养成本高，经济效益下滑，村民食用肉食品主要从市场购买，导致农民养猪积极性不高，养猪业呈下降趋势。

木洞镇于1952年引进约克夏种猪、荣昌母猪、杂交母猪、内江种猪，以后随着养猪业的发展，又陆续引进约克、荣昌、苏白、克米洛夫、陆川、长白、杜洛克等优良品种。1977年，四川省畜牧局对生猪生产要求"三化"（公猪引进外地良种化，母猪地方良种化，杂交一代优势化），在经济杂交利用过程中，杜洛克杂种猪、约克夏与荣昌母猪杂交仔猪、长白杂种均受到群众喜爱。此外，还引进了"渝太I系"和"洋三元"优质种猪，取得了明显效益。2003年，木洞养殖场引进了由巴南区农牧渔业局和重庆市畜牧兽医科学研究所培育的"渝太I系"种母猪15头，年产仔母猪120头，种母猪销售全镇及周边地区，取得经济效益200余万元。同年，引进重庆市农业局直属单位——重庆华牧集团公司养殖场优良生猪品种"洋三元"，于保安村修建商品猪圈（舍）7幢，面积3000平方米。采用集中饲养、分户管理办法，有饲养户23户，全年饲养出栏生猪1000余头，圈存6000头，收入3000万元。至2011年，木洞镇生猪12915头，实现收入6000余万元。

二、养蚕

木洞地区的养蚕业，兴起于20世纪60年代，发展壮大于20世纪80年代。20世纪80年代中后期，木洞地区扶持养蚕专业户、重点户，实行科学养蚕，特别是积极推广"小蚕片叶立体育法",大幅提高了蚕茧产量,促进了养蚕业的发展。1991年起,把养蚕生产列为多种经营重点项目,与农业生产同布置、同检查、同评比,养蚕业得到发展。90年代后期,由于养蚕受技术、气候等影响,特别是蚕茧销售环节不畅,价格浮动大,养蚕业开始下滑。到21世纪,农户养蚕户屈指可数。

养蚕分为催青、小蚕饲养、大蚕饲养三个阶段。催青,由巴县蚕种站统一进行,孵化成熟分发到养蚕户。小蚕饲养,主要采用片叶立体育法。1988年,推广小蚕片叶立体育法,养蚕技术得到提高。1992年,为解决长期依靠从外地购进蚕种问题,巴县投资210万元,兴建了生产能力10万张的制种场,为木洞地区解决了蚕种来源。

政府对蚕桑实行"大力扶持,积极发展"的方针,政府大力提倡,而养蚕周期短,见效快,农民积极性高,加之县里将木洞作为蚕桑生产基地之一,在种子选配和饲养技术上给予了大力支持。在品种配置上,逐步由单一走向多元。20世纪80年代以后,基本采用四元杂种形式,以七字头多丝量品种为主。春季主要用781×(782×734),夏季主要用(苏$_3$×秋$_1$)×(苏$_4$×苏$_{12}$),正秋主要用(781×7532),养蚕业得到稳步健康发展。至2011年底,桑园面积4200亩,全年发种量1140张,产茧45000千克。

三、渔业

木洞镇渔业分为塘库养殖和天然捕捞两类。一是塘库养殖,木洞镇养鱼主要是塘、库、田养殖,其中淡水养殖鱼类10余个品种。鱼苗主要来源于长冲鱼种场和慈云鱼种场,通过鱼苗的引进,在自己的鱼种池内培育大规格鱼种。主要养殖的品种有:单雄性罗非鱼、鲢鱼、鳙鱼、草鱼、鲤鱼、鲫鱼、乌鱼等。20世纪50年至90年代,木洞镇有传统型养鱼和传统型捕鱼方式。2000年,渔业养殖由农户分散化向业主规模化转移,由于2007年三峡水位175米以下实施搬迁,失地农民一部分开始职业转向捕鱼为生。2009年起,长江木洞河段天然捕捞鱼产量直增。同时,2010年,桃花岛村民全迁入场镇,有较多失地农民也开始捕鱼为业。至2011年底,全镇养鱼大户,按每户30亩以上就有100余户,大小养鱼户共有水面约1万亩。二是天然捕捞,木洞镇位于长江南岸,沿河河段20千米,其直流五布河两岸各10千米,共居住渔民500余户,历年来在长江木洞河段、五布河捕鱼为业,养育着一批职业渔民,专业从事天然捕捞。至2011年,全镇有渔民600余人,渔船100余艘,其中机动渔船80余只,人力渔船20余只,捕捞方法有流刺网、哲网、大钩等。

第三章 农机水利

木洞境内有包括长江、五布河、双河河在内的"一江两河",还有若干沟壑小溪,水利资源丰富，为兴修水利提供了良好的自然条件。木洞镇民众注重水利设施建设，建造了山湾塘、拦河堰、提灌站和小型水库等，对农作物主要是水稻进行了有效灌溉。同时，努力改进、推广农业机具，建立了农机服务队伍，改善了农业生产条件，提高了农业机械化水平，使农业生产得到持续、健康的发展。

第一节 农 机

一、农业机具

木洞镇属丘陵地区，农业耕作多用手工操作。中华人民共和成立前，农业耕作全用手工工具，耕地使用犁头、耙子、锄头、耙梳等，收割使用镰刀、搭斗、挡席、风车、掏扒等，生活加工使用蓝子、筛子、碾槽、碓窝、石磨、水碾等，运输使用箩篼、扁担、轿子、滑竿等。中华人民共和成立后的合作化时期，逐步推广使用机械工具。至1959年，木洞全镇有播种机8部，其中木洞乡3部，水口乡5部；双轮双滑犁73部，其中栋青乡64部，长坪乡6部，木洞乡3部；双轮单滑犁69部，其中木洞乡46部，水口乡23部；打谷机470部，其中木洞镇103部，木洞乡76部，长坪乡76部，水口乡129部，栋青乡86部；红苕切片机137部，其中木洞镇20部，木洞乡13部，长坪乡3部，水口乡22部，栋青乡79部；鸡公车38部，其中木洞镇30部，栋青乡8部；柴油机和套丝板仅木洞镇各1台。随着生产力的发展，农业机械日益发达。至2011年，全镇农业机械总动力31556千瓦，其中柴油发动机动力3176千瓦，汽油发动机动力2067千瓦，电动机动力26313千瓦；拥有种植业机械9900台，其中耕整机526台，水稻插秧机14台，农用排灌机械1810台，机动喷雾机14台，稻麦联合收割机1台，割晒机2台，机动脱粒机7530台，谷物烘干机3台；农产品初加工机械3289台，其中柴油机36台，电动机3253台。此外，还有渔业机械543台，农用运输车4台。

农业机械的发展，提高了农业机械化水平。2011年，木洞镇机耕作业面积78600亩，机电灌溉面积1650亩，机械植保面积6900亩，水稻机插面积3700亩，机械收获面积4500亩；单项农机化作业中，机械脱粒粮食数量1.45万吨，机械初加工农产品数量19.846万吨，农机运输作业量18万吨/千米。

二、农机服务队伍

木洞镇农业机械化的发展，促进了农机服务组织逐年壮大，至2011年，有农机化作业服务组织1个，共16人；农机修理厂及修理点3个，共6人；农机销售点2个，共2人。巴南区农机部门举办了农机培训班，木洞镇参加培训的有8人，提高农机服务队伍的维修技术，对农用机具进行维修，提高了农机作业能力，促进了农业机械化的发展。

第二节 水 利

一、塘堰

木洞民众为了发展农业生产，抵御自然灾害，利用水利资源兴修了大量的水利设施。山湾处修建的蓄水塘随处可见；溪河上修建的拦河堰引水灌田，较为显著的有五布河上的杨家洞堰和箭桥堰；还在江河边修建提灌站抽水灌田，最为壮观的是从五布河抽水上长延坪的杨家洞提灌站，苏家浩提灌站从长江内河抽水灌溉全岛，另有箭桥提灌站和土地垴提灌站。

二、水库

在水源充沛有利灌溉的地方修建水库。20世纪六七十年代，木洞掀起了大修水利的高潮，兴建了一些小型水库。最早有木洞公社修建的白岩水库，位于原豚溪口乡与白岩村相邻处。之后，栋青公社修建了位于院墙与钱家湾村交界的青年湖水库，水口公社修建了高丰、向阳水库，海眼村修建了寺沟水库，墙院村修建了新民、水鸭塘、大田坝水库等。

上述水库中，最为突出的是栋青的青年湖小（一）型水库和钱家湾村的向阳水库。青年湖水库于1958年动工修建，1966年完成，坝高13米；1975年开始扩建，1979年完工，扩建后坝高18米，正常库容218万立方米，有效灌溉面积3560亩。向阳水库，总库容95万立方米，有效灌溉面积3138亩。其余的属小（二）型水库，木洞乡的白岩水库，总库容8万立方米，有效灌溉面积750亩；水口乡的高丰水库，总库容32万立方米，有效灌溉面积820亩；长坪乡的水鸭塘水库，总库容11万立方米，有效灌溉面积499亩，寺沟水库，总库容58万立方米，有效灌溉面积1486亩，新民水库，总库容26万立方米，有效灌溉面积1201亩。

三、水利设施维护

20世纪80年代以后，木洞镇基本上没有修建大的水利设施。前述的20世纪六七十年代修建的水利工程，70%以上的水库大坝和坝顶裂缝存在滑坡，坝体和涵卧管渗漏，溢洪道未达标等问题，对防汛工作极为不利。这一时期，木洞镇主要是对一些病害水库或山湾塘进行维修加固，进行塘、库、堰的病险整治和渠系维护，对村、社的提灌站，制定了维修改造方案，并组建了农机服务队，对一些年久失修，灌溉面积大，受益农户多的提灌站进行更新、整改和维修，确保农田有效灌溉，解决当地农作物及人畜用水的燃眉之急。

四、各个时期的水利设施数据

农业合作化以来，木洞镇将兴修水利列为重要的执政日程，水利设施有了明显改观。撤区并乡建镇前，木洞镇和木洞、长坪、水口、栋青乡（公社）在1959、1970、1980、1990年的水利设施如下表：

表3-2

1959年木洞镇水利设施基本情况一览表

单位	塘堰库总蓄水量/万立方米	塘 数量/口	塘 水面/亩	水库 数量/座	水库 水面/亩	农用渠道/处	有效灌溉面积/亩
木洞镇	14340	426	6616	2	650	13	170
木洞乡	5019	198	4277	1	205	5	105
长坪乡	1748	128	1888	2	415	—	—
水口乡	1038	242	6535	—	—	13	172
栋青乡	4188	110	3110	—	—	7	403

表3-3

1970年木洞镇水利设施基本情况一览表

单位	塘堰库总蓄水量/万立方米	塘 数量/口	塘 水面/亩	水库 数量/座	水库 水面/亩	农用渠道/处	有效灌溉面积/亩
木洞镇	14340	426	6616	2	650	13	170
木洞公社	5019	198	4277	1	205	5	105
长坪公社	1748	128	1888	2	415	—	—
水口公社	1038	242	6535	—	—	13	172
栋青公社	4188	110	3110	—	—	7	403

表3-4

1980年木洞镇水利设施基本情况一览表

单位	山湾塘、平塘、石河堰蓄水量 处	山湾塘、平塘、石河堰蓄水量 立方米	有效灌溉面积/亩 机灌	有效灌溉面积/亩 电灌	旱涝保收高稳产农田/亩	当年水利投资额/元	国家投资/元	当年小型农田水利经费开支/元
木洞镇	—	—	—	300	—	—	—	—
木洞公社	140	156	2600	1100	300	12000	12000	800
长坪公社	110	129.3	1800	1200	420	8200	8200	351
水口公社	182	3126800	—	1691	—	8219	2000	170
栋青公社	46	145700	250	988	731	—	—	74

1993年底,撤区并乡建镇后,原青山镇1994—2000年农业水利设施逐年数据如下:

表 3-5

1994—2000 年青山镇水利设施基本情况一览表

时间	塘堰库总蓄水量/万立方米	塘 数量/口	塘 水面/亩	堰 数量/处	堰 水面/亩	水库 数量/座	水库 水面/亩	农用渠道/千米	有效灌溉面积/亩
1994 年	224	255	571	7	11	3	335	44	13181
1995 年	224	255	571	7	11	3	335	44	13181
1996 年	224	255	571	7	11	3	335	44	13181
1997 年	224	255	571	7	11	3	335	44	13181
1998 年	224	255	571	7	11	3	335	44	13181
1999 年	224	255	571	7	11	3	335	44	13181
2000 年	224	255	571	7	11	3	335	44	13181

1993 年底撤区并乡建镇后，木洞镇 1994—2011 年水利设施的逐年数据如下：

表 3-6

1994—2011 年木洞镇水利设施基本情况一览表

时间	塘堰库总蓄水量/万立方米	塘 数量/口	塘 水面/亩	堰 数量/处	堰 水面/亩	水库 数量/座	水库 水面/亩	农用渠道/千米	有效灌溉面积/亩
1994 年	163.62	248	366.65	4	5	3	117	18.79	5689
1995 年	163.62	248	366.65	4	5	3	117	18.79	5689
1996 年	164	248	367	4	5	3	117	19	4806
1997 年	164	248	367	4	5	3	117	19	4806
1998 年	164	248	367	4	5	3	117	19	4806
1999 年	164	248	367	4	5	4	117	19	4806
2000 年	164	248	367	4	5	4	117	19	4806
2001 年	388	503	938	11	16	7	452	63	15600
2002 年	388	503	938	11	16	7	952	63	15600
2003 年	388	503	938	11	16	7	452	63	15600
2004 年	388	590	689	—	—	6	427	63	15528
2005 年	388	590	689	—	—	6	427	65	15528
2006 年	388	590	689	—	—	—	427	65	15528

续表

时间	塘堰库总蓄水量/万立方米	塘 数量/口	塘 水面/亩	堰 数量/处	堰 水面/亩	水库 数量/座	水库 水面/亩	农用渠道/千米	有效灌溉面积/亩
2007年	388	589	689	—	—	—	427	65	15528
2008年	388	589	751	—	—	7	427	65	15515
2009年	388	589	751	—	—	7	427	65	15515
2010年	388	589	751	—	—	7	427	65	15515
2011年	388	589	751	—	—	7	427	65	15515

至2011年底，全镇建有小（一）型水库1座、小（二）型水库7座，水面427亩，引水水渠65千米，山坪塘589口，塘堰库总蓄水量388万立方米，有效灌溉面积15515亩。

表3-7

2011年木洞镇小型水库一览表

地点	工程地址	建设完工时间	坝高/米	坝型	设计灌溉面积/亩	有效灌溉面积自流灌溉/亩	有效灌溉面积（提水灌溉）/亩	保证灌溉面积/亩
青年湖	栋青村	1979年12月	180	均质土坝	3600	3560	600	2900
向阳	钱家湾村	1974年5月	16.8	均质土坝	3338	3138	300	3800
高峰	水口寺村	1967年5月	11	均质土坝	1233	1233	200	1233
寺沟	海眼村	1975年12月	16.33	均质土坝	1486	1300	180	1300
新民	墙院村	1975年12月	9.05	均质土坝	1201	1000	300	1000
水鸭塘	庙垭村	1973年12月	10.19	均质土坝	499	300	—	300

第四章 林 业

木洞镇属中亚热带阔混交林植被区，森林资源丰富，主要分布在明月山脉和长坪山脉，自然植被多为散生的柏树、桉树、香樟。全镇2011年林地总面积约4.8万亩，森林覆盖率30.7%。林地中有国家公益林8298.8亩，地方公益林102亩，商品林1049.8亩。2002—2011年以来，坚持常态性的植树造林，组织义务植树活动，植树150万余株；实施长江森林工程，植树9587.9亩；完成退耕还林10583亩；还实施了林权制度改革，落实森林管理政策等，林业有了大的发展。

第一节　林地资源

木洞镇2011年林地总面积约4.5万亩，森林覆盖率30.7%。其中青杠木为主的薪炭林地1万亩，用材林0.6万亩，竹林、防护林1.4万亩，经济林1.5万亩。主要分布在木洞镇12个村，面积约4.5万亩。山中盛产杉、松、樟、楠等木材，以及楠竹和水竹、斑竹等各类竹物，多在本地加工或销售。

木洞森林资源包括公益林和商品林两大类别。

公益林：木洞镇有国家公益林8298.8亩，除国家公益林外，木洞镇还有地方公益林102亩，全分布在松子村。公益林主要是以松树为主，其次是柏树、黄葛、香樟、枫杨、洋槐、桉树、香椿、麻柳等树种，木洞镇的五布河主要以水竹、慈竹为主。其分布在景星村1175.7亩，栋青村448.3亩，墙院村1619.9亩，海眼村1409.4亩，水口寺村712.8亩，土地垴村829.2亩，松子村58.3亩，土桥村40.3亩，杨家洞村328.7亩，庙垭村465.2亩，钱家湾村813.8亩，保安村397.2亩。

商品林：木洞镇有商品林1049.8亩，经济林以柑橘、桃、梨、李、枇杷、油橄榄、桂圆、杏等为主。其分布在景星村219.7亩，栋青村209.2亩，墙院村284.5亩，海眼村336.4亩。

第二节　造林绿化

木洞镇开展的造林绿化工作主要是常态性的植树造林和长江森林绿化工程。依照全民植树造林实施办法，在每年3月12日（植树节）开展长江沿岸森林义务植树活动，重点是绿化长江沿岸的村社，形成长江沿岸绿色带。

常态性植树造林：1982年，按照《国务院关于开展全民义务植树运动的实施办法》规定，凡是中华人民共和国公民，男11～60岁，女11～50岁，除丧失劳动力者外，均应承担每人每年3～5棵树的义务植树任务。木洞镇按照国家规定，每年"3·12"植树节，组织机关、企事业单位职工和村社居民，开展义务植树活动，使义务植树常态化。2002—2011年，共组织适龄公民参加义务植树活动13.5万余人次，植树150万余株。

长江森林工程：木洞镇地处长江边，属长江生态防护及绿化景观范围。根据重庆市巴南区森林建设领导小组办公室《关于下达2011年度森林工程建设计划任务的通知》（巴南森林办发〔2011〕1号）文件精神，明确了木洞镇的长江绿化建设任务，种植区域涉及沿江岸的保安、庙垭、墙院、土地垴、杨家洞5个村。

为确保长江两岸森林工程实施，木洞镇成立了长江绿化工作领导小组，确定了3家造林单位：重庆渝典市政园林有限公司、重庆春风园林绿化有限公司、重庆渝西园林工程有限公司。木洞镇政府与造林施工单位签订合同，分别为甲方和乙方，区林业局为丙方。木洞镇负责处置用地协调工作，对涉及村、社农户做好宣传工作；造林单位负责苗木采购、作业施工和维护；区林业局人员负责技术监理，确保工程质量和成效。造林分春秋两季进行，种植了桉树、血橙、梨树、桂花等80余万株，种植面积有滨江生态防护林2757.9亩、生态景观林6008.8亩、生态兼用林820.3亩，共计9587亩。

中日植树：为了促进中日民间友谊，改善长江流域生态环境，日本奥伊斯佳国际组织和中国绿化基金会共同申请中日绿化与交流基金资助，在木洞镇实施长江水土保持生态造林项目。项目为期3年（2004—2006），规模150公顷，共计造林30多万株。中日志愿者及青少年积极参与植树，并开展广泛的绿化、文化交流。项目由重庆市绿化办指导，重庆市巴南区林业局负责实施。该项目实施地点在木洞镇保安村、墙院村相接的大沟湾和杨家洞村的果园场一带坡湾间。所植树种为洋槐、天竹桂、枫香、香樟、小叶榕等。2004年至2006年每年3月，国家林业局、市林业局处级领导、巴南区政府副区长向远道、区林业局领导均到植树现场，木洞镇党政领导及村干部群众，木洞中学部分师生积极参与。日本参与者有奥伊斯佳国际组织代表黑田先生（日本驻香港领事馆总代表）、古贺先生（日本驻上海领事馆代表）、前睪先生（日本驻重庆领事馆代表）以及日本志愿者和学生代表45人，在2006年3月14日植树活动期间，举行了"中日合作重庆生态园"揭碑仪式，巴南区政府立的碑石上刻有"中日合作重庆生态园"及项目简介。当晚，在镇礼堂举行了日本志愿者和学生代表、木洞中学部分师生共同参与的联欢晚会。

第三节 退耕还林

2002年开始，国家实行退耕还林工程。木洞镇在实施退耕还林工程中，坚持生态效益优先，兼顾农民增收以及地方经济发展；坚持生态建设与生态保护并重，采取综合措施，制止边治理边破坏问题；坚持与农田基本建设、农业结构调整、农村能源建设相结合；坚持政策引导和农民自愿相结合，充分尊重农民的意愿；坚持尊重自然规律，科学选择树种；坚持因地制宜，统筹规划，突出重点，注重实效等原则。落实"退耕还林、封山绿化、以粮代赈、个体承包"的政策措施，把握"林权是核心，给粮是关键，种苗要先行，干部是保证"几个主要环节,对全镇土地进行了调查、分析,对水土流失严重和粮食产量低而不稳的坡耕地以及沙化耕地,按批准的规划实施退耕还林。落实国家无偿向退耕户提供粮食、现金补助政策,粮食和现金补助标准为:每亩退耕地每年补助粮食(原粮)150千克;每亩退耕地每年补助现金20元。粮食和现金补助年限为:还草补助按2年计算;还经济林补助按5年计算;还生态林补助按8年计算。同时,解决退耕还林的苗种、技术,以及其他配套等问题,推进退耕还林工程的顺利实施。至2011年,木洞镇共完成退耕还林10583亩,其中2002年4153亩,2003年5000亩,2005年730亩,2011年700亩。

以下列举木洞镇2002、2003、2005年退耕还林情况,详见下表:

表3-8

2002年木洞镇退耕还林情况一览表

单位	户数/户	块数/块	还林面积/亩 合计	还林面积/亩 生态林	还林面积/亩 经济林	其中:计税面积/亩
胜利	184	438	670.2	670.2	—	459.1
苏家浩	289	496	518.8	231.8	287	355.2
渊河	69	159	134	134	—	91.5
庙垭	465	1379	1427	1365.8	61.2	976.3
保安	220	731	794	794	—	538.4
豚溪口	189	709	609	609	—	374.8
合计	1416	3912	4153	3804.8	348.2	2795.3

表3-9

2003年木洞镇退耕还林情况一览表

单位	户数/户	块数/块	还林面积/亩 生态林	还林面积/亩 计税面积	现金补助/元	粮食补助 合计/千克	粮食补助 应征农税/元	粮食补助 实发粮食/千克
上观	469	789	1208	723.289	24160	181200	7594.5	173605.5
渊河	297	592	930	594.035	18600	139500	6237.4	133262.6
豚溪口	104	279	426	246.765	8520	63900	2591	61309
土地垴	216	350	617	366.706	12340	92550	3850.4	88699.6

续表

单位	户数/户	块数/块	还林面积/亩		现金补助/元	粮食补助		
			生态林	计税面积		合计/千克	应征农税/元	实发粮食/千克
水口寺	151	259	415	257.434	8300	62250	2703.1	59546.9
胜利	61	124	173	109.337	3460	25950	1148	24802
翠竹	500	792	1231	730.967	24620	184650	7675.2	176974.8
合计	1798	3185	5000	3028.533	100000	750000	31799.6	718200.4

表 3-10

2005 年木洞镇退耕还林情况一览表

单位	户数/户	组数/组	还林面积/亩	粮食补助/元		
				合计	补助粮食折现	生活补助
保安	40	1	122.4	29988	27540	2448
墙院	85	1	173.08	42404.6	38943	3461.6
海眼	113	2	257.9	63185.5	58027.5	5158
杨家洞	1	1	22.22	5443.9	4999.5	444.4
合计	239	5	575.6	141022	129510	11512

第四节 林地确权

2008 年,中共中央、国务院、重庆市委、市政府、巴南区委、区政府相继下发了集体林权制度改革的有关文件。这次林权制度改革,是继农村二轮土地承包之后的又一次农村经济结构调整的大事,政策性强,涉及面广。林权制度改革涉及木洞全镇所有的集体山林,具体包括自留山、责任山、集体统一经营的林地以及其他方式经营的集体林地和因实施森林工程而新造林的林地等。

一、确权规模

全镇有 10 个村参与林权制度改革,涉及农户较多。具体涉林的村及农户数为:

墙院村:农业户 633 户,涉林户 343 户;庙垭村:农业户 836 户,涉林户 576 户;杨家洞村:农业户 745 户,涉林户 477 户;土地墹村:农业户 852 户,涉林户 592 户;松子村:农业户 639 户,涉林户 379 户;土桥村:农业户 820 户,涉林户 560 户;水口寺村:

农业户817户，涉林户557户；钱家湾村：农业户1219户，涉林户959户；栋青村：农业户1086户，涉林户826户；景星村：农业户1079户，涉林户819户。以上共计70个合作社，涉林农户6088户。

二、林权颁证

林权颁证后，全镇集体山林明晰了所有权，放活了经营权，落实了处置权，确保了收益权。实现了"山有其主、主有其权、权有其责、责有其利"。逐步完善以规范流转、放活经营、健全服务为主要内容的配套改革，形成林业的良性发展机制，以实现森林资源丰富、林业产业发达、林农收入增长、生态系统稳定、生态文化繁荣的目标。至2011年，木洞镇林权发证户数6031户，发证面积10091亩，发证率99％。

第五章　农村经营体制改革

农村改革首先从变革农村经营体制开始。木洞镇顺应历史潮流，认真贯彻执行生产方式与分配、家庭联产承包责任制、土地流转、农税免交以及现代农业开发等政策，农民合法权益受到重视与保护，激发了广大农民的生产积极性。从2007年开始，木洞镇按照特色农业区、转型农业区和生态旅游观光区的农村发展思路，树立发展生态文明，建设镇乡一体化的美好家园理念，将现代农业开发放在发展农业的重要位置。至2011年，开发建立了重庆长南现代农业开发有限公司、海眼村丰雨谷原生态农庄、杨家洞方泰生态养生观光农业园区、木洞镇庙垭村水果生态农业园、山水牧歌生态休闲农业示范基地、栋青圣新创意农业基地、栋青瑞普现代农业观光园等现代农业项目，推动了现代农业的发展。

第一节　生产方式与分配

随着生产关系不断变革，木洞农村收益分配，经历了三个历史阶段：一是1949年初至合作化前，主要实行农民自种自收，上交少量的农业税；二是合作化、公社化时期，收益扣除国家、集体之后，按劳分配（初级社入社土地要参加分配）给社员；三是实行联产承包责任制后，收益分配不仅免交农业税和集体提留，而且还实行种粮补贴的新型的农民自种自收的收益分配方式。

一、合作化以前的生产与分配

1949年底，木洞实行了减租退押和土地改革，农业收益与分配同过去向地主交租过渡到自种自收，上交少量的农业税，调动了农民的生产积极性，农业生产开始趋于发展。

二、合作化、公社化时期的生产与分配

从1953年开始，木洞先后建立了初级农业生产合作社和高级农业生产合作社（以下简称初级社和高级社），1958年开始建立人民公社（以下简称公社）。这一时期，木洞农业的收益与分配在总体上坚持国家、集体、个人三兼顾原则，在不同阶段采取了不同的分配方法。初级社阶段，合作社的收益扣除农业税、统购统销、集体提留（公积金、公益金等）之后，余下部分按"劳六地四"分配；高级社阶段，取消土地分红，全部按劳动工分予以分配。公社前期，粮食由集体统管，兴办公共食堂，免费供给社员，每月以各公社为单位，发放不同标准的少量工资；公社中期和后期，农业收益按劳动工分予以分配。除社员分配外，还从收益中提取部分兴办文化、教育等福利事业。

三、实行家庭联产承包责任制时期的收益与分配

1981年，木洞陆续推行了家庭联产承包责任制，随后颁发"集体土地承包使用权证"与各户农民，推行"增人不增地、减人不减地、30年不变"的经营承包政策，农民生产积极性空前高涨。这一时期的收益与分配总体上坚持了农民自种自收的原则。前期，农民向国家缴纳农业税，向集体上交提留。2000年开始免交提留，2004年开始免交农业税，2006年以后政府发给种粮户每亩245元的种粮直补等补贴。

第二节 家庭联产承包责任制

木洞镇的家庭联产承包责任制经历了酝酿过渡、开始实施、完善规范、颁证流转四个阶段。

一、酝酿过渡阶段

1981年春，在巴县三级干部会议上，县委决定试行包产到户或包干到户责任制，当时有的人坚持认为搞包产到户或包干到户就是分田单干，是背离社会主义道路的做法，加以反对，又有人批评了包产到户或包干到户的做法。中共四川省委对各地试行的包干到户责任制却给予了肯定。9月24日，巴县县委制定了《巴县农业生产包干到户试行办法》，尊重群众的首创精神，允许在生产队的统一管理下，把耕地承包到户经营。

二、初期实施阶段

1981年，是木洞镇农村推行家庭联产承包责任制的第1年。9月，巴县县委发出《巴县农业生产包干到户责任制的试行办法》，实行在生产队统一领导下将土地包干到户经营，对国家任务、集体提留实行包干上交，剩余归己的家庭联产承包责任制。木洞镇积极推行这种办法。开始实施时，一般是按人平均或人、劳比例将土地包到户，集体工副业、经济园林、水塘等仍由队统一经营，耕牛、大农具（犁、耙、搭斗、风车、晒坝等）由队统一管理，分户使用，种子按地分到户作生产底垫。后在逐步完善过程中，将耕牛、农具批价

到户，价款分期偿还，不足者自购自制；工副业和经济园林及水塘等也逐渐发包到户经营。土地包干到户后，对人口增减发生承包地变化的处理，普遍采用减人退、增人候轮补缺方法予以解决。对因从事他业而不便继续承包土地者，经队同意，允许自找对象协商转包，或将地退归集体，由集体另行发包。

到1982年，木洞镇实行家庭联产承包责任制占总数的90%，次年达100%。从此，结束了农村经济长期以来单一的经营方式，变集体经营统负盈亏为家庭经营自负盈亏。

1982年，根据国家关于人民公社更名的精神，将各公社更名（实际上是恢复）乡（镇）人民政府。这一更名，不仅仅是一级基层政权名称的变更，更主要的是行政管理方式的更新，彻底改变了过去人民公社所坚持的"一大二公"理念，改变了过去统得太死，管得太死的政治体制，解除了"左"的路线、思想对农村经济的束缚，为家庭联产承包责任制的实施松了绑，解放了农村生产力，促进了农村经济发展，农业生产从此走上了健康、快速发展的轨道。

三、完善规范阶段

1984年2月，巴县县委制定了《关于进一步放宽农村经济政策的意见》，文件规定：延长土地承包期，鼓励农民搞土地加工；发展小林园、小桑园、小香蕉园；扩大社员自留山，把荒山、荒滩、荒地承包给社员，谁造林谁受益，长期不变，以家庭为单位，与合作社（村民小组）签订30年不变的承包经营合同。合同明确了承包经营权利，也明确了承担农业税以及各项集体提留，还要履行道路维修、森林防火等相关社会义务的责任。农户自主生产经营，大队后来改为村，生产队后来改为合作社或组，负责承包条款的执行。在这种经营体制下，农民既是劳动者，又是经营者，从而有了充分的经营自主权，种什么，种多少，全由农民自己决定，劳动经营的好坏与其利益紧密相连，进一步调动了农民的生产积极性。农村家庭联产承包责任制的全面实行和农村经济政策的逐步调整，促进了农村商品经济迅速发展，加之农业科技的推广，使农村经济快速发展，粮食产量大幅增长。

实行农业家庭联产承包责任制后，巴县县委为打消农民"政策会不会变"的疑虑，以有利于农民对土地加工、农业投入、调整种植结构的积极性，于1984年遵照中央精神，明确规定土地承包期稳定在15年以上，对因嫁娶、生死而产生的人地矛盾采取"增人进，减人退，候轮补缺"的办法解决。1985年，巴县县委、县政府在《关于贯彻中央〔1985〕1号文件的意见》（巴委〔1985〕21号）中，又提出了继续完善土地承包办法，对土地下户时因抽肥搭瘦、远近搭配造成承包地过于零星分散的，允许户与户之间协商调换，并鼓励土地转包。1986年，又进一步提出促进土地向种田能手集中。为了促进产业结构调整，鼓励和支持农民协商调换承包地，以解决土地分散，不便发展商品生产的问题。1989年，为了解决候轮补缺、调整土地中的若干矛盾，如候轮时间长，退地户退远不退近，退孬不退好等，巴县县委、县政府在《关于大力发展农业生产的决定》（巴委〔1989〕3号）中提出试行"两田制"，即把每户每人的承包地划分为口粮田和责任田两部分，口粮田一般占承包地的30%~40%，主要解决农民口粮问题。责任田一般占承包地的60%~70%，主要承担农业粮税、各项集体提留、统筹等。生产队对两田按户分类建账，以后根据各户人口变化，实行两田互补，动账不动地。还明确规定承包地可以流转，可以租赁经营，并与承包农户签订了具有法律效力的合同。这一经营管理模式，一直延续至今，消除了农民在土地承包期满后是否还能继续承包的疑虑。

实行家庭联产承包责任制初期，土地承包到户，将耕牛、农具、公房等批价卖给农户，集体工副业、水利设施、鱼塘等由生产队统一经营，农业机械等由队统一管理。初步形成了以家庭联产承包责任制为基础统分结合的双层经营体制。1986 年，遵照县委县政府《关于贯彻中央〔1986〕1 号文件的有关政策意见》的精神，木洞镇生产队按"宜统则统、宜分则分"的原则，将集体工副业、小型水利设施等凡符合农户经营的项目，都承包给农户经营，凡是一家一户办不好或办不了的事，由生产队统一经营和管理。生产队统的项目一般为：土地、山林等主要生产资料的管理和自然资源的开发利用；兴建和完善水利设施及农业机械维修、管理等；推广优良品种、温室育秧、地膜育秧等关键性增产技术；提供植保、抽水抗旱、引进种源种苗等产前、产中、产后服务；兴办集体企业、修桥补路、调整产业结构等事业；做好财务、收益分配、"两保证"费的收取、农村经济统计等管理。从此，进一步完善农业双层经营体制，加强了生产队统一服务的功能。

自农业家庭联产承包责任制实行后，凡发包给农户经营的土地、鱼塘、果园等，均由生产队与承包户签订承包合同，明确双方的权利和义务。为使合同规范化，县农村经济管理站专门设计了合同格式，统一印制了参考范本。为维护合同的严肃性和合同双方当事者的合法权益，从 1988 年起，县、乡镇、村分别成立了农业承包合同管理机构。

乡村合同管理机构负责本辖区内农业承包合同签订、变更、履行、兑现等事项的指导、监证和纠纷调解。凡农业承包合同纠纷，先由村合同管理小组调解，不服者申请乡镇合同管理委员会调解或裁决。如仍不服，可在 15 天以内向人民法院起诉。从此，农业承包合同管理进入了规范化法制化的轨道。

农村家庭联产承包责任制的全面实行和农村经济政策的逐步调整，促进了农村商品经济迅速发展。到 1985 年，农业总产值 43904 万元，比 1949 年增长 2.9 倍，年均递增 3.8%，比 1978 年增长 0.9 倍，年均递增 9.64%。

四、颁证流转阶段

1995 年以来，木洞镇在以家庭联产承包责任制为主的双层经营体制下，进一步深化农村改革。1998 年，木洞镇开展第二轮土地承包颁证，要求农村土地承包经营权"一定三十年不变"，青山镇 28 个村共颁证 31106 亩，核发土地经营证书 7218 户；木洞镇 20 个村共颁证 23986 亩，核发土地经营证书 7490 户。

2010 年 9 月，木洞镇开始新一轮土地承包确权颁证，按照《巴南区关于农村土地承包经营权颁证工作的实施方案》，以"二调"面积为基准，经清查核实后再次确权到户，为保障确权颁证工作顺利开展，木洞镇组建土地承包经营权确权颁证工作领导小组，村、社相应设立业务工作指导站，木洞镇确权颁证工作先后经过了"宣传发动、培训指导、入户调查、信息录入、确权发证"五个阶段,以区国土分局提供各村(社)的"二调"面积资料为依据,确权到农户,做到了"证、账、簿、地"四相符,木洞镇共计入户调查摸底14708户,确权面积为37966亩,入户率100%。后期信息录入和发证阶段,木洞镇按照区级文件要求,建立电子信息登记簿,同时确权颁证37966户,颁证率100%。至2011年3月底,木洞镇土地承包确权工作结束。

第三节 土地流转

推行土地流转,是我国农业实行继联产承包责任制后的又一次重大的经济结构调整。木洞镇于1998年开始在松子村1社与淘璃厂推行土地流转,以租用方式,每年向经营土地户缴粮,以粮价随行就市计费支付。2008年,桃花岛全村2300余人的5600余亩耕地、林地等,全部由重庆隆庆公司租用。承包方以每年每亩耕地400千克黄谷、非耕地200千克黄谷,按巴南区政府公布的当年中等黄谷指导价折合人民币计算流转费,在年初支付给土地发包方。随后,墙院、海眼、庙垭、杨家洞、栋青、土桥等村分别以不同形式推行土地流转。镇政府在实施土地流转过程中,主要开展了以下工作:

一、土地流转管理及程序

土地流转的方式采取转包、出租、互换、转让或者入股方式流转,当事人双方签订书面合同,流转的期限不得超过承包期的剩余期限,未经依法批准,承包地不得用于非农建设。委托流转的,有发包方的书面委托。采取转包、出租、互换、转让、入股方式流转的,由发包方备案。受让方将承包方以转包、出租方式流转的土地实行再流转,要取得原承包方的同意。

采取转让方式流转的,事先向发包方提出转让申请并经发包方同意;农户将其土地承包经营权转让给本集体经济组织外的单位或者个人,事先向本集体经济组织提出申请,由本集体经济组织公告,经本集体经济组织村民会议三分之二以上成员或者三分之二以上村民代表的同意,再报镇经济发展办公室审批。发包方(农户)在一定期限内部分或者全部土地承包经营权转包或者出租给第三方,承包方与发包方的承包关系不变;承包方经发包方同意将全部或者部分土地承包经营权转让给其他从事农业生产经营的农户的,由该农户同发包方确立新的承包关系,原承包方与发包方在该土地上的承包关系即行终止。土地承包经营权采取互换、转让方式流转,当事人要求登记的,应当向区政府农村土地管理部门申请登记,未经登记,不得对抗善意第三人。以农村土地承包经营权入股从事农业合作生产的,还应遵循《农民专业合作社法》的规定。

木洞镇在推行土地流转的时候,严格按照流转程序操作。即:(1)业主与村社洽谈;(2)项目用地报镇政府审查同意;(3)业主与村社商谈流转条件;(4)村社干部征求农户意见;(5)在大多数农户同意的前提下,召开户主或占地农户大会,形成会议纪要,明确提出项目用途、流转期限、面积、流转费标准等；（6）农户签订书面委托书，委托合作社进行流转；（7）对流转土地实地丈量（或凭承包证）确定流转面积；（8）业主与合作社签订流转合同，村委会鉴证；（9）业主支付土地流转费及工作经费；（10）业主编制项目规划，并报镇政府审查同意；（11）到区按政策办理立项、建设相关手续；（12）启动项目建设。

镇里进行农村土地流转的，都签订由区农委统一印制的农村土地流转合同规范文本。镇经济发展办公室指导流转双方在充分自主协商的基础上，签订规范的农村土地流转合同，依法建立合理的流转关系和利益关系。

二、土地流转制度

建立农村土地流转备案、审批和登记制度。发包方对承包方提出的转包、出租、互换或者其他方式流转农村土地承包经营权的要求，及时办理备案，并报镇经济发展办公室备案。承包方申请转让农村土地承包经营权，发包方同意转让的，发包方及时向镇经济发展办公室书面报告，并配合办理有关变更手续；发包方不同意转让的，于收到承包方的书面申请后七日内向承包方书面说明理由。承包方申请向本集体经济组织外的单位或者个人转让农村土地承包经营权，经本集体经济组织村民会议三分之二以上成员或者三分之二以上村民代表同意，发包方同意转让的，发包方及时向镇经济发展办公室书面报告。对采取互换、转让方式流转农村土地承包经营权的，指导当事人在自愿的基础上申请办理农村土地承包经营权流转登记。当事人申请办理农村土地承包经营权流转登记的，逐级申请，并报相关部门办理农村土地承包经营权证变更登记。

建立农村土地流转档案制度。镇经济发展办公室和各村委会建立了农村土地流转档案管理制度，对农村土地流转合同及有关文件、文本、资料进行归档并妥善保管，还建立农村土地流转情况登记册，及时准确记载农村土地承包经营权流转情况。

建立农村土地流转动态监测制度。镇经济发展办公室和各村委会设立农村土地承包和流转情况统计台账，及时录入、更新农村土地承包和流转情况数据，实行动态监测，及时地掌握土地流转情况。

镇的经济发展办公室负责农村土地流转的政策咨询，指导流转双方签订土地流转合同。村委会负责办理流转合同鉴证，调解流转合同纠纷，对土地流转合同的登记、变更等情况进行归档管理等工作，报镇经济发展办公室备案。

以《中华人民共和国农村土地承包经营纠纷调解仲裁法》为依据，发生农村土地承包经营纠纷的，当事人可以自行和解，也可以请求村民委员会、镇政府等有关部门调解；当事人和解、调解不成或者不愿和解、调解的，可以向区农村土地承包仲裁委员会申请仲裁，也可以直接向人民法院起诉；当事人不服仲裁裁决的，可以自收到裁决书之日起30日内向人民法院起诉。镇政府做好《农村土地承包经营纠纷调解仲裁法》的宣传工作，在各村健全农村土地承包经营纠纷调解机制，形成"民间协商、村社调解、区级仲裁、司法保障"的农村土地承包纠纷调处机制，及时、公平、公正解决农村土地流转纠纷。

第四节　现代都市效益农业开发

木洞镇抓住第一批国家绿色低碳示范镇创建、命名以及巴南区社会主义新农村建设示范镇试点的契机，遵循特色农业区、转型农业区和生态旅游观光区的农村发展思路，树立发展生态文明，建设镇乡一体化的美好家园理念，将现代农业开发放在发展农业的重要位置，积极推进现代农业的开发建设工作。

一、农业开发起步

2006年，木洞镇实行农业开发的有重庆长坪农业开发有限公司、重庆长南现代农业开发有限公司、巴南区木洞永合花木园艺场、巴南区庙垭竹笋加工厂等。2007年，木洞镇政府招商引资引进了一批现代农业开发商，主要有：1. 重庆平克农业发展有限公司：2007年6月入驻杨家洞村，用地20余亩，发展现代农业；9月，接收长坪农业发展公司岩碥蔬菜基地190余亩，引进和种植新型水果、蔬菜。2. 庙垭竹笋加工厂：2007年扩大规模，增加了产量，月销售收入达40余万元，年底达到规模型企业标准，2008年引进新型竹笋品种，就地向村民推广竹笋种植4000亩，扩大生产规模。3. 重庆三和现代农业发展有限公司：2007年10月入驻庙垭村，由重庆万居房地产营销策划公司等三家股东共同出资，用地50余亩，发展现代生态观光农业。4. 重庆通顺建筑安装有限公司：2007年10月底，在庙垭村租赁土地20余亩，发展现代观光农业。

以上开发项目的入驻和规划，开启了木洞现代农业开发的征程，为以下农业项目开发实施奠定了基础。

二、农业开发发展

2010以来，木洞现代农业开发有了新的发展，其开发理念、开发规模、项目实施等方面取得了成效。

海眼丰雨谷原生态农庄：海眼村丰雨谷原生态农庄是一个集农事体验、农业观光、产业示范、农业推广和学习培训为一体的原生态休闲农业庄园。项目主要以在校青少年、城市老年人及"5+2"群体为目标客户群体，旨在为在校青少年团体和家庭提供农事体验、农业认知和绿色食品，为老年人提供休闲观光度假的好去处。

项目由重庆平克农业发展有限公司投资建设，2009年入驻海眼、杨家洞村，已流转土地1323.8亩（其中：海眼村1180.2亩，杨家洞村143.6亩），项目总投资1.295亿元，建设周期为3年，分三期实施建设，到2009年已启动，2011年已经建成。

项目总体布局概括为"两区四场"，两区为海眼村农庄片区和杨家洞渔场片区；四场为体验采摘农场、生态示范农场、生产观光农场、生态渔场。

杨家洞方泰生态养生观光农业园区：重庆方泰农业发展有限公司于2010年入驻木洞镇杨家洞村，用地面积3200亩，其中优质水果种植地2000亩，优秀绿化苗木1200亩，总投资1.6亿元。结合项目区地形高差较大的特点，规划建设上部为休闲木屋度假片区，中部为水果种植片区，下部则是以户外活动为主的多个景点，以 2 条纵向的景观步道串联，涵盖内容包括宴会厅、室外婚礼广场、演艺广场、儿童活动场、农民新村、餐饮文化街、养老院等。该项目定位为以水果种植为核心，打造集生态休闲、旅游度假、生态疗养为一体的高端生态养生观光农业园区，共分五期实施，预计五年内完工。

木洞镇庙垭村水果生态农业园：三峡移民后扶项目庙垭水果生态农业园，建设面积 1360 亩，其中种植面积 1100 亩。配套田间灌溉、排水、道路、生态防护等基础设施建设。项目总投资 3410.21 万元，其中建设资金 3362.37 万元，流动资金 47.84 万元。项目建设以移民安稳致富为目标，库区环境保护为前提，充分结合木洞地理气候资源，立足木洞水果产业优势，建设草莓、小西瓜、葡萄、猕猴桃等为主的水果生态农业园。按照企业为主体、政府引导与监管、农户参与的原则，根据社会主义市场经济规律探索现代化农业生产与经营模式，实现企业挣钱、农民受益、产业发展的目标。

山水牧歌生态休闲农业示范基地：山水牧歌项目位于木洞镇杨家洞村，由重庆陌上春秋农业开发有限公司投资建设，是一个集绿色农业、科技展示、休闲体验和学习培训于一体的生态休闲农业基地。项目占地 1500 亩，静态投资约 1.6 亿元，分三期实施。一期占地面积 500 亩，投入资金 5000 万元，主力打造优质苗木体验区、创意农业体验区、绿色蔬菜体验区、优质果树体验区、生态湿地体验区等六大功能区。项目投产后的产品收入包括优质果蔬、花卉苗木、乡村旅游等，预计年收入将实现 1600 万元，企业可创年利税 500 万元，提供 500 个以上就业岗位。至 2011 年底，已带动农户 179 户，吸纳农村劳动力 100 人。

该项目可提高绿地面积，增强项目区对三峡库区的生态屏障功能，将显著改善农业生产条件和农村生态环境，具有明显的生态效益、社会效益和经济效益。

栋青圣新创意农业基地：重庆圣新创意农业基地位于木洞镇栋青村 3 社，占地 500 余亩，总投资 8000 万元，一期已建设面积 286 亩。项目执行前，其投资方已于 2009 年 11 月在木洞镇栋青村租地 286 亩，以 500 万元资金注册成立重庆圣新创意农业开发有限公司，前期投资 1600 万元，已将河沟及周边进行了整修。该项目在此基础上，围绕中心湖展开，围绕各个主要区域，设计不同风格的生态园林，以主要水系和道路为主线，景观贯穿其中。总体布局分为农业成果展示区、水体景观区、苗圃栽植区、水上种植养殖区、绿色蔬菜区、亲子活动区、社会教学拓展区、游乐园区及蔬菜宅配。

项目建成后，年利税可达 500 万元，可解决当地农民长期性就业 80 人，短期性 300 人，推动地区经济发展。

栋青瑞普现代农业观光园：瑞普现代农业观光园于 2011 年入驻栋青村，已流转土地约 1000 亩，投入资金约 500 万元。园区规划占地 1081 亩，总投资 3000 万元。总体布局为"一心四区"，即综合接待中心、生态鱼类垂钓区、香桃种植垂钓区、柑橘种植体验区、枇杷种植体验区。项目建成后，将形成集农林科技展示、休闲体验和学习培训于一体的现代生态农业园区，同时增加规划区植被面积，提高森林覆盖率，改善规划区生态环境，减少土流失 0.35 吨/亩，全面改善自然生态和人居环境，实现人与自然和谐发展。

第六章 工 业

木洞镇历史悠久，依水而兴，以码头为阵地的工业企业平台，使木洞镇的工业企业得到发展。20世纪50年代初，木洞镇从作坊式的缝纫、小型瓦窑、铁炉、加工房，逐渐扩大到造纸、织布、食品加工以及运输业的发展，20世纪80年代，以重庆焊管厂等为代表的工业企业的兴盛，扩建到水力电站的兴起，20世纪90年代的建筑业等的繁盛时期，2000年后，以私营企业为主的小型企业，给木洞镇经济起到了支撑作用，带动了木洞镇地区经济的持续发展。

第一节 形成与发展

一、概况

木洞镇的工业萌芽于20世纪50年代，开始以手工作坊如缝纫、食品加工、砖瓦窑、铁炉等进行生产。到20世纪六七十年代，开始发展社队企业和二轻工业，先后创办了重庆焊管厂、木洞造纸厂、木洞国光织布厂、木洞竹器社、木洞水上运输公司等为代表的工业企业，还发展了一批如木洞榨菜厂、木洞副食品厂、木洞酒厂、木洞粮油加工厂等食品加工业。至20世纪80年代和20世纪90年代初，这些社队企业处于旺盛阶段。这些社队企业的发生、发展、消亡受国家对农村经济政策杠杆作用的影响，是计划经济的产物，而不是按经济规律的自然法则运行，加之这些社队企门类多，规模小，产值低，就业和税收贡献不明显，因此，随着国家实行市场经济的逐渐深入，它们于80年代后期至90年代逐步停产关闭。

20世纪80年代末，原社队企业更名为乡镇企业，主要还是发展集体企业，该时期多数企业为私人出资挂靠集体。当时在仍保留原有企业的基础上，新办了一些建材业、服务业，成立了建筑工程公司和一些机械加工制造业，同时提倡适度发展个体私营企业和股份有限公司，私人出资可挂靠集体。在这一时期，集体企业可享受一些政策和税收上的优惠政策。20世纪90年代初，开始实行建制调整，给企业发展带来了发展机遇，乡镇企业得到迅速发展。20世纪90年代中期，逐步对集体企业进行改制，鼓励发展私营企业，对部分集体企业实行"关、停、并、转"。2001年，青山并入木洞镇后，企业类型增多，其行业涉及面更广泛，有种植业、采矿业、化工工业、机械工业、电力工业、食品饮料工业、印刷业、建材工业、猪鬃加工业、制造业、服务业等。同时，各种农业特色产业开始兴起。到2011年底，全镇有各类私营、股份制和微型企业600余家，企业总产值突破3亿元,为木洞镇的经济发展做出了突出贡献。

木洞镇的工业企业有属于二轻系统的国有、集体企业、乡镇企业(1984年前称社队企业)和私营企业。其发展经历了三个时期:一是萌芽超步时期:1949年初,木洞街上的8家私营服装店组成缝纫生产合作小组,后扩大为缝纫手工业生产合作社;在农村,开办了一些手工业作坊,如加工房、面粉房、条石场、小砖瓦窑、小石灰窑、小铁炉、农具修造厂等;二是曲折发展时期:到20世纪六七十年代,兴办了一批工业企业,如重庆焊管厂、木洞造纸厂、木洞国光织布厂,以及食品加工业如木洞榨菜厂、木洞副食品厂等,这些工业企业经过一段时间的发展后,于20世纪90年代停止了生产;三是新型模式时期:20世纪八九十年代以后,非公有制的私营工业企业兴起,在市场竞争中不断发展壮大,木洞工业企业开始步入快车道。

二、特色产业

榨菜、蜜饯为木洞镇特色产业。

1949年前,木洞镇的食品加工业,主要是个体作坊,自主经营,自行经销,多在本场镇集市经营销售,到50年代,木洞镇为了场镇居民就业谋生,在木洞镇石宝街经营木洞蜜饯(蜜枣),在中坝组建木洞榨菜厂,其述如下:

蜜饯加工:重庆木洞副食品厂主营蜜饯加工,是从木洞供销合作社永懋公司分离出来,与木洞榨菜厂同为一个厂。1965年12月,从木洞榨菜厂分离出来,成立木洞副食品厂,厂址位于木洞镇石宝街,占地面积1亩,共有糖果、蜜饯、酱园、冰糕4个车间,全厂职工70人。1976年上半年,更名为国营重庆木洞副食品厂。1992年,由于该厂在市场竞争中入不敷出,宣布破产。从此,蜜饯加工成为木洞多数个体经营的作坊式生产。

重庆木洞副食品厂历届负责人:吕绍伯、张治华、袁腾辉、冉庭国、詹治模、管昌培。

榨菜加工:中华人民共和国成立,木洞榨菜以家庭手工作坊式生产,其生产的榨菜一般用于家庭食用,剩余部分用作集市交易,也有生产榨菜大户,批量上市交易。到1952年,国家实行公私合营,将生产制作榨菜大户集中起来,合作经营。木洞榨菜厂于1952年2月开始筹建,地址在木洞镇中坝岛,占地面积8300平方米,固定职工70余人,临时工1200余人。设置了榨菜、蜜饯、糖果3个车间,主要生产榨菜、蜜饯,另外配置了条粉、罐头等附属产品

1954年,木洞供销合作社永懋公司分离的人和产品项目并入重庆木洞榨菜厂。1965年12月,将蜜饯、糖果、罐头部分产品分离,新建木洞副食品厂。1966年12月,木洞副食品厂又并入木洞榨菜厂。1976年上半年,又将木洞副食品厂分离。从此,重庆木洞榨菜厂自立,更名为国营重庆木洞榨菜厂。

20世纪80年代前,木洞农村种植蔬菜,多以青菜为主业。种植的鲜青菜成熟后,由木洞榨菜厂设置若干个分点收购,常年能收购鲜青菜头260万千克,歉收年最低也有150万千克。建厂初,年产量约500万千克,1983年达1270万千克。年产值在计划经济时期,每年约300万元,市场经济时期的1983年,达1524万元。榨菜主制菜块、菜丝、盐渍菜,销

往全国各地（除内蒙古），盐渍菜（近似泡菜）主要销往日本，每年销售量约400万千克。

除榨菜外，蜜枣是同属木洞榨菜厂的兼营产品之一，年产量5万千克成品，计划经济时期年产值约60万元，市场经济时期年产值约80万元。主要销售在南方、东北三省及内蒙古，出口主要是新加坡、马来西亚、泰国。同时，糖果、罐头也是该厂兼营生产的部分产品，年产值约15万元。

进入80年代末，木洞榨菜厂开始步入低谷，在实行多种经营体制下，放开搞活流通渠道，市场开始竞争，加之农民种植的大量青菜，实行自种、自制、自销，又因木洞榨菜厂大多为临时工人，他们开始离厂经商等。至1999年，重庆木洞榨菜厂宣布破产。

重庆木洞榨菜厂历届负责人：袁腾辉、张治华、秦世兵、许治明、唐君恒、张礼万、严光平。

第二节　地方集体企业

一、主要工业企业

木洞镇的二轻企业，集体或个体经营的企业，随时代和市场需求的兴盛与退出，这里着重介绍重庆焊管厂、木洞造纸厂、木洞织布厂、木洞制毯厂。

重庆焊管厂：1949年前，木洞河街八洞桥至水沟街一带，有铁匠铺若干，以纯用手工打制锄头、镰刀、菜刀、柴刀、烟刀、汤瓢以及其他简单农具和生活用具，主要就地销售。因产品质量优良，后有涪陵、南川、长寿、江北等地的客商前来采购，形同批发，远销外地。20世纪50年代，在大力推行合作化时期，有5盘炉子、15个工人，总资产为350元的5家铁匠铺，组织起铁业生产联营组，后发展成为有30余人的铁业生产合作社，再发展为有100余人的农具五金厂。虽然主要生产农业用具，产品单一，但是生产有了较大发展，年产值约1万元。到60年代，实行技术革新，过去的手工操作改良为半机械化、机械化作业，生产农村急需的插秧机、打谷机、脱粒机、磨粉机等，年产值上升到10万余元。1978年后，生产效益得到提高，仍然坚持生产，除继续生产农业机具外，又新生产1.1kW电动机、5T冲床以及许多工业用的手工小器具，产品远销成都、贵州、上海等地，年产值150余万元。由于生产的农业机械性能好、质量高，于1974年运送了一批产品到欧洲的荷兰等国，完成了一项援外任务。

20世纪80年代，针对川东地区没有焊管厂，而四川省每年需要3万吨焊管的矛盾，决定转产焊管，与重庆钢铁公司签订合同，为其安置200名待业青年。重钢承担提供30万元的低息贷款，用作添置设备和改建生产车间，并保证供应管坯、钢材。1981年，焊管投入生产，厂名亦改为重庆焊管厂。当年，又与重钢签订合同，把新生产的各型焊管品种纳入重钢销售项目，由重钢代销，解决了厂内资金、原料、技术不足的困难，使新生产品站稳了市场。1983年，市场镀锌管紧俏，焊管厂于10月份试产成功，投放市场，得到市物资局好评。同时，又与成都市工业经济技术开发中心组成镀锌工艺联合组，中心出技术,厂方出车间、原料,自负盈亏。1984年,充分利用边角废料,生产 $\Phi 10$、$\Phi 12$ 型钢,产品面市后,供不应求。1985年,针对建筑装饰市场玻璃马赛克十分紧俏的需求,派出技术工人前往成都学习,后于当年10月生产出"神女牌"玻璃马赛克。为了使马赛克生产工艺的进一步提高,又与成都市工业经济技术开发中心再签协议,联办木洞建筑装饰材料厂,仍由成都市工业经济技术开发中心负责技术,厂方出厂房、劳务,利润分成。在厦门市的春交会上,与马来西亚等国达成出口协议,神女牌玻璃马赛克远销海外。又与重钢在原有的关系上,组成董事会,由重庆焊管厂厂长江朝忠任董事长,重钢每年供应钢材12000吨,焊管产品由重钢代销。1986年,为解决卷板料的困难,经东方电站成套设备公司引荐,同本溪钢铁公司建立供需关系,一次性从本溪运进卷板5000吨。还与九龙坡区建设银行、十八冶金建筑公司建立了销售联合关系,仅半年时间,销售额达500余万元。后经重庆市人民政府批准,同成都工业公司、成都通江金属制品厂、成都酒家、重庆九龙坡区玻璃马赛克厂等9个单位组成跨行业、跨地区的神女钢铁建筑材料公司。1987年,同成都军区后勤部工程部、昆明市第三建筑公司三家联合组成钢铁建材综合联合体。联合体设在昆明市,为焊管厂产品远销开辟了新的通道。同年,在内江县建材机械厂内设立联合经营部,焊管厂出管子、型钢,机械厂出场地、劳务,利润均分,把销售点扩展到川中地区。此时的重庆焊管厂,有职工近600人,厂房面积19980平方米,年产焊管20000吨、型钢10000吨、镀锌管8000吨,固定资产424万元,年总产值958.6443万元,成为巴县二轻系统中有一定声誉的企业。进入90年代后,市场竞争日益激烈,因其技术水平和产品质量跟不上时代发展的要求等诸多原因,焊管厂逐步下滑而终于停止生产。

重庆焊管厂的兴衰不仅代表了木洞五金加工工业的兴衰,也是其他一批老牌乡镇企业荣枯历史的缩影。

重庆焊管厂历任负责人:胡国明(1953—1958年);杨世章(1958—1962年);李广银(1963—1984年);江朝忠(1985—1998年)。

重庆木洞造纸厂:位于木洞镇石宝街。1956年1月,手工业个体户合并成立了木洞竹器生产合作社,有22户38人入社,设主任、副主任各1人,理事会成员3人,会计1人。1958年,与巴县工交局(国营)木洞水上运输分公司的一个工具厂合并,更名为木洞水上运输分公司。1963年,与木洞水运分公司分离,又更名为木洞竹器生产合作社,机构恢复原有人数。1964年,与木洞棕织社7人、丰盛木业组7人合并,更名木洞竹器社,有社员44人,增设监事会成员2人。1965年,竹器社与棕藤生产合作社合并,更名为巴县木洞竹木棕藤生产合作社,改手工操作为机械化作业,职工59人,机构人员与上述一致。1970年"文革"期间,竹木棕藤合作社更名木洞竹木棕藤生产合作社革委会,设主任1人,副主任2人,委员4人,职工65人。1980年,职工增加到130人,1988年,职工又增加到217人。1996年,因环保政策干预而停产撤销。

1965—1973年,每年产值由合作化建社的3万元增加到9万元,1972年最高17.8万元。企业积累由1956年的4000元上升到1972年的2.3万元。

1967年职工月平均工资37.33元,1972年21.65元,1976年37.33元,1981年47.52

元，1986年77.75元，1988年112.97元。

木洞造纸厂：纤藤、淘绳、藤椅、竹椅、船篷、木器、挞斗、风车、桌子、板凳、棕绳、棕衣等，主要销售在重庆周边地区。1970年，增加生产建筑用品、纸筋、木铁结构教学桌。1973年，开展技术革新，利用废旧材料试制了聚氯乙烯、癸二酸、野生纤维、电石、水泥等。随后，又成批生产草纸、纸壳、戽水兜等农具，当年生产纸筋217吨，书桌958张，凳子4500个。

木洞造纸厂历届负责人：罗盛德、冉炳成、徐光国、李广银、何秀林、吴世忠、陈福国、王国玉、何秀林、汪世奎、杨国立、龙方华、曾国任、胡应桂。

国光重庆木洞织布厂：1976年1月初，木洞镇镇长曹光新参加巴县县委工作会，会上要求各镇筹办街道企业，以解决城镇待业青年就业问题。2月，牵头筹建，搭配班子，起名木洞镇织布厂革命委员会，性质为街道企业，设主任唐青文，副主任罗泽容，委员3人，职工70余人，厂址确定在木洞镇菜坝段家巷子。4—6月，唐青文领队，组织罗登木、胡开福、周容碧、陈毕华、余广芳等10余人，到重庆远大织布厂学习操作技术，为期3个月。6月，开始上机操作，装机16台，实施生产运转，每台机器日产量130米，每天生产2000余米，一直正常生产至1981年12月。1982年1月，更名为国光重庆木洞织布厂，性质为巴县二轻集体企业，职工220余人。升格后，厂房扩大，占地约2亩，机器设备增加到120台，日产量提高到每台150米。计划经济时期，每米布匹单价0.5元；进入市场经济时期，每米0.6元或更高。布匹主要销往贵州、成都、西安、武汉等地，直至1997年破产。由于厂址属三峡淹没水位区范围，一次性补偿职工每人8000元。

国光重庆木洞织布厂历届负责人：唐青文、徐延生、蒋晓光、叶志辉。

重庆木洞制毯厂：始建于1984年末，隶属巴县木洞区公所直管，是在大力发展乡镇企业的背景下兴办起来的，资金来源于银行贷款、职工集资，总投资200万元，1987年投入生产。该厂是重庆织布厂转让的棉毯生产线，主要生产棉毯和织布，共4个生产车间，即：染烘、前纺、后纺、织布，属劳动密集型企业，高峰期有工人200余人生产棉毯，年产量近1万条，产值100余万元，其次生产棉纱和织布，年产值30余万元。90年代初，由于厂内生产设备陈旧、老化，产品质量、档次低，整个纺织业产品滞销，造成高投入、低效益的局面，至90年代末被迫转产改制为私营企业。

重庆木洞制毯厂历届负责人：马智慧、王子玉、肖德友、卢光余、胡进、彭禄华。

木洞镇工业企业主要是集体企业，以电力发电的有杨家洞电站、箭桥电站，以供销社印刷的集体企业；私营企业主要有重庆长坪建设集团有限公司，重庆通顺建筑安装工程有限公司，重庆市巴南区聚力页岩砖厂、大地化工厂、香南化工厂。

二、集体企业

杨家洞电站：位于木洞镇与东温泉镇交界的五布河溪流，1971年7月5日动工建设，以农村集体投工、投劳、投资共计70万元，1976年10月投入运行。该电站设计为抽水发电，电站分抽水、发电、农副产品加工生产班组，有抽水机2台，水轮泵6台，扬程368米，管道长2640米，主要灌溉长坪和木洞乡的杨家洞、胜利、保安村1万余亩农田；装有发电机组3台，每台装机容量200千瓦。厂房占地面积2000平方米，机组建设面积1000平方米。1978年6月，与国家电力部门实行并网。此时电站职工53人，发电输出产值30余万元，固定资产105万元。1997年，受三峡工程水位影响，国家一次性赔偿电站285万元，转为巴南区移民局经营管理。2006年6月，移民局收回残存企业，职工解体，人员分流，按13个月当年末工资标准计算，一次性补助职工后自谋职业。

木洞杨家洞电站历届负责人：钟家发、王华全。

箭桥电站：位于木洞镇西南2千米处的五布河溪流，1977年12月开始筹建，以木洞乡11个村的社员投工、投劳和集体投资建成。电站厂房占地面积300平方米，机组建设面积100平方米，装有2台机组，装机容量为每台200千瓦，1980年3月与国家电网并网运行。电站分早、中、晚三个班组，有职工23人，年发电输出电量为207万千瓦·时，当时电价为每千瓦·时0.13元，年产值约27万元。1997年，受三峡工程水位影响而解体，全体职工自谋职业。

木洞箭桥电站历届负责人：蒋树清、蒋长明、肖庆华、王莉。

木洞供销社印刷厂：位于木洞镇五层坎傍，始建于1969年，属集体企业。全厂占地面积500平方米，房屋建筑面积700平方米。拥有圆盘机、切纸机、方箱、四开平台机等设备。有设计印刷、贴标、包装等工艺制品。1986—1993年，企业年平均产值约10万元。由于该厂印刷设备陈旧，资金短缺，没有及时进行技术改造，在1993年后生产下滑，勉强维持运转。1994年底，印刷厂停止生产。

二、私营企业

重庆长坪建设集团有限公司：该公司始建于1978年8月，1999年8月改制组建为重庆长坪建设集团。公司坐落于巴南区渝南大道162号，正邻国际高尔夫球场，背邻太阳城小区，右500米是内环高速路口。公司注册资金5000万元人民币，有职称人员413人，其中有高级职称人员18人、中级职称人员101人，项目经理41人（其中一级建造师22人），常年职工6000余人，固定资产3547万元，各类机械施工设备配套齐全。公司本部占地面积10000平方米，有一栋一流办公楼和现代化办公设施。

公司以股东大会实施运行管理，设董事会、监事会管理机构，建立了党支部和工会。法人代表周光华。董事长以下配置3个副总经理，1个总工程师，5个法律顾问；副总以下分别设置10个工作部门，14个分公司和工程处。

近5年，公司承建了一大批代表工程：一是房屋建筑类37处，二是公路代表工程类41处，三是土石方工程代表工程类12处，四是市政代表工程类11处，五是土地整治代表工程类5处，六是在建代表工程65处。

公司多次荣获重庆市建委、市建筑协会、市乡镇企业局颁发的"优秀企业""明星企业"称号，连续荣获市工商局颁发的"重合同、守信誉企业"称号，工商年检免审企业证书，银行信用等级AAA企业，重庆市信贷诚信单位。2002年，被评为巴南区人民政府"三十强企业"，荣获"三峡杯"优质结构奖。已通过ISO9001：2000标准质量管理体系，ISO14001：2400环境管理体系，ISO14000：2800健康安全管理体系认证。

重庆通顺建筑安装工程有限公司：该公司于 1997 年 7 月 30 日成立，注册资金 600 万元，公司地址在木洞镇大桥二路 1 号。法人代表杨永，内设副经理、会计、出纳、工程师、安全员，日常管理人员 10 人。

公司主要经营建筑、安装工程业务，效益良好。现列举部分年代经营情况即可见一斑：1997 年产值 224 万元，建筑经营面积 8000 平方米；2002 年产值 420 万元，建筑经营面积 10000 平方米；2011 年产值 1000 万元，建筑经营面积 12000 平方米；共计经营建筑面积 90000 平方米。

重庆市巴南区聚力页岩砖厂：该厂 1994 年成立，厂址在木洞镇保安村。占地 1.5 万平方米，固定资产 600 万元，年产值 1000 万元左右。法人钟世明，有员工 50 余人。

该厂生产烧结类页岩砖、配砖、空心砖等。年设计生产能力 1500 万块。生产的各种建材产品符合现代建筑节能和住宅产业要求，发展循环经济要求，产品质量上乘。

在烧结页岩砖生产线上设置了余热蒸气再利用循环设施。将焙烧窑焙烧页岩砖时产生的余气，通过窑内设置的气流管道流向烘干窑里，将烘干窑存放的湿度较大的砖坯进行热气脱水烘干，充分利用了余热，节约了燃煤，并减少了余气向外排放量。

生产过程中产生的废固物、砖渣等进行定置堆放，再进行破碎后按比例加入新料中混合粉碎成末生产产品，把废固物进行再生利用。既节约了资源，又减少了排放，且治理了环境。

企业开展了各种技术、安全、质量、职业卫生、环境保护、能源管理等培训工作，把企业营造成一个团结、和谐的大集体，成为遵章守纪、合法经营的守信企业。

大地化工厂：该厂始建于 1997 年 8 月，厂址在木洞镇前进路 168 号，占地 2336 平方米，建筑面积 818 平方米，法人代表李奎，职工 29 人，技术员 4 人，固定资产 68 万元。主产医药中间硫乙胺，年产量 100 吨。从开业至 2011 年，一直经营正常。

香南化工厂：1987 年 4 月，新建仰山乡皮革厂，厂址在松子村，厂长是唐治轩，工人有 32 人，经营皮革。1994 年，陈正华接任厂长，经营到 1997 年 12 月，由于产品滞销停产。1998 年 1 月，被重庆新兴节能设备厂接收，转产天然气节能灶具。不久，天然气节能灶具又出现市场不景气，因此停产。

与新兴节能设备厂紧密相连的还有土桥村纺织配件厂。两厂处在同一地块，厂房和宿舍占地面积 380 亩，厂区使用土地 2368 平方米。2000 年 2 月 16 日，青山镇政府将两厂以 10 万元拍卖给重庆市香南化工有限公司。法人代表何国海，有管理人员和工人共 22 人。香南化工厂以生产加工摩托车材料塑料颗粒为主业，年产值 1000 余万元。从拍卖至 2011 年，一直经营正常。

第七章　商贸服务业

清末民初，木洞商界就形成了油、盐、糖、酒、屠、木、药材、棉纱、白布、杂货、粮食、旅栈共12个帮口和油业、盐业、糖业、酒业、绸布业、棉纱业、粮食业、榨菜业、百货业、山货业、屠宰业、航运业、餐茶旅栈业、经纪业共14个同业公会。民国二年（1913年）成立了木洞商会，比巴县商会早成立31年（巴县商会成立于民国三十三年，即1944年）。民国初年，木洞镇相继设立了英、美、日等国的商业代办机构，招用国人经办。他们运销煤油、蜡烛，收购土特产品如桐油等，运销国外，重庆海关也派船前来验关出境。木洞还设置了两湖黔滇川（即湖南、湖北、贵州、云南、四川）"五省公署"协调总揽交涉各地商务等事宜。当时木洞的商业贸易相当繁荣。

中华人民共和国成立后，木洞镇发展了包括国营商业、供销商业、集体商业、私营商业等多种体制的商业，建设集市市场，加强了商业管理。市场繁荣，经济活跃，广大人民群众日益增长的物质生活需求得到满足。

第一节　商贸经济的形成

中华人民共和国成立前，木洞地区以农业为主，长期处于自然经济状态，农村给市场提供的商品及购买力极其有限。乡场以坐商为主，辅以行商和小贩，较大的商号多为集股合资经营，主要集中于木洞镇，以零售为主，兼营批发。输入境内的物资多为食盐、糖、棉纱、布匹、煤油、百货等，输出多为农副产品。民国后期，国民政府在政治、经济危机中滥发钞票，造成通货急剧膨胀，物价瞬息剧变，商业相互以实物结算，一些店、号倒闭停业。

中华人民共和国成立初，木洞镇对私营工商业实行社会主义改造，成立了供销合作社，发展了国营商业、集体商业等多种商业模式，商业经济有了新的发展。

党的十一届三中全会后，提倡个人经营，发展私营商业。至1985年，全镇私营商业已发展到836户。1994年起，国营商业、供销社商业、集体商业系统在商业体制改革中，通过租赁承包、投资承包等转制形式，从中又有相当一部分人员加入个体经营的行列，私营商业队伍日渐扩大。2011年，全镇注册登记的批发和零售业个体商业户1420户、食宿和餐饮业91户、服务业235户。同时，大力发展生产生活资料商业贸易，发展餐饮服务行业，扩大集市交易，促进了商贸经济的新发展。2011年，社会消费品零售总额14900万元，比2001年扩大镇制前增长306.02%。

第二节　集市贸易

一、河街

1949年前,木洞河街与水运码头相互依托,一些上下客货船只常在木洞码头停泊,船商和本地民众在此交易,逐步形成了木洞镇的河街。河街上起礁巴岩,下至普慈岩,顺着江岸搭建;大巷子和四合一巷子下的河沙坝,各搭建一条河街店铺连接码头。店铺多用木、竹为材,立柱架枋,以竹篾捆绑结实,再以楠竹剖开为瓦,阴阳相盖为顶,四面皆用竹篾为壁,当街一面之竹篾可上可取,便于经营生意。这些店铺为临时建筑,枯水搭建,洪水拆除,面积0.5万~0.8万平方米。清代诗人、奉节知县姜会照路过木洞题诗《舟次木洞》:"小市人烟簇,茅茨绿水湾。四围多古木,一望满春山。估舶争来去,禽声自往还。江风无限好,诗酒夕阳间。"可见当时木洞河街的繁华景象。

中华人民共和国成立后,在计划经济政策的影响下,商贸受限,河街日益减少。20世纪80年代以后,后湾新区街道逐渐形成,90年代初,小河边大桥通车,商贸中心移至后湾新区,河街只有一些零星店铺。至21世纪初,南涪公路建成通车,木渝客货往来多走陆路,客货轮船停运,水运码头萧条,河街随之逐渐移至木洞镇大石路农贸市场。

二、集市

木洞的集市,主要集中在木洞街道。早期的木洞街道,集中在三峭湾、陡石梯、涧上、水沟街以及河街一带。清末至民国年间,木洞临江的正街和石宝街兴起,集市逐渐转移到正街、石宝街、河街一带。木洞的油、盐、糖、酒、屠、木、药材、棉纱、白布、杂货、粮食、旅栈共12个帮口和油业、盐业、糖业、酒业、绸布业、棉纱业、粮食业、榨菜业、百货业、山货业、屠宰业、民航业、餐茶旅栈业、经纪业共14个同业公会多数都集中在此地。佛亨轮船公司、巴县银行木洞办事处、裕大电灯公司、荣集祥印刷店等企业也在此地。协调总揽交涉各地商务等事宜的湖南、湖北、贵州、云南、四川"五省公署"也在此办公。英、美、日三家外商代办机构有两家驻于此地。20世纪八九十年代以后,随着新区建设日益完善和工商所办事楼在后湾落成,木洞集市中心又转移至后湾一带城区。

木洞集市的场期,按约定俗成为"三、六、九",即每十日中逢三、逢六、逢九赶场。1949年前以农历为准,1949年后,国家以公元纪年,便改为以阳历为准。在"文化大革命"时期,曾有一段时间定为"七天一场",即每逢星期天为赶场期。木洞集市虽定"三、六、九"为赶场期,但实际上除仔猪交易外,其他商品天天都照常交易,人们称之为"百日场"。

木洞镇辖区的集市除木洞集市外,还有栋青乡的栋青集市和长坪乡的墙院集市。这两个集市主要经营民众日常需用的生产资料和生活用品以及服务行业。墙院于1983年设集市,场期为"一、四、七",1993年12月因建制调整长坪乡并入木洞镇而自动停止。

1949年前栋青就有集市，场期为"二、五、八"，直至2011年底，仍然兴盛不衰。

三、农贸市场

1949—1985年，木洞镇在大巷子、礁巴岩以下的空旷的河沙坝设农贸市场，民众在此进行农副产品和仔猪交易。

1985年，政府投入资金30余万元，占地2000平方米，在木洞工商所办事楼处（后湾）修建农贸市场，当年10月竣工后，将农贸市场从河沙坝迁入。

1999年，政府投入500万元，占地5000平方米，在大桥一路修建农贸市场。2000年7月，将后湾的农贸市场迁入此地。市场按经营项目划片分区，经营品类主要有百货、服装、文具、五金交化、粮油、食盐、烟酒、蔬菜、果品、水产、肉食、禽蛋、日杂土产，以及豆花、蜜饯、榨菜、油酥鸭等。至2011年底，木洞农贸市场一直保持"百日场"赶集制，赶集时间多在每天上午6点至中午12点，日均赶集人数约5000人。

第三节　商业贸易

木洞商业包括国营商业、供销合作社商业、集体商业、私营商业4种商业经济类型，主要从事农业生产资料和生活资料经营。1986—1997年，国营商业、供销合作社商业、私营商业是为群众供应生产物资的主要商业贸易渠道，商品经济繁荣，市场经济活跃。1998年，随着物资市场开放进程加快，计划经济条件下形成的企业经营体制和经济模式受到越来越激烈的冲击，个体私营商业在市场竞争中得到了蓬勃发展。至2011年底，木洞镇注册登记的批发和零售业个体商户1420户，食宿和餐饮业91户，服务业235户，成为木洞经济发展的新的增长力量。

一、商业体制

国营商业：1952年，国营公司、批发部、经营站逐步在木洞镇建立，发挥了商业市场的主渠道作用。1965年8月，木洞成立巴县商业局木洞办事处，辖镇域内国营商业。1986年，成立木洞商业办事处，辖镇域内国营百货、针织、糖业、烟酒、蔬菜、副食、水产、五金、交化等5个分公司和食品、煤建、外贸等3个经营点，以及糖杂副食品经营部1个，国营商店8个，共有职工190人。各专业分公司和国营商店分别经营百货、纺织、针织、文化用品、五金交电、化工、民用煤炭、肉食品、饮食、旅馆、卷烟、食糖、白酒、海产品、照相等业务。

随着改革开放的深入，市场经济迅速形成，国营商业在计划经济时期的优势逐步减弱。进入90年代后，各公司经营日下，运转艰难。糖业烟酒分公司、蔬菜副食水产分公司和国营商店先后改制，百货针织公司解体，五金交化分公司也停止了营业，以出租门市度日。

供销商业：1952年，木洞镇组建供销合作社，由农民入股投资，每股3元。供销社机构组成人员有 16 人，杨奉昆任书记兼主任。

1953 年，国家对私营工商业进行社会主义改造，对木洞镇的私营工商户实行公私合营，如经营棉布业的大康和永义布店、经营糖果业的永懋商店、经营旅馆业的茂华旅馆以及西南火柴厂等的老板也作为股东并入供销社。

1986 年，木洞供销商业系统改为巴县联社木洞贸易公司，有职工 190 人，下设土产、农资、物资回收、日用杂品 4 个经营部，经营商业网点 16 个，主要经营各种土特产品、农用化肥、农药、薄膜、日杂和废旧物资回收等。

1952 以来，木洞供销社经营效益良好。1992 年开始，随着物资市场的开放，个体私营商业蓬勃发展，公司经营门市减少，农资和物资回收经营部先后破产解体，公司于 1999 年底停止营业。

木洞供销社历届负责人：徐虎成、顾正安、祝定安、胡建忠、李显贵、胡开富、周兴伦、陈德禄等。

集体商业：1993 年，木洞镇集体商业企业有百货、文具、五金、棉布、饮食、甜食、烟酒、茶旅、综合贸易、川江贸易、副食品贸易、光华工业品、煤炭、水果、新华印刷厂、土陶、国药、竹木器等 21 个商店，拥有职工 542 人，门市 65 个。1994 年起，随着市场经济的形成，各商店通过租赁承包、投资承包等转制形式，全部加入个体经营的行列。

私营商业：1978 年，中共十一届三中全会后，国家允许发展私营经济，个体商贩成了社会经济中不可缺少的组成部分。1981 年，成立木洞镇劳动就业服务公司，广开就业门路，安排城镇待业青年和社会闲散人员从事个体商业。1982 年 7 月，成立木洞镇个体劳动者联合会，1983 年 7 月，改为木洞镇个体劳动者协会，个体户逐年增加，至 1985 年，全镇已发展到 836 户。

随着木洞镇城区的扩建，1986 年后形成了一股经商热，开店设铺的人越来越多。在店铺设置上，有自建房屋开店的，有购买商品房开店的，有租赁集体房开店的，有挂靠集体商业租赁柜台营业的；在经营形式上，有独资的、合伙的、挂靠的；等等。随着时代的变化和发展，行业类别越来越多，有售车行、摩托车修理铺、电子游戏机室、网吧、打字复印店、婚礼服务总汇（婚纱出租、婚车装饰）、印刷社、美容按摩店、鲜花礼品屋、保健品商店、音像租售店、卡拉 OK 歌舞厅、彩票发售、手机电脑专卖与维修店、寿器店以及家庭、建筑装潢店等。服务方式接近于城市的格局与品位，铺面设计具有个性且充满时代色彩。

1994 年起，国营商业、供销社商业、集体商业系统在商业体制改革中通过租赁承包、投资承包等转制形式，从中又有相当一部分人员加入个体经营的行列，私营商业队伍日渐扩大。

2011 年，全镇注册登记的批发和零售业个体商业户 1420 户、食宿和餐饮业 91 户、服务业 235 户。

二、商品经营

木洞的商业贸易主要是经营民众生产、生活所需要的生产资料和生活资料。生活资料中粮食是"民以食为天"的至关重要的项目，百货是维系民众生活的必需品，是生活资料的大宗项目。因此，将这两项与生产资料和生活资料并列叙述。

生产物资供应：生产资料经营主要是指农资商店的化肥、农药、农膜、农机、农械经营。1985年起，化肥、农药、农膜3个品种经历了专营、主渠道经营、完全放开3个阶段。

1985—2000年，是专营和主渠道经营阶段。此时的化肥、农药、农膜3个品种是以当地政府每年的农业生产计划组织购进和供应的。随着80年代中期农村经济政策的落实，农民种粮积极性空前高涨，对化肥、农药、农膜的需求不断增加。为了做好化肥的淡储旺供工作，从1985年起，木洞供销社先后在木洞镇、栋青乡、天池乡、长坪乡、清溪乡等地新建共计2万平方米的化肥库房，并在木洞镇中心仓库增设供存放上千吨化肥的河坝露天仓库，每年淡季储备各种化肥约5000吨。同时，为了方便农民就近购买，把化肥经营延伸到了双代店。1985—2000年，木洞供销社平均每年供应各种化肥约1.5万吨，1987年最多达到约2万吨。

此外，木洞供销社还组织农药、农膜、农机、农械等农资商品供应。这一时期内，组织供应各种农药共计约2万吨，农膜约1万吨，农机、农械约80万件。

2000年改制后，农资经营（主要是化肥）进入了多渠道竞争的放开经营阶段。木洞供销社牢记为农服务宗旨，充分发挥自身点多面广的优势，多渠道组织货源，积极参与竞争，除占据木洞地区化肥市场的七分天下外，还将销售扩展到了接龙、姜家和南川，以及涪陵区县的毗邻乡镇。2001—2009年，平均每年木洞供销社供应各种化肥约8000吨，最高年达1.2万吨。2006年8月，为了把化肥经营做强做大，木洞供销社、江北农资公司、木洞沿江农技服务中心各出资25万元组建了化肥联合经营体，联合体下设化肥经营点119个，其中木洞供销社经营点75个。

生活资料经营：木洞供销社生活资料经营主要是指日用工业品、副食品（除肉类）、日用杂品、交电等商品经营，由工、副、杂三个商店分别负责。20世纪80年代以来，随着改革开放不断深入，市场经济不断发展，老百姓收入不断提高，物质文化生活需求日益增长，木洞农村消费市场呈现一片繁荣景象，为供销合作社的生活资料经营带来了前所未有的机遇和挑战，也使其一统农村销售市场的局面被打破。面对集体、个体、乡镇企业的激烈竞争，木洞供销社发挥自身优势，积极参与市场竞争，开展了一系列经营措施。

增加经营网点，扩大经营范围。80年代中后期，木洞供销社借改革开放的大好时机，在当地政府支持下，积极发展村供销社和双代店。1988年，双代店达143个，村供销社达6个，年销售额500万元。新建了木洞商场、木洞后湾商场、栋青商场等综合性经营设施；新增了家具、建筑建材经营；增加了服装、化妆品、冰箱、电视机、收音机等服装日化家用电器经营。1985年，木洞共有商业网点1215个，从业人员2993人。随着木洞行政区划扩大，城区面积增加以及商业体制改革，到2006年，商业网点发展为1876个，从业人员6760人。至2011年底，木洞镇商业网点情况详见下表：

表 3-11

2011 年木洞镇商业网点一览表

单位：个

类别	网点数	类别	网点数	类别	网点数
百货	300	玻璃	4	照相馆	3
纺织品	20	油漆	6	燃料	2
五金	20	瓷器	4	冷制品	3
灯具	10	礼品店	4	纯净水店	3
售车行	5	鲜花店	2	茶楼、娱乐	5
医药	16	砂石场	—	广告	—
糖烟酒	200	小食品批发	4	美容保健	3
日用杂货	200	饮食店	80	弹花	—
装潢建材	12	棕制品	6	渔具	2
钢材	10	旅社	7	厨具	6
家具	11	理发	20	眼镜	2
农机	9	修理行业	10	废旧回收	5
酱类	6	生产资料	9	足浴	3
腌鲜海货	5	缝纫	10	印刷	2
水果	30	鲜活品	20	超市	4
副食品	100	茶叶	8	烟花爆竹	12
豆制品	12	竹器	6	塑料制品	2
肉食品	30	木器	10	交通运输	3
电子游戏	5	滕器	2	票务	2
网吧	3	中介	4	家用电器	10
卤菜	16	彩票	2	乳制品	3
大头贴	—	电脑店	3	蜂蜜	2
服装店铺	20	丧葬品店	3	塑钢	4
钟表店	10	金店	3	防盗门	5
音响店	3	首饰加工	2	制造	2
书店	5	饲料店	5	制水	2
粮油供应	10	手机店	6	汽配	4
干洗	4	燃具店	3	蔬菜	2
秤店	2	租车行	1	—	—
鞋帽	2	文具店	4	—	—

改变进货渠道，新增经营品类。为了组织丰富多彩的商品供应市场，满足老百姓各种不同的需求，木洞供销社从1985年开始，改变从市、县公司组织商品的单一渠道，采取了直接到省外生产厂家购进和参与区联社联购分销的多渠道进货方式。2000年改制后，木洞供销社保留食盐经营，新增了药品经营。

增设农副产品、废旧物资经营。农副产品经营包括收购和销售两个环节。供销社经农副产品采购商店，向农民收购其生产的农副产品，再销售或调拨到县、市相应的公司推向市场，或以生产原料的方式销售到生产厂家，这是80年代农产品进城的主要渠道。木洞供销社经营的主要品种有茶叶、青菜头、柑橘、蚕茧、棕片、猪鬃、竹木农具等，经营方式有代购（为县、市公司收购农副产品获取一定的代购手续费）、经销（自收自销）两种方式。

拓展饮食服务、染纸、棉花加工业。饮食服务由饮食服务专业商店负责，供销社从20世纪50年代中期开始经营饮食服务（饮食、旅馆、照相）到1985年已有饮食门市45个、旅馆11个、照相门市1个，经营额1100万元，利润100万元，随着服务业务市场竞争的白热化，木洞供销社于1982年以饮食服务门点为单位实行了利润承包责任制。染纸、棉花加工由基储股负责。染纸加工始于60年代，"文化大革命"时期产销两旺，由重庆市百货站包销，80年代中期开始萧条，90年代初停产。

推进生猪、蚕茧自主经营。1985年开始，木洞供销社利用自身点多面广的优势，参与生猪、蚕茧的自主经营。生猪经营在1984年试点基础上全面推开，各分社统一组织人员分小组收购，销售由农产品采购商店负责，年生猪经营约5万头，实现销售额980万元。

1986年，为了刺激蚕桑生产发展，解决茧农卖茧难的问题，木洞供销社在木洞镇利用农资仓库修建了设备较为先进的风机烘灶3个，并在全社11个分社设点20余个，开始收购当年春茧。1994年，县政府规定划片收购，木洞供销社设有长坪等3个蚕茧收购点。2005年，因木洞蚕茧站位于三峡淹没线以下，木洞供销社利用三峡移民资金170万元，将蚕茧站搬迁至木洞三峭湾，占地面积1120平方米，安装了CL-40热风自动循环烤茧机等高科技先进设备，当年夏蚕投入使用。

日用百货经营

计划经济时期，木洞镇的日用百货由木洞百货分公司经营，主要销售针纺织品、床上用品、服饰、鞋帽等各类生活用品，以及文化教育用品、体育器材等系列配套商品。1990年，销售额约500万元，创销售历史最高纪录。至1993年，受市场经济影响，个体私营百货商业网点增多，批发公司的经营优势逐步萎缩。1998年，木洞百货分公司将企业改为股份制企业。2005年，日用百货及企业解体，实行私营个体化经营为主，自主货源，自营销售。至2011年，木洞镇有日用百货销售网点70个，针织品销售点30个。

粮油食品经营

1940年10月，木洞镇（乡）设粮食干事，办理辖区内的粮食事务。1941年9月，裁撤镇（乡）粮食干事，设置征购办事处。1950年1月，成立征粮委员会，公粮征收以稻谷为主，酌量征收一部分糙米和大米。1953年，木洞区公所成立木洞区粮油管理站（以下简称粮站），代行管理木洞镇、木洞、长坪、水口、栋青乡的粮食事务，设置粮油管理店，建立可储粮50万千克的仓库。木洞粮站内设粮店负责木洞乡的豚溪口和杨家洞、长坪乡的墙院、栋青场仓库的粮食储存。

国家粮食市场尚未开放前，木洞场镇粮食储存仓库20幢，建筑面积2600平方米，仓容量1000万千克。

粮站负责公粮征收、储存，管理粮仓，调运粮食等。粮食收购主要是黄谷、玉米、小麦、胡豆、豌豆、大麦等；油料收购主要是油菜籽、芝麻、花生、桐籽等。分夏、秋两季征收，夏征以小麦为主，秋征以稻谷为主，折征部分玉米、红粮和人民币，由各生产队派人将公粮运往粮店。此后，粮食实行统购，农业税征收由粮食部门统一征购后，向财政部门办理价拨结算。木洞镇农村社员每年征交黄谷约70万千克、玉米约65万千克、小麦约60万千克。由于上交公粮后，生产队社员缺口粮，因此每年冬季国家要拨付一笔数量的返销粮，解决群众生活问题。70年代初，实行粮食供应，粮站向非农业人口凭票定量供应粮油，城镇人口，按实有人数以劳定量，签发粮证，凭证供应。城镇人均口粮每月供应13.5千克，中坝村和菜坝人均口粮每月供应14.5千克。

1983年，粮店改称粮管所，木洞粮站内设置粮店，办公室设在丁家院，分别管理木洞、长坪、水口、栋青乡粮食蓄藏仓库，其工作人员为粮食管理员，简称粮食"管乡员"。农村实行联产承包责任制后，由社员向粮管所交公粮或人民币。国家停止上缴农业税后，公粮也停止了收购，但农民的余粮以议价粮卖给国家。

随着粮油的全面放开，国家允许个体经营粮油购销业务。1997年，职工分步下岗，粮管所逐渐解体，2005年粮管所彻底解体。职工解除劳动合同关系，买断工龄，自谋职业。

木洞镇对粮食实行计划供应时，80年代，每年销售量约600吨。90年代起，木洞粮食市场逐步放开，出现了多家个体粮食销售店，木洞粮站销售量减少。直至2011年12月，木洞镇有个体粮油经营网点13家，销售量每年约2000吨。

木洞粮站历届负责人：杨天模、何秀龙、秦世新、秦贵和、汪世弟、李增海、何仁超等。

第四节 餐饮服务业

木洞镇的餐饮服务业经历了计划经济时期的国营、供销社经营和集体经营，市场经济时期逐步转为个体经营的演进历程。餐饮业的特色食品主要有豆花、油酥鸭、麻糖、烤烤酒，服务业主要有餐馆、旅馆、茶馆、照相馆、理发、修配等项目。

一、食品

长坪大米：历史悠久，享有盛誉。清咸丰年间，在木洞镇集市和米店经营中是商贾云集的主产品。米粒饱满圆润，色香味清香扑鼻，做饭疏松滋润，起棉花团，舒适可口，可增进食欲，隔夜不黏滞，不变味，被人们称为"长坪大米，增智米，食了考科举"。长坪大米的产地距木洞镇政府4千米，分布在墙院、海眼村，地理坐标东经106°52′793″，北纬29°34′8″，其特定品质，因水土所致，地处丘陵，海拔580米，山高气爽，雾多湿度大，空气流通，常年降雨量1187毫米，常年有效积温6065°，常年无霜期351天，土类紫色，土壤质地沙壤，土壤结构团粒状，面积16.70平方千米。其中种植水稻3000余亩，长坪大米因此远销全国各地。

木洞豆花：木洞民众在生辰寿诞习俗中有借"推豆花"改变苦命、祛去病痛以满足消灾纳吉的心理要求。届时，将泡涨的豆子推成豆浆，滤出的豆渣用当事人的旧内衣内裤包起，拿去丢入河中让水冲走。他们之所以这样做，是认为磨子把霉运推烂，再让河水将其冲走，可以时来运转，病人能转危为安。还有的把豆浆用碗装满，倒在十字路口的交叉处，让千人踏万人踩，霉运和病痛让众人带走。过去，农民生活在自给自足的小农经济社会中，居住分散，买东西不方便，临时来了客人，买不到肉，就推豆花待客，俗称其为"磨眼肉"。

20世纪80年代末，木洞一何姓居民，利用家传秘方经营豆花，开起了豆花馆。他的豆花色泽白嫩而绵实，味香，锅里一半是豆浆一半是豆花，达到边吃边点边舀的技术水平。原重庆市委副书记张文彬来木洞视察工作，品尝何记豆花之后，大加赞赏。在木洞镇辖区以豆花专项经营的有40余家，以兼营的有10余家，以豆花命名的有"水上漂""何豆花""河水豆花""井水豆花""石磨豆花"等。

制作豆花的基本原料是黄豆。黄豆中蛋白质的含量多少和质量高低决定豆花的数量多少和质量好孬。一般用冷水浸泡，浸泡时间的长短以黄豆胀而不破，用手指甲轻掐即破为宜，泡好后，即用清水淘洗干净，然后是磨浆。木洞民众称豆花为"磨眼肉"，磨豆子的工具是厚重的石磨，两人手把磨担推磨，一人将豆子添加进磨眼里，推磨时，磨磴的转速不能太快，太快了豆子不能完全磨细，豆渣多，豆浆就少，豆花自然就少，添加豆子到磨眼要掌握好豆子与水的比例，让豆浆和豆渣能顺磨流下，盛入桶或盆里，添的速度要适中。2000年后，多用粉碎机将泡涨的豆子打细成浆，豆浆磨好后即行过滤，滤去豆渣，再将过滤后的豆浆倒入铁锅或锑锅内，加火煮沸，将煮沸的豆浆保持90℃～100℃的高温，即开始点豆花。

点豆花就是将"胆巴"（盐卤）用水稀释成"胆水"，"胆水"和入豆浆。豆浆是一种蛋白质胶体溶液，这种胶体以非常小的颗粒（直径约为10.7mm）存在，其外层带微量同种电荷。同种电荷之间有斥力，所以豆浆的胶体不会凝结。点豆花用的"胆巴"，化学名称是盐卤（氯化镁，$MgCl_2$）。盐卤可以中和胶体所带的电荷，因此，蛋白质胶体就会凝聚起来，形成豆花。

点豆花主要掌握好"胆水"的浓度和将"胆水"和入豆浆的方法，这全凭经验调节运用。"胆水"过浓，和入过快，豆花就凝聚过快，太老而无绵性。一般是将"胆水"再次用水稀释，然后用长勺舀上少许，在距离锅面一定距离（约10厘米高度）缓缓往锅内倾倒。为使"胆水"能充分浸透到锅底，高度一定得合适。太高，"胆水"过多冲入锅底，迅速凝结后就会起一层锅巴；太低，挨着锅底的部分没有"胆水"，豆浆不能凝结成豆花。倾入"胆水"后，再用长勺在豆浆里轻和几下，以便使滴在锅里的"胆水"均匀地浸到各个地方。片刻，锅中就会有点点白花，很快凝结在一起，形成豆花。

豆花基本成型后，又要点微火，起保温作用。这样点出的豆花，中间的非常嫩，锅沿四周稍老一些。周边其他地方的豆花如果嫩，就会散，需用筲箕压榨，但木洞豆花没有"压榨"这道工序。

豆花点好后，蘸上用食盐、生姜、蒜泥、辣椒、香油、小葱和味精等做成的佐料，即可食用。

木洞油酥鸭：木洞油酥鸭起于20世纪30年代。1934年，木洞镇上的市民为了生计，用家禽饲养成品，实施再加工，开始自制熟鸭出售，先是提篮流动推销，逐渐摆摊设点销售，1948年，在木洞老街"柳春园"打出"油酥鸭"招牌，60年代，易名为"木洞油酥鸭"，成为木洞饮食行业的一个著名品牌。制作工艺上，选用本地土麻鸭，将鸭子宰杀后褪尽羽毛，开膛取出内脏，洗净后，去翅尖、鸭脚，用盐腌码土鸭，不同季节用料数量、腌码时间不同，冬天盐味宜浓，夏天宜淡，对鸭肉的厚薄部位采用不同涂抹方法，腌码时间按鸭子的大小确定，一般腌码5~6小时，然后进行卤制，将20多种名贵香料按一定比例配制，使各种香料显其长而互不相伤，按特定方法制成卤水。卤时，先将鸭子一个一个整齐地摆放在专用锅里，用中火煮沸，20~25分钟后再翻转鸭身，再卤20~25分钟，边卤边视情况掌握咸淡、卤香，边卤边加香料、盐、水等，使咸淡、卤香达到最佳。之后，将卤过的鸭子一个一个捞起来沥干水分，即进行油酥，选用上等菜籽油，一般是20~30斤油酥10~13只鸭子，酥油时，按照鸭背、鸭胸轮流翻转酥制，油的温度要适中，酥的时间看鸭子颜色、触摸鸭的手感等来确定。将酥好的鸭子沥干，即可销售。

麻糖：在木洞乡间，经常可以听到"当——当——当"的声音。循声望去，只见田畴土埂间的小道上，一个头缠白帕、腰拴围裙、脚蹬草鞋的中年男子，身背背篓，篓上置放簸盖，正一手拿着弧形的铁质弯弯儿小刀（俗称麻糖錾），一手拿着小铁锤，轻击慢打。他不用吆喝，乡间的大人小孩都会不约而同地说："卖麻糖的来了！"这铁锤敲击弯刀的"当当"声，就是卖麻糖的特有标志。

木洞麻糖的原料以大米、玉米、红苕三大粮食为主，少有用马铃薯和刺果等山果为原料的。生产麻糖杆、麻糖块和阿丝糖还需辅助原料糯米、黄豆、芝麻、花生等。熬制麻糖必须用麦芽或者谷芽作催化剂。

烤烤酒：木洞的低山丘陵，盛产高粱、玉米、大米、红苕等酿酒原料，根据原料的不同分为苞谷酒、米酒、红苕酒、高粱酒等类；又根据曲药的不同分为大药曲酒和小药曲酒，大药曲是由现代工厂生产，小药曲则由民众自制；根据酒的浓度高低，又分为高度酒和低度酒；还根据酿制方法和饮用方法不同，分为烤烤酒、哑酒、甜酒等。从民众习惯上讲，常将自制土酒称为烤烤酒、哑酒、甜酒，而以烤烤酒为主。

木洞土酒的制作工艺，分为曲药制造、发酵、蒸烤三大环节。

曲药制造，就是选取蓼子（草本植物）、山绿豆叶（木本植物）、田脚草、马蹄草、桃叶等草或叶，玉米、曲母（原曲）为原料。将采集的草叶晒干，磨细，将玉米磨成浆，倒入磨细的草叶粉，再将曲母捏细渗入，搅揉均匀，捏搓成团，发酵数天，以每个曲团长满酶为准，然后彻底晒干。

原料发酵，就是选取玉米、红苕、大米、高粱等粮食作原料，将粮食煮（蒸）熟透，冷却，渗入曲药粉和匀，盛入瓦缸或石缸，密封。粮食酒以一月启封为宜，红苕酒可置入数月再启封。

然后即行蒸烤。在锅里放入原糟后，即用盖钵盖上，渗水至将盖边淹没，酒甑放置灶面，盛满冷水，用一根竹筒对接在盖和甑的专用孔上，接口处用草纸封严，再用竹筒插入酒甑另一侧下部的专用孔上，筒的另一端入置在酒坛口边，用浸湿的毛巾盖住缸口，就加热烤酒。加热时，掌握火的适度。火太旺，酒糟会糊，酒也有焦煳味；火微弱了，不易出酒，酒会有嫩臭味。加热到酒锅大冒蒸气后，即更换酒甑中的冷却水，使酒甑夹壁中的蒸气冷却为酒，顺竹筒流入酒坛。根据烤酒者对酒浓度的要求，适时停止接酒。

餐饮：20世纪70年代，木洞规模较大的两个饭店是国有经营的木洞饭店和"三八"食堂，各占地500平方米，员工近20人，以零餐、散席、宴席、会议接待为主。在计划经济时期，以全国粮票和地方粮票定额供应用餐。1984年后，取消粮票，实行货币交换。1998年，由国有企业转为集体商贸企业，再转为个体私人承包经营。90年代后，饮食行业快速发展，市场竞争日益加剧，其管理体制和经营模式的落后，致使营业状况逐年下降，直到2002年自行退出饮食经营行业，由私营业主在木洞镇新城区后湾开设酒楼经营。至2011年底，木洞镇有餐馆75家，其中档次较高、规模较大的餐馆有万万酒楼、三三酒楼、鱼庆酒楼、美蝈火锅等。

表3-12

2011年木洞镇主要餐馆基本情况一览表

餐馆名称	地址	开业时间	营业面积/平方米	可设酒席/桌	法定代表
万万酒楼	大桥一路66号	1991年3月	1550	80	万 均
三三酒楼	沧白路21号	1999年8月	600	50	钟 山
鱼庆酒楼	小河边街72-11号	2005年6月	400	30	冯德彬
开阔酒楼	新建路	2007年3月5日	1500	60	李 斌
富润饭店	沧白路49号附1号	2000年7月11日	350	26	赵明举
渝凤梁山鸡	小河边街桥头	2009年3月4日	400	20	何廷仿

续表

餐馆名称	地址	开业时间	营业面积/平方米	可设酒席/桌	法定代表
龙腾酒楼	新建路	2011年	1300	50	陈西鸿
宴皇食府	新建路	2010年	800	30	薛 氏
杨美馆火锅	大桥三路	2004年6月10日	150	10	杨宗富

二、旅馆

1986年，木洞镇有旅馆3家，共设有床位465个。随着木洞城市品位提升，旅馆档次提高，逐步设置了标准间、单人间等，基本满足旅客需要。2005至2011年底，木洞镇有旅馆16家，共设有床位521个。

表3-13

2011年木洞镇旅馆基本情况一览表

旅馆名称	地址	房间数/间	床位总数/个	价格/元	法定代表
利民旅馆	新建路	20	30	58~68	刘常会
便民旅馆	新建路64号	18	28	30~40	李显智
鑫萱山庄	小河边	18	26	78~98	杨显德
鑫源旅馆	新建路203号	20	30	88~120	李传伦
鸿鹂招待所	大桥一路170号	20	30	48~88	朱洪利
望江旅馆	解放路3号	20	30	30~40	杨国辅
开阔宾馆	开阔港湾	17	30	120~150	李 斌

三、茶馆

2005年，木洞镇茶馆繁荣时期有18家，共设茶桌900张，有可供喝茶的娱乐场所5家，可同时容纳750人。以下列举2011年木洞镇规模较大的4家茶馆基本情况。

表3-14

2011年木洞镇茶馆基本情况一览表

茶馆名称	地址	营业面积/平方米	茶座数/人	法定代表
馨怡茶楼	新建路16号	60	20	陈代伟
天然居茶楼	新建路	100	50	何 氏
清雅阁休闲	新建路	500	200	蒋治来
茗沁茶楼	大桥一路	120	60	周训强

四、照相馆

木洞供销社照相馆：位于木洞镇解放路。解放前，由吕德富经营；解放后，公私合营，由木洞供销社经营，有工作人员6人。主要为城镇学生、小孩、老人、新婚夫妇等拍摄证件照。1998年，供销社实行承包经营。1999年10月，迁入木洞镇大巷子，更名"后湾照相馆"。2000年，转入私营，经营方式以数码彩扩、放大为主。至2011年12月，仍正常营业。

胡大均照相馆：1986年，胡大均在木洞镇新街开始从事照相经营，有从业人员2人。2000年，因年事已高，自动退出经营活动。

安宁照相馆：1996年，木洞镇后湾增设"安宁照相馆"，有从业人员2人，经营方式以数码彩扩、放大为主。至2011年12月，仍正常营业。

红圆相馆：1997年1月，木洞镇大桥一路33号开设红圆相馆，有从业人员2人，经营范围包括数码彩扩、放大，各种证件照、旧照翻新等内容。至2011年12月，仍正常营业。

五、美容美发、修理修配

美容美发：随着人们生活水平提高，木洞的美容美发行业得到空前发展。木洞理发店从以前单一的剪、洗发展到剪、吹、洗、烫、染等美发服务。至2011年底，木洞镇共有理发店20家，规模较大的有"名发室""超英""环亚"等店，门市分布在各街巷，从业人员95人，年营业收入最高达360万元。专营美容业务的有近10家，2011年实现最高营业收入100万元。

表3-15

2011年木洞镇理发店基本情况一览表

名称	地址	营业面积/平方米	开业时间	法人代表
枫叶美容	大桥一路67号	40	1994年	余德伟
剪艺	大桥一路76号	30	1998年	肖 攀
丁志清发店	大桥二路123号	20	2001年	丁志清
剪剪风	大桥三路52号	42	2007年	雷开连
巨星发艺	大桥三路58号	45	2010年	沈向前
新潮发屋	大桥三路	40	2003年	—
时尚烫染吧	大桥三路22号	30	1995年	刘元珍
阿珠美容美发厅	新建路22号附1号	50	1999年	陈群珠
派典形象设计	新建路	40	2008年	—
顺美容美体瘦身馆	新建路	40	2010年	—

修理修配：木洞镇修理修配店（摊）主要用于日常生活品修理，包括钥匙、钟表、皮鞋等。至2011年，木洞镇修理修配店（摊）情况，详见下表：

表 3-16

2011 年木洞镇修理修配店（摊）基本情况一览表

名称	地址	营业面积/平方米	开业时间	法定代表
李安庆修锁店	大巷子 45 号	15	1994 年	李安庆
张林修配摊	农贸市场（左入口）	6	1990 年	张 林
周氏修配店	新建路（港湾小区）	20	1998 年	周 将
刘永情修配摊	新建路	5	1997 年	刘永情
李龙会修配摊	新建路	5	1995 年	李龙会

第八章　交通　邮电

木洞镇是历史悠久的水码头。唐代就有"水国舟中市"的说法，明代为川东名港，清代和民国时期更成为四川桐油输出大港，水上交通繁荣，是木洞交通运输的一大亮点。陆路过去靠四条石板大道与外界连接。20 世纪 70 年代，开始兴修公路。21 世纪初，随着南岸—涪陵公路通车，陆上交通有了大的发展。邮政、电信也与时俱进，发展迅猛，成为木洞民众信息化生活的有力推手。

第一节　道路交通

一、民路　公路　桥梁

民路：木洞镇街区在五布河与长江交汇处，一面临江，三面与陆地接壤。陆地东靠双河口镇，东南倚丰盛镇，南连东泉、二圣镇，西接南岸区广阳、迎龙镇。1949 年前，陆上与周边地区往来，主要依靠石板大道。石板大道有东西两路，即从木洞镇正街往东经丰盛到南川的"东大路"和从木洞镇正街往西经迎龙到重庆的"西大路"。

早年，木洞老街在"涧上"（即溪涧之上），现今河边正街（解放路）为清末民初所建。从正街东行，经猪市口下石级有座八洞石桥，人称"八洞桥"。此桥系两镶宽约 1.5 米、长约 3 米之 16 块石板平搁于石柱之上而成，下有 8 个涵洞。八洞桥过去是新家嘴，下有小溪涧曰"水沟子"。水沟子入江处有座单孔石拱桥。现代文化名人李华飞故居就在此桥东头上方。抗战前，李父向立斥资修建此桥。水沟子一带的街道名水沟街。

汛期长江水涨，八洞桥即被淹没。路人肩舆"上涧"（当地人到正街称"下河"，到老街曰"上涧")进山就只好在猪市口处右行,经五层坎、四方井,过大坪,到水沟街。

水沟街向上走,经猴子洞(杨沧白故居),过沈家油坊,便到垭口街。这一带全是丈二石板铺路,一路商号栈店连檐接匾,次第排列,有锅铁作坊、大小盐店,亦有棉麻糖油、百货餐饮。此为当时木洞镇的商贸中心,英商木洞代办处即设在垭口街。

东大路在垭口街处一分为三:往上行通往丰盛、南川,往右行通往东泉、二圣,往左行通往双河、麻柳。

东大路往上,迎面有条石砌成的83级石梯,人名"陡石梯"。陡石梯两旁砌有护栏,两棵黄葛古树枝繁叶茂,犹如两把巨伞不分冬夏地为路人遮阳挡风。再往上行,便是"三峭湾"。"三峭湾"上去是青岗坪,进入下城门洞便是长坪寨,穿过1.5千米嘈地,便到"空欢喜"。"空欢喜"下是"梅子沟",过小桥依山势盘旋而上,经过街楼,便到达丰盛。

东大路往右下行过涧桥是走五布、东泉、二圣的南行大道。早年,小船可载客货至杨家洞。杨家洞沿五布河左岸上行,便至东泉;过菩萨滩桥右行,翻过齐家岗,便到二圣。

东大路往左经下湾过白龙沱,可至双河、麻柳,但因两地可通水路,货担往来甚少。

木洞西边五布河口,人称"小河边"。从小河边百年义渡登上水口,又是一条石板大道,此即"西大路"。此路经水口寺、仰山寺、蒋家垭口达栋青庙(场),然后翻冷水垭,下道宗庙(迎龙),过长生桥,越凉风垭,到黄桷垭后,再过龙门浩即到重庆城中心了。

公路桥梁: 按三峡工程175米正常蓄水位方案(即木洞镇为最高淹没水位185米),三峡水库共淹没木洞段3.2千米四级公路,公路桥3座,明清时期的桥2座,长245米。虽然受淹没公路不多,但仍造成部分区域交通中断,破坏了现有公路网,同时因部分集镇重新规划布局及对农村移民的安置,木洞镇针对库区实情决定在对已有公路进行局部调整的基础上,恢复重建受淹的公路及桥梁。

复建规划的原则是恢复原等级、原规模及原公路网功能,以适应搬迁及安置移民后的生产、生活需要。全镇境内淹没公路无国道、省道,仅有两条主要的镇干线公路及相应支路。经库调核实,按185米淹没线校核后,确定复建,路基宽7米,路面宽5.5米,混结碎石路面。

木洞境内现有连接公路的桥梁12座,详见下表:

表3-17

木洞镇桥梁复建、新建情况一览表

序号	桥梁名称	地点	桥长/米	桥面宽/米
1	木洞大桥	木洞镇	150	7.5
2	松子大桥	松子村	131	7.5
3	五布河大桥	保安村	120	12
4	水厂大桥	保安村	80	8.5
5	一道桥	杨家洞村	80	8.5

续表

序号	桥梁名称	地点	桥长/米	桥面宽/米
6	二道桥	杨家洞村	85	8.5
7	三道桥	杨家洞村	80	8.5
8	古墓溪大桥	保安村	130	12
9	盐溪口大桥	保安村	150	12
10	打铁沟大桥	松子村	160	12
11	岩上大桥	松子村	270	12
12	五布河大桥	杨家洞与土桥村	714	12

注：岩上大桥、五布河大桥为2010年12月开工的重庆至上海沿江高速公路木洞段新建的2座桥梁。

二、义渡

义渡，即政府相关部门筹资修船雇请船工摆渡过江，乘客不付船资。

小河边义渡：木洞镇石宝街西端的"小河边"，离五布河与长江汇合口约500米处，为木洞"西大路"的起点，是木洞至迎龙、长生、重庆城区的必经之地。枯水季节，河水消退，在五布河上搭木板桥方便行人通过，洪水期间，即设船免费渡人。此义渡长期由一胡姓船工世代承担驾船，到1992年，木洞小河边大桥建成通车，此义渡便退出摆渡历史。

中坝义渡：木洞镇石宝街北侧的五布河与长江汇合处，是中坝岛的下端。中坝岛住有上千名菜农，数百名学校老师、学生和工厂职工以及其他居民。枯水季节，河水消退，这些民众就从五布河口的便桥来往于中坝与木洞街上，汛期洪水上涨，民众就乘义渡过江。到2011年底，洪水期间仍有义渡便民通行。

伍家渡义渡：木洞镇老街垭口南侧五布河的伍家渡，其西岸是原水口乡的大石村。该村及其周边居住有数千民众，他们来往木洞街上，就乘义渡渡船过河。2007年，木洞镇政府修建了大石村村级公路与小河边公路相接，该地民众就从小河边大桥来往木洞大街，从此，伍家渡义渡退出摆渡历史。

豚溪口义渡：木洞镇苏家浩岛（桃花岛）下端的中江寺，与该岛内浩南岸的豚溪口隔河相望，为了方便该岛的民众渡河去到对岸以及双河、羊鹿等地，木洞镇政府在此设了豚溪口义渡，2008年，桃花岛民众全部搬迁至木洞街上，义渡方才撤销。

三、公路交通

1949年以前，木洞辖区没有公路，民众外出主要依靠步行，富有人家才能坐滑竿、轿子。新中国成立后，在20世纪70年代中期，木洞镇开始修建土公路，主要是木洞至五布沿河至二圣到鱼洞方向，木洞段有6千米，20世纪70年代末，木洞镇小河边至迎龙修建土公路5余千米，木洞镇至双河口及丰盛镇分别修建土公路10余千米，尤其是改革开放以后，国民经济突飞猛进，交通发展成为木洞的工作重点。21世纪初，木洞镇根据区委、区政府工作部署，大力兴修农村开发公路，确保地方经济发展和方便人民群众生产生活。

至2011年底，木洞镇境内国道、省道、县道、乡道、村道公路里程总计248.74千米。其中国道13.24千米，于2010年12月奠基开工，为重庆—上海高速公路木洞段，此路段包括佛耳岩隧道2382米、古树岩1号隧道622米、古树岩2号隧道2120米；省道南岸—涪陵公路，木洞段27.4千米，此路段包括白岩隧道287米、关长山隧道890米、长冲隧道2000米；县道木洞—丰盛公路、迎龙—木洞公路，木洞段19.79千米；乡道木洞—双河公路、栋青—二圣公路、岩碥—新民公路，木洞段21千米；以及村道39条，共180.55千米。具体情况详见下表：

表3-18

2011年木洞镇交通线路情况一览表

类别	编号	名称	起止点	车道	宽度/米	里程/千米	小计/千米
国道	—	渝沪高速公路	重庆至上海	4	16	13.24	13.24
省道	S103	南涪路	茶园至涪陵	3	12	16.4	27.4
	S415	木隆路	木洞至綦江隆盛	2	8.5	9	
	—	木洞连接道	木洞镇	2	8.5	2	
县道	X761	木丰路	木洞至丰盛	2	8.5	7.79	19.79
	X238	迎木路	迎龙至木洞	2	8.5	12	
乡道	YA18	木双路	木洞至双河	2	3.5	3	21
	YA02	青圣路	栋青至二圣	2	4.5	5	
	Y113	岩新路	墙院村	1	4.5	13	
村道	C501/502/503	庙垭路	庙垭村	1	4.5	5	180.55
	C535	土地垴路	土地垴村	1	4.5	3	
	无编号	金冷路	金银桥至冷水垭	2	4.5	4.8	
	—	其他村道	各村	—	—	167.75	
合计	—	—	—	—	—	—	261.98

注：连接道暂定为市政道路；木洞镇内共有硬化路面80.99千米。

四、交通工具

人力交通工具有轿子、滑杆、推推车、板板车。

轿子：轿子有小轿大轿之分。小轿2人抬，大轿4人抬。

滑杆：滑杆可算简易轿子，用两根轿杆，中间用绳子，木板或竹板绑成如座椅一般的"座躺"和脚垫。这些年多为凉椅绑上轿杆。

推推车、板板车：清代中后期，木洞镇开始使用，20世纪50年代在场镇码头盛行，河坝及老街一带也相继盛行，场镇附近也开始使用，20世纪七八十年代农村建房运物较为普及，主要是木洞河街多为使用，船家货物出入时，使用此类工具，铁制有专门的生产商，木制多为自制或请木匠加工而成。

马帮：马是木洞镇唯一的畜力交通工具，20世纪50年代，木洞镇有马帮，主要是在木洞码头从事船运货物靠岸离岸时的物资搬运，大多是在场镇以外10多千米或几十千米运往木洞码头，货主雇佣马帮开始驮运，随着生产力的变化，木洞镇马帮开始淡出。20世纪80年代初，有几户人家将这些马用于逢年过节游乐，让小孩或成人好事者骑马绕圈，经管马戏的人也可获得收益。20世纪80年代中期，生产经营到户后，又将驮马为其服务，便利于驮运自己的生产物资，剩余时间，还对外驮营或出租，以此来出卖劳动力。一些农户不但温饱解决了，开始改善居住环境，那时较偏远的地方，路窄，驮马在这时段发挥了运砖和建房材料的作用。

车具：有自行车、摩托车、拖拉机、货车、客车、小轿车。

境内自行车出现在20世纪70年代中后期，木洞河坝有自行车出租，以作娱乐和练习之用。20世纪八九十年代普遍出现，2000年后逐渐被摩托车代替。全镇现有摩托车2000余辆，其经营销售专营店4家。

拖拉机初见于20世纪70年代初，分别是原木洞、长坪、栋青、水口乡各1台"东方红"四轮拖拉机。70年代末期，长坪8个村，村村通机耕道，每村1台。随后公路开通，出现手扶式拖拉机，开始以此运送农业物资，20世纪90年代中后期开始逐渐退出。

货车：20世纪70年代，木洞镇供销社，有4辆，组成车队，主要用于供销社物资出入运输，闲时适度用于对外经营运输。木洞焊管厂有6辆，造纸厂4辆，分别为所在厂物资出入运输，少量对外营运。一般为"小山城""大山城""解放"等品牌，20世纪80年代后逐渐扩展增加了数量和品牌。90年代后，开始成立客运公司，私营客货车进入市场运营，客车实行线路班次，出租车随呼随到，货车送货上门，服务周到。

小轿车：1985年6月重庆焊管厂购置了第一辆"皇冠牌"小轿车，几月后，木洞造纸厂相继购买了小轿车，然后是木洞区公所购买了一辆白色"桑塔纳"，驾驶员胡纯伦。随后，辖区单位企业分别自购小轿车。进入21世纪后，各单位企业个体陆续购买，到2011年，木洞镇有小轿车1000余辆。

道班：木洞（三峭湾）、四合、长坪、栋青、水口道班。

木洞（三峭湾）道班：位于木洞镇保安村办公室右侧100米，前身为杨家洞一道桥道班，始建于1963年，兴修木洞至五布公路时而设置，于1980年迁入木洞三峭湾，更名木洞道班，占地面积500平方米，有护路员工10人，负责路段木洞场镇，全程20余千米。

四合道班：位于木洞镇庙垭村南涪路木洞收费站前200米，因1975年兴修木洞至双河公路而设置，护路员工7人，历任班长为叶友国、晏丙之等，负责路段豚溪口与双河交界至木洞镇松树桥，全长9千米，因南涪路通车，于2009年此路升为省级公路，人员安置按其政策落实，至此四合道班退出历史舞台。

长坪道班：距离木洞镇南13千米，因1964年兴修木洞至丰盛公路而设置，护路员工9人，历任班长为余德明、陈永贵、晏丙之等，负责路段9千米。

栋青道班：位于木洞镇西 14 千米，因 1990 年兴修木洞至迎龙公路和木洞大桥而设置，护路员工 6 人，历任班长为李富金、尹泽军等，负责路段 10 千米。

水口道班：位于木洞镇西 11 千米，因 1990 年兴修木洞至迎龙公路和木洞大桥而设置，护路员工 6 人，历任班长为张晓如等，负责路段 10 千米。2011 年因南涪路通车，又列入高等级公路为省道，栋青和水口道班由此退出历史。

1964 年，开始设置木洞总道班，办公点设置在长坪道班，总班负责人有余德明、高国安、张长友。1980 年，总道班设置在木洞三峭湾，历任班长为张长友、杨永凡、蒋治峰等。1997 年，木洞总道班更名为木洞公路养护队，历任队长为杨永凡、蒋治峰等人。2008—2011 年，设木洞片区道班，由蒋治峰任片区工区长。

第二节　水上交通运输

1949 年前，木洞客运主要靠以人工为动力的木船运输。木洞船帮是重庆 24 船帮之一。自 20 世纪 40 年代佛亨公司的以机器为动力的轮船投入营运后，木船运输逐渐衰落，至 20 世纪 80 年代，木船运输基本上退出航运舞台，木洞水上运输进入新的航运时代。

一、长江过境段

长江上游的木洞河段，上游为木洞镇土地堉村的温家沱，与南岸区广阳镇的明月沱相连，下游与双河口镇的白沙沱相接，全长 27.78 千米。长江在木洞段有 2 个岛，中坝岛在木洞镇的上游，有文昌宫内河，全长 9.26 千米，桃花岛在木洞镇的下游，形成的内河叫苏家浩，全长 18.52 千米。支流五布河从东泉镇菩萨滩进入木洞镇，至木洞镇中坝村渡口流入长江，全长 32.6 千米，有 2 处横渡过河船，其中杨家洞至涧桥约 9.26 千米河段有木船航行。

二、水上运输

木船运输：木洞作为本地及其周边地区的物资集散地，货物的运进送出，客流的来往吞吐，除了依靠陆地的乡间道路以外，则凭借濒临的长江航道。自古以来，川江航道主要是以人工为动力的木船作为运输工具。木洞段航道的运输事业随着川江特别是重庆水运事业的发展而发展。

木船运输的形式主要有：①渡口，有中江寺至万缘桥、中江寺至豚溪口、张岩至江家溪、和尚大土至石纤角、团鱼沱至老鸹滩、大码头至下梁、大码头至沙溪口、菜坝至中坝、石宝街至小河边、涧桥和杨家洞横渡东面两岸等处；②揽载，有木洞至桃花岛内浩、木洞至桃花岛外浩、木洞至重庆城、木洞至唐家沱、木洞至洛碛等；③临时短途运输，有的船主驾驶肥料船（民众称粪船）到重庆城收运人大粪卖给大庄稼户作肥料，以及其他短途运输船等；④长途运输，木洞至重庆溯嘉陵江至合川、遂宁等，溯长江至宜宾、泸州等，木洞至万县，出夔门，至宜昌、汉口、上海等地，从事这种运输叫"打广"，这些船称为"广船";⑤水驿,政府设置运送来往官差人员以及传递信息、物资的驿船。

轮船运输: 1898年,英国立德乐"利川"号小轮入侵重庆。1909年,国轮"蜀通"号驾驶抵渝。这以后,中外轮船公司纷纷组建并制造轮船航行川江。木洞段航道于1920年有了"嘉沱"号、"鼎安"号等百来匹马力的小机动轮船运载客货。不久以后,佛亨轮船投入营运和佛亨公司的建立,木洞至重庆航段轮船运输航班得以固定,轮船运输在木洞航道占据了比较重要的地位。

20世纪20年代初,"鼎安"号小火轮在郭家沱下的猪牙子触礁沉没,木渝航线又回到了过去用以人工为动力的木船作为运输工具时代。1926年前后,广阳坝大地主赵晓岚因常往来渝、木,深感行动不便,便买回一条小小的机动轮船,取名"佛亨"。"佛亨"号行驶在木洞与重庆之间,沿途停靠鱼嘴沱、凹口、广阳坝、大兴场和唐家沱。赵晓岚买船,除为自己出门方便,也是被沿途日益繁忙起来的客货运输所吸引。1931年,"佛亨"号不慎在木洞狗叫场附近起火,破损严重不能继续航行。翌年,赵派管事赵银璋去湖北买回一只轮船,取名"佛通"。该轮为140匹马力,定额载员180人,领江是赵凌云。"佛通"号产权的大部分为广阳坝赵氏家族所有,郭家沱的李茂清也有股权。"佛通"号不大,承担不了木渝线上繁重的运输任务,招股添船,扩大经营范围,就势在必行。赵晓岚于1933年邀约鱼嘴沱的大地主王少瑶投资购买"佛星"号轮船。该船仍为140匹马力,定额载员180人,领江是郑万发。1934年,成立佛亨公司,由李茂清任董事长,赵晓岚任经理,王少瑶任协理,曹光诘任襄理。1937年,赵晓岚又邀约木洞"德记"商号老板陈德璋加入佛亨公司。陈德璋以每股500元集资,把远在涪陵龙潭的杨绍宣、赵文仿,丰盛的廖金禄等人集约拢来共20股,加入佛亨公司。公司再添资1万元,买下由湖北逃难来川的姚善之的"万源"号,将其更名为"佛源"。该船马力为180匹,领江是赵焕文。

至此,该公司所属轮船有"佛通""佛星""佛源"3艘,职工300余人,航行木渝线。在一般情况下,船行班次为每天两班对开,即一条船早上从重庆朝天门码头启航,行下水,在唐家沱、大兴场、广阳坝、凹口、鱼嘴沿途停靠后,到木洞打转沿来路驶回磨儿石码头住宿,另一条船从木洞启航上行,沿上述路线行驶,停靠接客后,到磨儿石码头打转,回宿木洞。另一条船则常停靠在重庆码头作为机动。在客、货运都十分繁忙时,就起锚助航,客货运任务较少时,就停靠待命,或交替检修,或接纳临时发生的客货运输。

抗日战争时期,随着国民政府迁至重庆,大批企事业单位也内迁来渝,加之外地来渝避难的民众,重庆人口陡增,需要供应的货物亦骤然加大。这时,木渝航线的客货运输异常繁忙,佛亨公司进入全盛时期。抗战胜利后,国民政府迁回南京,木渝航线客货锐减,加上经营不善,制度不健全,更遇以航政局的检查员、中统特务陈中豪为代表的坏人团伙的刁难、破坏,公司经营受损,难以继续维持,于1948年2月佛亨公司总经理被迫让位于陈中豪。1949年,陈中豪借口去上海买船,席卷大批现金,丢下家眷,逃往台湾。

1950年,佛亨公司濒临倒闭,职工代表刘应才去黄葛垭川东行署,呈请人民政府派人接收。川东行署拨款1万元,补发职工工资,佛亨的3艘船估价40万元为私人股本纳入国营川东轮船公司，委派魏再格接任经理职务，轮船继续航行。

以后，木渝航线还经历了由长江航运公司和重庆轮渡公司等单位经营。20世纪80年代，麻柳嘴镇谭氏兄弟的"麻柳"号、"神舟"号、"忠兴"号、"宏兴"号等也参加营运。到21世纪初，由于重庆—长寿高速公路通车，客流量减少等原因，长航、渝轮与谭氏兄弟相继退出，木渝航线先后由冠忠、海内公司经营。后因南岸—涪陵公路通车，木洞客货转走陆路，木渝航线的客轮也停止营运。

木洞水运社：自佛亨公司在渝航线营运机动轮船以后，木洞航道经历了以人工为动力的木船与机动船舶并行而后逐步演变为以人工为动力的木船退出航运舞台的历程，较能代表这个演变历程的是木洞水运社的发展变化和佛亨轮船公司的经营始末。佛亨轮船公司的经营始末已如前述，在此叙录水运社的发展变化。

1949年以前，木洞木船运输业虽然有船帮，但那只是船主之间的一种松散的联合，主要负责平衡各船对外接揽客货业务。船工们并无组织，也无固定工作，常由船老板临时雇用，形同一盘散沙，听任老板摆布，过着衣不蔽体、食不果腹的悲惨生活。

1950年，人民政府成立，随即派人前来组织船工学习党的方针政策。船工一经启发，阶级觉悟不断提高，于2月成立"木洞镇桡业工会"，会员200余人，由雷长益、斐建华分任正、副主席。不到一年，木洞码头上的运输工人也成立了"木洞镇搬运工会"，会员120人，由王元木任主席。在合作化运动和两个工会成立的影响下，1953年9月，"木洞船民协会"也成立起来，参加协会的船主有30余人，大小木船共28只，吨位400余吨，由何银山任主席。1955年4月，以上3个组织合并为"巴县短航管理站"，统一领导，独立核算，由彭国清任站长，共有职工342人，初步实现了集体化。在"一化三改造"运动中，短航站的私船首先折价入社，于1957年11月建成"巴县木洞运输合作社"，由邓绍成任主任，何云丰担任党支部书记。这时，全社的30只木船已经过改建，吨位增加到530吨。

1958年，运输合作社改为国营巴县运输公司木洞运输站。1961年，受自然灾害影响，造成工商业不景气，航运业务下降，吨位也由771吨下降到610吨。1962年，按照国家"调整、巩固、充实、提高"的方针，重新恢复为集体所有制，实行计时工资制，调动了生产积极性，船只数和总吨位也逐年增加。随后，运输站并入"巴县鱼嘴运输社"，资产人员都增加了一半，航运业务也进一步扩大。1965年，购进机动拖轮一艘，不久又购进一艘拖轮和一艘客轮，航行长寿至重庆间，有时也上达黄磏、北碚，下至涪陵，年收入达44.5万元。

"文化大革命"前期，运输社也受到冲击，货运量减少，1968年营运收入下降至22.6万元。鱼嘴运输站、木洞运输站分社独立经营，造成很大损失。从1970年起，一面自造水泥驳壳船，一面添置机动船，生产逐渐回升，营运收入上升至52.5万元。这时，"巴县木洞运输合作社"改名"巴县木洞水上运输社"，将"上游1号"拖轮改成钢质，在重庆至长寿段从事水上拖运业务。

1976年，开始发展省外运输业务。1977年，自造"木运5号"机帆船一艘，营运收入达60万元。

1980年，企业向综合性发展，把建造水泥船壳的车间，转产为水泥电焊加工场。1982年，又将水泥加工厂改造成船舶救生设备厂，水运社又更名"巴县木洞运输站"。1984年，运输站更名为"巴县第二水上运输公司"，下设5股1室2厂，成为一个产、运、销结合的综合性企业。1985年，实现船体钢壳化，另建成"木运7号"客货轮一艘，使机动船达到7艘，马力1148匹，驳船21只，3410吨，固定资产214万元，营运收入突破100万大关，达到152万元。

1990年以后，由于市场竞争激烈，加上技术和设备跟不上形势发展的需求等原因，公司营运业务日益下降，濒临举步维艰的困境。不久以后，水运社解体。

水运社的历届领导人有：吴成明（书记）、高丛华（主任）、陈德云（书记）、徐国清（主任）、罗孔明（书记）、唐元禄（主任）、刘清才（经理）、王开新（经理）、李长模（经理）。

三、船只船工

船只有木船和机动船。木洞码头船舶运营与停靠水运工具在长江流域是一样的，木船以数万计，机动船在木洞仅有近百年的历史。木洞码头木船有广船、渡船、揽载船、老鸹船、划白船、舵笼子、敞口船、中元棒（又称冲盐棒）、滚筒子、舢板船、四脚蛇船、五板船、行马船、柳叶船、窝棚船、龙舟船等。木洞木船最为常见的是从事长途航运的广船。广船腰大、口窄、体高、载重80～100吨甚至更多。广船结构坚固，其外部由船底（托盘）、船舷（舷下边两侧加有3根纵行前后的大棱）、前鳌、后鳌（底部头、尾上翘起部分，多用坚硬的青冈木），以及舱板（锁辐，舱面上装有若干根大横梁，以加固船体）、蓬拱和蓬等组成船的外壳。船内则以木板（俗称堵）隔成舱间。各舱头至尾分为尖子舱、走舱、桅台舱、太平舱（又称火舱）、官舱、足窝舱、燕尾舱等10多个舱。还备有桡（桨）、橹、帆、桅、纤藤、篙竿等推动船只前进的工具（桡一般有24具或36具，橹一般有1对或2对），还有舵、艄定向工具，淘绳（篐头）、船桩、插杠、羊耳、结绳等靠船工具。1898年，英国立德乐"利川"小轮是第一艘机动船。1950年前，有佛亨公司"佛通""佛星""佛源"3艘轮船。到20世纪90年代和21世纪初，木洞地区所属，往来于木洞航线的大小机动船共有200余艘，其中客轮4艘。

木洞木船的桡工除渡船一般为二至数人外，其他船只则有十人至数十人；广船少则二三十人，多则五六十人，数船竞航时桡工更多。若按此大致计算，最盛时期，木洞港从事木船运输的船工至少在2000人以上。1955年4月，"巴县短航管理站"成立，时有正式船员职工342人。1985年，木洞港有固定职工300人以上，另有装卸工120人。

吞吐量：吞吐量分客运和货运两个方面。

客运吞吐量：分义渡（在道路交通已述）和商运两部分。两部分年客运量在50万人次左右。义渡即政府相关部门筹资修船雇请船工摆渡过江，乘客不付船资。木洞义渡设置期很早，但具体时间不明。新中国建立后，义渡成为木洞地方政府的一项重大民生工程，年乘客运送总量在20万人次左右。

货运吞吐量： 历来，木洞港的货运量很大。桐油是我国大宗出口的贸易商品，产量首推四川，年出口量占全国出口总量的1/3。1919—1938年，木洞桐油年出口量曾高达1000吨以上，占四川全省出口总量的1/4。此外，还有棉纱的年交易量也达5000余包（每包10千克）、食盐3000吨以上。糖、酒及其他物资也在1万吨以上。1972—1985年，全港货物年吞吐量12.6万吨，其中进口10.2万吨，出口2.4万吨。主要运输物资以建材、钢铁、化肥、煤炭为进口大宗，粮食、榨菜、蜜枣等为出口大宗。随着木洞场镇建设、农村建设的速度加快和木洞工业园区的落户与建设，近些年来，木洞港的客运量每天达数千上万人，年进出货物量至少在1000万吨以上。

第三节 邮 政

一、机构演变

木洞邮政，始建于民国十四年（1925年）。木洞镇设三等邮局，巴县其他场镇设邮政代办所30处，信柜30余处。除极偏僻的乡场外，均能通邮。

中华人民共和国成立初至1966年，木洞邮政、电信合为一家。"文化大革命"期间，邮政、电信分离。1975年，木洞邮政、电信合并。1997年，邮政与电信再次分离。邮政更名为"中国邮政巴南区邮政局木洞支局"，办公地点于1995年从解放路迁至大桥一路，直至2011年底；电信更名为"中国电信巴南区电信局木洞电信所"，办公地点于1999年从解放路搬迁至大桥二路，直至2011年底。

二、主要职责

中华人民共和国成立初至80年代，邮政主要职责是收发书信、电报、包裹，订阅并投送报纸、杂志等。当时，平信月平均1000余封，电报月平均300余件；《红旗杂志》年平均1000余份，《重庆日报》年平均1200余份，以及其他报刊若干。这些书信、电报、包裹、报刊分别由徐友宏、陈炳生、熊汉卿等负责发送，他们轮流每天从木洞出发至长坪、马家、丰盛、南川白沙、或羊鹿、双河公社（乡）等地投送。

70年代初，木洞邮政编码为：631338。1980年7月1日，邮政编码机构对地方邮政进行重新编码，木洞邮政支局邮政编码定为：401338。

80年代以后，随着社会的进步和交通事业的发展，木洞邮政业务也有了很大进展。2011年末，有邮政网点2个，投递路线单程总长度10千米，投递点15个，乡村通邮率100%。全年投递国内函件3.4万件，国内汇票业务完成1000笔，国内异地特快专递信件完成4000件，征订报纸123.3万份、杂志1.7万册，业务收入400余万元。

第四节 通 信

一、电信业务

木洞电信业务主要包括电话、电报、互联网及移动通信。

中华人民共和国成立初，木洞设置电话、电报交换中心。1953年，改设磁石落地式总机。1962年，改安装204B型一台一端三线载波机，拱桥式一台二十线汇集配线台，TH302型会话终端机。1979年，又安装203A型载波机。1985年，人工交换机改装为纵横制交换机，装机容量增至1000门，保证全镇的自动电话安装使用。1994年，改设装机容量达2000门的程控交换机。1997年，开通无线接触电话。2001年，随着农村"双通工程"启动，木洞程控电话装机量得到迅速增长，装机量达10000门。2000年6月，木洞电信支局开办互联网业务。至2006年，发展到3000余户。2006年9月，中国移动木洞片区成立，包括栋青、长坪。木洞建设有5个网络信号接收基站，用户22000户，负责人周李娜，工作人员12人。有移动营业厅7个，为广大人民群众提供通信业务办理，同时开通了移动家庭宽带。

二、电信发展

随着科学技术的进步，木洞电信发展迅速。至2011年底，有电信企业3家，服务网点15个；电话交换机总容量12000门，固定电话用户7000户，比上年减少140户，电话用户普及率达60%，比上年提高3个百分点；移动电话用户3.2万户，比上年增加7000户，移动电话普及率为73.6%，比上年提高4个百分点；光缆线路总长达250千米，主干电缆达100对千米，互联网端口总数3200个，其中已占用端口总数2300个，宽带接入用户2200户，比上年增加650户。全年电信业务收入1100万元。

第九章 城镇建设

木洞城镇建设大致经历了古镇建设、主段改造和新区建设三个阶段。中华人民共和国成立前的木洞街道最早是洞上老街，包括三峭湾、垭口、猴子洞、水沟街等。清末至民国年间修建了河边新街，包括五层坎、猪市口、正街、石宝街等。从三峭湾至石宝街约2.5千米，号称"五里长街"。中华人民共和国成立后至改革开放，于2012年至2016年，木洞镇新建"木洞河街"全长1000米仿古建筑结构，供运营商，还实施了主段改造工程。20世纪80年代至2011年底，木洞镇新建改造街道有新建路、沧白路、豫园路、港湾小区、移民活动中心小区、移民新区、新星节能小区、小河边街、大桥一路、大桥二路、大桥三路、丁家花园小区、焊花小区，全长5千米，面积12平方千米，已经基本建成规模初具、设施齐全、宜居宜商的政治、经济、文化活动中心，属巴南区北部中心镇。

第一节 旧城改造

一、20世纪80年代前的古镇主段改造

中华人民共和国成立初期，木洞镇西起小河边，向东经石宝街、万天宫、解放路、永懋、五层坎、大坪、水沟街、洞上、陡石梯，至三峭湾，正街左侧，有万天宫巷子、大巷子、四合一巷子、猪市口巷通往河坝码头，枯水时节，搭建临时商铺，当时的木洞城镇有"五里长街""一里码头"之称。

长街上的固定街房，多系木制穿逗排列，以木板镶嵌为壁，以檀桷盖瓦为顶，临街一面装嵌活动木板和木门，有的还露出约1.5米高的柜台，便于经营生意。河边搭建的临时商铺，多以木、竹为材，立柱架枋，以竹篾捆绑结实，再以楠竹剖开为瓦，阴阳相盖为顶，四面皆用竹篾为壁，当街一面之竹篾可上可取，亦为便于经营生意。左右两旁店铺之间是街道，宽3~5米，全用青石板铺成，有坡度的街道、巷道则用石板砌成石级。

中华人民共和国成立后，作为市场流通货币的人民币十分稳定，在民众中信誉度很高，在交易中再也无须以物易物，原来涪陵、南川一带的山碛子大米需求量骤减，加之交通条件逐步得到改善，过去靠人力肩挑背磨运输从涪陵、南川经木洞至重庆的来往货物，多由车辆运输，从涪陵、南川经丰盛、长坪到木洞的石板大道上的行人日渐减少，三峭湾、洞上、水沟街一带商机下降，人气逐渐冷落，这段街道日渐萎缩，木洞的"五里长街"已有大半再也见不到昔日商号毗连的繁华景象。

随着长江航运事业的发展，机动轮船逐步成为客货运输主力，以人工为动力的木船逐步退出航运舞台，木洞河岸的"一里码头"停泊的木船逐渐减少，来往的船夫和从商客旅的数量也相应下滑，河街的商机流失，枯水季节的捆绑商铺因减少而最终停建，临时河街逐步消失。

此时，木洞城镇建设的重心逐步集中到正街和石宝街，主要是正街的一段街道上，政府将木洞镇的建设也集中到对主段进行改造。

木洞政府在老街一带建设了单位部门、金融等办公场所和一些食宿、商店、文化设施，改造了街道路面，种植了街道两旁的行道树，既是商业集中区，又是区公所、镇级行政机关分布区域。这时的城区面积约1平方千米。

20世纪80年代，木洞镇政府在八洞桥右300米处，兴修了支农桥和人行大路，方便双河口镇、桃花岛、豚溪口等群众赶集。在此前后，还改造了水沟街和前进路，方便民众出行。下表列出80年代木洞街道改造和路桥修建情况。

表 3-19

木洞街道改造和路桥修建情况一览表

街名	起止地点	路面情况	备注
水沟街	八洞桥至木洞中学	街面石板，街面 1.5 米	建于 50 年代末
石宝街	菜坝至万天宫	街面改石板为水泥路面，街面 5 米，两边行人道各 1 米	建于 70 年代
解放路	万天宫至八洞桥	街面改石板为水泥路面，街面 5 米，两边行人道各 1 米。大巷子石梯长 50 米，宽 10 米	建于 70 年代末
前进路	木洞中学至洞上	街面石板，街面 3 米，两边行人道各 1 米	建于 70 年代末
支农桥	普慈岩	桥长 18 米，宽 2 米，高 15 米	建于 1982 年
普慈岩路	八洞桥至普慈岩	长 1600 米，宽 2 米，石板及碎石路	建于 1983 年

二、20 世纪 80 年代后的旧城改造

农贸市场搬迁：木洞农贸市场于 1999 年建设完成，新址位于木洞镇大桥一路（原天坪田），占地 22666 平方米，由木洞镇通顺建筑公司开发建设，总计投资 770 万元，面积 22000 平方米，其中居民住户 210 户，设置了农副产品、肉食、畜禽、蔬菜、水产、百货日杂、餐饮等摊位 120 余个。

织布厂旧城区改造：1993 年建设完成，总计投资 400 万元，建成商住房面积 5000 平方米，商业门面面积 1200 平方米，彻底改变了原木洞镇织布厂破烂不堪的危旧房面貌。

农机站旧城片区改造：2005 年建设完成，总计投资 350 万元，住房面积 4000 平方米，商业门面面积 1000 平方米，改变了行人难及交通不畅的面貌。

焊管厂旧城区改造：2009 年建设完成，总计投资 4000 万元，住房面积 30000 平方米，商业门面面积 10000 平方米，公共活动场地面积 3000 平方米，绿化地 1000 平方米。

上述开发项目的实施，加大了木洞镇的基础设施建设，增强了城市的综合服务功能；繁荣了餐饮、住宿、商贸、金融、旅游等第三产业；解决了一大批居民的住房问题，拓展了木洞镇城区面积，彻底改变了木洞镇过去小乡场、夹缝街的格局。

第二节　新区建设

1985 年 5 月，巴县人民代表大会常务委员会做出了《关于发展小城镇，加强城镇规划、建设的决议》，中共巴县县委和县人民政府加强城镇建设的领导，发动县属有关部门在财力、物力、人才等方面给予大力支持，吸引县外企业到小城镇建厂，允许带资入镇落户建房，务工经商。此后，特别是 90 年代开始的三峡库区移民建设，木洞城镇建设迎来了迅猛发展时期。经过 20 来年的建设，木洞镇已基本上成为规模初具、功能齐全、宜居

宜商的新型小城镇。

1993年10月，经重庆市人民政府批准，木洞镇大桥东侧至木洞中学一带，确定为三峡库区移民迁建试点小区。重庆市小城镇建设领导小组《关于公布重庆市第一批小城镇建设示范镇的通知》（渝镇领发〔1996〕1号）将木洞镇列入市级试点镇，2002年又列入市级"百强镇"，巴南区政府亦将其确定为"小城镇建设示范镇"，巴南"一城五镇"之一的重点镇，为木洞镇新城区建设带来了难得的发展机遇。镇党委、政府为抓住机遇，搞好小城镇建设，邀请权威单位制作了木洞镇发展规划。规划以巴南区城镇建设体系规划以及木洞镇人口、经济和产业构成现状为依据，将木洞镇建设规划成为第一产业稳固，第二、三产业发展迅速，社会和谐，镇村协调发展的重庆市级中心镇。按照总体规划要求，对城镇新区建设，主要是对建设用地进行规划，以此指导建设实践。详见下表：

表3-20

2011年木洞镇镇区规划建设用地一览表

序号	用地代码	用地名称		面积/平方米	占建设用地比例/%	人均建设用地/平方米
1	R	居住用地		454000	34.8	24.9
		其中	二类居住用地	394100	—	—
			中小学用地	59900	—	—
2	C	公共设施用地		59300	4.6	3.3
		其中	行政办公用地	7600	—	—
			文体娱乐用地	5400	—	—
			医疗卫生用地	3900	—	—
			商业金融用地	37900	—	—
			市场用地	4500	—	—
3	M	工业用地		196000	15.1	10.7
4	W	仓储用地		108600	8.3	6.0
5	T	对外交通用地		50800	3.9	2.8
6	S	道路广场用地		225000	17.3	12.4
		其中	道路用地	221000	—	—
			广场用地	4000	—	—
7	U	市政公共设施用地		27200	2.1	1.5
8	G	绿地		181000	13.9	9.9
		其中	公园绿地	74000	5.7	—
			生产防护绿地	107000	8.2	—
9	—	建设用地总计		1301900	100	71.5

根据上述用地规划，列举已建成的小区项目中，足以说明上级政府对木洞镇小城镇建设的重视，其中主要新建项目为：

后湾片区：1993年，经重庆市人民政府《关于巴县木洞区公所三峡库区迁建试点小区工程征用土地的批复》（重府地〔1993〕323号）文件和巴县人民政府《关于木洞区公所三峡库区迁建试点小区工程征用土地的通知》（巴县府征〔1993〕277号）文件批准，三峡库区建设迁建试点小区工程征用木洞箭桥七社全部土地79404平方米，其中耕地面积59400平方米，非耕地面积11333平方米，宅基地面积8671平方米。同时，将箭桥七社283名社员全部农转非。木洞镇根据市、区文件要求，决定在木洞镇后湾片区实施三峡库区移民迁建工程建设。该项目由重庆渝青建筑安装有限责任公司承建，总投资5000万元，住宅为砖混钢筋结构，共700套，总面积56000平方米，商业门面13000平方米，公共设施100万元，人行、公路10000平方米。木洞后湾片区工程的建成，提升了木洞镇形象，展示了城镇新貌。

新星节能小区：2004年，木洞镇小河边修建新星节能小区，重庆长坪建设集团公司承建，于2006年建设完成，总计投资1000万元，住宅为砖混钢筋结构，共210套，总面积18900平方米，门面面积2000平方米，公共绿化地1400平方米。

移民小区：2006年，木洞镇沧白路山歌广场修建移民小区，由重庆长坪建设集团公司、重庆花溪建筑安装有限责任公司、重庆通顺建筑安装有限责任公司、重庆宏源建筑安装有限责任公司、重庆南城建筑安装有限责任公司、重庆林福建筑安装有限责任公司承建，于2008年建设完成，总计投资1800万元，住宅为砖混钢筋结构，共534套，总面积46000平方米，门面面积5000平方米，公共绿化地3000平方米。

保安村移民活动小区：2007年，木洞镇前进路修建保安村移民活动小区，由重庆通顺建筑安装有限责任公司承建，于2008年建设完成，总计投资800万元，住宅为砖混钢筋结构，共110套，总面积10000平方米，门面面积2000平方米，公共绿化地800平方米。

港湾开阔小区：2006年，木洞镇新建路修建港湾开阔小区，由重庆渝青建筑安装有限责任公司承建，于2008年建设完成，总计投资1700万元，住宅为砖混钢筋结构，共360套，总面积28800平方米，门面面积5600平方米，公共绿化地3000平方米。

丁家花园小区：2008年，木洞镇新建路修建丁家花园小区，由重庆长坪建设集团公司承建，于2008年建设完成，总计投资7600万元，住宅为砖混钢筋结构，共133套，总面积13000平方米，门面面积2000平方米，公共绿化地1200平方米。

以上新城小区建设，从旧城改造和其他设施建设上看，总计投入新区各类建设资金约13亿元，新建商住楼142幢，总建筑面积24万余平方米，占地面积5万余平方米，城镇面积近1.5平方千米，镇区人口1.2万人，人均居住面积20平方米。

城镇新区已建成中心区一个，区内中心医院（已升为重庆市巴南区第三人民医院）、金融、学校、车站、通信、水电、工商、税务、粮站及农贸市场等公共设施齐全的宜居宜商的小型城镇。

从以上新城小区建设，反映了木洞镇在城镇建设上的发展变化，也反映了木洞镇各项事业的建设和发展，都是在党和政府领导下取得的。

第三节 公共设施

一、街道设施

通过旧城改造和新区建设，已形成商贸大街6条，长3000余米，宽16~24米，道路硬化55360平方米；主街道立面巴渝风貌改造3.6万平方米，总投资1100万元；新建广场3个，占地面积380平方米，街心花园2个，占地面积1000余平方米；新栽行道树2000余株，新安装改造路灯120盏，新建公厕5所，改造3所，垃圾坑站6个，并在规划区外新建8667平方米的垃圾场1个。

表3-21

2011年木洞镇街道、广场建设情况一览表

单位/米

街名	起止地点	长	宽 车行道	宽 人行道	修建时间及结构
小河边街	小河边至敬老院	200	16	3	1995年，碎石路，后改建为沥青路
木洞大桥	—	110	10	2.4	1993年，预制结构
大桥一、二、三路	1号至200号	400	12	3	1997年建土路，后改建为沥青路，地板砖
新建路	1号至300号	600	12	4	1993年代建，碎石路，后改建为沥青街
沧白路	转盘至港湾	400	12	3	2006年，碎石路，后改建为水泥街。
主干道	大桥至木洞中学	5000	8	4	2006年，沥青路、行人瓷砖地面
广场1	山歌之乡标志广场	500	—	—	2007年，瓷砖地面
广场2	山歌广场	2500	—	—	2007年，瓷砖地面
广场3	洞出神木广场	800	—	—	2011年，瓷砖地面
立面改造	大桥一路1号至转盘	500	—	—	

二、供水 供电 供气

供水：木洞镇从建镇起，到1975年，都无自来水，居民和单位饮用水均至江河或水井挑取。1975年3月，木洞镇在小河边修建抽水站，总投资8万元，只能供木洞场镇内居民生活日用。

1985年，木洞镇开办自来水厂。在五布河流经木洞镇涧桥处流新修自来水厂，占地面积11.6亩，总投资61万元。容量3300立方米，日供水能力达到3000吨，水厂资产1028万元。水厂建成后，不断完善制水场构筑物，增加制水设备，改漂白粉消毒为直投式管内加液氯消毒。同时，在制水场设化验室，能做常规化验。水质的监测，由巴南区疾控中心负责。

旧城改建和新区建成后，又新建清水池2000立方米，改造给水管道4000余米，排水管道6000余米，保证了场镇的供水需求。

供电：1936年1月，由商会主席陈炳堂发起，商请何经纬、林宅安、廖嘉埔襄助，在场镇解放路合资兴建恒升电厂，以火力发电，供应木洞场镇内的照明用电。

1964年，国家高压电输入栋青场，逐渐扩展到木洞镇以及木洞、长坪、栋青、水口乡，镇乡高压电联网，成立农电站。各乡农电站由木洞区电力供电站管辖，由李明普、刘全贵牵头负责。1981年，各乡开始配备1名农村电力管理员，岗位叫农电员。1993年12月，随行政区划并入木洞镇电力管理站，工作人员6人。

1996年，木洞镇兴建一座30千伏变电站。2010年，增容2万千伏安。全镇10千伏杆线总长度102.846千米，3条线路，日供电量8万千瓦·时，工作人员18人。

1976年，木洞筹建杨家洞水力发电站，1983年，又修建箭桥水力发电站。两个水力发电站与国家电力并网，将发的电卖电给国家电力公司。2006年，受三峡工程影响，两个电站均在175米水位线下，因此被撤销。

旧城改造和新区建成后，又新建35千伏变电站一座，新安装高低压供电线路9000余米，保证了场镇的照明需求。

供气：木洞镇建镇以来，场镇居民长期以野生柴火、秸秆和煤炭等作生活所需之燃料。2006年，开始在木洞镇小河边兴建CNG压缩天然气木洞经营站，总投资500万元，占地面积8亩，场镇管道8000米，主管道直径P110毫米，支管P63毫米和P64毫米，全镇用气2800户，日供应气2000立方米，工作人员4人。

三、环境保护

木洞镇在城市建设中，严格执行了环境影响评估制度，以及建设项目环境保护措施必须与主体工程建设同时设计、同时施工、同时竣工使用的"三同时"制度，环评和"三同时"执行率及环境保护审查率、审批率均达100%。

强化环境建设与保护，以大气污染治理、饮用水源保护为重点，加快实施"山水园林城区工程"。推进"五管齐下"净空工程，巩固"清洁能源工程"建设成果，进一步调整能源结构和产业结构，推行清洁生产，加强粉尘污染控制，解决餐饮业油烟、机动车尾气污染等问题，使大气环境质量基本达到二级标准。

根据《国务院关于加强环境保护若干问题的决定》要求，街道狠抓了小造纸、小制革、小电镀等"十五小"企业的取缔、关停工作，先后取缔、关停了木洞造纸厂，治理了小河边河段、八洞桥河段、普慈岩河段流域的各种污水出口处。根据《重庆市巴南区城镇生活污水防治管理办法》《重庆市巴南区城镇建筑施工噪声污染防治管理办法》，加强了对城镇生活污水和建筑施工噪声的管理。全面实行了环境质量党政一把手负责制,加强了环境保护工作和污染源监督管理。

木洞镇加大了环境监管和环境执法力度,除坚持日常现场监督管理和执法检查外,每年组织进行了环保执法检查,同时开展了专项斗争,严厉打击了环保违法行为,从而有效保护了人民群众的身体健康,保障了群众的环境生存权。

加大生态环境建设保护力度,实现经济社会可持续发展。坚定不移地贯彻落实环境保护基本国策,大力推进生态环境建设,切实加大保护力度,进一步提高环境质量,实现经济社会可持续发展。

于2005年3月修建了污水处理厂,总投资660万元,占地面积9.13亩,污水入池管道长度1248米,管径300毫米,污水池分过滤、净化、消毒三种,日处理污水900吨。常年1人专职负责。

经过以上环保措施,实现了"一控双达标"任务,严格控制污染源,工业污染源的水污染物中化学需氧量排放达到国家或市规定的相应排放标准,工业污染源的大气污染物中二氧化硫、烟尘、工业粉尘三项排放量最大的一项达到国家或市规定的相应标准,企业污染源巩固率达到100%,未发生反弹、回潮现象。

辖区环境质量基本保持稳定,空气环境质量日益好转,环境质量恶化的趋势得到了有效遏制,为经济社会持续健康发展和人民群众生产、生活环境的改善创造了良好条件。

第四节 新农村建设

一、新农村建设规划

镇村统筹是根据统筹城乡发展的要求,木洞镇将新农村建设纳入镇村体系建设规划,把木洞镇村分为三个等级:集镇(镇区)—中心村—基层村。镇区是全镇的政治、经济、文化中心,服务全镇;中心村包括栋青村、墙院村、土桥村、松子村等,建设集贸、商贸服务、文化娱乐等设施,服务本村和周边基层村;基层村包括海眼村、景星村、钱家湾村、庙垭村等,为当地生产生活服务的集中居住区。

木洞镇村体系的经济产业分为"一镇、三片":一镇,即镇区,是木洞镇政治、经济、文化中心,集中了全镇大部分二、三产业,是集休闲、餐饮、旅游、商贸为一体的经济核心;三片,即特色农业种植区、转型农业种植区和生态观光旅游区。三个片区的定位与发展,成为木洞镇新农村建设的基本内容。

特色农业种植区:包括镇域西南部松子村、土桥村、栋青村三个中心村和钱家湾村、保安村、水口寺村等基层村,重点调整第一产业结构,以种植季节蔬菜、经济作物等为主,瞄准市场动向,形成产、供、销配套产业,打造名特优产品,形成区域内农业新的经济增长示范区。

转型农业种植区：包括镇域东部的中心村墙院村以及庙垭村、海眼村、杨家洞村等基层村，逐步调整产业结构，以种植特色农业为主，加强畜牧、桑蚕等养殖业和蔬菜、水果等产品生产，努力提高产量，形成区域内农业新的经济增长示范区。至2011年底，已引进了重庆平克农业发展有限公司、重庆长南现代农业开发有限公司、巴南区木洞永合花木园艺场、巴南区庙垭竹笋加工厂。

生态观光旅游区：包括镇域北部的基层村，以发展旅游为龙头，重点打造"一山、一湖、一河、两岛"的旅游风景区，逐步完善基础设施建设，提高旅游接待能力和服务水平，创巴南区旅游精品。至2011年底，已有重庆三和现代农业发展有限公司、重庆通顺建筑安装有限公司发展现代观光农业。

二、新农村面貌

根据木洞政府"节约用地，居住用地逐步集中，农村建设相对集中的居住点"要求，木洞镇已建成两处新农村居民点。

保安后河新村，位于木洞镇东南部，五布河出口处，距木洞主城1千米。该区域地貌属浅丘，地形较为平坦，最大坡度不大于20度，海拔在180～220米之间。按新农村建设计划，保安村划定部分区域建设特色农业区，并安排了居民点的建设。该工程于2006年竣工，建筑面积1225平方米，104户，总计投入1750万元。

土地垴新村，2008年6月，木洞镇根据重庆市巴南区发展计划委员会《关于同意木洞镇土地垴村农民新村项目立项的批复》（巴南建委发〔2006〕129号）、重庆市巴南区建设委员会《关于同意建设木洞镇土地垴农民新村的批复》（巴南建委发〔2006〕135号）、重庆市巴南区木洞镇人民政府《关于同意土地垴村建设农民新村的批复》（木洞府发〔2006〕265号）等文件精神，新建土地垴农民新村，占地30亩，建筑总面积3000平方米，共建成1～5号楼房及配套设施，建筑风格为6层单元式住宅楼房，可入住336户村民，通水、电、气、电话、路等。并建有香山郡社区公园，设有超市、农家书屋、篮球场等活动设施。新村容积率为1.09，绿化率45%，改建扩宽新村至小河边公路为水泥路面，路宽7米，人行道宽2米。于2010年底完工并入住。

农业观光苑：一是栋青圣新农业求索苑，位于木洞镇西12千米栋青村在侧100米，占地面积600余亩，主要以农业项目为主，配置养鱼，种植无害绿色蔬菜，四傍培植花木观赏，路道音乐，棋星式农耕示范展品，接纳游客食宿，享誉木洞民俗文化展演，少儿农耕体验，亲子互学训练场一体的新农村休闲观光苑。二是海眠村平克农业园，以草莓为主的兼营蔬果农业项目，杨家洞村的山水牧歌以草莓、养鱼为主的兼营蔬果、少儿践行活动的经营项目，庙垭村的长南蔬果苑，钱家湾村的瑞普花木果园观光苑，这些以农业种植项目为骨干，开拓农业新思想，种植观赏结合，效益实绩为目的的双丰收，每年在不同季节，年平游客量万余人次，亩增价值比传统农业种植超300%以上。

第十章　三峡库区木洞移民

木洞镇是三峡库区范围之一，列入库区第四期移民，也是移民扫尾清库阶段。在三峡水库建设中，淹没范围涉及12个行政村、41个合作社和2个社区，20个企业、政府、事业单位，搬迁安置人员6710人，其中农村生产安置人数为4822人，城镇居民企业职工安置人数为1888人。木洞镇党委、政府发动群众，举全镇之力，把移民工作作为政治任务和经济工作来抓，根据"搬得出，安得稳，能致富"移民工作总方针以及按一、二、三、四期分期推进的工作部署，采取了投亲靠友、自谋职业、自主外迁、后靠安置、搬迁安置、货币补偿等措施，全面完成了三峡工程木洞镇移民搬迁安置任务。

第一节　移民任务

木洞镇地处长江之滨，上自土地垭村温家沱，下至中江寺尾的长江河岸，另有苏家浩、庙垭村内浩、五布河、豚溪口等分支河流。是巴南区移民任务重镇，举全镇之力，如期完成任务。

三峡水库蓄水后，木洞镇沿江地带将被淹没。淹没涉及12个行政村、41个合作社和2个社区，分别为：桃花岛村一、二、三、四、五社；豚溪口村一、二社；庙垭村二、三、四社；保安村一、二、三、四、五社；杨家洞村一、二、三、四、五社；土地垭村一、二、四、七社；松子村一、四、五社；土桥村四、五社；雁坝村一、二、四、五社；中坝村一、二、三、四、五、六社；墙院村五、六社；木洞街道一、二社区以及菜坝蔬菜队。以上村社淹没耕地、园地共计4679.5亩，涉及生产安置人员4822人，直接淹房84户223人，房屋面积6274平方米；集镇居民1888人，直接淹房77户182人，房屋面积7668平方米。淹没村组副业设施共13个。

除此之外，受三峡水位影响，木洞镇需要搬迁的企业、政府、事业单位共有20个。其中，迁建的工厂有12个，即：重庆焊管厂、木洞织布厂、木洞副食品厂、青山新型建筑材料厂、中坝纸盒厂、新星节能设备厂、木洞塑料厂、木洞建筑材料厂、栋青预制厂、黎家石灰厂、木洞自来水厂、木洞酒厂，以及餐馆1个，即木洞镇顺江食店。同时，迁建的专业设施涉及了7个抽水站，即：苏家浩抽水站（180千瓦）、伍家渡抽水站（80千瓦）、斜滩子抽水站（115千瓦）、箭桥抽水站（55千瓦）、木洞自来水厂抽水站（500千瓦）、中坝抽水站（75千瓦）、杨家洞水轮泵站抽水站（750千瓦）。电站2个，即：杨家洞电站（3台发电机组）、箭桥电站（2台发电机组）。广播电视站1个，即木洞镇广播电视站（室内设施迁移和外线电杆迁移）。另外，迁建镇属单位4个，即1993年12月撤区建镇前的木洞镇人民政府、木洞镇广播电视站、木洞镇运输站、木洞镇兽医站。

第二节 移民搬迁

一、人口搬迁

根据"搬得出，安得稳，能致富"移民工作总方针以及按一、二、三、四期分期推进的工作部署，成立了木洞镇三峡移民领导小组，下设移民办公室，组织开展政策宣传工作。利用广播、会议、专栏等方式宣传300余次，印发宣传资料3500余份，书写宣传标语300余幅。按照《木洞镇关于落实2007年移民工作目标责任的通知》（木洞委发〔2007〕89号）和《木洞镇关于加快实施2007年三峡移民项目的通知》（木洞委发〔2007〕96号）文件要求，进一步明确了移民办公室联系各村、驻村领导、驻村干部、村干部的责任和任务。木洞镇政府按照国家三建委对三峡移民搬迁要求，三峡库区木洞段水位175米以下全部搬迁。木洞镇中坝村为第一轮迁出，搬迁66户，共155人；集镇内搬迁12户，共30人。

表3-22

木洞镇三峡库区移民安置实绩表

现行政村	库调行政村/个	库调社、组/个	生产安置人口/人	出社安置人口/人
桃花岛	2	12	882	7
庙垭	3	13	475	17
保安	2	10	856	348
杨家洞	2	10	346	102
土地垴	3	10	438	124
松子	2	6	219	23
土桥	2	10	108	—
钱家湾	2	6	144	30
墙院	1	1	1	—
中坝	1	6	1244	758
合计	20	84	4713	1409

注："库调行政村、库调社"指20世纪80年代国家三建委调查木洞三峡库区的行政村、合作社（组）数量，下同。

二、迁往区域

木洞镇落实搬迁对象及其安置去处的工作思路是：一是对搬迁对象逐户逐人进行摸底排查，了解淹没、搬迁的基本情况；二是重点摸清搬迁对象的思想动态、具体要求、实际困难，帮助解决搬迁后的安置去向；三是逐户建立搬迁安置档案，制定搬迁安置合同，成熟一户，销号一户，安稳一处，保证群众放心迁移。

木洞镇的移民安置搬迁总人数为6710人，农村生产安置人数为4822人，城镇居民企业职工安置人数为1888人。搬迁的农村生产安置人数中，投亲靠友、自谋职业、自主外迁等搬迁安置的有1313人，后靠安置的有3509人。搬迁安置的1313人中，迁往巴南区农村、集镇的有892人，迁往巴南区、重庆市外的有421人。

三、住宅拆除

木洞镇第四期移民，农村住宅淹没房屋总面积6274平方米。其中，正房4059平方米，偏房1210平方米，附属房1004平方米，砼晒场840.3平方米。涉及水井1处，水池23处，地窖1处，粪池41处，散畜圈10处。对中坝村175米水位线以下66户155人的搬迁安置，第一轮拆除线下房屋672平方米，拆除并销号村组副业设施13个。

集镇迁建中，4个镇属单位全部搬迁完成，拆除房屋2176.3平方米；集镇居民搬迁完成67户206人。对其中的14户46人采取货币安置，其余户还建房屋面积5951平方米。移民搬迁中，拆除农村原有住房2587平方米，集镇原有住房4876.25平方米，新建农村移民住房14000平方米。集镇移民75户193人，占用面积203.2亩。

四、耕地退出

木洞镇涉及淹没12个行政村41个合作社和2个社区，淹没耕地、园地5751.80亩。其中，水田622.7亩，旱地2137.7亩，菜地698亩，河滩菜地419.3亩，河滩粮地1689.3亩，桑园和其他地184.8亩，村组副业设施13个。

耕地退出后，2008年7月，重庆市政府办公厅组织市移民局、国土局、建委、环保局、卫生局、地震局、档案局到木洞镇对专业设施复建、移民管理、移民档案等工作进行初级检查验收。同年8月，国家三建委组织环卫、国土、卫生、水利等验收专家组到木洞镇进行终极检查验收，各项工作目标全面完成，验收合格。

五、安置补偿

根据三峡库区移民补偿规定，生产安置补偿由土地补偿、其他补偿、过渡期生活补助三部分构成，生产安置补偿均以库调时的村民小组为编制单位为补偿范围。

土地补偿以淹没土地类别的补偿单价及其相应的淹没实物量计算补偿额。土地补偿费低于7000元/人的，先按全市统一人均最低标准计算的总额内核调，调整后土地补偿高于7000元/人的按7000元/人计；对调整后土地补偿低于6500元/人的，再按规划人口人均标准内分段核调，方法是：6000~6500元/人的上调5%，5000~5999元/人的上调10%，4000~4999元/人的上调20%，3000~3999元/人的上调30%；通过以上两次调整后统一标准达到4400元/人。

木洞镇根据上述政策，对镇辖区移民安置方面，生产安置静态补偿总额3846.694万元。其中，土地补偿费3127.065万元，其他及过渡期生活补助费719.629万元，人均生产安置静态补偿费7977元。生活安置静态补偿总额728.6715万元。其中，房屋及附属设施补偿费66.617万元，基础设施费40.6306万元，零星果木费7.7381万元，搬迁费8.92万元；对淹地不淹房的生活安置，零星果木费56.0058万元，搬迁费64.56万元，淹地迁建包干补助费484.2万元。村组副业设施静态补偿费32.82万元。库区周边交通静态投资补偿费275.6万元。

另外，还对土地堉村新增补偿，村组新增静态补偿1527.74万元。生活安置新增投资静态补偿792.314万元，其中，房屋及附属设施226.693万元，基础设施补助316.664万元，零星果木60.309万元，移民搬迁69.52万元，移民搬迁69.52万元，建房征地49.608万元。库区周边交通新增静态补偿158.6万元。

第三节　两岛搬迁

一、中坝孤岛移民搬迁

2007年10月23日至2007年11月20日，深入中坝岛移民户中，宣传移民政策，协助解决移民的实际困难，帮助移民选择切合实际的生活、生产安置地点和方式。

2007年11月21日至2007年12月31日，确定安置地点和安置方式；完成移民安置房手续的办理；与移民签订生产、生活安置销号合同；划定生活安置地块和生产安置种植业地块；按标准支付移民生产安置补偿费。

2008年1月1日至2008年4月30日，完成生活安置房，在木洞镇移民小区和木洞大桥头右的建设住房，并拆除旧房，支付生活安置补偿费。

2008年5月1日至2008年6月30日，对整个搬迁安置工作进行全面自查，对发现问题进行整改；收集、整理移民安置资料并及时归档，迎接上级的检查验收。

二、木洞镇苏家浩孤岛

岛上已建成的供水站1个，能满足全岛人畜饮水和灌溉用水，在现有农户拥有三峡工程蓄水成库后有耕园地3175.55亩，柴草山647.5亩，其他地86亩，当地木洞镇人民政府早已考虑发展旅游业，在岛上已有资源的基础上，拟列入旅游统一规划，相对集中，建移民居住点等，作为旅游业发展的基础，苏家浩具有得天独厚的条件，距离重庆朝天门码头35千米，距2006年动工建设的渝涪高等级公路隔河（内河）相望，木洞镇政府成立了桃花岛（即苏家浩岛）旅游开发公司，完成了旅游开发规划，有多家单位提出进行旅游开发愿望。2007年3月1日，苏家浩大桥工程的正式启动，于2011年完成。这是苏家浩岛上移民多年梦寐以求建设一座连接外界的桥梁，以解决交通往来不便的困难。该大桥建成后，不仅大大减轻孤岛移民运输负担，极大地改善交通条件，而且还将成为该岛通外界的经济纽带，为桃花岛的旅游开发提供有利条件，为库区经济发展注入新的活力。

2009年，重庆庆隆公司占用桃花岛村全部土地，实行土地流转，全村95%以上村民迁入木洞场镇内，其余迁至镇外居住。

第四节 后扶工作

按照《国务院关于完善大中型水库移民后期政策的意见》（国发〔2006〕17号）、《重庆市大中型水库移民后期扶持政策实施方案》（渝府发〔2006〕97号）精神，为认真贯彻落实中央、市、区的文件精神，科学、合理、有序地完成三峡工程巴南库区移民后期扶持工作，坚持解决温饱问题与解决长远发展问题相结合；坚持国家帮扶与移民自力更生相结合；坚持全区统一领导、各镇街组织实施、分级负责；坚持统一政策，实事求是，移民受益。

一、移民安置住房

2005年起，木洞镇政府先后组织建设了后湾移民新区、后河农民新村、土地堖农民新村、小河边新星节能小区等移民安置住房，共投资5100万元，占地面积6万平方米，用于三峡移民住房安置。同时，还建设了移民服务设施，包括新建移民活动中心、移民活动广场，占地1.7万平方米，其内部功能设置了村（居）社会服务大厅、停车库、健身房、文化活动室等。

二、移民安置补助

2006年，木洞镇按照《国务院关于完善大中型水库移民后期扶持政策的意见》（国发〔2006〕17号）文件规定，对农村迁往农村在本区居住的移民，每人每月享受50元后扶资金，享受年限20年，若户口性质在此年限内发生变化，则停止享受，死亡的不再享受；对农村迁往农村在外区居住的移民，按前述标准在外区申报享受；农村户口迁为城镇户口在本区居住的移民，可申报困难补助，每人每年享受400元，享受年限10年，此年限内，若已在领取退休金的，则不再享受。

三、移民就业扶持和技能培训

移民培训是对移民更新观念、提高移民劳动技能，增强自信，发挥主观能动作用的一项主要措施，在移民培训中坚持以人为本的思想，着力提高移民的素质，重点提高和帮助移民掌握劳动技能，促进移民就业增收，提高移民生存发展能力，维护移民的根本权益。

木洞镇紧紧围绕《三峡工程建设移民条例》和移民政策、移民实用技术这两大主题，依照市、区移民的总体部署和要求，认真开展移民培训工作。相继颁发了《重庆市巴南区移民培训工作管理暂行办法》和《重庆市巴南区移民局关于加强农民技能培训工作的通知》。在培训工作中,落实地点、培训资料、师资及其他必备的相应设备器材等等。木洞镇开展集中和分点培训300余次,受训人员1万余人次,受训率100%,分别是干部、党员、群众,还分别在移民村、社区、院坝以会代培训,印发单页宣传资料10余万份,合订本2万余册,至2011年底,已有80余人到遂宁承包土地5000余亩,种植大棚蔬菜;有2800余人外出就业;另有30余人通过创业培训当上了个体老板。通过移民干部培训,有力地促进和加深了移民干部对移民方针政策、法规的理解,从而能更好地贯彻落实到移民工作中去,缩短了与移民群众之间的距离,进一步密切了党群之间、干群之间的关系,达到了预期目的。为保证培训工作能如期进行和正常开展工作,培训经费列入年度计划并专款专用,对经费的使用加强监督管理,做到开支合理,真正使培训经费用在刀刃上,发挥出较好的效益。

表3-23

木洞镇三峡库区移民后扶政策落实结果

行政村	库调行政村/个	库调社/组	投资金额/元
桃花岛	2	12	1050000
庙垭	3	13	549600
保安	2	10	609600
杨家洞	2	10	292800
土地垴	3	10	369600
松子	2	6	235200
土桥	2	10	129600
钱家湾	2	6	136800
墙院	1	1	1200
中坝	1	6	583200
合计	20	84	3957600

第五节 库区建设

木洞镇党委、政府按照巴南区委、区政府在三峡工程移民工作中,始终坚持以人为本的思想,既要使移民移得出,又要使其移出后能安得稳,并且逐步能致富。按照"体察民情,关注民生,谋好民利"的要求,在做好移民的思想工作、政治工作,依法维护移民利益的同时,不断采取措施、想办法提高移民的素质,促使移民在搬迁安置的历史变迁中,

一、移民道路

木洞镇政府组织兴建的移民公路，全长29.93千米，总计投资884.64万元。其中：苏家浩公路全长8.87千米，投资225.18万元，由堰溪口东至苏家浩坝上；中江寺公路全长6.97千米，投资174.68万元，连结桃花岛上下两端；土地堉公路全长1.1千米，投资44.88万元，由小河边到沟内移民新区，并向鸳河方向推进；杨家洞公路全长4.28千米，投资155.54万元；郭家坪公路全长2.43千米，投资62.46万元；松子公路全长6.28千米，投资221.90万元。另修建了庙垭、松子村人行中大路10千米，保安村移民小区至供销社连接道公路、土地堉农民新村公路硬化、豫园路等道路改造、开凿松子村公路隧道等。

二、滑坡危岩治理

木洞镇根据市、区要求，认真处理滑坡危岩潜在隐患，国家列专项经费治理，市发改委、市移民局以渝发改投〔2006〕740号文下达该项目计划投资，分别对木洞镇的温家沱四合头、木洞镇库岸治理、木洞镇粮站滑坡、木洞镇织布厂滑坡，该项目国家下拨治理资金1035万元，2008年完成。木洞镇人民政府将该项目治理资金结合当地城镇规划建设项目统一整合实施，区政府同意木洞镇政府为项目业主，做好地质灾害防治工作。

木洞镇温家沱四合头，2002年8月山体滑坡，受灾群众36户169人。其中滑坡体上居住群众有13户40人，投入资金79万元。

木洞镇移民小区后侧高切坡，坡高33米，坡长350米，治理面积13850平方米，总投资302.51万元，地灾防治资金258.97万元。

供销社综合楼高切坡坡高8米，坡长35米，治理面积267平方米，总投资26.1万元，地灾防治资金5.97万元。

木洞镇织补厂综合楼高切坡坡高17米，坡长79米，治理面积1491平方米，总投资80.02万元，地灾防治资金30.99万元。

2007年11月15日，项目业主组织对高切坡治理工程进行竣工验收，验收合格。该项目经过一年的运行，未发生安全事故，工程建设程序合规，工程质量符合规范化设计要求，工程运行安全，档案管理达到规定标准，行业验收合格。

三、污水治理

木洞镇污水处理厂设计处理污水能力为2000万吨/日，投资502万元，采用折流淹没式生物膜法工艺，于2008年1月建成投入运行。该厂已建成污水收集一级干管2.6千米，污水收集率为75%，日处理生活污水约1500吨。该厂自投入试运行以来，设备、设施运行基本正常，出水水质各项监测因子基本能满足《城镇污水处理厂污染物排放标准》（GB18918-2002）一级B类排放标准要求，年均去除COD（化学需氧量）174吨，NH_3-N（氨氮）12吨。

四、专业项目

木洞镇政府为完成三峡工程淹没地区专业项目的销号、复建工作，对苏家浩抽水站、伍家渡抽水站、斜滩子抽水站、木洞自来水厂抽水站按照补偿包干投资进行了招投标，完成了抽水站复建。苏家浩抽水站复建规模 110 千瓦、50 千瓦，移民资金投入 24 万元；伍家渡抽水站复建规模 40 千瓦，移民资金投入 10.69 万元；斜滩子复建规模 40 千瓦。同时，新安装主管 210 米，木洞自来水厂已拆除并在 175 米水位线以上建管理房 384 平方米。由于箭桥抽水站补偿资金只有 7.37 万元，指定木洞自来水厂施工队进行了复建工程建设，木洞自来水厂已完成变压器迁移和管理房建设。因中坝村纳入孤岛整体搬迁，木洞中坝抽水站已经销号并未复建，杨家洞水轮泵站抽水站也已销号，原受益村的灌溉问题已设计在寺沟水库扩建抽水站。另外，杨家洞村修建了天然蓄水池和渠道，庙垭村提灌站等。原箭桥电站、杨家洞电站已销号关闭，职工全部妥善安置，专业项目资料收集、整理、入卷、归档。

五、移民生产企业

木洞镇政府组织修建了桃花岛自来水厂、豚溪口哈木林柑橘园、保安村猪场和豚溪口村猪场。同时，依托南岸—涪陵公路木洞段的建设契机，在长冲隧道出口处的松子村和土地垴村征地 3000 亩，建设一个农副产品深加工集散地和一个工业园区轻纺城，以及生物药城、纸巾厂、啤酒厂等移民就业基地，就业人数可达到 2 万~3 万人。

第十一章 财税 金融

木洞镇的财政、税务机构按照国家政策进行财政、税务管理，财政收支和税金收缴良好，有力地支持了木洞镇的经济建设和社会生活等各项事业正常有序地运行。财政收支两条线，实行全额上缴，中央政府与地方之间划分税种、税权、税管分配体制，为了调动地方政府积极性，实行了"划分收支、核定基数、超收全留、短收不补"的分税体制。木洞镇的财政、税务机构按照国家政策和县（区）的具体规定，不断调整财政收支和税务征收办法，进行财政、税务管理，财政收支和税金收缴良好。2011 年，财政收入 556 万元，比扩大镇制前的 2001 年增长 154.35%。

1949 年至 2011 年底，木洞镇设有中国农业银行重庆巴南木洞支行、农村商业银行股份有限公司巴南支行木洞分理处、中国建设银行巴南区支行木洞镇办事处（1995 年撤销）、木洞邮政储蓄所和农经合作组织五家金融机构。他们按照国家金融政策开展储蓄、贷款业务，维护金融秩序，有力地支持了木洞镇的经济建设和社会生活等各项事业正常有序地运行。

第一节 财　政

一、机构设置

1950年初，木洞设财政办公室和税务所办事机构。1954年，更名为木洞征收组。1956年，税务与财政合并，更名为木洞财管所。1963年，财政税务分离。1984年1月，更名为木洞镇财政所，下辖12个乡（镇）财政所，分别是：清溪、天池、麻柳嘴、羊鹿、双河口、丰盛、马家、长坪、木洞、仰山、栋青乡和木洞镇财政所。1993年12月，区划调整，将木洞镇、木洞、长坪乡财政所合并为木洞镇财政所；栋青、仰山乡财政所合并为青山镇财政所。2001年7月，木洞镇、青山镇合并，将青山镇财政所并入木洞镇财政所，一直沿用至2011年。

二、财政体制

1950—1993年，木洞的财政政策实行收支两条线，收入全额上缴县财政，支出实行预算审批后报账制。到20世纪80年代中期，由于国民经济好转，收入大幅度增加，各乡镇收入参差不齐，差距较大，县政府对乡镇实行财政改革。1984年1月，全县各乡镇建立乡级财政。1985年，实行"划分收支范围，核定收支指标，收入上缴，支出下拨，比例分成，超支不补，支出结余留用，一年一定"的财政体制。1986年，实行"划分收支范围，核定收支指标，增收分成，结余留用"的财政体制。1987—1989年，实行"划分收支，核定基数，定额上缴，超收分成，一定三年不变"的财政体制。1990—1992年，实行"划分收支范围，核定收支基数，定额上缴、补贴，超收比例分成，分灶吃饭，一定三年不变"的财政体制。1992年，再次调整乡镇财政体制，收入以1989年实绩为基数，以后3年不进行递增，超收部分区镇、乡镇分成28%，短收部分县承担72%，同时对农林特产税和屠宰税进行单独结算，大部分留给区镇、乡镇财政。1993年，实行"分税制"的财政体制。

1994年，根据中央政府与地方政府之间划分税种、税权、税管的财政体制改革精神，开始执行新的分税制财政体制，分别按收取的税种税额比例分成获得财力。1999年，按照巴南区人民政府《关于实施第三轮分税制财政管理体制的通知》（巴南府发〔1999〕61号）文件要求，决定从1999年1月1日起对各乡镇实行以"统一领导，分级管理，事权与财权相结合"为总则的第三轮分税制财政管理体制。

2002年，按照重庆市巴南区人民政府《关于镇街财政体制的实施意见》（巴南府发〔2002〕72号）文件要求，决定实行"划分收支、核定基数、超收全留、短收不补"的镇街分税制财政体制。收入划分中，木洞镇的固定收入有：增值税10%、营业税50%、房产税50%、企业所得税50%、个人所得税50%、印花税、资源税、车船使用税、农业税、农业特产税、契税、农业税附加及国有资产出让收入。

三、财政收支

1950—1979年，木洞的财政收支相对平衡。1980—1989年，财政收支出现顺逆之差。1990年以后，基本属于本级财政创收不促，由（县）区财政补贴，确保乡镇级财政的各项事业正常运转。

以下列举1990年木洞建调整前的各镇、乡财政收支决算实绩。

表3-24

1990年木洞镇乡（镇）财政收支决算实绩总表

单位：元

单位	收入决算数				支出决算数			
	合计	预算内	预算外	自筹资金	合计	预算内	预算外	自筹资金
木洞镇	372515	362895	5107	4513	375479	368714	2252	4513
长坪乡	237009	188730	12186	72093	284728	209027	3608	72093
木洞乡	317103	181383	14890	120830	468996	344222	3944	120830
仰山乡	436125	263912	27595	144618	380287	305733	3902	70652
栋青乡	272129	165504	17941	88684	334667	234878	3405	96384

以下列举建制调整后2009—2011年木洞镇财政收支实绩情况。

表3-25

2009—2011年木洞镇财政收支决算实绩表

单位：万元

时间	财政收入决算数				财政支出决算数			
	合计	预算内（本级）	预算内（上级财政补助收入）	预算外	合计	预算内	预算外	自筹资金
2009年	1835	243	1550	42	1622	1580	42	—
2010年	1846	260	1586	—	1987	1987	—	—
2011年	3351	556	2795	—	3423	3423	—	—

第二节 税 收

一、机构设置

1949年11月，巴县全境解放，县人民政府成立税务局。1950年初，设木洞税务所。

1954年，木洞税务所改为巴县税务局木洞征收组。1956年，税务局与财政局合并，木洞征收组改为巴县财政局木洞财管所。1963年，财税两局分开，木洞财管所改为巴县税务局木洞税务所。"文化大革命"期间，财税两局合并，改为巴县财政税务局，木洞镇设财税所。"文化大革命"后区财税局分离，木洞设税务所。1994年1月，分设木洞为国家税务所和地方税务所；同月，国家税务所迁至巴南区东温泉镇。2003年4月，木洞镇地方税务所并入巴南区东温泉镇地方税务所，一直沿用至2011年底。

二、征收税种

中华人民共和国成立后，国家颁布了统一的税法、税种、征收项目。木洞镇各个时期的税种有：工商税、营业税、所得税、屠宰税、车船牌照税、文化娱乐税、利息所得税、交易税等。

改革开放后，木洞征收的税种有：流转税、所得税、特定目的税、财产和行为税、农业税等7类30种。

流转税：1958年，征收工商统一税；1973年，并入工商税征收，税种保留；1985年，对外商投资企业征收工商统一税。1984年10月，征收产品税，税率3%~60%。1984年10月，征收营业税，共11个税目；1990年8月，营业税增加3个税目，共14个税目，税率3%~15%，临时经营税率10%；1994年1月，将原征营业税的部分行业改征增值税，此时营业税目9个，税率3%~20%。1994年1月，国务院规定对国内工商企业征收增值税，基本税率17%，低税率13%。1994年1月，征收消费税，共6个税目，税率5%~25%。

所得税：国营企业所得税税率分为比例税率和超额累进税率两种，划为国营大中型企业的适用比例税率，税率10%~55%。1988年1月，按财政部规定，停止执行国营小型企业八级超额累进税率，改按五级超额累进税率征收，税率10%~35%。1985年4月，征收集体企业所得税，执行国营小型企业超额累进税率。1986年1月，征收城乡个体工商户所得税，执行十级超额累进税率，税率7%~60%，1993年底停止征收。1987年1月5日，征收个人收入调节税，纳税人月综合收入超过地区计税基数3倍以上的部分，按照超倍累进税率征收，税率20%~60%，1993年底停止征收。1990年，征收私营企业所得税，按比例税率35%征收。1994年1月1日，征收个人所得税，税率按工资、薪金所得，减除规定费用后的余额征收，税率5%~45%；个体工商户生产、经营、承包等所得，按减除成本、费用后的余额征收，税率最高为5%~35%。

特定目的税：1983年9月，征收建筑税，税率10%~30%；1991年10月1日，建筑税改为投资方向调节税，共14个税目，税率最高30%，最低为0。1985年，征收企事业单位奖金税，全年发放奖金总额人均不超过4个月标准工资的免税，超过4个月至5个月部分的税率为30%，超过5个月至6个月部分的税率为100%，超过6个月以上部分的税率为300%；1987年，降低奖金税税率，最低由30%降为20%，最高由300%降为200%。1985年7月，征收国营企业工资调节税，按超额累进税率计征。企业当年发放的工资总额超过国家核定的上年工资总额，即工资增长总额7%~12%部分，税率30%；12%~20%部分，税率100%；20%以上部分，税率300%。1985年2月，征收城市维护建设税，巴县分镇、乡设置两档税率，木洞地区税率为5%。

财产和行为税：1950年，征收屠宰税；1985年8月，改进屠宰税，屠宰生猪的税额为4元；屠宰水牛的税额为6元。1950年12月，征收印花税；1958年，因为税制改革，停止征收；1988年10月1日，恢复征收，其税率为按比例贴花和按件贴花。按比例贴花的税率为凭证所载金额的0.03‰~1‰；按件贴花的有营业账簿（不包括资金账）、权利、许可证照等，每件贴花5元。1986年10月，征收车船使用税。客运车辆15座及以下每辆年税额100元，16~34座每辆年税额150元，35座及以上每辆年税额200元；货运车辆每吨位年税额30元，汽车拖斗按货运车辆税额7折计算，拖拉机拖斗按货运车辆税额5折计算；二轮摩托车每辆年税额30元；三轮摩托车每辆年税额50元。机动船150吨位及以下每吨位年税额1.2元；151~500吨位，每吨位年税额1.6元；501~1500吨位，每吨位年税额2.2元；1501~3000吨位，每吨位年税额3.2元；3001~10000吨位，每吨位年税额4.2元；10000吨位及以上每吨位年税额5元。非机动船10吨位及以下，每吨位年税额0.6元；11~50吨位，每吨位年税额0.8元；51~150吨位，每吨位年税额1元；151~300吨位，每吨位年税额1.2元；300吨位及以上每吨位年税额1.4元。国家机关、人民团体、军队自用的车船以及消防车船、洒水车、囚车等免税。1985年，征收牲畜交易税，税率5%；1993年，停止征收。1985年，征收契税，买卖契税按买入价征收6%，典契税按典价征收3%。1986年10月1日，征收房产税，由产权所有人缴纳。税率依照房产余值计算的为120%，余值按房产原值一次性扣除30%计算；依照租金收入计算的为12%。对国家机关、人民团体、军队自用的房产以及宗教寺庙、公园、个人所有非营业性房产等免税。

农业税：1985年，征收农业税，按常年产量计算征收，农业税附加仍按正税15%征收；2006年，停止征收农业税。1985年，征收农林特产税，税率一般为5%~10%，最高不得超过15%；1994年，全国实行统一税目、税率，最高税率31%，最低税率8%，农林特产税附加按正税的10%征收；2006年，国家停止征收农业税。1987年1月，征收耕地占用税。一般建房按每平方米6元征收；农民建房按每平方米3元征收；国有公路、乡村公路新建、扩建按每平方米2元征收；临时占地1年以上的按每平方米3元征收，超过2年的按每平方米6元征收。1990年，征收税额修改规定：平均税额每平方米在5元以上（含5元）的地区改按2元计征；每平方米在5元以下的地区改按1.5元计征。木洞地区平均税额为每平方米5元以下，按1.5元计征。

以下列举木洞镇、长坪、木洞、水口、栋青乡60年代至90年代末的部分年份国家税金上缴情况：

表3-26

1964—2003年木洞镇税收情况实绩表

单位：万元

时间	国家税金				
	木洞镇	木洞乡	长坪乡	水口乡	栋青乡
1964年	—	4.1	3.46	7.88	4.99
1965年	—	0.082	—	—	—
1966年	—	4.89	—	—	—
1968年	—	4.4	—	—	—
1969年	—	4.48	—	—	—
1970年	0.37	4.89	4.09	9.19	5.96
1977年	—	4.76	—	—	—
1978年	—	4.71	—	—	—
1980年	0.34	5.83	4.88	10.95	7.06
1982年	—	5.64	—	—	—
1983年	0.41	6.05	4.87	11.9	7.13
1984年	0.32	6.08	5.11	12.23	8.43
1985年	2.2	10.49	16.91	15.43	9.89
1986年	0.8	9.1	—	—	—
1989年	—	12.22	10	8.33	8.2
1990年	6183	8.9	7.5	16.8	10.7
1998年	103.5	—	—	—	—
2003年	152	—	—	—	—

注：因上表中部分年代无据可查，仅以现存档案记录。

表3-27

1990年长坪、木洞、仰山、栋青乡农业税年报实绩表

单位	减免税额		应征税额	
	稻谷/千克	金额/元	稻谷/千克	金额/元
木洞镇	732	319	14181	6183

续表

单位	减免税额 稻谷/千克	减免税额 金额/元	应征税额 稻谷/千克	应征税额 金额/元
长坪乡	8635	3765	172379	75157
木洞乡	11044	4815	203740	88829
仰山乡	21397	9329	385280	167982
栋青乡	16104	7021	246192	107340

表3-28

1990年长坪、木洞、仰山、栋青乡农业特产税、耕地占用税年报实绩表

单位：元

单位	农林特产税实际入金库数	耕地占用税实际入金库数
长坪乡	3475	510
木洞乡	8427	3342
仰山乡	9964	165
栋青乡	7852	399

注：木洞镇属非农业，无此税项。

表3-29

2001—2011年木洞镇财政税收实绩表

单位：万元

时间	项目	合计	本级	乡小计	木洞镇
2001年	工商税收	188.77	113.6	113.6	113.6
2001年	农业税	160.35	160.35	160.35	160.35
2001年	特产税	7.27	7.27	7.27	7.27
2001年	契税	4.88	4.88	4.88	4.88
2002年	工商税收	199.16	64.13	64.13	64.13
2002年	农业税	153.42	153.42	153.42	153.42
2002年	特产税	6.56	6.56	6.56	6.56
2002年	契税	4.67	4.67	4.67	4.67

续表

时间	项目	合计	本级	乡小计	木洞镇
2003年	工商税收	86.55	86.55	86.55	86.55
	农业税	133.16	133.16	133.16	133.16
	特产税	4.11	4.11	4.11	4.11
	契税	3.9	3.9	3.9	3.9
2004年	工商税收	280.16	46.29	46.29	46.29
	农业税	99.36	99.36	99.36	99.36
	契税	8.88	8.88	8.88	8.88
2005年	工商税收	272.21	71.59	71.59	71.59
	农业税	5.24	5.24	5.24	5.24
	契税	29.25	14.63	14.63	14.63
2006年	工商税收	—	91.75	91.75	91.75
	契税		26.18	26.18	26.18
2007年	工商税收	—	110.63	110.63	110.63
	契税	—	6.53	6.53	6.53
2008年	工商税收	—	147.59	147.59	147.59
	契税	84.5	8.45	8.45	8.45
2009年	工商税收	945.56	179.45	179.45	179.45
	契税	134.36	63.97	63.97	63.97
2010年	工商税收	1376.99	250.91	250.91	250.91
	契税	88.59	8.86	8.86	8.86
2011年	工商税收	4205	550.43	550.43	550.43
	契税	58.01	5.8	5.8	5.8

第三节 金 融

中华人民共和国成立前，木洞商贸繁荣，促进了金融事业的兴起。民国时期，木洞镇设有三家银行办事处。民国三十一年（1942年），设巴县银行木洞办事处；民国三十三年

(1944年)3月,巴县成立和成银行木洞办事处;同年11月,成立民丰实业银行木洞办事处。此外,还有地下钱庄。这些银行和钱庄,为当地群众日常生活提供了极大方便,对商贸事业的发展和繁荣,特别是农业经济发展,起到了积极的促进作用。

中国农业银行重庆巴南木洞支行:1951年3月,木洞成立中国人民银行木洞分理处,地址位于解放路与大巷子的老公寓处。1964年2月10日,中国农业银行巴县支行成立,木洞分理处亦相继成立,地址位于木洞镇解放路17号。1964年6月,人民银行、农业银行分离,受上级人民银行管辖的木洞金融机构,设在木洞正街宝庆街(解放路17号);农业银行木洞分理处设在石宝街。1965年12月,根据中央精简机构的精神,巴县农业银行与巴县人民银行合并,木洞则为中国农业银行重庆市分行巴县支行木洞办事处。1979年10月10日,根据国务院《关于恢复中国农业银行的决定》和巴县革命委员会的通知,中国农业银行巴县支行又正式恢复,并在木洞镇设立营业所。1980年4月,巴县农业银行木洞营业所更名为中国农业银行巴县支行木洞营业部。2007年1月19日,升格为中国农业银行重庆巴南木洞支行。

中国农业银行重庆巴南木洞支行历任负责人:1951年至1954年6月,徐仁福;1954年7月至1959年9月,姚舟富;1959年10月至1964年5月,刘凯旋;1979年12月至1981年6月,徐良;1981年7月至1984年8月,何绍林;1984年12月至1990年6月,谢崇华;1990年7月至1994年12月,胡天喜;1994年1月至1998年6月,颜克云;1998年7月至2004年9月,张祖熙;2004年9月至2006年1月,李庆华;2006年1月至2008年2月,苏其剑;2008年2月至2009年3月,蒲庆华;2009年3月至2011年8月,廖元强;2011年8月至2011年11月,王冕;2011年11月至2011年12月,何孔涛。

表3-30

2000—2011年中国农业银行重庆巴南木洞支行存款、贷款实绩表

单位:万元

时间	各项存款	各项贷款	时间	各项存款	各项贷款
2000年	8034	619	2006年	13981	545
2001年	8942	643	2007年	14415	534
2002年	10055	698	2008年	17510	1537
2003年	10640	524	2009年	21988	1880
2004年	11854	264	2010年	25850	2460
2005年	12965	666	2011年	37785	2657

农村商业银行股份有限公司巴南支行木洞分理处:1954年12月,成立木洞信用社,地址位于木洞乡陡石梯。成立后,以农村社员入股方式进行,每股3.1元,其中0.1元为

工本费，1股起，不封顶。入股者前期按1年1次分红，之后按2年1次分红，最后是有红即分。1984年，正式成立巴县木洞农村信用合作社。成立后，清退社员股金，从此结束农村社员入股的历史，成为农村集体金融组织，也是中国农业银行巴县支行的代管基层机构，执行国家金融机构在农村的任务，执行国家统一的金融政策，办理农村社队及社员个人的存款和贷款业务，同时指导麻柳、双河口、丰盛、羊鹿、清溪乡（镇）信用分社工作。1995年2月，随着重庆市行政区划调整，撤县设区，更名为重庆市巴南区木洞镇农村信用联社。1996年8月，根据国务院《关于农村金融体制改革的决定》（国发〔1996〕33号）文件精神，巴南区进一步深化了农村金融管理体制改革。1998年，巴南区完成了农村信用社与农业银行之间人、财、物的清理界定及划转交接工作，实现了农村信用社与农业银行脱钩，接受中国人民银行巴南支行对其进行职能监管和重庆市农村金融改革协调小组的行业管理，成为自主经营、自负盈亏、自担风险、自我约束的农村合作金融机构。2003年上半年，撤销乡镇信用社法人代表资格，统一为区级法人代表，更名为重庆市巴南区农村信用合作联合社。2008年6月，因重庆市农村信用合作联社合并转制成立重庆农村商业银行股份有限公司，重庆市巴南区木洞镇农村信用联社也同时实现转制，更名为重庆农村商业银行股份有限公司巴南支行木洞分理处。至2011年，木洞分理处所辖拥有营业网点6个，员工总数约37人。

重庆农村商业银行股份有限公司巴南支行木洞分理处历任负责人：张泽银、李广禄、何绍林、杜国云、何俊、张永淑、黄长明、杨仁福、代仁平、龚正勇、周全、毛友奇、钟卫、赵勇、张学勇。

表3-31

1958—2011年重庆农村商业银行巴南支行木洞分理处存款、贷款实绩表

单位：万元

时间	各项存款	各项贷款	时间	各项存款	各项贷款
1958年	120	45	2004年	19876	400
1970年	290	95	2005年	21432	450
1980年	400	110	2006年	25196	500
1990年	1500	200	2007年	30979	1500
2000年	8500	350	2008年	45690	3400
2001年	12371	370	2009年	56621	5900
2002年	15423	390	2010年	62621	7800
2003年	18932	410	2011年	85228	9800

中国建设银行巴南区支行木洞镇办事处：1993年，成立中国建设银行巴南区支行木洞镇办事处，地址位于木洞镇大桥一路，负责人吴祖彦，有工作人员4人；1995年，中国人

民银行为了规范金融秩序，对一些基层部分银行实行管理控制，将中国建设银行木洞办事处撤销。

木洞邮政储蓄所：1991年，木洞邮政储蓄所根据国家政策规定，实施邮政储蓄。起步阶段，年平均储蓄500万~600万元；2007年，木洞邮政储蓄8993万元；2011年底，年储蓄额26024万元。因部分资料缺失，以下列举2001—2011年木洞邮政储蓄所储蓄情况。

表3-32

2001—2011年木洞邮政储蓄情况实绩表

单位：万元

时间	储蓄余额	时间	储蓄余额
2001年	3624	2007年	8993
2002年	4020	2008年	11492
2003年	5162	2009年	15295
2004年	5091	2010年	19428
2005年	5949	2011年	26024
2006年	7405	—	—

农村合作社基金会：根据农业部指示精神，木洞、长坪、栋青、仰山乡分别在1990年前后成立农村合作社基金会。1994年1月，随着建制调整，木洞乡、长坪乡农村合作基金会合并为木洞镇农村合作基金会，经营场所设在木洞镇新建路、大巷子；栋青乡、仰山乡农村合作基金会合并为青山镇农村合作基金会，经营场所设在青山镇小河边。1995年3月，中央对非金融机构开展清理、整顿，撤销木洞、青山镇农村合作基金会。

第四篇　文　化

中华人民共和国成立后，尤其是改革开放以来，木洞镇的教育、文化、医疗、体育得到了全面发展。教育事业经历了1949年前的私塾、学院、义学、学堂，到1949年后逐步发展为拥有学前、小学、中学、成人教育的教育体系的历程；文化历史悠久，传统文化种类较多，在本志中木洞山歌已作专篇叙述，饮食文化列入经济篇。木洞镇的文化事业得到延伸和发展，成立了广播、电影、电视、文学、艺术、书画等组织，举办了多种形式的城乡群众文化娱乐活动；医疗卫生建立了医院、医务室、私人诊所等机构和新型农村合作医疗制度，方便群众就医治病；体育事业开展了群众体育、学校体育，木洞龙舟竞技项目于2007年入选（渝府发〔2007〕80号）市级首批非物质文化遗产名录。木洞镇还获得了"全国体育先进镇"等殊荣。

第一章　教　育

清代中叶前，木洞镇的教育主要靠私塾或家教。咸丰年间，始办书院、义学。清末改称学堂。民国年间，为国民小学。1949年后，木洞镇教育有了很大发展，幼儿教育、学前教育、小学教育、普通中学教育、职业中学教育和成人教育一应俱全，还成立了教育管理机构，形成较为完整的教育体系。

第一节　学前教育

一、公办幼儿园和学前班

1953年，合作化时期，木洞镇各管辖区办理的幼儿园，教师由各管理区配备，幼儿、学前教育主要开设识字、唱游、算术、手工等科目。1958年"大跃进"时期，建立木洞幼儿园。1961年，因自然灾害严重，幼儿园停办。1966年，全镇仅有木洞镇中心小学1所幼儿园。1969年、1971年全部停办。1975年9月，恢复木洞幼儿园，设置在木洞镇中心小学内。1978年，木洞镇中心小学、和平路小学、长坪小学、希望小学、克明小学分别设置了幼儿园、学前班。1984年，木洞幼儿园迁入新民校（福音堂）；1986年，集资建校，迁入木洞镇欣欣幼儿园；2007年，迁入木洞镇大桥一路；2010年，恢复在木洞镇中心小学内。

木洞镇小学幼儿园历任负责人：何毓利、刘庆玲、杨永利、何丽娅、代静节。

二、私立幼儿园和学前班

1996年9月，周国梅筹建木洞镇私立幼儿园，地址位于木洞镇大桥一路，面积100平方米，共1个班30人，教师2人，办学1期后停办。1997年3月，吕红创办私立幼儿园，地址在木洞镇三社区大桥一路，共3个班90人，教师4人，于2003年6月停办。2004年8月，经巴南区教育委员会批准，舒红在木洞镇兽医站租用房屋400平方米，创办幼儿园，共3个班110人，教师4人，教师报酬每人每月380元；2009年9月，迁入大石路41号附1号，房屋面积1850平方米；2011年，共有9个班400人，教师24人，每人每学期收费900元，教师报酬每人每月2200元，在幼儿学费中统收统付。2010年9月，经巴南区教育委员会批准，吴翠在木洞镇沧白路49号（港湾小区）创办木洞启航幼儿园，面积800平方米，共5个班180人，教师14人，每人每学期收费900元，教师报酬每月1700元，在幼儿学费中统收统付。

第二节　小学教育

光绪二十四年（1898年）5月，朝廷旨令各省、府、厅、州、县大小书院一律改为学堂，省属书院改为大学学堂，州属书院改为中学学堂，县属书院改为小学学堂。光绪三十年（1904年），木洞镇的观澜书院改名木洞镇小学，校址位于狮子岩文昌宫，于民国初年（1912年）迁至慈光寺（现木洞镇小学校址），名为巴县县立第四高级小学，为镇公立小学。另有基督教设私立福音堂小学1所。镇属各农村的保有公立初级小学6所。抗日战争时期，各小学易名为国民小学，镇设高级小学1所，初级小学则由原有的6所增至15所，名为国民小学。

1949年后，木洞镇的小学学校布局经过多次演变，到2011年底，主要有木洞镇中心小学、青山希望小学、克明小学、申烨小学，共24个教学班，学生1065人，教师101人。

一、木洞镇中心小学校

晚清年间，天下盛行开院兴寺。有贤士募捐田租30余石，在木洞狮子岩文昌宫修建观澜书院，这是木洞镇中心小学的历史源头。光绪三十年（1904年），观澜书院改称木洞高等小学。民国初年（1912年），校址迁往木洞慈光寺。抗战时期，国民政府推行政教合一，木洞高等小学更名为木洞国民小学。1942年，因纪念革命先驱杨沧白，木洞镇更名为沧白镇，木洞镇小学则改名为巴县沧白镇中心国民学校。1949年，由曾留学日本早稻田大学的木洞人氏李华飞担任校长，设初中补习班，学生人数增加到1300余人。新中国成立后，更名为巴县木洞镇中心校。1994年，因撤县建区，更名为重庆市巴南区木洞镇中心小学校。2005年4月，和平路小学并入木洞镇中心小学校。2011年，木洞镇中心小学有专任教师78人，其中，中、高级教师2人，教学班25个，在校学生1000余人。学校占地面积10382.3平方米，有现代教学楼、实验楼、科技楼，配备了多媒体、现代远程教育、图书阅览室、学生微机室、学生实验室、科技活动室、音乐室、美术室等专业学习室。安装了校园办公系统，实现了现代远程教学。

1949年初期，有教学班20余个，学生约1000人。"文化大革命"时期，教学班减至6个，学生不到200人。改革开放以后，通过集资助学，改善了办学条件，其艺术教育和科研兴校方面，成绩斐然。编排的小川剧《耽搁不得》和《烈火中的雏鹰》、山歌剧《有趣的队日》、课本剧《鸡毛信》、表演唱《新华报童》、竹琴《歌唱英雄陶绍文》等均获市级奖项。承担国家级、市级、区级科研课题，培养了国家级、市级骨干教师、教学能手。1994年，学校收入《中国学校揽胜》一书，送联合国交流。学校先后培养了孙中山大本营秘书长杨沧白、新中国第一任大使丁雪松、全国妇联副主席黄启璪、北京大学力学与工程学系教授林荣生、南昌大学计算机学院教授林俊伯等。

木洞镇中心小学校首任校长严炳元，从清末至民国二十五年（1936年），连任校长30余年。其后至2011年，木洞镇中心小学历任校长：欧阳文修、喻正衡、李华飞、徐师竹、肖慕强、李亚伯、许媛、张明金、徐昌成、徐志逊、陈孔义、张正明、赵昌福、周明芬、赵家国、严开鲁、李光珍、包明芳、何绍育、贾德庆、李长仙、张长勇、刘光建、杨文。

2011年8月，克明小学并入木洞镇中心小学，克明小学为木洞镇小学分校。2011年，木洞镇中心小学有专任教师83人，工人3人，临聘职工5人，代课8人，保安6人，其中，高级教师3人，小学教学班33个，幼儿园6个，在校小学生1363人，幼儿园260人。学校占地面积中心校9582平方米，克明10517平方米，青山8134平方米，申烨3472平方米，豚溪口1823平方米，苏家浩2703平方米。

二、和平路小学

木洞镇和平路小学始建于1942年，校名木洞乡四保小学，为公立学校，共2个班60人。1951年，更名木洞乡和平路小学。1966年8月，更名木洞乡永安小学。1970年9月，更名木洞乡中心小学。1983年8月，复名木洞乡和平路小学。1994年1月，更名木洞镇和平路小学。2005年9月，撤销木洞镇和平路小学，并入木洞镇中心小学。

木洞镇和平路小学校下辖村点校有苏家浩小学、四楞碑小学、四合小学、黄桷小学、下观小学、庙垭小学、胜利小学、田坝小学。1989年8月，撤销四合小学、黄桷小学、下观小学，并入庙垭小学；1990年8月，撤销田坝小学，并入胜利小学；1996年6月，撤销胜利小学，并入木洞乡中心小学；2004年8月，撤销庙垭小学并入木洞乡中心小学；2005年9月，撤销四楞碑小学、和平路中心小学，并入木洞镇中心小学；2010年8月，撤销苏家浩小学，并入木洞镇中心小学。

木洞镇和平路小学历任校长：方兰芬、张泽泮、汪兴明、赵品琴、巫志刚、胡学敏、蒋世北、张富健。

三、青山希望小学

青山希望小学创建于1950年，校址位于仰山寺，校名仰山小学。该校小学、中学混合一校，于1995年更名为青山镇第二中学。1995年7月，迁入大沙土，更名青山镇第一小学。1997年7月，迁入松子村。2001年7月，青山镇并入木洞镇，更名木洞镇青山希望小学。在普及九年制义务教育中，由木洞政府投入、河南省资助，共筹资120万元新修了校舍。下辖村点校有大田小学、菜园小学、向阳小学、兴和小学、白阳小学、桥头小学、大石小学、松子小学、胜利小学、梨家小学、渊河小学、太平小学。至2011年，有在职教师21人，在校学生105人。

青山希望小学历任校长：蔡庆会、王伯清、聂炳先、杨学知、张泽泮、刘奇武、赵贵芬、宋旭辉、周成福、姚自寿、刘全秀、蒋政勤、刘祖林、蒋治友、曾庆瑜、郭元全、傅弟全、谭志先、李长仙。

四、克明小学

1950年，成立巴县栋青乡小学，下辖村点校有翠竹小学、玉皇冠小学、汪家坪小学、东林庵小学（栋青小学）、玉头坝小学、院墙小学、柏树林小学、回龙桥小学、天阳坪小学、银家嘴小学、勾锣湾小学、景星村小学。1969年9月，栋青乡小学创办附属初中，后并入青山镇中学。1993年12月，因撤乡建镇，栋青乡小学更名为青山镇第二小学。1994年，下辖村点校有雁坝小学、大田村小学。2003年3月，由企业家陈克明资助30万元，更名为巴南区木洞镇克明希望小学校。至2011年，有在职教师22人，在校学生110人。

克明小学历任校长：徐教坤、康琦弟、杨代华、张琴鸣、姚文远、姚自政、李长仙、戴光礼、张富健、蔡洪、胡国远。

五、申烨小学

申烨小学原名长坪小学，校址多次搬迁，1942—1956年，校址位于墙院；1957—1960年，校址位于黄泥塝；1961年至1975年8月，校址位于上观；1975年9月至1992年8月，校址位于大庄；1992年9月至2011年6月，校址迁回墙院。2005年9月，对学校再次改造，申烨集团有限公司捐资助学30万元，更名重庆申烨小学。2011年8月，撤销重庆申烨小学，并入木洞镇中心小学。

小学所辖村点校有上观、新房、院子、前进、海眼、岩碥、沙塝、新民村小学。1990

年8月,村点校撤销(其中海眼学校2007年6月撤销),全部并入长坪小学。长坪小学内设长坪乡初级中学,其下辖村中学有大庄中学、海眼中学,1984年3月,并入长坪乡初级中学。

申烨小学历任校长:黄荣、刘其武、吴茂华、李良茂、姚文远、蒋世北、杨文、贾德庆、张富健、代光礼、雷西;长坪中学历任校长:赵桂芬、徐世模、杨文。

第三节 中学教育

一、普通中学教育

1949年前,木洞尚无自办中级学校。抗日战争时期,为躲避日机轰炸,重庆市立初级中学(现重庆市第一中学)于1939年迁至木洞乡豚溪口何家祠堂,共6个班300余人,教职工20余人。抗战胜利后,迁回重庆两路口,后迁往沙坪坝。1941年,私立中国中学,迁至木洞中坝,设初中、高中各3个班,学生300余人,以流亡来渝的失学青年居多,教职工30余人,王正廷任董事长,校长先后有杨作舟、张君仪。抗战胜利后,学校迁至上海,仍名为中国中学。

(一) 民办中学

1958年,木洞镇兴办民办中学,划拨中坝原中国中学旧有校舍修葺后使用,自筹经费,招收初中2个班,后为4个班。1960年,鱼洞、西彭、惠明3个地区民办中学的初中毕业生,分别送来一批入学,民办中学增办高中4个班。1961年,因自然灾害停课。1963年复课,只办初中班。1966年下期,因"文化大革命"再次停课,1969年撤销。

(二) 青山镇中学

1965年,创办青山镇中学,系初级中学。学校注重育人,注重质量,为高一级学校输送了大批优秀学生,有2名学生考入北京大学和清华大学。2003年,联招上线32人,为巴南区第2名。2005年9月,青山镇中学并入木洞中学。

青山中学历任校长:曾风惠、张泽元、张清廉、文祖林、刘祖林、杨承贵、刘全秀、周成福、杨成贵、蒋正勤、蒋治友、郭元全、付地全、谭志仙。

(三) 木洞镇中学

1981年,创建木洞镇中学,原址位于木洞镇解放路天主教堂旧址内。1988年9月,木洞镇中学迁入木洞镇大桥三路。木洞镇中学坚持"质量第一、质量立校"的办学理念,每年升学率在85%以上。历届毕业生,就读或毕业于北京大学、清华大学等全国一流大学的有50余人。2005年9月,木洞镇中学并入木洞中学。

木洞镇中学历任校长:周承福、张长勇、陈长万。

(四) 木洞中学

1950年,在重庆市市长任白戈关心下,巴县师范学校由李家沱土桥迁至木洞。中共地下党员李华飞积极努力筹款、选址，得到木洞区公所区长邢厚安支持，巴县商会和木洞商会给予资金资助。9月，完成学校搬迁，地址位于中坝海军修械所旧址，成立了巴县师范学校实验初中班，学生40余人，教师1人，由贺昌元老师任教。1951年4月，校址迁入木洞镇前进路，改为重庆市巴县木洞私立中学。1952年11月，东泉中学与木洞私立中学合并，改为重庆市巴县木洞东泉联合中学。1953年4月，改为四川省巴县第四初级中学校。1958年9月，改为四川省巴县第四中学校。1969年9月，改为巴县木洞公社中学。1971年9月，改为四川省巴县第六中学校，是初、高中均有的完全中学。1984年9月，改为四川省巴县木洞中学。1995年3月，改为四川省重庆市木洞中学。1998年3月，改为重庆市木洞中学。2005年4月，进入市联招学校行列；9月，青山中学与木洞镇中学并入木洞中学，统称重庆市木洞中学。至2011年底，木洞中学校园占地60余亩，有教学班50个，学生2582人，教师199人，其中研究员1人、高级教师19人、一级教师63人、二级教师88人、专任教师28人，已发展成为一所具有一定规模和实力的新型联招学校。

木洞中学从第一任校长李华飞建校开始，一直坚持倡导"为当地平民百姓子女服务，使平民子女成才"的平民教育为办学理念，保证了学校的长效发展方向。师资方面，有中、高级教师100余人，有80余人曾获全国、省、市、区优秀教师、先进工作者、模范班主任、学科带头人等称号，共有论文、著作100余篇（部）在市级以上报刊发表和交流，尤其是高级美术教师蒋治义，在中国美术界以滚笔画独树一帜，《人民画报》两期刊登其作品。硬件设施方面，学校配备了办公楼、教学楼、实验室、学生公寓楼、学生餐厅、多媒体教室、科技楼、图书室，以及理、化、生、电视实验楼等。校园文化方面，建设了5个文化教育园区，即："长江诗情广场""名人广场""农耕文化展区""传统文化园区""科技文化园区"。校园活动方面，有"传统节日庆祝""演讲比赛""春、冬季运动会""社会实践""语文、英语周"等。教学成果方面，培养学生上万人，北京大学、清华大学等知名高校均有学生考入，如：考入北京大学的李杰、武巍、张治草、傅强、李佳佳；考入清华大学的严小松；考入中国人民大学的吴代利；考入南开大学的廖劼；考入南京大学的陈果；考入北京理工大学的王科；考入中国人民解放军国防大学的何黄玥等。通过开展教育教学改革，学校初中部教学已成为巴南区初中品牌，教学质量考核、办学水平评估、教学管理效果等各方面均为同类学校前列，是巴南精神文明单位、重庆市礼仪示范学校、办学督导评估优秀级学校、千乡万才公司会员学校、联合国教科文组织创新学习实验基地、2005年重庆市教育管理年先进单位。

至2011年，木洞中学历任校长：李华飞、李冰泉、黄启瑊、张季良、魏学圃、陈孔义、何似、涂巨庆、欧文源、杨本源、孙昇杰、雷声田、程世新、杨永良、王兴超、周吉航、王永植、冯明贵、黄太林、谢儒孝、齐瑞华、胡开源、丁荣新。

二、中等专业职业教育

（一）巴县师范学校

巴县师范学校迁于木洞中坝前，经历了曲折的发展。光绪三十三年（1907年），重庆机房街原商业学校校址设立巴县师范速成班，不久即停办。民国三年（1914年），方家什字字水书院旧址建立巴县国民师范学校，于民国十六年（1927年）并入巴县县立中学，设师范科。民国十九年（1930年），师范科停办，于南泉仙女洞开办南泉乡村师范学校，至民国二十二年（1933年）停办。民国三十七年（1948年），巴县中学和县立女子中学各又设1个师范班。民国三十八年（1949年），屏都镇骑龙穴正式成立巴县师范学校，连同巴县中学和县立女子中学原有的师范班共4个班，学生210人。

中华人民共和国成立后，1950年，巴县师范学校迁入木洞镇中坝，有学生325人，均为中师班，后又陆续招收中师第五班、第六班、第七班。1951年，增创初师班，先后招收了初一班和初二班。两个初师班学生毕业后，除个别分配教师工作外，其余部分都升入中师1957级和1958级。1956年，又招收了中师1959级。1957年秋，巴县师范学校撤销，合并到江北县师范学校。

巴县师范学校迁入木洞中坝后的历任校长：李华飞、李冰泉、范泰枢、屈义熙、李千白。

（二）木洞职业中学

1982年，原木洞区按照上级指示，决定创办一所职业中学。木洞镇政府从1981年长江上游特大洪水的救灾款中拨出2万元，用于整修原巴县师范学校废弃的破烂校舍，调集了几名教师，由徐贤信负责筹备，招收了初中毕业生和"家门口高中"的部分学生100余人，于当年9月开学，专业暂定为养鸡和蚕桑。1983年，学校整合领导班子，王世遂调任学校书记、校长，徐贤信任副校长，陈尚生任教导主任。学校与全市数十所新办或改制的职业中学，经重庆市政府批准、四川省政府备案，成为重庆市首批经省政府备案的职业中学，更名为四川省重庆市木洞职业中学。

木洞职业中学新办时期，属改革开放初期，因社会观念陈旧，阻碍了新事物发展。到80年代中、后期，新兴的职业教育普遍陷入学生招不来、留不住、学不好的困境。为改变这一现状，经上级部门批准，学校对办学思路进行了调整。一是将原三年制改为二年制。第1年是公共课和专业基础课教学；第2年是专业技能教学，培养动手能力，第4学期安排进厂顶岗实习到工作一线。二是改善办学条件。1987—1989年，连续投入5万元、10万元、20万元，添置实习设备，租用原中坝小学校舍。三是打开毕业生就业门路。1991级学生毕业，学校邀请了重庆市服装工业公司、畜产进出口公司、白市驿羽线厂等用人单位，举办毕业生推荐会；联系杭州、宁波、常州等地的就业门路，为学生创造就业条件。1993年4月，重庆市教委机关报《教育周报》头版以《藏在江中待人识》通栏标题，报道了木洞职业中学情况，为学校扩大招生范围创造了条件。此后，除重庆市内各区县学生，还招收了来自四川大竹、邻水、巴中、云南、广西等地学生。1992年开始，巴县教委对全县各职中学进行综合目标考核评估，木洞职业中学连续5年获总分第一。1994年，三峡大坝工程正式启动，学校所在地被定为全迁孤岛，县政府决定不再向木洞职业中学投资，暂时维持现状。1999年，三峡工程蓄水在即，巴南区政府决定撤并木洞职中，在校教职工和学生分流到巴南区职高、道角职中、木洞中学等学校。

木洞职业中学历届负责人：王世遂、余祖江、黄太永、周晓倚、罗兴富、廖兴远。

第四节　教育管理组织

一、教育管理中心

1950年初，木洞镇设立文化教育干事，管理中、小学教育。

1956年9月，成立木洞区文化教育组，办公地址设置在木洞镇小学西面，1970年12月前，管理木洞镇中、小学；1971年1月至1993年12月管辖木洞区所辖清溪乡、麻柳乡、天池乡、双河乡、羊鹿乡、丰盛乡、马家乡、长坪乡、木洞乡、木洞镇、水口乡、栋青乡中小学校、巴六中学校。

1993年12月，撤区并镇更名木洞片区教育办公室。1994年1月，设木洞镇教育办公室（代行履行木洞片区中、小学管理）。2004年，撤销片区教育办公室，设木洞镇教育管理办公室。2010年9月，设巴南区木洞片区教育管理中心。

二、教管中心各时期人员变动

1949年12月—1951年，姚文直任木洞学区"文教干事"；1951—1953年，徐昌陈任"文干"；1953—1955年，杨立书任"文干"；1955—1958年，杨永长任"文干"；1958—1960年，周光辉任"文干"；1960—1963年，孙异杰任木洞区"文教联合支部"书记；1963年，县委任命孙异杰为"木洞文教组"支部书记兼"文干"；1963—1978年，赵家国任木洞"教育办公室"主任；1965年，高正武任"教办"副书记；1978—1982年，孙异杰任木洞"教办"书记；1982—1986年，赵家国任"教办"书记；1982—1986年，毛家鑫任"教办"主任；1986—1987年，徐建宏任"教办"主任；1987—1992年，张文明任"教办"书记；1986—1994年，汪兴明任"教办"主任；1990—2001年，木洞学区恢复建制，丁荣新任学区教办主任；2001—2005年，张长勇任木洞镇教办主任；2005—2010年，张长勇任木洞镇教管中心主任；2010—2011年12月，丁荣新任巴南区木洞督导片区主任，陈长万任专职副主任。

三、成人教育办公室

中华人民共和国成立初期，木洞镇属各村均办有农民夜校，主要用于农民识字扫盲。20世纪60年代中期，城市青年到农村，举办农村政治夜校，向农民补习文化知识，传授政治思想。70年代初期，随着参与学习人数逐渐增多，更名业余学校。80年代初期，更名农村扫盲识字班。1982年，木洞各乡镇相继成立农村成人教育办公室。1982年11月，成立木洞乡成人教育办公室，至1993年12月撤区并乡建镇时撤销，成立木洞镇成人教育办公室。

四、各时期负责人

1982年11月,成立木洞乡成人教育办公室,负责人:程在立。1983年1月,成立长坪乡成人教育办公室,至1993年12月撤区并乡建镇时撤销,负责人:雷德木、余鹏祥。1983年1月,成立栋青乡成人教育办公室,至1993年12月撤区并乡建镇时撤销,负责人:刘之合。1983年1月,成立仰山乡成人教育办公室,至1993年12月撤区并乡建镇时撤销,负责人:胡国渝。

1994年1月,栋青乡与仰山乡合并,成立青山镇成人教育办公室,至2000年8月扩并镇制时撤销,负责人:胡国渝。1994年1月,成立木洞镇成人教育办公室,负责人:田忠明。2005年8月,巴南区教育委员会收编木洞镇成人教育办公室,其机构设在木洞中学。

第二章 文化 广播 电视

木洞镇文化站和文化体育服务中心的设置,组织开展辖区内广播、电影、电视播映,筹建社区和农家书屋,添置文化基础设施,组建群众文艺团体,举办多种文艺活动,参加市、区文艺展演、赛演,文化活动内容丰富,形式多样,满足了木洞民众日益增长的精神文化需求。

第一节 文化体育服务中心

一、沿革

1952年,在巴县统一部署下,木洞区设置文教办公室,配备干事1名,除管理区属各乡的教育工作外,还要具体负责文化工作。在1958年"大跃进"中,木洞公社联社(区)建立宣传站,随着"大跃进"结束,宣传站也随之解体,那段时间作为文化管理机构的文教组或宣传站,都是区机关的一个部门,与区公所同在一起办公,直到1978年11月成立木洞区文化站,设在大巷子87号,原属区公所的一个机构,主要负责木洞区辖的文化活动。巴县木洞区辖成立文化站是:1979年11月20日成立木洞镇文化站,1983年11月23日成立木洞乡文化站,1983年10月23日成立长坪乡文化站,1983年12月10日成立水口乡文化站,1983年10月23日成立栋青乡文化站。1994年1月,木洞镇、木洞乡、长坪乡合并,设木洞镇文化站;栋青乡与水口乡合并,设青山镇文化站。2001年3月,青山镇与木洞镇合并,设木洞镇文化站,办公点在木洞镇新建路87号。2007年4月撤销木洞镇广播电视站和文化体育站，合并为木洞镇文化服务中心，2010年8月至2011年12月，为木洞镇文化体育服务中心，地址木洞镇沧白街17-19号。

二、各时期负责人

依次是柳明芬、蒋世勇、郑周育、李正勇。其次，分别设置了木洞镇文化站，于1979年11月20日至1993年12月，负责人依次是：陈仲达、景星明、田玲。木洞乡文化站于1983年10月23日至1993年12月，专职副站长是蒋效伦。长坪乡文化站于1983年10月23日至1993年12月，专职副站长是万军易。水口乡文化站于1983年12月10日至1993年12月，专职副站长依次是朱献萍、李元烈。栋青乡文化站于1983年10月23日至1993年12月，专职副站长依次是李世林、叶先禄、刘永祥。直到1993年12月撤区并乡建镇，设木洞镇文化站，站长蒋效伦，地址为木洞镇政府内。2001年3月，将青山镇合并木洞镇文化站，设木洞镇文化体育站。2007年4月撤销木洞镇广播电视站和文化体育站，合并为木洞镇文化服务中心，2010年8月至2011年12月，为木洞镇文化体育服务中心，站长、主任蒋效伦，编制工作人员7人，办公地址为木洞镇沧白街17-19号。

第二节　阵地建设

20世纪以来，政府加大对基层文化站阵地建设的经费投入，借助木洞山歌入选国家级非物质文化遗产的契机，筹建了文化中心楼、"山歌之乡"标志、山歌广场、洞出神木广场等文化阵地，添置了文化设施，为开展文化工作、办好群众文化活动创造了有利条件。

一、文化中心楼

1979年，木洞镇成立文化站，隶属木洞镇政府，办公地点设在镇政府办公楼内，没有独立办公和开展活动的地方。1996年，政府筹资在木洞镇沧白路17号（19号）修建文化中心楼。1997年6月18日，文化中心楼竣工，建筑面积778平方米，投入资金41万元。内设办公室、图书室、歌舞厅、山歌艺术团活动室、舞蹈培训班教学室。2008年7月，文化中心主体楼后侧扩建和改建200平方米，工程主体和设施投入30万元，增设电子阅览室、广播室、少儿山歌艺术团活动室、多功能培训室。同年，文化站改为文化体育服务中心。2009年8月，木洞镇文化体育服务中心正式迁入文化中心楼办公。木洞镇文化体育服务中心每年组织各类文艺培训50余期，受训人数4000余人次，图书借阅8000人次。

二、山歌之乡

2007年，木洞镇政府邀请重庆市川剧院院长沈铁梅为首批国家级非物质文化遗产木洞山歌题字："山歌之乡"。木洞镇政府筹资40万元，在小河边大桥西侧的木洞山歌广场修建"山歌之乡"标志，广场占地约600平方米，内置绿化、健身、休闲一体。标志高7

米、宽 0.8 米，基座刻有"木洞人民欢迎您"字样。每天都有三五十人在此健身锻炼。

三、山歌广场

木洞山歌广场位于木洞镇移民小区内，始建于 2007 年 4 月，同年 12 月竣工，占地面积 10000 平方米，总投资 910 万元。广场分主广场与次广场两部分，主次广场周边绿化面积 2000 余平方米。主广场面积 8000 平方米，建有可供演出的舞台面积 360 平方米，能容纳观众 5000 余人，常年性开放，老百姓在此健身锻炼。广场内设置有各类健身器材 120 余件，是木洞镇群众开展文体活动的理想场所。每晚，近 1000 人在此或跳坝坝舞、或扭秧歌、或开展其他健身活动。次广场面积 2000 平方米，设置有木洞山歌标志性建筑，广场四周分立了 14 块厨框，通过图片展览的形式，向外来人介绍木洞山歌，展示木洞山歌的艺术魅力。同时，次广场也是广大山歌爱好者的常聚之地，排练和传承教唱之地。

四、洞出神木广场

2011 年 4 月，木洞镇政府投入资金 200 万元，在原焊管厂旧址修建"洞出神木"广场，占地面积约 600 平方米。广场内设绿化、座椅、观赏喷水池等设施，供木洞群众早晚健身、休闲、娱乐。每天有不同的人群 200 余人，在此健身。

第三节 电影放映

一、电影院

根据重庆市文化局"在人口较多的集镇发展农村集镇简易电影院"的指示，1976 年 1 月 1 日，木洞镇在巴县第一个集镇成立电影院，地址位于木洞镇新街，与木洞大礼堂合用，面积 1200 平方米，内设翻板座椅 1080 个，职工 6 人，负责人唐毅，1986 年购置 35mm 新光源的提包机和金属银幕，放映设备 2 台，设放映室、管理室、发电机房、售票房，为文化系统全民单位，实行独立核算，自负盈亏，年年完成任务，被县、市评为先进集体。1982 年创利 2.2 万元，为历史之冠，被评为"四川省先进集体"。1986 年，业务开始下降，人员减少 3 人，年利 5000 元左右，同年开始兼营录像放映。1996 年 6 月，木洞电影院撤销，职工进入巴南区电影公司。

二、电影队

1979 年 3 月至 1983 年，木洞陆续建立公社电影队，由放映员到巴县电影管理站进修学习后，回队放映。木洞区公所设置了木洞公社电影队，放映员：何勇、胡平；长坪公社放映员：徐正文、冉远明；水口公社放映员：李勇、曾庆明、胡开伦；栋青公社放映员：叶先明、梁正全。

三、农村电影放映

1982 年，由木洞区各公社财政出资，分别购置 8.75mm 电影机、1000W 汽油发电机、银幕等电影设备1套。轮流到各生产队夜间院坝放映，年放映量1000余场。木洞场镇电影实行卖票经营，农村电影队放映电影费用主要由单位或社、队统一支付。1984年起，城镇电影院继续实行卖票经营，农村电影实行包场放映，电影费纳入"两保证"内容，由各乡统一提取，电影影片由巴县电影公司提供，按场次收取片租。1985—1990年，因电视机开始普及，电影放映陆续停止。2006年6月，重庆市启动农村电影"惠民工程"，重新恢复电影放映，木洞镇辖各村每月放映1场，放映员报酬由国家财政承担，巴南区电影公司考核，镇文化服务中心审核，按每场119元支付，放映员胡开伦，直至2011年12月，仍然是以农村电影"惠民工程"服务群众。每年年均放映200余场，每场观众多达5000人以上，少则300人左右。

第四节　广播电视

一、广播

1956年1月，木洞区公所在集镇建立广播站，主要覆盖木洞场镇；广播员：陈开云、朱应顺。1969年6月，巴县革命委员会决定，全县队队通广播。1971年，木洞区各公社（乡）陆续建立了广播站。

1972年，木洞区共14公社，全部安装有线广播线路。7月，木洞人民公社广播站开播，广播时间为每天早上5:20—8:00，中午11:55—13:00，晚上19:20—21:00。播音内容以转播时政要闻、歌曲、农业生产技术推广、人民公社通知为主。12月，基本形成以县站为中心，镇、乡站为基础，连接公社、队、农户的农村广播网络。1983年，公社广播站改为乡广播站，重新购置了录音机、唱机、扩大机、控制台、电风扇等广播设备，广播覆盖率95%，直至1993年12月。栋青乡广播站负责人是晏泽文、吴光明。水口乡广播站负责人是代忠萍，木洞乡广播站负责人是喻良文。

1994年1月，木洞镇、木洞乡、长坪乡合并。2001年7月，青山镇并入木洞镇，更名木洞镇广播电视站。2007年，木洞镇广播站与文化站合并，更名木洞镇文化体育站，设工作人员6人，蒋效伦任站长。2008年3月28日，按照巴南区委《关于印发巴南区2007—2011年广播电视"村村通"工程建设实施方案的通知》（巴南委办〔2008〕63号）文件要求，木洞场镇社区安装低音喇叭40个；镇辖14个村，除桃花岛移民村外，其余13村每村各安装高音喇叭10~12个，低音喇叭5个，接通巴南区广播电台信号转播，播放时间为每天早上7:00—8:00，中午11:55—13:00，晚上5:25—7:00。至2011年，木洞镇依旧保持广播节目的日常播放。

二、电视

20世纪60年代末，木洞镇文化站首次购置黑白电视机1台，在木洞镇大巷子文化活动室开放。此后，黑白电视机逐步普及到群众家中。1981年3月，区公所、公社政府机关购置第1台彩色电视机。1990年12月，重庆焊管厂开始在厂区安装有线电视，部分场镇居民开始安装闭路电视。1992年3月，木洞粮站对本单位职工开通闭路电视。1994年6月，木洞镇政府对重庆焊管厂、木洞粮站闭路电视接收统管，建立木洞镇有线电视，设木洞镇广播电视站，蒋效伦任站长，工作人员5人，开通闭路电视安装、维修、综合管理服务工作，以及播放木洞新闻、录像等工作。2000年，确定每户闭路电视初装费为350元，每户每月收取维护费4元。2000年，因物价上涨，每户初装费调整为550元，收视费调整为每户每月15元。2001年，木洞镇可收转的卫星地面节目，包括中央电视台一、二、三台、四川电视台、重庆电视台一、二台、巴南台、木洞新闻台等共40余个。2006年，木洞镇辖各村相继开设了闭路电视安装业务，闭路电视站线路306.54千米。2009年12月，木洞广播电视站固定资产141万元，用户7368户，全镇覆盖率90%。2010年3月，木洞镇广播电视网络全部移交巴南区广播电视台。

第五节　图书室

一、栋青乡书报社

历史上有许多文人在木洞抒情诗赋、书画献艺，乡民们喜爱读书看报，民国二十九年（1940年）栋青乡乡民代表大会决议，创办"栋青乡书报社"。推选丁伟知、王贯三为正、副名誉主任，雇用管理员1人，负责书报室日常工作，方便读书看报的群众借读阅览，月薪大米4斗，经费由乡的秤息盈余项下开支。

二、木洞中学图书室

木洞中学前身为巴县第四中学。巴县第四中学（以下简称巴四中）有大量的精装本书籍，如商务印书馆出版的《二十五史》，全套20余册。从三皇五帝到明、清各朝代的史书均收入《二十五史》内。还有精装的辞书《辞海》《辞林》等，以及线装书如魏国郦道元的《水经注》、宋朝沈括的《梦溪笔谈》等，均用木柜收藏。1957年，巴县师范学校（以下简称巴师）并入江北师范学校，中坝原巴师校舍成为巴四中的分部，巴师又留下不少图书，如《红与黑》《静静的顿河》《少年维特之烦恼》《钢铁是怎样炼成的》《卓娅与舒拉的故事》《古丽娅的道路》等书籍，为了便于班级阅读，均是同一书有40余册。后因"文化大革命"时期，图书遭到破坏，后虽找回一部分，但都残缺不全。经过改革开放拨乱反正，学校又恢复了图书室。

至2011年，木洞中学图书室包括藏书室2间，阅览室1间，总面积约200平方米。藏书室有书架32个，图书3万余册，计算机2台。图书种类包括自然科学、文学、艺术、历史、地理、教育、文化等，均为市场上畅销的适合青少年阅读的图书。阅览室有阅览架6个，阅览桌21张，阅览椅126把，报夹5个，报纸5种，杂志30种。可同时容纳126人阅览。

三、木洞英才书社

1996年11月16日，木洞英才书社开工建设，于1997年5月26日竣工，占地面积242平方米，建筑面积778平方米，总投资34万元。2006年，书社免费对外开放，开放时间为每天上午8:30—12:00，下午13:30—18:00，设专职人员1人进行日常管理。设置了阅读场所提供阅读，外借需办理借阅证，收取工本费2元，借阅书刊不再另行收费，吸引了木洞地区的教师、学生、退休职工、企业业主、机关干部等前来阅读、学习。借阅量较多书籍主要有文学书籍、报纸杂志、农用技术、字典、词典等。此外，书社还举办"英才杯"故事演讲比赛。至2011年12月，木洞英才书社登记借阅书籍共计12580册，举办"英才杯"故事演讲比赛4届，参与人数共200余人。

创办木洞英才书社，得到了巴南区主管部门的大力支持，社会各界人士慷慨解囊，捐款、捐书。至2011年，木洞英才书社藏书3万册。

木洞英才书社捐款、捐书单位及个人：巴南区文化体育局、巴南区图书馆、重庆方华公司、重庆繁华物资公司；外交部驻荷兰女大使丁雪松、全国妇联主席黄启璪、重庆市人大常委会主任罗淑芳、张文澄、丁道山、重庆市政协主席张文彬、重庆市政府办公厅秘书长邱万兴、重庆市国安局局长戚万林、重庆市文化局局长张根发、重庆市文化局办公室主任万朝江、巴南区人大常委会副主任许少明、南昌大学教授林俊伯、重庆铸锻厂厂长张朝文、巴南区老干局副局长何先琴、巴南区文化馆副馆长张健，以及原重庆市老共青团工作者协会丁克书、沈伟等35人。

四、农家书屋

2008年6月，木洞镇土地垴村、桃花岛村建立了村文化室，内设图书室（农家书屋），分别藏书1900册。2010年7月，木洞镇所辖村墙院、海眼、杨家洞、庙垭、保安、中坝、松子、水口寺、土桥、钱家湾、栋青、景星相继建立了村文化室，内设图书室（农家书屋），每村藏书1900~2100册。图书主要有文学、农业、种植、养殖、法律、文化、教育以及报纸杂志等。配置了书柜、书架、消防灭火器、图书财物登记册，制订了图书室管理制度。

五、社区图书室

2011年11月，木洞镇3个社区建立了社区图书室，各图书室分别藏书约2000册，配置了书柜、书架、电脑、投影仪、灭火器、借阅登记册、物资登记册，制订了图书室管理制度。对社区群众实施免费开放，每天供读者借阅图书30人次不等。

第六节 群众文艺

新中国成立之初，木洞镇群众自发组织开展传统节庆文化活动，以及业余时间举办小会演等。20世纪50年代，工商界率先组织了业余文工团。农民在田间劳作，聚集大众一边劳动一边唱歌，大多以即兴喊唱山歌为主。60年代，知识青年到农村，一边劳动一边学习，用文艺形式宣传毛泽东思想，组织农民业余夜校的文化活动。70年代，以文艺形式开展批林批孔。80年代，建立乡村文化站文艺队，木洞辖区厂矿企业、学校、医院、街道、农村每逢节假日举行文艺汇演，乡镇文化站组织队伍到村进行演出。90年代，组织群众开展山歌擂台、节日庆祝活动。进入21世纪后，主要由文化体育服务中心组织村、社区的传统民间特色文化活动，以及民间自发组织的坝坝舞表演等。

一、群众文艺组织

木洞镇群众文艺组织，以行业为主的工商联文工团，在木洞区辖单位自愿加抽选组织的木洞区宣传队、川剧队，以学校为主组建的雪松艺术团，以退休干部为主组建的红阳文艺社，以少儿业余培训为主音乐舞蹈培训中心，以业余文学爱好者开展文艺创作和美术活动的"启航文学社""书画院"的业余文艺活动队伍，在辖区常年开展丰富多彩群众文化活动。有：

（一）工商联文工团

1950年秋，木洞工商界成立了一个业余文工团，由胡大泽任团长，黄启珹任副团长，胡泽高任总务组长。文工团分话剧、腰鼓、莲箫三个队，由工商界的青年和家属组成。活动经费由工商界捐助，购置了大旗、幕幛、腰鼓等各种道具和演出服装。主要以文艺形式宣传土地改革和抗美援朝。腰鼓和莲箫队大部分为女同志，以街头演出为主。话剧队除街头演出外，还到各村演出。1957年，因参与文艺活动量减少，工商联文工团停止开展活动，自然撤销。

（二）木洞区宣传队

1971年2月，木洞区公所成立木洞区宣传队。负责人肖开铭、刘泽光，参加成员有：杨敏、马胡、胡思曼、邓世碧、岑远强、彭胤萍、廖亚娟、刘德全、刘德明、胡大海、袁合平、秦世朴、李定高、李良木、王立新、陈忠福、周大贵、白合厚、方南智、秦垫均等。分别在木洞区辖羊鹿、天池、丰盛乡、木洞区大礼堂等地演出。编写和演出了《春风吹到诺敏河》《赤叶河》《血泪仇》《刘胡兰》《小二黑结婚》《白毛女》《兄妹开荒》《打渔杀家》《望娘滩》《降龙记》等歌舞、曲艺、小话剧节目。宣传队配器主要由木洞学校师生自制的笛子、二胡、京胡、大胡、板胡等组成，节目配乐均由师生乐器队完成。至1977年2月，因宣传队成员各自从业，宣传队解散。

（三）雪松艺术团

21世纪初，木洞中学以中华人民共和国第一位女大使、木洞名人丁雪松名字命名，成立雪松艺术团。开设舞蹈队、合唱队、礼仪队、器乐队、美术兴趣队，每队选派固定的专业艺术教师培训、指导。学校利用美术室、音乐室等场所，设有固定的艺术培训时间。参与人数约300人，以美术兴趣队居多，约130人。组织开展了小歌手比赛、元旦会演、中秋晚会、演讲比赛、红五月歌咏比赛等活动。至2011年12月，共举办大小文艺活动

100余次。

（四）红阳文艺社

2011年4月18日，木洞镇成立红阳文艺社，负责人陈平华、李长明、徐仁林、李鸿、黄啟郎。开设木洞山歌、舞蹈、曲艺、小品、合唱、乐器等活动项目，坚持每天上午集中训练，按照时势及政策要求，自编自演节目20余个，在木洞镇辖区内巡回演出。至2011年12月，共演出40余场。

（五）川剧队

1971年2月，木洞区公所成立川剧队，负责人肖开铭，剧目编剧胡天成，参加成员有：李定高、白合厚、李良木、方南智、岑远强、彭胤萍、邓世碧、廖亚娟、邓世明以及10余名学生。木洞川剧队为业务队伍，编演了较多的川剧小戏，主要在木洞辖区及周边演出，多次荣获市、县级奖励。70年代中期，胡天成创作的《扎根树下》《再较量》，获重庆市现代戏会演三等奖。1974年，四川省革委副主任但坤容到现场观看川剧队表演后，给予高度评价。70年代末，因川剧队成员各自从业，学生毕业，川剧队逐步解散。

（六）荻玥艺术培训中心

2009年6月8日，秦荻玥创办了荻玥艺术培训中心，有培训教师6人，演员150人，是一个综合性的艺术培训中心。2010年5月，重庆市国标舞协会誉其为"巴南区拉丁舞教学基地"。培训中心主要开设民族舞、拉丁舞、街舞、钢琴、声乐、木洞山歌等表演课程。2010—2011年，组织队伍参加全国青少年才艺大赛、全国青少年国际标准舞锦标赛等演出比赛，成绩优异；还参与中央电视台中文国际频道（CCTV-4）木洞山歌节目录制和巴南区山歌表演。至2011年12月，荻玥艺术培训中心已举办培训2期（年），每期30天，共有380人参加培训。

（七）启航文学社

1999年，木洞中学启航文学社原为学校语文教研组开展的学生第二课堂活动，后发展演变为学生社团。2002年9月，文学社以重庆市作协主席黄济人题词的《启航》校内刊物为阵地，采集学生优秀作文，面向全校发行。《启航》杂志主要由教师吴红蕾、黄万新、田雪松指导文学作品的创作、组稿、汇编、交流、推荐等工作，学生雷柳、蒋长朋等具体实施编排。至2011年12月，已印发30余期。

（八）沧白书画院

1999年10月8日，经重庆市巴南区文化局《关于同意木洞镇文化站成立"重庆沧白书画院"的批复》（巴文发〔1999〕33号）文件，批准同意木洞镇文化站在前进路69号杨沧白故居，成立重庆沧白书画院，蒋治义任院长，副院长由木洞文化站站长蒋效伦兼任，其成员由木洞片区中、小学美术教师共同组成。聘请了中央美术学院教授姚治华、中央组织部干部吴红、西南师范大学美术学院院长傅易本、四川美术学院教授杜显清、重庆国画部山水组长南开中学高级教师陈道雄、巴南区常务副区长张学恒为书画院顾问。每年暑假，组织木洞镇美术爱好者30余人集中培训。至2011年12月，经书画院培训，考入艺术院校美术专业的学生有120余人，作品获市级以上奖项的有300余件。

二、群众文艺活动

1949年至撤区并乡建镇前，木洞镇以传统龙舞、秧歌、戏剧、小品、评书、讲故事等开展文艺活动。1994—2016年，木洞镇组织了春节、元宵节、中秋节、乡村文艺汇演、建党各周年纪念演出、社区文艺演出、重阳节文艺演出、辛亥革命100周年纪念演出、木洞山歌艺术节、央视"星光大道"剧组木洞镇山歌广场海选大赛、木洞山歌传承人拜师授徒仪式活动、送文化下院坝演出、坝坝舞比赛等群众文艺活动。

（一）镇村文艺活动

木洞集镇元旦、春节演出的节目有唱山歌、舞狮、玩龙（火龙、大蠕龙、板凳龙等）、车灯、打莲萧、彩船、扭秧歌、吹打等民间传统文化活动；参加演出单位主要以木洞镇人民政府、重庆焊管厂、造纸厂、织布厂、副食品厂、榨菜厂、酒厂、水运公司、供销社、医院、粮站、学校、居委会、食品站等单位的职工组成。五一劳动节、五四青年节、七一建党节、十一国庆节等节日，主要举办歌咏赛、歌手赛、舞蹈、表演唱、小品等文艺赛演活动。

木洞农村每年在节日期间举办的农村院坝文艺表演活动，其节目形式主要有音乐、舞蹈、相声、小品、小剧、山歌表演唱等，参加人员大多数为农村青年和学校返乡青年。1996年后，农村青年外出务工，文艺参与者以老年人居多。

（二）大型文艺活动

1988年春节，木洞区公所举办了山歌擂台赛，分东、西两部赛歌。东部有清溪乡、麻柳乡、天池乡、羊鹿乡、双河乡、丰盛乡；西部有马家乡、长坪乡、木洞乡、木洞镇、水口乡、栋青乡。东、西部参赛者分别是各乡（镇）文化干部和优秀山歌手。参赛内容主要以木洞山歌为主，即兴编唱、即兴对唱、对答。重庆市委副书记陈宽金、市委宣传部、市文化局、市艺术馆和巴县县委、县文化局、文化馆的领导、专家，以及木洞区公所的党政领导，出席了活动现场，木洞群众约1000人参加观看。

1990年11月，木洞区公所举办了计划生育专场文艺调演。参加单位有木洞乡、长坪乡、双河乡、木洞镇。演出节目包括山歌表演唱、舞蹈、独唱、对口词、相声、小品等共15个节目。其中，歌伴舞表演唱《一生只生一个娃》获一等奖。现场观众约1000人。

2002年7月1日，木洞镇政府在木洞电影院举办了"庆祝建党81周年大会文艺演出"。

1999年10月1日，木洞镇政府在木洞电影院举办了"庆祝中华人民共和国成立50周年文艺演出"，演出包括舞蹈、表演唱、朗诵、合唱等节目，参加演出的演员约150人，观众约1200人。木洞电管站、医院、信用社、安宁电器、西西电器对演出活动提供了支持。

2005年7月，木洞镇举办"纪念抗日战争60周年和红军长征胜利70周年群众文艺合唱赛"，参赛单位有镇辖社区、单位、学校、医院，以及部分村共13个单位，每个合唱单位60~100人。现场评出木洞镇中学、木洞中学分别获一等奖。

2005年8月29日,木洞镇政府举办了"木洞镇保持共产党员先进性教育主题实践活动暨木洞山歌申报国家级非物质文化遗产保护项目启动仪式"。参加文艺表演的单位有木洞镇辖三个社区、木洞镇中小学校、木洞山歌艺术团。主要有山歌表演唱、对唱、合唱等演出节目共7个,参演人员500余人。巴南区委书记姚代云、区长李科和区级相关部门负责人以及木洞镇中小学校党员、镇辖单位、村支部党员参与观看,观众约2000人。

2010年2月8日,木洞镇政府举办了"践行科学发展观,木洞山歌大家唱迎春文艺演出"。主要用山歌音乐为主的文艺形式,宣传木洞镇践行科学发展观取得的成果。木洞镇机关、木洞中学、木洞镇中心小学、木洞医院、木洞山歌艺术团、荻玥艺术培训中心共300余人参加了演出,观众2000余人。

(三)英才杯演讲比赛

1997—2007年以来,木洞镇以木洞英才书社命名"英才杯",组织木洞片区中小学师生、企事业单位以及民间爱好者,举办了演讲比赛4届。比赛评委均来自重庆市艺术研究所,巴南区委宣传部、文化局、文联、图书馆,木洞镇党委政府、文化站的领导和专业人员。

第一届:1997年12月5日,巴南区文化局、图书馆,木洞镇文化站以及木洞学区教办,在木洞镇文化中心楼举办了"木洞镇片区中小学生首届英才杯读书演讲比赛"。评委:胡天成、曾玉琴、黄继先、陈书远、李汉成。现场评出特等奖1名蒋长朋,一、二、三等奖15名。

第二届:1998年10月31日,巴南区文化局、图书馆,木洞镇文化站以及木洞学区教办,举办了"木洞学区中小学第二届英才杯演讲比赛"。演讲主题为"爱祖国、爱家乡、抗灾模范事迹",以及在英才书社学习后的体会,共有25人参赛。

第三届:2002年11月12日,巴南区文化局、图书馆,木洞镇文化站以及木洞学区教办,举办了"巴南区木洞镇第三届英才杯知识工程读书演讲比赛"。参赛人员有:蒋文禹、贾娅、何丽娅、骆弟洁、吴宏蕾、蒋莉、胡小霞、代璐、陈强。

第四届:2003年12月11日,巴南区委宣传部、文化局、图书馆、李家沱文化中心,木洞镇文化站以及木洞学区教办,举办了"巴南区知识工程第四届英才杯演讲故事·普通话比赛"。

三、文化专著

1.《杨沧白传》记述杨沧白先生是中国近代史上重要的革命人物,是孙中山先生的亲密战友、大元帅府秘书长、早期同盟会员、辛亥革命先驱的主要领导人,曾任四川、广东省省长、全国司法总长,在广州任职期间曾代理过孙中山大元帅职权。

2.《巴文化研究》此书由巴南区文化委主持编辑,全书26万字,288页,分别编辑有国家级、市、区级非物质文化遗产名录。其中国家级有"木洞山歌",市级"木洞龙舟",区级"木洞蜜枣""木洞豆花"之一,其中木洞镇6万余字,图26幅。主要介绍了各个"非遗"项目的特点及类型、运用场所、表现形式等内容。

3.《木洞古镇文脉》全面介绍了木洞镇历史由来、发展历程，分类叙述木洞的政治、经济、文化、教育、卫生、体育、人文、地理、特色食品。站在大文化的高度，以历史发展为经，文化事象为纬，挖掘、整合木洞文化的历史与现实，彰显了木洞人的精、气、神，是一部熟知木洞的百科书。

4.《人文木洞研究》全面地叙述以木洞人文、地理、工农业、饮食、教育特色冠以之名，记述以历史的起源至发展、形成过程，展示木洞人在大江边勤劳生活的延续精神。

5.《感悟》该文集共收入"大彻大悟"等25篇文章。反映身边的一些人和事的认识与感受的表述，纯属白描式的随笔，略显鲁迅先生的杂文风格。一个14岁的木洞镇少年能写出这样的文集，可帮助初学者入门写作，打开思想纠结，冲破牢笼，去感悟你没有感悟到的世间百态，读了《感悟》，你所感悟到的应是《感悟》之外的许许多多的人生精义。

6.《亦真亦假》一个14岁的木洞镇小说作者，塑造了几个中学生的学习与生活，故事和人物纯属虚构，但写实的色彩却比较浓，读起来感到真实、亲切，他们就像活跃在你身边的一群孩子，或者就是你家庭中的子女，用我们习惯的传统眼光看亦好亦坏、亦真亦假，启迪孩子少时生活中的思想活跃性，帮助孩子在亦真亦假生活圈中做天真活泼的快乐人。

第三章　名胜古迹

木洞在明代就是名闻遐迩的川东古镇，留有一些名胜和古迹。这些名胜古迹未列入区、市旅游景点，由于木洞码头水上运输活跃，又是巴县、涪陵、南川三交界，人们为了休闲度假，自然到这些有趣的地方玩乐，凡经过木洞镇时，都在这些好奇景点逗留玩耍，逐渐成为木洞镇内的古迹名胜，这些名胜有涧桥、白龙沱、长石梁和长延坪大寨；古迹有寺庙、石刻、墓葬、遗址、桥梁、民居，其中较为突出的有万寿宫、海军修械所遗址和列入市级文物保护单位的杨沧白故居遗址。

第一节　名　胜

木洞历来都处于十分重要的战略位置，水陆冲衢，商贾云屯，百物萃聚，千帆并舣，是通商航运的重要枢纽。川汉、川黔、川湘等地南来北往的货物，东下西上的物资，都在这里吞吐集散。明代，木洞镇容已成相当规模，有书誉为"五方杂处，百货交通，贾舶行舟，往来停泊，樯桅林立，市井繁荣"的"川东第一大镇"。

历代文人墨客对木洞的名胜给予关注，留有诗文志之。随着时代的演进，这些名胜的风貌也发生了变迁。如涧桥、白龙沱和长石梁因三峡工程而淹没，长延坪大寨的寨门等名胜点也因土地转承包致损毁，原大寨格局已不复存在。

一、涧桥

涧桥位于木洞镇政府驻地南面方向2千米的五布河上，其河西是伍家渡，河东是三峭湾。明代，为方便两岸民众来往，于此处修建了一座石拱桥，桥长约80米，宽1.5米，高3米，拱洞12个，全部为石头建制而成。两岸山势雄踞，森林茂密。伍家渡斜坡从河边逶迤至顶端，虎视眈眈。与其对峙的东岸半山腰，有数龛菩萨石刻造像，旁有一座东岳庙。河床是一个落差约4米的石滩。滩的上端，水势平缓，有船行至杨家洞；滩的下端，乱石嶙峋，水过石滩，咆哮汹汹，夏日洪水暴涨，其势尤烈，常有人畜溺亡。当地人认为这是孽龙为害，故造一把上百斤重的铁制长剑在桥的拱洞洞顶，以降孽龙，保民平安，民众因此称之为"剑桥"。清末，辛亥革命先驱杨沧白先生回到家乡，写了一首名为《重过木洞驿涧桥》的诗："慈竹湾头涧水清，一篙春涨放船平。儿时回忆都如梦，唯有桥滩似旧声。"因此，此桥又被写作"涧桥"。20世纪80年代初，乡贤李华飞回乡时，写了一首名为《箭桥·东岳庙》的诗："是杨家洞的风太大？喊不应河对岸划白船的伙伴；是羊肠径改了道？寻不着篱笆门竹村吹笛少年。箭桥啊箭桥，架起了宽宽的公路一条。我启蒙的学校，松柏林里闹群鹤，有戏台的东岳庙，夏天，偷偷去桥下洗澡……老桥不见了，古庙不见了，我的须眉全白了！"此桥又有"箭桥"之名。1984年，木洞乡开展地名普查，建制村名变更，此地改村名"箭桥村"。2009年，保安村与箭桥村合并，更名为保安村，从此，箭桥村退出历史。

20世纪60年代，有好事者取走嵌于石桥拱的宝剑，至今下落不明。1977年12月，木洞乡在此修建箭桥发电站，拆掉该桥，采制两岸山上石头，山头被削，石刻造像被毁，在石滩上建成堤坝，全长120米，宽2米，高5米，装有2台机组。1997年，国家修建三峡电站，提高水位，此桥为淹没区，电站撤销。至2011年12月，仅保留一座完好的堤坝，枯水时，供两岸民众通行。

二、长石梁

长石梁，又名百丈梁，位于木洞镇长江河段南岸，在政府驻地东2千米处。上起张家沱，下至中江寺下的下麻口。登高鸟瞰，长石梁与桃花岛呈一面旗帜。长石梁为旗杆，杆底插入张家沱与白龙沱之间，杆尖在下麻口；桃花岛为旗面。古代巴人在此与秦军水战，巴军砍断秦军指挥舰的旗杆，杆折为四。长石梁全长5千米，中间有断伤四截，分别是桃花岛村大河边外的楼门子、游船底、中江寺外河边处的鸡扒石、再向下的下麻口，每截长度分别约3千米、1千米、1千米。石梁最高处海拔148米。在木洞普慈岩眺望，石梁宛如一条蛰伏顺江睡卧在长江河床的巨龙，阻挡自西向东的长江折向东北疾泻而下，直达江北的金鸡三碚再折流下行。

长石梁上颇多奇石，形成不同名称的景观。自张家沱下端起，依次有：箭滩、石大脚板、拖板槽、猫儿石、三层楼、乌龟石、牛擦石、水井、狗叫槽、猪脑壳、分钟、上倒流、下倒流、钓鱼坎、楼门子、晃口梁、过二梁、游船底、虎跳梁、滦子石、大湾口、桐子口、桐子坎、石鼓牛、码头号、鸡扒石、庙岚垭、上麻口、下麻口等。有的景点石形奇异，如三层楼，

长石梁

不仅石有三层，犹如房楼，而且还有石屋、石桌、石椅、石磨，为冬季枯水时游人览胜休憩的极好去处。每年汛期，长石梁常被洪水淹没，仅剩"乌龟"突兀激流之中。

长石梁顺江睡卧，每年夏季洪水暴发时，阻挡洪流冲刷桃花岛岸边的泥土。退水时，还能沉淀淤泥河沙，可供桃花岛村民秋、冬季种植小春及蔬菜作物。石梁上，不同地势和不同水位，有捕鱼的窝点，周边民众常去石梁上捕鱼和垂钓。有的地方，还能淘取沙金，或者开采条石，供建筑使用。

石梁阻逼江水折流，形成多种水势，诸如水冒石梁的冒梁水（又名披鬃水），岸逼江流激水凸面斜行的水梗，梗尾回漩甚急的绞尾水，石嘴外侧的切角水，水流由外向内旋转而中间成凹形的漩涡及其单漩、双漩、三漩、串串漩、东瓜漩、锁口漩和漩坑，水流被河石障碍激而上冲四散奔腾如沸的泡水及其花泡、鼓泡、冷泡，水触河底石头激而上冲成泡的冒花，水触石头往上鼓冒成坑的陷坑，水触石壁而反漾的护岩水，以及水势壅滞高低悬殊的门槛水等，素为船工特别是驾长以及乘客惊悸甚至胆寒，常有文人骚客作诗志之。清康熙十一年（1672年），举人乡贤李以宁写有《百丈梁》诗曰："积石横江渚，人传百丈梁。潢池曾此地，露布几经霜。绝壁空残垒，悲风过战场。巴渝东逝水，今古自汤汤。"清乾隆五十五年（1790年）进士，巴蜀诗文大家张问陶也写有《由百丈梁下金鸡三碚》诗曰："大石满一江，舟与水争捷。开窗岸倒飞，十里一呼吸。了了千峰去不回，空花堕眼诗情急。神哉江中百丈梁，黝如积铁攒锋芒。撑山拓水江为直，千龙衔尾何其长。柁转山回风浪蠚，金鸡三碚昂然秃。不飞不跃可笑人，波底微闻声粥粥。长年三老真神速，肯许鼋鼍食人肉。操舟破险如攻毒，使我扁舟稳于屋。"

2009年，长江三峡工程竣工，库区蓄水，改变了长石梁的原有风貌，多为库水淹没而时隐时现。

三、白龙沱

白龙沱位于木洞镇政府驻地东2千米，长石梁上端箭滩下口处。长石梁上端有一缺口，夏天洪水期间，常有落差约3米的门槛滩，水疾如箭，波涌浪翻。箭滩下口百余米，

有一200余米长的石梁横亘南北,临近岸边,石梁低凹呈剪刀形状,阻挡箭滩疾流,形成又一个门槛滩,此为与箭滩相连的二口滩,二口滩东的百余米处,山石突兀,阻挡两滩疾泻的洪水,回旋翻滚,卷起滩底河沙,朝桃花岛方向流去,形成深广的水沱。枯水季节,长江水落,沱水被石梁、山岩与洪水冲卷而淤积的河沙围合,此即木洞著名的白龙沱。沱面外形如生活炊具筲箕状,水面约30亩,东边有两条小溪注入。

白龙沱

白龙沱二滩相连,滩险水恶,又为上水行船的重要通道,船工们时常为之畏怯。船工中流传有"青滩泄滩(长江三峡的两个险滩),敌不过木洞的箭滩"的行船熟语。古往今来,这里发生了较多的海损事故,常有行船的金银财宝葬沉在白龙沱中,沱水因此变成"银水"。木洞商贾常以沱水的流泄方向来判测生意的兴衰荣枯。如果当年河沙淤积高,使沱水经石梁剪刀口处向木洞镇街方向流去,生意就兴隆;如果当年河沙淤积低,使沱水经沙埂朝桃花岛方向流去,生意就萧条。

白龙沱边有一根三人围合大的黄葛树。树旁有一寺庙,供有镇江王爷、二郎神等神像。庙的右侧,即二口滩旁的石壁上,阴刻有约20厘米直径大小的"南无阿弥陀佛"圣号,至今清晰可见。民间通常凭此神佛力量来保佑行船安全。

民国年间,有人欲取沱中珠宝。以筲绳套石沉入沱中,打探沱水深度。其最深处用12副筲筐绳方能探到水底。民间传说寻宝人用多部龙骨车找寻七天七夜,现出石梁底下龙宫,隐约看见白发老人走出龙宫,站立一会,渐渐隐身,看不见了。刹那间,一道闪电,惊雷巨响,乌云翻滚,狂风呼啸,倾盆大雨,直下多时,溪流洪水,灌满全沱。

2009年,长江三峡工程竣工,库区蓄水,结束了白龙沱在冬季观赏的原始风貌,变成了只有在夏季防洪泄洪时,才能看到白龙沱及其周边的景观。

四、长延坪

长延坪,位于木洞镇政府驻地南4千米处。民国年间向楚主修的《巴县志》云:"长延坪,方语转呼茶央坪。……自五布溪阳,北延四十余里,崇约十里,广亦如之,至邓(遯、豚)溪口止。沿岩筑门三十余,名随地殊,不可殚记。"

20世纪80年代,经文物普查证实,长延坪是地壳运动隆起的一块"背斜"山体台地,海拔540米,面积16.70平方千米。台地平坦,林木茂盛,田连阡陌,盛产稻米,是远近闻名的富庶之乡,住有不少大户人家。长延坪四周,或是悬崖石壁,或是土石陡坎,形成天然护墙。间有隘口，通往周边地区。

清咸丰年间（1851—1861年），住在石朝门的杨家、陆家岩的陆家、观斗山大湾的蒋家、墙院的马家、岩碥的李家和田坝的张家等联合起来，出粮出款，共同在上山的必经路口修筑了12座寨门，以防匪患。这12座寨门，分别修在四周通往坪上的必经之道上。其名称是：海眼寺寨门、显应岩寨门、大田坎寨门、佛耳岩寨门、城门洞寨门、尚龙岗座寨门、石观楼寨门、永定门寨门、围子堡寨门、陆家岩寨门、蒙子岩寨门、马鬃岭寨门。这些寨门与天然岩坎，构成周围32千米的护墙，将长延坪围合成一座大山寨。

寨门修造坚固，具有牢实的防卫功能。从木洞三峭湾经保安村上长延坪的石板大路，是当时上长延坪的必经要道之一。在保安村与长延坪的交界处修有一道寨门叫保定门。此处四周悬崖峭壁，地势险要。现在，保定门的城门洞保存完好，保定门三个大字清晰可见。保定门的寨门用四条巨石做成门框，石头砌墙。城门上面四周是平台，平台上面，用石头砌成台阶，设有枪眼和瞭望台。关紧城门，固若金汤，一人当关，万夫莫开。除保定门外，其他如石观楼、马鬃岭、海眼寺、蒙子岩、大田坝等寨门洞尚保存完好。

明末清初，长延坪分上、下两半坪，即原新民、上观、水坝、墙院村为上半坪，高石、沙塝、海眼、岩碥村为下半坪。在"湖广填四川"时，从湖北麻城孝感迁移来此地的蒋姓，居住在上半坪，余姓居住在下半坪，故有"蒋半坪""余半坪"之称。

长延坪大寨的西南角上，有一座寺庙名蟹眼寺，重庆方言中"蟹"与"海"相近，后讹传为海眼寺。此寺的建造有一段民间传说：清乾隆十七年（1752年），五布河河水上涨，大水冲垮了房屋，冲走了牲畜，村民叫苦不迭。洪水滔滔的五布河里，猛见一只浑身金黄的巨蟹，逆流而上。其身大如斗盘，眼鼓如铜铃，挥舞着巨大的鳌足，扑向村舍。一眨眼的工夫，巨蟹吃掉了村里两头牯牛、五只山羊，毁坏地里庄稼无数。众人在一名李姓汉子的带领下拿着锄头、长矛来战巨蟹，只见它鳌足一挥，把众人冲进汹涌的洪水里。顿时，村里哭喊声一片。大雨在两天两夜后停下来，洪水消退，巨蟹亦退去。此后，每年发洪水，巨蟹便逆流而上，祸害十里八乡，村民苦不堪言。一日，村里来了一位云游高僧，法号灵觉。他得知村里的遭遇后，便在村里住了下来，开经讲佛，点化众生，专等巨蟹现身。端午节头一天夜晚，电闪雷鸣，暴雨倾盆，五布河水位暴涨。高僧站在屋檐下，一手托金钵一手握禅杖，双眼微闭，静静地等待着。午夜时分，巨蟹舞着巨鳌，推着汹涌巨浪，逆流而上。灵觉大师肃然而立，口念佛语，猛地扬手抛出金钵，朗声念出咒语。金钵飞到半空，慢慢变大，罩住巨蟹。巨蟹在河沟里翻滚挣逃，却是寸步难行。村里一片欢呼声。灵觉大师手掌一推，半空中的金钵轰然砸落在长延坪山西南地方，金钵变成了一座山头，将巨蟹镇压在山下。此后，栋青、青山、木洞再无水害，年年风调雨顺，庄稼丰收。长延坪山上却多了一座山头，灵觉大师在山上修建寺庙，普度众生。巨蟹浑身动弹不了，只是努力伸出两只大眼。一年后，寺庙底下的山岩冒出两砣圆滚滚的大石头，望着山下栋青方向。据说，这是巨蟹的两只大眼。因此，人们将山上的寺庙取名"蟹眼寺"。

蟹眼寺香火旺盛，来往进香者络绎不绝。人们从五布场修了一条石板大道通往寺庙。

后于咸丰年间建造大寨时，在此处修了一座寨门叫"海眼寺寨门"。

五、十二景观

狮洞探幽

木洞镇西，有狮子岩，左傍王家岩，右邻文昌宫，狮头北望对江灌口，尾梢鞭指小河岸边，虎踞雄伟，威镇山林。岩上有洞，深不见底。洞边青杠林立，杂草丛生，千年古洞，深不可邈。洞中景色，恍如再现："上古之情意悄然，神工绛思挥毫端，驱山走石兴难尽，嘉木森森蔼暮烟；瞻彼南山幽栖人，白云啸歌徂年，只知日月无终极，那识陵谷有变迁。天柱折，地维绝，若看叠巘云容变，而今始知洞中木，原是'中古小江天'"。此乃相传禹王庙建造时，急需

狮子洞

木材，东寻西找，颇费周章，后来狮洞探幽，发现藏有木材，认为是佛缘所致，创一方之奇迹。鸠工取材，经年余始建成。后来，庙成木尽，岩洞依稀，乡人往观之，传为地方之掌故。据说"木洞"因此而名也。

诗人徐重遥题有词云：

调寄深院月狮子洞，洞何空，频送樟楠造禹宫，至今尚有遗迹在，留与游人赞天工。

官山点斗

官斗山位于渝东古镇——木洞东南八里许。有一方圆之地，异峰突起，地势雄伟，气象万千，如北斗星然：斗柄垂卧，斗口箕张，观之，俨然北斗降临人间。民间传说乃掌管人间文运魁星，手握如椽大笔，飞行彩云祥雾之中，随

官山点斗

意挥洒，落墨如金，故而官山斗成。登山观景，则杂棘丛生，古树参天，景色迷人，云蒸气蔚，上下天光接景明；眺望长江风光，尽收眼底，游人登山，大有不胜登临揽胜之感！正是"诗心情潮山水证，俯仰无愧相送迎"。有诗为证：

昂头仰笑意潇然，山岳钟灵秀气添，千林散绿难为画，星落彩绘在人间。

白鹤晾翅

木洞东南有长石梁，长十五里许，上起张家沱，下至豚溪口，沿板凳角，而成一天然

浮雕石梁，屏立江干，紫金山摄居其首，形似鹤头，堰溪口、苏家浩横亘左右，酷似翼展，势如白鹤晾翅，大有飘飘欲仙之感，遂名曰"白鹤梁"。又不知何年月日，远方飞来白鹤数千只，栖息其间，一时间，鹤唳晴空，扶摇蓝天。白羽翻飞，掠水远去恋复回；鱼戏浅底，魂萦梦寐知多少！名副其实也。若游人登临石上，则江水、长梁、白鹤、碧空，尽收眼底，蔚为奇观。时而，箭滩纤夫、川江号子，天籁自成。歌声起处，橹声咿呀！真乃是：

白鹤晾翅

长石梁上白鹤梁，展翅舞姿最难忘。鹰击长空竞翱翔，悠闲俯寻捕鱼忙。

箭滩响雷

木洞东行里许，在长石梁下侧即箭滩。常言道：青滩、泄滩，不算滩，当不上木洞的箭滩。果然，木洞箭滩，名不虚传，飞流疾下，一泻千里，大江至此，普陀山崖阻其右势，尖子山麓遏其左流；波洄浪转，浊浪排空，波峰溅玉，晶莹闪烁；江光滉滉，沙雪离离；令人目不辨东西。其波涛翻滚，如惊雷破空，声震四野，舟行至此，大有天、水、舟、人都在霹雳阵中，及至船出滩口，惊魂甫定，但一回首，顿觉心颤股栗，冷汗涔涔在背矣。题诗云：

箭滩响雷

云里烟波画里滩，龙吟虎啸闹河山。"鬼门"、青、泄空名艳，箭滩汹涌惊胆寒。去似箭击浪如山，轰鸣胜雷震云天。世上佳丽皮肉像，遗恨功名存两篇。

芭蕉夜雨

木洞镇郊十五里，有芭蕉屋基在焉。上走庙垭口，直通双河场，与团鱼沱相望，是山里人进城捷道。明、清年间，老木洞尚无汽轮驶渝，鸡鸭商贩，肩负进城，往往中途打尖，芭蕉屋基应势而兴，设鸡毛店，留宿过往旅客。店曰：鸡毛，其实环境清幽，雅趣天成；三五茅舍，数亩芭蕉，缘叶临风而曼舞，碧翠掩映而生芬；清风徐来，暑气全消，夜来室内春气融和，迷人酣睡；秋来叶上无情雨，白了人头是此声。修修雨，屋陋更残，缘得蕉窗梦不成；叹人生，倏忽岁月，眼前多少皱眉人！店老板每当星淡月沉，金鸡报晓时，就催人上路，成为"未晚先投宿，鸡鸣早看天"的羁旅行人之写照。题诗有云：

作客无归思悠悠，大江横曲一月楼。古井频添秋水恨，侧身天地更悲秋。

普慈纳凉

木洞镇东半里许，有一突出的崖嘴，临江而立，陡峭险峻，历来都设有导航灯塔，指引往来船只，平安过滩。佛语有云："慈航普度"，故称"普慈岩"。据当地人说，普慈岩有三景：一庙、一轩、一洞。庙与轩早已毁坏，如今只有一株百年老榕树临江俯瞰，目送江水横流，看尽千帆竞发，依然树冠如伞，荫蔽半里，寂寥地守望着浩渺江天。"普慈洞"洞口望江，洞窟幽深，纳声吐雾，凉爽宜人，传说曾有一贫丐长期在此燃蛙而居，诡异神秘，常引好奇者往而探之。故昔日繁盛之时，每当署夏，名商巨贾，文人学士，纷至沓来，或参神拜庙，消暑纳凉；或凭栏眺江，临池流觞。山间清风徐来，江上雾霞曼生，几声雀噪，一阵松涛，任尔红尘烦恼，到此水天一空。若尔早晨，山色迷蒙，白雾浮江，半壁赤霞，恍若玉宇琼宫；倘或黄昏，半天夕晖，一带清流，行舟唱晚，倦鸟归林，又是一番情趣；即使暮秋残菊，严冬白雪，或残红数点，或山川尽白，此又一山林胜景，秀色可餐矣。有诗赞曰：

慈航普度千妙生，一花一叶总关情。眼前何得无俗障，坐定纳凉一禅心。

巴蕉夜雨

普陀寺

天际白云大江流，隔岸仙踪何处求？看破树外烟波渺，落霞孤鹜齐千秋。

仰山观菊

仰山寺，属原巴县太平乡天心寺下院，群山低次，万松环抱，四暝云合，仰山居高，金银桥跨其左，土桥扼其右，虎踞龙盘。百步登磴，扶摇直上，山门前，白马倚立，彩绘一新，师徒四众，顶礼膜拜。寺庙常年轻雾缭绕，深林杂树蔓衍丛生，红墙碧瓦，疏间生辉。若酷暑到此,石径苔藓绿,清风幽谷生,意念全消;倘三秋来游,空山新雨后,秋菊傲霜迎,尘扰尽去。寺有花苑,清幽雅致,菊圃花丛,斗艳争放。白如傅粉,黄似鎏金,姹紫嫣红,墨绿凝丹。其中"春江月色菊""橙黄牡丹菊""丽春菊"属于菊英珍品,其大如冰盘,其形如龙爪,笑靥常开,婷袅迎人。游人往之消暑、赏菊,食菊花锅贴,佐以香醪佳酿,一时推波助澜,余心醉矣!

兴之所至,偶成一韵:

曾将诗句结风流,仰山寺外绿幽幽。秋生果实全善果,春兰出芽佛号收。细剪山云缝衲破,采啜金英耆老求。梵钟数杵增人怨,证性心同逝水流。

大石嵌宝

距木洞镇东南约两里,是雄踞于箭坡之上的大石堡,镇锁木洞咽喉之地。建有一座琼楼画阁,流苏斗拱,四角翘然,矗立于香务迷蒙、祥云掩拥之中。相传有一传教士(系法国天主教)蠡测其间,大石堡下藏有金鸭儿焉,并俯卧着蹼石三四个,其大如垒卵,小如牛犊状。民国初年,木洞商会曾在堡上建有一翼亭,四面观风,一眼看破江下,直通涪洛,而群山掩翠,水经入注,瀚海波涛而去,又芭蕉屋基与苏家浩水滨,水凫成群,翩翩起舞,戏水打闹,浴波快乐于其间。

大石嵌宝

余戏题一绝云:

不羡金鸭寄孤踪,千秋风度甚从容。洗尽耳根鸟争啼,渔歌唱晚答寺钟。

百练锁蛟

白龙沱者,箭滩下游一龙潭也。据民间传言,潭中潜藏一蛟龙。其常望箭滩而拜月,戏夺骊珠而穿走腾跳,引无数行船竞折腰。上下行船时,常因逐放急流,被吞食者多。二郎神听闻之,上奏天庭,率黄巾力士擒获,镇服在江口,从此不敢造次。此后,过往行船,清吉平安。如今水到最枯竭时,潭底确凿有一石龙,而真龙却未必能见。老船工苏青云曾谈及此,是见证人也。

诗人徐重遥题调寄"意多娇":

波淼淼,水淼淼,往日沉船知多少?何日平安了,蛟休笑,龙休笑;百练镇锁蛟龙杳,留芳人称道。

上观赏梅

上观道教寺观,离镇十里许,坐落在古树密森中。观内梅花最盛,冬季梅放时,香飘数里；树形奇古，繁花似锦，一进门，便有别有洞天之感，故为游人向往之地。

余题五律一首云：

春寒因坐久，眷眷作山游。乱石侵苔寂，青山发嫩柔。停云结雨阵，野水迎风流。那复计来路，梅花自解愁。

中江呼渡

南北往来，必须经过此官渡口，是木洞濒临长江南北两岸咽喉之地，昔时木洞巡检司驻节于此（上下过往商旅，济岸盐载，各项货船验关取证者）。波涛冲霄，水流如注。一船公年逾花甲，须发皓白，精神矍铄，昼夜载客，勤渡不倦。人传此翁乃昔日石达开天京出走，率太平军入川取道利川、石柱、涪陵，攻战巴县丰盛、二圣、迎龙、长生，继而转战到木洞之太平军中的娃娃兵，后隐逸民间，习此渡者。所以中江呼渡，一呼就渡，不呼也渡，曾有人听此老翁轻声吟哦道：

滔滔江水因何恨，浪卷千年气不平。历史写就一面镜，龙蛇等同不分明。

将星零落风云散，血暗沙场白骨冷。家仇国恨实难忍，蜀地奔波泣鬼神。

诗人徐重遥词云：调寄"虞美人歌"

朝罢寺庙阻归路，遥指中江古渡。月光水色如雾，摆渡有渔父。

咿呀小舟往来顾，渡运行人无数，借问为何来去？唯有风代诉。

蟹眼现舆

蟹眼寺，地处天井坪山脉的长延坪中段山口，此乃木洞往五布河必经之道路。蟹眼寺前，当路一对石蟹眼，大如牛牯，两眼直射栋青蒋家哑口对宅，堪舆家言："蟹眼射光宅，影响后人灭；打掉蟹眼穴，发家致富客。"以此迷信卜人之休咎，愚矣。

综观蟹眼山形，处于山川之胜，高屋建瓴，暝色四合，云蒸霞蔚，万顷云涛，接近景明。木洞风景之美，无出其右者。

诗人徐重遥调寄"诉衷情"：

伤残蟹目泪成痕，无莹报黄昏。恼恨童稚相欺，忍辱恋埃尘。愁永夜，历霜雪，为谁存？长坪相伴，栋青相望，幽景销魂。

第二节 古 迹

一、老街

木洞老街即为"五里长街"。始于明代形成，清代和民国时期，木洞镇有了发展，云、贵、川、湘、鄂五省会所和美、英、日亦在此设立商务代办机构。木洞老街，西起五布河口小河边的薛家井，沿长江南岸，向东经石宝街，水运社、万天宫、蔬菜店（丁雪松旧居）经正街至米市口，分左右平行东进，左下百余步石梯，经八洞桥、新家嘴，至水沟街，右经五层坎、四方井，大坪至水沟街，再左右合一，经猴子洞、洞上、陡石梯至三峭湾。正街右侧，有三条大小不一的巷道通往后湾，后湾为民居和田畴。正街左侧，有万天宫巷子、大码头巷子、"四合一"巷子通往河坝码头。码头上起巴礁岩，下至普慈岩。木洞老街是目前重庆主城内为数不多，保存完好、成片成规模的历史片区，历史文化底蕴浓郁，2015年被公布为重庆市级传统风貌区。

木洞老街总体呈现"多街多巷多径多院"完整丰富的肌理格局。主街宽6米不等，沿木洞水码头至丰盛镇的古驿道而建，街道采用青石板铺砌，建筑沿长江顺势展开，随地形跌落起伏，建筑界面连续、错落有致。建筑木构穿斗、撑拱窗花。现存文物保护单位6处、优秀历史建筑及文物图点12处，传统风貌建筑210栋，新中国建立前的多数商铺、门店得以保留。

二、石宝街

石宝街从段家巷子到万天宫，长500米左右。石宝街是因为街面有几处铺有鹅卵石而得名。街的左边有小烫槽巷子，民国时期是杀猪卖肉的地方。有小洞门巷子，是通往河街的第一个巷子。街的右边有范家院子，是川军抗日名将范绍增曾经住过的地方。另有罗家巷子，后为副食品厂巷子。过小洞门以后，左边街是丁雪松故居。丁雪松故居斜对面是中共地下党组织中共西南工作委员会的联络处——"沧生书店"。1940年8—9月，根据中共中央南方局决定，在此建立中共西南工作委员会，后被特务发现，1942年撤销，但"沧生书店"仍作为地下党的秘密联络点。石宝街尽头是大码头巷子和万天宫。万天宫建于明代天顺年间，保持着元代晚期和明代早期的建筑风格，是长江三峡库区保存下来最古老的木构建筑之一，五省会所曾设在此处，范绍增带领川军出川抗战前亦把司令部设于此，后来又在此开办木洞女子学校。

三、八洞桥

即有八个洞，以此为名的一条街。八洞桥是石板桥，中间两个桥洞大，左右两边三个桥洞小，桥墩下有乌木。每年10月份枯水月份开始，八洞桥两头就搭起"捆绑房"。往南川、涪陵、云、贵、湘、鄂的客商都从八洞桥往水沟街古驿道进出木洞，非常热闹，同时也是杂耍、民间艺人、三教九流汇聚之地。由于是古驿道入口处，也有相应的政府机构和外事机构以及货场设于此。八洞桥街有不少文物点及办事机构遗址。钱德新货站：该货站往南进入水沟街，往西是河街。钱德新货站呈工字形，土木结构，土墙黑瓦，用人字架架梁，房屋宽敞。主要是储存桐油和转运其他货物。解放初为木洞派出所，后为粮站仓库，再后改为职工宿舍。院内有三棵大黄葛树，基本完好；巡检司衙门：巡检司衙门最初设在中坝的衙门口，20世纪30年代迁入此地；美英日代办处：该代办处设于20世纪30年代，专门代办20多家商号的100万千克桐油的对外贸易。代办处房屋存在四分之一遗迹可视；刘记杂碎汤锅：由于米市口有屠宰场，一个刘姓在八洞桥处开杂碎汤锅，就是猪、牛、羊杂碎加其他调料煮成汤锅。房屋现为居民住房。

四、水沟街

从包家院子的石板桥直上，通过长60多阶、宽3米多的石阶古驿道后就到水沟街。

水沟街长约600米；铁炉坊：位于八洞桥至水沟街一线，密布蒋记铁炉等若干家铁匠铺。铁匠铺设施多为一盘炉子，一个风箱，一座铁砧，一般一人执铁钳、二人抡铁锤打制加工锄头、耙梳、犁铧、刀具等农具和生活用具。这里的铁制产品质量好，近销涪陵、南川、长寿、江北等地，远销四川、贵州、湖南、湖北。新中国成立后，成了铁业合作社，后来发展为重庆木洞焊管厂；胡记雕版印刷坊：唐代发明了雕版印刷术，宋代虽然出现了活字印刷术，但在民间普遍使用的仍然是雕版印刷术。在木洞水沟街的胡记雕版印刷坊专印《三字经》《百家姓》《千字文》《劝世文》等。该印刷坊于20世纪40年代末歇业，房屋现为居民住房；杨德高染坊：该染坊是杨家祖传产业，印花技术特别精湛，一直生意兴隆。歇业于1950年，房屋现为私人住宅；乞戒所：该乞戒所位于水沟街古驿道旁，由政府机构承头，社会贤达，乡绅富户捐钱捐物，20世纪30年代所建，专门收容流浪儿和乞丐。乞戒所挽救了不少孤儿和乞丐的生命，20世纪40年代末撤销。现为整体复建房屋；杂货小吃街：这是水沟街的一小街段，专营杂货小吃，店铺无数。主要的店铺如刘字号"油篓子店"（经营菜油篓子和桐油篓子，其篓子用竹篾编制而成，糊上桐油纸，轻巧耐用，一般小篓子能装30千克左右，大篓子能装三四百千克）、龚铜匠铺（业主姓龚，主要是加工铜质烟具和家具铜质板叩门链。在木洞场上独此一家，生意特好）、山货铺（此铺专门经营南川、涪陵、武陵山一带来的竹笋、木耳、山菌、皮货等）、夏字火炮坊（一姓夏人开设，专生产火炮）、张篾匠铺（姓张的篾匠所开设，专编制背篓、背篼、笆篓、筲箕、撮箕等篾货）、陈家秤（姓陈业主专门制作16两杆秤外卖）、文豆腐脑（一文姓所经营的豆腐脑，鲜嫩可口，洁白如雪，远近闻名）、贺鸭儿（一贺姓人所经营的卤鸭专卖店）。其他如糍粑、猪油粑、夹心饼子、豌豆饼、熨斗糕、桐子叶粑、羊肉笼、牛肉笼等小吃店很多。新中国成立后，至20世纪80年代，该杂货小吃街渐渐失去原功能。

五、垭口

从杨沧白故居到垭口要隘碉楼全长1000米左右。由杨沧白故居的猴子洞到蔡家碉楼（现为沈家碉楼）街、垭口街、上盐店、垭口山顶街等街段组成。这是木洞镇历史最悠久，保存最完好的一段老街。蔡家碉楼在抗战时期为国民政府海军修械所档案库。街口是孙家院子和林家院子。林家是书香门第，文风鼎盛，林家三兄弟均是教育界精英，林俊伯、林荣生一门二兄弟均是北京大学教授，三兄弟林书隆在"文革"中受到不公正待遇，但后来也是木洞高级职业中学高级教师，并著书立说。林荣生曾在木洞中学读书。从林家大院往上是"八十三级石梯"，砌有护栏，俗称"陡石梯"。陡石梯建于光绪末年。石梯两侧还有两棵枝叶繁茂、沧桑成洞的千年黄葛树守护。梯中左侧是"万庐别墅"。石梯两旁和上面都是"茂祥商号"的产业。由垭口老街到长坪山脚的"三峭湾"，是南川、涪陵山货"下河"，也是外地物资通过木洞古驿道"上山"出木洞往云南、贵州、南川、涪陵的必经之地。当年，"林氏两祥"商号把住了这一陆上门户。上陡石梯是经堂阁楼，垭口要隘处有碉楼、垒墙遗迹尚存，出口处有一棵老黄葛树。

六、正街

万天宫到米市口是木洞正街,"文革"时期改名为解放路。木洞正街长约300米。正街右侧有大巷子通往后湾,有新街通往工人俱乐部(后为木洞电影院)。新街有张家巷子,巷子尽头是有300多年历史的文庙。抗日战争和解放战争时期,国民政府在此设立警察所,所抓的壮丁多集中关押于此。1949年初为木洞镇人民政府所在地。正街右侧有徐家院子、向家院子、黄家院子(黄启璪、黄启咸故居)、包家院子、邹家院子(邹容少时居住地)、宋家院子。

正街其中一段为半边街,半边街上有不少重要建筑、机构、老店。

大巷子码头:左边是丁雪松故居,右边是木洞公寓、望江茶楼。通过数十级石阶到河街。

木洞公寓:建于1972年,黑砖预制结构,四层楼,现保存完好。

木洞商会:成立于1913年,早于巴县商会31年,是新中国成立前,巴县及重庆一个很有影响力的商业组织。其贸易以油桐出口,棉麻、盐、钱庄(金融)等交易为主要内容。

袍哥"义"字堂口:木洞袍哥会起于清初,盛行于民国,有"仁、义、礼、智、信"五大堂口。"义"字堂口设在木洞商会旁,房屋现为居民住房。

"划得来"面馆:"划得来"面馆是一个姓张的老板开的,在四合一码头巷子旁边。面的主要特点是用花生、芝麻、黄豆等兑调料,清香可口,老少皆宜,生意非常火爆。曾有人说,当小孩哭得不可收场时,大人就用"老是哭,不给划得来面吃"的方法作"威胁",孩子便会立即止哭。房屋现为居民住房。

"永义"盐巴专卖处:该专卖处开设于清末,由龚柏森等五家商户联合经营。木洞供销社成立后,该专卖处撤销。房屋为木洞供销社权属。

"四合一"码头巷子:又称划子码头巷子和大码头巷子。是"四合一"码头与"半边街"连接的深巷。"四合一"码头早期主要停靠来往于木洞的大型木船、客船,后来成为客运站码头。该码头巷子现原貌犹存。

邹家馆:系复建。邹家馆里的建筑结构是前店后院,前店即临街酒馆店面,近乎当时的船员俱乐部。后院是住宿兼厨房,同时在江边一面是一楼一底,底楼部分是酿酒的作坊。新中国成立后,成为木洞供销社百货门市部,院子和作坊成为供销社的百货库房。2007年作为三峡库区淹没线内房屋全部拆除。复建筑占地500平方米,从2017年10月开始进入撤除危房、平基等施工阶段,2018年12月全面竣工。

过街楼码头巷子:过街楼码头巷子是河街与正街连接通道,由6米多宽石阶而下河街,中间有三级平台。巷子两边房屋为廊楼式建筑。

福音堂:在过街楼码头巷子斜对面。光绪十一年(1885年),一英国牧师来木洞传教,修建基督教堂。不久传给本地牧师罗德书(1980年去世,享年95岁)经管。福音堂最早在木洞开办教会小学,也是丁雪松就读的小学。该项目为整体维护性工程项目,总建筑面积1300余平方米，该工程总投资600余万元。

米市口码头巷子：该巷子也是正街连接河街的一巷子。米市口是专门交易大米的市场，后来增设屠宰场。木洞正街在此分左右平行东进，往左下百十级石阶，经八洞桥、新家嘴、古驿道至水沟街，往右侧经五层坎、四方井、大坪古驿道至水沟街。

七、寺庙

明清年间木洞镇修建的寺庙有：万寿宫、仰山寺、海眼寺、慈光寺、栋青寺、东林庵、中江寺、显应寺、福音堂、宝塔寺、文昌宫、万天宫、禹王庙、紫金山、狮子岩、普磁岩、天主堂等。本志依据搜集到的历史文献，仅详述特征显著的万寿宫和显应寺。木洞镇古迹中的寺庙，万寿宫保存较为完整；墓葬数后湾团山堡宋、明墓发掘的文物较多；遗迹中的海军修械所颇有历史价值，是2007年发现的抗战历史文物，对研究抗战文化意义重大。

（一）万寿宫

位于木洞镇长江江心的小岛中坝村，距木洞镇政府约1千米，地势平坦，土地肥沃，水路交通方便。《巴县志》载："万寿宫，在木洞镇中坝村，始建于明朝中晚期。"1994年7月，木洞镇文化站配合重庆建筑大学（2000年，原重庆大学、重庆建筑大学、重庆建筑高等专科学校三校合并组建成新重庆大学）建筑城规学院对万寿宫测绘中，又在金檩上取得字据，证明万寿宫为明代天顺年间的建筑。建筑为斗拱形制，布局结构和用材的形制，保持元代晚期、明代早期建筑风格。

1987年8月22日，重庆市人民政府公布万寿宫为市级文物保护单位。

（二）显应寺

木洞镇旧时的显应寺有正殿3间，厢屋、客屋、厨房、杂屋等共10余间，另有戏楼1处，常住和尚数10人，方丈住持主寺，院坝可容纳300余人吃斋饭。20世纪50年代以后，显应寺遭到破坏，神像被打烂，寺庙被拆毁，和尚还俗，但仍有群众来此不断敬香。改革开放后，落实党的宗教政策。人民安居乐业，生产持续发展，人民生活富裕，社会和谐稳定，保安村和四邻百姓自发捐资献策，捐物出力，并得到重庆慈云寺的支持，修复了显应寺。

1994年，经政府允许，开工复建显应寺，并将木洞镇的其他寺庙如紫金山、狮子岩等合并于此，于2003年11月22日竣工。修复后的显应寺有大雄宝殿约100平方米，4间宿舍约120平方米，厨房30平方米，还有1个院坝。大雄宝殿之正位上，塑有释迦牟尼、阿弥陀、燃灯、观音、普贤、发财、日光、摩佛、财神、药王；左右两侧塑有药师、弥勒、地藏王、金沙利、月光、南海观音、送子娘娘、眼光共20余位佛菩萨。与大雄宝殿并列的还有关圣、大势至、观音、济公、山门土地等数10位菩萨。老黄葛树旁修建了显应亭，亭柱上有醒目的对联："入门有正气有佛有仙有大成，到此无俗骨无欲无恶无量寿。"此外，从显应寺山门已修建一条公路到木洞镇城镇内与木洞—栋青公路相连，驱车可通达重庆、涪陵等地。

2007年7月，重庆市巴南区民族宗教侨务办公室正式发给显应寺宗教活动场所登记证。

八、石刻

在木洞镇辖区沿江岸边上刻有涨水标记的文字,岩崖半山上刻有画像及文字的石刻记载。

(一)水文石刻

木洞地区地处长江之滨,水涨水落与人们的生产生活关系密切,人们对水的漫溢消落十分关注,通常趁洪水消去或枯水时刻,将当年水位或用文字或用图像标示出来,镌刻在石梁或石壁或其他石质上,成为研究水文的珍贵依据。至2011年12月,在木洞镇辖区约10平方千米范围内发现水文石刻近10处,其石刻原文及相关情况如下:

清同治九年(1870年),苏家浩村8社尖山子的水文石刻,长1.8米,宽1.2米,水位高程189.03米。其碑文内容为:"庚午年,大水记,一八七〇年,同治九年六月二十日"。

清同治九年(1870年),钱家湾村(汪家坪)8社桐子林的水文石刻,其碑文内容为:"周训昌,今修永垂千古,大清同治九年庚午闰十月廿七日,木洞洪水到此,小河让至母猪岩上,让大口塘二十一日退。年岁好,永记为平,永万□□,公元一八七〇年"。

清光绪三十一年(1905年),苏家浩村的水文石刻,水位高程183.98米。其碑文内容为:"大水记,乙巳年七月十一日立"。

清乾隆五十一年(1786年),苏家浩村的水文石刻,水位高程181.154米。其碑文内容为:"乾隆五十一丙午年六月二十一,山水长上,好年成"。

清乾隆五十四年(1789年),土地垴村观音岩的水文石刻,水位高程186.34米。其碑文内容为:"戊申年六月十八,涨水碑忆,己酉年月立"。此处碑文所刻"戊申"为清乾隆五十三年(1788年),"己酉"为清乾隆五十四年。"戊申"之所以定为清乾隆五十三年戊申,是与巴南沿岸洪水记载得出,当年的洪水起于六月,上述题刻的月份与此相同。洪水发生的第二年,即清乾隆五十四年己酉立碑也在情理之中。

除上述水文石刻外,木洞镇还有大巷子老街1981年洪水位石刻等。

(二)摩崖造像

木洞镇有较高历史文化价值的是紫金山摩崖石刻造像。该造像位于木洞镇保安村盐溪口南70米,始建凿于清嘉庆二十一年(1816年),规模为三龛摩崖石刻造像,呈横向排列,左右长40米,上下高6米,距地表6米,共有三龛,形制圆形。二号龛高1.5米,宽0.8米,厚0.3米。周围环境前为长江,后为耕地,左70米处有一古老的黄葛树。

除紫金山石刻造像外,木洞镇还有普慈崖、显应寺、狮子岩、佛尔岩等地的摩崖造像。

(三)石刻造像

木洞镇中坝村明代建筑遗址的大门两侧有两座石狮,为石结构圆雕石狮。距万寿宫约200米,海拔高度为180.8米,占地面积约4平方米。石狮口含宝珠,左雌右雄,虎视眈眈,狮座四周饰有浅浮雕图案。此外,还有豚溪口石狮、下观石狮等。

九、古遗址

木洞山寨遗址较多,至今得以保存或部分保存的有普安寨和长坪大寨。

(一)普安寨古遗址

位于木洞镇西8千米,钱家湾村马达塘组35号,有8户人家,寨子占地面积约10亩,分上殿和下殿,天井3处,四合院3处,均呈一线,始建于清咸丰五年(1855年),以胡际清为代表的胡氏家族有"四大支"之称,分别是胡际清、胡南辉、胡学州、胡昭泽。家中金银财宝、粮食物品极为富有,雇请了匠师曹大元、胡街工(外号)修建普安寨,以防周边许多佃客和"棒老二"(土匪)抢劫。整体建筑为土木瓦结构,穿斗斜山式,上殿风叶花格窗子,殿中木柱,中庭四合院正面石柱4根,院内整体基石,石材完好,风化少见。有围墙,高4米,最宽处3.5米,最窄处2米,城墙上设有部分房屋瓦架,配有座灯远照,有炮楼和炮台,前后城门紧固,门拱顶有石刻"大清咸丰五年乙卯顺、地主、胡际清、匠师曹大元"字样。

(二)长坪大寨

位起于木洞镇政府驻地南4千米处,五布河西岸北延20余千米,宽约5千米。长延坪是地壳运动隆起的一块"背斜"山体台地,海拔540米,台地平坦,林木茂盛,田连阡陌,住有不少大户人家。四周悬崖石壁,土石陡坎,间有隘口通往周边地区。清咸丰年间(1851—1861年),住在石朝门的杨家、陆家岩的陆家、观斗山大湾的蒋家、墙院的马家、岩碥的李家和田坝的张家等联合起来,出粮出款,共同在上山的必经路口修筑了海眼寺寨门、显应岩寨门、大田坎寨门、佛耳岩寨门、城门洞寨门、尚龙岗座寨门、石观楼寨门、永定门寨门、围子堡寨门、陆家岩寨门、蒙子岩寨门、马鬃岭寨门共12座寨门。这12座寨门,分别修在四周通往坪上的必经之道。这些寨门与天然岩坎构成周围32千米的护墙,将长延坪围合成一座大寨,以防匪患。

(三)海军军械修理所遗址

位于木洞镇政府驻地以北3千米的长江南岸,占地约4亩,四周筑有长方形围墙,所内建筑为平房,内刷白墙,外刷泥色,以防敌机轰炸,海军修械人员就在其中。

民国时期,国民政府将海军的"楚观""楚同"两艘军舰停靠在八洞桥江面距中坝观音阁前300米的江中,均以双锚固定,相距约800米。日机从湖北起飞到重庆进行大轰炸,往返大多以长江作定位飞行,曾数次企图轰炸木洞海军军械修理所。每逢日机至此,两舰的舰炮就瞄准飞机调位,一见有俯冲情势,立即开炮,因此日机多在高空投弹,准确度低,屡次投在长江或附近其他地方。木洞镇的庙垭村、苏家浩村和羊角背等处均受过轰炸。

海军军械官、舰上官兵、海军修械所和海军库房职工及其家属多在木洞街上佃房居住。抗日战争期间,木洞的"下江人"特别多。下江人是当时对江、浙、闽、鄂人的统称。每逢节假日,都会上街宣传抗日,表演高跷并伴随唱一些听不懂的戏文,舞一种以干电池照明的"看龙灯",不准对人放鞭炮、"嘘"火花。他们把下江文化带进川中,使木洞经济活跃了一段时期。

海军兵器办公室、修造办公室，以及特务队、弹药库等，由中坝海军部管理所统一管理，所长为福建人郑兴恒。海军修械所共有三批人员：第一批23人，第二批16人，第三批12人。参加过第二次世界大战，有的分配在英国皇家海军军舰服役，有的在苏联舰队参战。

1946年，国民党国防部曾派一个连队到海军修械所防卫。1947年，海军弹药仓库突发爆炸，无人员伤亡，军械所随之消失。

（四）木洞海军修械所档案库（沈家碉楼）

位于木洞镇前进路56号，占地面积1100平方米，建筑面积900平方米，坐南向北，由穿斗式木构老屋、碉楼及花园三部分构成。据户主沈永仁介绍，院内碉楼建于1938年，为木洞桐油商人蔡恩荣（商号"歉吉"）私家建筑。抗日战争时期，国民政府租用此处，用作存放海军修械所文书、档案的仓库。1946年搬走后，蔡家将碉楼转卖给沈炳轩，在巴县参赞李灿东手里完善手续。

该碉楼现为三楼一底抚殿顶土木结构，碉楼平面为正方形，边长10.1米，通高13.5米，中心砖柱上架十字梁，每层有木楼连接，三面开窗，每窗两扇。室内松木楼板，底楼临街门框用长条石砌成。大门为木质铁板门，厚9厘米，铁板厚5毫米，高2.62米，门宽0.79米。底楼高3.5米，二楼高3米，墙体厚0.9米，四个面各楼层各设两个长方形弹孔。后院老宅为穿斗式木构房屋，面阔五间，小青瓦屋面。花园内有方形供水池。沈家碉楼是巴南区新发现的一处保存较为完整的抗战文物，对研究抗战文化提供了极其宝贵的实物资料。

（五）中江寺

坐落在木洞镇桃花岛村的长江江心小岛上，坐南向北，距镇政府住地7千米，海拔高程183米。

该寺始建于清康熙九年（1670年），清乾隆六年（1741年）进行维修。该寺为悬山式屋顶，抬梁式梁架，土木结构，建筑占地750平方米，呈四合院，进深30米，宽25米，屋高7米，中间为正殿，青瓦铺面，前后檐柱、内柱14根，用材较大，六棱覆盆式柱础，左右边2间小屋，前为地坝，地坝以下为石梯，后殿普通踏道10级，中殿普通踏道16级，前、后、中殿踏道呈青瓦木质棚房盖，可以防雨淋日晒，木棚内为石方桌，边缘有石盆花园，有石凳座板，上殿普通踏道5级，房架雄伟壮观，花纹华丽，屋顶四角翘，如凤展翅。

1954年，中江寺被拆毁过一次，分配给农户居住，当时拆毁了围墙、菩萨、碑文。1964年，又拆毁一次，系农户居住者分家拆掉。1972年，拆掉下殿、中殿、左右厢房，现存建筑面积190.95平方米，为农户何秀凯私人住宅。2004年前保存完好，2004年7月中旬，被狂风暴雨冲刷，全部倒塌，房屋结构整体毁坏。

（六）木洞福音堂

清代古建筑，地址在木洞镇解放路107号（曾经新民校），木洞镇基督教徒活动场所在福音堂。占地300平方米，穿斗木竹排列，90年代中期进行了改造，部结砖预结构。他们的一代牧师姓唐；二代牧师名罗泽山，生于1885年7月，于1980年初逝世，享年95岁；三代牧师冠子兰等人，人们叫她教头，女，1924年5月生于盐城县，1941年迁移南岸长生镇，1956年入住木洞镇，1987年入基督教会，2007年巴南区民宗侨办为了木洞镇的宗教工作更好开展，专门选调一名专业大学生来木洞福音堂负责，王治菊为四代牧师。信徒约400人，坚持每个星期天做礼拜。

（七）木洞天主教堂遗址记

鸦片战争，洋人得势。光绪九年（1883年），一位法国牧师在木洞修教堂传教，选址繁华阜丰的下盐店水沟街，毗邻何、罗、包三姓盐业巨贾豪宅。

教堂内置天井，砖木结构。正门端墙三个塔形尖顶并立，居中尖顶托举十字架；门旁塑青花瓦柱，柱嵌"木洞天主堂"。教堂占地达3亩，建筑面积400余平方米。落成3年后，损于"教案"，后依旧制修复。教务仍隆，声名仍鼎。

1949年初，整肃宗教，教堂易主巴四中；改革开放，物归原主。教校抵牾，区府辟地迁教；教堂归学校，旋遭（1995年）危房拆除之厄，仅丈余房墙因充填围垣而幸免。

（八）普济桥

位于木洞镇政府驻地东3千米的保安村连家湾南500米处，清代修建，占地面积150平方米，建筑面积115米，桥型单孔拱桥，桥长24米，孔径7.8米，桥拱高4.5米，材料均为石材。桥拱圈石正面题刻"普济桥"。此名源于该地过往行人较多，为来往方便，行人纷纷捐钱集资建桥，普济民众，造福乡梓，故名"普济"。桥顶拱圈石刻"大清道光二十五年"。桥为单孔石拱桥，纵悬式无礅拱，基础入地约2.5米，孔下积淤很深，拱上桥面厚3.1米，面上积土1米。此地汇水面积小，水流量少，桥位较低，洪水期间常被长江淹没，决定了该桥孔小、拱背厚的结构特征。

（九）三元桥

位于木洞镇政府驻地东的保安村箭滩沱下方100米，清代修建，占地面积45平方米，建筑面积25平方米，桥型单孔圆拱，桥长50米，孔径3.5米，拱高2米，以纵悬式砌法建成，全用石质材料。桥正面拱圈石题刻"三元桥"。此名源于该桥为毗邻的三庄捐钱所建，又位于三个圆形山峦之凹处，故名"三元"。拱顶拱圈石刻"大清道光二十七年丁未岁二月初六首事同建"。

（十）升恒桥

位于木洞镇政府驻地东的庙垭村木洞—双胜公路左30米，又名板板桥，清代修建，占地面积48平方米，建筑面积27平方米。桥型单孔石拱，桥长9.5米，孔径2.92米，拱高1.45米，桥拱全用石材，桥拱跨度3米，拱圈石刻"升恒桥"，桥拱圈拱顶上刻"大清道光二十七年丁未岁仲夏月中浣首事同□"。

（十一）永利桥

位于木洞镇政府驻地东的保安村盐溪口处，清代修建，占地295平方米，建筑面积255平方米，桥型为单孔拱桥，桥长47米，孔径7.4米，脊高4.2米，材料为条石石料，桥面积土1.3米，拱圈石正面刻"永利桥"。此名源于该桥为集资所建，"永利"二字意为永远得到该桥利好。拱顶拱圈石刻"大清道光二十六年丙午仲冬月二十一首事同建"。该桥造型普通，周边环境东为耕地，西端有一古黄葛树。该桥为木洞至沿江麻柳一带的必经之路，曾多次被洪水淹没。1987年，永利桥列入全国文物普查范围。

（十二）文物遗址

表4-1

2007—2011年木洞镇第三次全国文物普查实绩

名称	年代	类别	地址
佛尔岩城门	清	古建筑	木洞镇海眼村一社
何家祠堂	清	古建筑	庙垭村豚溪口社
保定门	清	古建筑	墙院村关斗山36号
木洞福音堂	清	古建筑	木洞镇解放路107号
太平寺前殿	清	古建筑	水口寺村三社
卢家堂院子	清	古建筑	松子村卢家堂社
苏家院子	清	古建筑	前进路124-126号
保定寨	清	古遗址	木洞镇景星村七社
铜鼓坪寨	清	古遗址	木洞镇栋青村四社
佛耳岩寨	清	古遗址	钱家湾村大竹林社
人和寨	清·嘉庆	古遗址	庙垭村豚溪口社
望江洞岩居	清·嘉庆五年	古建筑	庙垭村豚溪口社
宝塔寺客堂	清·嘉庆十年	古建筑	水口寺村雷家湾136号
长坪寨太和门	清·咸丰九年	古建筑	墙院村16号
黄桷垭碉楼	民国	近现代史迹建筑	木洞镇庙垭村五社
杨沧白故居	清代	重庆市文物保护单位	木洞镇前进路
万寿宫	明代	巴南区文物保护单位	木洞镇中坝村
木洞海军修械所档案库旧址	民国	巴南区文物保护单位 巴南区抗战遗址	木洞镇保安村
木洞海军修械所旧址	民国	巴南区抗战遗址	木洞镇中坝村
丁雪松旧居	清代	传统风貌区	木洞镇石宝街
黄启璪故居	清代	传统风貌区	木洞镇解放路

第三节　木洞老街和码头

一、老街的形成

木洞街的雏形起于中坝岛，坐南朝北，房屋结构三合院，正向为大门北方，房屋墙体青砖瓦木结构，地面层，有12间房屋，上排为铁门，下面左右两排为木门；中坝分冬季步行上街，夏季渡船上街，由于人口流动逐年增加，中坝不适宜集市贸易，又遇长江涨洪水淹没，开始在木洞镇薛家井处建房，起初只有上排木竹排列板壁穿斗式结构，逐渐连接菜坝，向东延伸初形石宝街。那时的木洞老街由房主人，自己赚得财富，开始在木洞老街依次连接而建，资本小的就在街上下排修建木架竹壁串连板壁式排列房屋，资本大的修建小院，三合院、四合院，常以姓为某某院，如从石宝街起至向阳坪：王家院（小河边原渡船码头上岸处），范家院（石宝街正中），陈家院（段家巷子，房主陈德西、陈贵西，主要以佛享公司合作共事），王家院（原副食品厂），刘家院（副食品厂，又设义和站，房主刘树堂，当时的掌旗大爷），丁家院（一处是石宝街，房主丁大忠，二处原木洞粮库，现丁家花园，房主丁善人，名号），宋家院（一处文化茶园，二处后垭），吕家院（后垭，房主人吕永忠），徐家院（大桥一路20号，房主周德年），向家院（原一食堂背后，住户向姓，产权人雷姓），黄家院（解放路118号，房主黄啟郎），滨江客栈（解放路下排，占地面积150平方米，房主孙立芬娘家人，袁柳春），四合院（原收猪场，用于收储外贸物资，主储桐油的集散地），徐家院（向阳坪，房主丁永扭，后为林洛山之妹夫任国民党飞行大队要职，国民党失败后，他飞回木洞绕一圈离开大陆到台湾）等四合小院。

林家碉楼： 解放路，在今福音堂背面，占地面积45平方米，4层，顶层屋面盖有小青瓦，各层四周有观察孔、枪窗孔、射击孔，房主人系栋青林成安，以地主兼商获得财富，存放在此碉楼以备安全，还为临商户保储财物，邻居口碑好。

木洞文庙： 始建于1817年，地处五层坎东，距今200多年，主要是喜好读书之人在那里念读孔子书、圣书等，后来组成"一管道"主要做一些不规之事，同时又设"善堂"，而善堂主要是以练功和文化娱乐为主，这个时段仅维持3年左右，到1949年木洞解放，开始对这个"一管道"列入"清匪反霸"取缔。

老街在建和形成中，逐渐有不同的群体经营，开始筹建阵地，如碉楼、寺庙以及文化、教育、卫生、金融、邮政、厂矿企业由小到大形成的木洞老街。

清代初期，木洞镇老街内开始出现袍哥，他们以"仁义礼智信"为堂口，那时，四川、重庆的哥老会成员被称为袍哥，取《诗经·无衣》"与子同袍"之义，表示同一袍色之哥弟。袍哥会发源于清初，盛行于民国。木洞作为水旱码头，巴涪南川三交界顺应木洞袍哥会的盛行。"仁义礼智信"五大堂口俱全。"仁"字号堂口在万天宫门口,堂主陈丙堂;"义"字号堂口在新街对面,堂主永盛社;"礼"字号堂口在河街,堂主宋金山;"智"字号堂口在八洞桥,堂主梁万发;"信"字号堂口在新街张家巷子,堂主张鹏成。

二、码头的形成

清代末年和民国年间,木洞码头的商贸更加繁荣。自唐代就有"水国舟中市",明代成为川东名镇。从普慈岩至洗布石的一里码头,从石宝街到三峭湾的五里长街,店铺林立,百业兴旺,餐饮茶馆,出入频繁,豆花小酒,划拳,吆喝笑声,迎宾入市;每年端午节的龙舟竞技,春节的舞狮玩龙、秧歌高跷、气枪、骑马、各类游戏热闹有序。每逢枯水季节,河坝遍搭捆绑房屋,餐茶旅栈,星罗棋布。一批批大型木船,傍晚停泊夜宿,数十成百船夫蜂拥上岸,全街鼎沸,人流如潮,商店繁忙,深夜不休,有的通宵达旦,应接不暇。当时,桐油是我国大宗出口的贸易商品,论品质以湖南沅江上游地区所产为优,产量则首推四川,年出口量占全国出口总量的1/3。1919—1938年,木洞桐油年出口量曾高达100万千克以上,占全省出口总量的1/4。此外,木洞码头还有年交易量5000余包的棉纱、300万千克的食盐,以及糖、酒若干。抗日战争爆发后,沪、汉渐次沦陷,长江水运阻断。曾将少量桐油经滇、缅外运,但困难重重。后日本发动太平洋战争,陆运又复断绝。桐油贸易一蹶不振。日本战败投降,水运虽已恢复,但主要销油国——美国已用其他燃料代替桐油,贸易盛况不复再现,几至消失殆尽。

木洞镇地处长江和五布河交汇形成的半岛之上,距重庆朝天门38.4海里。此地毗邻黄金水道长江,西接重庆,沿长江可溯成都,走嘉陵能达广元;东连宜昌、汉口,再下可通南京、上海,实为通江达海之港口。

在明清水运盛行时期,长江岸边木洞段有1000多米长的江岸,修建了五个码头,分别是小东门码头、大巷子码头、划子大码头、过街楼码头和米市口码头。这些码头,主要停靠小木船,有的以船停泊,互为依靠共用。划子大码头较大、功能作用较全。"划子"是木洞人对船只的俗称,划子大码头水深,无暗礁,是客运、货运兼用的综合码头,人来客往,商人、官员、游人穿梭云集,小摊小贩叫卖不停,十分热闹。

1949年后,这些码头逐渐被人们改称为盐码头,客货码头,行船码头,洗布石或柴火码头。新中国成立后,木洞镇在各级党委、政府的领导下,着力建造了木洞水运码头,木洞码头上起木洞镇的取沙场,下至八洞桥,岸线长1000米。码头总面积18.2万平方米,其中陆域4.8万平方米,水域13.4万平方米。4个码头分别有200余米,泊位7个,设置了客货不同功能的船舶泊位,其中,重庆市轮渡公司、重庆港口局和巴县第二水上运输公司各有客运码头1个,各设泊位1个;另有货运码头1个,长145米,设泊位4个,靠泊能力1000吨级,核定年通过能力30万吨,有堆场3.2万平方米,其中简易堆场2.9万平方米。由于公路通达木洞镇,于1975年至1978年,先后修建了两条下河公路到码头,方便了货物的运输。从1972年到1981年,交通部门在港区内设置了载重5吨的货运汽车6辆,载重1吨的手扶拖拉机2辆。1985年,木洞港有固定装卸工120人,客运量为13.9

万人次（出口人次），货物吞吐量12.6万吨（进口10.2万吨，出口2.4万吨）。主要运输物资以矿建材料、钢铁、化肥、煤炭为大宗，其次为粮食、木材、水泥、食盐等物资，木洞的特产榨菜、蜜枣，畅销全国各地，远销国外。

重庆市轮渡公司也多年在木洞设立轮渡码头。常年客运量达数万人次。木洞水运社常年负责区间货运及渡口客运，并设立油屯，常年供油。

2009年，木洞镇开始对受三峡工程淹没的港口，实施规划，确定复建2个泊位，列入滨江护岸复建项目，全长1000米，岸边185线上，内设经营门面2.5万平方米，总投资10亿元，港口建成后，结合木洞集镇迁建规划及三峡水库成库后库区经济和交通所形成的新格局，规划复建的木洞镇港口码头，港区基础设施复建完成后，木洞集镇规划复建道路连接港区，利用集镇道路和对外公路作为疏港公路。

木洞码头又名木洞河街。河街也是一道风景线，有6个集中活动的场所，分别是：木洞河街、水国舟市、清风明月、木洞山歌、洞出神木、木洞水驿。他们的寓意：

木洞河街： 木洞，巴渝山水古镇。镇内老街拾级而上，古道水路四通八达，形成立体灵动、纵横交错之格局。至清末民初，河边商铺逐步聚合成市，谓之"河街"。后几经盛衰，逐渐萧落。今逢盛世，乘木洞滨江路建设之机，采川东民居之古韵，一里码头之遗风，重修河街，重塑名镇，再现河街历史繁荣盛况。街内茶馆商铺林立，餐饮小吃云集，浮雕叙事，大树留情，沿街缓行，一步一景，古风新韵，流连难舍。

水国舟市： 唐玄宗开元二十九年（741年）春天，王维以侍御史知南选，到了荆州襄阳，后溯长江西上，途经木洞，看着眼前舟船聚集交易成市，江岸远山层峦叠嶂，千家万户一派奇特的水城景象，不禁思念京城，遂赋诗一首《晓行巴峡》，留下了"水国舟中市，山桥树杪行。登高万井出，眺迥二流明"的千古绝句。

清风明月： 据传，古时从渝行船至巴峡，两岸青山忽开忽合，水流湍急，过往船舟只能激浪而行。而出巴峡至木洞，江面豁然开朗，碧波伴着徐徐清风扑面而来，迎风而歌，好不舒畅。伫立木洞码头，远眺峡口江面，无论从哪个角度都能看到一轮皓月，故得名明月峡。

木洞山歌： 木洞山歌系木洞镇民众自古传唱的歌谣，从战国时代的"下里巴人"、汉代的"巴子讴歌"、唐代的"竹枝"，直至明清演化成木洞山歌。清初，刑部尚书王士祯途经木洞，船泊江岸。木洞民众与泊船中的羁客在夜色朦胧中对月鸣笛，吟唱竹枝，高腔禾籁，船工号子，豪情一志，挥洒自如。新中国成立后，木洞山歌多次参加市和国家的赛演，唱响神州，成为首批国家级非物质文化遗产保护项目。

洞出神木： 据传很久以前，木洞常年水患，人们准备在小河边东岸建禹王庙，借治水英雄大禹之神力镇邪除患。正好鲁班传人来到这里，看到乡亲们建庙决心很大，备受感动，就率十八名精壮汉子，翻长延坪，过梅子沟，越封门口，上丰盛山。九个人砍树截料，九个人将木料搁下山投入一口水井。修庙安柱头时，鲁班传人带人到小河边西岸的狮子崖下。他用墨签在石壁上画了一个簸箕大的圆圈，听得哗哗啦啦一阵石裂声响，圆圈成了石洞，石洞流水涌出半截又大又圆又直的木料。人们拖出木料，运到建庙基地。待料运齐，鲁班传人喊了声"够了！"喊声刚停，石洞里刚梭出半截的那根木料，工人们费了九牛二虎之力也拖不出来。从此，人们就把狮子崖下的那个石洞叫木洞，以取"洞出神木"之意。

木洞水驿： 木洞镇历史悠久，位置显赫，护卫渝州，俯揽荆楚，锁控南涪，地接黔湘，作为川、湘、黔、滇、鄂五省的商贸集散地，民国年间在这里设置了"五省公署"以协调总揽两湖黔滇川的各地交涉事务。码头的兴盛催生商贸的发达。市场上不管是当地的桐油、榨菜，外埠运来的盐糖、棉纱，还是西洋流入的新鲜玩意，皆可寻到，其鼎盛程度可见一斑。曾被誉为"川东第一大镇，进出重庆水路第一驿站"。

三、航标站

长江河流木洞段，从临近的南岸区广阳坝尾，经明月沱进明月峡入木洞境内，木洞以北的温家沱、中坝、木洞码头、普慈岩、板凳角、张家沱、白鹤梁、长石梁、桐子坎、缺块石（指青娃石）、小沱子、麻口与旅行溪进入双河口境。境内航道18.2千米，河流湍急，险滩甚多，有下梁、羊角背横亘江边，更有长石梁顺卧江心，水情水势十分复杂，甚多的怪癖石磷布局于江，导致上下流水受阻后，形成水急大浪，旋涡四起，飞流直下，给上下行船造成重重困难，事故难免。木洞航道属川江航道之一段。对于川江航行的安全，有关当局历来都很重视，采取了诸多导航措施，设置导航标识，协助船家遵循安全航道驾驶航行。早期是立桅为标，以后设立信号台、水码、标杆等多种标识。民国初年，重庆海关巡江公司制定了《川江行船免碰章程》，详细规定了上下水轮船之间，轮船与木船之间经过漕口的具体避碰办法。1932年，川江航务处正式接收原由海关巡江公司管理的标杆台，并沿江设置航行水码（航行长尺），成为助航之重要设施，为往来轮船木船架引人员所注目。1950年下半年，重庆巡江处组织力量清理，洗刷航道标志，维修信号台，按原设标位置重新恢复设立了各种助航标志、信号台。从1953年起，用三年时间对川江全线航标进行彻底改革，废除了旧式标志，使川江水域航道全部建成为"左岸白色白光，右岸红色红光"的简易标志，形成了"锁链配布"，使驾驶员能不断地看见左右岸（含江中）信号标志，保证了安全导航。航标改革后，一律按照1954年4月中央人民政府交通部正式颁发的《内河航标规范》的规格要求，结合川江水域航道特点，重新建立了具有统一规格式样和颜色区分的新型航标，分为"三类十种"，第一为导航类，即过河标、接岸标、导标引导航行标志；第二为指示类，即三角浮标、棒形浮标、左和右通航浮标指示危险标志；第三为信号类，即水深信号标、鸣笛标、界限标信号标志。1958年，川江水域全部标灯电气化。不久，又实现标灯开关自动化，实现上下水全面夜航。1960年，部分雾信号台首批安装电子管"丰-1型"无线电报话机，为川江水域无线电通信之始。到1985年，建立无线电报通讯台，基本实现了航标电气化。

木洞航段的导航措施与川江同步。20世纪50年代，成立了长江长航航道局巴县航道处木洞航道站（简称木洞航标站），站址设在江北区五宝镇金鸡山背，后迁至巴南区木洞镇的普慈岩，职工2人。职责是维护管理长江木洞航道、航标，贯彻实施航道、航标条例与实施细则，以及航道执法、航养费稽征稽查。维护范围是南岸广阳坝至江北太洪岗15海里航道。设置有240千瓦航标艇一艘。钢质囤船一只，还设有航标船60只，先用人工点灯熄灯，后用空气电池，再后用太阳能充电器取代了空气电池航标灯，实现了自动化。还在普慈岩设置航行标杆一座，给羊角背转角航道处的上下船只提供航运信息，以便安全航行。

第四节　名人故居和遗址

木洞镇人杰地灵，名人辈出。具有代表性人物是杨沧白、何敬平、丁雪松、黄启璪、喻明生、李华飞、胡天成、陈忠林、沈福存、沈铁梅，其故居遗址得到有效保护。

一、杨沧白故居

杨沧白故居坐落在巴南区木洞镇前进路猴子洞，建于清朝末年，占地面积560平方米，呈三合院，坐南朝北，是土、木、瓦结构，单檐悬山式屋顶，穿逗式梁架，三穿七柱，面阔5间20.7米，进深2间7米，通高6米，素面台基0.5米，阶梯式踏道2级。左右厢房面阔4间16.7米，进深1间5米，前有围墙、院门，门前为街道，后为尖顶坡，左为公路，右为石坎。

杨沧白故居

2000年9月7日，重庆市人民政府公布杨沧白故居列入市级文物保护单位。2002年5月6日，巴南区人民政府对杨沧白故居立牌保护。2005年3月23日，重庆市文物局投入经费25万元，巴南区6万元，木洞镇3.1万元，对故居保护性修复，修建占地面积580余平方米，于8月18日竣工，经重庆市文物局验收合格。2011年底，市文物局投入经费12万元，又进行第二次复修。同时，巴南区政府投入近20万元，进行了室内陈列、展览，内容以图片、文物、场景复原为基本素材，以杨沧白的生长环境及其一生的光辉革命历程为基本线索，展现重庆革命志士的主要活动与功绩为基本宗旨，比较全面地描绘了辛亥革命先驱杨沧白先生儒雅的文人斗士形象和光辉、曲折的人生。

陈列展览以"秀句兼丰功，辉映同盟史——杨沧白生平事迹展览"为题，共分五个单元。第一单元为"蜀士建汉业,予亦乐执鞭",讲述杨沧白的生长环境以及最初的革命活动;第二单元为"蜀军政府建殊勋",介绍杨沧白等人在重庆发动革命,成立蜀军政府的史实;第三单元为"九死犹能为国谋",展示杨沧白在辛亥革命后,追随孙中山继续革命的事迹;第四单元为"风前几垂柳,海上一孤松",讲述杨沧白在孙中山逝世后,淡闻政治,隐居于北京、上海,潜心研究诗文的经历,同时还介绍杨沧白在抗战时期严词拒绝汪伪诱迫,辗转返回重庆,并终了故里的曲折人生;第五单元为"巴山渝水颂先贤",展示杨沧白逝世后,社会各界在不同历史时期以不同方式表示的纪念和缅怀活动。展览最后,列出杨沧白大事年表,清晰地讲述杨沧白的生平事迹。整个展览分布在杨沧白故居的四间小居室,共使用图片150张,文物原件及复制件31件。另外,展览设计人员在故居的另外三间小居室进行场景复原,展示杨沧白的家庭起居和日常生活状况。巴南区文物保护管理所征集、调用文物展品46件用于实物展。

二、丁雪松旧居遗址

丁雪松旧居位于木洞镇石宝街331号,为清末修建的民居,丁雪松幼年曾居住于此。房屋面阔14.8米,进深17.1米,占地面积约191平方米。建筑坐东北朝西南,平面呈不规则形。悬山式小青瓦屋顶,穿斗式木构架,木板或竹编隔断,褐色黏土夯实地面,青砂石砌筑房基。该处建筑为本次志书编修的调查新发现,可供研究木洞地区清代末期建筑的特点、平面布局及木构架等。

丁雪松旧居

三、黄启璪旧居遗址

黄启璪旧居位于木洞镇解放路118号,木洞镇老街,为清末修建的民居,黄启璪幼年居住于此。房屋面阔19.9米,进深32.7米,占地面积650平方米。建筑坐东南向西北,四合院布局,由门楼、正厅和左右厢房组成。悬山式小青瓦屋顶,穿斗式木构架,外围有青砖灌斗墙体围合,内部是木板或竹编隔断,褐色黏土夯实地面,部分保留有隔潮地板,青砂石

黄启璪旧居

砌筑房基。房屋正门呈"八"字形，天井四周用条石镶嵌，正厅房顶脊饰有"寿"字形瓦雕。正厅及厢房立面保留有部分隔扇、雕花。该处建筑可供研究清代末期建筑的特点、平面布局及木构架等。

四、李华飞旧居遗址

李华飞旧居位于木洞镇东700米新家嘴，为清代建筑，独家小院，坐南朝北，占地面积200平方米，正面宽18米，进深8米，正方向房屋排列4间，右边向外并列伸出2间，外围院墙，高2米，前有院门，屋有正大门，1楼1底2层，墙体白石灰砖混结构，有木楼和阳台，斜山式屋梁房架，有石梯台阶2处，地面三合土。

李华飞旧居

第五节 木洞碉楼

一、碉楼概况

清末民国初，广大农村街镇兴建碉楼风气盛行。木洞碉楼形成的原因：一是清朝嘉庆初年，川、陕、鄂三省交界地区发生了白莲教起义，清廷为了镇压起义，颁布了若干政令，如《仁宗睿皇帝实录》卷六十九记载：嘉庆五年（1800年），四川总督勒保疏中言：百姓自己出资，修筑寨堡。第一次提出了百姓自家修建碉堡，坚壁清野，保财护院的主张；二是民国十六年（1927年）木洞镇遭涪陵、南川山地的土匪大规模抢劫，多数富商被绑架，木洞商会遵循"维持和增进同业之公共利益"的宗旨，组织50人的带武装的护商队，分别在进出木洞的关隘，高地处修建碉堡，确保木洞的安全和商人的利益。自此以后，木洞就没有发生匪患，而且在1949年初期，康海清土匪3000多人进攻木洞，解放军利用木洞碉楼反击和打败了土匪，保护了木洞人民的生命财产安全，因此，木洞碉楼有两种类型，一是商会的带有公共性、守护性的碉楼，二是富绅大户坚壁藏物，保护自身安全的碉楼。

木洞碉楼共有11座，其中有两座是母子楼。从东至西，木洞镇街外围有碑湾保安碉楼，垭口老街山岗上的永安碉楼，旁边还有一子楼，尖顶坡碉楼，也有一子楼，慈恩寺（木洞镇小学）碉楼。这四座碉楼，二座子楼是木洞商会所建，都建造于19世纪20年代末。分别建在木洞半岛上的东、南、西三个方向，位置都在关隘山岗、居高临下，视通数十里。抵御从丰盛、南川、栋青不同方向来的土匪盗贼。还有富商大户的碉楼，从木洞镇前进路垭口老街到正街有万庐别墅、茂祥商号、盛祥商号、沈家碉楼、包家院碉楼、林家大院碉楼共五座。这些碉楼是嘉庆、光绪年间修建。

图为母子楼

当年修建这些碉楼，工程质量严格，土木结构。用很优质的青冈树条做拉筋骨架，用石灰、炭灰和黄泥加上糯米浆调和、夯实坚固。楼板是用木材经桐油漆好防腐。碉楼的底层大门都用铁皮包着，有的至今完好。

二、保安碉楼

保安青冈坪碑湾处，两楼一底，面积80平方米，楼边墙上有内宽外窄的窗子带枪眼，守卫在进出丰盛驿道的关隘上。1950年3月25日，农历二月初八上午，3000多土匪向木洞发起进攻，解放军木洞中队开展了一场激

图为土木结构的碉楼

烈的木洞保卫战，中队的一个班与土匪发生了3个多小时的激战，其中有3个解放军战士与当地居民何全安一家在保安碉楼里坚持了半天多，停火后，何全安4岁多的女儿何秀碧跑出碉楼，解放军战士王会勋赶忙跑出碉楼抱起何秀碧，就遭到躲藏在对面黄葛树下土匪的开枪射击，不幸牺牲，后来解放军也消灭了这个土匪，王会勋在保安碉楼用生命保护了儿童，木洞人民永远不会忘记，王会勋烈士葬在木洞镇青冈坪烈士陵园，后来保安碉楼成为生产队的保管室。"文化大革命"中，保安碉楼遭到人为破坏，加上年久失修，风吹雨打，逐步坍塌，现在只有3米多高的废墟。

三、永安碉楼

木洞镇前进路出垭口老街的山岗上，扼丰盛、南川进出木洞之要道，永安碉楼是木洞碉楼最大的一座，底面积120平方米，两楼一底，在楼墙上有内宽外窄的窗子带枪眼，在碉楼往河边处100米有一座子楼，子楼有一楼一底，面积30多平方米。1949年后，永安碉楼一直是生产队的保管室，1970年修双河公路，此处存放炸药，碉楼遭雷击引起炸药爆炸，楼顶楼板燃烧，楼墙震裂，随之坍塌，2014年修木洞滨江大堤，为大堤填土和排危，

永安碉楼从此消失。

四、尖顶坡碉楼

木洞镇南面最高处尖顶坡上，两楼一底，面积60平方米，楼墙有内宽外窄的窗子，有瞭望和枪眼的功能，在碉楼往垭口老街方向100米处有一座子楼，一楼一底，面积30平方米，尖顶坡碉楼俯瞰木洞镇街，平望长坪、南川、栋青、五宝场，是木洞的一个烽火台。1949年后，新生政权进行了复修，防止土匪从后侧进攻木洞，在清匪反霸中起了作用，70年代，为修木洞大礼堂，连同毗邻的感应寺一起拆了。

五、慈光寺（木洞镇中心校）碉楼

木洞镇西面慈光寺，现木洞镇小学内。三楼一底，面积80平方米，楼墙上内宽外窄的窗子带枪眼，面对木洞镇中坝，望长江，俯瞰五布河小河边，是扼住木洞往重庆的小河边渡口，守护着木洞的西大门，1949年后作为木洞区文教办公室，在"文化大革命"中，慈光寺中心校碉楼是"反到底"派性武斗指挥部，1984年学校危房改造中与慈光寺一起拆掉，成为木洞镇小学的操场。

永安碉楼

六、林家大院"盛祥商号"碉楼

林家大院又名"万庐别墅"的下院，系木洞大商人林盛祥于清光绪二十四年始建（1898年），民国八年（1919年）完成。在木洞镇垭口老街陡石梯下左侧。上左侧是林盛祥之兄林茂祥的"茂祥商号"，两商号为木洞进出涪陵、南川、丰盛旱道驿路之锁钥，当年几乎垄断了木洞驿道进出南川、涪陵乃至黔中的盐糖棉纱，洋油百货，桐油木材，盛祥商号占地1500多平方米，建筑分前后两个部分，前院系穿斗全木结构，后院系花园兼碉楼，碉楼底面积60多平方米，三楼一底，主要是住宿，碉楼大院的大门坐北朝南，门上匾额有隶书"利归仁德"四个镏金大字，两边楹联为"货殖济世财如晓日腾云起，书礼传家利似春潮带雨来。"

七、林家大院"茂祥商号"碉楼

又名"万庐别墅"的上院，在木洞垭口老街陡石梯上左侧，是木洞大商人林茂祥的"茂祥商号"，内有花园，花园西北面是石砖堡坎，东南面是店铺后门，

慈光寺碉楼

沿街是铺面，中间是碉楼，外沿驿道是一坡垣墙，碉楼二楼一底，面积 50 平方米，有内宽外窄的窗口，碉楼在驿道边，功能是藏货物、防盗贼、护家院，东面是一坡内宅，内宅建有楼台亭榭，东屋是坐南朝北的碉楼式房屋，后墙全由炭渣、石灰加糯米浆夯筑而成，前面板墙玻璃窗远览白龙沱外的滔滔长江，林茂祥的三儿子林宅安曾担任过木洞商会第二任会长，范绍增驻木洞时，得到林宅安的大力支持并拜访过该大院，林家后人林永蔚说，刘伯承在涪陵新妙养伤的时候，也曾拜访过林家大院，向林宅安宣传革命道理，后来林盛祥的儿子林达帮，林茂祥的儿子林宅安都成为进步人士，他们的后代多是中高级干部和中高级知识分子，成为红色后代。两个林家大院及碉楼 1949 年后分给十多户农民居住，现碉楼坍塌。

八、包家院碉楼

包家院碉楼在木洞洞上，天主教堂对面，一个包姓大盐商建于嘉庆初年，是一个四合院带碉楼的建筑群，包家院的主体系穿斗结构，木板嵌壁，青瓦盖顶的一楼一底的四合院，与天主教堂大门相对街面处，系四合院双扇木门，进门两侧各有一间耳房，呈"回字形"的一楼一底，底的中间是天井，天井宽约 8 米，长约 12 米，青石板嵌成的中间有一方壁圆口水井，4 步石级相连，楼系木板铺成，天井四周为木栅栏干，正对大门里侧宽 1.5 米的楼梯连接楼上楼下，楼与楼高约 5 米，楼梯经一拐再拐后上一楼，主楼右侧靠后有一碉楼，四周土墙，边长 6 米，碉楼三楼一底，每层四面都开有一扇内宽外窄的窗户，1949 年后，包家大院及碉楼全部用作木洞中学的教师、学生宿舍，1995 年学校建教师安居工程，包家院、何家院以及碉楼和天主教堂作为危楼被拆除。

九、沈家碉楼

沈家碉楼是木洞镇至今保存完好的唯一碉楼，在木洞镇前进路 56 号，毗邻杨沧白故居和木洞中学。沈家碉楼占地 1100 多平方米。建筑面积 900 多平方米，坐南朝北，由木构穿斗老屋、碉楼及花园三部分构成。据户主沈永仁（78 岁）介绍，院内碉楼建于 1938 年，是木洞桐油商人蔡恩荣（商号"歉吉"）的私家建筑。1942 年国民政府海军修械所租作存放文书档案仓库，1946 年搬走后，蔡家将碉楼卖给了沈炳辉，在巴县参赞李灿东手里完善手续，该碉楼现为三楼一底抚殿顶土木结构，碉楼平面为正方形，边长 10.1 米，通高 13.5 米，中心砖柱上架十字梁，每层有木楼连接，三面开窗，每窗两扇。室内松木楼板，底楼临街门框用长条石砌成，铁皮包木质门，厚 9 厘米，铁板厚 5 毫米，高 2.62 米，门宽 0.79 米，底楼高 3.5 米，二楼高

图为沈家碉楼

3米，墙体厚0.9米，四面多楼层各设两个长方形弹孔，后院老宅为穿斗式木结构房屋，面阔5间，小青瓦屋面，花园内有方形供水池，沈家碉楼是巴南区保存的抗战文物，为研究抗战文化提供了宝贵的实物资料。

十、林家大院碉楼

木洞正街福音堂背后的高地上，面对黄家大院的后院，过去的新民校旁边，林家碉楼是一个长方形，面积有80多平方米，在一个四合院内，四楼一底，是木洞最高的一座碉楼，顶上是抚殿式屋顶，青瓦盖，顶层四周有墙垛，是原中心校小学退休教师林之涛（90岁，已逝世）的父辈的，为防匪患修于19世纪30年代初，林家也是做桐油、盐巴生意的，1949年后作为水运社、运输社办公室，1970年修水运社职工宿舍拆掉。

第四章 体 育

木洞镇的学校体育和民间体育开展良好，曾多次获国家、市、区级表彰，取得多项体育竞赛荣誉，尤其是龙舟竞赛颇具特色。2005年，国家体育总局授予木洞镇"全国体育先进单位"称号；2007年，重庆市人民政府《关于公布第一批省级非物质文化遗产名录的通知》（渝府发〔2007〕80号）将木洞龙舟列入重庆市非物质文化遗产代表作名录。

第一节 体育设施

1979年，木洞镇大巷子新建篮球场，设置为灯光球场，灯光设备一直维持到1999年11月。1997年，木洞镇大巷子（电影院）新建老年活动门球场。2007年，木洞小河边新建山歌之乡广场，面积600平方米，投入资金40万元。2009年，木洞镇港湾小区新建木洞山歌广场两处，面积共2800平方米，投入资金910万元。2011年，木洞镇政府出资修建"洞出神木"广场，面积600平方米，投入资金200万元；同年，新建木洞镇后河农民新村塑胶体育广场，设置了篮球场、乒乓球场、羽毛球场、网球场、健身步道，配置健身器材30件（套），周边绿化500平方米。2006—2011年，巴南区体育局共支援木洞镇健身器材120件，分别安装在4个健身广场。保安、土地垭、杨家洞、庙垭村分别安装篮球架、乒乓球台以及其他健身器材。

第二节 龙舟竞技

一、历史传承

1949年前,木洞码头客商云集,是沿长江上至渔嘴,下至清溪一带的政治、经济、文化中心。每到端午节,沿江两岸的船运老板,自发组织龙舟队到木洞河边比赛。解放后,木洞政府开始参与龙舟竞赛,组织民间、机关、厂矿企业参加,参与人数增多,竞赛规模增大,龙舟制作也更加精美。尤其是1976年纪念毛主席畅游长江10周年比赛中,参赛队伍包括了江南、江北的16支代表队,800余名队员,观众近7万人,是一次规模空前的龙舟竞赛。

早年木洞的龙舟选用船运老板的木船或渡江船,只是在船头仰放一张板凳,用树丫扎成一个龙头即可。后因龙舟竞赛得到政府支持和重视,龙舟改原来的杉料为杨松甚至玻璃钢材料制作,船身长20~40米,宽1.2~1.4米,船头直接做成龙头形,或用木雕、黄荆扎成,或用铁条烧成。龙舟制成后,船体抹1~2次桐油、葱叶,再涂抹鸡蛋清,以保证龙舟不吸水,减小摩擦。端午竞赛结束后,将龙头供奉于附近庙里,待来年再用。

木洞龙舟以队为单位,每支队伍有17~40人不等,均有踩头的1人,甩腰旗的1人,打锣和鼓的各1人,掌梢的2人,前面划分水的4人,后面划吊梢的4人,中间则是主力,人数更多,最隆重时还有打座炮的1人。龙舟竞赛以参赛队伍沿木洞长航囤船—中坝晒网石—江北的下梁—长航囤船路线进行,以到终点时以抢得的活鸭、旗帜或扇子的多少来定输赢。参赛队伍较多时,也采用淘汰赛方式进行。龙舟划行过程中,喊唱龙舟号子,由穿着长衫,戴着凉帽、墨镜的踩头之人领唱,其余人和声。踩头之人还以翻跟斗或吹哨来吸引观众。除踩头之人外,其余人员服饰统一,只有甩腰旗的手上拿有两面小旗,跟随踩头的步调做出各种甩手姿势,同时有指挥的作用。锣鼓声也是紧密配合踩头和甩腰旗之人,统一大家的划桨动作,在起划和到达终点时,鸣放鞭炮助威。

木洞龙舟队每年端午节下午都要举行比赛。此外,也应邀参加市内外各种龙舟竞赛以及开幕庆典等活动。

2007年6月,重庆市人民政府《关于公布第一批省级非物质文化遗产名录的通知》(渝府发〔2007〕80号),公布了"木洞龙舟"为重庆市第一批省级非物质文化遗产名录,成为省级非遗保护项目。

二、重大赛事

1997年5月,组织男子28人,参加重庆市在璧山举办的"金堂湖杯"龙舟赛,获组织工作奖。

1998年6月，组织男子28人，参加重庆市在璧山举办的"白云湖杯"龙舟赛，获组织工作奖。

1999年6月，组织男子28人，参加重庆市在大足举办的"龙水湖杯"龙舟赛，获团体第六名。

2000年5月，组织男子28人，女子28人，参加重庆市在巴南区南湖举办的"宗申杯"龙舟赛，男子获团体第四名，女子获团体第一名。

2000年10月，组织女子28人，代表重庆市参加四川绵阳举行的全国农民运动会，获团体第五名。

2001年5月，组织男子28人，女子28人，参加重庆市在永川举办的"野生动物世界杯"龙舟赛，男子获团体第五名，女子获团体第一名。

2001年5月，组织男子28人，代表川东地区参加中国荆州国际龙舟赛，获团体第八名。

2002年5月，组织男子28人，参加重庆市在合川举办的"龙凤呈祥杯"龙舟赛，获团体第六名。

2003年6月，组织男子28人，女子28人，参加重庆市在永川卫星湖举办的"野生动物世界杯"龙舟赛，男子获团体第六名，女子获团体第一名。

2005年6月8日，组织男子28人，参加重庆市在武隆举办的芙蓉江龙舟赛，获团体第五名。

2006年6月28日，组织男子28人，参加重庆市在武隆举办的芙蓉江龙舟赛，获团体第五名。

2007年6月26日，组织男子28人，参加重庆市在万州举办的三峡旅游经贸会龙舟赛，获团体第五名。

2007年6月28日，组织女子28人，参加重庆市在永川举行的农民运动会，获800米、250米龙舟赛两项团体第一名。

2011年10月，组织女子28人，参加重庆市在永川举办的农民运动会，获800米、200米龙舟赛两项团体第一名。

2013年6月端午节期间，木洞镇龙舟队组织参加重庆市在忠县、武隆举办龙舟赛，荣获第三、五名，广阳镇龙舟赛第一名。

第三节　群众健身活动

一、钓鱼

木洞镇人历来喜好钓鱼。解放初期，民众常以钓鱼改善家庭生活和增加个人经济收入。20世纪80年代，十一届三中全会后，农村实行家庭联产责任制，开始出现剩余劳动力，生活水平日益好转，钓鱼活动开始以兴趣爱好，逐步形成为竞技体育活动，政府亦将此纳入体育健身竞技赛。90年代，木洞镇辖区内钓鱼爱好者有500余人，最大年龄80岁，最小年龄12岁，有少量女性钓鱼爱好者。钓鱼者大多在长江、溪河、塘、库等地开展钓鱼活动，江河钓鱼的占28%，水库钓鱼的占40%，塘或养鱼田钓鱼的占32%。钓鱼时间一般为下午或节假日，以垂钓为主。钓鱼采用原始鱼竿，开始为斑竹，后逐步更换为市场销售的精制鱼竿和渔具。2000年开始，巴南区体育局和钓鱼协会每年组织钓鱼赛事活动。至2011年，木洞镇组织参加巴南区钓鱼比赛10余次，参与人数50余人次。

二、球类

木洞镇开展的群众体育球类活动主要有篮球、乒乓球、羽毛球、门球运动。20世纪70年代，木洞镇修建篮球场，组织开展辖区篮球比赛运动。80年代，木洞政府在每年的9月或10月，举行一年一度的"丰收杯"篮球赛，同时举行乒乓球、羽毛球、门球赛，对获胜的单位和个人分别发给奖品和奖金，对参赛单位和个人发给荣誉纪念。到2000年，木洞镇以村、社区组成参赛队伍，在本辖区举办球类比赛活动。比赛活动中发现的优秀队伍和人才，由镇文化站组建球类活动队伍。至2011年底，木洞镇组建了镇机关篮球队、木洞中心医院篮球队、木洞法庭篮球队、木洞派出所篮球队，乒乓球队、羽毛球队，以及木洞镇老年门球队，组织参加巴南区职工篮球赛和体育运动会比赛活动。

三、棋类

木洞镇的棋类体育活动项目有象棋、跳棋，早年民间的陆战棋、六子冲、三角棋（叉）、太平天国等。解放初期，因当时生活水平不高，游乐玩耍工具匮乏，六子冲、三角棋、太平天国等棋类活动，主要集中于农村儿童。劳动人民用自己的智慧，制作纯朴简单的游乐工具，在平地上画线条框框，即可玩耍。20世纪70年代，陆战棋一般集中在学生时代，学生利用学校课余时间或周末，邀约同龄儿童玩耍。20世纪80年代，木洞新华书店开始销售象棋。辖区部分群众自愿出资购买，形成业余爱好。后逐渐扩大范围，参与人数增多。1986年，木洞镇组织辖区象棋爱好者比赛活动，分别由重庆焊管厂、造纸厂、木洞镇中心医院、水运社、榨菜厂、副食品厂、学校、机关等单位组织人员参赛。经多次比赛，杨成忠、包清良、罗珠脱颖而出，多次应邀参加巴南区象棋赛，成绩优异。90年代，木洞镇以机关工会活动形式，开展象棋比赛，同时将跳棋列入比赛活动中。至2011年底，象棋、跳棋分别在木洞镇辖区单位工会活动中开展。

四、健身操与坝坝舞

1997年，木洞镇成立中老年健身队，队员50余人，负责人张正财、陈永禄等。2000年，分别成立了霞光健身腰鼓队、威风锣鼓队、中老年腰鼓队。2006年，木洞镇辖社区建制调整，分别改为一、二、三社区坝坝舞健身队。坝坝舞健身爱好者的主要健身活动场所有：木洞山歌广场、洞出神木广场、后河农民体育广场、移民活动中心小区、转盘小区、小河边小区，保安、栋青、墙院、杨家洞、土地垴农民新村等区域。活动时间集中在每天晚上19:00~21:00，有少数人也在每天早上7:00~9:00点跳舞。开始之初有20~30人参加，后发展到每天3000余人。2009年，木洞镇组织辖区坝坝舞比赛，分别以各自队名组织参赛。场镇社区全部参赛，每队40人；农村参赛的有栋青村、墙院村、桃花岛村、杨家洞村，每队20人。活动以"我与木洞·人人健康"为主题，邀请了重庆市艺术馆、巴南区文化馆的老师指导。巴南区体育局领导到场祝贺，对参赛的获胜单位分别发给奖金、奖品。举办第三届坝坝舞比赛活动时，对8个参赛队分别发给了音响，以供日常健身之用。至2011年，木洞镇共举办了3届"我与木洞·人人健康"比赛活动。

2002年，木洞镇组织开展群众性健身操活动，率先在镇机关干部中，邀请木洞中学体育教师辅导，扩大到企事业单位、社区。同时，群众开始自发组织在街边学习，熟练后聚集到广场做健身操。2011年，木洞镇组织开展辖区体操比赛，组织参加巴南区健身操大赛，荣获二等奖。

第五篇 木洞山歌

木洞山歌是木洞民众在生产生活中创造的歌谣。据王士祯诗作记载，300多年前，木洞山歌就在木洞民众中广为传唱。啰儿调、禾籁和船工号子是木洞山歌的主要歌种，其他歌种包括情歌、小调和风俗歌种等。1990年，重庆市文化局命名木洞为"山歌之乡"。1998年，又将木洞山歌命名为"巴渝优秀民间艺术"。2006年，木洞山歌先后列入国家级、市级、区级非物质文化遗产代表作名录。2008年和2011年，两次被文化部命名为"中国民间文化艺术之乡"。木洞山歌在镇、村、社区、院坝、学校传唱和广播电视栏目播放，多次参与区级、市级、国家级展演赛演。

第一章 历史源流

木洞山歌的历史源流于古代的巴渝歌舞，战国时代的"下里巴人"、汉代的"巴子讴歌"、唐代的"竹枝"，明清时期的劳动歌，直至新中国成立后，在本地特殊的农耕稻作、地理环境、生产特点、民风民俗、文化生态等条件下，逐步演化形成木洞山歌。

第一节 形 成

木洞民众在种植农作物时，都要喂养耕牛，各自家庭一般由孩童割草喂牛，上坡割草孩童成群结队中，逐渐开始哼唱歌谣，这种歌叫山歌；放牛孩童唱的歌叫放牛歌。他们唱的歌词中，大多加有啰儿衬词，如"太阳出来啰儿，喜洋洋哟儿郎啰，背起背篼郎郎扯，哐扯，上山岗哟儿郎啰。割起青草啰儿，牛难放哟，儿郎啰，牛儿喂得啰啰扯，哐扯，油光光哟儿郎啰。"这便是木洞山歌的啰儿调。

木洞地属深丘地带，梯田叠叠，沟壑丛深。在这些地方劳动，特别是像薅秧之类的农活，需要曲调高亢悠扬的歌声相伴，以消除疲劳，增强干劲。民间传唱的诸如"边唱山歌边下田，不费功夫不花钱。歌儿为你醒瞌睡，干起活路才新鲜"等歌谣，就是木洞山歌的真实写照。

每逢薅秧季节，田多的人户都要请薅秧班薅秧，少则7~8人，多则10~20人。每班都有"禾籁头"领唱赛歌，并形成了一套与薅秧劳动相适应的对歌程序。薅秧劳动一般为"7做5歌"，即全天7次下田劳动，中间休息5次。早饭前下田，太阳尚未出山，不赛歌。早饭后，上、下午各下田3次，中间各休息2次。赛歌从上午第1次下田开始，先赛矮腔禾籁，由禾籁头领，同薅秧班的人帮腔，比曲调多寡和曲调好不好听；第2次下田，赛高腔禾籁间唱花禾籁，比领唱者嗓音、乐感和行腔亮字；第3次下田，继续赛高腔禾籁间唱花禾籁。下午第1次下田，主要赛历史歌和赞花歌，不限曲调，比歌手掌握这方面山歌的多少；第2次下田，赛盘歌，这是赛歌的高潮；第3次下田，继续赛盘歌，若已分胜负，则唱神歌和啰儿调，若不分胜负，则相约下次薅秧再赛。

在这样的地理环境和生产条件下，农夫们薅秧时所唱的薅秧歌禾籁以及儿童们放牛时所唱的牧牛歌啰儿调，形成了木洞山歌。

第二节 传 唱

木洞山歌主要有生产劳作中的传唱、民众自发组织的传唱、政府组织的展演赛演传唱三种传唱方式。

一、生产劳作传唱

在木洞地区，农家孩童上坡放牛割草要唱啰儿调。农民薅秧时，要喊禾籁；开山打石时，手一拿到大锤把子，就开始喊号子，当把大锤高举过头用力捶打插在石头中的楔子时，更要"嗨"地一声，伴随大锤落下。人们抬举重物，也要高喊"杭育杭育"或"嗨咗嗨咗"的号子，既是鼓劲，又是统一步调，提高劳动效率。

二、自发组织传唱

院坝传唱。为开展自娱自乐，组织临近村、生产队的群众，在院坝组织山歌演唱，参与人数几人至几十人不等。

歌会。木洞民众自发举办的传统歌会，常见的有：薅秧歌会、婚嫁歌会、丧葬歌会、闹春歌会、挞谷歌会、榨菜歌会、螃蟹歌会、摸鱼歌会、牧牛歌会、童子歌会等。这些歌会，就是比赛演唱山歌。如闹春歌会，在春暖花开的季节，青年男女相约，携带炊具、食物，选择在有回音的岩边壑谷对歌。参加的人分为甲乙双方，每轮每方各出一人，由一方用"歌头子"起唱，曲调为啰儿调，另一方则用同一"歌头子"接唱，直至有一方接不下去就算输一局，换人另起"歌头子"再赛。赛到最后，由输方负责找柴烧饭煮菜，共进野餐。童子歌会与闹春歌会有诸多相似之处，不同之处在于参加者为少年儿童，赛歌的时间、地点比较灵活，或放牛、或割草、或玩耍，聚在一起，就进行赛歌。

红白喜事传唱。举行婚宴、寿筵时，为了热闹，伴以打莲箫和唱山歌。打莲箫者领唱，其余人帮唱，一唱众帮，以图热闹、喜庆。如遇办理丧事，也要唱歌闹丧，道士先生领着孝眷拜忏，要唱拜忏调，领着考眷绕佛，要唱绕佛歌等。

三、政府组织传唱

木洞山歌是广大劳动人民的歌，深受群众喜爱，在田野劳作相互交流的一种人际交往，又是助兴劳动积极向上，鼓励士气的又一种情操。每逢春节或元宵等节日，政府组织节庆文化活动时，木洞镇的群众山歌手，便会参加表演活动，划彩船、唱车灯调等，以营造节日热闹非凡、喜气洋洋的气氛。另外，政府还举办表演、赛演山歌活动。1984年后，木洞地区连续4年组织山歌队参加了区（县）里举办的山歌擂台赛。木洞地区也先后举行了山歌擂台赛、东西部歌手对抗赛、中小学山歌赛，组队参加了市级和全国性的展演赛演。

四、专门机构指导传唱

木洞镇文化服务中心组织实施开展山歌传唱活动，具体有六大传唱方式：（1）培训式教唱活动，每年举办6次，300余人；（2）排练式传唱活动，每逢镇、区、市演出活动，都要练习，实施教唱活动；（3）比赛式传唱活动；（4）展示展演式传唱；（5）互帮互学式传唱；（6）拜师授徒式传唱。

第二章　山歌类别

木洞山歌的主体歌种，以在田间劳动时，一边薅秧，一人唱众人合的帮腔方式，称打禾籁，禾籁是木洞山歌的主要歌种，捡柴打猪草的啰儿调，在劳动中为了鼓足干劲，协调动作，步调一致形成的劳动号子，村姑和少年郎们在劳动中恋爱的情歌和小调，地方特点的风俗歌等。其曲调众多，曲目不计其数，现以主体歌种详述，其他歌种略述。

第一节　禾　籁

禾籁又叫薅秧歌、庄稼歌、打禾籁等，是农民在薅秧时为了解除劳动的枯燥疲劳，振奋精神，提高劳动效率所唱的山歌。"打"，就是演唱；"禾"，谷类作物的统称，在木洞山歌中指庄稼的幼苗；"籁"，本意是指古代一种竹制管乐器，又指自孔穴里发出的声音，也泛指声音。农民群众将除却秧田杂草使稻禾成长的薅秧劳作，所唱的山歌称之为禾籁。木洞地区的田地比较多，庄稼户多数都种有田。种田就得插秧、薅秧，多数男子都得下田干农活，除草薅秧、喊唱禾籁。旧时，木洞地区薅秧季节随处都能听到打禾籁的山歌声，正如民国年间向楚在《巴县志》所云："六月芒种，是月也，薅头秧，旬以后薅二秧，去莠稂，农歌四闻。"这里"四闻"的农歌，便是禾籁。

禾籁山歌种类主要包括：高腔禾籁、平腔禾籁、矮腔禾籁、花禾籁。

一、高腔禾籁

高腔禾籁是木洞民众生活劳动在山野之间，互相呼应、传递信息、交流感情，需要高声叫喊而产生的。其唱法多用假声，近似川剧演唱的边音。木洞山歌手大多爱唱高腔禾籁，以展示歌喉。高腔禾籁的唱词结构多为7字4句式，也有3字、5字、6字、9字句。在起唱方面分："2字头"和"4字头"。"2字头"唱歌头2字后翻高腔；"4字头"唱歌头4字后翻高腔。演唱形式有1人领唱，众人帮腔，也有2人轮流领唱上下句，众和帮腔。其代表曲目有：《人民江山万万年》《山歌不唱不开怀》《太阳出来照北坡》《天上起云四角叉》《哪有山歌出远门》《花不逢春不乱开》等。

凉风绕绕天要晴

（高腔山歌）

演唱：白炳成
采录：杨素华
谱曲：彭啸岗

1=F 2/4 3/4

凉风绕绕嘞，天要晴罗衣哟，老鸦哟叫唤罗要死的哟人罗衣哟嗨衣哟，死人要死嘞别一个哟你莫死哟奴家哟嗨亲男的哟人罗衣哟嗨喂哟。

二、平腔禾籁

平腔禾籁由高腔禾籁演变而来。有的接近于高腔禾籁，有的近似矮腔禾籁。唯一不同的是平腔禾籁无人帮腔，是单人演唱的独唱曲，又叫"干山歌"。大多数歌手单独在山坡上、田间或院坝劳动时触景生情，有感而发时所唱，也有在赛歌中演唱。由于环境、时间、对象的不同，加之歌手即兴编唱的能力差异，都可能使曲调发生变化，具有随意性。其代表曲目有：《哪怕空话胀耳朵》《主人又弯酸》《心想唱歌就唱歌》《铁匠难打铁绣球》《太阳出来辣焦焦》《郎问姣吃啥子菜》等。

三、矮腔禾籁

矮腔禾籁，有领有和，为薅秧劳动所必唱。曲调有百余种，旋律风格不一，多随语言的字音而变化。有的热烈欢快，有的粗犷奔放，有的轻快活泼，有的诙谐风趣，有的含蓄沉缓。衬词衬腔各不相同，有用人称的："小娇小妹小情歌""喊七哥叫八哥"；有用花名的："栀子花""茉莉花"；有用蔬菜名的："青菜薹""油菜薹"；有模仿锣鼓声的："匡扯匡""壮丑娄丑壮"；或描绘某种声音："叮当响""响叮当"及大量用助词或感叹词。1句7字唱词加入衬词可唱完4个乐句。有些禾籁的唱词、衬字可以更换，旋律随字音而变动。歌手们多用矮腔禾籁即兴演唱。其代表曲目有：《劲头大得很》《房中女儿在绣花》《送郎送到楠竹林》《东山情哥西山妹》《白鹤飞起白飞白》。

四、花禾籁

花禾籁是因结束的禾籁尾子多为对花的盘歌，故得名"花禾籁"。它是薅秧劳动和赛歌中所必唱的一个品种，最能展示歌手的嗓音和才华。花禾籁将高腔禾籁与矮腔禾籁的巧妙结合，使曲式产生新的结构，丰富了曲调的表现力，增大了词曲的容量。歌手们常以1首高腔曲调开头，中间插入1首或2首矮腔禾籁曲调，再转入高腔收尾。在曲式上构成A（高腔）—B（矮腔）—A（高腔）或A—B_1—B_2—A等3段体或多段体。也有用矮腔起头插高腔的。高腔、矮腔所唱的内容往往互不相关，是一种特殊的演唱形式。其代表曲目有：《吹吹打打迎新娘》《新打船儿十八舱》《大田薅秧行对行》《秧鸡打架争秋水》《莫咬田中唱歌郎》。

第二节　啰儿调

啰儿调，以曲调中含"啰儿"衬词而得名，是木洞山歌的启蒙歌，多为少年儿童在割草放牧时演唱。其曲词体式和曲调特征与汉唐代以来巴渝民间流传的竹枝歌颇多相似，系竹枝歌在木洞地区的"嫡传"。木洞的禾籁和啰儿调，也和一般山歌一样，具有一调多词和一词多调的特点。在内容和形态上，其曲词主要包括起歌接歌类、对歌盘歌类、农事劳作类、社会生活类和男女恋情类等。这些丰富多彩的曲词和禾籁、啰儿曲调，构成木洞山歌的主体。禾籁和啰儿调中，还有一种问答式的歌谣，这就是盘歌。盘歌在内容上，天上地下、植物动物、生产生活、人情事理、历史现实，什么都可以盘；在形式上，有自问自答、二人对答、领唱和盘唱等。这种歌谣，除了在禾籁和啰儿调中演唱外，还在其他场合，尤其是打擂比赛时，民间歌手们常把它作为赛歌的主要形式。

双双对对唱山歌
（啰儿调）

演唱：蒋治德
采录：蒋效伦
谱曲：李 丁

1=C 2/4

| 6 6 1̇ 6 | 6 0 6 6 6 | 3 1̇ | 6 0 1̇·6 2̇ 1̇ |
你 打 猪 草 舍， 我 哟 捡 柴 哟 喂， 你 不 招 手

| 1̇ 2̇ 6 | 6 3 3 | 3 6 0 3 1̇ 3 6 1̇ | 6 0 6 6 6 |
啰 儿 啰，我 不 来 哟 喂。 情 哥 情 妹 舍， 把 哟 话

| 3 1̇ 6 0 2̇·2̇ 1̇ 1̇ | 1̇·2̇ 6 3 1̇ 1̇ 3 | 6 0 |
说 哟 喂， 双 双 对 对 啰 儿 啰 唱 山 歌 哟 喂。

第三节 盘 歌

盘歌又叫对歌，它是以设问作答的形式来结构的盘歌对唱形式，有问有答是它的基本特征。

盘歌，是木洞地区青年男女向对方表达心愿、显示才能的一种古老的盘歌（对歌）方式，多运用于山岗打猪草、捡柴禾时，向对方发问吼叫声，用音乐节奏以问答的方式对唱。在盘歌中，一般是男的先唱，双方通过对唱，显示自己的才能，如果男的输了，女方有其意，则继续盘唱，无意各行其是，如果男方为胜，女方有意，唱得情投意合，还可以唱到订婚，但是如果女的盘输了，还可继续盘歌，这样的盘歌一直盘到订婚为止。订婚那天，男女双方的父母要及时为男女方备办喜酒，敬给参加歌会的乡亲们，以此对青年人贺喜。

看你盘些啥子花（十六首）

甲： 乙：

（一）

要说花，先盘花， 说盘花，就盘花，

盘起花儿一"趴拉"　　　　　　看你盘些啥子花。
　　　　　（二）
三岁孩子啥子花?　　　　　　三岁孩子脸上花,
十七八岁啥子花?　　　　　　十七八岁心里花。
　　　　　（三）
二十过亲啥子花?　　　　　　二十过亲糍粑花,
七老八十啥子花?　　　　　　七老八十眼睛花。
　　　　　（四）
啄不脱来啥子花?　　　　　　啄不脱来鞋子花,
甩不脱来啥子花?　　　　　　甩不脱来衣袖花。
　　　　　（五）
两头花来啥子花?　　　　　　两头花来枕头花,
搭来搭起啥子花?　　　　　　搭来搭起背带花。
　　　　　（六）
捞起裤脚啥子花?　　　　　　捞起裤脚袜子花,
手上提起啥子花?　　　　　　手上提起扬帕花。
　　　　　（七）
腰杆拴的啥子花?　　　　　　腰杆拴的围腰花,
胸膛盘的啥子花?　　　　　　胸膛盘的纽子花。
　　　　　（八）
大枝大叶啥子花?　　　　　　大枝大叶芭蕉花,
繁明繁眼啥子花?　　　　　　繁明繁眼梨树花。
　　　　　（九）
细眉细眼啥子花?　　　　　　细眉细眼海椒花,
黑脸大嘴啥子花?　　　　　　黑脸大嘴胡豆花。
　　　　　（十）
鼓眉鼓眼啥子花?　　　　　　鼓眉鼓眼豌豆花,
爬岩爬坎啥子花?　　　　　　爬岩爬坎葛藤花。
　　　　　（十一）
悬岩陡坎啥子花?　　　　　　悬岩陡坎岩豆花,
满坡白来啥子花?　　　　　　满坡白来茅草花。
　　　　　（十二）
绿映绿映啥子花?　　　　　　绿映绿映黄荆花,
一片黄来啥子花?　　　　　　一片黄来油菜花。
　　　　　（十三）
半夜起来回娘家,　　　　　　半夜起来回娘家,那个名叫啥子花？　　　　　　那个名叫核桃花。

(十四)

老子打儿娘不拉，　　　　　　老子打儿娘不拉，
那个名叫啥子花？　　　　　　那个名叫杏子花。

(十五)

老子打儿娘去拉，　　　　　　老子打儿娘去拉，
那个名叫啥子花？　　　　　　那个名叫瓠子花。

(十六)

甲：

青叶叶，毛杆杆，开黄花，开的花儿像喇叭，结的瓜儿品碗大，要吃它，用刀划，煮在锅里头，叽哩咕噜像说话，那个名叫啥子花？

乙：

青叶叶，毛杆杆，开黄花，开的花儿像喇叭，结的瓜儿品碗大，要吃它，用刀划，煮在锅里头，叽哩咕噜像说话，那个名叫南瓜花。

什么吃草不吃根

(盘 歌)

演唱：白炳成
采录：蒋效伦
谱曲：徐道全

1=D 2/4

什么 吃草哟 喂，(哟嗨　喂)不吃哟嗨 根啰？
镰刀 吃草哟 喂，(哟嗨　喂)不吃那个 根啰？

什么 吃草嘛(哟嗨　喂)打捆吞嘛(红花绿花
背篼 吃草嘛(哟嗨　喂)打捆吞嘛(红花绿花

柳连柳哟 喂)，什么 肚内哟喂 (哟嗨　喂)
柳连柳哟 喂)，磨子 肚内哟喂 (哟嗨　喂)

长牙那个 齿哟，什么 肚内嘛(哟嗨　喂)有眼睛嘛？
长牙那个 齿哟，灯笼 肚内嘛(哟嗨　喂)有眼睛嘛，

(红花 绿花 柳连 柳哟 喂。)
(红花 绿花 柳连 柳哟 喂。)

第四节 船工号子

木洞镇濒临长江，境内河段长 10 余千米，水情水势复杂，木船航运繁荣。长期从事驾船劳作的木洞民众为统一步调、增强劲力，创造了船工号子。船工号子主要包括下水号子、上水号子、靠船和开船号子以及其他船工号子，每类号子中又包括若干种号子，构成庞大的、复杂的水上音乐体系。其曲调有单曲和联曲，唱词有呼号唱词、喊白唱词和唱述唱词，其中呼号唱词最多，占木洞船工号子的绝大多数。唱述类唱词主要是由号子工领呼号子特别是数板之类的号子时喊唱。它包括乡土风情类、船工生活类、男女恋情类、醒世警言类、褒贬时政类、传说故事类等。

现按木洞船工号子的类别予以列述：

一、下水号子

下水号子亦称顺水号子。船工主要用桡扁或摇橹的劳作方式驾船顺水下行，其号子形态为桡号子或橹号子。下水号子主要有：起桡号子、二流橹号子、慢五桡号子、长推号子、招架号子、抓抓号子、拼命号子、大斑鸠号子、数板号子、鲢巴郎号子、砍砍号子、放流号子、尾声号子等。

二、上水号子

上水号子又称逆水号子。船工驾船逆水上行主要靠拉纤牵引，因此，拉纤号子成为木洞川江上水号子的主体。上水号子主要有：上纤号子、外倒号子、咋咋号子、甩手号子、小斑鸠夹鲢巴郎号子、数板号子、大斑鸠号子、抓抓号子、捉缆号子、报路号子、唤风号子、扳峡号子、打标汇桅号子、抛河号子、闯滩号子、过沱号子等。

三、靠船和开船号子

木洞的木船，除在航道里下水、上水行驶之外，还要在码头港口停靠。在进码头停靠和出码头开启的过程中，有不少劳动工序。船工们在这些工序中劳作的时候，要喊唱号子以协调动作，激励劲力，就产生了靠船、开船号子。靠船、开船号子主要有：见码头号子、朝码头号子、抬山号子、挤档号子、拖杠号子、插杠号子、竖桅号子、倒桅号子、挂帆号子、收帆号子、搭跳号子、收跳号子、装舱号子、提舱号子、莫约号子等。

四、其他船工号子

木洞的木船，除一般的下水、上水行驶外，还有其他一些船只进行航赛或航渡。除舟船外，还放筏子。有时行到航道浅的河段，还要淘漕、背船。修造船只完工后，要移船下水等，都要喊唱号子。这些号子主要有：龙舟号子、放筏号子、渡船号子、淘漕号子、背船号子、拉倒纤号子、下墩号子等。

不怕风浪冲过去

(上滩号子)

演唱：蒋正才
采录：蒋效伦
记谱：徐道全

[简谱略]

第五节　其他歌种

一、劳动号子

劳动号子是木洞山歌的又一大品种。它是木洞民众在一些特殊劳作时，为了协调动作、统一节奏、鼓舞干劲、提高工效吼唱的歌谣。木洞劳动号子品种多，包括船工号子、石工号子、抬工号子、夯土号子、榨油号子、榨菜号子等。其中，以船工号子中的川江船工号子最有特色。演唱形式有一人唱、众人合，也有齐唱、合唱形式。

二、情歌

木洞山歌中有较多的情歌类曲目。有的是对人和事物赞美的情歌；有的是男女抒发恋情的情歌，歌词相对比较含蓄；有的是针对个体的情歌；有的是针对群体的情歌。歌词的主词（不包括衬词）以 7 个字 1 句，共 4 句为 1 个唱段，音节多是前 4 后 3，也有少数情歌不遵照此规则，音域相对高腔类山歌比较窄。歌词中的男性多称夫君或郎君，女性多称奴家或小娇，近代情歌中也普遍称哥、二娃哥、妹、幺妹子等。衬词多以花花草草为主。演唱形式以对唱、独唱、表演唱为主，也有 1 人领众人合的表演方式。

三、小调

木洞山歌中的小调，是以谣曲和时调为主，主要在农村流传。每当农民上午、下午在田间劳动，中途歇息时，山歌手乃至不擅唱山歌的人都要唱几曲，以消除疲劳和娱乐身心。演唱形式多为哼唱和单曲，自娱自乐为主。

四、风俗歌

风俗歌是木洞山歌的另一品种，是木洞民众在民风民俗活动中演唱的歌谣，多为以 1 人唱或哼唱形式。木洞民风民俗，无论是生产生活、岁时节令，或者是人生礼仪、信仰理念，都有完整的礼仪习俗。在这些礼仪习俗中，演唱与之相应的歌谣，就成为一种常见的社会事象，也成为民风民俗活动中的一个组成部分。如婚丧寿庆习俗中的婚嫁礼仪，定亲时要唱拒媒歌、陪奁歌、开脸歌、上梳歌、坐堂歌等；迎亲时要唱梳妆歌、上轿歌、起轿歌、报路歌、回车马歌、讨封歌等；成亲时要唱喊礼歌、揭盖头歌、交杯酒歌、贺喜歌、谢客歌、说席歌、祝酒歌等；入洞房前要唱铺床歌、安家具歌等；入洞房后要唱闹房歌、莲箫歌、送客歌、道别歌等。丧葬礼仪要唱噩耗歌、入棺歌、哭灵歌、吊唁歌、送葬歌、绕佛歌、说花文、哭十二殿，以及专为吊唁女性死者的十月怀胎歌等。寿诞礼仪，要唱祝寿歌、生期酒歌、满旬酒歌和百岁歌等。

第六节　歌词·衬词特征

歌词属于歌曲中的文学部分，歌曲可以借助歌词表现音乐形象。木洞山歌是歌词与音乐紧密结合的有机体，其文学底蕴深厚。它根植于山乡广大群众，孕育成长于生产生活。木洞山歌歌词反映的内容包罗万千，上至天文地理，下至风土人情，无所不容。有表现劳动生活的，有讲述历史的，有寄托相思的，有表达爱情的等。木洞山歌作为我国民间音乐中的一朵奇葩，表现手法丰富，其作品生动鲜活，表现出自然纯朴的气质，富有浓郁的地域特色和泥土气息。下面从歌词结构、押韵、修辞手法、衬词及歌词蕴含的精神内涵等方面介绍木洞山歌歌词的艺术特征。

一、歌词结构

木洞山歌的歌词根据它的字数和句数划分，一般可分为五言体、七言体结构。

五言体结构：所谓的五言体结构，是指歌词的每句由五个字构成。根据句数的不同，又可分为五言四句体和五言多句体。木洞山歌中最常见的是五言四句体。

五言多句体：是指歌词句数超过四句的歌词。由于歌词句数较多，用语生动形象，幽默诙谐，因此常能刻画出栩栩如生的形象。这种多句体歌词，一般首句入韵，偶数句要求押韵，奇数句可以不押韵。

七言体结构：歌词结构是现存木洞山歌歌词中最多的。七言体结构歌词因句数不同可分为七言四句体、七言六句体、七言多句体等不同形式。

七言四句体：是木洞山歌歌词结构近似七言绝句，占现存歌词数量的半数以上，有着丰富的内容、匀称的结构、规范的形式。歌词按照音节划分有"二二三""四三"等结构。四句体木洞山歌歌词中，有很多率真、贴近生活、具有浓郁的地方气息，易懂且让人深思的歌头。歌头也叫歌头歌，就是起歌的意思。它用惹、逗等方法引发更多人来应歌。歌头歌内容广泛，有表达对山歌的喜爱和赞美的，有属于开场白打招呼的，也有向对手挑战的等。它手法多样，能借景抒情，触物生情，即兴歌唱。

七言六句体：木洞山歌歌词中，七言六句体结构也常见，在情歌中最多。爱情是人类永恒的主题，用山歌直白、朴实、率真的歌唱方式，表达人们内心的感情，淋漓尽致地表达了男女之间真挚的感情生活。

七言多句体：歌词结构是对句子的数量没有严格的限制，只要能完整表达作品的内容，其数量可以根据内容来确定。在木洞山歌中，还有一种篇幅比较长的歌词，一般用在盘歌、情歌和叙述历史内容的山歌中。它的内容含量比较大，能够明白地表达较为丰富而复杂的思想感情。每句的字数、节奏相同，一般每一段的开头一句意思相同。

二、押韵

押韵是指在作品创作中，在一些句子的最后一个字，用相同或相近的韵母，使朗读或咏唱时音调和谐优美。押韵是山歌语言运用的一个明显特点。韵是山歌曲调与歌词的黏合剂，将一首山歌粘成和谐、紧凑、脉络相通的整体。押韵有增强歌词的节奏感和音韵美的功能，同时也便于传唱和记忆。山歌常用方言语音来押韵。木洞山歌也不例外，用重庆方言语音押韵。木洞山歌押韵方式多样，除前面叙述中提到的"一、二、四句押韵""首句入韵、偶数句押韵"外，常见的还有每句都用相同的韵、一韵到底不换韵。

三、修辞

木洞丰富的歌词源自木洞人民的生活，有感而发，由情而生。歌词的生动性归于木洞人民真挚情感的表露和丰富生活经验的体现。从思维方式上来看，他们善于把事物做比较，"比附事理、托物言志"。在歌词的创作中，巧妙地运用了"赋、比、兴"等修辞手法，使得歌词意味深长、韵味十足、发人深思。

比、兴："比、兴"的修辞手法在木洞山歌歌词创作中运用相当普遍，它之所以备受青睐，一方面，木洞山歌的创作者多数文化程度较低，是识字不多或不识字的"农民诗人"，他们没有习惯或者说不具备较抽象的理性思维能力。日出而作，日落而息，闭塞的小农生产，使他们看问题立足于眼前的事物和现象，表达自身情感的时候习惯于"感物抒情"的形象思维方式，大量采用眼前现成的事物和现象来比、兴；另一方面，木洞山歌的即兴演唱方式促使了比、兴手法的广泛运用。即兴演唱要求歌唱者在很短时间内，用简单明了且生动逼真的语言，表达内心的情感。运用比、兴的修辞手法适当地降低了这种表达的难度，弥补了演唱者语言表达水平方面的不足。在表达丰富的情感和描述复杂的事物时，比、兴的使用，可以使抽象变得具体、深奥变得浅显、干涩变得生动。兴句一般为眼前之事物，因此兴句相对容易。兴句借眼前事物引出后文，让歌者有时间更从容地组织后面的歌词内容。比、兴手法在木洞山歌中的广泛运用非常符合常理。

铺排： 是铺陈、排比的简称，在山歌中这两种修辞手法常结合在一起使用。是将一连串内容紧密关联的景观物象、事态现象、人物形象和性格行为，按照一定的顺序组成一组结构基本相同、语气基本一致的句群。"铺排"的修辞手法在木洞山歌歌词中运用广泛，可以起到加强语势和渲染气氛、环境、情绪的作用。

夸张： 是运用丰富的想象力对所要描述事物的某个特征进行艺术上的夸大或者缩小。在木洞山歌中，歌唱者通常用这种夸张的修辞手法，来唤起听众的想象力，表现幽默、愉快的艺术风格。并通过此手法，使歌手与听者形成思想上的共鸣，同时给予听众愉悦的精神享受。

衬字、衬词： "衬"是歌曲常用的艺术手法，它通过借用无实质性内容的字、词、句而暂时克服唱词的制约。从它的结构形态来看可以分为衬字、衬词、衬句。衬字、衬词与正词不同，如果离开了旋律，它的独立表现意义是有限的，它必须与音乐结合才能充分表现它的意思。也可以说，它是一种音乐表现意义大于文学表现意义的特殊的艺术手法。衬词使用最为常见，它是歌曲中最具特色的地方。衬词运用好，犹如借柳画风，借山画云，使歌曲具有浓厚的地方风格和更高的艺术表现力。

木洞山歌采用重庆方言演唱，由于其方言的丰富多彩，增添了山歌的趣味和神韵。木洞山歌属于即兴编词、口头传唱的民间歌曲，具有地方生活性、口语性、形象性的特点。为了曲调的统一，聪明的木洞人民便在句中或在句与句之间，加上许多衬字、衬词。这些衬字、衬词有抒发感情的，有描摹情态的，有增强语气的，唱起来与歌词浑然一体，使歌词变得更加优美流畅，使旋律变得更加动听悦耳。

衬词在木洞山歌中大量存在，它有利于情感的表达、字位的紧凑、风格的形成。形态各异的衬词丰富多彩，在歌曲中起着重要的作用，可以说无衬不成歌。在歌词的正词间加入衬词，起到使唱腔吐字延续、韵味十足、妙趣横生的作用。在山歌的基本结构之间或基本结构之外添加衬词，能使唱腔结构更丰满，特点更鲜明，层次更清晰。衬词类型千姿百态，出现的位置各不相同，有的出现在歌曲开始，有的出现在歌曲尾部，有的穿插在歌曲的中间，这些衬词为歌曲中不可或缺的有机组成部分。

衬词可长可短，短则乐节，长则乐句。木洞山歌中用得较多的衬字有："啊""哟""哎""哦""呀""嘛""的""噢""呃""地"等；用得较多的衬词有："哟嗬""依哟""哦嗬""呃嘿""哟喂""提兜提""咚咚隆咚咚""嗨呀依嘿咗嘞""哎哟喂喂儿浪扯"等。从词性上的分类来看主要有叹词、代词、象声词，叹词有"啊""哟""哎""哦""呀"等；代词有"你""我""奴""那个""姐儿""小姣""小情哥"等；象声词有"哐扯哐扯""咚咚隆咚咚""哎哟喂喂儿浪扯"等。木洞山歌在运用这些衬词的同时，也有自己的特点，根据衬词在歌词中的位置，分为首衬、尾衬和间衬三种形态。

首衬形态是指在山歌的开始部分添加衬字、衬词，起到润嗓喊唱打开歌喉或营造气氛的作用。木洞山歌的首衬形态常常是自由的高腔散板衬腔。

尾衬形态是指在歌曲的末尾加入衬词，尾衬的运用可以起到丰满乐段结构、突出歌曲地方风格的作用。尾衬多为语气助词，它在艺术形式、词曲结合、表情方法上都比较成熟、凝练，具有前呼后应、收束有力和渲染气氛等作用，能唱出歌词的不尽之意和未了之情。

间衬形态的衬词是指用在乐句中间或用在乐句与乐句间的衬词。衬字、衬词在句间，又称插入句，多数为无实际意义的虚词或实词虚用。在木洞山歌中间衬比较常见，且种类繁多、形式多样。它能进一步加深丰富正词乐句的艺术形象，使歌曲结构丰满、音调优美，有利于地方特色的表现，并为高潮的到来作铺垫。

第三章　展演交流

早在20世纪50年代，木洞山歌就已唱响巴县，唱响重庆。2006年，入选国家级非物质文化遗产代表作名录之后，演出愈加频繁，除本地的传唱活动外，木洞山歌在全国多个省市乃至中央电视台都参与了演出比赛，成果斐然。

第一节　展演与获奖

一、国家级展演

木洞山歌来源于民间劳动中的生活节奏，以白炳成为代表的民间歌手，长期在田野劳动中激情演唱。同时，参加乡村院坝演唱活动，逐渐成为当地群众的出众歌手。1958年，白炳成演唱的《干劲大得很》，组织5人唱到北京，传遍全国。

1987年，全国12家省级电视台联合摄制的民间音乐国际文化交流片《西部之声》，重庆入选的4首民歌中，木洞山歌啰儿调《太阳出来喜洋洋》为其中之一。

20世纪90年代初，拍摄电视剧《聂荣臻》，木洞山歌手潘中明演唱的石工号子，为该剧片头音乐。

2006年2月，潘中明演唱的木洞山歌作为重庆三峡川剧团演出的方言话剧《移民金大花》的背景音乐，代表重庆到北京参加全国演出。

2008年11月，木洞山歌《迎村官》在江苏省参加全国乡村文艺调演获金奖。

2009年3月2日，在全国"两会"期间，中央电视台就木洞山歌采访了时任常务副市长黄奇帆。重庆发生了较大变化，特色文化建设与经济发展比翼齐飞，因此，木洞山歌登台献艺，以表演唱《直辖变新貌》参加中央电视台《小崔会客》栏目录播演出。

2010年6月5日，木洞山歌《打禾籁》参加中央电视台音乐频道现场录制演出。

2011年6月30日，木洞镇代表巴南区参加中华歌会，木洞山歌《阳雀叫唤闹春耕》在108支参赛队中脱颖而出，获文化部"中华杯"金奖。

2011年7月23日至2011年7月26日，木洞山歌参加文化部在宁夏举办的西部12省（市）原生态山歌大赛，在78支参赛队伍中，木洞山歌《凉风绕绕天要晴》获银奖。

2011年10月22日，中央召开十七届六中全会，会议做出关于文化大发展大繁荣决定期间，木洞山歌被中央新闻联播提要广播。

二、省（直辖市）级演出

20世纪90年代初，白炳成等人演唱的山歌表演唱《两亲家进城》参加重庆市个体劳动者协会举办的文艺调演，获创作、表演二等奖；木洞镇小学演出的山歌剧《多样的小队活动》参加重庆市少年儿童文艺调演，获创作、表演二等奖。

2005年12月27日，由重庆市旅游局、巴南区人民政府主办"第二届温泉旅游季暨东温泉民俗温泉节"，在重庆市解放碑举行，木洞山歌表演唱《迎亲》在解放碑大放歌喉，现场观众10余万人观看，《重庆晚报》《重庆晨报》分别于27日、28日予以报道。

2001年1月24日至26日（农历正月初一至初三），木洞山歌参加重庆市民间艺术节，在重庆市海洋公园连续演出3天（场），现场观众数万人，重庆电视台、《重庆晚报》等媒体予以报道。

2009年12月16日，木洞山歌《天上落雨地下粑》参加重庆市文化广播电视局举办的三峡库区首届原生态山歌大赛，获三等奖。

2006年9月29日至10月7日，木洞山歌艺术团参加重庆市小天鹅洪崖洞开市和湖广会馆旅游节展演28场，得到中外游客的高度赞赏；木洞山歌有5个曲调被选录大型歌舞《巴渝情缘》背景和过渡音乐。

2006年12月1日，木洞山歌参加重庆市委宣传部主办城乡文化互动"文化进城"，在江北观音桥演出受到数万人观看，得到《重庆日报》、重庆卫视台的传扬。

2007年1月1日，参加了重庆市巴渝民间风情"重庆映像"演出6场。

2007年3月17日，参加了重庆市在朝天门广场、市规划馆举办的重庆市生态旅游季启动仪式2场。

2008年4月5日晚，木洞山歌在永川参加重庆市非物质文化遗产课题调研演出，受到文化部、教育部及全国有关"非遗"文化在场专家的好评。

2011年9月6日,木洞山歌《阳雀叫唤闹春忙》参加重庆市区县歌暨新创作歌曲演唱比赛,获一等奖。

2012年2月22日,木洞山歌接受中央电视台"中文国际"频道《城市一对一》栏目与台湾南投县长李朝卿访谈,巴南区委书记李建春独唱木洞山歌《木洞榨菜》。

三、区(县)级演出

木洞山歌长期活跃在民间劳动中,人们利用半晌休息或收工饭后,自发组织起来,开展院坝演唱活动。同时,结合村、乡镇庆典活动,开展山歌表演、赛歌会,通过比赛形式,发现了一些优秀人才和优秀作品,以此在当地不断巡回表演,逐渐推荐到区(县)参加演出。

1997年11月,木洞山歌参加巴南区民间艺术广场演出。

2004年元旦,木洞山歌表演唱《特色文化是瑰宝》,参加巴南区特色文化调演,获二等奖。

2006年8月,市委副书记刑元敏等一行到巴南区调研文化工作,木洞山歌受到区委直接调派专场为市领导演出,得到在场领导的赞许。

2008年1月6日,组织木洞山歌艺术团16人,节目山歌剧《迎亲》、山歌舞《庆丰收》到江北区五宝年猪文化节演出,受到CCTV-2、CCTV-7的采录。

2008年8月,组队参加巴南区清风巴南廉政文化调演,表演唱《廉政建设警钟鸣》和山歌剧《惩贪治腐》。

2009年4月22日,组织参加巴南区委组织部举办的人才论坛报告会,木洞山歌现场展示演出。

2009年4月27日,组织木洞山歌参加巴南区廉政文化建设"清风巴南",到双河、麻柳、宗申演出。

2009年5月10日,木洞山歌剧《迎亲》参加东泉拍摄重庆记忆表演活动。

2009年6月,木洞山歌剧《划竹筏》在东泉旅游季开幕式演出。

2009年6月19日,组织木洞山歌参加首届西部旅游节开幕演出。

2009年7月,木洞山歌到巴南区接受市委常委何事忠滨江公园文化调研展演。

2011年9月,木洞镇参加巴南区第二届乡村文艺汇演,获一等奖。

第二节 传播与交流

木洞山歌被列入国家级"非遗"名录,得到了党和政府的认可,各级党委政府高度重视,特别是巴南区委、区政府历届领导都高度重视,积极支持,利用多种形式的媒体,报道木洞山歌的活动动态、发展进程、传承效果,所以,木洞山歌在各级媒体得到宣传颂扬。

2005年9月6日,《重庆日报》《今日巴南》(上月版)分别报载《巴南融资抢救木洞山歌》,9月16日晚7点25分,重庆卫视台、有线台新闻节目分别报道木洞山歌庆"中秋"院坝演唱活动。

2005年12月27日,《重庆晚报》;28日,《重庆晨报》分别报道木洞山歌《迎亲》富有浓郁民俗风情的文艺表演带到了解放碑,得到围观的数万市民的阵阵喝彩声。

2006年1月1日,"历史悠久源远流长的木洞山歌"被加拿大《加京华报》登载。

2006年1月20日,《重庆政协报》报道"木洞山歌"。

木洞山歌参加巴南区2006年春节拜年演出。

2006年2月,木洞山歌作为《移民金大花》背景音乐代表重庆市上北京参加全国演出。

2006年6月3日,重庆日报、晚报、晨报分别公布"木洞山歌"入选首批国家级非物质文化遗产名录。

2006年6月10日,木洞山歌参加重庆市委宣传部6家单位组办的第一个"非遗文化纪念日"演出2天,获得参加演出的代表队中掌声率最高的节目。

2007年4月,木洞山歌得到香港卫视台媒体传播。

2008年1月6日,组织木洞山歌艺术团16人,节目山歌剧《迎亲》、山歌舞《庆丰收》到江北区五宝年猪文化节演出,受到CCTV-2、CCTV-7的采录。

2010年6月26日,木洞山歌接受重庆故事广播西西弗文化沙龙广播室采访录播演唱。

2011年10月22日,中央召开十七届六中全会,会议作出关于文化大发展大繁荣决定期间,木洞山歌被中央新闻联播提要广播。

第三节 山歌为平台的文化交流

木洞山歌成为国家"非遗"保护项目,在"非遗"文化活动中频繁展示和表演,各类媒体的轮番传播,各地有识者、爱好者以不同方式开展文化交流活动,以木洞山歌为平台,迎来木洞山歌文化交流活动。

从2005年以来,不同程度地接待了国家、省市级专家或单位调研交流木洞山歌的保护与发展成果。

2005年8月24日,为了申报木洞山歌选评列入国家级非物质文化遗产名录,在巴南区文广新局业务指导下,应邀了重庆市"非遗"保护中心、音乐协会专家、重庆金母带公司就木洞山歌如何传承和保护为课题,开展专题研究。

2009年9月2日,木洞镇政府与巴南区文广新局领导研究出版《木洞禾籁》一书。

2011年3月1日,巴南区委书记李建春在全区宣传文化工作会上强调,全区副处级干部能唱5首以上木洞山歌,提出新的要求。

2011年7月,重庆大学、西南大学音乐系、重庆社会科学院分别到木洞镇文化服务中心开展文化交流,调研木洞山歌保护与传承发展中取得的成就。

2012年5月15日,巴南区政协和重庆市社科院专题调研木洞山歌的良性发展。

2012年7月30日,联合国教科文组织一行5人来木洞镇文化站调研山歌文化。

2012年11月18日,木洞镇举办首届"木洞山歌艺术节暨研讨会",参加艺术节和研讨活动的分别有重庆市文广局、市艺术研究院、市艺术馆的领导和专家20余人,巴南区委、区政府、人大、政协以及区级相关部门负责人,全区镇街分管文化的领导、文化服务中心负责人等。此次活动乃近年来品味最高、规模最大、参与人数最多的木洞山歌专题文化活动。

第四章　保护与传承

木洞山歌列入国家级非物质文化遗产名录以后,木洞镇肩负着保护和传承这一优秀民间传统文化艺术的重要任务。对原始资料、文献,采取了搜集、整理并出版著作的方式,将其记录保留下来;对年事已高的山歌手,采用音频、视频录制并制作光盘等方法予以留存。同时,对国家评定的传承人进行扶持、管理,组建表演团体,多种场合展示表演,实施村社、学校传唱,以弘扬这项珍贵的非物质文化遗产。

第一节　入选国家级非物质文化遗产名录

20世纪80年代,木洞文化站走访了民间山歌手上千人,收集、整理3000余首歌词初稿。1990—1999年,重庆市文化局命名木洞为"山歌之乡",命名木洞镇13人为民间歌手(全市共40人),命名木洞山歌为"巴渝优秀民间艺术",成为木洞山歌成功申报国家级非物质文化遗产的有力推手。

2005年6月,木洞镇文化站组织填写木洞山歌申报国家级非物质文化遗产申报书,全书共55页12万字。同时,撰写了木洞山歌录像片脚本,邀请重庆市金母带传媒公司全程拍摄木洞山歌在田间劳动表演场景、舞台展示、院坝活动等,制作了木洞山歌电视申报专题片,时长24分钟。

2005年7月,木洞镇文化站组织撰写、制作的木洞山歌文本资料、山歌专题片,由巴南区委书记姚代云组织区委宣传部、区文化广播电视新闻出版局、木洞镇党政领导及有关专家,集中在巴南区委会议室审查,提出申报意见。同年8月,重庆市文化艺术研究院的

4名专家,在金母带传媒公司会议室研究申报资料质量。经认可后,将申报书、录像片以及20余张摄影图片等木洞山歌申报资料按程序上报文化部。

2006年6月9日,经国务院《关于公布第一批非物质文化遗产名录的通知》(国发〔2006〕18号),批准文化部确定的第一批国家级非物质文化遗产名录(共518项),木洞山歌属其中民间音乐(共72项)之一,公布序号57,编号Ⅱ-26。

第二节 传承人

木洞山歌列入第一批国家级非物质文化遗产代表作名录之后,按保护传承要求,经过保护单位推荐、申报,专家评审,主管部门审批,至2011年12月,先后评定了国家级传承人2人、市级传承人6人、区级传承人3人。木洞镇政府按照上级对非物质文化遗产传承人的政策要求,采取了多项措施,鼓励、扶持、培养传承人。

一、传承人简介

(一)国家级

潘中明,男,1937年3月生,汉族,小学文化,木洞镇景星村人。1949年以前,放牛、上坡捡柴、打猪草、割草时,开始唱山歌。成人后,与周边村民从事集体农耕劳作,带头即兴编唱山歌,如插秧歌、薅秧歌、打石歌、抬石歌等。2003年,演唱的山歌选为方言话剧《移民金大花》背景音乐之一,2006年该剧在北京演出后,获创作、演出一等奖。2006—2011年,演唱的高腔禾籁《凉风绕绕天要晴》,参加重庆市解放碑、洪崖洞、湖广会馆、海洋公园、朝天门广场、人民广场等各种大小演出50余场,团体获奖3项,个人获奖6项。除演唱啰儿调等山歌外,尤其擅长高腔禾籁和石工号子,其声带独特,无喉包,多唱边音,高亢洪亮,音调高扬,拖腔悠长,节奏舒展自由,具有独特的韵味。

2008年2月,文化部评定潘中明为木洞山歌代表性传承人。

喻良华,男,1947年5月生,汉族,中专文化,木洞镇人。自幼受长辈及邻居熏陶,喜欢唱山歌。20世纪60年代,跟随白炳成学唱山歌,参加了《干劲大得很》《赶场》等节目演出。1976年,从事教育工作任学校音乐教师后,通过课堂向学生教唱山歌。2006年退休后,长期在社区教唱木洞山歌,创编了《迎亲》《木洞山歌多又多》《一根饿蚂蟥》《歌王争霸赛》《河水豆花嫩又白》《田头的水蚂蟥多》等曲目,参加重庆解放碑、人民广场、洪崖洞、湖广会馆、观音桥、南坪、市规划馆、朝天门广场等地举行的演出活动。2009年3月,在全国"两会"期间,参加中央电视台"小崔会客"栏目录播演出。2009年12月,参加重庆市文化广播电视局举办的三峡库区首届原生态山歌大赛,以《天上落雨地下耙》获团体三等奖。2010年3月,参加文化部在广西柳州举办的原生态山歌大赛,获风采奖、个人演唱奖、组合奖。2010年6月,参加中央电视台"民歌中国·魅力重庆"栏目录播演出。2011年6月,参加文化部、重庆市人民政府在重庆举办的"中华红歌赛"，获团体金奖。2011年7月，参加文化部、宁夏回族自治区在宁夏举办的西部12省市"花儿红"原生态山歌大赛，获团体银奖。2011年9月，参加重庆市区县山歌暨新创作歌曲演唱比赛，获团体一等奖。

2009年6月，文化部评定喻良华为木洞山歌代表性传承人。

（二）市级

喻纯良，男，1939年6月生，汉族，木洞镇桃花岛村人。1991年7月，重庆市文化局评定为民间歌手。1999年，参加重庆市举办的民间吹打赛，获一等奖。2000年，参加巴南区举办的民间山歌演唱活动；12月，参加重庆市海洋公园民间文艺展演3天。2002年，参加江北区举办的首届民间艺术节。2005年8月，参加木洞镇拍摄的船工号子。

2009年2月，重庆市文化广播电视局评定喻纯良为木洞山歌代表性传承人。

徐道全，男，1973年1月生，汉族，大学文化，木洞镇人。因祖辈久居山区，擅唱山歌，自幼受家族熏陶，学习并热爱唱山歌。大学音乐专业毕业后，担任木洞镇小学的音乐教师，经常协助木洞镇文化站参与木洞山歌的搜集和保护工作，学会了木洞山歌的各种唱调、唱腔，研究木洞山歌音乐理论，把研究成果广泛用于课堂教学，多次应邀参加市、区的教学研讨和观摩教学。1997年，配合木洞镇文化站、区教委音乐教科所，编写《巴南区小学音乐乡土教材教法研究》《巴南区小学音乐校本教材》。2003年，配合木洞镇文化站，组织普查、搜集木洞山歌曲词，参与编写《木洞山歌》专著。2005年，受聘为木洞镇山歌艺术团副团长。

2009年2月，重庆市文化广播电视局评定徐道全为木洞山歌代表性传承人。

周世芬，女，1963年7月生，汉族，高中文化，木洞镇松子村人。1980年，《干劲大得很》参加重庆市演出，获团体一等奖。1990年7月，重庆市文化局评定为民间歌手。1993年，参加重庆市民间文艺调演，演出的木洞山歌剧《两亲家进城》获团体二等奖。2005年，受聘为木洞镇山歌艺术团成员。2006年，在木洞山歌申报国家级非物质文化遗产工作中，担任主要领唱者，木洞镇党委、政府评为先进个人。

2010年12月，重庆市文化广播电视局评定周世芬为木洞山歌代表性传承人。

高启兰，女，1973年生，汉族，初中文化，木洞镇人。主要演唱的山歌有盘歌《什么出来一点红》《什么出来高又高》，高腔禾籁《山歌不唱闷沉沉》《凉风绕绕天要晴》，矮腔禾籁《东山情哥西山妹》，平腔禾籁《大田栽秧排对排》，表演唱《一根冬苋菜》等。2004—2011年，配合木洞镇文化体育服务中心开展木洞山歌传承及教唱活动，并以木洞山歌先后参加了江北区、永川区、渝中区、巴南区、南岸区等地举办的民间文艺演出。2009年3月，在全国"两会"期间，参加中央电视台《小崔会客》栏目录播演出。2010年3月，参加文化部在广西柳州举办的原生态山歌大赛，获个人演唱奖。2010年6月，参加中央电视台"民歌中国·魅力重庆"栏目录播演出。2011年6月，参加文化部、重庆市人民政府在重庆举办的"中华歌会比赛"，获团体金奖。2011年7月，参加文化部、宁夏回族自治区在宁夏举办的西部12省市原生态山歌大赛，获团体银奖。2011年9月，参加重庆市区县山歌暨新创作歌曲演唱比赛，获团体一等奖。

2009年2月，重庆市文化广播电视局评定高启兰为木洞山歌代表性传承人。

李福美，女，1963年7月生，汉族，中学文化，木洞镇人。自幼喜欢山歌，学唱山歌。后在喻良华熏陶下，演唱水平大有长进。2004—2011年，配合木洞镇文化体育服务中心开展木洞山歌传承及教唱活动，并以木洞山歌先后参加了江北区、南岸区、永川区、解放碑、朝天门广场、市规划馆、鱼洞街道、鱼洞人民广场等地举办的民间文艺演出。2009年3月，在全国"两会"期间，参加中央电视台《小崔会客》栏目录播演出。2010年6月5日，参加中央电视台《民歌中国·魅力重庆》栏目录播演出。

2009年2月，重庆市文化广播电视局评定李福梅为木洞山歌代表性传承人。

代正美，女，1963年7月生，汉族，高中文化，木洞镇人。2004—2011年，配合木洞镇文化体育服务中心开展木洞山歌传承及教唱活动。2010年6月，参加中央电视台"民歌中国·魅力重庆"栏目录播演出。2011年7月，参加文化部、宁夏回族自治区在宁夏举办的西部12省市原生态山歌大赛，获团体银奖。2011年9月，参加重庆市区县山歌暨新创作歌曲演唱比赛，获团体一等奖。

2009年2月，重庆市文化广播电视局评定代正美为木洞山歌代表性传承人。

（三）区级

王登兰，女，1962年8月生，汉族，木洞镇土桥村人。2004—2011年，以木洞山歌先后参加了南岸区、永川区、解放碑、朝天门广场、市规划馆、鱼洞街道、人民广场等地举办的民间文艺演出。2009年3月，在全国"两会"期间，参加中央电视台《小崔会客》栏目录播演出。

2011年11月，巴南区文化广播电视新闻出版局评定王登兰为木洞山歌代表性传承人。

周成志，男，生于1950年7月，系巴南区第二批传承人，主要参加区、市文艺汇演，镇辖区文化活动展演赛演，特别是巴南区公共文化物联网成立后，送文化下乡，到各村、社、外乡镇演出几十场，演出时教唱观众学习木洞山歌。

喻贤，女，生于1974年11月，系巴南区第二批传承人，参加镇辖区节庆文化展演赛演活动，分别在镇外展示演出，配合木洞山歌爱好者，参加公共文化活动。

张兰惠，女，生于1976年8月，系巴南区第二批传承人，参加镇辖区节庆文化展演赛演活动，分别在镇外展示演出，配合木洞山歌爱好者，参加公共文化活动。

秦荻玥，女，生于1985年8月，系巴南区第二批传承人，她自幼在木洞镇接触山歌文化，组织了木洞山歌节庆文化活动，引来央视《星光大道》《幸福账单》栏目，在木洞举办山歌艺术海选活动、山歌争霸赛；参加央视展演和嘉宾评委，她演唱的山歌《乡音》《我在木洞等你》列入MV录制音乐库。参加市级和国家级平台演出多场，开办的少儿山歌艺术培训，为大学输入多位人才，她既是组织者，又是能歌善舞的表演艺术者。

二、扶持传承人

木洞山歌申报为国家级非物质文化遗产以来，木洞镇党委、政府针对传承人文化程度的不同,每年举办传承人和其他歌手业务培训会;采用传承人与歌手互帮互学的办法,提高演唱水平;推荐国家级传承人潘中明到重庆市非物质文化遗产保护中心学习;推荐国家级传承人喻良华到重庆市文化广播电视局参加调研培训会;组织传承人到东温泉镇、三峡部分地区、柳州、宁夏、北京等地开展非物质文化遗产交流;每年春节和非物质文化遗产纪念日,举办传承人演唱比赛活动,并对优秀传承人予以奖励;每逢中秋、国庆等节日,对传承人走访、慰问,让他们坚定信心,努力做好木洞山歌的传承保护工作。至2011年12月,已举办传承人业务培训30余次,参加市级以上学习10人(次)。

对传承人管理方面,一是实施传承人坐班制。传承人每月3~5天到木洞镇文化体育服务中心集中研究木洞山歌的保护传承工作,制定传承规划,开展传承人之间的交流学习。二是落实传承指标。按照木洞镇文化体育服务中心每年制定的传承人培养新歌手,到村、社辅导开展传承活动的具体指标,传承人根据提供传承对象,保质保量完成村、社的传承演唱活动。三是工作任务量化。木洞镇政府每年以文件形式分别制定5大项传承人物,采取100分考核制,对每个小项实施计分量化,作为年底累积计算评优和支付传承人补贴的依据。按照政策要求,传承人每人每年的补贴标准为:国家级13000元,市级6000元,区级2000元。至2016年12月,共计发放传承人补贴10余万元。

三、培养传承人

木洞山歌申报为国家级非物质文化遗产后,木洞镇培养传承人主要采取的方法有生产劳作中传唱,组织村、社群众传唱,举办传统歌会传唱,红白喜事传唱,展演赛演传唱,广播播放传唱,学校课堂教唱等多种传唱方式培养传承人。至2011年,共制作木洞山歌光盘1000余张,分别在木洞镇广播、大型餐饮商场、公共汽车、婚宴寿宴等人群聚集地播放;在14个村、3个社区,每个村(社)分别组织3~5人的山歌传唱队伍,开展演出、教唱活动;在木洞镇中心小学,每月安排1~2节音乐课,利用课堂教唱,参与学生3000余人。

政府主导,文化部门牵头,开展木洞山歌传承人拜师授徒仪式,国家级师傅2人,收徒11人,市级师傅6人,收徒18人,区级师傅5人,收徒5人,分别举行叩拜,颁发拜师贴,传承人师徒式传承见证人为木洞镇文化服务中心主任、木洞山歌项目法人代表蒋效伦。

第三节 著作 音像

木洞山歌从80年代初,为了收集资料,以文字记载、声音录制、简单照相的方式,到2004年,以视频摄像等方式,分别深入到群众中接触老百姓生活、生产方式,如何以劳唱歌,以动抒情的淳朴农耕文化广泛流传在民间。文化工作者,坚持不懈的努力收集木洞山歌素材资料,整理成册,著书成文,以便传承。

一、著作

1.《木洞山歌》

作者：胡天成、蒋效伦、徐道全。贵州人民出版社，2005年11月出版，大32开，462页，35万字，为重庆市非物质文化遗产保护工作单项系列成果第二册。

编纂《木洞山歌》由来已久。从20世纪80年代编修"民间文学三套集成"之时起，就开始收集、整理木洞山歌资料。木洞镇文化站站长蒋效伦将集成普查资料保存下来，并不断丰富。在21世纪开展的非物质文化遗产保护工作中，又联系了过去走访的歌手，对他们进行了集中采访，收录整理资料。经过近20年的辛勤劳作，共采集、整理了1000余首山歌曲词，采录了数百首山歌曲调录音，将歌手们演唱的上百首山歌曲调录制成音像光盘，为编纂《木洞山歌》打下了坚实的基础。

《木洞山歌》编写组在构建全书框架时，采取了纵向、横向结合，历时、共时互补的方法。先以概述挈领，纵向叙说木洞山歌的历时性产生和发展的历史，描述出木洞山歌在巴文化主要是音乐传统文化中的历史地位，木洞山歌产生、发展所依存的地理、人文生态环境，木洞山歌在长期流传中形成的基本特色及其在新时代中的新发展。在概述挈领之后，以80%以上的篇幅列述了木洞山歌的曲词、曲谱和传承木洞山歌的歌手概况。其中禾籁和啰儿调曲词450首，曲谱78首；劳动号子曲词11首，曲谱23首；风俗歌曲词10首，曲谱10首；表演歌中单曲山歌16首，山歌联唱3首，山歌表演唱2首，山歌剧1个；民间歌手设立小传4人，列表介绍26人。

2.《木洞禾籁》

作者：李子硕、徐道全、蒋效伦。巴南区2010年8月〔008〕号内部印刷，16开，238页。

《木洞禾籁》篇首载录了重庆市文化艺术研究院老领导、研究员胡天成撰写的理论文章《让乡乐天籁与农耕稻作永存》，其余篇幅全部为收录的木洞禾籁乐曲，包括矮腔禾籁50首、高腔禾籁16首、平腔禾籁13首、花禾籁18首、禾籁尾子8首。此外，还收录了盘歌9首、啰儿调16首、表演歌15首、劳动号子33首、小调和风俗歌53首，全书共计231首，较为全面地保存了木洞山歌的歌种和乐曲。

3.《巴南区特色文化系列教材·木洞山歌》（上、下册）

巴南区特色文化教材编写委员会编，木洞山歌编写组（组长：丁远玲；成员：蒋效伦、徐道全等）。2009年6月内部印发，16开，上册25页，下册34页。

《巴南区特色文化系列教材·木洞山歌》，简称《木洞山歌音乐教材》，分为上、下两册。上册为小学教材，包括：第一单元啰儿调1-2课、第二单元盘歌3-4课、第三单元禾籁5-9课、第四单元号子10-12课、第五单元表演歌13-16课；下册为中学教材，包括：第一单元啰儿调1-2课、第二单元盘歌3-4课、第三单元禾籁5-15课、第四单元号子16-21课、第五单元表演歌22-23课。2009年9月起，该教材开始在木洞片区普及，在巴南区其他镇街试行。

4. 《让木洞山歌唱响中国音坛》

主编蒋长朋在此书分四个版块：一是"综合研究"，介绍了木洞山歌发生、发展的历史和山歌之乡的特色；二是"本体探讨"，研究了木洞山歌的音乐和唱词的基本内容和艺术特征；三是"初期保护"，总结了木洞山歌列入首批国家级非物质文化遗产代表作名录的申报情况及保护成果；四是"深化保护"，破解了深化保护木洞山歌的难题，提出了让木洞山歌唱响中国音坛的目标及措施。

木洞山歌分别入选国家、市、区专著的有：

1. 《中国非物质文化遗产荟萃》

此书由文化部、非物质文化遗产保护中心主持编辑。全国第一批入选有518项，木洞山歌在其中之一，作者蒋效伦在此书以1000字内容简介了木洞山歌的基本概况，用图8幅。

2. 《中国民间文化艺术之乡建设与发展初探》

此书由文化部艺术中心主持编辑。其中木洞镇撰写："弘扬和发展木洞山歌中国民间文化艺术之乡荣誉称号"，作者蒋效伦在介绍了以木洞山歌为主的特色文化建设成果，如何弘扬和发展此荣誉做了探索，4000余字。

3. 《中国民间文化艺术之乡全集》，此书由文化部艺术中心主持编辑，汇集了全国民间文艺、群文、艺术馆、文化馆、（站）工作者撰写，分上中下三册，共3000余页。木洞山歌入中册，木洞镇在951个民间文化艺术之乡之一，作者蒋效伦撰写10000余字，采用蒋效伦拍摄的图16幅，主要介绍了木洞镇特色文化建设成绩，封面图也是选用蒋效伦拍摄的木洞镇全景。

4. 《重庆市国家级非物质文化遗产集成》

此书由重庆市民协、非遗中心、艺术研究院、艺术馆联合主持编辑。全书上、中、下册，共计9000余页，全书共有58项。木洞山歌其中之一，作者蒋效伦和蒋长朋撰写文字1000页，12万余字，用图14幅。主要介绍了木洞山歌起源，发生发展，特点及类型，运用场所，表现形式等内容。

5. 《巴文化研究》

此书由巴南区文化委主持编辑，全书26万字，288页，分别编辑有国家级、市、区级非物质文化遗产名录。其中国家级有"木洞山歌"之一，作者蒋效伦撰写了6万余字，主要介绍了木洞山歌的特点及类型、运用场所、表现形式等内容，用图26幅。

二、音像

2005年8月，为成功申报国家级非物质文化遗产，木洞镇文化站选定了《大田栽秧行对行》《太阳出来红满天》《木洞榨菜好吃得很》《一根冬苋菜》《盘歌》共5首山歌曲目，制作成背景音乐光盘，花费资金2400元，制作母带光盘2张。2005年12月，又制作10张光盘，作为木洞山歌申报国家级非物质文化遗产的资料光盘。2006年7月，为传承木洞山歌，将10首山歌曲目制成光盘，发放到学校、社区50余张；后再次制作光盘1000

余张，赠予市、区部门和各级领导，巴南区中小学校，以及市内外参观学习者、文艺爱好者。

第四节 山歌精品

一、《干劲大得很》

1958年"大跃进"时期，白炳成在农耕劳作等繁忙农事之余，即兴编创了山歌《大办钢铁》，即"千军万马——七哥，为办钢铁吗——八哥，喊七哥来叫八哥，吔柳连柳哟，劲头大得很，劲头大得很"等11首山歌唱段，并用自己的音韵演唱出来。巴县文化馆李子硕、周成鑫将这11首唱词的核心唱段"劲头大得很"，改为《干劲大得很》，乐曲由最初的说白演唱，添加新的乐曲。白炳成等在巴县大礼堂、重庆市人民大礼堂共演唱4次，还到建设机床厂、507发电厂、望江厂、军区剧场、人民剧场等地演出数十场。1959年1月，白炳成、谭礼珍、潘义富、周成碧、王仲达、喻纯富、吕义熙、姚明会演唱的《干劲大得很》，参加四川省群众文化活动积极分子代表大会暨群众文艺创作展览会演大会，获一等奖。

二、《凉风绕绕天要晴》

2005年春节，重庆洪崖洞业主邀请中央空政歌舞团作曲家吴漩等8人，在木洞镇文化站采录了潘中明演唱的《凉风绕绕天要晴》，打造成为歌舞剧《巴渝情缘》中的7首插曲音乐。其后，因歌词粗糙，婚俗较浓，重庆市歌剧院将演唱者潘中明请到江北区观音桥，在录音棚里取其高亢洪亮、豪放爽朗的声音。2006年2月，作为方言话剧《移民金大花》的背景音乐之一，参加文化部在北京举办的乡村文艺演出，同时还在全国部分省市巡演了数十场。

三、《迎亲》

木洞山歌剧《迎亲》是以木洞地区旧的婚娶风俗为构思依据，以娶亲时通过"刁难"新娘给新郎树立威信，以防止虐待为背景创编的山歌剧。通过用唱山歌考验新郎的形式表达出来的。剧情一开始用比较欢快的"花又圆"调唱出新郎成婚时的喜悦心情："锣儿敲得咚咚响，欢欢喜喜娶新娘。金丝彩绸披肩上，新郎心头喜洋洋。"中间配以民间吹打，烘托出一种欢快气氛。接下来，用木洞山歌盘歌调考验新郎，待新郎通过新娘的亲友、父母、新娘代表三关考试后，新娘方能上花轿。最后，用节奏明快的抬工号子落幕。该剧于2006年12月25日，重庆市政府、市旅游局、重庆报业集团、巴南区政府、巴南区旅游局举办温泉旅游季时期，在解放碑演出，大受好评。

四、《迎村官》

2008年4月，巴南区作家协会陈显明、音乐家协会曹秋圃等人来木洞采风，由木洞山歌艺术团演唱了《凉风绕绕天要晴》《太阳出来红满天》《大田薅秧行对行》等木洞山歌。后打造成木洞山歌剧《迎村官》，于2008年11月，参加由江苏省苏州市承办的"纪念改革开放三十周年——首届中国农民文艺汇演"，获得最高奖"金穗杯"。上海《文汇报》在2008年11月5日报道中说："山歌剧《迎村官》通过巧妙的剧情和山歌剧的形式，集中展示了重庆深厚的文化积淀和重庆成为直辖市特别是统筹城乡以来的巨大变化和辉煌成就。"该剧在音乐创作中，运用了木洞山歌的表现手法，特别是领唱、伴唱以烘托气氛，旋律运用了木洞山歌的素材，同主音大小调式的对比（全曲都是1=bB，调式上用了商、徵、羽），取得了很好的演出效果，得到全国文艺界专家的肯定和青睐。

五、《阳雀叫唤闹春耕》

2011年5月，由重庆歌剧院指挥家周生宏牵头，打造了木洞山歌艺术团歌手演唱的《阳雀叫唤闹春耕》，将农民栽插时节的劳作以高亢明亮的高腔山歌调，唱出繁忙但轻快的劳动情景，把原生态的山歌和西方音乐美声有机结合，产生异样的美妙效果。2011年6月30日，参加中华红歌会大赛，获得全国资深评委和广大观众评委的高度赞赏，在全国各省、市、自治区，包括港、澳、台的108支代表队中脱颖而出，获"中华杯"金奖。

第五节　表演团体

一、山歌艺术团

2005年8月11日，巴南区文化广播电视新闻出版局《关于同意木洞镇文化体育站成立木洞山歌艺术团的批复》（巴南文广新发〔2005〕15号），批准木洞镇文化体育站成立木洞山歌艺术团。2005年8月8日，木洞镇人民政府《关于木洞山歌艺术团任职的通知》（木洞府发〔2005〕173号），聘请重庆市艺术研究所研究员胡天成为艺术团顾问，任命木洞镇文化体育站站长蒋效伦（兼）任艺术团团长，木洞镇小学高级教师徐道全（兼）任副团长，艺术团成员有：白炳成、潘中明、周世芬、周世兰、何萍、王光容、王佩俊。

木洞山歌艺术团成立至2011年12月，共组织开展木洞山歌传承演出活动800余场，分别在巴南区、南岸区、江北区、永川区、九龙坡区、渝中区、广西柳州、宁夏银川等地演出，参加中央电视台节目录制3次，获得全国最高奖项4次。

二、少儿艺术团

2011年10月17日，巴南区文化广播电视新闻出版局《关于同意木洞镇文化站成立木洞山歌少儿艺术团的批复》（巴南文广新发〔2011〕104号），批准木洞镇文化服务中心成立木洞山歌少儿艺术团，蒋效伦（兼）任艺术团团长，秦荻玥为专职副团长，成员有邓律旋、杨学敏等13人。成立后，利用周末时间，组织开展了木洞山歌少儿传唱培训活动，参加者有少儿100人左右。

第六篇 社　会

　　木洞民间社会风情浓郁，特点鲜明。中华人民共和国成立后，随着时代的发展，社会风情有了很大变化。同时，大力实施对军烈属和复员退伍军人的优抚安置政策，对困难民众和孤寡老人的社会救助，以及包括养老保险、医疗保险、工伤保险、失业保险、生育保险、住房公积金为内容的"五险一金"政策，社会保障体系不断完善，社会保障的覆盖面不断扩大，保障水平也不断提高。还制定乡规民约，开展精神文明创建活动，新的道德风尚日益增强，生活安定，邻里和睦，团结和谐的社会新风逐渐成为社会的主流。

第一章　社会保障

　　木洞镇按政策规定，对军烈属进行优抚，对复员退伍军人进行安置，送去了党和政府对他们的关爱。同时，对贫苦民众实行临时救济、春夏荒救济、冬寒救济和精减老职工生活救济，如果遇到突发性的灾害，还要进行特殊救济，帮助他们渡过难关，标准不低于一般群众水平的生活。对无经济来源的孤寡老人和没有收入或收入低下的城乡居民，分别实行"五保"和"低保"。还对镇域内的单位职工和城乡居民，实行包括生育、养老、医疗等在内的多种保险，保障他们的基本生活。通过这些举措，木洞镇建立起较为完整的社会保障体系，使广大民众安居乐业，社会和谐安定，呈现出祥和安泰的社会景象。

第一节　优抚安置

　　中华人民共和国建立以后，人民群众当家作主，为了让部分有特殊贡献或生活困难的人民群众生活有保障，国家推行实施一系列的优抚安置政策。镇民政部门是实施这项工作的主体职能部门。数十年来，为全镇烈军属、伤残军人、退役军人做了大量优抚安置工作，将党和政府对特殊群体的关心与关爱，送到千家万户。

一、优抚

木洞镇按照"群众优待与国家抚恤相结合"的方针，对有实际困难的烈军属和缺乏劳动力的复员退伍军人，进行优抚，做到政治上关怀，经济上优待，生活上照顾，使其生活不低于当地一般群众的标准。

1950年后的互助组时期，由代耕队（组）帮助烈军属和缺劳力的复员退伍军人、革命残疾军人耕种土地，产量不低于当地农民同等土地产量。

1958年后的合作化时期，随着农业生产方式的改变，代耕已不适应。按照"维其生产，补其不足"的原则，改代耕为优待劳动日，记入工分手册，参加农业生产合作社分配。后又将优待劳动日改为优待金和优待劳动工分。1982年，每户年优待金为80~100元。1984年起，实行以乡为单位统一筹给，采取定员优待的办法，解除烈军属后顾之忧。其他优抚待遇：对贫困优抚对象减免诊费、医疗费、税收等，对其子女免费入学。

1980年起，实行国家补助，木洞对赴朝退伍军人、复员退伍贫困军人、孤老烈士家属、病故军人、失踪军人家属等实行定期定量补助，发给定期定量补助费领取证，定期到木洞镇民政办公室领取。

1982年，实行家庭联产承包责任制后，给现役军人保留一份承包地，使其回乡后生活有保障。

2011年，木洞镇有27人领取定期定量补助，民政办公室发放补助费10.87万元（含医药费）。对牺牲病故家属的抚恤，除政府或部队妥善安葬，对其家属生活给予照顾外，民政部门凭死者所在县（团）级以上单位填发的牺牲、病故证明书或死亡证明书，对其家属按规定发给一次性抚恤金或抚恤粮。对残疾军人的抚恤，按照四等六级残疾分级，即特等残疾、一等残疾、二等甲级残疾、二等乙级残疾、三等甲级残疾、三等乙级残疾。木洞镇残疾军人抚恤情况，详见下表：

表6-1

2011年木洞镇残疾军人及因公抚恤表

金额：元

姓名	现状	类别	住址	月金额
张　峻	因病在乡	二级	一社区	2449
罗应怀	因公在乡	三级	一社区	2231
蒋正伟	因公在乡	五级	二社区	1288
丁荣其	因战在职	六级	栋青医院	1091
张秀义	因公在乡	六级	雁坝	1099
张礼明	因公在乡	六级	景星	1099

续表

姓名	现状	类别	住址	月金额
易家富	因公在职	六级	港务局	1033
李广银	因公在职	六级	鱼洞	1033
朱兴成	因战在职	七级	栋青	830
袁开智	因公在乡	七级	钱家湾	805
王荣成	因公在乡	七级	钱家湾	805
徐承斌	因公在职	七级	学校	741
谢国强	因公在职	七级	丰盛	741
余树林	因公在职	七级	鱼洞	741
苏明常	因公在职	七级	广阳坝	741
杨元华	因公在职	七级	桃花岛	741
马永忠	因公在乡	八级	豚溪口	543
王祚元	因公在乡	八级	土地垴	543
聂忠贵	因公在乡	八级	高丰5社	543
周芸	因公在乡	八级	食品站	543
何清胜	因公在乡	八级	一社区	543
刘钱	因公在乡	八级	食品站	543
代伦	因公在职	八级	桃花岛	480
胡杰	因公在职	十级	—	261
赵明芬	因公在职	五级	镇机关	1216
张庆华	因公在职	七级	派出所	805
黄世伟	因公在职	七级	镇机关	805
牟茂	因公在乡	九级	土地垴	350
合计	—	—	—	24643

二、安置

1953年，朝鲜战争停战后，木洞有98名参加抗美援朝的志愿军返回家乡。木洞区、镇（乡）政府按照"统筹兼顾，适当安排"和"从哪里来，到哪里去"以及"以农业生产为主"的原则对他们进行了安置。如：余海林，木洞乡胜利村人，1951年参加抗美援朝，1953年回乡后，安排在重庆木洞焊管厂工作；何绍福，1951年参加抗美援朝，1953年回乡后，安排在木洞镇街道企业任负责人等。

1958年3月17日，国务院颁布了《关于处理义务兵退伍的暂行规定》，对义务兵安置贯彻"从哪里来，到哪里去"的原则，由入伍地区的人民政府进行安置。城镇义务兵退伍后，由县民政局安置；农村义务兵退伍后，由乡镇人民政府具体安置。1993年撤区建镇至2011年底，木洞镇分别以招聘、报考优先等条件，逐步落实到机关、事业、学校、企业、厂矿等单位安置就业的农村复员军人有100余人。

对伤、病、残复员退伍军人的安置，根据国务院、中央军委及政治部、总参谋部规定，对于在服现役期间因作战或因公致残的士兵，由部队发给革命军人残疾证明书，当地人民政府按照国家关于优待抚恤革命残疾军人的规定给予优待，按时发放优待金。木洞镇享受这种优待的有21人，优待金每人每月多的有2500元左右，少的240元左右，使他们得到了较好的安置。

第二节　社会救济

中华人民共和国成立后，社会救济成为党和政府的一项重要政策，政府在保证群众基本生活的前提下，采取救济补助和支持发展生产相结合的办法，协助贫困户从根本上摆脱贫困，走共同富裕的道路。

一、救济对象

新中国成立后，人民政府对社会救济工作极为重视，制定出"依靠群众、依靠集体、生产自救、互助互济、辅以国家必要的救济和扶持"的工作方针。木洞镇的救助对象分为：1949年初期至20世纪80年代以来，主要是农村全家收入维持不了当地最低生活水平的贫困户、失学儿童、重特久病人员、残疾人，对孤老残人员给予特殊照顾，实行吃、穿、住、教、葬"五保"政策。木洞乡120户11400元，长坪乡110户9900元，栋青乡130户12740元，水口乡140户13580元，木洞镇城镇居民户均180元，150户27000元。21世纪初至2011年，木洞镇对困难群众救济的对象分为三类：一是无依无靠、没有劳动能力、又没有生活来源的人，主要包括孤儿、残疾人以及没有参加社会保险且无子女的老人；二是有收入来源，但生活水平低于法定最低标准的人；三是有劳动能力、有收入来源，但由于意外的自然灾害或社会灾害，而使生活一时无法维持的人。社会救济是基础的、最低层次的社会保障，其目的是保障公民享有最基本的生活水平。木洞镇城镇居民户均300元，镇城36户10800元；农村群众户均150元，130户19500元。

二、救济额数

1962年前，五保户的生活由人民公社统一供给，特殊困难户，实行特殊临时救济。到1970年，由各农村生产大队平均负担，药费由民政部门负担，生产大队主要负担每人每年口粮（原粮）200千克，现金20元。1981年，农村实行土地承包责任制后，这类困难人员的口粮、现金实行镇统筹，粮食250千克，现金50元。之后，由镇财政所每年落实到各农户，随公粮农税"提留"一并上交粮站和集体统筹，然后由民政部门分送到困难家庭户。1978年9月，全国第七次民政工作会议决定，采取以扶持贫困户发展生产，脱贫致富为主要内容的扶持办法，摆脱贫困。木洞镇政府按照政策要求，根据贫困户困难程度，扶持为主，救济为辅，实施了不同程度的救扶政策。1992年，对五保困难户供养提高到每人450元，其中口粮275千克，单价0.53元，折合人民币为146元；零用钱人均每月12元，计为144元；单衣2套，每套18元，计为36元；棉衣3年一套，45元，每年15元；被盖3年一床，42元，每年14元；蚊帐6年一笼，30元，每年10元；供给燃料按每月50千克标准，煤4.5元计算，一年54元；其他费用每人每年30元。2009年以来，木洞镇机关干部广泛开展党性作风实践锻炼活动，取得一定成效。2010年7月，木洞镇墙院村党支部帮助该村因残而丧失劳动力的丁世维，将其纳入农村"低收入保障"，帮助其子女自谋职业，外出打工就业，生活得到改善。同年8月，杨家洞村党支部帮助该村家庭基础薄弱、生活困难的胡大刚，开展帮扶济困，经共同努力，胡大刚生活条件得到改善。2011年，木洞镇设有经常性社会救助工作站和慈善组织，全年接受社会捐款9000余元，捐赠物资折合人民币约2万元，接收捐款衣被120件，共有250人（次）困难群众受益。全镇五保户人员270人，其中敬老院97人。为农村五保困难户173户发放五保困难救济费29万元。除享受国家和集体优待外，每年春节、重阳节，区、镇、村领导及老年协会、个体劳动者协会都分别对其进行走访和慰问。全镇共实施社会救济有1118人，救济金374604元，其中临时救济90人，救济金255000元；冬令春荒救济1004人，救济金110440元；精减老职工生活救济24人，救济金9164元。

三、突发性灾害的社会救济

对突发性灾害，木洞镇政府实行特殊社会救助。2002年6月13日凌晨1时许，木洞镇遭受短时暴雨袭击，降水量78毫米，造成小河边大桥东端山王顶山体滑坡，危及72户226人，房屋439间（其中门面41间），房屋建筑面积7489.75平方米。镇政府及时组织人员搬迁，撤离危险区域，妥善安置受灾群众生活。灾情发生后，引起了社会关注。巴南区政府领导、区红十字会陪同中国红十字会总会副秘书长杨声闻、澳门红十字会会长黄如楷到木洞镇对山王顶滑坡受灾群众发放赈灾大米6000千克。对山王顶滑坡后，进行了整治工程，挖掘长2500米，宽1.5米，深1.5米的4条排水沟。共投入救灾补助款51万余元。

2002年8月，木洞镇渊河村温家沱社山体滑坡，受灾群众36户169人。其中滑坡体上居住群众有13户40人。事故发生后，立即成立了木洞镇渊河村救灾及修建灾民居住点领导小组，以镇长牵头挂帅，2名副镇长具体现场实施，国土、移民办、市政所相关职能部门为主的工程组织、协调实施的工作班子，落实责任，制订方案，统一设计，集中建设，由镇市政所配合村社在渊河村7社范围内选址并施工设计，重庆金鑫建筑公司施工。2004年8月10日，投入动工建设，新建滑坡移民新村搬迁32户97人，建筑面积2436.42平方米，投入资金97万元。受灾户全部入住，得到妥善安置。

2005年3月14日8时许，木洞镇保安村6社突发山体滑坡，影响14户40人，直接受灾居民9户31人，房屋损害54间，面积1508.5平方米，养猪场1幢，砖混结构房屋21间，面积216.6平方米。其中民房损害，砖混结构房屋52间，面积1433.8平方米，土木结构房屋2间，面积74.7平方米。公路损害长128米。灾情发生后，镇政府立即组织国土、建环办、民政办、镇机关和村社干部群众现场实施救援，把受灾群众撤离危险区域。政府资助150万元解决受灾群众，妥善解决了受灾群众的生活安置。

同年，因暴雨引发自然灾害，农作物受灾面积18576亩，其中绝收面积1624亩，倒塌房屋111间，直接经济损失140万元，受灾人数1915人。镇政府实施特殊救助，紧急转移安置21人，给予生活救济1120人，救灾支出19.6万元。

第三节　社会福利

木洞镇的社会福利事业主要体现在敬老养老方面。从中华人民共和国成立初到农业合作化前，实行分散救济，政府发给适当救济费，以保证贫苦老人的基本生活。以后，逐步建立起城镇和农村困难人口、老年人口低保和养老保障体系与制度，使这部分弱势群体的基本生活得到保障。

一、五保

农业合作化以后，对生活没有依靠的老弱、孤寡、残疾社员，采取保吃、保穿、保住、保医、保葬为内容的"五保"供给政策，实行分散供养。五保费用在农业生产合作社公益金中支付。对毫无生活来源的给予全保，对有一定生活来源，不能完全维持生活的，根据不同经济情况，给予救助生活资料，由合作社按时补充。人民公社化以后，实行集中供养与分散供养相结合的办法。集中供养，就是木洞镇修建敬老院，将毫无依靠的五保老人依其自愿集中到敬老院，予以供养。对不愿到敬老院的五保老人，则让他们分散居住，政府予以供养。至2011年底，木洞镇的敬老院有：木洞分院，位于前进路（原木洞乡驻地垭口），建筑面积1200平方米，有五保老人52人，管理人员3人，负责人余伟；青山分院，位于小河边街，建筑面积900平方米，有五保老人45人，管理人员3人，负责人聂天菊；仰山分院，位于原水口乡办公住地，建筑面积3000余平方米，有五保老人64人，管理人员3人，负责人李道森。

至2011年，3个敬老院总计占地面积3000余平方米，建筑面积5000余平方米，有床位170个，管理人员9人，共有集中居住的五保老人161人，其生活及医疗经费由财政全额支付。农村五保集中供养140人，支出39.2万元，比上年增长8.4%；农村五保分散供养265人，支出73.9万元，比上年增长6.9%。

二、低保

1999年，按照国务院颁布的《城市居民最低生活保障条例》（国务院〔1999〕第271号令）规定，从当年10月1日起，木洞镇人民政府对城镇居民实行了最低生活保障，即城镇居民"低保"。对无生活来源、无劳动能力又无法定赡养人、扶养人或者抚养人的城镇居民，按重庆市城镇居民最低生活保障标准（该标准由重庆市人民政府发布，下同）全额享受；对尚有一定收入的城镇居民，按照家庭人均收入低于重庆市城镇居民最低生活保障标准实行差额享受。城镇居民最低生活保障待遇由管理审批机关按月以货币形式发放，必要时可以给付实物。保障资金由中央、市、区、镇人民政府列入财政预算，纳入社会救济专项资金支付。居民委员会承担日常管理、服务工作，巴南区民政部门以及木洞镇人民政府负责审批。2005年开始，对农村生活困难者也实行"低保"。

木洞镇城乡低保的办理程序是：本人向所在村（社区）提出申请，村、社区收到申请5个工作日实施当事人家庭收入情况调查，然后组织部分或多数群众召开听证会，将调查、听证会的结果向辖区群众公示5天，最后组织核查审批，进行第二次公示，如群众无意见，即纳入低保对象。低保金由木洞邮政储蓄所打卡代发。

至2011年底，木洞镇享受城镇最低生活保障的有704户812人，支出250.6万元，比上年增长195.5%，月人均257元，比上年增长6.2%；城市医疗救助1356人（次）；民政部门资助参加合作医疗348人（次），共支出0.52万元，比上年增长4.6%。享受农村最低生活保障的有1064户1211人，支出151.9万元，比上年增长14.1%，月人均104元，比上年增长23.8%；农村医疗救助3164人（次），民政部门资助参加合作医疗810人（次），共支出1.22万元，比上年增长6.4%；农村临时救济620人次，支出18.6万元，比上年增长10.0%。

第四节 社会保险

随着社会经济的发展，国家为了维护社会秩序，从关心广大人民群众出发，共享改革开放后的成果，对国民收入进行再分配。20世纪80年代末，国家开始实行劳动保险社会统筹制度，无论什么性质的企业，都要提取劳动保险基金，交主管部门统一管理，统一支配，包括养老保险、医疗保险、工伤保险、失业保险、生育保险、住房公积金在内的社会保障体系不断完善，社会保障的覆盖面不断扩大，保障水平也不断提高。

一、保险种类

木洞镇在实施"五险一金"社会保障制度的时候，根据本镇实际，分为以下几种类型：

1. 生育保险：1988年，木洞镇计划生育办公室开始为辖区内的生育对象代办"独生子女两全保险""婴幼少儿保险"和"母婴安康保险"，每个婴幼儿一次性交费28元，保期14周岁，全镇每年出生婴幼儿1150余人，其中，生育保险由单位给参保人缴费0.8%，个人不负担。到2011年，参保人数为26000余人。

2. 医疗保险：2001年，木洞镇和其他企事业单位职工参加了医疗保险，基本医疗保险基金实行社会统筹与职工个人账户相结合，基本医疗保险费由用人单位和职工个人共同负担。按照《重庆市人民政府关于印发重庆市以个人身份参加城镇职工医疗保险市级统筹暂行办法的通知》(渝府发〔2009〕29号)文件精神,单位每月为参保人缴费9%,个人缴费2%,同时生病时,每人住院还有10元的大病统筹,木洞镇于2009年开始实行城乡农村居民基本医疗保险,职工医疗保险参保人数为188人。到2011年,木洞镇城乡居民参保人数32964人。

3. 工伤保险:根据《重庆市工伤保险条例》,木洞镇建立了用人单位工伤防治责任制度,采取预防为主,遇事及时救助的办法,工伤保险单位给参保人缴费0.5%,个人不负担。到2011年,木洞镇因工致伤有28人,国家每人每月按伤残程度261元至2449元不等的救助金。

4. 失业保险:1999年,根据《重庆市失业保险规定》,木洞镇对镇政府机关在职事业编制干部实行失业保险,本地区各社会单位也先后参加巴南区职工失业保险,失业保险单位给参保人缴费2%,个人缴费1%。保险基金由单位和个共同负担。到2011年,全镇参保人数2600余人。

5. 养老保险:1991年,木洞镇根据四川省、重庆市人民政府相关文件规定,按照单位和个人共同负担以及"以支定收、略有节余、适当积累"的原则,对组织人事部门批准招收的镇机关聘用制干部实行养老保险制度。各企事业单位对本单位职工实行社会养老保险制度,基本养老保险金由单位和职工共同负担。2000年,根据相关文件精神,对镇机关全体干部和小学教师(含离退休干部和教师)养老保险,分别由单位、个人分担交费,单位每月为参保人缴费21%,个人缴费8%。

6. 住房公积金:住房公积金是指国家机关、国有企业、城镇集体企业、外商投资企业、城镇私营企业及其他城镇企业、事业单位、民办非企业单位、社会团体及其在职职工缴存的长期住房储金。木洞镇根据重庆市和巴南区住房公积金缴存政策,分别由单位与个人各承担8%。2011年,木洞镇参与人数210人。

二、其他种类保险

1. 征地农转非人员保险:木洞镇按照重庆市人民政府《关于印发重庆市2007年12月31日以前被征地农转非人员基本养老保险试行办法和重庆市2008年1月1日以后新征地农转非人员基本养老保险试行办法的通知》(渝府发〔2008〕26号)文件和《关于农村土地征用失地农民养老保险实施办法的通知》(巴南府征发〔2008〕2号)文件要求,被征地农转非人员,分老龄人员、"4050"人员、中青年人员三类实行保险。2011年,木洞镇参保人数3200余人。

2. 超龄人员养老保险:木洞镇按照《重庆市人民政府关于印发重庆市对曾在我市城镇用人单位工作未参加基本养老保险超过法定退休年龄人员有关养老保险问题处理意见的通知》(渝府发〔2008〕25号)文件及《重庆市劳动和社会保障局重庆市财政局关于印发曾在我市城镇用人单位工作未参加基本养老保险超过法定退休年龄人员养老保险若干问题的实施意见的通知》(渝劳社发〔2008〕15号)文件精神,木洞镇从2007年开始实行超龄人员养老保险。2011年,木洞镇参保人数1200余人。

3. 三峡库区淹没农转非移民基本养老保险：三峡大坝修建完成蓄水淹没木洞沿江的农村居民，于2009年开始实行农转非移民基本养老保险。2011年，木洞镇参保人数600余人。

4. 沿江高速公路农转非保险：木洞镇庙垭、墙院、保安、杨家洞、松子、土桥、水口寺村的占地农转非人员，于2008年开始，分一、二、三批次上报审批参加了农转非保险。2011年，木洞镇参保人数700余人。

二、保险实绩

木洞镇在实施前述各种保险过程中，一般都采取参保人申请，有关单位审核批准后即付诸实施的办法，对有的特殊险种还专门成立机构予以办理，如三峡库区淹没地的农转非居民保险，于2009年6月成立了库区淹没农转非居民保险领导小组，具体办理该险种的申报、审核、批准和实施事宜。木洞镇各种保险取得了显著的实绩。

表6-2

木洞镇参加社会保险情况实绩表

年度	参保人数/人	超龄/人	征地农转非/人	三峡淹没农转非/人	医保/人	城乡居民医疗保险/人	城乡居民养老保险/人	个人金额/万元	政府保额/万元
2008	29128	156	322	—	—	28640	—	829.62	309.58
2009	32224	—	—	536	161	31527	—	548.884	485.83
2010	52631	—	—	—	188	32674	19769	546.74	349.05
2011	54688	—	—	—	140	32964	21584	1123.03	907.19

注：以上为累加数据

第二章　婚姻登记

1952年前，木洞地区的婚姻登记由木洞区公所办理。1955年，结婚登记由木洞各乡政府办理，木洞区公所、木洞镇办理离婚登记。1993年，撤区并乡建镇后，婚姻登记由木洞镇、青山镇民政部门办理。2001年扩并镇制后，婚姻登记由木洞镇民政部门办理。2004年，木洞镇民政部门不再办理婚姻登记，转入巴南区民政局婚姻登记处办理。

第一节　结婚登记

随着社会历史的发展，木洞镇民众办理结婚登记经历了审核程序由繁至简、登记由乡镇到区办理的历程。

一、审核程序

1950—1996年，根据《中华人民共和国婚姻法》（以下简称《婚姻法》）以及上级部门要求，木洞镇的婚姻登记程序是：男女双方达到法定结婚年龄后，由男女双方提出书面申请，农村居民到所在生产队，由生产队长签字，证明所在住址，将申请交由村大队会计签注意见，核实实际年龄，又交由村团支部书记签字，以证明是否团员身份，再交由村妇女主任签注意见，以证明是否非婚生育状况。完成以上程序后，再到指定医院进行婚检。城镇居民和单位职工在男女双方写好结婚申请书后，经过居委会或单位领导核实盖上公章，再进行婚检，即完成审核程序。这以后，农村结婚审核程序简化为男女当事人写好结婚申请，村委会审核盖章，即完成基层审核程序。

二、办理登记

1950—1996年，申请结婚的男女双方经过基层审核和婚检后，到乡镇政府文书办公室填写婚姻登记表，贴上男女双方登记照片，由男女双方向办理人员介绍本人情况，登记员向男女双方宣讲婚姻政策法规，双方签字无异议，办理结婚登记，发给结婚证。

1997—2003年，乡镇政府文书婚姻登记职能转到民政办公室，并简化婚姻登记程序，改为男女双方婚检合格后，本人直接到民政办公室填写申请表，经民政办公室婚姻登记员按《婚姻法》规定，核实男女双方涉及婚姻登记的相关情况后，完成婚姻登记手续，向男女双方发放加盖民政办公室公章的结婚证。

2004年以后，木洞镇民政办公室婚姻登记职能全部转入巴南区婚姻登记处，由申请结婚男女双方到巴南区婚姻登记处办理结婚登记手续。

三、结婚登记数据

1953—1980年，木洞镇办理的结婚登记有8100对；1981—1985年，办理的结婚登记有1200对，晚婚率年平均为88.7%；1986—2004年，办理的结婚登记有6500对。

第二节　离婚登记

木洞镇的夫妻离婚，从总体情况看，1950—1990年，离婚夫妇较少。随着经济发展，思想意识发生变化，1990—2011年，离婚人数逐年增多。离婚的情况主要有三种：

一、废除"一夫多妻"制离婚

中华人民共和国成立前,在过去"一夫多妻"制的影响下,有的男子主要是富家子弟除正妻外还娶小老婆,一个丈夫"三妻四妾"。新中国成立后,颁布了婚姻法,对这种与法律规定的一夫一妻制相悖的婚姻事象予以废除。或由村农民协会(街道居委会)和乡镇人民政府干预,或由姬妾自动提出,解除原有的夫妻关系,废除这种不合法的婚姻关系。

二、协议离婚

《中华人民共和国婚姻法》颁布前,木洞镇的男女之间有一些不合法的婚姻关系:有的抱养童养媳,待到一定年龄后再"圆房"结为夫妻;有的实行早婚,到婚姻法颁布时还不到法定结婚年龄;有的近亲结婚,多数是姨娘姊妹的子女之间通婚,不符合优生要求;有的凭父母之命、媒妁之言,实行包办婚姻,婚后感情不和等。还有的已结婚的夫妻,在评定阶级成分时,男女双方的家庭出身不和,多数是剥削阶级与被剥削阶级,夫妻之间出现矛盾;也有在婚姻法颁布后自由恋爱而结婚的夫妻,由于种种原因,夫妻间感情不和甚至感情破裂。对以上这些夫妻间出现矛盾要求解除关系时,由夫妻双方协商,达成协议,再到乡镇人民政府(2004年后为巴南区婚姻登记处)办理离婚手续。

三、法庭判决离婚

对以上这些夫妻间出现矛盾要求解除关系的男女双方,先或由亲友劝说,或由村(街道居委会)或乡镇人民调解委员会进行调解,经调解无效,再由木洞镇人民法庭判决离婚,并对财产分割、子女抚养等事宜作出裁决。

1953—1980年,木洞镇办理的离婚登记有34对;1981—2003年,木洞镇办理的离婚登记有150对。2004年,木洞镇的离婚登记由巴南区婚姻登记处受理。

第三章 医疗卫生

木洞的医疗卫生机构有木洞中心医院、村社卫生室以及私人诊所。1979年,随着政府对卫生投入逐年加大,木洞中心医院对大量医疗设备进行了更新换代,医护人员数量增加、素质提升,医疗条件得到了显著改善。特别是2003年11月,木洞中心医院又挂牌为重庆市巴南区第三人民医院后,已建设成集医疗、预防、保健、社区卫生、临床教学于一体的综合性医院,防治疾病能力不断增强,方便民众就医,提高了人民群众的健康水平。至2011年,木洞镇各级各类医疗卫生机构共32个,其中一级甲等医院1个,村级卫生室和个体私营诊所31个。

第一节 木洞镇中心卫生院

一、历史沿革

1952年，经巴县人民政府批准，成立巴县木洞区卫生所。创建初期，仅有一间100平方米的木结构平房、简易病床和5名职工。1959年，改称巴县木洞区人民公社医院，开放病床20张，在编职工35人，新增了医技科室及设备，医院初具雏形。党的十三届七中全会后，医院进入了改革开放、快速发展的新时期。1994年3月，按照巴县卫生局《关于确定乡镇医疗卫生机构名称的通知》（巴卫发〔1994〕5号）文件要求，医院更名为巴县木洞中心医院，院址从石宝街搬迁到大桥一路，设置四个住院病区、95张床位。1995年3月，按照巴南区人民政府《关于变更直属医疗卫生单位名称的通知》（巴南府函〔1995〕7号）文件要求，巴县木洞中心医院更名为巴南区木洞中心医院。2003年11月，经巴南区编制委员会第二次全体会议研究，按照《关于同意重庆市巴南区木洞中心医院增挂重庆市巴南区第三人民医院牌子的批复》（巴编委发〔2003〕61号）文件批复，增挂"重庆市巴南区第三人民医院"牌子，开放床位105张。2010年，巴南区木洞中心医院（巴南区第三人民医院）更名为巴南区木洞镇中心卫生院，挂牌重庆市巴南区第三人民医院、重庆市巴南区木洞镇公共卫生管理中心。

1952年5月至2011年12月，木洞镇中心卫生院历任领导：董春燕、丁建章、李正国、柯仲济、易百龄、王荣伦、代瑞芝、李彦中、王永书、赵家惠、蔡治铭、付万才、韦纪贵、徐平裕、蒋志涛、杨开霖、潘俊英、冯大全、黄世合、余家祥、王焕中、何忠明、韦小敏、廖坪、马健、孙勇、王平、徐勇、张立云等。

木洞镇中心卫生院经过半个多世纪的发展，已成为一所初具规模的综合性医院，是重庆医科大学附属第二医院的技术指导医院、重庆市急救医疗中心技术指导医院、城镇职工基本医疗保险定点医院、工伤医疗保险定点医院、城乡居民合作医疗保险定点医院、重庆安诚保险定点医院、中国人寿保险、中国平安保险定点医院、重庆市120网络医院、新型农村合作医疗定点医院。

二、医疗构成

医院设有18个临床医技科室和1个门诊部，其中住院部有内一科、内二科、妇产科、外一科、外二科、五官科、中西医结合科等七个住院病区，开设普内、普外、脑外科、妇产、中医、儿科、眼科、口腔、耳鼻喉、皮肤、痔瘘、康复理疗、心血管、内分泌、呼吸内科、神经内科等20多个专业组，形成了创伤骨科、泌尿外科、肝胆外科、儿科、眼科、产科、心血管内科、消化内科等特色科室。病区有病床位280张，设立高、中、低档病室，配有呼叫器、电视、电话、电热水器等设施。配备重庆市120急救网络，拥有完善的急诊急救体系、突发公共卫生事件救治体系。

三、医疗设备

医院拥有进口飞利浦两排螺旋CT、四维彩超、全自动血流变分析仪、酶免仪、腹腔镜、潘太克斯电子胃镜、电子肠镜、体外碎石机、妇科利普刀、彩色多普勒经颅血流分析仪、500毫安X光机、CR影像系统、进口B超机、前列腺气化电切镜、进口十二导同步心电分析仪、全自动血细胞分析仪、全自动生化分析仪、C-反应蛋白仪、多参数监护仪、进口麻醉呼吸机、母婴胎儿监护仪、笑气止痛仪、微波治疗仪、微创痔疮治疗仪、多功能牵引床、手术电刀、床旁X光机等40多台件先进的医疗设备。

四、医疗技术

医院职工242人，其中专业技术人员219人，占职工总数的90.5%；行政后勤人员23人，占职工总数的9.5%；中、高级职称23人，占专业技术人员的11%；执业医师26人，占专业技术人员的12%；执业助理医师21人，占专业技术人员的10%；注册护士78人，占专业技术人员的36%。可进行椎间盘摘除减压术、腰椎骨折前路、后路内固定术、全髋关节置换术、前列腺气化电切、经皮肾镜碎石取石术、膀胱肿瘤电切术、输尿管镜取石术、胃癌根治术、食道癌根治术、乳腺癌根治术、直肠癌根治术、肝叶切除术、胆总管切开取石术、卵巢肿瘤切除术、子宫肌瘤切除术等，骨科、泌尿外科、脑外科、胸外科及妇产科各种大中型手术，腹腔镜、利普刀等各种微创手术，以及眼科白内障、口腔正畸等特色专科手术。在创伤失血性休克、严重多发伤、交通事故多发伤，有机磷农药中毒、多器官功能衰竭的救治，大面积心肌梗死、小儿热性惊厥救治、消化道大出血抢救等方面有丰富的临床经验。

五、医疗服务

医院以"患者至上、服务第一、质量第一"为服务宗旨，以"一切为病人，为一切病人，为病人一切"为服务目标，建立了医患沟通、院外跟踪访视等制度，采取了为外地病人报销返程车费、设立家庭病房、24小时免费接送产妇及危重病人等服务措施，设置医用电梯，配备救护车3辆。

至2011年底，医院占地面积2682.86平方米，其中业务用房8091平方米，固定资产3500余万元。先后荣获国家"一级甲等医院"、国家"爱婴医院"、全国500强基层卫生院、市级"模范职工之家"、市"青年文明号""五四红旗团支部""巾帼文明岗先进组织""先进基层党组织"、区级"最佳文明单位""十佳青年文明号"等数十个光荣称号。曾有3名职工连续3年获"十佳青年岗位能手"，2名护士先后荣获重庆市"优秀护士"，1名中医工作者获全国"中医百佳医务工作者"称号。

第二节 卫生室

一、村卫生室

2011年,木洞镇乡村卫生室分布见下表:

表6-3

2011年木洞镇乡村卫生室

名称	地点	负责人	执业人数/人
桃花岛村卫生室	桃花岛村2社	胡开厚	1
	桃花岛村4社	何绍平	1
庙垭村卫生室	庙垭村9社	张善伦	1
	庙垭村四龙碑	杨永康	1
	庙垭村1社	胡慎华	1
保安村卫生室	保安村	龚雷	1
杨家洞村卫生室	杨家洞	郝苗	1
墙院村卫生室	墙院村1社	周平	1
海眼村卫生室	海眼村岩碥	余登朝	1
	海眼村高石	汤善洪	1
土地埫村卫生室	土地埫村2社	周仕群	1
	土地埫村2社	王先伟	2
松子村卫生室	松子村石庙	熊斌	1
水口寺村卫生室	水口寺村高丰	王汝志	1
	水口寺村方冲	刘贤伟	1
土桥村卫生室	土桥村1社	徐刚	1
	土桥村郭家坪	严昌友	1
钱家湾村卫生室	钱家湾村9社	黄仕学	1
	钱家湾村大竹林	代中云	1
	钱家湾村雁坝	李义均	1
栋青村卫生室	栋青村汪家坪	代光建	1
	栋青村院墙	姚自荣	1

续表

名称	地点	负责人	执业人数/人
景星村卫生室	景星村翠竹	黄万模	1
	景星村回龙湾	沈承容	1
	景星村翠竹	张 英	1

二、私人诊所

木洞镇在民国时期就有私人诊所（有的称医馆）。随着社会经济发展，有的诊所已变迁、停业，有的重新开业。至2011年底，木洞镇有5个私人诊所。详见下表：

表6-4

2011年木洞镇场镇私人诊所情况

名称	地点	执业人数/人
熊伟诊所	巴南区木洞镇豫园路17号	1
肖自立口腔诊所	巴南区木洞镇大桥一路80号	2
戴光禄诊所	巴南区木洞镇新建路51号	1
王朝义诊所	巴南区木洞镇新建路111号	1
张明博诊所	巴南区木洞镇大桥一路127号	1

第三节 合作医疗

一、农村合作医疗

1965年，巴县政府组织重庆市级专业医师在木洞镇中坝村开办农村各大队卫生员培训班，每大队1人参加，培训学习6个月。1966年3月，木洞地区各大队先后成立大队卫生室。1968年6月，木洞、长坪、水口、栋青公社卫生院先后成立，由各公社党委领导、大队贫下中农代表参与管理。公社卫生院需承担各大队卫生室赤脚医生的思想教育和技术培训。赤脚医生不仅送医、送药，还要参加集体生产劳动，卫生室工作按同工同酬评记工分。合作医疗的各种费用由社队公益金开支，社员就医用药实行集体、个人各承担一部分，每年在生产队公益金中提取。初期每人每年公益金0.5元，后逐步增加为0.8~1元。患病社员若需在公社卫生院就诊，由大队卫生室出具转诊手续；若需在区医院就诊，由公社卫生院出具转诊手续；相关的住院、检查、化验、治疗、药品等费用由合作医疗经费开支。患病者需交挂号费0.03元，后增至0.06元。1972年初，开始实行药费半价收取。因部分贫困大队无法承担应支付的合作医疗经费，合作医疗集中统筹运行开始走向低谷。

1979年初，各大队卫生室开始实行承包，由承包人向大队交承包金，独立核算，自负盈亏，社员看病拿药一律自费。1985年1月，卫生部决定不再使用"赤脚医生"名称，以考核方式，凡达到医士水平者称为"乡村医生"，未达到者称为"卫生员"。20世纪90年代，卫生院校毕业回乡的个别学生，经申请、批准，开办了卫生室，采用中西药治疗一般常见病。1999年初，木洞镇根据巴南区就"进一步扩大农村合作医疗"提出新的措施：凡镇内村民领取合作医疗证后，带证就诊时缴纳工本费1元，自第1次就诊起，在1年内就诊看病免交挂号费；1年内生病在镇中心医院住院，医药费超过500元（含500元）者，可减免药费10%；60岁以上老年人1年可享受1次免费检查。

二、新型农村合作医疗

新型农村合作医疗制度，是由政府组织、引导、支持，农民以家庭为单位参加，个人、集体和政府多方面筹集，以大病统筹为主的农村医疗互助共济制度。2005年11月1日，木洞镇新型农村合作医疗工作全面展开，镇政府成立了领导班子，建立管理机构和办事机构，加大宣传力度，发挥村社干部、骨干医生、乡村医生的宣传带头作用，动员农民自愿参加，配合卫生部门进一步规范和调整乡村卫生室，规范运作方式，定期检查合作医疗管理工作。2006年，木洞镇开展新型农村合作医疗制度试点工作。至2011年，共有40243人参加新型农村合作医疗，参加率达到92.56%，解决了大部分农民群众看病难和"因病致贫""因病返贫"的问题。

表6-5

2006—2011年木洞镇新型农村合作医疗实绩表

时间	参合人数/人	门诊补偿 补偿人次/人	门诊补偿 补偿金额/元	住院补偿 补偿人次/人	住院补偿 补偿金额/元
2006年	7970	4688	32671.31	1508	679678.63
2007年	8398	4940	182357.71	1606	1136990.32
2008年	29989	17641	767035.31	2824	2093302.00
2009年	17571	10336	633074	1052	3744477.32
2010年	32541	23997	1404678.49	4331	4904403.39
2011年	40243	51501	984827.86	6625	1061790.5

三、城镇职工医疗保险

2005年8月，巴南区试行城镇职工医疗保险制度，木洞镇机关、学校、医院、公安等行政事业单位职工全部参加。职工医疗保险费由参保单位按上年在职职工工资总额的9%，缴纳到巴南区城镇职工医疗保险管理所。医保管理中心为参保人建立个人医疗账户，并发放医疗保险卡。个人账户年金额为个人工资总额的2.6%~3%。职工治病需持本人"巴南区城镇职工医疗保险专用卡"和"医疗保险病历证",到重庆市指定的医疗机构就诊,实行个人医疗账户与社会统筹基金分开管理,分别操作。同时,建立退休人员医保账户和提供参保职工的就诊待遇。

第四章 宗教和民俗

木洞的庙宇甚多,祭祀活动频繁。民国年间向楚修纂的《巴县志》载录的木洞地区庙宇,有明代修建的仰山寺、海眼寺、慈光寺、栋青寺、岚山寺、回龙寺、兴隆寺、华家寺、五台寺、紫云寺、云乡寺、九龙寺、接龙寺共13座,有清代修建的东林庵、中江寺共2座。"向志"未予载录的则更多,仅木洞镇街上及其附近的就有文昌宫、万天宫、禹王庙、显应寺、紫金山、狮子岩、福音堂、天主堂等10余座。木洞民众颇重习俗,习俗内容十分丰富,主要有生产生活习俗、岁时节令习俗、人生礼仪习俗、清明祭祖习俗、贺神酬神习俗等。这些习俗中,有的属于陋俗。随着时代的发展,这些习俗也在发生变化,有的淡化,有的消失。

第一节 宗 教

一、佛教

据民国《巴县志》载,木洞地区的庙宇,全部都是佛寺。这些寺庙的和尚,少则数人,多则数十人,民间信奉者更是难计其数。2011年12月,木洞镇尚存的佛寺为坐落在镇街后山保安村尖顶坡的显应寺,是木洞佛教活动的主要阵地。

民间传言,清朝年间,尖顶坡上居住的蒋石匠的小儿生病,一老太婆深夜施药相救。蒋家穷困,只给她一包咸菜酬谢,老太婆告知家住后山上。小儿病愈,石匠去至后山,不见老太婆踪迹,只见那包咸菜挂在一棵小树上。蒋石匠知是菩萨显圣,就在挂咸菜处雕刻一尊送药婆婆像,又刻了一尊观音菩萨像。石壁上的两尊雕像至今可见。

蒋石匠的儿子长大成人,事业有成,经营绸缎发大财,出资并倡导木洞工商界和乡邻群众筹集善款修建显应崖庙,吊脚楼结构,有正殿3大间,厢屋、客屋、厨房、杂屋等共10余间,还有戏楼,常住和尚数十人,方丈住持主寺,院坝可容纳300余人吃斋饭。

显应崖庙究竟何年始建?已难说准。据保安村老人回忆,他们的老前辈说,修建寺庙时,正对显应崖庙大门栽了两棵黄葛树。后来,一棵被人砍伐,另一棵长得枝繁叶茂,树高数十米，树龄已有数百年，至今尚存。

1950年以后，显应崖庙遭到破坏，神像被打烂，寺庙被拆毁，和尚还俗，但仍有群众来此不断敬香。

改革开放后，落实党的宗教政策。人民安居乐业，生产持续发展，人民生活富裕，社会和谐稳定，保安村和四邻百姓自发地捐资献策，捐物出力，并得到重庆慈云寺的支持，修复了显应崖庙，更名为显应寺。

1994年，经巴南区人民政府同意，开工复建显应寺，并明确安排将木洞镇的其他寺庙如紫金山、狮子岩等合并于此，于2003年11月22日竣工。修复后的显应寺，有大雄宝殿约100平方米，宿舍4间120平方米，厨房30平方米，还有1个院坝。大雄宝殿之正位上，塑有释迦牟尼、阿弥陀、燃灯、观音、普贤、发财、日光、摩佛、财神、药王；左右两侧塑有药师、弥勒、地藏王、金沙利、月光、南海观音、送子娘娘、眼光共20余位佛菩萨。与大雄宝殿并列的还有关圣、大势至、观音、济公、山门土地等数十位菩萨。在老黄葛树旁还修建了显应亭，亭柱上有醒目的对联："入门有正气有佛有仙有大成，到此无俗骨无欲无恶无量寿。"此外，从显应寺山门修建了1条公路到木洞街上与木洞至栋青公路相连，驱车可通达重庆市区、涪陵等地。2007年7月，重庆市巴南区民族宗教侨务办公室正式发给了显应寺宗教活动场所登记证。

显应寺尚无僧人住寺，由7名居士组成管理委员会负责宗教活动事宜。负责人黄正铭，原名黄春明，女，双河口镇塘湾村人，1934年出生，其外婆系佛门子弟。她从小信佛，20世纪80年代皈依佛门，现长住显应寺。常去该寺参加宗教活动的居士有1000余人，其他信众更多。

显应寺建立了完整的管理制度，并按制度规定开展宗教活动。住寺居士坚持早晚诵读，每逢大年初一、十五和相关节日，由管委会确定专人向居士讲授政策、佛学知识和修持方法等，必要时举办短期培训班，培训居士骨干，使能正信弘法。每逢佛圣诞辰，举办纪念佛事活动，他们称为做会，如农历四月初八的佛祖会、四月二十八的药王会、十月初一的牛王会、十月十八的地母会、冬月十九的太阳会等，最为隆重的要数农历二月十九、六月十九、九月十九的观音会和正月初一至初十的进香会，届时朝会进香者来来往往，络绎不绝，每天有1500余人。此外，还为信众举行多种还愿和超度亡人的佛事活动。这些佛事活动，一般由1人主持，3~5人运作，小敲小打，唱念唱本，更多的是申文上表，带领信众诵经拜忏。

佛教缓和了一些社会矛盾，鼓励信徒们多做善事，奉劝正义，不损人害人，对社会的治安也起到了一定的稳定作用。

二、基督教

1920年后，西方宗教文化传入国内，逐步影响到内陆的重庆木洞镇。木洞镇基督教始建于1950年，至1966年，受"文化大革命"影响停止。教徒活动场所在福音堂（解放路新民校95号-106号）。第一代牧师罗德书，生于1885年7月，于1980年初逝世，享年95岁；二代牧师王治菊，女，生于1977年11月，2008年本科毕业于四川神学院，经巴南区民宗侨办公室安排在木洞镇福音堂负责，传福教音，组织信徒100余人，坚持每周三、四、五、日传福教音。

三、天主教

光绪九年（1883年），一法国牧师来木洞位于下盐店的水沟街（今前进路152号）教堂传习天主教，毗邻何、罗、包三姓盐业巨贾豪宅。教堂为土木结构，占地面积约3亩，建有圣堂、神父生活用房、会议室、花园等，建筑面积400余平方米。大门上方是带有欧式建筑的3个尖型建筑，中间尖型上竖有十字架刀，下方用青花瓦柱嵌写"木洞天主堂"5个大字。教堂内常住1位神父，传过教的有尚主教、黄神父、骆神父。

中华人民共和国成立后，教徒停止宗教活动，教堂建筑物仍旧保存。1966年至1995年，教堂部分房屋作为重庆市木洞中学校一些教师住宿和办公之所。

1995年，信教群众要求开放教堂开展宗教活动。为满足信教群众需求，1995年12月25日，经巴县人民政府《关于同意木洞镇天主教堂实施开放活动的通知》（巴县府发〔1995〕20号）文件批准，同意开放木洞天主堂，王维成任第一任堂暨会主任。考虑到木洞天主堂建筑与学校紧连一起，并且学校也在使用该房屋，决定将巴县木洞公社（前进路152号）闲置的礼堂作为开放教堂，并将木洞镇大桥二路新转盘处的4个门面（面积81.5平方米）划拨给天主堂作为自养。

2001年4月，巴南区人民政府民族宗教侨务办公室对木洞天主堂进行了登记，并发给了"宗教活动场所"登记证书。同意堂管理委员会由5人组成，王维成任主任。对教堂进行了维修，加木楼1层，加房屋4间。木洞天主堂多次被评为"先进宗教活动场所"。

2005年，巴南区人民政府有关部门拨给经费维修教堂，刷白殿堂墙体，安装吊灯。同年12月，木洞天主堂占地面积369.8平方米，建筑面积400余平方米。有圣堂和大小房屋7间，另有门面4个，面积81.5平方米。殿堂中央塑有耶稣圣心像，墙两旁悬挂有耶稣受难14处画像。

2006年，王维成因年龄原因，不再担任堂管理委员会主任，经选举和上级主管部门同意，由余正容（女）任主任。至2011年12月，木洞天主堂有信教群众200余人，主要来自木洞镇、双河口镇、二圣镇等地。木洞天主堂没有宗教教职人员，主要由堂务管理委员会与重庆市天主教爱国会联系，每年由神父前来为教友办理1~2次圣事，主要为见证、钟传、洗礼等。自1995年木洞天主堂开放后，有黄神父、刘神父、张神父等来主持过宗教活动。其余时间根据需要，由堂管理委员会组织教友学习活动。现任堂管理委员会主任余正容，成员：刘照兰、王清芬、朱旭洲、伍天军。在开设教徒内容中，以向教徒们宣传慈善行事，友好和睦，道德礼仪来对待他人，以德教世，促进和谐，以"仁爱、喜乐、平安、忍耐、容忍、善良、厚道、温和、忠信、端庄、节制、贞洁"等十二种美德灌输给教徒们，激励教徒们营造和谐的高级的道德标准和礼仪规范。

四、道教

道教形成于东汉顺帝年间（126—144年）。县内道教徒以正一、龙门两派为最多。20世纪80年代文物普查，发现于清代修建的道观还有玉皇观等，可知清代木洞就有道教活动。他的主要内容是：道教以《道德经》的思想为主要教义，倡导尊道贵德、重生贵和、抱朴守真、清静无为、慈俭不争和性命双修。道教认为，无形无象的"道"生育了天地万物。道散则为气，聚则为神。神仙既是道的化身，又是得道的楷模。木洞镇还有两个以道教宫观命名的上观村和下观村，于2010年，上观村并入墙院村，下观村并入庙垭村。民间有流传与之相联系的歇后语："上观下观的住持——道长（倒长）"，以喻动物或植物生长缓慢甚至萎缩。1949年后，道教徒还俗。道教的田产在土地改革时按政策分给了农民。至2011年12月，木洞镇已无道教活动。

第二节 民 俗

一、生产生活习俗

（一）生产习俗

木洞自古以农业为主，农业生产的仪式、禁忌繁多。每年都有打春的习俗，即立春时鞭打"春牛"，意为春耕开始。打春仪式在巴县府衙门前举行。木洞不直接举行打春仪式，由镇级长官每年到县里参加打春仪式，民众对打春仪式也十分熟悉。每年春节，春官要到一些家里说春，送历书，挂春牛图，实质上是打春仪式的延续。打春习俗在木洞民众的心理结构中占据十分重要的地位。

除打春外，木洞民众还有一村或数村人集资办"春祈会"，延请法师祭祀田祖，祈望春耕顺利；立夏前后，又办"秧苗会"，有的办"虫皇会"，打"虫皇醮"，以驱逐虫害，祈求禾苗茁壮；秋收后，又办"秋报会"，感谢田祖大神保佑，获得五谷丰收。

此外，还有诸多禁忌。最普遍的是戊日忌动土，尤其是忌头五戊。立春后的第1个戊日为头戊，要连续忌5个戊日。还有农历的每月初一、十五忌挑粪，天下黄沙忌栽秧等。

随着生产方式的变革和耕作技术的改进，这些旧的生产习俗已逐步淘汰，一些新的生产习俗正在形成。

（二）生活习俗

木洞地区的生活习俗集中体现在衣食住行上。

服饰衣着。新中国成立前，多用自纺、自织、自染的土布。妇女上装多为左襟大褂，滚花边，袖宽肥，或着旗袍，下装多为镶边筒裤；男子着对襟短衣，多纽扣，名曰"琵琶襟"，或着长衫马褂，头缠白帕，脚缠裹脚，着草履。新中国成立后，趋时适势，从中山服、列宁服，到军装、军帽，再到西装、喇叭裤、直筒裤、牛仔裤、紧身裤、简爱帽、幸子衫、皮夹克，新潮频更，式样翻新，不一而足。

饮食肴馔。木洞因住地浓雾多、湿度大，自古养成"尚滋味，好辛辣"的习惯，麻、辣、咸、烫、嫩、鲜诸味齐备的菜肴，多种多样，变化无穷。厨师制作时，将酸、甜、咸、麻、辣五个基本味素掌握得恰到好处，做到"五味调和百味出"，使之"一菜一格，百菜百味",最常见的有家常味、鱼香味、豆瓣味、荔枝味、咸鲜味、酸辣味、葱油味、糖醋味、姜汁味、白汁味、红烧味等30余种。木洞的豆花、油酥鸭别具一格,火锅也颇受青睐。其品种多样,调料独特,吃法豪放;烧锅烫食方式,也由岚炭铜炉,发展为酒精炉、煤气炉、液化气炉;菜品项目,已由主要是牛毛肚,发展为几十、几百种荤素菜品;调味作料,也由郫县豆瓣、永川豆豉、甘孜牛油、汉源花椒等制作的传统汤汁,发展为30多种调料制作的多种味道的汤汁。

传统民居。木洞民居多为穿斗榫卯的排列房院。在林木丰茂的山区,劳动人民造木料斗拱框架房屋,房柱之间用梁木相连支撑屋顶。修造新房,对民众来讲,是生活中的一件大事,尤为重视。从请风水先生择基,到破土动工,建好落成,都遵循一些约定俗成的规矩。尤其是立柱、上梁,就更加讲究。届时,选择黄道吉日,立好柱后,掌墨师傅手执大斧踏过正梁,俗称"跑梁";用红布包五谷"封梁";请画师在梁的正中下方画太极图,两边画花草或符令,也有的写"福、禄、寿"三字,俗称"画梁";再用雄鸡冠血"涂梁",并在画或字上粘贴鸡毛;然后,即开始"上梁",由抬梁的匠人,手提一只正滴着鸡冠血的大公鸡,顺着木梯,步步高升,边升边唱诸如"左手推开金鸡叫,右手挽来凤凰升"之类的上梁歌;梁木放在堂屋两"排列"中柱的衔口后,主人家将利市给掌墨师傅,并将事先准备好的米粑从梁上抛下,让围观者争抢拾捡,即"抛梁粑";这时,鸣放鞭炮,说吉利话,恭贺上梁成功,是为"贺梁";最后,要请前来庆贺的宾客,习惯称之为"办上梁酒"。1988年以来,场镇和乡村修了一些砖混结构的楼房,过去建房的习俗也发生了变化。

交通工具。木洞地处江滨,舟船是主要的交通工具之一,行船时一般要遵循一定的仪式。开船时要举行"开江"仪典,祭祀镇江王爷,以求行船平安。每逢六月初六镇江王爷生日,舟船停泊,办"王爷会",除隆重祭祀外,还演戏酬神。祭祀江神,均在船头,船头即称"龙头枋"。船工对船头十分敬重,不得在此大小便。行船中,忌讲龙、虎、鬼、梦、翻、滚、倒、沉等字,俗称"八大忌",违忌即曰"放快",要除忌后或待来日再行船。如遇非说与"八大忌"谐音的字不可,即改说他字,如将"倒"改说"倾",将"陈"或"沉"改说"烟"等。如今,江河多用轮船或其他机动铁船,木船已基本淘汰,这些行船仪式与禁忌也已成为历史。除舟船以外,轿子也是另一重要的交通工具。轿子分官轿、花轿和街轿。官轿专供官员乘坐,花轿专为新婚所设,与民众"行"的关系最为密切者是街轿。街轿有大小之分,2人抬者为"对班",3人抬者(前2后1)称"丁拐"。还有一种简易的街轿,人们俗称其为"滑竿"。在木洞街上,设有轿行。乘客上轿、下轿要遵守一定的习俗,轿夫抬轿也有一套特殊的行话。现今,木洞镇的陆路交通日益繁荣,各种车辆为人民群众的出行带来极大便利,以轿代步已近乎绝迹,仅有一些特殊场合的传统演出节目方可一见。

二、岁时节令习俗

木洞民众与其他多数地区民众类似,在岁时节令中形成众多的习惯风俗,年末岁首的春节，三十团年，除夕守岁，初一拜年、上坟，观龙灯，十五闹元宵等。清明节上坟挂青，族长借祠堂办清明会，族众去祠堂吃清明酒。五月初五端午节，赛龙舟、吃粽子、挂蒲艾、饮雄黄酒、浴百草汤。七月十五中元节（俗称鬼节），寺庙作盂兰盆会，民众给已逝先人烧赙化帛。八月十五中秋节，打糍粑、吃月饼、祭月、拜月、赏月，有的还偷瓜送子。九月初九重阳节，登高、赏菊、饮菊花酒、吃重阳糕、插茱萸等，现改为敬老节，家庭、社会慰问老人。腊月初八腊八节，敬献用黄米、白米、江米、小米、菱角米、栗子、红豇豆、去皮枣泥八种原料煮成的"腊八粥"，以祭祖祭神，祈求来年丰收。腊月二十三，家家祭祀灶神，送灶神升天，打扫卫生，迎接新春到来。

在这些习俗中，民众最为看重的是春节、端午节和中秋节。在这三大传统节日中，有成套的习俗，又当推岁首的春节为最。

春节为一年的第一个节日，人们都要隆重庆贺。岁末傍晚，汲水满缸，以香烛祭奠水井龙神，曰"封井"。除夕之夜，准备酒肴，以荐旧岁，谓"吃年饭"。街市商家，结清账目，奔走讨索，至夜半不息。一般民众，吃年饭后，给晚辈压岁钱，围炉烧树疙兜，为新岁蓄火种，合家围坐守岁，准备迎接新年。刚到子时，即整肃衣冠，燃列香烛，拜祷天地君亲师，以及社令、司户、田祖、井灶等神，洒扫祠宇，设牲醴陈果品以祀其祖考，又以香烛出门向喜神方祭之，谓"出天方"。近些年来，电视普及，除夕则看除夕晚会，到了午夜12点，则放鞭炮，燃火花，一派喜瑞、热烈景象。

黎明，家长立于堂，子妇孙曾以次展拜，卑幼各拜于其所。尊长是日必拜谒祖墓，三日内必尽拜族姻尊长，亲友互相往来称贺，谓之"拜年"。新年之期，家龛祖神燃大烛，烬则续之。不启户，不扫地，盥洗之水积于桶盆，不倾覆于地。斗、秤、剪、尺，尽皆藏匿，禁止使用。至初三日，乃开禁。燃香烛于井旁，曰"开井"，汲水归家，贮缸食用。余禁亦开，使用如常。此外，还以一日为鸡日，二日为犬日，三日为猪日或牛日，四日为羊日或马日，五日为牛日或猪日，六日为马日或羊日，七日为人日，八日为谷日……都各有相应的祭祀、禁忌等习俗。

初九日夜开始"耍灯"。街市张灯大庆，食元宵。自初九至十五日夜，镇上斗灯，制鱼龙狮象各形状，导以鼓乐，沿门相贺。主人设香烛迎接，大施爆竹，或放花筒以为乐，虽烧衣灼体，亦不计较。十五之日，以酒醴肴馔，奉祀祭奠，谓送年。将先于除夕荐岁封陈的肴饭启开，视其发霉所变之黄、红、绿诸色，占测年内庄稼丰歉。半夜后，有偷青之俗。三五相约，入人蔬圃，取其蔬菜而煮食之，偷取之时，以得闻主人之骂声为吉。还有的人，偷取人家檐前灯笼，送与乏嗣人家，谓可生子。

春节成套习俗中，上九至元宵的镇街舞龙灯，甚是热闹，将春节庆贺推向高潮。

三、人生礼仪习俗

在人生礼仪中，木洞民众最看重的是诞生礼、婚礼、寿礼和丧礼，由此形成了一整套习俗。

(一) 求子养子

人们对"不孝有三，无后为大"的古训虽然日渐淡漠，但一些婚后多年而无子女者总想生育特别是想生儿子的愿望还是比较强烈，有的人将此愿望祈请神明，即出现求神赐子事象。这种期望神赐贵子的祈求对象当然是具有赐子神力的送子娘娘。农历三月初三是送子娘娘的生日。是日，要为之办娘娘会，演戏酬神。会首用木头雕成几个四五寸长的童子，午时焚香礼拜之后，从高处依次抛入人群中，下面的人你争我夺，而抢得头童最佳，其余次之，是谓"抢童子"。抢得童子的人，即于晚间鼓乐前导，点灯张伞，由一男孩抱着木童，跨骑彩马，或将木童置于彩亭中，送至无子女的亲友或有钱人之家，以示送子至家，定生聪慧之子。届时，主人盛宴酬客，大给赏钱，比真正得子还热闹，有的竟花费上百金。

木洞民众除办娘娘会求神赐子外，还流行一种打梓潼（也叫打梓潼醮）祈子的习俗。这个地区民众称梓潼为梓潼菩萨。梓潼菩萨本是源出四川梓潼县七曲山、主管人间文章禄籍的文昌帝君，因梓潼与童子音近，因而把他当作赐子的生育神来崇拜。梓潼菩萨由乏嗣者雇人用尺许长的木头雕制而成，经巫师举行开光仪式而使其具有灵气之后，即供奉在乏嗣者的家龛上。待其生子之后，即举行打梓潼延生祭祀仪式，以酬还赐子之恩。此后，一些热心人即可去他家"偷"梓潼菩萨。偷到手后，即敲锣打鼓送至另一乏嗣家的无子女夫妇的卧床上。经巫师举行安位仪式后，再供奉在家龛上。这种偷梓潼菩萨行为常与偷瓜送子习俗结合进行。在八月十五的中秋之夜，一些热心人在早已"侦察"好的农户瓜地里"偷摘"胖大的南瓜或冬瓜。然后，再随同早已"盗"得的梓潼菩萨送至乏嗣家。偷瓜送瓜，取其破瓜得子之义。南瓜其音谐"男"，破瓜而必得男孩；冬瓜胖壮，以寓得子长得壮实。所得梓潼和南瓜（或冬瓜）这家的妇女生了儿子之后，又要举行打梓潼延生祭祀仪式。如此周而复始，祈神赐子习俗和打梓潼延生祭祀仪式即在民间广泛流传开来。

孩童生下之后，为要把他抚养成人，父母和其他长辈对其煞费苦心。一些人就请术师推算其生辰八字，五行中金、木、水、火、土有无残缺，某年、月、日、时于某处是否冲犯关煞。据民间传说，孩童可能犯的有36种关煞。这些关煞的名称各说不全相同，比较通行的是：四季关、四柱关、鬼门关、五鬼关、阎王关、脱幽关、金锁关、浴盆关、取命关、铁蛇关、天狗关、鸡飞关、白虎关、雷公关、将军关、天吊关、无情关、断肠关、落井关、断桥关、汤火关、水符关、直难关、啼哭关、急脚关、撞命关、短命关、埋儿关、百日关、千日关、一周关、二岁关、三六关、九岁关、刑父关、克母关。为了使孩童顺利渡过关煞，长命百岁，犯关孩童要寄拜干爹干娘，俗称"保爷保娘"，要戴百家锁、挂百家牌、穿百家衣，要请法师举行过关仪式。12岁时，还要举行出关仪式。

(二) 庆生

若逢生日，就做"寿酒"，逢十做"满旬酒"，不逢十做"散生酒"，亲朋好友前去祝贺。有的还要举行接寿延生或朝斗延生仪式，气氛更加热烈。做生寿是民间群众的习惯。

解放前，儿童生日，长辈给"长命钱"，寓易长成人，贫苦人家一般不给孩子办"生期酒"。人过中年，凡逢生日，大多办酒席。生期前一天晚吃"寿面"，寓长寿之意。父母过生日，凡有子女在外和已出嫁的女儿都要备厚礼回家为之祝寿，为老年人过生日叫作"庆寿""祝寿""拜寿"。老年人养儿育女的辛劳，在寿诞之日，全家人欢天喜地地聚在老人身边，向老人献上自己的礼物，表达美好的祝福，分享老人的幸福，有钱人家堂上悬挂大横幅，红绸寿幛，张灯结彩，鼓乐喧天，鞭炮不断，并举行隆重的祝寿活动。祝寿时，长辈在堂，做生者先向长辈拜寿，行跪拜礼，然后接受平辈弟妹及子孙拜寿，其后是大摆酒席。满旬则比散生更隆重。

1949年后，城乡大都仍有办"生期酒"的习惯，满旬则较为热闹，老人的儿女在家设宴款待前来祝寿的至亲好友，当亲友到齐以后，便举行拜寿仪式，老人的兄弟或长子担任司仪，指挥着"老寿星"夫妇身着新衣裳，端坐于供桌前接受大家的祝福，所有的亲属按照辈分，分批次向"老寿星"行三叩首跪拜礼，分别能得到"老寿星"分发的辈分不同金额不等的小红包，台前右边摆上生日蛋糕，点上蜡烛，由儿子或司仪指示老人口吹蜡烛，餐桌摆上"寿桃"以示吉祥，有的家庭还请来乐队、文艺节目表演，增添庆寿的热烈和助兴，美妙的乐曲，由衷的欢声笑语，共同把庆寿活动气氛推向高潮。自20世纪70年代开始，独生子女较多，为孩子办"生期酒"也逐渐增多。

(三) 结婚

结婚是人生的一件大事，人们常以"终身大事"称之，由此可见它在木洞民众人生礼仪中所占的地位。过去，一般都遵循"六礼"之仪。所谓六礼，即从议婚到完婚的六个礼仪。这六个礼仪：一是纳采，男家请媒人去女家提亲；二是问名，询问女方姓名和出生的年、月、日、时，占卜男女双方的"八字"是否相合；三是纳吉，占卜吉利，即备礼告知女方，决定缔结婚姻；四是纳征，将聘礼送去女家；五是请期，男家择定成婚日期；六是亲迎，正式迎接新娘至新郎家完婚。

随着时代的发展，婚仪也在发生变化。清乾隆年间王尔鉴主修的《巴县志》讲："县行六礼，唯不问名，媒妁道之，即行纳采，中有纳币、请庚、报期、亲迎。"民国年间向楚主修的《巴县志》则说："其后六礼之名渐变，问名、纳采则曰过庚，谢允、纳吉、纳征则曰插定，请期则曰报期，届期由媒妁及婿家亲戚往迎曰接亲，成礼，婿至女家谢亲。士大夫间有亲迎者。入民国，其仪又变……"

木洞的传统婚娶习俗，大体遵循：提亲，打样，看家屋，做香，讨庚，看年月，访媒，迎行架，过礼，开脸上梳，哭嫁，拜香火，发亲，送亲，迎亲，回车马，周堂，进洞房，迎正客，开席，拜客，打铺，闹房，下厨拜灶，送客，回门，溇寒婆婆，逗新媳妇，谢媒等程序依次而来。20世纪90年代以来，随着城镇化进程加快，婚姻观念、男女地位、审美情趣等人类文化共性发生改变，加之西方婚俗文化对中国传统婚俗文化的影响，木洞的婚嫁习俗也发生了改变，多为委托婚庆公司采用中西结合方式举行婚庆仪式。至2011年12月，木洞镇从事婚庆行业的门店有：缘分天空、喜乐婚庆、艾薇新娘、一品文化、黄门婚庆。

（四）丧葬

人生途程进到终点，是亲人们最悲痛的时刻。为了寄托哀思，他们都举行十分庄严隆重的礼仪。几千年来形成的一些传统礼仪，代代相传，难以移易，即使社会风气改变甚至政府明文限制，木洞地区仍然保持传统的丧葬习俗。这些丧俗虽然非常繁缛，但人们尤其是农村民众仍然固守不变。大致依照：办"后事"，移床，送终，烧落气钱，报丧，覆圣，点过桥灯，抹汗，殓尸，成服，吊丧，闹丧，做道场，挖阴井，做纸扎，出殡，清棺，出魂，扫财，掩土，复山，烧火焰包，回煞，烧七等程序依次而来。20世纪90年代以来，社会中逐渐兴起"丧事一条龙"服务，并于丧事仪式中请乐队举行歌舞类的表演活动，民众对此现象褒贬不一。至2011年12月，木洞镇从事"丧事一条龙"服务及吹打乐班的有：代光伟丧事服务一条龙、白岩吹打乐班、下观吹打乐班、苏家浩吹打乐班、箭桥吹打乐班、菜园吹打乐班、杨家洞吹打乐班等。

四、清明祭祖习俗

元末明初和明末清初，四川因受天灾和战乱的影响，人口锐减。统治者为了开发四川，实行了移民政策，发生了十分有名的"湖广填四川"的历史事件，湖南、湖北、广西、广东、福建、江西、陕西等省的民众纷纷移居四川，重庆地区自然也来了不少外省民众，木洞的民众则多由湖北麻城县（今麻城市）孝感乡迁来。

木洞民众按姓氏宗族设置祠堂，祠堂内供奉祖宗神位。祠堂或置有田地房产，或由宗族内的殷实户捐资，其收入作为祠堂开展活动的资金。举行祭祖仪式是祠堂活动的主要内容。除一般节令的祭祖之外，每年的清明节都要举行隆重的祭祖习俗活动。届时，全族大人小孩均去祠堂参加祭祖仪式，民间习惯称此为"办清明会"。

举行清明会祭祀活动的时候，在族长的主持下，按一定的仪轨祭奠祖先，祭仪庄严而隆重。有时还要演出戏剧。

五、贺神酬神习俗

（一）一般神会习俗

新中国成立前，木洞民众崇神淫祀，凡遇神明的诞辰或其他喜庆时日，都要祭祀神明，以资庆贺。通常的就是邀集一些信众，在庙宇神祠举行祭奠，即做神会。从年头至岁尾，敬贺神明诞辰或其他喜庆日子的贺神会主要有：

正月初六，弥勒会；正月初九，玉皇会；立春后第五个戊日、立秋后第五个戊日，土地会；二月初二，阎王会；二月初三，山王会；二月十九、六月十九、九月十九，观音会；三月初一，娘娘会；三月初三，蟠桃会；三月十八，东岳会；四月初八，佛祖会；四月初八，龙华会；四月二十，眼光会；四月二十八，药王会；五月十一，城隍会；六月十六，火神会；六月二十四，雷祖会；六月二十四，川主会；七月初三，龙王会；七月十五，盂兰盆会；七月十五，中元会；七月三十，地藏会；八月初五，灶王会；十月初一，牛王会；十月十八，地母会；冬月十七，弥陀会；腊月初八，腊八会。

以上这些酬神祭祀活动，是就木洞地区曾经举行过而言。在每个年度里，不一定全都举行。常见的酬神祭祀活动是观音会。观音会每年举行3次。第一次是二月十九日，庆贺观音菩萨诞生；第二次是六月十九日，庆贺观音菩萨得道；第三次是九月十九日，庆贺观音菩萨出家坐莲台修行。举行这些酬神祭祀活动的时间，半天、一天或者数天不等，其规模大小也不相一致。

木洞地区还有一种主要意旨是祈求神明解众灾厄的贺神会。例如：久旱不雨举行的祈雨会、久涝不晴举行的太阳会、有风灾预兆或遭遇风灾后举行的风神会等。

木洞地区伏旱较多，影响庄稼收成。新中国成立前，举行祈雨祭祀活动的比较多。这种祭祀活动也称"打祈雨醮"，主要是祭祀龙王菩萨祈降甘霖。一般都要到有长流水的地方（龙王居住的圣地）去请水。请水过后如果普降喜雨，解除旱情，就还要举行谢雨祭祀活动，也称"打谢雨醮"。这种祭祀活动规模大，参与的信众多，一般做3天、4天、5天，有的一直做到天下大雨才停止。

与此祈雨祭祀习俗活动紧密相连是搬演祈雨戏。木洞搬演祈雨戏就是上演川剧《东窗》。

川剧《东窗》共有37本，叙写了岳飞出生、学艺、应试、从军、抗金，直到被秦桧以"莫须有"罪名在风波亭害死的悲壮一生。过去，木洞地区演《东窗》戏，民众习惯称为"搬东窗"。搬东窗常与祈雨祭祀仪式同时进行，成为祈雨活动的一个重要组成部分。因此，木洞民众直呼《东窗》为"雨戏"或"求雨戏"。

祈雨活动中搬东窗的具体情况是：祈雨法会一般持续5天，7天，10多天，甚至48天。与之相应，搬东窗也可演5本，7本，10多本，甚至48本。这是一种连台戏演出，每天一本，戏码不同，连续不断。祈雨中的念经超度，驱赶、锁拿造成旱灾元凶的捉旱魃、禁屠吃素等仪式活动与戏剧演出互相配合，互相呼应，融为一体。整个连台演出之前，乃至每天演出前，都要举行一系列祈祷供奉神明的仪式。每天早上开始前要供上当日当值的星宿，艺员、会首手执信香绕台朝拜，叫"打游台"。在搬《东窗》第一本《降天鹏》时，台上仁宗帝沐浴更衣，执香祈神求雨。此时，与舞台相对的庙宇正殿也设案上香，祈神求雨。唱戏与仪式相呼应，难分彼此。这里记述的是重庆地区一"搬东窗"的情况。至于木洞地区的祈雨演《东窗》戏，没有这么庞大，据耆老讲，曾经有过搬演5~7天。

（二）行业神会习俗

木洞民众除对上述神明崇奉祭祀外，还崇奉祭祀各行各业顶敬的祖师神明。有的在店中供奉祀礼，有的专门设有庙祠，聚集本地以及邻近的同行业主事人员举行敬神酬神祭祀活动。这种行业顶敬祖师的神会祭祀名目繁多，据不完全调查，大致有以下10余种：

缝纫业的轩辕会，铁炉业的老君会，泥工木工、石工行的鲁班会，织布业的嫘妃会，印染业的梅葛会，厨师行的詹公会，酿酒业的杜康会，屠宰业的张飞会，造纸、卖纸业的蔡伦会，油蜡纸烛杂货业的玉龙会，衙门书吏、差役行的萧曹会，油桐商和漆工行的华光会,做鞋、修鞋业的孙膑会,商贾士绅以及诸多民众顶敬的财神会。这些贺神会不一定都在木洞举行。在一般情况下,是从事这些行业的人,到重庆城或附近场镇上举行相应神会时参与酬贺,以保事业发达,家道昌盛。

这些行业神会一般为1天,多则3~5天。除举行宗教性质的祭祀仪式外,有的还延请戏班演唱与祭祀主旨一致或基本一致的戏剧。

第五章 道德风尚

木洞镇民众素有尊老爱幼、文明礼貌、和睦相邻等优良传统。中华人民共和国成立后,特别是改革开放以来,木洞镇各村和居委会自觉制定乡规民约,在社会治安、村民风俗、相邻关系、婚姻家庭、环境保护等方面建立了共同遵守的制度,逐步形成民众的自觉规范行为。同时,开展了"五讲四美""文明用语""三优一创"等精神文明创建活动,营造精神文明建设的社会环境,提高了广大民众精神素质和道德情操。

第一节 乡规民约

乡规民约是由乡民自动、自发地制订规约,处理众人生活中面临的治安、经济、社会、教育、礼俗等问题,以实现人与人之间能"出入相友,守望相助,疾病相扶持,和谐友睦"的社会环境,是地区民众自治的一种体现。

木洞镇自1988年起,按照《村委会组织法》规定,在全镇乡村选举成立村民委员会,引导村民行使《村委会组织法》赋予的权利,自发、自愿地参与制订关系到他们权益的村规民约。

一、乡规民约的基本内容

(一)社会治安

村民学法、知法、守法,自觉维护法律的权威与威严,同一切违法犯罪行为、邪教组织斗争;村民相互之间团结友爱,和睦相处,不打架斗殴,不酗酒滋事,严禁侮辱、诽谤他人,严禁造谣惑众,搬弄是非;自觉维护社会秩序和公共安全,不阻碍公务人员执行公务;严禁偷窃设施、哄抢国家、集体、个人财务,严禁赌博,严禁替罪犯隐藏赃物。爱护公共财产,不得损坏水电、交通、生产等公共设施;严禁非法限制他人人身自由,或者非法侵犯他人住宅;不准隐匿毁弃、私拆他人邮件;不制作、出售、传播淫秽物品,不调戏妇女,遵守社会公德;严禁私自砍伐树木,不允许乱争地争界,确保水路、道路、公路畅通；严格按用水、用电的管理，未经批准，不得私自安装水电设施，节约用水用电，严禁偷水偷电；外来人员，需要在本村短期居住的应向村民委员会汇报，办理相关手续，在本村暂住务工、经商的外来人员必须服从本村的村规民约，若进行农村承包地流转的，必须符合政府的产业发展规划。

(二) 村风民俗

提倡社会主义精神文明，移风易俗，反对搞封建迷信活动、邪教组织及其他不文明行为，树立良好的社会风尚；喜事新办，不铺张浪费，丧事从俭，不搞陈规旧俗；意外死亡、非农业人口、低保、五保、优抚对象必须按规定火化；服从镇村建房总体规划，不扩占，不提高，搬迁、拆迁不提过分要求；拆旧翻新，须经镇、村同意批准，不准擅自动工。

(三) 乡邻关系

在经营、生活、借贷、社会交往过程中，遵循平等、自愿、互利的原则；在生产过程中，自觉服从村两委会安排，不随意更换、移动地界标志，发扬共产主义风格，小事不斤斤计较；宅基地按镇、村规划执行，不得损害整体规划和四邻利益；村民饲养的动物、家畜造成他人伤害的，动物饲养人或管理人必须负经济责任；没有或限制行为能力的人，给他人造成损害的，监护人应负经济责任；邻里间发生纠纷，能自行调解的自行调解处理，不能自行处理的，报送村民事调解会解决，不能仗势欺人，强加他人；对不听劝阻制造纠纷的当事人，情节轻微的予以教育，造成人身或财产损失的，必须由当事人承担医疗费用和相应的其他经济损失，情节严重的，交由公安机关处理。

(四) 婚姻家庭

坚持婚姻自由，男女平等，一夫一妻，尊老爱幼的原则，建立团结和睦的家庭关系；夫妻在家庭中的地位平等，反对男尊女卑，不准打骂妻子；夫妻双方共同承担家务劳动和义务，共同管理家庭财产，对遗产的分配应自觉遵守继承法；父母、继父母须承担未成年人或无生活能力子女的抚养教育，不准虐待病残儿、继子女和收养子女，不准使中小学生中途辍学；成年子女、继子女必须赡养父母、养父母，严禁虐待家庭成员；保护妇女权益，执行计划生育政策。

(五) 环境卫生

村民各家各户，门前院内保持清洁，清除暴露垃圾，清理卫生死角，清除废弃堆积物，禁止在公共场所乱吐乱扔，乱倒垃圾、污水和渣土；做好公共卫生和村容整洁，为保街道畅通安全，道路两侧不准长期堆放沙、砖、石等建筑材料；在街道生活的村民不准挤街占道，私搭乱建；不乱摆乱卖，乱停乱放。

墙院村村规民约

为了推进我村民主法制建设，维护社会稳定，树立良好的民风、村风，创造安居乐业的社会环境，促进经济发展，建设文明卫生新农村，经全体村民讨论通过，制定本村规民约。

1. 凡故意毁坏、盗窃、偷摸集体和个人财务者，除追究回原物外，处罚款200至5000元，夜间出动偷摸者加倍处罚。

2. 严禁私自砍伐国家、集体或他人的林木，严禁损害他人庄稼、瓜果及其他农作物，加强牲畜看管。

3. 严禁野外用火、烧地、田坎草等，清明节上坟祭祖，应服从上级管理规定执行，如有违反，对引起火源人员处罚款500至3000元。

4. 村精神病人由监护人管好，森林防火出了重大事故由监护人自行负责。

5. 建房应服从村庄建设规划，经村委会和上级有关部门批准，统一安排，不得擅自动工，不得违反规划或损害四邻利益。违仅上述规定的给予批评教育，出具检讨书，情节严重的交上级有关部门处理。

6. 村占土地5米以内，不赔偿占地费，农户土地证上一样不减，如国家占地，按土地证赔偿。

7. 自觉遵守计划生育法律、法规、政策，实行计划生育，提倡优生优育，夫妻生育孩子后，应在本月内向村申报婴儿出生情况，产后40天后落实避孕措施，严禁无计划生育或超生。

8. 村社财务开支，须由村社民主理财小组审核签字，村2000元以上开支须由村两委会研究决定，5000元以上开支须由镇政府部门领导签字审核。

9. 村社干部的工作分配管理，做好本职工作，对工作积极主动。

10. 殡葬改革：凡享受五保户、低保户死亡后须火化，死者家属必须及时到村办理火化手续，并及时到木洞派出所注销户口，拒绝异地尸体在我村安葬。

11. 一事一议包括村重大事情须由村两委会、社长会、村民代表会议通过。

庙垭村村规民约

第一条 严禁私自砍伐林木，不允许乱争地争界，确保水路、牛路、道路、公路畅通。

第二条 严禁野外用火、烧灰积肥，护林防火、人人有责，村民野外用火发生火灾除应赔偿由此带来的一切经济损失外，视情节轻重处罚款500至5000元直至追究法律责任，并支付到场扑火的村民每人一次补助10元。

第三条 村民在自家操办宴席十桌以上，需向村民委员会上报，主动接受食品卫生部门的监督。喜事新办，不铺张浪费，丧事从俭，不搞陈规旧俗。

第四条 服从镇村建房总体规划，不扩占，不超高，搬迁、拆迁不提过分要求；拆旧翻新，须经镇、村同意批准，不准擅自动工。

第五条 低保户中有劳动能力的人员应听从村社安排参加义务劳动，每年每户不得少于3天。

第六条 低保户、五保户、优抚、"三五"人员及非正常死亡人员死后必须火化。

第七条 村民饲养的动物、家畜造成他人损害的，动物饲养人或管理人必须负经济责任。没有或限制行为能力的人，给他人造成损害的，监护人应负经济责任。

第八条 父母、继父母要承担未成年或无生活能力子女的抚养教育，不准虐待病残儿、继子女和收养子女，不准使中小学生中途辍学。成年子女、继子女必须赡养父母、继父母，严禁虐待家庭成员。

第九条 认真遵守户口管理规定，村民出生、死亡要及时申报和注销户口。凡是办理户口迁入或迁出手续的村民一律要先完清所欠集体资金（包括历年欠款和农业税），方可盖公章。

第十条 非婚迁、子女投靠申请来我村入户的，必须经本合作社社员大会讨论通过，并作出相关权利义务的承诺事项。

本规约解释权归村民委员会，若政策变化需修改本规定时按程序办理。

第二节 精神文明创建活动

一、文明礼貌

文明礼貌是中华民族的传统美德，是为人处世之本。20世纪50年代，木洞民众之间建立了新型的、同志间的关系，提倡团结友爱，与邻里和睦共处，社会风气较好。20世纪60年代初，开展学雷锋活动，拾金不昧、助人为乐的事屡见不鲜。老幼孕妇乘车乘船有人让座，步行有人搀扶，负物者有人相帮，不识路者有人相送，素不相识，亲情浓郁。"文化大革命"中，法制被践，道德观念被歪曲，社会风气日益败坏，丢掉了过去的好传统。中国共产党十一届三中全会以后，精神文明建设日益受到重视。1981年，木洞镇成立了"五讲四美三热爱"（讲文明、讲礼貌、讲道德、讲卫生、讲秩序；心灵美、行为美、语言美、环境美；热爱祖国、热爱人民、热爱社会主义）活动委员会，下设办公室，加强了职业道德和文明礼貌的教育。从1982年3月开始，坚持了一年一度的"五讲四美"文明礼貌月活动。在活动月中，从治理"脏、乱、差"入手，组织群众打扫环境卫生，植树种花，绿化、美化环境；建立送温暖小组、帮困助弱小组、学雷锋为人民服务队，为群众办好事。1985年，在群众中广泛推行了"请""您好""再见""谢谢""对不起""没关系"等文明用语，城乡建立了乡（镇）规民约。

通过文明礼貌活动，农村中修路利民、互相帮助、投资办公益事业的事例不断涌现。

二、尊老爱幼

尊老爱幼是中华民族的美德。旧俗，长辈和亲朋常用"不尊敬老的要遭雷打"的话教育子女，吃新米饭时要让长辈先吃，桌子上位要留给长辈坐，婚丧嫁娶均要向长辈行礼。凡不敬奉长辈，将遭到亲朋及邻居指责，重者由本姓祠堂的长辈处罚。敬老者，受到人们的颂扬。对儿童则是重男轻女，时有遗弃女婴的事件发生。中华人民共和国成立后，党和政府提倡尊老爱幼，把尊老爱幼、禁止虐待老人、妇女儿童写进了《中华人民共和国宪法》。人民对待孤寡老人分别采取临时救济、实行"五保"，使他们的生活标准不低于当地群众的生活水平。1985年7月，木洞镇成立了老龄工作委员会，把尊老作为社会主义精神文明建设的一个组成部分，尊老爱幼已逐步形成风气。实行计划生育后，由于独生子女较多，许多家长由于爱子（女）心切，加之方法不当，出现溺爱子女的倾向，也有少数子女对老人漠不关心，甚至歧视、虐待老人。针对这些不良事象，木洞镇通过社区、村干部，对当事人进行正面教育的同时，重点进行调解，帮助解决具体问题。至2011年底，这些不良事象已有好转。

三、精神文明创建

党的十一届三中全会以后，各级党委和政府重视社会主义精神文明建设。木洞镇按照县（区）的要求，开展了多种精神文明创建活动。主要有：

（一）创建文明单位

20世纪80年代开始，木洞镇开展了文明单位创建工作。企事业单位做到"两个文明"一起抓，思想政治工作做得好，党的方针政策执行好，组织群众学习文化科技知识好，内部治安、安全管理好。村和居委会做到思想政治工作好，村风民风好，教育科学文化建设好，村容街貌好，生产发展好。对企事业单位和村、居委会开展了文明单位的创建评选。至2011年12月，木洞镇评选和命名的文明单位有26个。

（二）创建文明户

木洞镇在开展创建文明单位的同时，还在农村开展双文明户的创建工作。双文明户，是指农村中在物质文明和精神文明建设都有突出成绩的社员户，即在种植业、养殖业上取得显著成绩，且家庭和睦、遵纪守法、邻里关系好、计划生育执行好、带动广大农户共同致富的家庭。双文明户的创建和发展，对木洞镇农村的两个文明建设起到了良好的示范作用。场镇开展双文明个体户的创建活动。双文明个体户，是指在城镇经商办企业的个体工商户，为开拓市场发展市场经济，诚实劳动经商，文明经营，遵守党和国家的各项方针政策，按规定缴纳税费，经济效益好，且家庭和睦，乐于为他人和社会献爱心、做奉献的个体户。以后，又开展"三户"创建活动。三户，即遵纪守法户、五好家庭户和文明户，是一种更为广泛、更为深入的群众性精神文明建设创建活动。由广大社员户自我申报，群众评议，村、社审查，交乡镇审定，报区备查。遵纪守法户：自觉遵守国家法律法规；爱岗敬业、带头完成各项生产、工作任务；移风易俗，婚事新办，丧事俭办，家庭和睦，邻里团结，无赌博、吸毒、打架斗殴行为；家庭生活健康文明，关心集体和他人。五好家庭户：遵纪守法好，勤劳致富好，文化素质好，道德情操好，家庭风气好。评选了木洞中心医院的韦小敏等20余名同志为巴南区五好文明家庭。文明户：已做到遵纪守法户和五好家庭户的要求，且思想政治立场坚定，爱党爱国，物质文明建设领先，家庭收入已达小康或农户经济收入高于本村人均收入，乐于助人，有奉献精神，发挥典型示范作用好的家庭。评选了木洞镇文明户的有付显明、李绍渊、韦小敏、任富久、金廷芬、周容等 100 余人。按照县（区）要求，木洞镇成立了"三户"评选小组，负责评选工作的具体组织实施，坚持年年评选，年年表彰，对合格的保留，有发展的可由遵纪守法户升为五好家庭户，或由五好家庭户升为文明户；对不合格的撤销其称号，并收回标牌。

（三）开展"三优一学"竞赛

"三优一学"就是优美环境、优质服务、优良秩序和学雷锋、树新风。后改为"三优一创"，除"三优"内容不变外，一创即"创建文明单位"。

木洞镇的精神文明创建活动中，1985 年，全镇由巴县命名的文明单位有 2 个，文明先进个人 3 人，双文明户 8 个，双文明个体户 2 个；木洞镇命名的文明单位有 5 个，文明先进个人 16 人，双文明户 12 个，双文明个体户 16 个，军民、街村干群共建文明单位 2 个。此后，木洞镇坚持年年评选，将精神文明创建活动常态化，促进了全镇精神文明建设，为加快木洞发展，全面建设小康社会提供了强大的精神动力、智力支持和思想保证，营造了良好的社会环境。

第七篇　人物荣誉

木洞地灵人杰，英才辈出，涌现出了一批批仁人志士。有为废除帝制，建立共和制度而英勇斗争的革命先驱；有为推翻国民党反动统治，建立新中国而慷慨就义的红岩英烈；有为剿灭土匪，捍卫人民新生政权而流血建功的英雄群体；有在党和国家最高决策会议上献言献策，共襄党国大事的党代表和人民代表；有为团结友好国家和人民，共建和谐世界的男女外交大使；还有在文化界、教育界、法学界、戏剧界颇有建树的学界翘楚和艺界名流；更有带领木洞人民群众进行社会主义革命和建设，发展农工商贸经济、文教体卫事业，建设民主、富强、绿色、和谐小康社会的党政企事业单位领导和广大干部。他们默默无闻、辛勤战斗在各自的岗位上，为木洞政治、经济、文化、社会、生态的发展做出了积极贡献，党和政府给了他们应得的荣誉。他们的业绩可让后世乡人鉴历史，知更替，明未来，受鼓舞，以推进木洞社会沿着正常的历史轨道持续不断地向前发展。

一、人　物

木洞籍和在木洞工作过的撤区并乡建镇前，任区党委、区公所正职，撤区并乡建镇后，任镇党委、政府、人大正职者，木洞本籍在外工作的知名人士，其他有特殊贡献者，如于2011年12月前逝世，编入"人物传记"按卒年先后排序；如仍健在，编入"人物简介"，1949年初至撤区并乡建镇在乡（公社）镇任党政主要负责人的亦编入"人物简介"，按出生先后排序。

木洞籍在抗日战争、抗美援朝等牺牲者，编入"英名录"，按牺牲时间先后排序。

木洞籍和在木洞工作过的副处级领导编入"人物名录"，按任职时间先后排序。

木洞籍在外工作的知名人士，按生年排序。

木洞籍选为巴南区（巴县）党代表和人大代表，编入"代表名录"，按出生先后排序。

木洞籍和尚在木洞工作的部门正职工作者，编入"人物名表"，按任职时间先后排序。

（一）人物传记

中华人民共和国成立前的木洞籍革命先驱；1993年撤区并乡建镇前，木洞籍和曾经在木洞工作任巴县木洞区党委、区公所正职者；撤区并乡建镇后，任镇党委、政府、人大正职者；木洞籍和尚在木洞工作获正高职称者；其他有特殊贡献者，于2011年12月底前逝世（此书在未出版时，少数在2011年12月后逝世的），编入人物传记。排列顺序以卒年时间为准，若卒年相同，则按姓氏笔画排序。

邹容

邹容，男，汉族，（1885年—1905年4月3日），字蔚丹，出生于四川省巴县木洞镇一个富有的商人家庭。中国近代著名革命宣传家，《革命军》一书的作者。原名绍陶，又名桂文，字蔚丹（威丹），留学日本时改名邹容。

1898年，到重庆学习日语、英语，开始接触传播资产阶级思想的书报以及西方民主学说，吸收新思想，使其眼界大开。是年，正值维新运动高涨的一年，维新派的主张使他大为激动，积极支持维新派。1902年8月，他冲破重重阻力，自费赴日到东京留学，经留学生会馆介绍，进入东京同文书院补习日语和其他学科，为投考专门学校做准备。在日期间，他结识一些具有先进思想的革命青年，阅读了卢梭的《民族论》、孟德斯鸠的《万法精理》等书，从中吸取新知识、新思想。他还积极参加留学生的革命运动。1903年春节，在留日学生举行的团拜大会上，他发表了慷慨激昂的演说，号召人们反对腐朽的清政府。以后，凡留学生开会，他每会必到，到会必演说，成为留学生中鼓吹爱国革命最年轻的激进分子。为了传播革命思想，唤醒国人，他开始着手撰写后来风靡全国的《革命军》一书。1903年4月，他由于参与了留日学生痛殴清政府的南洋学生监督姚文甫，并剪姚发辫悬挂一事，受到清政府驻日公使的迫害，被迫回国到上海。至上海后，便加入爱国学社，并与章炳麟建立起友谊。在章的影响下，他的革命民主思想日渐成熟，积极参加爱国学社的各种活动。在当时的拒俄、拒法运动中，他多次登坛演说，揭露清政府的腐败。1903年5月，他为了团结全国学生"鏖战于中国前途"，发起成立了"中国学生同盟会"，得到了海内外爱国学生的广泛支持。与此同时，他所著的富有战斗性的宣传民主革命的著作《革命军》一书也由几个革命党人集资在上海出版。全书约2万字，署名"革命军中马前卒邹容记"，章炳麟为之写序，称它是震撼社会的"雷霆之声"。书中以激烈的言辞，简明流畅的文字，揭露清政府残民暴政与卖国的丑行，认为革命是"天演之公例""世界之公理"，是"顺乎天而应乎人"的伟大行动，献身革命是每一个人不可推卸的责任。号召人们起来效仿英、美、法等国资产阶级革命,推翻清政府的封建专制统治,建立"中华共和国"。此书出版,深深地打动了无数爱国者的心弦,武装了革命者,起了振聋发聩的号角作用,成为激发广大人民走向革命的"教科书"。《革命军》一书使清政府惊恐万分,认为"此书逆乱,从古所无",视他和作序人章炳麟为"劝动天下造反"之人,非拿办严惩不可。1903年6月,因《革命军》引起的"苏报案"发生,章炳麟被捕。他不愿让章炳麟一人承担责任,于7月1日到上海租界巡捕房投案。在敌人会审的法庭上,他慷慨陈词,坚强不屈,使敌人狼狈不堪。然而,英租界当局竟无理地判他两年徒刑。在狱中,他遭到了残酷的虐待和迫害,受尽了种种折磨和非刑,但他时刻也没有忘记革命。要与章炳麟等"同兴革命军"。由于帝国主义的残酷迫害,1905年4月3日,暴死于上海租界狱中。他死后,人们哀为"国殇",《革命军》一书的传播也更为广泛。1912年2月,孙中山领导的南京中华民国临时政府为了表彰他的革命功勋,追赠他为"大将军",并刻石立碑,纪念这位年轻的革命家。

杨沧白

杨沧白,男,汉族,原名杨庶堪,字品璋,后改沧白,别号邠斋,清光绪七年十月十八日(1881年12月9日),出生于巴县木洞镇(今巴南区木洞镇)。杨沧白幼读私塾,聪颖勤学,他在少年时就打下中文基础,十六七岁时,入重庆经学书院,从名师吕翼文学,19岁应府试,取秀才第一名。时值维新运动失败,他目睹清廷政治腐败,国事日非,民族危难,遂反清思想日浓。他认为欲国家富强,非吸收西学、革新政治不可,于是偕邹容去重庆日本领事馆,向日人成田安辉、井户川辰三学习日语,又与译学馆英国牧师巴克相约互教中、英文,意在以掌握外文为手段,达到博采新知识之目的。光绪二十八年(1902年),为了宣传民主思想,传递国内外信息,杨沧白与朱必谦等创办了《广益丛报》,并任主编。那时孙中山在海外倡导民主革命,风气所至,举国趋从。光绪二十九年(1903年),杨沧白与梅际郁、童宪章、陈崇功、朱之洪等人秘密创立四川第一个资产阶级革命团体"公强会",杨沧白与梅际郁为主要负责人,会址设在重庆五福宫桂香阁,宗旨为"以寻求富国强民为标志,以启迪民智为作用"。公强会为重庆同盟会的成立奠定了组织基础。

光绪三十一年(1905年)年底,童宪章、陈崇功奉孙中山之命,携同盟会章程自日本返重庆,进行组党活动,杨沧白、朱之洪首先加入。次年春,同盟会重庆支部成立,杨沧白为负责人。时,杨沧白在重庆府中学堂任教,支部机关即设于该校。

光绪三十三年(1907年),川南叙永厅创办永宁中学,杨沧白受聘前往任教,不久,转赴成都高等学堂分设中学教英语。杨沧白借教学之便,进行革命宣传,并在学生中发展了张颐、杨伯谦、王野若、刘经文以及校外青年杨鼎、邓恒昌等为同盟会员。

宣统元年(1909年),杨沧白返渝任重庆府中学堂监督。时成都起义已告失败,省城同盟会机关遭到破坏,于是重庆党人群集,成为革命中心。杨沧白、张培爵力肩重任,与众党人筹谋举事大计。鉴于成都失败教训，杨沧白主张积蓄力量，待时而动，尤应掌握武器及争取工商界、会党中开明人士的支持。当时重庆府中学堂有供学生军训用的九子快枪200支，同盟会支部即将这一批枪械掌握利用。又由杨沧白、张培爵往访重庆帮会头领况春发，说动其参加革命，并得到杨沧白的姻亲、重庆富商李湛阳的大力资助，为起义创造了条件。

宣统三年（1911年）十月十日，武昌起义成功，各省纷纷响应，形成全国性的革命高潮。重庆同盟会支部见起义时机成熟，加紧与各州县革命党人联络，并公推杨沧白、张培爵为起义领导人。在重庆革命党人的策动下，川东、川南的涪陵、忠县、丰都、彭水、酉阳、秀山、黔江、江津、合江等地先后举事。11月21日，杨沧白密约各界代表到重庆总商会商议重庆独立事宜。22日，发动重庆起义，同盟会支部在朝天观召开大会，宣布重庆独立并通电全国。蜀军政府成立，张培爵、夏之时为正、副都督，杨沧白、朱之洪为高等顾问。

民国二年（1913年），四川省第一届参议会选举，杨沧白和梅际郁当选为议员。7月，孙中山发动"二次革命"，讨伐袁世凯。8月，四川讨袁军总司令部在渝成立，熊克武任总司令，杨沧白任民政总长。9月，在讨袁军即将失败的情况下，熊克武、杨沧白为了使重庆免遭战火，分别于11日晚和12日晨离渝，杨沧白经湘西过武汉至上海。讨袁失败后，川军第一师师长、重庆镇守使周骏在巴县、江北实行"清乡"，以搜捕"乱党"，杨沧白、熊克武家被抄没，受株连者达300余家。民国三年（1914年）1月，袁世凯下令全国通缉杨沧白、熊克武等100余名讨袁骨干人员，杨遂逃亡日本，并著《癸丑遇难纪事二百韵》长诗记述这段经历。

民国三年（1914年），孙中山在日本东京另组中华革命党，下设党务、军事、政治、总务四部，杨沧白任政治部副部长，并被指派为中华革命党四川负责人。

民国四年（1915年）夏，陈其美在上海策划肇和军舰起义，电邀寓居日本的杨沧白来沪协助。杨遂回上海，以家庭教师为掩护，与陈合作。"肇和"起义旋告失败。

民国五年（1916年）袁世凯死后，黎元洪继任大总统，恢复国会，杨沧白由四川省选出为国会议员。民国六年（1917年），广东护法军政府成立，孙中山就任大元帅，电邀杨沧白、向楚至广东，杨沧白被任命为大元帅府秘书长。次年，被任命为四川宣抚使，偕向楚返川。途经武汉，适逢鄂督王占元大肆搜捕革命党人，二人化装为轮船工人，方混出武汉。

民国七年（1918年），经护法之役，四川纳入南方护法军政府势力范围，广州护法军政府任命杨沧白为四川省省长。10月22日，杨沧白离渝去成都赴任。后四川靖国军总司令熊克武倾向于政学系（一部分国民党右翼分子组成的派系），与孙中山不合作，使杨沧白政令不畅，事事掣肘。民国九年（1920年）5月18日，杨沧白在重庆通电辞去四川省省长职务，称"拟暂疴重庆"，实为参加"倒熊"活动。后于10月14日离渝去沪，复奉孙中山命，在沪主持南北军民代表洽商事宜，曾两次入浙，与浙督卢永祥联系，即世称所谓"孙、卢、段三角同盟反对曹锟贿选"事。民国十一年（1922年）6月，陈炯明叛变，攻占广州，孙中山抵沪，杨沧白、卢师谛向孙中山面陈联合滇桂军收复广州之策。

孙中山采纳此议，即派杨沧白与滇、桂军将领联络。事成，将陈炯明击败，孙中山返回广州，宣布杨沧白、廖仲恺等9人为临时中央执行委员。

民国十三年（1924年）1月，国民党第一次代表大会在广州召开，杨沧白当选为候补中央监察委员。3月，受孙中山任命为广东省省长。广州收复，滇、桂军自恃助战有功，在广东任意横行，致使前任广东省长廖仲恺被迫谢职。杨沧白接任后，亦被蒋介石、戴季陶等散布流言中伤，谓杨挟滇军以自重。杨愤而辞职，去上海。同年冬，冯玉祥领兵推翻曹锟政权，迎孙中山北上共商大计，并劝杨沧白出任段祺瑞临时执行政府司法总长。杨向孙中山请示，孙答说："我们有一个人在里面也好。"杨遂就职。仅3个月，即因与段政见不和辞职。此时四川为吴佩孚所控制，暂不能返乡，遂闲居北京。民国十九年（1930年）10月，赴南京任国民政府委员、国民党中央监察委员。旋移家上海，深居简出，不与蒋介石合作。

民国二十八年（1939年），大汉奸汪精卫在南京组织伪政府，强邀杨沧白参加。杨坚不从命，遂扶病潜往香港，转抵重庆。此后即以衰病杜门不出，谢绝陪都国民政府给予的要职及一切政治活动。民国三十一年（1942年）8月6日，病逝于重庆南岸大石坝寓所，终年62岁。

杨沧白逝世，国民政府组织了盛大的追悼会，蒋介石亲临主祭，于右任、朱之洪襄祭。与祭者党政要员有戴季陶、居正、冯玉祥、孔祥熙、吴铁城、吕超等与杨氏门生故旧五百余人，各界前往致祭者达五千人。国民政府主席林森送的挽联"高风亮节，自有千秋"。蒋介石挽"哲人其萎"，又挽联"抗战方殷，吾党又弱一个；言行不朽，先生独有千秋"。

为了纪念杨沧白，民国三十二年（1943年），国民政府将原重庆府中学堂旧址改建为"杨沧白纪念堂"，还将纪念堂所在的炮台街改名"沧白路"，将其故里巴县的木洞镇改名为沧白镇。杨沧白的灵柩先暂厝于詹氏墓庐，直到居正、但懋辛和刘泗英为其选好墓地，于次年5月安葬于故乡木洞镇东温泉。

中华人民共和成立后，沧白先生的墓地一度遭受毁损。20世纪80年代，市县两级政府出资修葺一新。今杨沧白故居及墓地皆列为重庆市重点文物保护单位，成为巴南区爱国主义教育基地。

何敬平，男，汉族，生于民国七年（1918年），巴县栋青乡（今巴南区木洞镇）人。初中毕业后考入重庆公共汽车公司工作，不久加入中国共产党。民国二十六年（1937年）参加抗日，因战功升任上尉指导员。抗日战争胜利后，复员回重庆，进入电力公司做会计工作，并重新加入中国共产党，常为党员和进步人士秘密传送《挺进报》，给职工俱乐部选购进步书刊等。民国三十六年（1947年）5月，重庆大专院校学生举行"反内战、反

何敬平

范绍增

饥饿、反迫害"游行示威,何敬平与刘德惠在公司中募捐支持,买果品慰劳游行队伍,并在电力公司三楼窗口挂出"向同志们致敬!"的巨幅标语。民国三十七年(1948年)4月,因叛徒出卖,何敬平被捕入狱,先关押在石板坡第二模范监狱,后移送渣滓洞。在狱中,他备受酷刑,坚贞不屈,写下了豪迈壮烈的《囚歌》,表现了革命者誓与敌人斗争到底的决心,这首歌在狱中和社会上广为流传,他因此成为"红岩英烈"的典型代表人物。1949年11月27日,在国民党反动派的大屠杀中,何敬平殉难于渣滓洞。

范绍增,男,汉族,原名舜典,号海廷,四川大竹县清河镇人。生于1894年,自幼便被称为"范哈儿",川军第27集团军第88军军长,与民革成员交往甚密。1936年秋,经顾祝同斡旋,蒋介石委托范绍增为国防部川东挺进军总指挥。范绍增在大竹县、渠县一带,成立了纵队。12月14日,率所属官兵二万余人在渠县的三汇镇通电起义。民国三十八年(1949年)春,范绍增回到重庆,在木洞镇石宝街居住达2月之久。

1949年9月,被委任为国民党重庆挺进军总司令,1949年12月起义。中华人民共和国成立后,历任中南军政委员会参事、解放军四野五十军高参、河南省体委副主任、省人民政府委员、省人民代表和政协委员等职。1977年3月在郑州去世,终年83岁。

何震华,男,汉族,无党派人士,字儆伯,生于1909年农历五月,重庆市巴南区木洞镇苏家浩的一个没落地主家庭。

1924年2月,进入重庆市江北县龙兴场高级小学读书,1927年1月毕业后,考入重庆市巴县中学,1928年12月肄业。1930年8月,在重庆大学文预科,受知于陈季皋先生,并为先生代改学生文卷,借获微酬,以作生活之资。四川大学中文系学习,深得著名文字训诂校雠大家恩师向宗鲁教授赏识。1937年夏,四川大学毕业后,踏上了求职奔波的人生之路。从大学毕业到1949年前的20多年,何震华辗转于成都、重庆,或做家庭教师,或先后在四川省夹江中学、重庆巴县松花江中学、四川省立涪陵中学、重庆复旦中学任教务主任,更多的则是先后在成都荫唐中学、重庆市立中学、四川省立高级工业学校、四川省立成都女子中学、成都私立成城中学、成都私立树德中学、四川省立成都中学、四川省立乐山中学、重庆辅仁中学、重庆载英中学、四川省立重庆中学、重庆复旦中学、重庆通惠中学和重庆中国公学任教。

新中国成立后,1952年2月至1957年7月,何震华在重庆市巴县师范学校任语文教师。1957年8月,巴县师范学校与四川省江北师范学校合并,在江北师范学校任教,其间1957年被错划为"右派分子"。1962年10月,调四川省江北县石船中学任教。1978年9月,又任教于四川省江北师范学校。1979年,在"反右"和"文化大革命"运动中的冤案得到平反。1982年年底退休,1995年12月20日病故,享年86岁。

何震华终生从教,以其宏富的学识,循循善诱的教学艺术,培养了大批优秀人才,遍治经史百家,在文字学、音韵学、古代汉语、古代文学乃至书法、绘画、博弈等方面造诣精深,又善属文、写诗,尤擅填词,著述颇丰,时人评其词"豪放颉颃稼轩""婉约追踪二晏、欧、秦",著有诗词书稿三集,惜在"文革"中被造反派抄没,后凭记忆集为《瓠落斋诗词稿》,于20世纪80年代面世。90年代,又有其80高龄后所著《瓠落斋余稿》出版。2010年,江北师范学校80级2班和82级5班学生对其原稿订正后,将二书稿合为一集,于2012年5月,重庆出版社出版了《瓠落斋诗词稿》。

程霖枢

程霖枢,曾用名程保民,男,汉族,无党派人士,1913年7月27日生,四川省南川县石溪人,1927年经友人介绍到木洞镇,1928年春拜师李象离(李华飞之父)在三峭塆康济油盐商号学徒弟,先后与合伙人经营义胜祥糖油酒业,与胡举贤等经营益和永商铺。1949年前,系木洞工商界知名人士,即"四大财主,八大金刚"。1949年至1950年,随国家政策和市场需要逐渐由个体到集体,当时的"百废待兴"作为工商界开明人士,在石灰沱创办采石厂,由公私合营到国营川江电冶厂,铁合金厂历任行政主要负责人,在1977年退休。其间,是多届县人民代表、县政协委员、工商联常委,退休后,又参加木洞镇第五居委会工作。

程霖枢同志在1949年初,为了筹办木洞中学时,积极宣传,带头捐款,是筹备建校的董事会五人成员之一。思想开朗,工作兢兢业业,以厂为家,节假日多在厂里值班度过,能上能下,不论是任职或行政工作或一线体力工作,任劳任怨,长期在5千米外步行取款发放给矿山职工,从未有错漏账贪污行为表现。他一生关心国家大事,坚信党的领导,每天坚持看《文摘周报》《参考消息》,电视新闻,以此学习,陶冶情怀,帮助宣传国事家事天下事。

李华飞,字明诚,笔名巴城,男,汉族。中国民主同盟会会员。于1914年农历九月五日生于四川巴县木洞,1998年11月14日于成都去世。系四川省文史研究馆馆员、中国作家协会会员、中国民间文艺家协会会员、四川作家协会会员、四川散文诗学会会员,编审职称。

李华飞于1932年读高中时与同学温田丰、罗永麟、陶敬之等一道组织"尝试文艺

李华飞

社",开始发表习作。他先后入北平中国大学经济系肄业,日本早稻田大学经济专科毕业。曾参加任白戈、林林、雷石榆等主持的"左联"东京分盟的诗歌社。受聘《国民公报》驻东京特约记者。"七七"事变前回国,参加"中国青年作家协会"等团体。1938年,由老舍、沈起予介绍加入"中华全国抗敌文艺家协会"。1936—1949年,他曾任东京《文海》文艺、重庆《国民公报》"海外"文艺旬刊、《春云》文艺月刊、《诗报》半月刊、《新蜀报》晚刊副刊、成都《文境丛刊》、《星期快报》副刊等的编委和主编。还担任上海立信会计专科学校重庆分校、西康省立中学教师、巴县沧白(木洞)镇中心国民学校校长。1950年后历任重庆巴县师范学校校长,西南人民广播电台文艺组组长,《凉山文艺》副主编,四川《文史杂志》编委,重庆出版社抗战时期大后方文学书系编审,四川省文史研究馆研究员、编审。四川省作家协会第一、二、三、四、五届代表,四川省第五、六、七届政协列席代表。1986年,加入中国作家协会。著有诗《渡洪江》《雨空》《山城在轰炸中屹立》《弹筝老人》,与李明璋合作创作的大型川剧剧本《望娘滩》曾代表国家赴东欧三国演出。在担任凉山彝族自治州文联委员、《凉山文艺》副主编期间,曾在彝、藏、羌以及滇西北等民族地区长期生活,创作多收入国内当时各种文集。1991年,他的散文集《孔雀,孔雀》问世。

杜绍洲

杜绍洲,男,汉族,中共党员,生于1916年1月,山东鲁南泗水县人,初中文化。1945年3月,参军入伍西南二野战军部队。1949年11月,木洞解放,任巴县木洞区区长。1951年9月,调重庆市沙坪坝供销合作总社任党总书记,直到1976年离休,享受地师级待遇。

2004年3月11日病故,享年88岁。

杜绍洲的一生,少年时,参军上前线,勇敢善战,特别是在木洞期间,刚刚解放,新的政权开始建立,国民党军队的残余分子与地方反动势力勾结,发动暴乱,即土匪暴动。木洞地区以康海清为首的头子纠结3000多人,组成"反共保民军",即"九路军",扬言要"打下木洞,进攻重庆"。在此紧急关头,杜绍洲同刑厚安等率队剿匪,带领木洞剿匪中队200余人,经历了木洞保卫战等10余次战斗,历时3个多月,共缴获各种枪支2000余支,炸药5000斤,炮弹100余枚。曾被裹胁的农民1万余名表示洗手不干,改邪归正,将匪首康海清等捉获镇压,保卫了木洞的新生政权。成年时,长期工作在供销商业,发展贸易,从事职工思想政治工作。

黄启瑊

黄启瑊，男，汉族，生于1929年10月，汉族，家住巴县木洞镇前进路，大学肄业，1952年2月参加工作，1989年12月退休，1997年12月4日病故。

1949年12月至1951年12月，任巴县木洞肇庆长盐号会计。1951年12月至1952年10月，任巴县木洞弘治锅厂经理。1951年4月至1952年8月，任巴县木洞中学董事会董事长。1951年10月至1952年8月，任巴县木洞中学校长。1951年1月至1951年12月，任木洞工商登记委员会主任。1951年10月至1952年12月，任巴县工商业联合会筹委会副主任。1952年12月至1956年12月，任巴县工商业联合会主任。1956年7月至12月，任江津专区工商界讲习班办公室主任。1957年1月至7月，任巴县商业局副局长。1957年7月至1958年7月，任巴县服务局副局长。1958年2月至12月，在四川省社会主义政治学校学习。1958年8月至1964年8月，任巴县商业局副局长。1964年8月至1980年8月，"四清运动"和"文革"时劳动审查。1980年8月至12月，任巴县商业局副局长。1980年12月至1984年12月，任巴县人民政府副县长。1984年3月至1987年3月，任巴县政协副主席。1987年3月至1987年12月，任巴县人大常委会副主任。

1950年3月，参加巴县第一届人民代表大会。1950年9月至1954年3月，巴县第二至第六届人民代表大会，1951年6月至1954年7月，巴县第三至第六届各界人民代表会议常委会，任常务委员。1954年7月至1964年12月，巴县第一至第六届人民代表大会代表，1954年7月至1964年12月，1956年8月至1957年2月，任巴县各界人士学习委员会副主任，巴县第一至第五届人民委员会委员；1978年11月至1980年12月，巴县第八至第十一届人民代表大会代表。1978年11月至1980年12月，任巴县革命委员会委员。

1957年2月至1959年12月，政协巴县第二、三届委员会常务委员。1965年12月至1966年5月，政协巴县第四届委员会委员。

1961年11月至1965年12月，重庆市第四、五届人民代表大会代表。1980年4月至1988年4月，政协重庆市第六、七、八届委员会委员。1979年12月至1984年8月，重庆市工商联合会执行委员会。1984年4月，重庆市工商联合会常务委员。1988年4月，重庆市十一届人民代表大会代表。

1953年6月，四川省工商业联合会筹备代表会代表。1956年8月，四川省工商业联合会第一届代表大会代表。1984年3月，四川省工商业联合会第五届代表大会代表。1988年1月，政协四川省六届委员会委员。1989年1月，四川省工商业联合会第六届委员会常务委员。

经重庆市委组织部研究渝委发〔1994〕162号文件同意享受正局级政治生活待遇。

黄启璪

黄启璪，女，汉族，中共党员，生于1933年9月，出生在湖南常德，被父母带回木洞镇宝庆街上（解放路）。1942年，随母亲去湖南衡阳，考上慈保小学。1944年，衡阳被日军占领，随母亲逃往贵阳。1945年，考入重庆树人中学。1950年，加入新民主主义青年团。1951年，考入西南师范学院物理系学习。1952年，加入中国共产党。1954年，自西南师范学院毕业后，历任重庆市学生联合会专职副主席，共育团重庆市委少年部副部长、部长，共青团重庆市委书记，重庆市文化局副局长、党组副书记，重庆市教育局副局长、党组副书记，四川省文化厅副厅长、党组副书记，中共四川省委常委，四川省委统战部部长、省政协副主席、省委秘书长、省直机关工委书记，全国妇女联合会副主席、书记处第一书记、党组书记，国务院妇女儿童工作委员会副主任，第九届全国人民代表大会环境与资源保护委员会副主任委员，第七届、九届全国人大代表，第九届全国人大常委会委员，中国共产党第十四届、十五届中央委员。

20世纪50年代，黄启璪两次随贺龙赴朝鲜，慰问中国人民志愿军。80年代，又两次以四川省慰问团团长身份到云南慰问自卫反击战将士，她在成都、重庆等地所做的慰问报告，在社会上引起强烈反应，激发了广大青少年的爱国热情。

黄启璪是党和国家难得的妇女领导干部，谦虚谨慎，刚直不阿，光明正大，热爱人民，其革命的一生得到党的高度评价：她是"中国共产党的优秀党员，忠诚的共产主义战士，新时期妇女运动优秀的领导者"。

2000年12月28日6时32分，黄启璪因病在北京逝世，享年67岁。

邢厚安

邢厚安，原名周传修，男，汉族，中共党员，生于1915年9月，初中文化，山东省泗水县丑村镇人，1940年3月加入中国共产党，同年参加党的地下组织工作。

1940年1月至1943年5月，担任泰泗宁县武工队情报员。1940年5月至1944年4月，任泗水县丑村镇党支部书记。1944年4月至1944年10月，邢厚安在鲁中三地委党校学习。1944年10月至1945年3月，任曲泗宁县三区区委宣传委员。1945年3月至1946年4月，任曲泗宁县二区区委宣传委员。1946年4月至1946年12月，鲁南党校学习。1946年12月至1948年8月，任泗水县三区区委宣传委员。1948年8月至1949年1月，任支前担架团营教导员。1949年1月至1949年9月，任浙江嘉兴县三店区工作组长。1949年9月至1952年10月，任四川省巴县六区、三区、鱼洞区副书记。1952年10月至1954年10月，任巴县供销社副主任（期间：1953年4月至7月，四川省委党校参加学习）。1954年10月至1956年10月，任巴县总工会主任。1956年10月至1962年6月，任巴县公交部副部长。1962年6月至1966年12月，任巴县县委组织部副部长。1966年12月至1970年10月，任巴县氮肥厂党总支书记。1972年10月至1980年1月，任巴县县委常委、组织部部长、纪委书记。1980年12月至1983年3月，任巴县政协主席。1983年3月离休。

邢厚安的一生，长期从事组织发展、队伍建设、群众思想政治宣传工作。在木洞期间，正值木洞刚刚解放，新的政权刚刚建立，国民党军队的残余分子与地方反动势力勾结，发动暴乱，即土匪暴动，木洞地区以康海清为首的头子纠结3000多人，组成"反共保民军"，即"九路军"，扬言要"打下木洞，进攻重庆"。在此紧急关头，邢厚安带领木洞剿匪中队200余人，经历了木洞保卫战和丰盛围歼战等10余次战斗，历时3个多月，共缴获各种枪支2000余支，炸药5000斤，炮弹100余枚。曾被裹胁的农民1万余名表示洗手不干，改邪归正，将匪首康海清等捉获镇压，保卫了木洞的新生政权。

2002年1月10日，邢厚安病故，享年87岁。

白炳成

白炳成，男，汉族，无党派人士，生于1928年2月，巴县仰山乡松子村人，小学文化，14岁开始从事帮工生活，当过放牛娃、丘二，打过短工，一直在家务农。1986年，先后成为中国民间文艺家协会四川分会会员、中国音协重庆分会会员、巴县著名民间歌手、巴县音乐家协会理事。

白炳成少年时期跟老歌手周树清、熊明发、高树清等学唱山歌，进入青年时代，已成为仰山、木洞一带有名气的禾籁头，掌握了大量的传统歌谣，即兴编唱能力强，能见物唱物，触景生情，一触即发的山歌唱出流畅的曲调，他擅唱高腔禾籁、矮腔禾籁、花禾籁、盘歌、小调及石工号子等近百种曲调，演唱的高腔禾籁，高亢嘹亮，旋律优美，流畅自如，动人心弦；演唱的矮腔禾籁、花禾籁，曲调丰富，长于变化，表现力强；演唱的石工大锤号子，气势磅礴，有强烈的感染力；演唱的盘歌，因生活经验丰富，题材广泛。在各种赛歌场合，常以调子多、嗓子好并能随编随唱而制胜对手。还以山歌为武器，无情地讽刺和揭露旧时的统治者地主老财们，因此受到乡亲们的爱戴。

中华人民共和国成立后，白炳成自编新词，歌颂党和社会主义，歌唱新的幸福生活。土地改革、抗美援朝、互助合作时期，均有新作。1958年起，白炳成与县音乐工作者合作，先后创作了山歌联唱《干劲大得很》《赶场》等，在省市的群众文艺汇演中荣获奖励。《干劲大得很》由重庆人民出版社（今重庆出版社）出版，《赶场》由重庆电视台摄入了《沃土培育的鲜花》文艺专题片。重庆师专中文系把白炳成的歌谣编入教材，并请他讲授民歌课程。1979年,被评为重庆市文艺界先进工作者。1981年,中国音乐家协会副主任、著名音乐家贺绿汀途经重庆,专程在南温泉会见白炳成,对他从事的山歌活动给予高度评价。在"民间文学三套集成"普查中,白炳成与普查专业队人员一起,深入木洞区各乡拜访歌友,以歌引歌,示范演唱,打消了歌手们的顾虑,协助专业队采录各类曲调和歌谣200余首,故事10余个,谚语近100条,为巴县集成工作做出了突出贡献。1990年,重庆市文化局命名为"重庆市民间歌手"。

2011年3月31日晚11时病故,享年83岁。

丁雪松

丁雪松,女,汉族,中共党员,中华人民共和国第一位女大使丁雪松,1918年5月27日生,2011年5月去世,巴县木洞镇人。

1936年6月,参加中共领导的重庆各界救国联合会,积极投身抗日救亡运动。1937年10月,加入中国共产党。1938年,初到延安,先后在抗日军政大学和中国女子大学学习,并任抗大女生队队长和女大校友会副主席。1941年,她和在延安从事革命工作的朝鲜籍音乐家郑律成结为伉俪。1945年日本投降后,郑律成按中共中央决定回朝鲜工作,丁雪松亦经中共中央同意,携女随行。

1946年始,丁雪松任朝鲜劳动党中央侨务委员会秘书长,朝鲜华侨联合总会委员长。1949年,她出任中国东北行政委员会驻朝鲜商业代表团代表,同时兼任新华社驻平壤分社社长。1950年6月25日,朝鲜战争爆发,丁雪松于9月奉调回国,先后在中共中央对外联络部、中央国际活动指导委员会、国务院外事办公室和中国人民对外友好协会工作。同时,经中朝两国领导人同意,郑律成随丁雪松再次来到中国,转回中共党籍,并加入中国国籍。1964年,丁雪松任国务院外事办公室秘书长。1971年,任对外友协秘书长,后兼任副会长。1979年2月,出任中国驻荷兰王国特命全权大使,成为中华人民共和国第一位女大使。1982年5月,丁雪松出任中国驻丹麦王国特命全权大使。1992年离休后,担任中国人民对外友好协会理事、中国拉丁美洲友好协会副会长、中华名人协会副会长等职务。

丁雪松是中国共产党第八、第十二次全国代表大会代表,第四、第五届全国人民代表大会代表,第六、第七届全国政协委员。

(二)人物简介

中华人民共和国成立至1993年撤区并乡建镇,木洞籍和曾经在木洞工作任巴县木洞区党委、区公所和乡（公社）党委、政府正职者；撤区并乡建镇后，任镇党委、政府、人大正职者；木洞籍和尚在木洞工作获正高职称者；其他有特殊贡献者，至 2011 年 12 月底健在，编入人物简介。排列顺序，党政领导以任职时间为准，其他简介人物以出生时间为准，若时间相同，则按姓氏笔画排序。

1. 巴县木洞区委、区公所历任党政正职领导简介

张殿启　男，汉族，中共党员，生于 1923 年 3 月 5 日，山东省费县梁邱区张家庄，幼年随父母迁居临近中朝边境的吉林省汪清县（今延吉），"九一八"事变后，随家人举家迁徙到山东。

1942 年初，接受八路军（七大队）分派的革命工作，秘密组织抗日自卫队，在敌占区侦查，获取情报。1944 年 6 月，加入上东鲁南地委训练班，成为正式学员。1945 年 1 月，训练班毕业后，加入山东肥城果邱区各救会，各救会是抗战时期山东地区的一个抗日组织，受山东局的指导，张殿启在各救会中担任青年干事。1947 年，任各救会会长。抗战结束后，加入山东费县梁邱区武工队，先后担任武工队副队长、指导员，思想上日渐成熟的张殿启经过组织的考验，加入中国共产党。1948 年 1 月，在山东费县梁邱区党支部任副书记。同年 6 月，被选为民运委员和区委候补委员。

张殿启活跃在淮海战役战区，主动请缨，肩负起保障后勤运输供给的职责，担任民运股长和苏南办事处粮站工作员，带人运送粮食和物资，支持了淮海战役的胜利。1949 年 2 月，在淮南地委工作组服务。同年 5 月，加入西南服务团。1950 年，抵达重庆，在川东区党委工作队任组长。1950 年，在巴县八区农协会任主任、区委委员；1951 年 12 月，在巴县六区（木洞区）区委任组织委员。1953 年，在巴县六区区委任书记；1955 年，在巴县检察院任副检察长、检察长。组织选派到中央政法干校学习，受到毛泽东、周恩来等国家领导人的接见并合影留念。1959 年至 1961 年，下派到巴县小南海铁厂任副厂长，随后，调入白市驿铁厂党委任书记。1961 年至 1964 年，在巴县检察院任检察长。"文化大革命"期间，受到不公正待遇。1970 年，白市驿铁厂任采购员、党委书记。1978 年至 1983 年，在巴县二轻局党组任书记，1983 年 12 月离休，享受副厅级待遇。离休后，他还关心巴南区工业发展，多次为工业经济工作建言献策，积极参加巴南区的各类公务活动。于 2010 年 5 月 13 日逝世，享年 87 岁。

李德智　女，汉族，中共党员，生于 1923 年 9 月，巴南区丰盛镇人，小学文化，1951 年 9 月参加工作。

1950 年至 1951 年 9 月，任木洞乡保安村副村长、妇代会主任。1951 年 9 月至 1952 年 10 月，在巴县木洞区民主建政工作组工作。1952 年 10 月至 1956 年 4 月，任木洞区委组织干事、妇联主任。1956 年 4 月至 1959 年 6 月，任木洞区党委副书记。1959 年 6 月至 1962 年 8 月，任木洞区党委书记。1963 年 2 月至 1966 年 6 月，调整任木洞区党委副书记。1966 年 6 月，因工作需要调出木洞区公所，到巴县农业局履职。

李德智在木洞组织开展民主建政，负责组织干部人事和妇女工作，分管党务工作，在任书记时，组织开展了党的队伍建设，党员发展工作，组织农业、副业生产发展工作。

吴肇终 曾用名吴万寿，男，汉族，中共党员，生于1926年11月，巴县姜家人，高中文化，1950年初参加工作。

1950年初，在巴县五布乡第六大队参加剿匪。同年8月1日，脱产参加革命工作，曾经在五布乡、丰盛乡任副乡长、乡长。1952年12月至1954年4月，任木洞区委组织干事。1954年4月至1954年11月，任木洞区委组织委员，1954年11月至1957年6月，任木洞区党委副书记。1957年6月至1959年7月，任木洞区党委书记，因工作需要调出木洞区公所，到巴县长生区公所履职。

吴肇终在巴县木洞区履职时，负责组织干部人事工作，分管党务工作，组织开展了党的队伍建设，党员发展工作，组织农业、副业生产发展工作。

袁子世 男，汉族，中共党员，生于1927年4月，巴县西彭镇人，高中文化，1950年3月参加工作。1950年11月至1954年4月，任巴县同贯区同贯乡副乡长、乡长。1954年5月至12月，任巴县统战部秘书。1956年11月至1959年2月，任巴县宣传部副部长；1959年3月至1962年7月，在巴县陈家桥、白市驿铁厂工作。1962年7月至1963年2月，任巴县人委办公室主任。1963年2月至1972年7月，任巴县木洞区区长。同年7月至1978年4月，任巴县木洞区革委会副主任。同年4月至1988年11月，任巴县木洞区委副书记。1988年11月退休，2006年10月5日晚病故，享年79岁。

袁子世组织宣传党在农村各个时期的方针、政策，实践党的群众路线，长期做群众思想政治工作，主管群团、工青妇工作。在木洞工作期间，正值"文化大革命"结束及其以后的拨乱反正时期，袁子世带领木洞群众清除"文革"造成的不良影响，教育党、团员干部群众转变思想，改进工作作风，树立为人民服务的思想，还组织木洞地区开展了"扫三风、树新风、学雷锋"活动。

马荣斌 男，汉族，中共党员，生于1928年8月，巴南区木洞镇人，小学文化，1953年8月18日入党，1954年11月参加工作。

1935年至1938年，在巴县木洞镇中坝村放牛。1939年至1942年，在巴县木洞苏家浩小学读书。1943年至1944年，在巴县木洞镇中心校读书。1945年至1948年，在江北洛碛河边捕鱼。1949年1月至1949年10月，在家务农。1949年10月至1952年12月，在苏家浩村参加土地改革。1952年12月至1954年11月，任豚溪乡民兵连长。1954年11月至1955年7月，任豚溪乡党总支部副书记。1955年7月至1956年5月，任豚溪乡党总支书记。1956年5月至1958年12月，任木洞乡党总支部副书记。1958年12月至1960年12月，任木洞公社党总支书记。1960年12月至1966年12月，任木洞公社党委书记。1966年12月至1968年10月，在巴县木洞公社工作。1968年10月至1972年7月，任木洞公社革委会主任。1972年7月至1978年8月，任水口公社主任、党委书记。1978年8

月至1983年12月，任木洞区党委副书记。1983年12月至1989年1月，任木洞区乡镇企业办公室主任、调研员。

1989年1月退休，2007年6月病故，享年79岁。

马荣斌主要在农村从事基层党组织建设，开展群众思想教育活动，贯彻党在农村的各项方针、政策，以抓农业生产，推广杂交水稻栽培技术，提高粮食亩产量，发展经济作物，推广科学养蚕，发展生猪，积极发展乡镇企业等农副业为重点的促农增收工作。

李树杭 男，汉族，中共党员，生于1930年3月，巴县丰盛公社木桥村人，小学文化，1952年10月参加工作，1952年12月加入中国共产党。1950年至1952年9月，任巴县木洞区两路乡公安员，兼农协会副主任，曾经在巴县两路、天池、麻柳乡人民政府任副乡长、乡长、党支部书记，于1957年10月至1962年6月任巴县水口乡党支部书记。1962年6月至1965年10月，任木洞镇人委党支部书记，兼镇长。1965年11月至1979年10月，因受到错误处理回家务农，于1979年10月，被中共巴县纪委平反，撤销1965年11月巴会人字第338号文件，《关于开除李树杭公职处分的通知》，平反恢复名义，党内恢复党籍，因身体弱而带病，不能履职工作，行政退职，于1979年10月退休。

肖鹏成 男，汉族，生于1931年11月，巴县虎溪人，初中文化，1951年8月参加工作，1952年11月加入中国共产党。

1957年4月至1957年10月，任巴县木洞区公所区长。1957年10月，因工作需要调出木洞区公所，到巴县长生区公所履职。

肖鹏成在木洞区公所履职时，开展了以社会主义和资本主义两条道路的大辩论，进行了社会主义教育运动，组织开展提高干部群众思想觉悟，引导群众参加进行高级化农村合作社。

欧治自 男，汉族，生于1931年11月，巴县虎溪人，小学文化，1950年8月参加工作，1952年11月加入中国共产党。

欧治自曾经在巴县虎溪区曾家、胜利乡，区公所从事财粮、文书工作，巴县县委办公室，巴县农林水利局工作。1965年10月至1970年5月，任木洞区党委书记，1970年5月参加襄渝铁路后，调出木洞区公所。欧治自在木洞区公所履职时，主要是配合重庆市委工作团，在木洞地区开展"大四清"运动。

张森茂 男，汉族，生于1932年1月，巴县木洞镇苏家浩人，初中文化，1952年10月加入中国共产党，同时，参加工作。

1952年10月至1955年8月，任豚溪乡党总支部书记、乡长。1955年8月至1977年8月，任双河口乡党总支书记、党委书记、乡长。1977年8月至1989年10月，任木洞区公所区委副书记、书记。1989年10月至1992年12月，任木洞区公所调研员。

1993年1月退休，2000年11月19日上午9时病故，享年68岁。

张森茂一生都在家乡木洞区的范围内领导群众从事农村工作，向群众宣传、贯彻落实党在各个时间的方针、政策，带领班子成员加强党的队伍建设，发展党员，联系群众，深入基层，带领群众修建和改造塘、库、渠、堰等水利设施，积极推广杂交水稻，指导群众在种植粮食作物栽培和田间管理技术上的应用，促进农民粮食增产、经济增收，在晚年还积极配合县、区多经工作部门发展生猪和蚕桑生产。

姜廷辉 男，汉族，生于1932年3月，巴南区木洞镇人，高中文化，1951年1月参加工作，1954年6月28日加入中国共产党。

1951年1月至1955年12月，任木洞区公所文书。1955年12月至1956年3月，任木洞区公所文书兼组织委员。1956年3月，根据工作需要，调出木洞区公所，于1970年4月至1975年12月，巴县县委又调入在其家乡，任木洞区党委书记，于1975年12月又调出木洞区公所，在重庆市水电局履职。

姜廷辉在木洞任职期间，开展基层群众教育工作，抓党的队伍建设，党员发展，指导农业生产，多种经营，发展生猪，带领群众兴修水利，民政财务，教育群团等工作。

夏贵福 男，汉族，生于1933年3月1日，巴县姜家镇人，初中文化，中共党员，1952年12月1日参加工作。1952年12月至1954年3月，在巴县二圣乡任副乡长。1954年3月至1956年6月，在姜家区委任组织委员。1956年6月至1957年5月，在姜家区委任副书记。1957年5月至1959年1月，在巴县五布乡任党支部书记。1959年1月至1960年8月，在巴县姜家区委任副书记。1960年8月至1963年2月，在巴县姜家区委任书记。1963年3月至1964年2月，在巴县农工部任工作员。1964年2月至1965年12月，在巴县木洞区委任副书记。1965年12月至1966年5月，在巴县木洞区任区长。1966年5月至1977年8月，在巴县木洞区委任副书记、区革命委员会副主任、副区长。1977年8月至1980年10月，在巴县木洞区委任书记。1980年11月至1983年12月，在巴县姜家区任区长、区委书记。1983年12月至1988年12月，在巴县姜家区委任副书记。1988年12月至1993年3月，在巴县监察局任副局长（正局级）。

1993年3月退休，2013年10月病故，享年80岁。

1963年，夏贵福受错误处分，撤销巴县姜家区委书记职务，1979年复查，巴县县委作了彻底平反纠正，撤销原处分决定。

夏贵福在木洞负责党务全面工作，主要在农村从事基层党组织建设，开展群众思想教育活动，贯彻党在农村的各项方针、政策，以抓农业生产，推广农作物良种良法及杂交水稻栽培技术，提高粮食亩产量，发展经济作物，推广科学养蚕，发展生猪等农副业为重点的促农增收工作，指导开展农村基本农田水建设。

1977年，被评为重庆市先进工作者。1987年，受巴县政府奖励晋升一级工资。1991年，被评为重庆市监察局先进工作者。1992年，被评为巴县优秀学员。

1994年8月18日，巴委〔1994〕213号文，批准同意夏贵福享受副县级政治生活待遇。

刘正伯 男，汉族，生于1935年8月，巴南区木洞镇人，初中文化，1950年6月加入中国共产党，1952年11月参加工作。

1952年11月至1958年12月，任豚溪乡团支部书记、指导员、团委书记。1958年12月调出豚溪乡，于1971年7月，巴县县委决定将刘正伯调入其家乡，任木洞区公社党委组织干事、副部长、区委组织委员、人保组副组长。1971年7月至1974年3月，参加木洞中坝学习班，巴县五七干校学习，于1974年3月又将刘正伯调出，又于1980年9月至1986年12月，巴县县委又决定将刘正伯再次调入其家乡，任木洞区党委副书记。1986年12月至1990年3月，任木洞区公所区长、党委书记。1990年3月，再次调出木洞区公所，调入巴县农牧渔业局履职。

刘正伯在木洞任职期间，组织开展党员教育，加强队伍建设，宣传贯彻党在各个时期的方针、政策，落实农村家庭联产承包责任制，指导农业生产，推广良种良法，组织实施杂交水稻、玉米育苗栽培技术的应用，发展乡镇企业，调整农村产业结构，优化土地资源，山坪塘和中、小学危房改造工作。

田茂清 男，汉族，生于1936年6月，中共党员，巴县麻柳嘴镇人，1955年6月参加工作，先后在巴县麻柳乡、天池乡、长生区委任办事员。1965年11月至1971年2月，任巴县长生区区委副书记、革委会副主任。1971年2月至1972年9月，任巴县师范学校党委书记。1972年9月至1980年9月，先后在巴县木洞区公所、鱼洞区公所党委任副书记。1980年10月至1985年7月，任巴县界石区公所党委书记。1985年7月至1993年4月，任巴县城乡建设委员会主任。

1996年6月退休，2011年9月26日病故，享年75岁。

1997年4月独资创建了重庆东南亚实业总公司，开始从事房地产开发。2005年，投资建立了"云篆清风"重庆休闲度假酒店。中国知青文化主题公园，设置知青博物馆及接待、展示、演唱、娱乐、餐饮一体的主体公园会所和森林度假村，成为全国唯一的名列首位的中国知青文化旅游品牌。

2003年以来，无偿修建危岩抢险、新农村建设、水库整治等5项工程，投资352.66万元，还捐赠抗击非典、资助贫困学生等4项6.1万元，合计358.76万元。2000年以来，他的企业资信等级和信誉连续七年被评为一级企业（AA级）和重合同守信用企业，获得了重庆市诚信企业等10余次表彰。

杨昌明 男，汉族，1942年12月生，巴南区南彭镇白云村人，初中文化，1971年2月参加工作，1971年6月加入中国共产党。

杨昌明曾经在界石、中兴、南彭镇中学从事教育工作，1983年10月从事政府机关工作，首先在界石镇政府从政。于1989年10月至1992年10月，组织决定将杨昌明调入木洞区公所，任区长、党委书记。1992年10月调离木洞区公所，到巴县农业办公室履职。

徐宗品 男，汉族，出生于1947年，生于1940年10月，巴南区丰盛镇人，高中文化，1962年2月参加工作，1971年12月加入中国共产党。

1961年9月至1962年1月，在四川省农村人民公社干部学校学习。1962年1月至1964年7月，在四川省南江县关坝公社任青年干部。1964年7月至1974年5月，在南江县任青年干部。1964年5月至1975年2月，任南江县上两区宣传委员。1975年2月至1979年6月，任南江县城关区宣传委员。1979年6月至1982年12月，在巴县丰盛乡工作。1982年12月至1983年12月，任巴县长坪乡乡长。1983年12月至1992年12月，任巴县木洞区委宣传委员。1992年12月至1993年12月，任木洞区老龄委专干。1994年1月至2000年12月，在巴南区丰盛镇工作。2000年12月退休。

1983年9月12日，选为重庆市第十届人民代表大会代表。1998年12月，被评为巴南区"优秀共产党员"。

毛家鑫　男，汉族，生于1951年11月，重庆市渝中区人，大学本科文化，中学一级教师，1969年2月参加工作，1983年11月加入中国共产党。

毛家鑫曾经在四川省石柱县临溪公社和平大队下乡知青，重庆市第二师范学校学习毕业。于1975年9月至1979年9月，任长坪公社中学校教师、副教导主任。1979年9月至1981年5月，任栋青公社小学校教导主任。1981年5月至1986年5月，任巴县木洞区教育办公室教研员、主任。1986年5月至1988年12月，任木洞区公所党委副书记。1987年6月至1989年12月，任木洞区公所区长。1989年12月至1991年3月，任木洞区党委书记；1991年3月离开木洞，调入政协巴县委员会第八届秘书长及办公室工作。

毛家鑫曾当选为重庆市巴县栋青人民公社第九届人民代表，巴县第十一届人民代表，重庆市第十二届人民代表，重庆市（直辖市）第一届人民代表。政协巴县第八届委员会委员，中共巴县第七次、八次党代会代表，中共巴南区第九次党代会代表，中共巴县第八届县委委员，中共巴南区第九届区委委员，获中共巴南区委、区人民政府"三等功"1次。

易金海　男，汉族，生于1952年6月，巴南区丰盛镇人，初中文化，1970年5月参军服兵役，1973年4月加入中国共产党。

易金海曾经在襄渝铁路巴县民兵团五营三连，云南省蒙自县（今蒙自市）步兵一二六团一连服兵役，马家公社和巴县县委基本路线教育工作团工作，于1979年4月至1980年2月，任木洞镇革命委员会副主任。1980年2月至1981年11月，任木洞公社党委副书记、管委会副主任。1981年11月至1983年10月，任木洞区团委书记兼区委文书。1983年10月至1991年4月，任木洞区公所副区长。1991年4月至1993年12月，任木洞区公所区长、党委副书记。1993年12月至1996年7月，任巴南区青山镇党委书记兼人大主席。1996年7月离开木洞，调入巴南区土桥街道党工委履职。

易金海少年时代，参与铁路建设，当兵服役，参加党的基本路线教育运动，负责青年、文书工作，有了基础工作的磨炼，提升为党委副书记到镇长、书记，主要从事党的组织建设，壮大组织队伍，发展党员，培养干部，教育群众，同时，负责管理政府行政及事务工作。

2. 1949年11月至1993年撤区并乡的乡（公社）镇党政领导

蒋全益 男，汉族，生于1921年5月16日，巴县木洞区长坪乡人。1942年4月至1947年，被国民党时期拉兵到江西、山东省伪七二师当兵，1948年4月起义。1949年6月5日，在江苏省于二营加入中国共产党。

1948年4月至1952年5月，曾先后在山东省华东十连特务团二营司号员、28军82师246团和侦察连任班长，1952年5月转业回乡，任木洞镇民兵中队长。1952年12月至1955年10月，任巴县长坪乡副乡长、乡长。1955年10月至1956年12月，在巴县百节乡干部学校文化学习。1956年6月至1961年7月，任木洞乡人民委员会副主任、副乡长。1961年7月至1971年8月，任长坪乡人民公社社长。1971年8月至1979年12月，任木洞镇党总支副书记。1972年1月至1982年6月，任木洞镇镇长。

1982年6月离休，2008年3月5日病故，享年87岁。

蒋全益少年时代被国民党拉兵服役，一心为追求自由、公平的革命真理，与同志们共谋，追寻中国共产党，起义跟随共产党闹革命，举枪抗日，扛枪对敌，取得了全国解放后，转入农村基层工作，带领农民群众开展农业生产，配合党委开展行政事务管理工作。

曹光新 男，汉族，生于1925年7月，巴县西彭镇人，小学文化，1950年1月参加工作，1952年10月25日加入中国共产党。

曹光新曾经在巴县西彭、同贯乡、同贯区供销社及区公所工作，还在长生区供销社、公社、长生区公所任党委书记。1965年3月至1983年12月，任木洞镇党委书记。1984年12月退休，卒于1986年3月8日，享年61岁。

曹光新在木洞镇任职期间，主要从事场镇基层党务工作，长期以来，受病魔缠身而坚持工作，在街道辖区开展企业职工思想教育工作，发动群众掀起学习教育活动，转变群众思想，提高觉悟，紧跟形势，建立和发展党组织队伍，在"文化大革命"期间，受到不良影响和抵触，在中国共产党十一届三中全会后，拨乱反正，肃清影响，稳定人心，团结一致抓企业生产和街道环境卫生工作。

李树成 男，汉族，生于1923年3月6日，巴县姜家区卢沟乡人，小学文化，1950年1月参加工作，1954年4月加入中国共产党。

李树成曾经在巴县姜家、长生区和广阳乡工作，1952年后，组织调动在巴县马家、麻柳、石岗工作。1962年3月至1972年12月，任木洞公社党委副书记、社长（在此期间于1971年至1972年在襄渝铁路工作，任营长，曾立三等功一次，嘉奖多次）。1972年12月至1980年1月，任水口乡党委副书记、乡长。1980年1月至1982年12月，在巴县水口乡工作。

1982年12月退休，2014年3月26日病故，享年91岁。

李树成在工作期间，组织开展群众思想教育工作，把党在农村各个时期的方针、政策，贯彻落实到群众中去，组织实施农业生产，多次荣获巴县县委、县政府和重庆市人民政府的表彰，被评为年度先进工作者。

雷树清 男，汉族，生于1926年4月，巴南区丰盛镇人，小学文化，1954年参加工作，1952年11月22日加入中国共产党。

1954年1月至1956年12月，任马家乡副乡长、支部委员。1956年5月至同年12月，在巴县百节参加文化补习班学习。1957年1月至1958年7月，任木洞区公所副区长兼丰盛乡党委书记。1958年7月至1960年8月，任木洞区公所生活福利部部长兼武装副部长。1960年8月至1964年5月，任木洞区马家乡党委书记。1964年5月至1964年11月，任木洞区羊鹿乡党委书记。1964年11月至1978年11月，任木洞区栋青乡党委副书记、乡长。1978年11月至1982年8月，任木洞区丰盛乡党委副书记、乡长。1982年8月退休。

林昌荣 男，汉族，生于1928年12月，巴南区木洞镇人，初中文化，1951年6月加入中国共产党，1952年10月参加工作。

1950年7月至同年10月，参加村农协会武装队任队长。1950年10月至1951年11月，参加村减退土改领导小组，村财粮农会，任副主任。1951年11月至1952年9月，任木洞镇农会土改复查工作副组长。1952年9月至10月，任木洞镇民兵中队公安室指导员、公安员。1952年10月至1953年11月，任仰山副乡长、农会主任。1953年11月至1954年1月，任仰山乡党支部书记、副乡长。1954年1月至9月，任水口乡党委书记。1954年9月至1956年1月，任木洞区委组织委员。1956年1月调离木洞，到巴县农委。1957年1月至1959年3月，任木洞区委委员。1959年3月至同年5月，任木洞区委（联社）办公室主任、区委委员。1959年5月，调出木洞区公所。1962年7月至1968年10月，组织决定林昌荣调入其家乡，任巴县水口乡党委书记。1968年10月至1977年3月，因"文化大革命"夺权停职任工作员。1977年3月至1988年3月，任木洞乡党委书记。1988年3月至1988年12月，任木洞区乡镇企业办公室主任，兼任木洞制毯厂书记。

1988年12月退休，2012年1月3日病故，享年84岁。

林昌荣在工作期间，曾多次被时任巴县县委书记周平的表扬，还曾被评为巴县县委、县政府表彰为"先进个人"荣誉称号，长期在农村基层从事群众思想教育工作，开展党的建设和组织发展工作，组织学习各个时期党的方针、政策，学习农业科学种田，组织开展农田水利建设，指导农业生产，发展工业、企业、多种经营和家禽家畜业。

魏伯勤 男，汉族，生于1929年9月，巴县五布乡人，小学文化，1951年1月参加工作，1954年4月加入中国共产党。

魏伯勤少年时代在重庆忠列祠街4号附4号学徒弟，1945年9月至1949年10月，在重庆野猫溪河街7号做皮鞋，曾经在五布乡农民协会任职。1955年4月至1965年8月，组织调动在栋青乡任党委书记，1965年8月调出巴县栋青乡。1980年9月至1981年9月，任木洞区社办公室主任。1981年9月至1984年4月，任木洞区公所副区长。1984年4月至1990年6月，任木洞区调研员。1990年6月退休，2006年4月病故，享年77岁。

魏伯勤主要在农村从事基层党组织建设，开展群众思想教育活动，贯彻党在农村的各项方针、政策，以抓农业生产，提高粮食亩产量，发展经济作物，发展乡镇企业等农副业为重点的促农增收工作。

马永光 男，汉族，生于1931年5月，巴南区木洞镇苏家浩村人，1950年7月参加工作，1952年10月加入中国共产党。

1951年至1952年7月，任木洞乡农协主任和民兵武装队成员。1952年7月至1954年7月，任水口乡乡长。1954年7月，任木洞区公所副区长。1955年5月至1958年1月，任木洞区公所党委副书记。1958年1月至1959年11月，任木洞公社党委书记。1959年11月至1962年5月，任木洞公社党委副书记。1962年5月调出木洞公社，到麻柳公社任职。1979年7月至1982年10月，组织决定将该同志调入他的家乡，任木洞乡党委书记。1982年10月至1986年3月，任木洞镇党总支书记、镇长。1986年3月调出木洞镇，到巴县鱼洞镇工作。

马永光曾经荣获四川省"抗洪救灾"荣誉称号，获得了重庆市"先进个人"，又评为了"爱国卫生先进个人"多次，被巴县县委、县政府多次评为了"优秀党务工作者"和"优秀共产党员"荣誉称号，1991年6月退休，2016年不慎因车祸而亡。

马永光在木洞任书记时，组织开展党的队伍建设，发展党员，落实农村干部政策，纠正对干部错误处理的历史遗留问题，巡回到农村田间指导农作物种植技术，指导农业生产和田间管理，指导兴修发电站，带领群公为民兴修人行大路，人行桥，实施场镇街道门前卫生、安全、防火、防盗责任制。

吴志荣 男，汉族，生于1932年9月，巴南区木洞镇人，初中文化，1951年5月参加工作，1953年6月加入中国共产党。

吴志荣曾经在巴县县委办公室。1954年4月至1955年3月，任木洞区公安特派员。1955年3月调出木洞镇，到巴县公安局。1957年4月至1959年6月，组织决定将该调入巴县栋青乡任乡长。1959年6月，任巴县木洞镇党总支书记。1961年6月至1963年3月，任木洞镇镇长。1963年3月至1965年11月，任巴县木洞区公所区长助理。1965年11月至1971年10月，任巴县水口公社党委副书记。1971年10月调出木洞镇，又于1979年3月至同年8月调入巴县水口公社任党委书记、革委会主任。1979年8月至1992年10月，任木洞镇镇长（其间，兼任木洞区公所乡镇企业办公室主任）。

吴志荣曾选为巴县第四次党代表，1978年、1981年、1984年、1987年选为巴县人民代表大会代表，1982年10月，获重庆市委市政府抗洪抢险"先进个人"荣誉称号。

1992年10月退休，2017年9月病故。

周银灿 男，汉族，生于1932年12月，巴南区木洞镇人，初中文化，1954年5月20日加入中国共产党，1958年3月参加工作。

1951年至1957年，在农村参加劳动，任初级社社长、高级社主任、村党支书记。1958年3月，在木洞人民公社栋青管理区工作。1959年10月至1960年5月，任管理区主任，兼党委副书记。1960年5月至1961年6月，任巴县栋青乡乡长。1961年6月调出巴县栋青乡到天池公社，于1978年9月至1979年3月组织决定将周银灿调入他的家乡，任栋青公社党委副书记。1979年3月至1989年11月，任栋青乡党委书记，兼人大主席。1989年11月至1993年12月，任栋青乡党委副书记。

周银灿曾荣获重庆市人民政府第五次全国人口普查工作"先进个人"荣誉称号。

1994年1月退休。

陈永禄　男，汉族，生于1933年2月，巴南区丰盛镇人，小学文化，1952年参加工作，1954年6月26日加入中国共产党。

陈永禄曾经在巴县冠山、丰盛乡工作。1976年3月至1989年3月，组织决定陈永禄调入巴县长坪乡任党委书记。1989年3月至1993年4月，任木洞镇镇长。

陈永禄曾经荣获重庆市"农业劳动模范"，重庆市体育协会"先进工作者"，被巴南区委评为退休干部"优秀党员"荣誉称号，获得巴南区委"中国共产党党龄五十年以上"荣誉奖章。

陈永禄1976年，1979年两届选为中共巴县县委党的代表大会代表。1990年，选为巴县第十一届人民代表大会代表，1993年4月退休。

胡慎华　男，汉族，生于1933年8月，巴南区木洞镇人，1955年4月参加工作，1954年11月加入中国共产党。

胡慎华曾经在巴县双河口、马家公社工作。于1960年2月至1961年4月，任长坪公社社长。1961年4月至1965年8月，任木洞公社文书、团委书记，同年8月至1982年10月，任木洞公社党委副书记。1982年10月至1985年10月，任木洞乡乡长。1985年10月至1988年10月，任木洞乡党委副书记、人大主席。1988年10月至1991年10月，任木洞乡副乡长。1991年10月至1993年8月，任助理办事员。

1993年8月，退休。

胡慎华主要在农村从事基层党组织建设，开展群众思想教育活动，贯彻党在农村的各项方针、政策，纠正对干部错误处理的历史遗留问题，以抓农业生产，提高粮食亩产量，发展经济作物等农副业为重点的促农增收工作。

王安全　男，汉族，生于1935年11月，巴南区麻柳嘴镇人，小学文化，1954年6月加入中国共产党，1956年4月参加工作。

1960年4月至1965年10月，任巴县长坪乡党委书记。1965年10月至1979年10月，任巴县栋青乡党委书记。1979年10月调出栋青乡到双河乡任职，于1992年10月至1995年11月，任木洞区公所监察干部。

王安全于1966年1月，选为巴县第二届党代表。1970年1月，选为巴县第三届党代表。1978年9月，选为巴县第四届党代表。1984年2月，选为巴县第五届党代表。1987年2月，选为巴县第六届党代表。1990年2月，选为巴县第七届党代表。1982年3月，选为巴县第九届人民大会代表。

王安全长期工作在基层，开展全国夏季以农业生产为中心的红旗手竞赛运动中，被巴县县委、县政府评为"红旗手"，还参加巴县农业学大寨，评为先进积极分子出席县的先进代表大会，曾经多次被巴县县委县政府表彰为"先进工作者""优秀共产党员"，连续三年被巴县县委评为"优秀党务工作者""优秀共产党员""优秀公务员"，曾被重庆市人民政府评为"计划生育先进个人"，又被四川省人民政府评为"计划生育先进个人"。

1995年11月退休。

倪国筠 男，汉族，生于1936年7月，巴南区木洞镇人，初中文化，1954年4月加入中国共产党，1959年10月参加工作。

倪国筠于1962年8月至1971年7月，任巴县水口乡党政办公室文书。1971年8月至1983年1月，任巴县木洞区委办公室文书。1983年2月至1987年1月，任巴县栋青乡第五届选举，党委副书记。1987年1月至1993年1月，任栋青乡乡长。1993年1月至1994年1月，任栋青乡人大主席。

1990年1月至1993年1月，选为巴县第十二届人大代表。1995年2月至1998年12月，选为巴南区人大代表。

倪国筠长期从事基层工作，在群众中宣传党在各个时期的方针、政策得以贯彻落实，曾经在年度工作、文档工作、中小学危房改造、老龄工作等分别被巴县县委、县政府评为"先进个人"和"优秀国家公务员"。1982年11月，被重庆市政府评为全国第三次人口普查工作"先进个人"荣誉称号。1996年8月退休。2006年1月29日病故，享年70岁。

杜德云 男，汉族，生于1937年1月，巴南区丰盛镇人，初中文化，1958年1月参加工作，1958年12月加入中国共产党。

杜德云曾经在巴县马家乡工作，1965年7月至1972年1月，任巴县木洞镇党委书记、兼文书、武装助理员。1972年1月调出木洞镇，于1986年12月至1989年9月，任巴县仰山乡党委副书记、乡长。1989年9月至1993年12月，任长坪乡党委书记。1993年12月至1995年2月，任青山镇人大主席。1995年2月至1995年12月，任巴南区青山镇人大主席。1995年12月至1998年3月，任镇机关支部书记兼开发办主任。

杜德云曾经被巴县县委、县政府表彰为"先进个人"荣誉称号，在民政和农村社教工作中，成绩显著，受到重庆市委、市政府的表彰。1998年3月退休。

杜德云主要在农村从事基层党组织建设和行政管理工作，组织开展群众思想教育学习活动，贯彻党在农村的各项方针、政策，以抓农业生产，提高粮食亩产量，发展经济作物等农副业为重点的促农增收工作。

李长海 男，汉族，生于1938年10月，巴南区木洞镇人，初中文化，1958年参军入伍，1965年3月参加工作，1965年10月28日加入中国共产党。

李长海于1958年至1961年，应征入伍到宁夏军区，任班长。1961年至1964年，回家务农任生队会计。1965年至1969年，在巴县栋青乡政府（半脱产干部）政治干事。1970年至1971年，任湘渝民兵团修铁路营参谋。1972年至1973年，任巴县木洞区公所办事员。1974年至1977年，任栋青乡党委副书记。1978年至1982年，任巴县水口乡党委副书记。1983年至1986年，任栋青乡乡长。1987年至1988年，任栋青乡副乡长。1992年1月至1993年11月，任仰山乡人大主席。

1993年11月退休，2013年9月3日病故，享年75岁。

李长海主要在农村从事基层政府行政管理工作，组织开展群众思想教育活动，贯彻党在农村的各项方针、政策，以抓农业生产，提高粮食亩产量，发展经济作物等农副业为重点的促农增收工作。

罗有林　男，汉族，生于1940年1月，巴南区木洞镇人，小学文化，1958年3月参军服兵役，1964年8月参加工作，1960年7月加入中国共产党。

罗有林少年时代参军入伍到宁夏军区3997和福建省军区6605部队服兵役，服役转业后，曾经在巴县麻柳嘴乡工作，于1987年3月至1993年12月，任巴县木洞镇政府党总支书记。1993年12月至1995年12月，任巴南区木洞镇政府人大主席。1996年5月退休。

罗有林主要在基层从事党组织建设和街道管理工作，组织开展群众思想教育学习活动，贯彻党在各个时期的各项方针、政策的落实，指导和管理街道卫生，实施场镇居民门前责任制。

杨平刚　男，汉族，生于1941年8月，四川营山县人，中专文化，1961年8月参军入伍，1962年6月加入中国共产党。

杨平刚于1961年8月至1963年8月参军，在西藏军区昌都军分区特务连战士。1963年8月至1966年3月，任中央气象局通讯科报务员。1966年3月至1974年2月，任山西省气象局办事组科员。1974年2月至1982年2月，任长坪乡党委副书记、革命委员会副主任。1982年2月至1983年1月，任木洞镇人民政府代镇长、党委副书记。1983年1月至1990年1月，任木洞区委组织委员。1990年1月至1991年12月，任木洞镇人大主席团主席。1991年12月至1996年3月，在木洞镇党委组织办公室工作。

杨平刚长期从事基层群众思想政治工作，在党的建设、老龄工作、中小学危房改造、侨联工作等，曾先后荣获巴县县委、县政府及市级先进个人和优秀党务工作者荣誉称号，在部队期间还荣获山西省气象局"先进个人"表彰。

1996年3月退休。

陶绪全　男，汉族，生于1943年7月，重庆南岸区大兴场人，高中文化，政工师，1963年3月应征入伍7591铁一师二团部队，1963年10月加入中国共产党。

陶绪全于1966年3月，出国参战"援越抗美"。1976年1月转业，组织安排在长坪公社任党委副书记。1977年8月，任木洞公社党委副书记。1982年3月，任木洞公社社长。1983年4月，任木洞乡副乡长。同年6月，任木洞区社办公室副主任、党支部书记。1984年3月，任木洞乡副乡长。1985年10月，任木洞乡乡长。1993年3月，任木洞乡人大主席。1994年5月，任巴南区青山镇工会主席、农办主任。

第十一届、十二届、十三届县（区）人民代表。

1982年12月，荣获重庆市"四化干部·先进工作者"称号。2001年10月，按照政策提前离岗，2003年7月退休。

陶绪全主要从事基层政府行政管理工作，贯彻党在农村的各项方针、政策，以抓农业生产，提高粮食亩产量，发展经济作物等农副业为重点的促农增收工作。

杨继才　男，汉族，生于1943年12月，巴南区木洞镇人，初中文化，1964年3月参加工作，政工师，1965年3月28日加入中国共产党。

1965年9月至1969年10月，任仰山人民公社团委副书记（其间：1966年3月至4月在市团委参加培训学习）。1969年11月至1979年6月，任双河人民公社党政办公室文书。1979年7月至1981年7月，任木洞人民公社党政办公室文书。1981年8月24日，巴委组〔1981〕320号批准任命为木洞公社党委委员、书记、主任至1982年11月。1982年11月至1992年1月，任木洞乡党委委员、书记（其间：1983年6月至8月，在重庆市党校学习）。1992年2月至1993年3月，任木洞镇党委委员、人大主席。1993年4月至2001年8月，任巴南区青山镇党委委员、纪委副书记、财经办主任。2001年9月至2001年10月，任木洞镇人民政府调研员。

1983年12月、1986年12月、1990年3月，三届分别选为中共巴县县委党代表。

1982年10月，被重庆市委、市政府评为抗洪抢险"先进个人"荣誉称号，1996年、1997年、1998年连续三年被巴南区委组织部、人事局年度考核，确定为"优秀公务员"。

2004年12月20日退休。

杨继才长期从事农村基层工作，负责党委全面工作，组织党的队伍建设，发展党员，开展党团干部、群众教育学习活动，落实农村家庭联产承包责任制，指导农业生产，推广粮食作物杂交水稻、玉米育苗栽培技术，提高粮食产量，宣传鼓励农民发展生猪、蚕桑生产，调整农村产业结构，优化土地资源，维修山坪塘和中、小学危房改造等工作。

吴长水　男，汉族，生于1945年9月，巴南区麻柳嘴镇人，初中文化，1965年9月参军服兵役，1973年5月加入中国共产党。

在部队曾先后任排长、连长，于1976年3月，转业到巴县清溪乡工作，同时，任清溪乡党委副书记、革命委员会副主任。1978年10月至1984年3月，任木洞乡武装部部长。1984年3月至1989年10月，任木洞乡副乡长。1989年10月至1993年10月，任长坪乡乡长。1993年3月至12月，任长坪乡人大主席。1994年1月至2001年11月，在巴南区木洞镇城镇管理办公室工作。2001年11月，按照政策提前离岗，于2005年10月退休。

吴长水从部队复员后调入木洞乡，主要负责人民武装及征兵工作，任副乡长、乡长时，分管农业、多经、林业、蚕桑、生猪发展工作，还分管教育事业的发展，国土、财政等管理工作，在农业生产上，以推广粮食作物杂交水稻、玉米育苗栽培技术，积极推广优良品种，提高粮食总产量做出努力工作。

胡学义 男，汉族，生于1952年7月，巴南区木洞镇人，初中文化，1973年5月1日参加工作，1973年11月加入中国共产党。

1973年5月1日，在水口公社当广播员。1975年11月，任水口公社党委副书记。1983年，任水口公社副社长。1984年，任仰山乡副乡长。1987年，任栋青乡党委副书记。1990年，任仰山乡乡长。1993年，任仰山乡党委书记。1994年1月至1998年10月，任青山镇副镇长。1998年10月至2001年10月，任木洞镇副镇长。2001年11月退休。

1987年，在栋青乡选为巴县人民代表。1990年，在仰山乡选为巴县人民代表。

胡学义在1990年荣获巴县县委、县府、抗旱救灾工作被评为先进个人，在1991年度被巴县县委被为优秀干部，在1991年8月被巴县县委、县府、评为农田基本建设先进个人，在退休后的2014年度，重庆市老干局开展"学习十八大及三中全会精神，同心共筑中国梦，健康养老"（养老杯）知识竞赛荣获第一名。

赵文琴 女，汉族，生于1953年12月，南岸区广阳镇人，高中文化，1975年3月加入中国共产党，1975年9月参加工作。

赵文琴曾经在巴县广阳公社、长生区、白市驿黄金公社参加基本路线教育，于1988年9月至1992年10月，组织决定调入木洞区公所，任妇联主任。1992年11月至1993年12月，任木洞镇政府镇长。1994年1月至1994年7月，在木洞镇政府工作。1994年8月至1995年12月，任巴南区青山镇任妇联民政干部。1996年1月至1998年10月，任巴南区青山镇党委委员、纪委书记。1998年11月至2001年4月，任巴南区木洞镇纪委书记。2001年4月，调出木洞镇，到巴南区纪委办公室工作。

赵文琴主要在基层从事党组织建设和党员发展工作，组织开展群众思想教育学习活动，贯彻落实党在各个时期的各项方针、政策，负责分管老龄、妇女、共青团等工作。

2002年1月退休。

徐正文 男，汉族，1954年2月生，巴南区木洞镇人，大专文化，1973年12月应征入伍到吉林，1976年复员，1978年2月加入中国共产党。

徐正文于1982年10月至1987年2月，任巴县水口乡公安员。1987年2月，调出水口乡到马家乡工作，于1992年11月至1993年12月，任巴县栋青乡党委书记。1994年1月至1995年11月，任巴南区青山镇党委副书记、青山镇镇长。1995年12月，调出青山镇到麻柳嘴镇工作。1998年10月至2001年8月，任青山镇人大主席。2001年9月至2004年8月，任木洞镇副镇长。2004年8月7日病故，享年50岁。

1991年8月，被巴县人民政府评为1990年扫盲工作"先进工作者"荣誉称号。1992年4月，被巴县县委、县政府评为1991年度计划生育工作"先进个人"荣誉称号。1996年7月，被巴南区委评为1996年度"优良党务工作者"荣誉称号。1997年7月1日，被巴南区评为1997年度"优秀党员"。

蒋治全 男，汉族，生于1956年9月，巴南区木洞镇人，大专文化，1977年3月参加工作，1979年7月8日加入中国共产党。

1977年3月至1982年11月，任马家乡林业员。1982年12月至1986年8月，任长坪乡党委副书记。1986年9月至1988年8月，在巴县党校干部中专班学习并结业。1988年9月至1992年9月，任仰山乡党委副书记。1992年10月至1993年12月，任栋青乡党委副书记。1993年1月至1993年12月，任栋青乡人民政府乡长。1994年1月至1995年12月，任巴南区青山镇党委副书记。1996年1月至1998年12月，任青山镇人大副主席（其间，1995年9月至1998年7月，在重庆青年干部管理学院经济管理函授大专学习并毕业）。1999年1月至2001年7月，任青山镇党委副书记、纪委书记。2001年8月至2006年12月，任木洞镇党委副书记、纪委书记。2007年1月至2011年12月，任木洞镇党委委员、纪委书记。

蒋治全曾获得巴南区纪检监察系统先进工作者荣誉和被区纪委、区委组织部、区委宣传部评为"反腐倡廉宣传工作先进个人"，被巴南区委评为"优秀党政人才"和"优秀公务员"。

李世林 男，汉族，生于1958年1月，巴县羊鹿乡人，大专文化，1978年12月应征入伍服兵役，1979年6月28日加入中国共产党。

李世林于1978年12月至1982年12月，参军入伍服兵役，于1989年11月至1992年10月，任巴县栋青乡党委书记，1992年10月调出木洞镇到丰盛镇任职。李世林主要在基层从事党组织建设和党员发展工作，组织开展群众思想教育学习活动，贯彻落实党在各个时期的各项方针、政策，负责分管老龄、妇女、共青团等工作。

白和平 男，汉族，生于1958年8月，巴南区木洞镇人，大专文化，1976年12月应征入伍服兵役，1985年5月加入中国共产党。

1976年12月，应征入伍到湖北省应山县中国人民解放军空降部队服兵役，任伞降训练小教员，1981年1月退伍。1981年2月至1982年5月，在家务农。1982年6月至1987年2月，任巴县栋青乡林业员、副乡长。1987年3月至1988年8月，任仰山乡党委副书记。1988年9月至1992年10月，任木洞乡人武部部长、副乡长。1992年10月至1993年12月，任仰山乡党委副书记、乡长。1994年1月调出木洞镇到丰盛镇工作，于1998年10月至2001年7月，组织决定白和平调入他的家乡，任木洞镇党委委员、人武部部长。2001年8月，组织决定又将白和平调出木洞镇到双河口镇工作，又于2010年4月至2011年12月，组织决定又将白和平调入木洞镇任调研员。

白和平曾经被重庆市安全委员会评为渔业船舶安全整顿"先进个人",被重庆市人口普查办公室评为全国第四次人口普查"先进个人",重庆市人防办被评为2000年至2004年度"先进个人"荣誉称号。

3. 1994年1月至2011年12月,木洞镇党委、政府、人大领导

陈平华 男,汉族,生于1942年1月,巴南区丰盛镇人,初中文化,1965年9月17日加入中国共产党,1965年11月参加工作。

陈平华曾经在马家、清溪乡任团委书记,党委副书记、书记。于1984年2月至1989年8月,组织调动该同志任巴县长坪乡党委副书记、乡长。1989年8月至1992年10月,任巴县木洞区企业办公室主任、所属单位联合党支部书记。1992年10月至1993年12月,任木洞乡党委副书记、乡长。1994年1月至1996年2月,任木洞镇党委副书记、镇长,1996年3月至2001年8月,巴南区青山镇任党委副书记、调研员。2001年8月至2002年2月,任木洞镇调研员。2002年3月退休。2007年至2011年12月,任木洞镇机关退休支部党支部书记。

陈平华主要在农村从事基层党组织建设,开展群众思想教育活动,贯彻宣传党的方针、政策和计划生育政策,同时,组织群众发展农业生产,推广杂交水稻栽培技术,指导农民勤劳致富,促进乡镇企业等为重点的促农增收工作。曾经荣获巴县县委县政府"先进工作者",还获四川省人民政府计划生育"先进个人"荣誉称号。

徐贤贵 男,汉族,生于1949年12月,巴南区麻柳嘴镇,初中文化,1968年9月参加工作,1971年3月加入中国共产党。

徐贤贵曾经在巴县麻柳嘴、马家公社任职,于1981年8月至1983年3月,任巴县水口公社党委书记。1983年3月至1987年5月,任巴县水口乡党委书记(兼人大主席)。1990年12月至1992年11月,任巴县木洞区公所副区长。1992年11月调出木洞镇,在巴县接龙区公所工作,于1995年11月至同年12月,组织决定将徐贤贵调入他曾经工作的地方,任巴南区青山镇党委副书记。1996年1月至同年12月,任巴南区青山镇党委副书记、镇长。1997年1月至2001年9月,任巴南区青山镇党委书记、人大主席、纪检书记。2001年9月,组织上又将徐贤贵调出木洞镇到巴南区人大工作。

徐贤贵1984年,选为巴县县委第五次党代表。1987年,选为巴县县委第六次党代表。1990年,选为巴县县委第七次党代表。1998年11月,选为重庆市直辖市第一届人民代表大会代表。1998年2月,选为巴南区第九次党代表。1993年,选为巴县第十三届人民代表。

曾经多次评为县、区委、县、区政府先进个人及优秀党务工作者称号。徐贤贵在木洞任职期间,组织开展党员教育,加强队伍建设,宣传贯彻党在各个时期的方针、政策,落实农村家庭联产承包责任制,指导农业生产,推广良种良法,组织实施杂交水稻、玉米育苗栽培技术的应用,积极发展乡镇企业,调整农村产业结构,优化土地资源,山坪塘和中、小学危房改造工作。

赖正伦 男，汉族，生于1952年11月，巴南区丰盛镇人，中专文化。1970年1月至1975年3月，在中国人民解放军3251部队服兵役，1971年8月加入中国共产党。

于1985年9月至1993年12月，任巴县长坪乡武装部部长、副书记、乡长。1994年1月至1995年12月，任巴南区木洞镇政府副镇长。1996年1月至1998年12月，任木洞镇政府镇长。1999年1月至2006年12月，任木洞镇政府副镇长、人大副主席。2007年1月至2012年11月，任木洞镇政府调研员。

杨仁海 男，汉族，生于1953年11月，巴南区木洞镇人，初中文化，1970年1月应征入伍服兵役，1980年6月加入中国共产党。

1970年1月，在巴县木洞乡应征入伍参加中国人民解放军3252部队服兵役，1975年4月复员。

1975年4月至1976年12月，任木洞乡白岩村副村长、团支部书记。1977年1月至1977年12月，在巴县社会主义教育工作团工作。1978年1月至1978年8月，任木洞乡箭桥电站指挥长。1978年8月调出木洞乡到巴县丰盛乡工作，于1982年2月至1986年7月，组织决定杨仁海调入长坪乡，任党委副书记兼武装部部长。1986年7月至1989年，任仰山乡财政所所长。1989年至1993年12月，任仰山乡副乡长。1994年1月至1997年1月，任青山镇人民政府副镇长。1997年1月至2001年8月，任青山镇人民政府镇长。2001年9月至2004年3月，任木洞镇人民政府镇长。2004年3月，组织决定杨仁海又调出木洞镇，到巴南区麻柳嘴镇工作。2006年12月至2011年12月，又将杨仁海调入他的家乡，任木洞镇调研员。2013年11月退休。

杨仁海主要在农村从事基层党组织建设，贯彻宣传党的方针、政策，同时，组织群众发展农业生产，推广杂交水稻栽培技术，指导农民勤劳致富，促进乡镇企业等为重点的促农增收工作。

郑继云 男，汉族，生于1953年12月，巴县木洞乡人，1975年7月加入中国共产党，1975年8月参加工作。

1975年8月至1976年11月，参加巴县县委党的基本路线教育工作团。1976年11月至1983年11月，任木洞乡党委副书记兼团委书记。1983年11月，调出木洞乡到清溪乡工作，于1989年7月至1993年12月，调入木洞乡任副乡长。1993年12月至1995年12月，任木洞镇人民政府办公室文书。1995年12月至1997年1月，任木洞镇党委委员、组织干部。1997年1月至1999年1月，任木洞镇党委委员、副镇长。1999年1月至2001年7月，任木洞镇党委委员、镇长。2006年12月调出木洞镇。

刘国福 男，汉族，生于1955年7月，巴南区双河口镇人，大学专科文化，1973年8月加入中国共产党，1983年1月参加工作。

刘国福曾经在巴县双河公社、麻柳嘴乡，双河口镇任职，于1998年10月至2005年3

月,任木洞镇党委书记,2005年4月调离木洞镇到巴南区档案局履职。

刘国福主要在农村从事基层工作时,负责党委全面工作,加强组织建设,发展党员,贯彻宣传党的方针、政策,组织群众发展农业生产,提高粮食和经济作物栽培管理技术,指导农民勤劳致富,促进乡镇企业等为重点的促农增收工作。

何清明 男,汉族,生于1958年3月,巴南区双河口镇人,在职大专文化,1980年10月加入中国共产党,1982年12月参加工作。

何清明曾经在巴县马家公社工作,1984年1月起,任巴县木洞区委办公室文书、委组织委员、区委副书记。1994年1月撤区并乡建镇后,继续任木洞镇党委副书记、人大主席,于2007年2月,调离木洞镇政府到巴南区人大工作。

何清明曾经被选为政协巴县第八届、九届委员会委员;又曾经选为巴南区第十四届、第十五届、第十六届、第十七届人民代表大会代表,在第十六届人民代表大会第一次会议时,选为巴南区第十六届人大常委会委员。

何清明多年从事思想政治工作,组织党的建设和党员发展,人大工作,分管工、青、妇等工作,在工作中表现突出,曾经被评为县委表彰的优秀党员、优秀党务工作者,市人大分别授予先进个人等荣誉称号。1994年、1998年、2006年、2009年、2011年,分别评为年度考核优秀公务员。

田春兰 女,汉族,1964年1月生,巴南区麻柳嘴镇人,大学文化,1984年4月参加工作,1986年4月加入中国共产党。

田春兰曾经在麻柳嘴乡、丰盛、双河口乡政府工作,于1989年11月至1993年12月,组织决定调入巴县仰山乡任副乡长、党委副书记。1994年1月至1996年12月,任巴南区青山镇组织委员、宣传委员。1997年1月至2001年7月,任青山镇副镇长(期间1998年9月至2001年6月,参加重庆市委党校函授学院法律专业学习。1998年10月至2000年10月,在西南师范大学经济哲学与现代管理研究方向研究生课程班学习)。2001年7月至2006年12月,任木洞镇党委副书记(期间2001年9月至2003年12月,重庆市委党校函授学院法律专业本科学习)。2007年1月至2011年12月,任木洞镇党委副书记、人大主席。

田春兰在任职期间,主要负责党务、党员发展、学习教育,人大工作,分管宣传、文化、教育、工会、团委、妇联等工作。曾经选为巴南区人大代表,评为先进工作者。

韦开平 男,汉族,生于1966年1月,巴南区南彭街道人,大学文化,1985年8月参加工作,1993年4月加入中国共产党。

韦开平曾经在巴县统计局、巴南区人民政府办公室、林业局工作,其间,参加中央党校函授学院经济管理专业在职学习。2007年1月至7月,组织决定调入巴南区木洞镇,任党委副书记、镇长。2007年7月至2011年12月,组织决定韦开平调离木洞镇到巴南区林业局履职。

潘富宏 男，汉族，生于1968年3月，巴南区一品镇人，大学文化，1990年5月参加工作，1995年5月加入中国共产党。曾在巴县安澜、巴南区一品、双河口镇工作，2005年3月至2005年4月，组织决定调入木洞镇，任党委副书记。2005年4月至2006年12月，选为木洞镇党委副书记、镇长。2006年12月至2008年7月，任木洞镇党委书记。2008年7月，调离木洞镇到巴南区农业局履职。

刘顺伟 男，汉族，生于1971年1月，四川内江人，法学学士，1992年7月参加工作，1993年12月加入中国共产党。

刘顺伟曾经在国营重庆造船厂（429厂）、巴县人民检察院、巴南区人民政府办公室工作，于2005年3月至2006年12月，组织决定将刘顺伟同志调入木洞镇任党委书记；2006年12月，调离木洞镇到巴南区人民政府办公室履职。

刘顺伟在木洞镇负责党委全面工作，组织发展，党员教育，组织开展党的群众路线教育实践活动，建立政府机关工作制度、财经制度、奖励制度，组织指导城镇建设、环卫工作，引导辖区移民树立大局意识，筹建移民安置政策的落实，组织开展"人文木洞"建设，指导木洞镇社会经济全面发展工作。

左　鹏 男，汉族，生于1974年6月，巴南区石滩镇人，在职本科学历，1995年7月参加工作，1997年12月加入中国共产党。

左鹏曾经在巴南区鹿角镇、区委组织部、石滩镇任职。2008年8月至2014年11月，任木洞镇党委书记。2014年11月，调离木洞镇，到巴南区征地办履职。

左鹏在木洞镇任职期间，负责党委全面工作，以抓党的建设、党员发展、干部思想教育为重点，坚持以宣传文化教育方式提高人们思想素质，强化行政、财务、办事程序管理的运行机制，实施移民迁建工作，顺利将桃花岛村整体迁出，对水口寺等村群众实施过渡迁出，得到妥善安置，全面启动和合理地开发利用这些土地，带领群众规划农村产业结构调整，发展农村农业观光园，起到积极的指导作用，因此，他在任时，带领木洞镇广大干部群众勤奋工作，连续六年获得全区之冠。

卢黎明 男，汉族，生于1977年12月，巴南区南彭镇人，在职研究生学历，2000年9月参加工作，2004年7月加入中国共产党。

卢黎明曾经在巴南区南彭镇、区委"三个代表"学习教育活动领导小组办公室、区政府办公室工作、鱼洞街道、巴南区经济园区、重庆麻柳沿江开发投资有限公司工作并履职。2011年8月至2014年1月，任木洞镇党委副书记、镇长；2014年1月，调离木洞镇，到巴南区龙洲湾街道办事处履职。

4. 木洞籍在外工作的知名人士

傅荣华 书名"傅天正"，男，汉族，生于1907年，逝于1972年，四川省长寿人。民国十八年（1929年）在上海中国公学读书；民国二十三年（1934年），北平大学法商院毕业，在读书时酷爱魔术；民国二十四年（1935年），回到重庆参加当时民国政府行政院与军政部共举办的中国魔术大比赛,获得中国"四大魔王"之称,民国二十五年底与重庆巴县木洞镇一地主女儿结婚安家,并生下现著名的傅氏魔术二代傅腾龙先生,并在木洞镇举办了环球幻术学社。1949年前夕,中共地下党经常有人前往木洞镇他家避难及组织会议。1949年后划成分为"民族资产阶级",当时的政策是"民族资产阶级"是党的保护对象。1958年,被邀请到上海任"上海魔术团"编导和主要演员。是上海公认的人民艺术家,他早年编写的各类著作如《薛涛诗》等具有很大的研究价值。新中国成立后,也为中国杂技、魔术的发展留下了历史珍贵的参考资料。1985年,文化部收录为中国魔术近代名人录,其儿子傅腾龙继承了他的魔术事业,系国家一级演员,中国杂技家协会理事,现退休居住北京,傅氏魔术三代,傅琰东,也继承了魔术事业,历年在中央电视台春晚节目上表演魔术,是全国知名的青年一代魔术艺术家。

喻明生 男,汉族,中共党员,生于1930年4月6日,巴县木洞镇苏家浩村(今重庆市巴南区木洞镇桃花岛)人。少年时代,在木洞镇中心小学毕业,离开家乡,到重庆沙坪坝区就读于重庆市第一中学。1949年,新中国成立以后,旋即在木洞镇参加区政府工作,任县第六区区委宣传干事。曾参加减租退押、清匪反霸、土地改革等。1950年加入共青团,1954年成为中共党员,同年调县委宣传部工作,1956年考入云南大学历史系接受高等教育,毕业后于1960年被选送到外交部亚洲司工作,在外交战线一直工作了30余年。喻明生曾于1975年至1982年被派驻孟加拉国大使馆任三秘、二秘。1983年回国后即任外交部亚洲司副处长,次年升任处长。1985年他被再次派遣出任驻菲律宾大使馆政务参赞,协助大使主持馆务工作一干就是数年。1989年1月他受命驻牙买加任权全大使,在牙买加工作期间,认真贯彻中央对牙政策,促成牙总理曼利首次访华。使中牙两国友好关系不断发展和加强。1992年10月从牙买加任期届满回国。1993年至1994年,他任中国政府中越(南)边界谈判代表团副团长,代表中国政府同越南方分别在北京和河内就两国边界问题进行多次谈判。为解决复杂的中越边界问题开了一个好头。

沈福存 男,汉族,生于1935年1月,重庆市巴南区木洞镇栋青场人,京剧旦角演员,国家第一批一级演员,享受国务院政府特殊津贴,中国剧协会员、"尚小云研究会"委员。

1948年,沈福存入厉家班"福"字科学艺,先习老生,后攻青衣兼小生,16岁登台演出,20世纪50年代,悉心攻习张派艺术,与厉慧兰、厉慧敏等同台演出与西南一带,颇得观众青睐。20世纪60年代末至20世纪70年代,改唱老生,演出《红灯记》《智取威虎山》等剧。20世纪80年代后,恢复旦角传统剧目,1983年,率团赴京、沪等城市演出,深受好评,1984年,在北京纪念尚小云先生八十五诞辰会演中,主演《御碑亭》一剧,获一致称赞。

沈福存的艺术风格,博采众长,戏路甚广,嗓音甜润,水音十足,在长期舞台实践中形成自己刚健柔美、俏丽清新的艺术风格,横跨小生、旦角、老生三个不同行当、不同性别的领域，戏剧家、评论家马少波观看沈福存演出后，即兴挥笔"梨园翘楚"相赠。

在50多年的舞台生涯中，沈福存成功地演出了几十出青衣戏，经过长期打磨、加工的"三出半"戏即《玉堂春》《王宝钏》《凤还巢》三出和《春秋配·捡柴》半出，成为其代表作，人们誉之为"四川的梅兰芳""山城的张君秋"，李瑞环曾夸奖沈福存说："你是梅、张"。

沈福存曾任重庆川剧院院长、重庆市戏剧家协会常务理事、四川省第七届政协委员、重庆市第九届政协委员、重庆市渝中区第十届人大代表。

1995年1月退休。

胡天成　男，汉族，中共党员，1936年10月出生，巴县木洞苏家浩（今重庆市巴南区木洞镇桃花岛）村人，研究员，重庆市艺术研究所（重庆市文化艺术研究院前身）中共党支部书记兼主持全面工作的副所长。曾任中国傩戏学研究会理事、四川省傩文化研究会副会长、四川省川剧艺术理论研究会理事、重庆市川剧艺术理论研究会秘书长等社会职务。1985—1987年，在中国艺术研究院戏曲理论研究生班学习，毕业后调重庆市川剧艺术研究所工作，主要从事戏曲理论和非物质文化遗产研究。20多年来，主持国家级科研课题2项，参与国家级课题1项和部、市级课题2项；独立撰著、与人合著、部分撰著（担任主编或副主编）的理论专著27部30册，撰写、发表文章200余篇，获国际、国家和部省（市）级一、二、三等奖和优秀奖17项。参加在内地、港台举行的有关中国戏曲和仪式戏剧的国际学术研讨会十余次。被"台湾清华大学"聘为研究员并去该校举办学术讲座。部分研究成果被国际傩文化博物馆永久收藏。2007年，胡天成被评为重庆市首届"十佳写书人"，1998年11月退休。

李忠翔　男，汉族，生于1940年，重庆市巴南区木洞镇人，擅长版画，1965年毕业于云南艺术学院美术系版画专业。先后在云南省展览馆、省文化局任美术设计、创作员，云南画院副院长，一级美术师，中国美术协会理事，云南省美术协会副主席。

版画《心中的歌》《雪山梦》，三联画《神州·山川·岁月》等多次参加全国美展并获奖。作品曾在中国美术馆、北京人民大会堂、江苏省美术馆、四川神州版画博物馆等收藏。意大利佩鲁贾美术学院、日本相生森林美术馆、美国波士顿美术馆、哈佛大学艺术博物馆、佛雷泽大学国际交流中心、加拿大维多利亚美术馆、温哥华马勒斯比内版画协会等均有收藏其作品。出版有《李忠翔版画集》《李忠翔1990—1994》等，2000年11月退休。

蒋治义　男，汉族，无党派人士，生于1945年10月，巴南区姜家镇人，中师文化，重庆木洞中学高级教师，重庆市沧白书画院院长。

蒋治义辛勤耕耘于美术教育工作一线30年，在为社会培养艺术人才的同时，积极从事绘画创作。他擅长中国画、泥塑、剪纸，主攻中国画，在学习前人的基础上，独创了滚笔技法。作品多次参加国内、国际大展赛，多次选入国内、国际大型画册。作品曾获《世界名人艺术大典》金奖、全国艺术品大展一等奖、"第五届国际书画展"金奖、"西部之光艺术交流会"金奖及纪念伟人邓小平颂"第九届文学艺术交流展"金奖。2005年有3幅作品赴欧文化艺术交流，荣获统一欧洲联合会颁发的"中欧文化特使"证书，2005年11月退休。

许绍明 男，汉族，中共党员，生于1947年3月，巴县木洞区水口乡大石村人，大专文化，中学高级教师、高级政工师任职资格，正厅局级待遇，1967年9月参加工作，1972年12月加入中国共产党。

1967年9月至1969年7月任巴县黄金小学、中学教师。1969年7月至1973年2月，任巴县白市驿区公所干部（借调）。1973年2月至1983年8月，任巴县含谷乡小学、巴县第二中学教师（其间：1981年4月至1983年7月在四川省委党校哲学专业脱产学习）。1983年8月至1983年12月，任巴县第九中学校党支部书记。1983年12月至1990年2月，任巴县县委常委、宣传部部长。1990年2月至1995年2月，任县政府副县长。1995年2月至1998年3月，任巴南区政府副区长。1998年3月至2003年3月，任巴南区第十四届人大常委会副主任、党组副书记。2003年3月至2007年2月，任巴南区第十五届人大常委会副主任、党组副书记。

2007年4月退休。

喻遂生 男，汉族，生于1948年，巴县木洞镇苏家浩（今重庆市巴县区木洞镇桃花岛）村人。1965年高中毕业，随知识青年上山下乡队伍落户四川省南江县。1978年，考取北京大学中文系汉语专业，1982年毕业，接受组织分配到重庆交通学院任教。1984年奉调西南师范大学中文系，主要从事语言文字的教学和研究。1986年晋升教授。现任西南师范大学（西南大学）汉语言文献研究所所长、汉语言文字学专业和中国少数民族语言文学专业硕士生导师、重庆市语言文字工作委员会副主任、中国语言学会理事、中国文字学会理事，系重庆市汉语言文字学学科学术带头人。其学术成果《甲金语言文字研究论集》《纳西东巴文化研究文稿》以及数十篇论文，在汉语言文字和少数民族语言文字研究方面有重要的价值和影响。

2008年11月退休。

陈忠林 男，汉族，中共党员，1951年生于重庆市巴县木洞镇（今重庆市巴南区木洞镇）人，重庆大学法学教授、法学博士、博士生导师。

1982年获北京大学法学学士，1986年获西南政法大学法学硕士，1996年6月获比萨圣安娜高等大学（SSSUP）该校法学博士学位，1998年在西南政法大学破格评为教授，先后当选第十届、第十一届全国人大代表，并被推选为第五届国务院学位委员会法学学科组成员，2008年任重庆大学法学院院长。

陈忠林现为享受国务院政府特殊津贴专家，全国社科基金项目法学评审组专家，最高人民法院案例指导专家委员会委员，中国法学会理事，中国刑法学研究会副会长，中国犯罪学会与中国行为法学会顾问，重庆市社科联学术委员、重庆市法学会学术委员会副主任，重庆市公共安全技术专家，重庆市高院和广东高院智库专家，在中国人民大学、北京师范大学等十多个国内著名高校兼任教学科研职务。

自 2000 年以来，陈忠林教授发表《自由、人权、法治——人性的解读》《常识、常理、常情：一种法治观与法学教育观》《德主刑辅：构建和谐社会》等论文。2008 年，陈忠林教授在《经济观察报》牵头发起"中国法治如何向前走"的大讨论，在法学界和司法实务界都产生了很大的影响。2013 年，《被检察日报》、正义网等推选为"2012 年全国十大法治影响人物"。

陈忠林教授撰、译、编专著、教材 30 余部，在 International Journal of Offender Therapy and Comparative Criminology（SSCI）、《中国社会科学（英文版）》等国内外著名杂志上发表等论文 60 余篇，10 多项成果获省部级奖励，并先后获得重庆市先进工作者、重庆直辖 10 年建设功臣、重庆市名师等荣誉称号。

徐平模 男，汉族，生于 1953 年 4 月 28 日，大学本科，巴县木洞区长坪乡人，1969 年 12 月，由巴县木洞区武装部应征加入中国人民解放军。1971 年 11 月加入中国共产党，1972 年 1 月，任班长。1974 年 11 月，任排长。1976 年 9 月，任连职军事教官。1979 年 1 月，任营职军事教官。1981 年 9 月，任团职军事教官。1983 年 6 月，任师职军事教官。1989 年 6 月至 2011 年 12 月，任军事教研室主任。1993 年 3 月，升任为正师级。2008 年 3 月，享受副军级待遇。1974 年 12 月，中国人民解放军 3250 部队授予徐平模三等功。1976 年，中国人民解放军 81244 部队授予徐平模三等功。1981 年，沈阳军区政治部授予徐平模三等功。1983 年，徐平模被沈阳军区评为优秀教员标兵，多次被大连陆军学院、中国人民解放军总参谋部、沈阳军区装备部评为优秀教员，徐平模军事技能过硬、技艺出色，为军队院校培养了大量军事人才，为外军代表团和国家军、地领导、社会团体进行过多次军事技术表演，博得众誉，赢得高度好评，为军队和院校增添了光彩，其主要事迹先后被编入中国人民解放军全军院校名师大典和中国军事专家大辞典。

2013 年 5 月退休。

沈铁梅 女，汉族，1965 年生，巴县木洞镇栋青（今重庆市巴南区木洞镇）人。沈福存之女，14 岁时，考进四川省川剧学校重庆班。半年后，就上台公演《桂英打雁》初露锋芒。1981 年，重庆举行全市青少年会演，她以《贵妃醉酒》崭露头角。1984 年开始，加强了对西洋发声法的训练，并取得突破。1985 年，进入了重庆市川剧院，以一出传统折子戏《凤仪亭》赢得了广大观众的赞誉。1986 年 9 月，在成都举行四川省川剧青少年比赛演出，又以《凤仪亭》荣获了一等奖。在 1988 年 9 月举行的四川省中青年川剧演员泸州老窖"金鹰杯"电视大赛中，她以《三祭江》取得了大赛桂冠。1988 年 12 月，她以《三祭江》喜获第六届中国戏剧"梅花奖"。1994 年，在成都锦城艺术宫成功举办了"沈铁梅蜀调川音独唱音乐会"。其后，重庆市川剧院编排了现代戏《金子》，她担纲主演。2000 年，在第十七届中国戏剧梅花奖评选中，《金子》再度问鼎梅花奖。她主演的《金子》也先后荣获第九届文华大奖、中国戏曲学会奖、中国艺术节大奖等24个奖项。2003年,《金子》被评为"国家舞台艺术精品工程"十大精品剧目。她曾两次带着《金子》赴韩国、法国参加中文化交流演出。至2011年,她任重庆市川剧院院长、民建中央常委、全国政协委员,为国务院政府特殊津贴专家,国家一级演员。

5. 木洞籍高级研究员或突出工程师

周光华　男,汉族,无党派人士,生于1945年6月,巴南区木洞镇人,大专文化,高级工程师,1965年8月参加工作。

1965年8月至1972年10月,任巴县木洞供销社营业员。1972年10月至1977年8月,在巴县长坪乡五匠管理委员会负责。1977年8月至1984年10月,在长坪乡建筑工程队技术负责。1984年10月至1988年8月,任长坪建筑工程队、技术员、副队长。1988年8月至1994年6月,任长坪建筑工程公司总经理。1994年6月至1999年9月,任重庆长坪建筑安装有限公司、总经理兼华林公司经理、总经理。1999年9月至2011年,任重庆长坪建设集团有限公司、企业管理、董事长,每年向国家纳税1000余万元。

周光华于1998年至2011年分别选为巴南区第十三届、第十四届、第十五届、第十六届人大代表。1999年4月,被巴南区委、区人民政府评为"优秀厂长(经理、董事长)"称号。2006年1月,被重庆市精神文明建设委员会评为"重庆市文明市民"称号。

杨　永　男,汉族,无党派人士,生于1953年10月,巴南区丰盛镇人,大专文化,建筑业土建工程师职称,重庆通顺建筑安装工程有限公司经理。

1970年,在木洞房管所丰盛房管组做砖工。1983年,任丰盛建筑队队长。1986年,任木洞镇建筑队队长。1997年,任重庆通顺建筑安装工程有限公司经理,每年向国家纳税近50余万元。

1997年,被选为巴南区第十届政协委员。2002年,被选为巴南区第十一届政协委员。2007年,被选为巴南区第十六届人民代表。

杨永长期从事木洞镇辖区建筑、维修工程,在他的行业运行中,致富不忘老百姓,心系社会公益事业,扶贫助学,为学校及贫困生捐资捐物,还为贫困党员、特困户等送去钱物,给辖区村民修建篮球场、人行大路,配置音响等设备,以人大代表身份植树6000余株人大代表林,因此,他曾经多次荣获了"重庆市文明市民",巴南区"优秀政协委员""优秀人大代表""抗灾救灾先进个人"等荣誉称号。

丁荣新　男,汉族,中共党员,生于1954年9月,巴南区木洞镇栋青村人,毕业于西南师范大学(今西南大学),研究生学历,中学高级教师。中国文化艺术研究会、重庆市语文研究会、创新学习研究会、《青少年与法》研究会会员、理事。于2014年9月退休。

1975年,木洞中学高中毕业,回乡任村党支部副书记。1977年,恢复高考,考入巴师高师文科班学习。1980年6月,毕业后分配到巴县马家乡中学任语文教学。1982年,调入巴县木洞镇中学任教导主任(期间:考入重庆师范大学中文本科函授学习5年,授予

"优秀毕业生"称号)。1990年,木洞学区教办主任、党总支书记(期间:参加西南师范大学研究生课程班学习毕业)。2001年,重庆市南泉高级职业中学(省属重点职中)校长。2002年,重庆市木洞中学校长、党支部书记。2007年,当选巴南区人大代表。

丁荣新从1980年参加教育工作以来,担任初、高中语文教学,教师大专进修课程教学,多次上县级公开课并获奖。20世纪80年代,承担"电化教学在语文教学中的应用""语文教学中塑造学生人格"的公开研究课。20世纪90年代,作为主研人的区级课题"农村初中目标教学的深化研究"获区教研成果奖,评为巴南区科研先进个人,巴县县委、县政府"模范校长"称号,先后有20多篇教学、教育、教管论文发表并获全国、省、市级奖,2001年出席了香港举行的国际创新学习研究会,其事迹在《重庆工人报》《中国改革报》上刊登。主要实施平民教育,以人文持校,以德育治校,以质量立校,以科研兴校,以管理优校,以特色创校的办学理念。

蒋青莲 男,汉族,无党派人士,生于1955年1月23日,生于重庆市巴县木洞区栋青乡,1978年参加工作,大专学历,工程师职称。2006年5月起任重庆开阔房地产开发有限公司董事长、法定代表人,2013年12月,兼任西乡长润房地产开发有限公司董事长、法定代表人。1978—1987年在巴县栋青建筑队工作,任职技术员、施工队长。1987—2000年在重庆渝青建筑工程公司工作,任职技术员、公司副经理。其间:1991年9月至1994年7月在重庆建筑工程学院工业与民用建筑专业函授学习,取得大专学历。

2000—2005年,在重庆市渝青建筑工程有限公司工作,任职公司副经理。2005—2006年,任重庆市渝青建筑工程有限公司副总经理、重庆开阔房地产开发有限公司副总经理。2006—2013年12月,任重庆开阔房地产开发有限公司董事长、法定代表人。其间:2007年取得工程师资格、二级建造师资格,2007—2010当选为青山、木洞镇人大代表。2013年12月至今任重庆开阔房地产开发有限公司董事长、法定代表人,同时兼任西乡长润房地产开发有限公司董事长、法定代表人,每年向国家纳税700余万元。

杨道忠 男,汉族,无党派人士,生于1965年2月,巴南区木洞镇人,高中文化,工程师,重庆凯旭建设工程有限公司董事长,木洞镇商会会长。

杨道忠少年时代,从事五匠木工,中年时代从事木器加工,于2000年9月建立长坪木器加工厂,任厂长。于1998年8月开始从事建筑业,2004年9月,成立重庆凯旭建设工程有限公司,任总经理,每年向国家纳税从100万元,增至近500万元;2007年7月,任木洞镇民营(私营)经济协会会长,会员单位50余家,年均向国家纳税约5000余万元;2008年10月,任木洞镇商会会长,发展会员从70家成员单位,增加到106家成员单位,年均向国家纳税约7000余万元,还兼任巴南区工商联(总商会)执委,巴南区民营(私营)经济协会理事。2011年3月,选为木洞镇十七届人大代表。曾经荣获巴南区委宣传部、工商行政管理局、个私协会"诚信企业""十佳诚信企业""爱心单位""守合同重信用"等荣誉称号。

（三）人物名录

木洞籍在抗日战争、抗美援朝等牺牲者以及其他因公殉职者，编入"英名录"，按牺牲或殉职时间先后排序。

木洞籍和在木洞工作过的副处级领导，编入"人物名录"，按任职时间先后排序。木洞籍在外工作的知名人士，亦编入"人物名录"，按生年排序。

木洞籍选为巴南区（巴县）党代表和人大代表，编入"代表名录"，按生年排序。

木洞籍和尚在木洞工作的各部门的科室站所负责人正职工作者，木洞籍和尚在木洞从事教育、医卫或农技工作等获高级职称者（未入"人物简介"），编入人物名表，按任职时间先后排序，若任职时间相同，则按姓氏笔画排序。

1. 木洞镇英名录

表8-1

姓名	籍贯	参加革命时间	政治面貌	牺牲原因	生前任职
钱世级	木洞镇栋青人	—		1927年重庆"三三一"惨案	地下工作者
何敬平	木洞镇栋青人	1935年	中共党员	1949年重庆渣滓洞就义	地下工作者
万世选	木洞镇人	1948年		1950年甘肃定西县剿匪	班长
钟光智	木洞镇栋青人	1949年11月	中共党员	1951年抗美援朝	战士
杨合祥	木洞镇水口人	1947年2月		1951年抗美援朝	班长
姚仲康	木洞镇长坪人	1950年	共青团员	1952年木洞剿匪	战士
魏海林	木洞镇长坪人	1952年3月		1952年抗美援朝	战士
何荣康	木洞乡人	1950年12月		1952年抗美援朝	战士
代文禄	木洞乡人	1950年12月	共青团员	1952年抗美援朝	战士
白海林	木洞镇栋青村	1948年8月	—	1952年抗美援朝	侦察员
张治平	木洞镇长坪乡	1949年12月		1952年抗美援朝	文化教员
晏国祥	木洞镇水口乡	1949年12月	中共党员	1953年抗美援朝	战士
雷世荣	木洞镇长坪乡	1950年	—	1954年朝鲜因公殉职	战士
蔡仁德	木洞镇长坪	1955年12月		1956年四川甘孜剿匪	战士

续表

姓名	籍贯	参加革命时间	政治面貌	牺牲原因	生前任职
曾庆荣	木洞镇水口	1955 年 3 月	—	1956 年云南江城平叛	班长
张荣兴	木洞镇栋青村	1955 年 3 月	—	1956 年四川凉山马边平叛	战士
胡开云	木洞乡	1955 年 3 月	—	1957 年云南江城平叛	战士
蒋志国	木洞镇栋青	1955 年 3 月	共青团员	1957 年四川凉山马边平叛	战士
王吉华	木洞镇水口	1956 年 3 月	中共党员	1959 年四川甘孜德格作战	班长
何忠钦	木洞镇水口	1955 年 3 月	共青团员	1961 年云南江城平叛	侦察员
张玉林	木洞镇水口	1965 年 9 月	共青团员	1968 年四川隆昌因公殉职	战士
付永华	木洞镇水口	1976 年 3 月	中共党员	1979 年四川广安国防施工	副班长
杨学军	木洞镇街上	1986 年	—	1987 年湖北应山因公殉职	战士

2. 1949 年至 1993 年撤区并乡建镇，在巴县木洞区委、区公所党政任副职领导名录

吴清泉，男，汉族，中共党员，生于 1924 年 7 月，1949 年 10 月至 1952 年 3 月，在巴县木洞区委任副书记，1952 年 3 月离任。

曲廷俭，男，汉族，中共党员，生于 1925 年 6 月，1952 年 7 月至 1952 年 12 月，在巴县木洞区委任副书记，1952 年 12 月离任。

杨宝章，男，汉族，中共党员，生于 1925 年 1 月，山东人，1952 年 12 月至 1953 年 6 月，在巴县木洞区委任副书记，1953 年 7 月离任。

张洪涛，男，汉族，中共党员，生于 1925 年 6 月，山东人，1952 年 12 月至 1953 年 6 月，在巴县木洞区委任副书记，1953 年 7 月离任。

杨凤坤，男，汉族，中共党员，生于 1926 年 7 月，山东人，1954 年 6 月至 1955 年 12 月，在巴县木洞区委任副书记，1955 年 12 月离任。

罗学渊，男，汉族，中共党员，生于 1928 年 4 月，巴县人，1956 年 1 月至 1957 年 6 月，在巴县木洞区委任副书记，1957 年 6 月离任。

刘国俊，男，汉族，中共党员，生于 1928 年 7 月，巴县木洞镇人，1959 年 2 月至 1962 年 8 月，在巴县木洞区委任副书记，1962 年 8 月离任。

袁正东，男，汉族，中共党员，生于 1928 年 8 月，巴县木洞镇人，1959 年 4 月至 1960 年 9 月，在巴县木洞区委任副书记，1960 年 9 月离任。

冯成修，男，汉族，中共党员，生于 1928 年 10 月，1959 年 7 月至 1962 年 10 月，在巴县木洞区委任副书记，1962 年 10 月离任。

孙宣明，男，汉族，中共党员，生于 1933 年 4 月，四川梁平人，1969 年 10 月至 1978

年9月，在巴县木洞区武装部部长，1978年10月离任。

蒋伯痴，男，汉族，中共党员，生于1934年4月，巴县一品镇人，1951年3月参加工作，1951年3月至1993年12月，曾先后在巴县县委宣传部、二圣、长生、木洞区委区公所办公室任文书，1994年1月离任。

蒋国彬，男，汉族，中共党员，生于1952年10月，巴县界石镇人，1962年8月至1963年2月，在巴县木洞区委任副书记，1963年3月离任。

李庆会，女，汉族，中共党员，生于1936年3月，巴南区双河口镇人，1965年10月至1971年5月，在巴县木洞区委任副书记，1971年5月离任。

萧开铭，男，汉族，中共党员，生于1939年9月，巴南区丰盛镇人，中共党员，初中文化，1971年3月至1983年9月，任巴县木洞区委宣传干事，1986年4月离任。

马智慧，女，汉族，中共党员，生于1947年12月，巴南区双河口镇人，1975年3月至1978年7月，任木洞区委副书记，1978年8月离任。

刘炎禄，男，汉族，中共党员，生于1945年12月，巴县长生人，1977年9月至1980年9月，任木洞区委副书记，1980年9月离任。

罗明华，男，汉族，中共党员，生于1938年8月，巴南区麻柳嘴镇人，中共党员，初中文化，1978年12月，任木洞区公所副区长，于1993年12月离任。

田忠普，男，汉族，中共党员，生于1957年6月，巴南区麻柳嘴镇人，中共党员，大学文化，1983年11月，任巴县木洞区公所副区长，1990年11月离任。

向汝忠，男，汉族，中共党员，生于1955年3月，巴南区接龙镇人，1986年12月至1994年2月，任巴县木洞区公所副区长，1994年3月离任。

蒋治明，男，汉族，中共党员，生于1938年5月，巴南区丰盛镇人，中共党员，初中文化，1987年10月至1992年12月，任巴县木洞区公所武装部部长，1993年1月离任。

3. 1949年12月至1993年撤区并乡乡（公社）镇党政副职领导名录

胡树清，男，汉族，无党派人士，生于1931年1月，巴南区木洞镇庙垭村人，1952年11月至1955年10月任巴县木洞区豚溪乡副乡长，1955年11月离任。

田应明，男，汉族，中共党员，生于1930年10月，巴南区麻柳嘴镇人，1972年3月至1980年10月，先后任木洞、长坪乡党委副书记，1980年11月离任。

李茂昌，男，汉族，中共党员，生于1934年10月，巴县长坪乡人，1981年3月至1982年12月，任巴县栋青乡党委副书记，1982年12月离任。

龙方华，男，汉族，中共党员，生于1939年4月，巴南区木洞镇人，1976年6月9日至1980年12月，任巴县木洞人民公社革委会副主任、党委委员，1981年离任。

廖鼎禄，男，汉族，中共党员，生于1940年7月，巴县丰盛乡人，1979年11月至1981年12月，任巴县长坪公社党委委员、副书记，1981年12月离任。

余怀芳，女，汉族，中共党员，生于1938年6月，巴县长生镇人，1976年3月至

1986年6月，任巴县木洞镇副镇长，1986年6月离任。

蒋仕美，女，汉族，中共党员，生于1945年12月，巴南区麻柳嘴镇人，1977年8月26日至1979年8月，任巴县水口公社党委副书记，1979年8月离任。

罗国川，男，汉族，中共党员，生于1933年5月，巴南区双河口镇人，1965年至1979年8月，任巴县水口公社党委副书记，1979年8月离任。

李学良，男，汉族，中共党员，生于1940年7月，巴南区木洞镇人，1986年8月至1992年12月，任巴县木洞乡党委副书记，1992年12月离任。

黄远成，男，汉族，中共党员，生于1949年8月，巴南区麻柳嘴镇人，1981年8月至1985年3月，任巴县木洞乡党委副书记，1985年11月离任。

白平，男，汉族，中共党员，生于1956年1月，巴南区木洞镇人，1987年1月至1989年12月，任巴县仰山乡政府副乡长，1990年1月离任。

黄正国，男，汉族，中共党员，生于1932年10月，巴南区木洞镇人，1987年1月至1989年12月，任巴县仰山乡副乡长，1989年12月离任。

肖开银，男，汉族，中共党员，生于1955年10月，巴南区木洞镇人，1987年1月至1988年3月，任巴县木洞乡副乡长。

余应全，男，汉族，中共党员，生于1960年6月，巴南区木洞镇人，1987年1月至1992年12月，任巴县长坪乡副乡长、副书记，1993年1月离任。

喻铸，男，汉族，中共党员，生于1956年9月，巴南区麻柳嘴镇人，1987年1月至1989年12月，任巴县木洞镇政府副镇长，1990年1月离任。

赵明芬，女，汉族，中共党员，生于1953年1月，巴南区木洞镇人，1988年3月至1993年12月，先后任巴县木洞乡副乡长、副书记及巴县木洞镇副镇长，1993年12月离任。

马永玉，男，汉族，中共党员，生于1940年10月，巴南区木洞镇人，1990年1月至1992年12月，任巴县木洞乡副乡长，1993年1月离任。

张承菊，女，汉族，中共党员，生于1958年1月，巴南区木洞镇人，1990年1月至1992年12月，任巴县长坪乡副乡长，1993年1月离任。

晏泽伟，男，汉族，中共党员，生于1964年3月，巴南区木洞镇人，1990年1月至1992年12月，任巴县仰山乡副乡长，1992年12月离任。

李长明，男，汉族，中共党员，生于1948年10月，巴南区木洞镇人，1993年1月至1993年12月，任巴县栋青乡政府副乡长，1993年12月离任。

黄家富，男，汉族，中共党员，生于1952年1月，巴南区丰盛镇人，1993年1月至1993年12月，在巴县长坪乡任副乡长，1993年12月离任。

张建碧，女，汉族，中共党员，生于1952年8月，巴南区木洞镇人，1993年1月至1993年12月，任巴县长坪乡党委副书记，1993年12月离任。

田景华，女，汉族，无党派人士，生于1955年2月，巴南区麻柳嘴镇人，1993年1月至1993年12月，任巴县木洞乡副乡长，1993年12月离任。

张礼维，男，汉族，无党派人士，生于1957年7月，巴南区木洞镇人，1993年1月至1993年12月，任巴县仰山乡政府副乡长，1993年12月离任。

邓乐，女，汉族，中共党员，生于1963年7月，巴南区双河口镇人，1993年1月至1993年12月，在巴县栋青乡党委任副书记，1993年12月离任。

黄黎，男，汉族，中共党员，生于1963年12月，巴南区丰盛镇人，1993年1月至1993年12月，在巴县长坪乡任副乡长，1993年12月离任。

4.1994年1月至2011年12月木洞、青山镇副职领导名录

蔡贵德，男，汉族，中共党员，生于1963年10月，巴南区丰盛镇人，1995年3月至2007年12月，任木洞、青山镇副镇长，2007年12月离任。

秦明勤，男，汉族，中共党员，生于1955年9月，巴南区木洞镇人，1995年3月至2005年3月，任木洞镇副镇长，2005年3月离任。

丁荣海，男，汉族，中共党员，生于1959年10月，巴南区木洞镇人，1995年3月至2001年9月，任巴南区青山镇副镇长，2001年9月离任。

景星明，男，汉族，中共党员，生于1951年7月，巴南区木洞镇人，1995年3月至1996年1月，在木洞镇任副镇长，1996年2月离任。

张友宽，男，汉族，中共党员，生于1952年7月，巴南区木洞镇人，1995年3月至1996年3月，任巴南区青山镇武装部部长，1996年3月离任。

何先平，男，汉族，中共党员，生于1963年10月，巴南区木洞镇人，1995年12月至1999年1月，任巴南区木洞镇副镇长，1999年1月离任。

杜德富，男，汉族，中共党员，生于1941年6月，巴南区丰盛镇人，1996年1月至1998年11月，任巴南区木洞镇纪委副书记，1998年11月离任。

张文明，男，汉族，中共党员，生于1957年7月，巴南区麻柳嘴镇人，1997年1月至1998年11月，任巴南区木洞镇纪委书记，1998年11月离任。

李兴志，男，汉族，中共党员，生于1942年7月，巴南区双河口镇人，1998年11月至2001年7月，任巴南区木洞镇纪委副书记，2001年7月离任。

张孝容，女，汉族，中共党员，生于1955年2月，巴南区木洞镇人，1999年1月至2001年7月，任巴南区木洞镇副镇长，2001年7月离任。

徐昌彬，男，汉族，中共党员，生于1963年4月，巴南区木洞镇人，1999年1月至2001年9月，青山镇副镇长，2001年9月离任。

刘光会，女，汉族，中共党员，生于1955年3月，巴南区木洞镇人，2001年7月至2006年12月，任巴南区木洞镇组织委员，2006年12月离任。

刘锦鸿，男，汉族，中共党员，生于1972年3月，大渡口区人，2001年7月至2003

年1月，任巴南区木洞镇宣传委员、统战委员，2003年1月离任。

谭晓东，男，汉族，中共党员，生于1966年3月，巴南区木洞镇人。2001年9月至2005年3月，木洞镇副镇长。

肖开银，男，汉族，中共党员，生于1955年10月，巴南区木洞镇人。2001年9月至2006年12月，木洞镇副镇长。

包清美，女，汉族，中共党员，生于1965年3月，江北区洛渍镇人。2003年1月至2011年11月，木洞镇宣传委员、统战委员；2011年12月，木洞镇纪委书记。

雷德珍，女，汉族，中共党员，生于1962年1月，巴南区丰盛镇人。2005年3月至2011年12月，木洞镇党委委员、宣传委员。

蒋斌，男，汉族，中共党员，生于1964年7月，巴南区木洞镇人。1997年1月至2006年12月，木洞镇武装部部长；2007年1月至2011年12月，木洞镇副镇长。

王强，男，汉族，中共党员，生于1974年3月，巴南区跳石镇人。2007年1月至2011年12月，木洞镇党委委员、组织委员；2011年12月，木洞镇副镇长。

苏孝强，男，汉族，中共党员，生于1965年7月，巴南区安澜镇人。2001年7月至2005年3月，木洞镇纪委副书记。

张健，男，汉族，中共党员，生于1966年3月，巴南区人。2007年1月至2008年8月，木洞镇副镇长。

周循，男，汉族，中共党员，生于1964年2月，巴南区麻柳嘴镇人。2008年12月至2011年10月，木洞镇党委委员、武装部部长。

钱华，男，汉族，中共党员，生于1964年6月，巴南区麻柳嘴人。2011年12月，木洞镇党委委员、政法委书记。

岳学金，男，汉族，中共党员，生于1965年7月，巴南区跳石镇人。2011年12月，木洞镇党委委员、统战委员。

陈科，男，汉族，中共党员，生于1981年6月，巴南区南彭镇人。2011年12月，木洞镇党委委员、组织委员。

唐智，男，汉族，中共党员，生于1971年2月，巴南区木洞镇人。2011年12月，木洞镇党委委员、武装部部长。

5. 各级党委、人大、政协代表名录

吴志荣，男，汉族，中共党员，生于1932年9月，巴县第四次党代表，1978年、1981年、1984年、1987年选为巴县人民代表大会代表。

陈永禄，男，汉族，中共党员，1933年2月生，1933年2月生，巴南区丰盛镇人，1976年、1979年两届选为中共巴县县委党的代表大会代表。1990年，选为巴县第十一届人民代表大会代表。

王安全，男，汉族，中共党员，1935年11月生，巴南区麻柳嘴镇人。1966年1月，选为巴县第二届党代表。1970年1月，选为巴县第三届党代表。1978年9月，选为巴县第四届党代表。1984年2月，选为巴县第五届党代表。1987年2月，选为巴县第六届党代表。1990年2月，选为巴县第七届党代表。1982年3月，选为巴县第九届人民代表大会代表。

倪国筠，男，汉族，中共党员，1936年7月生，巴南区木洞镇人，1995年2月至1998年12月，选为巴南区人大代表。

陶绪全，男，汉族，中共党员，1943年7月生，重庆南岸区人，第十一届、第十二届、第十三届巴县人民代表大会代表。

周光华，男，汉族，无党派人士，1945年6月生，巴南区木洞镇人，1998年至2011年分别选为巴南区第十三届、第十四届、第十五届、第十六届人大代表。

徐贤贵，男，汉族，中共党员，生于1949年12月，巴南区麻柳嘴镇，1984年，选为巴县县委第五次党代表；1987年，选为巴县县委第六次党代表；1990年，选为巴县县委第七次党代表；1998年11月，选为重庆市直辖市第一届人民代表大会代表；1998年2月，选为巴南区第九次党代表；1993年，选为巴县第十三届人民代表。

陈忠林，男，汉族，中共党员，1951年生，巴县木洞镇人，选为第十届、第十一届全国人大代表大会代表。

毛家鑫，男，汉族，中共党员，1951年11月生，重庆渝中区人，巴县第十一届人民代表，重庆市第十二届人民代表，重庆市（直辖市）第一届人民代表。政协巴县第八届委员会委员，中共巴县第七次、八次党代会代表，中共巴南区第九次党代会代表。

杨继才，男，汉族，中共党员，1944年12月生，巴南区木洞镇人，中共党员，1983年12月、1986年12月月、1990年3月，三届分别选为中共巴县县委党代表大会代表。

杨永，男，汉族，无党派人士，生于1953年10月，巴南区丰盛镇人，大专文化，1997年被选为巴南区第十届政协委员，2002年被选为巴南区第十一届政协委员，2007年被选为巴南区第十六届人民代表大会代表。

丁荣新，男，汉族，中共党员，1954年9月生，巴南区木洞镇人，中共党员，2007年，当选巴南区人民代表大会代表。

何清明，男，汉族，中共党员，1958年3月生，巴南区双河口镇人，中共党员；1997年12月当选为巴南区第十四届人民代表大会代表；2002年12月当选为巴南区第十五届人民代表大会代表；2006年12月当选为巴南区第十六届人民代表大会代表；并于2007年2月在区第十六届人民代表大会第一次会议上被选为巴南区第十六届人大常委会委员，2011年12月当选为巴南区第十七届人民代表大会代表。

（四）人物名表

表8-2

1. 1994—2011年木洞镇正科级任职名表

姓名	性别	职务	籍贯	参加工作时间	政治面貌	文化程度	任职时间
王　清	男	所长	巴南区木洞镇	1983年	中共党员	本科	1994—1997年
刘清学	女	主任	巴南区木洞镇	1989年	中共党员	小学	1994—1997年
李长明	男	站长	巴南区木洞镇	1989年	中共党员	本科	1994—2001年
肖中智	男	所长	巴南区木洞镇	1990年	中共党员	本科	1994—2011年
严光繁	男	所长	巴南区木洞镇	1989年	中共党员	本科	1994—2011年
徐仁林	男	主任	巴南区木洞镇	1982年	中共党员	本科	1994—2002年
曾凡华	男	站长	巴南区木洞镇	1980年	中共党员	本科	1994—2002年
蒋效伦	男	主任	巴南区木洞镇	1982年	中共党员	本科	1994—2011年
谭子文	男	站长	巴南区木洞镇	1987年	中共党员	本科	1994—2001年
王心科	男	站长	巴南区木洞镇	1988年	—	本科	1994—1996年
胡天应	男	站长	巴南区木洞镇	1976年	—	本科	1996—1998年
李兴明	女	所长	巴南区木洞镇	1982年	中共党员	本科	1997—2006年
田忠美	女	主任	巴南区木洞镇	1982年	—	本科	1998—2003年
杨国奉	男	站长	南岸区	1988年	中共党员	本科	1998—2001年
李元烈	男	站长	巴南区木洞镇	1991年	中共党员	本科	2001年
蒋文全	男	站长	巴南区木洞镇	1983年	中共党员	本科	2001—2011年
刘红霞	女	主任	巴南区木洞镇	1985年	中共党员	本科	2004—2006年
陈余亮	男	主任	巴南区木洞镇	1991年	中共党员	本科	2006—2011年
吴　波	男	所长	巴南区木洞镇	1982年	中共党员	本科	2006—2009年
何文娟	女	主任	巴南区木洞镇	1989年	中共党员	本科	2006—2007年
罗文平	男	主任	巴南区木洞镇	1982年	—	本科	2007—2011年
任良平	男	主任	巴南区木洞镇	1981年	中共党员	本科	2008—2011年
胡　娟	女	主任	巴南区木洞镇	1982年	—	本科	2008—2011年
康富全	男	所长	巴南区木洞镇	1986年	—	本科	2008—2011年
代　军	女	主任	巴南区木洞镇	1989年	中共党员	本科	2011年
张宗智	男	站长	巴南区木洞镇	1994年	中共党员	本科	2011年

表8-3

2. 1982—2011年木洞镇教育工作者高级职称名表

姓名	性别	籍贯	参加工作时间	政治面貌	职称	聘职时间	文化程度
何秀国	男	巴南区木洞镇	1958年	—	中学高级教师	1985年	大学
赵殿国	男	巴南区木洞镇	1981年	中共党员	中学高级教师	2002年	本科
代正伦	男	巴南区木洞镇	1991年	中共党员	中学高级教师	2005年	本科
李 君	男	巴南区木洞镇	1980年	中共党员	中学高级教师	2005年	本科
李 劲	男	巴南区木洞镇	1985年	中共党员	中学高级教师	2005年	本科
张长勇	男	巴南区木洞镇	1983年	中共党员	中学高级教师	2006年	本科
苏蟹忠	男	巴南区木洞镇	1986年	—	中学高级教师	2006年	本科
黄万新	男	巴南区木洞镇	1982年	中共党员	中学高级教师	2007年	本科
沈成瑞	男	巴南区木洞镇	1976年	—	中学高级教师	2008年	本科
余祥斌	男	巴南区木洞镇	1987年	中共党员	中学高级教师	2008年	本科
张福贵	男	巴南区木洞镇	1994年	中共党员	中学一级教师	2008年	本科
陈长万	男	巴南区木洞镇	1983年	中共党员	中学高级教师	2008年	本科
杨风华	女	巴南区木洞镇	1982年	中共党员	中学高级教师	2008年	本科
耿品明	女	巴南区木洞镇	1989年	—	中学高级教师	2008年	本科
黄世元	男	巴南区木洞镇	1991年	中共党员	中学高级教师	2008年	本科
谭志仙	男	巴南区木洞镇	1989年	中共党员	中学高级教师	2008年	本科
丁明涛	男	巴南区木洞镇	1982年	中共党员	中学高级教师	2009年	本科
王 庆	男	巴南区木洞镇	1989年	中共党员	中学高级教师	2009年	本科
何秀斌	男	南岸区	1988年	中共党员	中学高级教师	2009年	本科
李达银	男	巴南区木洞镇	1988年	—	中学高级教师	2009年	本科
陈泽伟	男	巴南区木洞镇	1982年	中共党员	中学高级教师	2009年	本科
范朝国	男	巴南区木洞镇	1989年	中共党员	中学高级教师	2009年	本科
徐自立	男	巴南区木洞镇	1990年	—	中学高级教师	2009年	本科
雷德辉	男	巴南区木洞镇	1982年	—	中学高级教师	2009年	本科
田忠宣	男	巴南区木洞镇	1982年	—	中学高级教师	2011年	—

二、荣 誉

木洞镇从1990年至2011年获得上级集体表彰51项，个人表彰45人。其中，集体荣获国家级荣誉的有1项。国家部委、行业协会表彰的有9项。市委、市政府表彰的有4项。市级部门、行业协会表彰的有9项。区委、政府表彰的有28项。荣获个人荣誉的有：国家部委表彰的有6人，市委、市政府表彰的有14人，市级部门表彰的有7人，区委、政府表彰的有18人。

（一）集体荣誉

1990年至2011年12月，木洞镇获得的集体表彰及奖项，按国家级、市级、区级排列，以获奖时间依次排序。

1. 国家级

2006年6月，《国务院关于公布第一批国家级非物质文化遗产名录的通知》（国发〔2006〕18号），"木洞山歌"入选首批国家级非物质文化遗产名录。

2. 国家部委表彰

2000年10月，木洞镇女子龙舟队代表重庆市到绵阳参加全国农运会，在女子龙舟赛中，获全国第五名。

2005年9月，木洞镇被国家体育总局评为"全国体育先进单位"。

2008年11月，文化部命名木洞镇为"中国民间文化艺术之乡"。

2010年9月，木洞镇中心卫生院被国家智慧认证联合会评为"质量认证管理医院"。

2011年3月，木洞镇中心卫生院被中国医疗服务管理协会、中国医卫评价网评为全国500强基层卫生院。

2011年6月30日，木洞山歌《阳雀叫喊闹春耕》参加重庆中华红歌会，获文化部颁发金奖。

2011年7月，木洞山歌参加宁夏第九届中国西部民歌（花儿）歌会大赛，获文化部颁发银奖。

2011年9月26日，国家城镇建设部批准木洞镇列入第一批国家级绿色低碳镇。

2011年11月，文化部再次命名木洞镇为"中国民间文化艺术之乡"。

3. 市委、市政府表彰

1996年，重庆市小城镇建设领导小组《关于公布重庆市第一批小城镇建设示范镇的通知》（渝镇领法〔1996〕1号）将木洞镇列入市级试点镇。

2002年，重庆市人民政府将木洞镇列入市级百强镇。

2002年4月，在"九五"期间人口与计划生育工作中，木洞镇被重庆市人民政府评为"先进集体"。

2007年6月，重庆市人民政府《关于公布第一批省级非物质文化遗产名录的通知》（渝府发〔2007〕80号）文件公布"木洞山歌""木洞龙舟竞技"为重庆市非物质文化遗产代表作名录。

4. 市级部门表彰

1990年10月，重庆市文化局命名木洞镇为"山歌之乡"。

1997年4月，木洞镇被重庆市体育运动委员会评为"体育先进乡镇"。

1999年10月，木洞山歌被重庆市文化局评为"巴渝优秀民间艺术"。

2001年2月，木洞中心医院公会被重庆市卫生局评为"模范职工之家"。

2001年4月，木洞镇在"新世纪新春农民健身活动月"中，被重庆市农业局、体育局、体育协会评为"先进单位"。

2006年10月，木洞镇参加亿万农民健身活动中，被重庆市农业局、体育局、体育协会评为"先进乡镇"。

2007年6月，木洞镇女子龙舟队到永川参加重庆市龙舟赛，分别获800米、250米第一名。

2011年9月16日，木洞山歌参加重庆市区县歌暨新创作歌曲演唱比赛，获重庆市委宣传部、文化局颁发一等奖。

2011年11月，重庆市文化广播电视局授予木洞镇为"民间文化艺术之乡（民歌）"。

5. 区委、政府表彰

1999年12月，木洞镇中心医院、木洞国税所、木洞镇初级中学、木洞镇五居委、农行木洞分理处、木洞镇中心小学、木洞镇机关被巴南区委、区政府评为"文明单位"。

2006年7月，木洞镇被巴南区委评为"立党为公、执政为民"好班子。

2006年7月，木洞镇被巴南区委评为"先进基层党组织"。

2007年8月，在2007年度新型农村合作医疗工作中，木洞镇被巴南区人民政府评为一等奖。

2008年4月，木洞镇被巴南区委、区政府评为"文化体育工作先进集体"。

2008年4月，在2007年度消防工作中，木洞镇被巴南区人民政府评为"先进集体"。

2008年5月，在2007年度镇街人大工作目标考核中，木洞镇被巴南区人大常委会评为一等奖。

2008年7月，在2003—2007年大规模培训干部工作中，木洞镇被巴南区委干部教育培训工作领导小组评为"先进单位"。

2008年10月，参加巴南区"热爱巴南，共建美好家园"演讲比赛，木洞镇荣获巴南区委、区政府组织奖。

2008年10月，在三峡移民工作中，木洞镇被巴南区委、区政府评为"先进集体"。

2009年2月，在2008年度人口和计划生育工作党政目标管理中，木洞镇被巴南区委、区政府评为"先进单位"。

2009年8月，在2008年度工作中，木洞镇荣获巴南区委、区政府嘉奖。

2009年9月，在农田水利基本建设中，木洞镇被巴南区委、区政府评为二等奖。

2010年1月，在2009年度建设和谐社区争先创优活动中，木洞镇为巴南区委、区政府验收合格镇。

2010年2月，在开展干部大走访攻坚行动中，木洞镇荣获巴南区委、区政府嘉奖。

2010年2月，在2009年度人口和计划生育工作党政目标管理，木洞镇被巴南区委、区政府评为"先进单位"。

2010年3月，在2009年度农业农村工作中，木洞镇被巴南区委、区政府评为"先进集体"。

2010年3月，在深入学习实践科学发展观活动中，木洞镇被巴南区委评为"先进单位"。

2010年5月，在2009年度镇街人大工作中，木洞镇被巴南区人大常委会评为"先进单位"。

2010年5月，在2009年度镇街人大新闻宣传工作中，木洞镇被巴南区人大常委会评为二等奖。

2010年12月，木洞镇被巴南区委、区政府评为"文明镇"。

2011年2月，在宣传文化工作中，木洞镇被巴南区委、区政府评为"先进集体"。

2011年3月，在"十一五"期间人口计划生育工作中，木洞镇被巴南区委、区政府评为"先进集体"。

2011年3月，在2010年度人口和计划生育工作党政目标管理中，木洞镇被巴南区委、区政府评为"先进单位"。

2011年6月，在庆祝中国共产党成立90周年活动中，木洞镇被巴南区委评为"先进基层党组织"。

2011年12月，在建设和谐社区工作中，木洞镇被重庆市城乡社区建设村（居）务公开工作领导小组评为"示范镇"。

2011年12月，在"十一五"残疾人事业工作中，木洞镇被巴南区人民政府评为"先进集体"。

（二）个人荣誉

1956年至2011年12月，木洞籍或在木洞工作中获得的个人表彰及奖项，按国家级、市级、区级排列，以第一次获奖时间依次排序。

1. 国家部委表彰

袁光平，男，汉族，1959年生，巴南区木洞镇人。1987年，商业部授予工业普查"先进工作者"称号。

徐贤贵，男，汉族，中共党员，生于1949年12月，巴南区麻柳嘴镇。1988年，被中国农函大授予"优秀学员"称号。

王帮镛，男，汉族，1940年生，巴南区木洞镇人。1990年，农业部授予农业机械化系统"先进科技工作者"称号。

蒋世北，男，汉族，中共党员，1949年12月生，巴南区木洞镇人。2000年12月，论文《加强科研课题管理，优化学校办学水平》获国家教育委员会面向新世纪中国基础教育回顾与展望征文组委会一等奖。

罗文平，男，汉族，中共党员，1964年4月生，巴南区木洞镇人。2005年10月，国家长江海事局评为2004年度"优秀渡船安管员"。

左鹏，男，汉族，中共党员，1974年6月生，巴南区石滩镇人。2008年，国务院第二次全国农业普查领导小组办公室、国家统计局评为第二次全国农业普查"先进个人"。2011年，国家司法部、中央社会治安综合治理委员会办公室、中国关心下一代工作委员会评为全国青少年普法教育工作"先进个人"。

蒋效伦，男，汉族，中共党员，1959年5月生，巴南区木洞镇人。2010年7月12日，国家体育总局评为"国家级社会体育指导员"。

2. 市委、市政府表彰

郝廷玉，女，汉族，1929年生，巴南区木洞镇人。1956年，参加四川省第一届商业、粮食、供销、农产品、盐务、外贸系统先进工作者代表大会，省委、省政府授予二等"先进工作者"称号。

蒋云成，男，汉族，1927年生，巴南区木洞镇人。1956年，参加四川省第一届商业、粮食、供销、农产品、盐务、外贸系统先进工作者代表大会，省委、省政府授予三等"先进工作者"称号。

何永昌，男，汉族，中共党员，1933年2月生，巴南区木洞镇人。1958年，参加四川省重庆市农业社会主义建设先进代表大会；1962年，被评为重庆市"先进生产者"。

胡明高，男，汉族，中共党员，1922年生，巴南区木洞镇人。1958年，四川省人民委员会授予"先进工作者"称号。

徐贤贵，男，汉族，中共党员，生于1949年12月，巴南区麻柳嘴镇。1965年，被重庆市委评为"五好先进个人"。

夏贵福，男，汉族，中共党员，1933年4月生，巴南区姜家镇人。1977年3月，重庆市监察局评为重庆市"先进工作者"；1991年12月，重庆市监察局评为"先进工作者"。

王安全，男，汉族，中共党员，生于1935年11月，巴南区麻柳嘴镇人。1981年3月，被重庆市人民政府评为"计划生育先进个人"；1983年1月，被四川省人民政府评为"计划生育先进个人"。

马永光，男，汉族，中共党员，生于1931年5月，重庆市巴南区木洞镇人，1950年7月参加工作。1981年9月，被四川省委、省人民政府评为"抗洪救灾成绩突出"荣誉称号；1984年2月，被重庆市人民政府授予在四化建设中，成绩显著"先进工作者"称号；1986年，被重庆市人民政府评为在集资办学中"先进个人"。

陈平华，男，汉族，中共党员，1942年1月生，巴南区丰盛镇人。1982年1月、1983年1月，分别获四川省人民政府计划生育"先进个人"。

杨继才，男，汉族，中共党员，生于1943年12月，巴南区木洞镇人。1982年10月，获重庆市委市政府抗洪抢险"先进个人"荣誉称号。

倪国筠，男，汉族，中共党员，生于1936年7月，巴南区木洞镇人。1982年11月，被重庆市政府评为全国第三次人口普查工作"先进个人"荣誉称号。

周银灿，男，汉族，中共党员，1932年12月生，巴南区木洞镇人。1984年10月，被重庆市人民政府评为第五次全国人口普查工作"先进个人"荣誉称号。

杜德云，男，汉族，中共党员，1937年1月生，巴南区丰盛镇人。在开展农村社会主义思想教育工作中成绩显著，于1992年9月20日被重庆市委评为"先进个人"，予以表彰。

易金海，男，汉族，中共党员，1952年6月生，巴南区丰盛镇人。1986年5月，在第一次全国城镇房屋普查工作中，重庆市房屋普查办公室评为"先进工作者"；1990年3月，评为重庆市年度水土保持工作"先进个人"称号。

白和平，男，汉族，中共党员，1958年8月生，巴南区木洞镇人。1988年，渔业船舶安全整顿工作中，于1989年5月获重庆市安全委员会"先进个人"称号；2001年12月，重庆市人口普查办公室评为人口普查"先进个人"；2005年7月，在2000—2004年度警报维护管工作中，被重庆市人民防空办公室评为"先进个人"。

陈永禄，男，汉族，中共党员，1933年2月生，巴南区丰盛镇人。1991年，被重庆市评为"农业劳动模范"荣誉称号。

任富久，男，汉族，中共党员，1942年6月生，巴南区姜家镇人。2001年2月，重庆市人民政府评为万名优秀市民、百佳优秀医务工作者。

黄世伟，男，汉族，中共党员，1962年2月生，巴南区木洞镇人。2007年7月，重庆市委授予"先进共产党员"称号。

邓乔，女，汉族，中共党员，1973年2月生，巴南区花溪镇人。2009年9月，重庆市委授予"优秀共产党员"称号。

左鹏，男，汉族，中共党员，1974年6月生，巴南区石滩镇人。2011年1月，重庆市人民政府评为农村公路建设"先进个人"。

黄启，男，汉族，中共党员，1973年10月生，江津区人。2011年6月，重庆市委评为政法系统"先进个人"，记二等功。

3. 市级部门表彰

易金海，男，汉族，中共党员，1952年6月生，巴南区丰盛镇人。1982年10月，选为共青团四川省第七次代表大会代表。

马永光，男，汉族，中共党员，生于1931年5月，重庆市巴南区木洞镇人，1950年7月参加工作。1990年6月，被四川省爱国卫生运动委员会评为"爱国卫生月活动先进个人"荣誉称号，1991年3月，被重庆市爱国卫生运动委员会评为"先进个人"；1991年3月，在"文明友爱在山城·山城处处有雷锋"活动中，被重庆市精神文明建设小组评为"先进个人"。

陈永禄，男，汉族，中共党员，1933年2月生，巴南区丰盛镇人。1990年，被重庆市老年体育协会评为体育"先进工作者"。

杨平刚，男，汉族，中共党员，生于1941年，四川营山县人。1991年2月，被重庆市政府台湾事务工作办公室评为"先进工作者"。

蒋效伦，男，汉族，中共党员，1959年5月生，巴南区木洞镇人。1991年7月17日，重庆市文化局命名为"民间歌手"。2011年12月，参加重庆市第五届基础教育优秀教育著述评奖活动，其撰写的《人文木洞研究》获重庆市教育委员会二等奖。

夏贵福，男，汉族，中共党员，1933年生，巴南区姜家镇人。1991年12月，评为重庆市监察局"先进工作者"。

陈平华，男，汉族，中共党员，1942年1月生，巴南区丰盛镇人。2001年6月，重庆市委组织部、老干局授予"三好老干部"荣誉称号。

蒋世北，男，汉族，中共党员，1949年12月生，巴南区木洞镇人。2001年12月，参加"培养农村小学生科研素质及动手实践能力的研究"课题，荣获重庆市教育委员会三等奖；2002年1月，重庆市精神文明建设委员会评为"文明市民"。

杨永，男，汉族，无党派人士，生于1953年10月，巴南区丰盛镇人。2002年1月18日，被重庆市精神文明建设委员会评为"重庆市文明市民"。

林忠毅，男，汉族，中共党员，1963年1月生，巴南区木洞镇人。2005年8月，重庆市经济普查领导小组评为第一次全国经济普查工作"先进个人"。2008年6月，重庆市农业局评为第二次农业普查"先进个人"。2010年2月，重庆市经济普查工作领导小组评为第二次全国经济普查"先进个人"。

周光华，男，汉族，无党派人士，1945年6月生，巴南区木洞镇人。2006年1月，被重庆市精神文明建设委员会评为"重庆市文明市民"称号。

何清明，男，汉族，中共党员，生于1958年3月，巴南区双河口镇人，在职大专文化，共产党员。2007年8月，在全国人大系统重信重访专项治理工作中，被市委联席办、市人大信访办联合授予"先进个人"。

任良平，男，汉族，中共党员，1975年5月生，云阳县人。2008年5月，被重庆市委组织部、人事局、军转办公室评为"优秀军转干部""先进个人"。

4. 区委、政府表彰

何永昌，男，汉族，中共党员，1933年2月生，巴南区木洞镇人。1963年，巴县人民政府评为"先进生产者"。1982年，评为巴县优抚对象"先进个人"。

王安全，男，汉族，中共党员，生于1935年11月，巴南区麻柳嘴镇人。1974年3月，参加巴县农业学大寨先进积极分子代表大会。1978年，被巴县县委县政府表彰为"先进工作者"。1984年7月，被巴县县委评为"优秀共产党员"。1990年10月，在第四次人口普查中，受到巴县人民政府表彰"成绩优异，予以表彰"称号，同年至1992年，连续三年被巴县县委评为"优秀党务工作者"。1994年7月，被巴县县委评为"优秀共产党员"，同年12月，被巴县评为"优秀公务员"。

倪国筠，男，汉族，中共党员，生于1936年7月，巴南区木洞镇人。1978年12月，被巴县县委、县政府评为年度"先进个人"荣誉称号。1979年12月，被巴县县委、县政府评为年度"文档工作先进个人"表彰。1989年11月，被巴县县委、县政府评为中小学危房改造"先进个人"荣誉称号。1997年12月，被巴南区委评为"老年体育先进工作者"。1995年、1996年连续两年被巴南区委组织部、人事局评定确定为"优秀国家公务员"。

马永光，男，汉族，中共党员，生于1931年5月，巴南区木洞镇人。1950年7月参加工作，1986年7月，被巴县县委评为"优秀共产党员"。1988年7月，被巴县县委评为"优秀共产党员"。1989年7月，被巴县县委评为"优秀党务工作者"。1990年7月，被巴县县委评为"优秀党务工作者"。1991年1月，被巴县县委、县政府评为抗旱救灾工作"先进个人"荣誉称号。1991年6月，被巴县县委评为"优秀共产党员"。

杨平刚，男，汉族，中共党员，生于1941年，四川营山县人。1982年度，被评为巴县"先进个人"。1988年，被巴县县委评为老龄工作"先进个人"。1989年，被巴县县委评为"优秀党务工作者"。1989年，被巴县县政府评为中小学危房改造工作"先进个人"；1991年4月至1992年3月，被巴县县委、县政府评为老干部工作"先进个人"。1992年2

月,被巴县县委评为"优秀组织干部"。1993年3月,被巴县县委评为"优秀共产党员"称号。

杜德云,男,汉族,中共党员,1937年1月生,巴南区丰盛镇人。在1991年度"农田基本建设工作"中成绩显著,于8月28日被巴县县委、县政府评为"先进个人"。1993年7月1日,被巴县县委评为"优秀党务工作者"。2009年7月,巴南区委授予"光荣加入中国共产党50年"荣誉称号。

陈平华,男,汉族,中共党员,1942年1月生,巴南区丰盛镇人。1983年3月,被巴县县委、县政府评为1982年度"先进工作者"荣誉称号。

蒋效伦,男,汉族,中共党员,1959年5月生,巴南区木洞镇人。1984年2月,巴县县委、县政府评为1983年度"先进工作者"。2006年7月,巴南区委评为"优秀共产党员"。2007年1月,选为巴南区第十一届党代表;2007年4月,巴南区委、区政府评为2006年度"文化先进个人"。2011年3月,巴南区委人才工作领导小组评为2010年度"优秀宣传文化人才"。2011年11月,巴南区第二届运动会工作中,巴南区委、区政府评为"先进个人"。

吴光明,男,汉族,中共党员,1959年6月生,巴南区木洞镇人。1984年3月,被巴县县委、县政府评为1983年度先进工作者。

何清明,男,汉族,中共党员,生于1958年3月,巴南区双河口镇人,在职大专文化,中共党员。1985年6月,被巴县县委评为"优秀党员"。1993年6月,被巴县县委评为"优秀党务工作者"。2010年8月,在全区科学发展观学习实践活动中,被巴南区委评为"先进工作者"。

夏贵福,男,汉族,中共党员,1933年生,巴南区姜家镇人。1987年,受巴县人民政府奖励,晋升一级工资。1992年3月,被评为巴县"优秀学员"。

秦明勤,男,汉族,中共党员,1955年9月生,巴南区木洞镇人。1988年7月、1991年6月、1998年、1991年,分别由巴县县委、县政府授予"优秀共产党员"称号。1992年7月,被巴县县委、县政府评为"优秀党务工作者"。1998年5月、1999年4月,巴南区委、区政府评为计划生育工作"先进个人"。2003年3月,在清理整顿城区金融"三乱"和农村"三金"工作中,被巴南区委、区政府评为"先进个人"。2003年7月,在"严打"整治斗争中,被巴南区委、区政府评为"先进工作者"。

徐贤贵,男,汉族,中共党员,生于1949年12月,巴南区麻柳嘴镇。1989年,被巴县县委、县政府授予改水工作"先进个人"。1998年6月20日,被巴南区委评为1998年度"优秀党务工作者"。2000年6月28日,被巴南区委评为"优秀党务工作者"。1994年,被评为巴县县委"优秀干部"。1995年,被评为巴南区"优秀党员"。

白和平,男,汉族,中共党员,1958年8月生,巴南区木洞镇人。1991年1月,被巴县县委、县政府评为抗旱救灾工作"先进个人"荣誉称号。

易金海，男，汉族，中共党员，1952年6月生，巴南区丰盛镇人。1990年，评为巴县移民工作"先进工作者"。1991年，评为巴县农田基本建设工作"先进个人"、巴县国土工作"先进工作者"。1993年2月，选为巴县第十三届人民代表大会代表。1995年，巴县县委评为优秀党务工作者。1996年、1998年8月，分别选为巴南区第十届政协委员。2000年，党内"创先争优"活动中，被巴南区委评为"优秀共产党员"；2001年7月，巴南区委评为"优秀党务工作者"。2001年7月，巴南区委评为"三五"普法"先进工作者"。1995年、1996年、1997年、2008年、2010年，分别获年度"优秀公务员"。

刘国福，男，汉族，中共党员，1955年3月生，巴南区双河口镇人。1991年，获巴县县委、县政府农基本建设"先进个人"。1993年，获巴县县委、县政府"先进个人"。1997年、1999年、2000年，分别获巴南区委表彰的"优秀党务工作者""优秀共产党员"。1996—2002年，连续7年在巴南区年度考核中被评为"优秀公务员"。

徐正文，男，汉族，中共党员，1954年2月生，巴南区木洞镇人。1991年8月，被巴县人民政府评为1990年扫盲工作"先进工作者"荣誉称号；1992年4月，被巴县县委、县政府评为1991年度计划生育工作"先进个人"荣誉称号；1996年7月，被巴南区委评为1996年度"优良党务工作者"荣誉称号；1997年7月1日，被巴南区评为1997年度"优秀党员"。

蒋世北，男，汉族，中共党员，1949年12月生，巴南区木洞镇人。1998年7月，获巴南区委"优秀共产党员"。2000年9月，获巴南区委、区政府"优秀教育工作者"。2001年12月，参加"培养农村小学生科研素质及动手实践能力的研究"课题，获巴南区人民政府二等奖。

周光华，男，汉族，无党派人士，1945年6月生，巴南区木洞镇人。1999年4月被巴南区委、区人民政府评为"优秀厂长（经理、董事长）"称号。

陈永禄，男，汉族，中共党员，1933年2月生，巴南区丰盛镇人。2005年，被巴南区委评为"退休干部优秀党员"，被巴南区委授予"参加中国共产党党龄五十年"荣誉称号。

杨永，男，汉族，无党派人士，生于1953年10月，巴南区丰盛镇人。2006年2月，被政协巴南区委评为"先进政协委员"。2006年10月27日，被巴南区委、政府评为抗灾救灾"先进个人"。2010年5月，巴南区人大常委会"关于修建农村人行道"提案，荣获巴南区人大代表"先秀建议"代表。2011年1月，被巴南区人大常委会评为"先进个人"。

蒋治全，男，汉族，中共党员，1956年9月生，巴南区木洞镇人。2007年，被巴南区委评为"优秀党政人才"和"优秀公务员"。

杨松，男，汉族，中共党员，1972年7月生，巴南区花溪镇人。2007年被评为巴南区"年度优秀公务员"称号。2010年，被评为"年度优秀个人"称号。

左鹏，男，汉族，中共党员，1974年6月生，巴南区石滩镇人。2008年，获巴南区委"优秀党务工作者"称号。2008年、2009年、2010年，分别被评为"优秀公务员"。

田春兰，女，汉族，中共党员，1964年1月生，巴南区麻柳镇人。2008年，评为巴南区"优秀公务员"。

邓乔，女，汉族，中共党员，1973年2月生，巴南区花溪镇人。2008年7月，被巴南区委评为"优秀党务工作者"。2008年12月，获巴南区委、区政府2007年度争光贡献奖。2010年3月，被巴南区委评为深入学习实践科学发展观活动"先进个人"。

刘芝奎，男，汉族，中共党员，1957年11月生，巴南区木洞镇人。2008年12月，在2008年度信访稳定工作中，被巴南区委、区政府评为"先进个人"。2011年12月，在2007—2011年信访稳定工作中，获巴南区委、区政府三等功一次。

何清明，男，汉族，中共党员，1958年3月生，巴南区双河口镇人。2009年、2010年，分别被评为"优秀公务员"。2010年，被巴南区委评为学习实践科学发展观活动"先进个人"。

卢黎明，男，汉族，中共党员，1977年12月生，巴南区南彭镇人。2010年3月，被巴南区委评为"优秀公务员"。2008年3月，被巴南区委评为"优秀共产党员"。

罗文平，男，汉族，中共党员，1964年4月生，巴南区木洞镇人。2010年3月，被巴南区委、区政府评为2009年度农业农村工作"先进个人"。2011年9月，被巴南区委、区政府评为水利工作"先进个人"。2011年，在年度抗旱救灾工作中成绩显著，被巴南区委、区政府评为先进个人。

罗楷，男，汉族，中共党员，1970年5月生，江津区人。2011年3月，被巴南区委、区政府评为"十一五"期间人口和计划生育工作"先进个人"。

王孙明，男，汉族，中共党员，1977年10月生，开县河堰镇人。2011年11月，在第五届中国（重庆）火锅美食文化节暨中国（重庆）国际美食节活动中，被巴南区委、区政府评为"先进个人"。

附 录

本志修纂过程中，搜集了许多宝贵资料，除在正文予以载录外，还将余下的一些颇有历史价值的资料补充记载于此，使人们更加全面地了解木洞的历史。这些资料较多，为了条理清晰，查阅方便，后面在具体写作时，是分为"重要文献辑录""重要文件索引""历代名人木洞诗作""传说"和"木洞发生的历史事件"五个部分来归集的。

一、重要文献辑录

国务院关于公布
第一批国家级非物质文化遗产名录的通知

国发〔2006〕18号

各省、自治区、直辖市人民政府，国务院各部委、各直属机构：

国务院批准文化部确定的第一批国家级非物质文化遗产名录（共计518项），现予公布。

我国是历史悠久的文明古国，拥有丰富多彩的文化遗产。非物质文化遗产是文化遗产的重要组成部分，是我国历史的见证和中华文化的重要载体，蕴含着中华民族特有的精神价值、思维方式、想象力和文化意识，体现着中华民族的生命力和创造力。保护和利用好非物质文化遗产，对于继承和发扬民族优秀文化传统、增进民族团结和维护国家统一、增强民族自信心和凝聚力、促进社会主义精神文明建设都具有重要而深远的意义。

各地区、各部门要按照《国务院关于加强文化遗产保护的通知》（国发〔2005〕42号）的精神和有关要求，认真贯彻"保护为主、抢救第一、合理利用、传承发展"的工作方针，切实做好非物质文化遗产的保护、管理和合理利用工作。

国务院
二〇〇六年五月二十日

附：
第一批国家级非物质文化遗产名录
（共计518项）
一、民间文学（共计31项）
....
走马镇民间故事　重庆市九龙坡区
二、民间音乐（共计72项）
....
Ⅱ—15　石柱土家啰儿调　重庆市石柱土家族自治县
....
Ⅱ—24　川江号子　重庆市
Ⅱ—25　南溪号子　重庆市黔江区
Ⅱ—26　木洞山歌　重庆市巴南区
....
Ⅱ—52　吹打（接龙吹打、金桥吹打）　重庆市巴南区、万盛区

重庆市巴南区木洞镇人民政府关于加强村镇建设管理的意见
木府发〔2008〕65号

一、提高认识，用科学发展观指导村镇建设管理工作

土地资源是经济建设和社会事业发展的重要载体，党中央、国务院高度重视土地管理工作，通过一系列重大举措加强土地调控。我们要以科学发展观为指导，在严格保护耕地，依法行政的前提下，加快转变经济发展方式，走节约集约、自主创新和可持续发展的新路子，积极支持符合国家产业政策、环保要求建设项目和村镇居民住房建设用地。针对村镇建设管理体制问题，结合我镇实际，切实管好建筑市场和村镇居民建房，保护广大群众利益，维护社会稳定。要加强产业规划、城镇规划、村镇规划与土地利用规划的衔接工作，改变村镇规划严重滞后的工作局面，为加强村镇建设管理提供科学依据。

二、认真执行村镇建房相关法律、法规、政策规定

（一）用地标准

按照《重庆市土地管理规定》（市政府53号令）第三十二条的规定"市区范围内村民宅基地标准为每人20至25平方米""3人以下户按3人计算，4人户按4人计算，5人以上户按5人计算，扩建住宅新占的土地面积应连同原有宅基地面积一并计算"。

（二）村民自建住宅的规模要求

建筑面积依据常住户口，人均不得超过 55 平方米（3 人以下户按 3 人计算）。扩建住宅的，原有住宅面积应一并计算。

农民建房一户一宅，新选址建房后原宅基地上建筑须按规定注销产权，拆除旧房并将原宅基地归还集体。

（三）道路两旁村民自建住宅工程应满足的要求

城镇规划区内的，应按规划退让现有道路规定红线和规划道路红线。

城镇规划区外的，应退出公路管理红线，严格按照《重庆市公路路政管理条例》第二十三条的规定，即：在公路两侧修建永久性建筑工程，与公路间距为：国道不少于 20 米，省道不少于 15 米，县道不少于 10 米，乡村道不少于 5 米。

（四）不予审批用地范围

1. 城镇居民申请在农村集体土地建房。
2. 非本合作经济组织成员建房用地申请。
3. 原宅用地面积已超用地标准。
4. 在基本农田范围内申请建房用地的。

（五）凡属下列情况之一的新建或扩建工程，不得批准选址

1. 占用基本农田的。
2. 拟建用地已进入国家征用程序的。
3. 退让现有道路规划红线和规划道路红线、公路管理范围线后不具备建设条件的。
4. 占用河道或位于常年洪水位以下的。
5. 占用高压供电架空线走廊以及其他工程管线的保护范围的。
6. 位于地质灾害易发区的。
7. 法律、法规禁止修建的其他情形。

三、严格建房手续报件、预审、审批程序

（一）报件程序

1. 新建或改扩建需占用土地的，申请人持户口簿、身份证、土地证、房管证、分户协议、房屋设计图（平、立、剖面图备 2 份），涉及邻居关系的应附相邻协议；涉及公路、河道管理部门的，应附相关部门审查意见。在村填报建房申请表。占用耕地的，经本社社员三分之二以上的户签名同意，占用别人土地的，须附换地协议（合作社签字同意调换，村委会监章）。手续完善之后，由村、镇、国土、规划部门放线方可施工。

2. 原宅基地扩建、改建的，申请人须持户口簿、身份证、集体土地使用证、产权证、房屋设计图（平、立面备 2 份），涉及邻居关系的应附相邻协议；涉及分家的，应附分家协议；涉及公路、河道管理部门的，应附相关部门审查意见。在村填报建房申请表。手续完善后，由村、镇、国土、规划部门放线方可施工。

3. 房屋竣工后，申请人应向村、国土、规划管理部门申请竣工验收。验收合格后，

由规划部门核发规划验收合格证、国土管理部门签署验收意见。最后,申请人凭建设工程规划许可证、规划验收合格证、建设用地许可证等资料向土地、房管部门申请办理土地使用权和房屋所有权登记手续。

(二)预审

1. 职能部门预审:国土部门接到建房申请表后,约请规划办、城管办一道到现场勘察,并签署审核意见。

2. 镇政府预审:镇政府每月定期召开一次建房申请预审会,预审会由分管领导主持,国土、规划、城管部门参加,重点管理区域内建房申请还应报镇长、镇党委书记审查。

(三)审批

经国土、规划部门审核,镇政府审查后,报区国土、规划部门审批。

四、明确重点管理区域,加强违法违规查处工作

我镇南涪路、木菩路、长木路沿线两侧500米以内,其他镇内县道、乡道200米内、村社道路100米以内;城镇规划区;饮用水源保护区;原长坪乡、仰山乡、栋青乡治所所在地周边1000米以内的所有建房,必须报分管领导或镇长预审后,方能按程序报批。

强化依法管理村镇建设,加快建立和完善村镇建设审批跟踪检查和反馈机制,加强对村、镇建设项目批复监管,防止违规违法建设现象发生。特别要加强对重点区域的执法和监督检查,严肃查处各种村镇建设违法违规行为。从2008年3月起,用1个月时间,分自查、核查、处理三阶段,对2007年1月以来村镇违规违法建房进行专项查处。

五、加强领导,明确职责,强化管理

村镇建设管理实行行政首长责任制,各职能部门和兼职人员具体抓,层层签订责任书,把村镇建设管理工作纳入相关部门和村(居)委会基本目标任务进行考核。

国土部门负责对村镇建设用地申请进行审核,收集违法用地信息,按时统计、报送用地情况,查处违法违规用地行为。

规划部门负责村民住宅,村镇私房报建的受理、现状核查、项目的审核和放验线工作,对建设项目进行日常巡查和全过程的监督管理,查处违法建设行为,及时向村社通报办件情况。

城管部门负责建设工程质量管理,代镇政府监管工程用地、规划办理情况和缴纳配套费情况。要建立健全村镇建设工程开工、竣工备案制度和建设工程巡查报告制度。监管建筑工程农民工工资兑现情况。

村(居)委会主任为村镇建设管理第一责任人。村(居)委会设一名村镇建设兼职管理员,原则上由各村(居)文书担任,无文书的由村(居)主任兼任。兼职管理员负责审查建房户(单位)报件的真实性,公示办件情况,巡查并报告村镇建设项目信息。

二〇〇八年三月十三日

木洞镇人民政府关于印发《重庆市巴南区木洞集镇三峡工程淹没居民搬迁安置方案》的通知

木府发〔2008〕61 号

为切实做好木洞集镇三峡淹房户搬迁安置入住工作，保证通过国家对四期移民的清库验收，根据《长江三峡工程建设移民条例》《长江三峡工程水库淹没处理及移民安置规划大纲》《三峡水库淹没实物指标调查报告》《长江三峡水库淹没处理及移民补偿投资计算细则》《重庆市三峡库区城镇迁建及专业项目复建管理办法》《三峡工程重庆库区集镇迁建销号试行办法》《巴南区集镇迁建规划报告》和《重庆市巴南区木洞镇移民小区详细规划》规定，结合实际制定本实施细则。

一、指导思想

（一）坚持以"三个代表"重要思想为指导，落实科学发展观，坚持依法管理，保障淹房居民户的合法权益，维护库区稳定。

（二）坚持以确保顺利通过四期移民验收为前提，以集镇淹房户居民全部搬出到新房入住为目标，结合实际分步实施。

二、搬迁原则

（一）集镇淹房居民户搬迁安置采取分步实施，先搬迁安置木洞镇筑坝造地重庆焊管厂区域填高地面以外的直接淹房户，逐步推进搬迁剩余的已纳入1992年淹没实物指标调查的户。

（二）集镇淹房居民户的实物量以长江水利委员会1992年淹没调查登记确认和搬迁安置时经区级移民主管部门复核报区政府审批的实物量为准。个别户需随迁的房屋经区级移民主管部门审批后纳入补偿实物量。

（三）坚持"双包干"原则，集镇淹房居民户房屋和附属设施补偿标准按国家核定的城镇补偿包干投资限额内的补偿单价执行。

（四）集镇淹房居居民户搬迁安置采取货币安置，移民小区划地居民自（联）建房安置，购现房安置；廉租房安置。

（五）坚持集镇迁建统一规划，合理布局，功能分区，配套建设，方便生产的原则。使近期搬迁建设与远期发展相结合，将本镇淹房居民户全部搬迁到木洞移民小区。

（六）集镇淹房居民户按1992年调查时登记确认正常增长到搬迁安置时以户为单位自主选择一套住房安置。按规划建设需要，采取适当发展的原则。

（七）只淹附属房的集镇居民户，不作为搬迁人口，不解决住房安置。

（八）集镇淹房居民户的房屋及附属设施的补偿，按国家公布的2006年物价指数

1.5436 计算。

三、搬迁安置目标

2008年1月底做好宣传动员和淹没房复核、动迁人口的确定工作。2008年2月至3月底前完成搬迁居民户主签订受淹房屋补偿销号合同，据实补偿资金到户。

2008年4月底前对第一期应搬出的61户、129人（其中原镇政府4户8人）确定新居地点。2008年5月底前，全面完成第一期应搬出的61户迁入新居入住，拆除旧房工作，保证顺利通过国家验收。

四、生活安置

（一）房屋及附属设施补偿标准

按《三峡水库淹没处理及移民补偿投资计算细则》，参照单位同结构的房屋补偿标准，对居民房屋补偿价格，按区统一调整规定执行。具体如下：

房屋结构及单价：公建：砖混317元/平方米；砖木218元/平方米；土木143元/平方米。住宅：框架385元/平方米；砖混280元/平方米；砖木220元/平方米；土木155元/平方米；偏房砖木160元/平方米；偏房土木105元/平方米；附属房70元/平方米；砖石围墙25元/平方米；砼晒场25元/平方米；搬迁费200元/人。

（二）搬迁人口的确定

1. 以1992年长江委调查确认的人口基数正常增长到2007年12月31日的人口（扣除该户死亡人口和已将户口迁到本镇外的人口）。

2. 户籍和淹房户门牌相对应的全部人口。

3. 已确定的淹没房屋产权明晰，1992年至今该房屋都无人口的，该户搬迁人口按1人计算。

（三）安置办法

生活安置采取货币安置，移民小区划地居民自（联）建房安置、购现房安置的方式进行。执行结构和面积价差找补结算。第一期搬迁安置的集镇淹房居民户必须在2008年2月底前确定生活安置方式，同时到镇三峡移民办公室登记，办理手续。具体如下：

1. 货币安置

选择货币安置的集镇淹房居民户其房屋及附属设施补偿费（按1992年长江委调查确认或复核后经区府批准的面积结构计算补偿费）、基础设施费、搬迁费全额发给淹房居民户。原办理的户，基础设施费予以补发。只淹附属房的，对淹没的房屋实行货币补偿，不计算搬迁人口，不享受搬迁费。具体办理程序如下：

（1）移民户书面申请；

（2）提供户口登记和居民身份证复印件；

（3）提供新房屋产权证、土地使用证或新居住地的相关证明；

（4）提交旧房屋所有权证、土地使用证；

（5）淹没居民户与镇人民政府签订房屋补偿销号合同；

（6）拆除旧房后领取补偿资金。

2. 移民小区划地居民自（联）建房安置

选择移民小区划地居民自（联）建房安置的集镇淹房户，以户为单位于2008年2月20日前将建房用地书面申请递交到木洞镇三峡移民办公室。木洞镇四期移民安置领导小组根据淹房户申报宅基用地情况，按长江水利委员会1992年调查确认或经复核确认的淹没房面积，在移民小区划地，所划的宅基地占地面积按木洞移民小区详细规划可砌筑申请用地居民户原三峡淹没房屋同等面积（即可以到移民小区划建筑占地面积为原淹房面积的七分之一）。划拨宅基用地时采取现场编号，按签订销号合同的先后次序，按照木洞移民小区统一规划、统一基础设施、统一施工图设计和房屋风貌设计要求，以居民户联合的淹房面积符合在移民小区划一幢房屋的建筑占地后，由镇政府予以划拨。移民户委托有资质的单位承建。移民房要求在2008年6月底前竣工。移民安置房建设免缴规费。

选择移民小区划地居民自（联）建房安置的集镇淹房户的基础设施补偿费由镇人民政府统筹。淹没房补偿资金发给受淹户。具体办理程序如下：

（1）移民户书面申请；

（2）以户为单位提供户口和居民身份证复印件；

（3）提交旧房屋所有权证、土地使用证；

（4）淹没居民户与镇人民政府签订房屋补偿销号合同；

（5）填集镇居民户建设用地申请。

3. 购现房安置

（1）购现房的位置

供集镇淹房居民户购现房的是木洞移民小区安置房施工图中标注的1号楼、2号楼、3号楼和移民小区中坝移民安置楼盘中的部分房屋。一期安排61套（包括原镇政府4户）。

（2）可供集镇淹房居民户选择的房屋面积，不包括公摊面积。具体如下：

移民小区安置房1号楼：住宅建筑面积4733.23平方米。

A户型24套，每套建筑面积约112.4平方米。

B户型6套，每套建筑面积约112平方米。

C户型12套，每套建筑面积约80平方米。

移民小区安置房2号楼：住宅建筑总面积3484.74平方米。

A户型12套，每套建筑面积约73平方米。

B户型24套，每套建筑面积约86平方米。

移民小区安置房3号楼：住宅建筑总面积6440.8平方米。

A户型36套，每套建筑面积约135平方米。

B户型12套，每套建筑面积约120平方米。

集镇居民淹房户，淹房面积小于45平方米的，可到移民小区中坝移民安置房中选择小户型安置。

A 户型：38 平方米；　　　B 户型 62 平方米；
C 户型：93 平方米；　　　D 户型 107 平方米。

（3）安置房价格计算办法

对选择购现房安置的居民户，实行结构和面积价差找补结算。淹没房屋按确认的结构面积补偿资金到受淹户，基础设施费由镇政府统筹。移民小区安置房按集镇居民户的淹没房屋相等面积享受优惠，建筑面积人民币 550 元/平方米。大于受淹户淹没房屋面积的部分均按人民币 1200 元/平方米计算。在交房时交清全部房款。

（4）移民安置房的分配

选择购现房安置的居民户，按长江委 1992 年复核的户，淹房面积和复核确认的淹房面积为基数，淹房面积在 100 平方米以内（含 100 平方米）的，只能选择一套安置房。淹房面积在 100 平方米以上的，可选择两套安置房，但两套安置房的建筑面积之和不得大于 200 平方米。

（5）选择安置房的时间和顺序

于 2008 年 3 月 20 日开始选房。选房的顺序首先由张四楼还建面积 8 户在移民安置房 1 号楼选 8 套，其次由供销社职工 15 户在移民安置房 2 号楼一单元选 15 套。最后由集镇淹房居民户按签订销号合同的先后次序在移民安置房 1、2、3 号楼中按规定面积自由选择住房。

选择现房安置具体办理程序如下：

（1）移民户书面申请；

（2）以户为单位提供户口和居民身份证复印件；

（3）提交旧房屋所有权证、土地使用证；

（4）淹没居民户与镇人民政府签订房屋补偿销号合同。

4. 廉租房安置

集镇淹房居民户，家庭十分困难，又属于享受低保的对象，无能力补差，纳入移民小区住房安置暂不办理产权，租金按廉租房价格同等对待。该户经济条件好转可申请补交原相同价差，同时补办房屋产权证。

选择到移民小区采取廉租房性质安置的，淹没房屋补偿资金发给其本人。基础设施费仍由镇政府统筹。

选择划地自（联）建房安置；购现房安置；廉租房安置的居民户，新房的水、电、闭路、电话由镇人民政府负责恢复，居民户不承担任何费用。居民户提交了旧房产权证、国土使用证的，由镇人民政府负责办理房屋产权证、土地使用证，入住居民不承担费用。没有提交旧房产权证、国土证的，不予办理房屋产权证和土地使用证。

二〇〇八年三月十二日

二、重要文件索引

文件名称	文号	时间	发文单位	备注
关于巴县木洞区公所三峡库区迁建试点小区工程征用土地的批复	重府地〔1993〕323号	1993年10月19日	重庆市人民政府	共2页
关于建设三峡库区迁建木洞试点小区工程建设用地的预办通知书	重国建〔1993〕102号	1993年7月30日	重庆市国土局	共2页
关于木洞区公所三峡库区迁建试点小区工程征用土地的通知	巴县府征〔1993〕277号	1993年10月27日	巴县人民政府	共2页
关于同意重庆桃花岛旅游开发项目立项的批复	巴计发〔1997〕158号	1997年7月29日	巴南区计划委员会	共2页
关于栋青酒厂改制批复	木洞府发〔2002〕41号	2002年	木洞镇政府	共3页
确认木洞镇敬老院土地权属来源的通知	木洞府发〔2002〕138号	2002年12月6日	木洞镇政府	共3页
注销木洞页岩砖厂批复	木洞府发〔2002〕149号	2002年	木洞镇政府	共3页
关于对青山新型建材厂进行移民销号的通知	巴南移民发〔2002〕88号	2002年9月10日	巴南区移民局	共2页
同意重庆金鑫建筑工程有限公司出售商品房的批复	木洞府发〔2003〕9号	2003年12月1日	木洞镇政府	共2页
重庆大地化工厂原料厂改制的批复	木洞府发〔2003〕25号	2003年3月13日	木洞镇政府	共3页
注销重庆市巴南区木洞塑料厂的批复	木洞府发〔2003〕26号	2003年3月13日	木洞镇政府	共3页
木洞运输站兼并木洞良园茶社的批复	木洞府发〔2003〕33号	2003年4月7日	木洞镇政府	共4页
重庆市巴南区铃木机电厂更名的批复	木洞府发〔2003〕44号	2003年4月21日	木洞镇政府	共3页

续表

文件名称	文号	时间	发文单位	备注
同意重庆星鑫燃料有限公司出售商品房的批复	木洞府发〔2003〕59号	2003年5月12日	木洞镇政府	共3页
关于重庆远东化工厂土地权属过户的通知	木洞府发〔2003〕61号	2003年1月20日	木洞镇政府	共3页
关于同意巴南区春声汽车修理厂搬迁综合楼的批复	木洞府发〔2003〕99号	2003年8月25日	木洞镇政府	共4页
同意对中坝村刘国会等生产安置的决定	木洞府发〔2003〕146号	2003年11月26日	木洞镇政府	共4页
同意修建木洞镇桥三路联建综合楼的批复	木洞府发〔2003〕153号	2003年12月10日	木洞镇政府	共4页
批转国土资源局《关于征用木洞镇箭桥村二社四社土地拆迁安置补偿的方案》的通知	巴南府地〔2003〕128号	2003年12月31日	巴南区政府	共2页
关于木洞玻璃厂土地确权证的函	木洞府发〔2004〕35号	2004年3月14日	木洞镇政府	共5页
关于箭桥电站资产拍卖的批复	木洞府发〔2004〕40号	2004年3月17日	木洞镇政府	共3页
关于木洞移民小区土地出让问题的会议纪要	木洞府发〔2004〕181号	2004年11月2日	木洞镇政府	共6页
关于同意办理企业移民安置房过户的批复	木洞府发〔2004〕207号	2004年12月5日	木洞镇政府	共4页
关于木洞镇建筑材料加工厂三峡淹没补偿的批复	木洞府发〔2004〕209号	2004年12月17日	木洞镇政府	共4页
关于原箭桥村七队村民反映1993年征地农转非相关问题答复	木洞镇政府	2004年4月2日	木洞镇政府	共7页
关于同意将胜利村移民公路和庙垭村移民公路建设改造工程纳入2004年移民后期扶持项目立项批复	巴南移民发〔2004〕16号	2004年5月19日	巴南区移民局	共2页
关于一次性支付木洞大桥征地补偿费协议	木洞镇政府	2004年7月9日	木洞镇政府	共2页

续表

文件名称	文号	时间	发文单位	备注
关于重庆枫丹实业有限公司多占木洞镇山王顶地面积和拟出售价格处理意见的会议纪要	木洞纪要〔2005〕1号	2005年1月5日	木洞镇党委	共2页
关于木青镀锌厂与木洞镇院墙村团坟社存在矛盾的处理决定	木洞府发〔2005〕91号	2005年5月18日	木洞镇政府	共5页
关于新办重庆市巴南区乾勇食品厂的批复	木洞府发〔2005〕129号	2005年7月11日	木洞镇政府	共3页
关于同意关闭杨家洞电站的批复	木洞府发〔2005〕133号	2005年7月18日	木洞镇政府	共6页
关于同意关闭箭桥电站的批复	木洞府发〔2005〕208号	2005年9月9日	木洞镇政府	共3页
关于组建长坪农业发展有限公司的批复	木洞府发〔2005〕218号	2005年9月27日	木洞镇政府	共6页
关于同意重庆永安运输有限公司开通木洞经栋青至二圣农用客车的批复	木洞府发〔2005〕264号	2005年12月7日	木洞镇政府	共10页
关于同意重庆玉祥实业（集团）有限公司开通二圣经栋青至木洞农用客车的批复	木洞府发〔2005〕268号	2005年12月12日	木洞镇政府	共9页
关于木洞山歌申报国家级非物质文化遗产保护立项工作的实施意见	木洞委发〔2005〕69号	2005年7月30日	木洞镇政府	共2页
关于木洞镇人民政府申请将原规划仓储用地调整为居住用地的复函	渝规巴函〔2006〕43号	2006年10月17日	重庆市规划局巴南分局	共1页
关于同意木洞自来水厂产权及管理权划转的批复	巴南府办函〔2006〕19号	2006年4月18日	巴南区移民局	共8页
关于豚溪口村移民养猪场项目建设占地问题的复函	巴南移民函〔2006〕11号	2006年2月23日	巴南区移民局	共14页
关于划拨木洞移民安置房建设用地的函	巴南移民函〔2006〕21号	2006年4月4日	巴南区移民局	共6页

续表

文件名称	文号	时间	发文单位	备注
关于杨家洞电站残值处理的批复	巴南移民发〔2006〕14号	2006年5月29日	巴南区移民局	共2页
关于同意白岩公路项目自建的复函	巴南移民函〔2006〕80号	2006年11月16日	巴南区移民局	共6页
关于同意支付木洞镇松子村移民公路项目占地补偿的复函	巴南移民函〔2006〕100号	2006年12月25日	巴南区移民局	共10页
关于重庆市巴南区木洞镇机构改革实施方案的批复	巴南编委发〔2006〕32号	2006年12月1日	巴南区机构编制委员会	共8页
关于木洞镇政府申请局部调整三峡移民小区详规的批复	巴南建委发〔2006〕92号	2006年6月26日	巴南区建设委员会	共2页
关于木镇2006年"人文木洞"创建实施方案	木洞委发〔2006〕46号	2006年4月17日	木洞镇党委	共8页
关于表彰木洞山歌申报国家级非物质文化遗产工作先进个人的决定	木洞委发〔2006〕74号	2006年6月30日	木洞镇党委	共4页
关于表彰木洞中学初2006级中取得优异成绩的决定	木洞委发〔2006〕101号	2006年9月10日	木洞镇党委	共8页
关于对刘芝兰等133名赴新疆拾花民工予以表彰奖励的通报	木洞委发〔2006〕151号	2006年12月13日	木洞镇党委	共6页
关于重庆燃气工程股份有限公司在我镇进行压缩天然气供气经营的批复	木洞府发〔2006〕32号	2006年2月16日	木洞镇政府	共7页
木洞镇"十一五"规划纲要	木洞镇政府	2006年3月1日	木洞镇政府	共2页
关于修建栋青农贸市场综合楼的批复	木洞府发〔2006〕118号	2006年5月26日	木洞镇政府	共7页
关于木洞供销社土地划拨的批复	木洞府发〔2006〕196号	2006年8月2日	木洞镇政府	共4页
关于同意建设保安二社农民新村的批复	木洞府发〔2006〕200号	2006年9月8日	木洞镇政府	共4页

续表

文件名称	文号	时间	发文单位	备注
关于同意木洞镇土地垴村建设农民新村的批复	木洞府发〔2006〕265号	2006年8月10日	木洞镇政府	共21页
关于同意木洞镇墙院村建设农民新村的批复	木洞府发〔2006〕266号	2006年8月10日	木洞镇政府	共10页
关于巴南区木洞镇中坝岛搬迁移民用地指标的批复	渝府发〔2007〕173号	2007年11月21日	重庆市政府	共2页
关于巴南区木洞镇压缩天然气供应工程农用地转用和土地征收的批复	渝府发〔2007〕496号	2007年7月31日	重庆市政府	共2页
关于重庆新星节能设备制造厂三峡淹没搬迁项目农用地转用和土地征收的批复	渝府发〔2007〕564号	2007年8月21日	重庆市政府	共2页
关于巴南区木洞镇中坝岛农村移民整体搬迁安置总体方案的复函	渝移函〔2007〕223号	2007年1月24日	重庆市移民局	共2页
印发重庆市巴南区木洞镇中坝岛农村移民整体搬迁总体方案的通知	巴南府发〔2007〕53号	2007年10月9日	巴南区政府	共8页
关于同意建立木洞关长山公墓的批复	巴南民政发〔2007〕20号	2007年4月4日	巴南区民政	共5页
关于同意新建关长山公益性公墓项目立项的批复	巴南计委发〔2007〕87号	2007年4月12日	巴南区发展计划委员会	共6页
关于同意木洞镇城区与南涪路连接道工程立项的批复	巴南计委发〔2007〕58号	2007年5月25日	巴南区发展计划委员会	共6页
关于同意白岩村3、4组移民开发公路项目实行自建的复函	巴南移民函〔2007〕41号	2007年7月11日	巴南区移民局	共2页
关于木洞镇政府实施强拆青山烂尾楼的意见	渝规巴字〔2007〕121号	2007年12月27日	重庆市规划局巴南分局	共3页
木洞镇政府关于木洞镇机构改革中人员定岗方案的通知	木洞委发〔2007〕21号	2007年3月8日	木洞镇党委	共9页
关于同意撤销中共木洞镇企业联合支部委员会的批复	木洞委发〔2007〕67号	2007年5月28日	木洞镇党委	共4页

续表

文件名称	文号	时间	发文单位	备注
关于加快实施2007年三峡移民项目的通知	木洞委发〔2007〕96号	2007年8月14日	木洞镇党委	共7页
关于成立木洞镇非公有制企业联合党支部等四个党组织的通知	木洞委发〔2007〕100号	2007年8月30日	木洞镇党委	共4页
关于《木洞镇自来水厂财务及资产管理制度》的批复	木洞府发〔2007〕184号	2007年7月25日	木洞镇政府	共13页
关于同意重庆新星节能设备制造厂改制方案的批复	木洞府发〔2007〕337号	2007年12月13日	木洞镇政府	共4页
关于同意成立重庆三和现代农业发展有限公司的批复	木洞府发〔2007〕270号	2007年10月29日	木洞镇政府	共4页
关于成立木洞镇专职消防队的通知	木洞府发〔2007〕277号	2007年11月1日	木洞镇政府	共6页
关于核实填报大中型水库移民后期扶持资金发放清册的报告	木洞府发〔2007〕220号	2007年9月10日	木洞镇政府	共12页
关于认真开展终止水库承包经营活动的通知	木洞府发〔2007〕356号	2007年12月27日	木洞镇政府	共11页
关于申报2008-2012年退耕还林总体规划的函	木洞府发〔2007〕280号	2007年11月5日	木洞镇政府	共6页
关于木洞场镇库岸整治工程有关情况报告	木洞府发〔2007〕335号	2007年12月13日	木洞镇政府	共6页
关于同意保安村建设移民活动中心的批复	木洞府发〔2007〕160号	2007年7月11日	木洞镇政府	共4页
关于巴南区木洞镇菜坝农村移民生产安置实施方案的批复	渝移发〔2008〕140号	2008年6月24日	重庆市移民局	共2页
关于同意木洞镇文化综合楼项目立项的批复	巴南发改发〔2008〕238号	2008年10月8日	巴南区发改委	共10页
关于同意木洞镇中坝岛移民安置点工程项目立项的批复	巴南发改发〔2008〕213号	2008年10月10日	巴南区发改委	共6页
关于同意木洞镇保安村中坝移民自联建房工程立项的批复	巴南发改发〔2008〕14号	2008年1月8日	巴南区发改委	共2页

续表

文件名称	文号	时间	发文单位	备注
关于补办木洞镇压缩天然气供气工程规划建设手续的报告	木洞委发〔2008〕15号	2008年12月8日	木洞镇党委	共4页
关于设置木洞镇工商业联合会的决定	木洞委发〔2008〕91号	2008年7月11日	木洞镇党委	共4页
关于厦门汇成公司发展现代生态农业观光基地进行土地流转的批复	木洞府发〔2008〕47号	2008年3月3日	木洞镇政府	共4页
关于关闭重庆市巴南区箭桥水电站的批复	木洞府发〔2008〕115号	2008年4月11日	木洞镇政府	共4页
关于同意木洞计生服务站项目立项的批复	木洞府发〔2008〕137号	2008年7月4日	木洞镇政府	共2页
关于同意重庆新星节能设备制造厂三峡淹没搬迁安置工程锚杆档墙施工方案的批复	木洞府发〔2008〕220号	2008年11月5日	木洞镇政府	共5页
关于做好三峡水库175米水位试验性蓄水有关安全稳定工作的紧急通知	木洞府发〔2008〕282号	2008年11月4日	木洞镇政府	共7页
关于设置木洞镇工商业联合会的决定	木洞委发〔2008〕113号	2008年7月11日	木洞镇党委	共4页
关于同意行政划拨木洞移民小区土地兴建木洞派出所、木洞法庭的通知	巴南府发〔2009〕142号	2009年10月6日	巴南区政府	共3页
关于印发《重庆市巴南区三峡库区农村移民安置实施计划》的通知	巴南府发〔2009〕112号	2008年12月29日	巴南区政府办	共11页
关于同意巴南区木洞镇庙垭村新建移民开发公路连接道项目立项的批复	巴南发改发〔2009〕155号	2009年6月19日	巴南区发改委	共2页
关于同意木洞镇岩新公路改造工程立项的批复	巴南发改发〔2009〕260号	2009年9月1日	巴南区发改委	共10页

续表

文件名称	文号	时间	发文单位	备注
关于同意木洞镇万户移民致富工程纳入2009年度第二批三峡库区基金项目立项的复函	巴南移民函〔2009〕80号	2009年10月21日	巴南区移民局	共22页
关于表彰2009年度"创先争优"活动先进基层党组织、优秀党务工作者和优秀共产党员的决定	木洞委发〔2008〕69号	2009年6月27日	木洞镇党委	共4页
关于同意重庆新星节能设备厂将剩余安置房出售的批复	木洞府发〔2009〕282号	2009年2月25日	木洞镇政府	共3页
关于菜坝生产安置人口纳入三峡移民社会养老保险参保的函及重庆市移民局批复	木洞府函〔2009〕306号	2009年12月21日	木洞镇政府	共8页
关于同意重庆青山新型建筑建材厂改制的批复	木洞府函〔2009〕281号	2009年12月12日	木洞镇政府	共3页
关于南岸区茶园至涪陵区李渡公路改建工程（巴南段）建设用地农村居民转为城镇居民的批复	渝府发〔2010〕32号	2010年10月26日	重庆市政府	共7页
关于巴南区重庆市沿江高速公路主城至涪陵段工程建设用地农村居民转为城镇居民的批复	渝府发〔2010〕877号	2010年9月29日	重庆市政府	共5页
关于巴南区移动通信基站工程农用地转用和土地征收的批复	渝府发〔2010〕962号	2010年10月25日	重庆市政府	共9页
关于巴南区移动通信基站工程农用地转用和土地征收的批复	渝府发〔2010〕964号	2010年10月25日	重庆市政府	共9页
关于巴南区已用地应转未转人员农村居民转为城镇居民的批复	渝府发〔2010〕965号	2010年10月21日	重庆市政府	共4页
关于巴南区实施木洞镇城镇规划建设农用地转用和土地征收的批复	渝府发〔2010〕1370号	2010年12月22日	重庆市政府	共3页
关于南岸区茶园至涪陵区李渡公路改建工程（巴南段）已用地农转非人员名单的批复	巴南府发〔2010〕177号	2010年10月26日	巴南区政府	共8页

续表

文件名称	文号	时间	发文单位	备注
关于重庆至长沙高速公路界石至水江巴南段工程等项目已用地农转非人员名单的批复	巴南府发〔2010〕178号	2010年10月18日	巴南区政府	共4页
关于同意新建松子、杨家洞、庙垭村村级公共服务中心立项的批复	巴南发改发〔2010〕140号	2010年5月25日	巴南区发改委	共2页
关于同意木洞镇南桥滑坡治理工程立项申请的批复	巴南发改发〔2010〕198号	2010年7月1日	巴南区发改委	共3页
关于同意木洞镇松子村桥工程项目立项申请的批复	巴南发改发〔2010〕451号	2010年11月22日	巴南区发改委	共3页
关于同意新建重庆市对区鄢家坡殡仪服务站的批复	巴南民政发〔2010〕34号	2010年4月2日	巴南区民政局	共11页
关于五布河设施水果观光园项目立项的批复	巴南移民函〔2010〕81号	2010年10月24日	巴南区移民局	共3页
关于表彰2009年度人口和计划生育工作先进集体和先进个人的通报	木洞委发〔2010〕41号	2010年4月6日	木洞镇党委	共7页
关于表彰木洞镇2010年度十星级农户、星级农民、文明户的决定	木洞委发〔2010〕109号	2010年10月13日	木洞镇党委	共20页
关于转发《重庆市文化广播电视局关于命名第一批重庆市民间文化艺术之乡的通知》的通知	巴南文广新发〔2011〕80号	2011年8月2日	巴南区文广新局	共7页
关于同意使用库周交通资金维修蒋家垭口至松子桥公路的复函	巴南移民函〔2011〕49号	2011年5月20日	巴南区移民局	共3页
关于同意木洞镇土地垴村移民活动中心暨安置房项目立项申请的批复	巴南发改发〔2011〕22号	2011年7月14日	巴南区发改委	共3页
关于同意木洞镇城镇主干道综合整治工程立项申请的批复	巴南发改发〔2011〕186号	2011年6月14日	巴南区发改委	共3页
关于表彰2010年度妇女先进个人的决定	木洞委发〔2011〕25号	2011年3月8日	木洞镇党委	共8页

续表

文件名称	文号	时间	发文单位	备注
关于表彰先进基层党组织、优秀党务工作者及优秀共产党员的决定	木洞委发〔2011〕118号	2011年6月22日	木洞镇党委	共10页
历史家电下乡补贴农户抽查情况报告	木洞府发〔2011〕126号	2011年5月9日	木洞镇政府	共6页
关于将墙院、海眼、栋青纳入村规编制的函	木洞府发〔2011〕188号	2011年6月30日	木洞镇政府	共6页

三、历代名人木洞诗作

晓行巴峡
王维

际晓投巴峡，
馀春忆帝京。
晴江一女浣，
朝日众鸡鸣。
水国舟中市，
山桥树杪行。
登高万井出，
眺迥二流明。
人作殊方语，
莺为旧国声。
赖多山水趣，
稍解别离情。

王维：唐代著名诗人。字摩诘，河东人。唐玄宗开元九年（721年）进士。

诗词赏析：王维途经木洞野宿一夜，咏叹木洞而诗。意指黄莺枝头啼叫，雄鸡房舍打鸣，妙女江边浣衣。岸边说着本地方言的人往来行走，增添了山水意趣，那时木洞的山水人文是多么的闲适，多么的优美！树木浓荫中的木洞，依山傍水，山中的桥高过树梢，河中的舟成为民众交易的集市，好一派江边小镇的繁荣景象！

渝州候严六侍御不到先下峡
杜甫

闻道乘骢发，
沙边待至今。
不知雨云散，
虚费短长吟。
山带乌蛮阔，
江连白帝深。
船经一柱观，
留眼共登临。

杜甫：字子美，本襄阳人，徙河南巩县（今巩义市），少贫。诗人路过木洞地区的明月峡，三指嘉陵江上游，阆、白二水合流处。杜甫是在严武逝世后两年多才出川，其离渝州"先下峡"来到木洞的明月峡。看到江上云雾茫茫，上下船行而过，留神观望，木洞的好一派美景。

木洞驿
王廷相

蹙浪喷江门，
幽洞冒琼树。
寒林碧参差，
秋嶂莽回互。
白龙不定眠，
中江起烟雾。
素舫历长波，
凌兢戒前路。
客行不能留，
已过青莎渡。
所期心遥遥，
离居岁云暮。

帝子隔沅湘，
　　浮云落何处。
　　揽古心飞扬，
　　寒空屡延顾。

王廷相：字子衡，仪封人。明孝宗弘治十五年（1502年）进士。

明代，木洞已设驿站，系重庆四大水驿之一。诗人朝廷官员晚抵木洞野宿，驻驿馆，叙说了古代重庆驿站的设置及其演变，驿在乱山中，有神祠，江上云雾，自然留下一些记述此事的诗文。

舟出巴峡
王士祯

　　曲折真成字，
　　沧波十月天。
　　云开见江树，
　　峡断望人烟。

　　新月数声笛，
　　巴歌何处船。
　　今宵羁客泪，
　　流落竹枝前。

王士祯：字贻上，号阮亭，别号渔阳山人，山东新城人，清顺治十五年（1658年）进士，选扬州推官。

诗人王士祯路过木洞，夜宿望江而诗，看到木洞人傍晚在船上吹笛唱歌声，感动流泪。

泊木洞驿
王士祯

　　灯火宿江皋，
　　孤峰戴驿高。
　　云开看斗柄，
　　峡静响风涛。

树密猿争挂，
人多虎不骄。
丛祠无路到，
何处荐溪毛。

诗人描述这里乱山孤峰，树荫神祠，虎猿不骄，人来熙攘，云开星朗，峡静涛鸣，客舟泊岸，灯火萤荧，好一派木洞水木清华、幽静恬适的景象！

百丈梁

李以宁

积石横江渚，
人传百丈梁。
潢池曾此地，
露布几经霜。
绝壁空残垒，
悲风过战场。
巴渝东逝水，
今古自汤汤。

李以宁：字朗仙，号雪樵，乡贤。清康熙十一年（1672年）举人。出王士祯之门。历广东西宁知县，迁三水县（今三水区），以衰病告归。

诗人路过木洞，眺望老街前的长江，水势凶猛，难免劫难之祸，更有百丈梁、观音梁、箭滩触礁冲浪，船行而过，不停在水向川流不息。

舟次木洞

姜会照

小市人烟簇，
茅茨绿水湾。
四围多古木，
一望满春山。
估舶争来去，
禽声自往还。
江风无限好，
诗酒夕阳间。

姜会照：字南囿，如皋人。奉节知县。

诗人在木洞夜宿，看到木洞人在四周绿荫小溪，集市里人来人往，炊烟簇拥，禽声鸣叫，饮酒吟诗赞木洞风光无限好。

由百丈梁下金鸡三碚

张问陶

大石满一江，
舟与水争捷。
开窗岸倒飞，
十里一呼吸。
了了千峰去不回，
空花堕眼诗情急。
神哉江中百丈梁，
黝如积铁攒锋芒。
撑山拓水江为直，
千龙衔尾何其长。
柁转山回风浪蹙
金鸡三碚昂然秃。
不飞不跃可笑人，
波底微闻声粥粥。
长年三老真神速，
肯许鼋鼍食人肉。
操舟破险如攻毒，
使我扁舟稳于屋。

张问陶：字仲冶，号船山，四川遂宁人，生于山东之馆陶，清乾隆五十五年进士。

百丈梁，当地民众称"长石梁"。石梁顺江亘卧江心，逼水东北折向滚滚直下，向以水急著称，张诗对此描述百丈梁，江水直下金鸡三碚。为长江北岸江北县境弯曲滩槽，洪水期水势零乱，舟行此间，不易操纵。在木洞下约十里，金鸡背山，山足直下大江，状如金鸡吸饮。有古巡司署旧址，指长江木洞段的金鸡三碚江水滔滔，漩涡滩流，航行舵稳，与水争先。

腊月十七日下巴峡
张问陶

巴山东抱水潆洄，
消遣残冬酒一杯。
谁信风涛行不得，
开头先指鹧鸪堆。

张问陶：字仲冶，号船山，四川遂宁人，生于山东之馆陶。清乾隆五十五年（1790年）进士。

诗人路过木洞，野宿傍晚时，看到船行此处，极易翻沉，人葬鱼腹，不可胜数，人们因以"鲊人坑名"之。船工们只有迎着风涛，盯着前面的鹧鸪堆小心谨慎地驶进。

重过木洞驿涧桥
杨庶堪（杨沧白）

慈竹湾头涧水清，
一篙春涨放船平。
儿时回忆都如梦，
唯有桥滩似旧声。

指杨沧白回木洞思故，看到儿时常去玩耍的涧桥而诗。革命先驱杨庶堪（沧白）讨袁失败后深夜潜回木洞与家人告别，而后逃亡日本。他夜渡儿时常去玩水的涧桥河湾时，站在篙点春水平渡溪河的船头，眼观清清的涧水，耳听轰轰的桥滩，禁不住思潮翻滚，写下了这首题为《重过木洞驿涧桥》的诗句，抒发了他对家乡景物的眷恋，拂不去，剪不断，拳拳切切，梦绕魂牵！

癸丑违难纪事二百韵（节录）
杨庶堪

……
黔军初来渝，
于党殊无违。
既逢王刘人，
其势乃昌披。
袁胡日严檄，

株蔓期靡遗。
家产尽抄没,
骨肉不得归。
吾家被驱散,
家书悉为牺。
讹言里巷生,
旁皇窜东西。
匿聚木洞场,
姑雷恩縶维。
园圃拓果实,
庪廖烹伏雌。
稚子不解忧,
且复为娱嬉。
风声难久居,
重迁向邻畿。
苦哉夜中行,
问讯当路歧。
欲投农人家,
扣门乃墓碑。
阿毅将铭儿,
弱心涕涟洏。
买舟下大江,
秋水欲平堤。
严装各萧然,
衣被不得齐。
薄寒初中人,
倚背相温偎。
牛口高险滩,
狂流突簸筵。
舫师一篙疏,
几欲从蛟螭。
至今谈色变,
唯谢天福厘。
衰老万里行,
精力良已疲。

独喜生见汝,
家毁终必诙。
蒙难而坚贞,
报国当有时……

指杨庶堪在1913年岁在癸丑三月,记述讨袁失败的经过,部分革命人士被杀害,自己遭通缉,对家乡的怀念,寻求报国救国的理想追求,唯杨庶堪坚持返家辞亲。这是其中的一节。

冬苋菜
杨庶堪

梦话巴山雨,
行歌燕市春。
酒阑闻遭客,
饭饱冷看人。
菘韭（古同"韭"）夸初未,
蘼芜感故新。
吾乡有冬苋,
清味胜吾尊。

杨庶堪:字沧白,乡贤,居县东木洞乡。20世纪20年代后期,杨庶堪久居北京,但对家乡无限思念,常言菜之美者要数家乡之冬苋。京地蜀人尝移植之,而色味均逊。酒间与客论及故乡风物时,即记以《冬苋菜》诗。

访杨氏之故居
李华飞

据说你出生在下盐店的猴子洞
穴居野处原是人类老祖宗
偏偏有人要来考证
认为那个地名玷辱你血统

无非杨氏是同盟会会员
当过秘书长、部长等高官

就像，姓姬就自认是文王后裔
姓刘的，是汉高祖后裔
姓李的，是唐太宗后裔
姓赵的，是宋太祖后裔
其实都披着变色龙的画皮

人因官而贵，或因物而贵
梦魂东温泉在采薇
担心一些苍蝇绕血飞

诗人李华飞对杨沧白及故居的怀念，阐明杨氏高官不像别的高官那样，却真诚为民族而振兴做官。

箭桥·东岳庙
李华飞

是杨家洞的风太大
喊不应河对岸
划白船的伙伴

是羊肠径改了道
寻不着篱笆门
竹村吹笛少年

箭桥啊箭桥
架起了宽宽的公路一条
我启蒙的学校
松柏林里闹群鹤
有戏台的东岳庙
夏天，偷偷去桥下洗澡……
老桥不见了
古庙不见了
我的须眉全白了。

诗人李华飞对家乡的怀念。一位银髯霜眉的老人站在古桥滩头，凝望着潺潺滩流，在追寻，在思考，在捕捉昔日的乡景乡物和儿时的嬉行笑影。这一切，去了，走了，没了，然而却有了"宽宽的公路一条"！他那眷恋的目光中透出了一丝欣慰。

三峡坝尾到我乡
李华飞

是不是？夏禹在这里扎过营寨
长石梁上悬起半座普慈岩

是不是？鳌灵在这里斗过水怪
羊角背上刻满了千帆灾

四千多次星月追红日
九州莽莽，九河渺渺
巫峡把洞庭的水作飘带
鲁班，用稻草将地壳凿开
拖出木头建屋绘彩
从此，众多赤身船夫
有了可以躲风雨的所在

曾经沧海，曾经沧海
川湘公路夺走了你的慈爱
三峭湾枣子湾变成了背街
蓦地三峡堤尾到我乡
万吨轮要由川河开进来

诗人李华飞联想到三峡大坝与家乡的联系，破水妖，斗暗焦，万吨巨轮进家乡。他正处在政通人和、海晏河清的今天，他在《三峡坝尾到我乡》诗作里，在铺陈叙写乡景乡物的字里行间，却透露出无限喜悦衷心赞叹之情。

巴渝重逢
——赠师范校同学们
李华飞

多少发辫在课堂摇晃

多少知音在琴边歌唱
多少赤膊挥舞在球场

为了共和国的繁荣富强
参加清匪反霸土改宣传队
演出《白毛女》《兄妹开荒》
吃烧心的麦饭
睡干打垒的"营房"

四十年后,个个都是好榜样
模范教师、教授、校长……
1992 年 4 月 12 日
我们欢聚在两江

奋起,趁着播种育苗的春光
把巴山字水学风发扬

李华飞:1914 年出生于木洞镇三峭湾,1935 年留学日本早稻田大学学习经济。

诗人满怀激情,描绘了当年就读于木洞中坝巴县师范学校的同学们的活动情景,描绘了当年的学校,是木洞的最高学府,感受到木洞民众正沐浴着和睦丰收年的盛世春光,发扬着"巴山字水"的优良传统,在建设和谐小康社会的道路上高歌猛进!

木洞初晨

韦开平

大梦初觉闻晓风,
百鸟婉转闹晨空。
推窗北望江东去,
碧岛掩映烟雨中。

雨后山村见闻

韦开平

蓬草封野径,

碧树挂青崖。
时时闻山瀑,
处处见农家。
竹林吠黄犬,
荷塘浮白鸭。
翠鸟鸣园柳,
彩蝶逐花芽。

木洞江边食鱼有感
韦开平

船家鱼鲜酒几杯,
比翼江鸟斜阳归。
愿得娇娘同日死,
化作春蝶翩翩飞。

别木洞
韦开平

返城非吾意,
上命自难违。
驱车蜿蜒道,
泪眼头频回。
木洞两百日,
誓将良媳为。
岁末访贫苦,
心尖如针锥。
春旱田干裂,
引浆禾苗肥。
防疫控豚犬,
掘井饮泉水。
连雨倾泥石,
挑灯除民危。
筑路便乡亲,

植树绿库围。
山歌招港客,
龙舟夺奖杯。
闲与村老叙,
促膝话宏规。
同僚笑声语,
时时共欢悲。
初晓赋诗成,
落霞观帆归。
豆花味细嫩,
江鱼滋鲜美。
挥手离别去,
夜深梦入帷。
我愿化清风,
故土眷相陪。

送嫁歌
韦开平

一张金斗四角方,
小女脚踩金梁上。
手拿竹筷十二双,
丢六双来留六双。
哥哥接到买田庄,
兄弟接到读文章。
妹妹接到压花箱,
父母接到寿年长。

四、传　说

　　木洞民众擅长口头文学的创作和传播。长时期以来,他们将自己所见所闻所知所想的天地人间万事万物,按前人留下的记忆,编罗成神话、故事、传说等,代代相传。其数量甚多，不可胜计。20世纪80年代编纂民间故事、歌谣、谚语"三套文学集成"的时候，曾有上百人向巴县集成办公室派出的调研人员讲述了上千则故事，其中有16人的近百则故事选入《中国民间故事集成·重庆市巴县卷》。这些传说、故事，保存了许多先民传下的有关木洞历史的记忆。

（一）木洞的地理变迁及其得名由来

木洞系重庆市巴南区的一个镇，位于重庆主城朝天门东郊55.56千米的长江南岸，在古代巴国三峡（铜锣峡、明月峡、黄草峡）之一明月峡口下端，这里周围是山，小河与大江交汇处有一块台地，形若盆子，此地民众擅长以木制盆、制瓢，做工精细，深受用户赞誉，有几十户专营木器，形成集市，故名"盆盆场"。

很久以前，濒临长江的这块台地左侧，是一条小河与长江的汇合处，人们赶集必须乘坐舟船。夏天，山洪暴发，河水突涨，常常冲翻渡船，淹死人畜，人们以为是河妖作怪，又没有办法制服它，成为长久压在人们心头的一大祸患。

在春秋时代，鲁国鲁定公三年（公元前507年）的五月初七，出生了一位姓公输氏名班（亦作般、盘）的人。因其生于鲁国，故世称之为鲁班。少年时，他曾拜姓包的师傅学木工，手艺超群，创造了攻城的云梯，发明了多种木制用具，成为古代建筑的有名工匠，后世建筑工匠和木匠都尊其为"祖师"。

有一年，鲁班传人来到盆盆场，正遇到小河涨大水，淹死了十几个人。死者的亲属哭得十分凄惨，鲁班传人看了心里难过，就决心要制服这条小河。他在台地周围走走看看，当他看到小河对面那座形似一头坐东面西的狮子的石崖时，手拈胡须，沉吟半晌。然后，他与当地耆老商量，决定在台地西边临小河出口处修一座禹王庙，借大禹的神力镇压河妖，制服河水。但此地缺乏建庙的大木料，耆老们正在焦愁，鲁班却和悦地笑着说："这样吧，这禹王庙我来承头替你们建，缺木料的事，你们不用担心。"主事的听了，感到惊奇，不敢相信，但见鲁班传人口出大言，相信必有所为，都十分感激他的热心帮助。

第二天，就选好基地（就在现今的木洞镇小学处），破土动工，打石料，安基石。到了该用木料立柱头、做排列的时候，却一根木头也没有，人们都用疑惑的眼光窥视着这位鲁班大师的传人。

鲁班传人从工人中挑选了18个精壮汉子，翻长延坪，过梅子沟，越封门口，上丰盛山。9个人砍树截料，9个人将木料搁下山投入一口水井。修庙安柱头的前一天下午，鲁班传人向工人们吩咐："今天人人饱餐晚饭，亥时出发，到小河对岸的狮子岩处，子时开运木料，辰时运完。"人们一听：这位大师傅怎么了，那狮子岩上光秃秃的哪有什么木料呀，而且还要说要辰时完工！但是，大师既然吩咐了，工人们还是按时出发。他们懒懒散散地过了河，走到狮子岩前，只见鲁班传人用墨签在石壁上画了一个簸箕大的圆圈，听得哗哗啦啦一阵石裂声响，圆圈成了石洞，石洞慢慢伸出半截又大又圆又直的木料。鲁班传人让工人们从石洞里把木料拖出来。这时,正值大河涨水,河面紧临洞口。工人们把木料推到河里,凭借河水浮力轻易运到建庙基地。鲁班传人边指挥工人运料边画样配料,配一根就念一句:"还要一根,还要一根。"工人们就一根接一根运到现场。一夜之间,竟把修庙所需的木料运齐了。最后,鲁班传人朝着石洞一挥手,喊了声"够了!"喊声刚停,石洞里刚梭出半截的那根木料,工人们想把它拉出来,但费了九牛二虎之力,这木料像生了根一样,纹丝不动。从此,人们就把狮子岩下的那个石洞叫木洞,盆盆场就叫木洞场,木洞的地名也就渐渐传开了。

20世纪60年代尚能看到,那半截木料仍完好地留在洞里。直到现在,洞壁还能看到裂缝和木料痕迹。丰盛山下那口水井,推下去的木料再也不沉了,拖也拖不上来,只好让它留在水井里,那口井也被人们称之为木水井。

(二) 伏羲女娲兄妹重新繁衍人类

"伏羲兄妹制人烟"在重庆乃至整个中国广泛流传,故事情节大体前提下各有若干差异。一般的结构是:在古代洪水滔天的时候,伏羲、女娲躲进葫芦里保全了性命,经过兄妹俩山燃火的两股烟柱缠绕一起、推上下磨磴滚下山而重叠合缝、丢针线于水中而线穿过针眼等的测试,证明二人结合实为天意,兄妹方才成婚,生下肉团砍成若干块挂在李、杨等百种树上,繁衍了各种姓氏的人类。

而在木洞的这个故事里,虽然大体也包括了上述内容,但却有两点不同。一是地域特色很浓。他们讲发洪水的时候,先是淹得苏家浩的尖山子封巅,对面的庙垭口穿垭,继而淹没了长延坪,整个木洞沉入水底,然后就是洪水朝天。二是更加入情入理。他们说,发洪水的时候,伏羲兄妹正在山上砍柴。他们看到大水淹起来了,赶忙爬在一节很大的干树棒棒上,随水到处漂流。他们看到一只狗儿在水头游,就把它救了起来,又看到一只猫儿在水头游,也把它救了起来。洪水消了后,在进行前面所述的测试时,是狗儿和猫儿感恩,帮他们把磨磴重好,把线穿进针眼里,促成兄妹二人成婚。从那时起,狗儿和猫儿就跟着人一起过日子。因为它们的命是人救的,所以它们对人也特别忠心,看家、咬耗子都很卖力。伏羲兄妹成婚后生了九男二女。他们嫌人太少了,就用泥巴来捏人,使人类得以繁衍。

(三) 牛郎织女助农种稻创造禾籁

早在7000多年前,巴人先民就用石锄、石铲等工具种植水稻,专家对出土稻种鉴定后确认,当时种植的水稻为粳稻。据《华阳国志·巴志》记载,3000多年前巴民族入驻江州(今重庆城)后,巴人已经将牛驯化,作为农耕稻作的主要工具。巴人在原始的石耕稻作中,进一步推进了牛耕稻作种植方式,在这漫长的进程中,创造了文明稻作薅秧禾籁。木洞民众对禾籁的产生却有多种传说,其中牛郎织女及其儿女创造薅秧禾籁具有颇高的历史文化价值。

木洞民众传说，上古时候，巴人用石器种耕水稻，产量甚微，一日一餐都难以为继。太白金星巡察四大部州，发现巴人困苦，奏报玉皇。玉皇发旨："一日一餐难以为继，就改为三日一餐。"并令牛郎回到人间传旨。牛郎来到巴地，看见巴人又累又饿，十分同情，就将玉皇大帝的"三日一餐"圣旨改为"一日三餐"。

玉皇得知牛郎擅改敕旨，甚是恼怒，让太白金星爷传，将牛郎贬下凡尘，帮助巴地禾民耕田种稻，并不准他吃人类的粮食，只能以草充饥。

织女在七夕之际的鹊桥会上，不见牛郎，四处打听，方知牛郎贬至巴地。她不顾天规，径直下凡，与牛郎一道，协助禾民耕田种稻。

与牛郎织妹有隙，想与织妹交好而被织妹恶责的雷神，得知织妹下凡之后，便有意与之为难。他令草籽等杂草寄生稻田之中，与稻禾争夺养分，致使稻禾枯萎，穗小产微，巴民劳动情绪低下，郁郁不乐。

牛郎、织妹看在眼里，急在心头，带领巴民薅秧除草，并教巴民唱歌提神。他们边薅秧边唱歌，心情舒畅，怡陶天然，胜似天籁之声，便称之为"禾籁"。杂草除去，稻禾茁壮，谷粒饱满，巴地一派丰收景象。

织妹又用她那灵巧的双手，用神奇的绣花针线，教导巴民将种植的棉花、苎麻纺线、织布、缝衣，以布衣代替草服；又将收割稻谷后的稻草，缝制成草帘搭房盖屋，结束了巢居生活；还缝制成帽笠、蓑衣，遮阴避雨，缝编成草鞋、麻履，护脚行路。她还取下头上的金簪，权当犁头，耕田翻地。织女也生下了小牛娃。

巴民喜气洋洋，歌声里充满生活改善后的喜悦和对新生活的希望，可雷神在玉皇、王母面前进谗。织女被囚禁山窟，限令每日只能吃10根稻草。织女打通稻草内部节结，变成空心大本，又通过侍女金梭偷来原先织锦用的金线，将空连接起来，挤出乳汁流进空本，让空木伸出洞口，成为木洞乳泉。牛郎抱着牛娃在洞口崖下接吃几口乳汁后，就让巴民引泉灌田，唱着禾籁种植水稻。

若干年后，牛娃长大成人，与巴女结婚生了小牛娃。他们与巴民一道，一边种稻，一边与玉皇、王母争斗。经过多年周折，织女放出山窟。她不愿返回天庭，留在巴地木洞，牛郎一家与巴民一道唱着禾籁种植水稻，木洞呈现出一派祥和繁荣的中耕稻作文明景象。

（四）海眼寺的传说

海眼寺原名"蟹眼寺"，位于巴南区木洞镇长坪西北山麓。为什么叫"蟹眼寺"呢？这里面有一段有趣的传说。清朝乾隆年间的长坪山，林木葱郁，盛产稻谷，堪称一块"宝地"。

乾隆十七年（1752年），五布河河水上涨，大水冲垮了房屋，冲走了牲畜，村民叫苦不迭。洪水滔滔的五布河里，猛见一只浑身金黄的巨蟹，逆流而上。其身大如斗盘，眼鼓如铜铃，挥舞着巨大的鳌足，扑向村庄。一眨眼的工夫，巨蟹吃掉了村里两头牯牛、五只山羊，毁坏地里庄稼无数。众人在一名李姓汉子的带领下拿着锄头、长矛来战巨蟹，只见它螯足一挥，把众人冲进汹涌的洪水里。顿时，村里哭喊声一片。

　　大雨在两天两夜后停了下来，洪水消退了，巨蟹也退回去了。此后，每年发洪水，巨蟹便逆流而上，祸害十里八乡，村民苦不堪言。一日，村里来了一位云游高僧，法号灵觉。他得知村里的遭遇后，便在村里住了下来，开经讲佛，点化众生，专等巨蟹现身。端午节头一天夜晚，电闪雷鸣，暴雨倾盆，五布河水位暴涨。高僧站在屋檐下，一手托金钵一手握禅杖，双眼微闭，静静地等待着。午夜时分，巨蟹舞着巨螯，推着汹涌巨浪，逆流而上。灵觉大师肃然而立，口念佛语，猛地扬手抛出金钵，朗声念出咒语。金钵飞到半空，慢慢变大，罩住巨蟹。巨蟹在河沟里翻滚挣逃，却是寸步难行。村里一片欢呼声。灵觉大师手掌一推，半空中的金钵向前飞出，轰然砸落在长坪山西北方，金钵变成了一座山头，将巨蟹镇压在山下。此后，栋青、青山、木洞再无水害，年年风调雨顺，庄稼丰收。长坪山上却多了一座山头，灵觉大师在山上修建寺庙，普度众生。巨蟹浑身动弹不了，只是努力伸出两只大眼。一年后，山脚下冒出两砣圆滚滚的大石头，望着山下栋青方向。据说，这是巨蟹的两只大眼。因此，人们将山上的寺庙取名"蟹眼寺"。转眼十几年过去了，原来受灾的栋青村出了一名武举人，名叫李魁胜。他的父亲就是十几年前率乡民勇斗巨蟹被洪水冲走的李姓汉子。李魁胜凭借出色的武艺脱颖而出，做了清朝的一员大将，在南征北战中，立下赫赫战功，但他本人却毫发无损。李氏家族家道中兴，成了富甲一方的大户。李魁胜的母亲刘氏，也悠然过起了富贵人的生活。然而，有人对李家的发达很是嫉妒，这个人叫冉二。冉二这人嗜酒好赌，不几年，原本富裕的家底被他折腾光了。冉二便把目光盯上李家，但几次上门骗吃骗喝，都被刘氏识破打发了。冉二恨透了李家，他发誓要搞垮李家。江北五宝山有位阴阳先生，此人精通风水之术，但是很贪财。冉二找到阴阳先生密谋，要破李家的风水。阴阳先生带着罗盘来到栋青，几昼夜下来发现了李家兴旺发达的秘密。一天夜里，阴阳先生拉着冉二来到李家附近的小山上。冉二看见对面蟹眼寺山脚下那两砣圆石头发出亮光，像两个巨大的灯笼。橘红色的光芒直射过来，李家大院沐浴在一片祥光之中。阴阳先生说这就是李家兴旺的根源，只要凿破蟹眼石，李家就要败落了。不久，冉二造谣说，蟹眼寺有股凶光照着李家，李魁胜在战场要犯凶险，李家要败了，只有凿破蟹眼石才能挽救李家。当晚，李家人出来查看，果然见一股红光照射着自己。刘氏惊骇得要命，第二天便派工匠凿破了蟹眼石。半年后，李魁胜血溅沙场，之后，李家就渐渐衰落了。许多年后，当地人把蟹眼寺谐音喊成了"海眼寺"（在当地方言中，"蟹"与"海"音相近）。据说那只巨蟹是从大海里游上来的。以前香火旺盛的海眼寺也在 20 世纪 70 年代被毁坏了。后来又成了海眼大队的学校，当时仍可见雄伟的上殿堂、下殿堂，胡乱扔在围墙外的菩萨头像。人们说，以前的海眼寺里有两棵四人都围不拢的银杏树，一棵洗脚盆粗的柏树，两棵脸盆粗的三色茶花树。但这些，我读书的时候是没有见到过的,直到今天,茶余饭后,老人们仍然在讲述着海眼寺这个古老的传说。

五、木洞发生的历史事件

(一) 石达开部队途经木洞

翼王石达开,是太平天国一位举足轻重的将领。他因不满天王洪秀全猜疑嫉能而诛杀股肱大将造成内讧,愤而分兵西走,而最终兵败大渡河畔,殒命成都,结束了悲壮的人生。他惨败的前一年,转战重庆地域,留下了一些可歌可泣的事迹,后人禁不住对此末路英雄生发出难以言状的慨叹。他转战重庆期间,曾经过木洞,也曾与清朝廷军队和地方武装进行过战斗,留下了一些战斗遗迹。要讲清翼王借道木洞的前因后果,不得不叙说他离开天京转战重庆的经过。

清咸丰六年(1856年),即太平军攻占南京后建都为天京的第三年,天王洪秀全密令北王韦昌辉在天京城袭杀了东王杨秀清及其同党2万余人。石达开率军返京声讨,天王无奈,杀韦昌辉谢罪。天王对石颇存戒心,虽命石为通军主将(太平军统帅),提理朝政,却又安插安王洪仁发、福王洪仁达对其进行钳制。咸丰七年(1857年),石达开愤然率领旧部10万余众,离京西征。在福建、江西、广西、湖南、湖北等地苦斗、转战约5年,于同治元年(1862年)进入重庆地域。

石达开进入重庆境内,虽然在不少地方夺寨陷隘,所向无敌,但也遭遇了清军和地方武装的顽强抵抗,损失惨重。

据涪陵、巴县、綦江等县志记载,"同治元年正月,石达开自施南,会合来凤股,袭陷石柱,遂掠丰都",然后攻打涪陵。

涪陵一仗,打得十分艰苦。石达开于同治元年(1862年)三月初围攻涪陵,天降绵雨,数攻不下。知州姚宝铭刺血急书,一日数发请救。四川督军骆秉章派后补知府唐炯、记名总兵唐友耕率兵由重庆取道水路援之,舟蔽江下,12日抵涪。此时,臬司刘狱昭亦带兵抵达北岸,驻北山坪。13日,姚知州置酒犒劳两唐,两唐约在籍参将徐邦道巡城以观围城军情。至南城女墙,石军炮铳击之,毙唐亲兵一名。唐大愤,旋回州署集议出击围军三大要隘,决定唐炯攻黄泥坡,唐友耕攻龙王嘴,徐邦道攻仰天窝。次日黎明,唐友耕自舟登陆,沿江直奔龙王沱,于大河坝展开激战。唐炯与徐邦道亦分别向黄泥坡隘口和仰天窝隘口发起进攻。石军石下如雨,兼以火铳。徐邦道令士卒各持门板掩护向前,退而复进,难近隘口,自拂晓至日中,相持不决。唐炯观黄泥坡隘口下有一草屋,便命卒以火焚之。久雨草湿，浓烟蔽空，时值东北风起，守隘石军烟呛眼昏，唐炯挥众遽进，石军大败。徐、唐跟追数十里。石军伤亡惨重，只好弃涪逃走。

石达开攻涪失利后，兵分四路西进：一路由巴县丰盛等地直达江津，以牵制官兵；另一路由南川小河坝入黔边，以阻外援；再一路由南川水江到扶欢场；石达开则率主力"10余万，由万盛场进，经由永里入綦江，按程递进，凡四日乃过毕"。县志对一路和主力的转战经过记述较详。

一路石军自涪陵三河经巴县大茶园下的羊鹿口，"又曰炮台山，太平军入境，土人负险捍卫，颇有杀伤"。3月14日，太平军过丰盛场，"重庆镇赓良、署川东道恒保，督同文武绅团防堵，复调曾传理、枭司刘狱昭等，会唐炯上下击之"。石军又遇一场激战，双方伤亡极大。民国年间向楚修纂的《巴县志》载，丰盛接龙山"下有丘，世传太平军入境，杀戮无算，后即丛葬于此，呼曰万人冢"。该志紧接着还记述了这么一件事：在接龙山上有贞女柯凤墓。柯凤善武功，会击技。石军过境时，有乱兵以长矛威逼其欲行以非礼。柯凤机智地诱使乱兵至僻静处，假称脚痛难行，请借其矛作杖。柯凤趁乱兵不注意时，举矛刺穿乱兵胸脯。不一会儿，其他石军追来，遂将柯凤杀害。志书言之凿凿，且有墓为证，所言信真。此种事在10万大军中偶有发生，亦不足为奇。这也从一个侧面说明石军败定末路已成必然。

丰盛激战后，石军"下木洞，复过栋青庙，进二圣场，经永兴场、忠兴场，23日过南彭场，东破明月寨至固城寨。石军呼父老下，与之约，供饷400金、马2匹，石军去。至一品场，乡人尚演剧，市集如故，石兵呼之为仁义场"。可见石军纪律严明，与乡人相处甚谐。后"次经百节、马鬃，向江津仁拖子径去"。

石达开率领主力经过万盛时，亲自督阵，与踞守天全寨的清军和地方武装进行了三天三夜的血战，未能攻克石寨，只得怏怏然败兴撤军，向綦江进发。

同治元年（1862年）四月，石达开抵达綦江永丰场，拜见与其同榜入科的年兄、告老还乡的士绅王清澄，请他代求名医，治愈了石的旧伤。正打算径往綦江时，又遇缪为钦带领3000官兵据守三角塘。石达开派副将赖裕新率精锐2000人，夜行40里，击溃缪军。又在沅山白云观召开军事会议，定下了攻打綦江，筹足粮草，从江津强渡长江北上的战略部署。可惜綦江久攻不下，便弃綦走津。又遇清军重兵把守江津，只得率部从江津大垭口回师綦江的赶水、高庙，向贵州进发。石达开在路过綦江石壕场时，曾怀着沉重的心情，写了一首抒发他分兵西进、举步维艰、存亡绝续、壮志难酬的感慨：

戎马倥偬又七年，声振东南四周边。

中原逐鹿缘何了，只为安民解倒悬。

这是末路英雄石达开在饱经锋镝之累而即将离开重庆地域时留下的感言。诗中所写的年限，不是石达开率部离开天京至写诗时的年限，而是他率军返回天京声讨北王韦昌辉袭杀东王杨秀清及其同党至写诗时的年限。

（二） 刘伯承途经木洞

民国初年，袁世凯复辟当了皇帝，各处的革命党都起来反对，吓得他赶紧派了一批会耍枪弄棒的亡命之徒，串到各地以"吃肉"为暗号，见到革命党就"吃"。这些暗探，一般都在水旱码头、交通要道活动。

当时，涪陵大顺场有个革命党人叫李蔚如，他拉起一些人，组织反袁自卫军，保卫乡土。

有一天，李蔚如引着一个浓眉大眼、威武雄壮的人，走进大顺场上的一家茶馆，找当地的熊幺爷谈"生意"，打算走旱路去重庆。原来这个熊幺爷，是出名的牛贩子，他的大哥是羊鹿口的舵爷，当地的歪人、土匪都怕他三分。李蔚如要送这位朋友，从涪陵的大顺场过巴县的羊鹿口到木洞，再转船去重庆。这一路山多林密，土匪众多，有这两位熊家弟兄出面护送，才比较安全可靠。

从大顺场双龙桥到羊鹿口，要过猴子坡、陡石梯，那个年轻人行走如飞。熊幺爷是牛贩子当中的"长脚佬"，想不到这位文绉绉的兄弟，走起路来比他还要厉害。

到了羊鹿口，见了熊舵爷。熊舵爷拉来一条叉角亮相、四蹄粗壮、鼎罐额头、肩包像山的打人牯牛。他对年轻人和他兄弟说，你们装成做生意的牛贩子，牵上这条打人牯牛，又遮身又保险。不过，这位兄弟还得学点牛经，一来便于驾牛行走，二来可以应付与外人交谈，不然答不上暗探的盘问，就要露马脚。他把年轻人拉过去指着牛背说：这是"肩心穴"，要它不发脾气，大拇指朝这里一按，它周身就麻了，比人还听话。一路上，你牵牛走后头，把它的尾巴捉起，要慢它就慢走，要快它就快行。如果遇到一两个"吃肉"的杂种，你把牵牛棍朝它卵子一打，包你没事。

一路上，这条"黑力大哥"果然听话，很快就到了木洞的三峭湾路口。忽然，从湾湾头钻出来两个歪戴帽子斜穿衣的家伙，阴阳怪气地叫他们站住，问："做啥子的？"

"做牛生意的。"

"格老子，两个人才拉一条牛，啥子个牛贩子，分明是革命党！"

话一说完，一个就喊"搜"，另一个盯了一眼牛后头的年轻人，说："你明明是革命党的刘……"还没有等那人把话说完，年轻人已在牛背上打了一棍，熊幺爷趁势把牛鼻索朝那家伙一甩，只见"黑力大哥""嗯昂"一声，前蹄双举，后脚一蹬，就扑过去，顿时就撂倒一个。另一个见势不妙，"啪"地就给"黑力大哥"一枪，哪知刚好打在角巴上。牛痛狠了，横起一角撬过去，那家伙一让，拉伸脚杆就开跑，"黑力大哥"甩开四蹄跟着追，一直追了三个湾湾才把那家伙撵到了。只见它用角巴几撬撬，把那家伙的肠肠肚肚都撬出来了。

这边，那个年轻人将那个被牛撞倒的家伙一把抓起来，缴了他的枪。问是哪个派他来的？他说是泸州司令部。熊幺爷从腰杆上摸出手枪，想给他一枪。那年轻人说："他肋巴都遭牛角打断了，走！"

他们来到木洞码头，正好有一只到重庆的轮船停在那里。上船之前，熊幺爷摸出一个有袁大脑壳头像的银圆，给年轻人做盘缠。那年轻人接在手中，两根拇指一捻，那钱上的袁大脑壳，便眼睛鼻子皱成了一堆，说：

"他是老百姓的死对头。这，恩兄，你拿回去做个纪念。"

"好功夫！敢问兄弟尊姓大名？"

"恩兄，愚弟——刘伯承。谢谢你和大哥的帮助，以后再报答你们。"年轻人拱了拱手："好，后会有期，请转告李大哥保重！"

船开了。熊幺爷捧着手头的那块银圆，自言自语：

"不简单，这就是威震泸州的刘伯承！"

另一种说法是，刘伯承当时并没有乘船离开木洞，而是在此住了数天，得到了杨沧白表弟蒋俊明以及商会主事林宅安、林达邦兄弟的盛情款待和资助。

（三）明月沱民众教训英军

1937 年，英国人在明月沱办了同华油厂。1942 年 7 月，几个英国兵抢了明月沱海会寺的金菩萨。会首龚大爷领起众人去找英军交涉，英军横不讲理，硬说龚大爷领头闹事，将龚大爷抓去关起。大家要把龚大爷抢回来，英军就朝天放枪。这下，把明月沱一带的老百姓惹火了，就把同华油厂包围起来。"英国洋人滚出去！""英国洋人滚出明月沱！""滚出中国去！""把龚大爷放出来！"的吼声震天。他们的头头赶紧从屋里钻出来，点头哈腰道歉，然后就把龚大爷和金菩萨送出来了。

有一天，有个叫皮英的姑娘，去找吴胡氏借东西。刚走到菜子田坎上，就碰见同华油厂的几个英兵。她转身开跑，几个英兵就嘻嘻哈哈地跟着追。皮英边跑边喊"救命"，急忙躲进吴胡氏的猪圈屋。吴胡氏正在喂猪，赶忙把英兵挡住。英兵一爪把她拖开，把皮英抱起就要接吻。吴胡氏拿起潲瓢直打那英兵的背，英兵还是不放皮英。吴胡氏顺手提起潲桶，朝英兵的脑壳笼下去，又用潲瓢乱打，打得英兵鲜血长流，抱着头几歪歪，就栽进粪坑里。

这时，英兵中有个当官儿的喊其他兵把那个英兵从粪坑里拖起来，又喊把吴胡氏和皮英一起抓走。那些听到喊救命的农民，拿的拿扁担，扛的扛锄头，都跑到吴胡氏的地坝来了，龚大爷也到了。他挤进人堆，指着那个当官儿的鼻子问："你们这伙强盗，为什么要糟蹋我们的妹子？"

那当官儿的洋人，两手一摊，假装听不懂。龚大爷转过身来对大家说："英国洋人这样不讲理，诸位父老兄弟，我们怎么办？"大家一起喊："打断他们的狗脚杆，把洋人撵出明月沱！"

那当官儿的这下不敢装蒜了，忙低三下四地用中国话说："朋友，先生，我的士兵对这位小姐犯了军令，我回去很大大的处理重重的。"

大家一听火冒三丈："他处理个屁！犯中国的法，由我们来收拾！"

有的说："说的风吹过，打的实在货。"就冲过去打那个"粪淹鸡"，把那家伙打得直叫唤。

龚大爷怕惹出大祸，心想打个惧怕就行了，赶忙把那几个毛小伙儿拖开。然后对那个当官的说："如果以后你们还乱来，我们就不卖粮食、小菜给你们。今天你们滚吧！"

龚大爷刚说完，就响起了震天动地的吼声："英国洋人滚回去！"

几个英国兵在群众的怒吼声中，像狗挨了打一样，夹起尾巴溜了。

从这以后到英军离开明月沱，他们再也不敢乱来。

（四）杨沧白的葬礼

杨沧白先生因感染霍乱时疫医治无效，于1942年8月6日下午6时在重庆南岸大石坝寓所逝世，享年62岁。因家属远在上海，其遗榇于8月8日移殡重庆南岸弹子石鸭儿凼，俟杨氏家属返渝，再行安葬。丧事由国民政府会同其堂弟杨光敏筹办。

杨沧白逝世后，国民政府通过中央社发出讣告，蒋介石特赠治丧费1万元，国民政府发给治丧费0.5万元，抚恤金10万元，并派吴铁城秘书长为代表前往唁慰家属，国民政府主席林森特电杨氏家属致唁，指派居正、戴传贤、张继、邓家彦、吴铁城、张群、熊克武、徐堪、吕超、黄复生、邓锡侯、潘文华、刘文辉、李肇甫、向传义、但懋辛、朱之洪等18人组成治丧委员会，主持治丧事宜。

11月22日上午10时，在重庆市夫子池新运服务所举行追悼会。蒋介石亲临主祭，于右任、朱之洪襄祭。与祭者党政长官有戴季陶、居正、冯玉祥、孔祥熙、吴铁城、吕超等和杨氏门生故旧500余人，各界前往致祭者达5000人。国民政府主席林森送的挽联写道："高风亮节，自有千秋。"蒋介石挽："哲人其萎。"又挽联："抗建方殷，吾党又弱一个；言行不朽，先生独有千秋。"悼追会后，蒋介石对杨沧白的家属杨询、杨先敏等进行慰问。

杨沧白的灵柩暂厝于弹子石詹氏墓庐，亲友不断去祭扫。直到居正、但懋辛和刘泗英为其选好墓地，才在1943年5月择日安葬于老家木洞镇附近的东温泉。

启灵前夜，许多人赶去守灵。翌日晨，正式启灵出柩。葬礼按国葬格局。灵柩覆盖国旗一面，再覆以灵罩。杨沧白生前所任的各种职衔之旗幡作前导，幡旗长2米，宽为0.4米，红底白字，黑三角镶边，上书有"大元帅府秘书长""四川省长""广东省长"等，接着是以蒋中正为首的国民政府各大员的挽联及花圈。杨询执孝端灵前行，遗像随后，扶榇拉孝纤数以百计。从石桥至弹子石河边，沿途不断有设案致祭者，杨询每至一处都要行大礼。河岸上，送葬者更是人山人海。国民政府派专轮送灵柩到木洞镇。随柩送葬的有国民政府代表、参军长吕超，生前好友居正、张群、熊克武、但懋辛、朱之洪等。在登上专轮时,杨先敏、杨询劝阻居正、熊克武等留驾,不必远送至木洞,但居正等哀情难却,一定要扶榇前往。他们还在木洞镇留宿一夜,以便祭吊。木洞镇各界民众亦沉痛祭吊。木洞镇商会写有挽联:"革命忆当年,与总理(指孙中山)同功,声气遥通巴子国;招魂悲此日,仰先生不朽,英灵常在东温泉。"

次日晨,前面由数十名士兵开路,送葬者犹如潮涌,一路逶迤前行,直到下午3时方到达东温泉,5时落井,国旗和居正亲自撰写的铭文入椁,封墓立碑。墓碑由但懋辛写隶体字:"杨沧白先生之墓。"以昭示后人,永久悼念。一连半个多月,人群不断到其墓前送各种祭品、花圈、挽联,以表哀悼之情。

四川各界人士为纪念杨沧白先生,将重庆市原重庆府中学堂(即联中)旧址改建成"杨沧白先生纪念堂"(今重庆政协办公楼),于1943年7月15日正式竣工布置完毕。堂梁挂林森的"党国型仪"、蒋介石的"勋昭党国"和张群的"山高水长"黑漆金字匾额,遗像左右有"革命胚胎之地,中原元气所存"和"遗爱久传开府地,高举永贮草玄亭"二联,气象庄严肃穆。此后,还将"纪念堂"所在的炮台街改为"沧白路",将其出生地木洞镇改为"沧白镇"。

四川"赛花会"木洞蜜枣获优质奖 民国二十五年(1936年),国民政府为推行蒋介石提倡的新生活运动,在重庆举办了全国农产品展览会,木洞"信成永""德记"和"祥源"三家木洞蜜枣斋铺荣获全国一等奖。信成永的产品由胡炳廷的徒弟萧治康制作,德记的产品是由胡炳廷的儿子胡明忠制作,祥源的产品由胡炳廷亲自制作。胡炳廷的木洞蜜枣很多关键的制作技艺得以传承至今,沿袭至新中国成立,在木洞正街永懋作坊兴起,1970年开始兴建厂区,蜜枣列入副食,进入木洞副食品厂蜜饯生产线,又扩至中坝榨菜厂附属蜜饯生产线。

中共西南工委在木洞成立 民国二十九年(1940年)木洞是西南地区地下党活动的重要场所,巴县地下党在木洞的活动更是十分活跃。巴县最早的党员有丰盛的蔡惠民、陈余、叶义琳、陈玉碧、徐友莲,还有豚溪口市立中学的两个学生。1940年8月、9月,根据中共中央南方局决定,在巴县木洞镇建立中共西南工作委员会。西南工委以孔原为书记,钱瑛、廖志高、于江震、蔡书彬等先后担任委员,负责领导川东特委、川康特委、贵州省临工委、云南省工委、湘鄂西区党委的工作。同年冬,孔原在木洞被国民党特务发现,南方局获悉后立即通知孔原返回八路军驻渝办事处。皖南事变后,南方局派钱瑛为西南工委书记,去成都组织机关。1941年冬,因环境恶劣,钱瑛撤回重庆。1942年春,西南工委撤销。(注:中共重庆市党史研究室编写《中共党史知识手册》记载)

编后记

2012年6月，七年寒暑的艰辛，《木洞镇志（1949—2011）》终于付梓。回顾七年的编纂历程，感慨多多，经过几年的努力，现在终于完成了。

木洞是有史以来第一次修志。志书的时限虽然确定为从1949年11月27日木洞解放至2011年12月31日，但1949年前的一些史实，亦应纳入其中。其时间跨度长，内容繁多，又无前志借鉴，加之过去一定时期内的档案制度不够健全，资料查阅、搜集的难度很大。编修者是第一次担任修志工作，知识结构难以适应，更增大了修志难度，或头绪繁杂，无从下手；或事多时少，无暇动笔；或意见不一，无所适从；或资料匮乏，难为"无米之炊"。真乃个中甘苦，编修者自知！

好在有木洞镇党委、政府领导的大力支持，给编修者增强了信心，增添了动力。事情多，就分轻重别缓急，合理安排，各方兼顾，力求本职工作与编修志书两不误；时间紧，就少休息多加班，焚膏继晷，见缝插针，发扬钉子钉木头的精神；搜集资料，或查档案，或问口碑，或电话咨询，或登门拜访，一而再，再而三，才付阙如；撰写志稿，遵体例，循借鉴，重事实，持本真，对复杂史实，反复查证，对不确数据，比照求准。编修者自始至终秉持严肃的态度、严格的要求、严谨的学风，力求史实精确、观点精当、精益求精，以"三严""三精"律己，不把修志只是当作一项任务去完成，而是当成一项事业来成就，既要对得起前辈，也要有益于后人，给家乡留下一笔经得住历史考验的文化财富。

《木洞镇志（1949—2011）》之所以能顺利修成，是有关领导和众多同事、朋友共同努力的结果。首先是木洞镇党委、政府的直接领导与大力支持。修志之初，镇党委就将其纳入重要日程，召开专门会议进行研究，确定人员，组建班子；制定方案，落实措施；筹措资金，保障后勤。修志工作遇到困难的时候，又与编修人员促膝谈心，帮助解决实际问题，使修志工作得以顺利进行。

区志办自始至终对修志工作进行具体指导。从提纲拟定，到资料搜集、卡片制作、长编撰写，志稿初审、复查、终审及至志书定稿，每一步都做了重要点拨和指导，巴南区志办的老师们为了提高木洞镇志的编修质量，从志书的体例文风到内容撰写都严格把关，让木洞镇志成为一本合格的志书。

在资料搜集过程中，区档案局、镇档案室，以及区、镇其他相关部门的领导和工作人员给予了热情接待与具体帮助，一些受访领导和同事、朋友给予积极配合，使编修者较为全面、系统地掌握了木洞镇的历史与现状，为镇志的编修工作创造了良好条件，让修志工作得以顺利开展。

在此，我们谨向关心支持、帮助指导修志工作的各级领导、专家学者、机关干部、社会人士表示诚挚的感谢！因为有了你们的参与和支持，我们才能共襄盛举，一路前行，完成木洞镇志的编修任务。

今天，几十次易其稿，七十多万字的首部《木洞镇志（1949—2011）》出版问世了。我们在感到欣慰的同时，也心存遗憾。由于历史跨度长，资料搜集难度大，又限于编者的能力与水平，志书中不足，甚至错误难免，敬请领导和读者诸君，不吝赐教指正。

重庆市巴南区木洞镇人民政府

2019 年 8 月